C O L L E G E   C H I N E S E

大学语文

COLLEGE CHINESE

编委会：牟伯永 钟小安 邱娟飞

ZHEJIANG UNIVERSITY PRESS
浙江大学出版社

图书在版编目(CIP)数据

大学语文 / 牟伯永主编. — 杭州：浙江大学出版社，2020.7

ISBN 978-7-308-19422-8

Ⅰ. ①大… Ⅱ. ①牟… Ⅲ. ①大学语文课—高等学校—教材 Ⅳ. ①H193.9

中国版本图书馆 CIP 数据核字(2019)第 171898 号

大学语文

牟伯永 主编

策划编辑 马海城
责任编辑 葛 娟
责任校对 袁菁鸿
封面设计 春天书装
出版发行 浙江大学出版社
(杭州市天目山路 148 号 邮政编码 310007)
(网址：http://www.zjupress.com)
排 版 杭州朝曦图文设计有限公司
印 刷 杭州杭新印务有限公司
开 本 787mm×1092mm 1/16
印 张 27.25
字 数 706 千
版 印 次 2020 年 7 月第 1 版 2020 年 7 月第 1 次印刷
书 号 ISBN 978-7-308-19422-8
定 价 69.00 元

前　言

本教材的编写目的有二：一是助力广大高职高专学生圆梦本科；二是为各高校的大学语文公共选修课（或公共平台课）提供教学资源。

大学语文是全日制高职高专生升入本科院校文史、法学、教育、艺术类等专业的两门必考科目之一，其重要性不言而喻。基于此，本教材由三位具有三十年以上丰富教学经验的语文教师精心编写，凝聚了他们多年的"专升本"大学语文教学和培训的经验和智慧。

本教材根据浙江省普通高校"专升本"大学语文考试大纲的要求，比照历年浙江省普通高校"专升本"大学语文考试的考点、考试方式进行系统编写，突出重点、难点和易错点。教材的编写突出全、精、新的特点。所谓"全"，一是内容全面。(1)选编议论文、记叙文、诗词曲赋、小说戏剧各类文体古今中外名篇；(2)应用文（实用文）部分文种系统全面；(3)增设附录，前后共4项附录：文学知识要点、常用文言虚词例释、文言特殊句法举要和中国历史朝代表。这些工具类附录是同类教材中所没有的，旨在促进考生举一反三的能力。二是训练系统。(1)课文前有单元文体知识，每篇课文后列学习要点：作家作品、思想内容、艺术特色、格言警句、每课一练及参考答案，意在让考生系统学习和及时巩固所学知识、把握要点、提高分析和阅读能力；(2)应用文部分各文种也配置了练习题和参考答案。所谓"精"，一是选文的经典，共62篇；二是突出训练及其针对性；三是语言表述的严谨和简明。所谓"新"，一是对重点作家和课文要点录制了讲解视频；二是对重点课文录制了音频；三是对重点作家和课文要点制作了PPT。这些电子视听资料有利于考生获得更好的阅读感受和阅读效果，符合新形态教材建设的发展主流。综上所述，教材紧扣最新的浙江省普通高校"专升本"考试大纲精神，系统全面、针对性强、形式新颖，教材充分体现了很好的实战性和前瞻性，切合"专升本"大学语文课程的教学，同时也适合各高校大学语文公共选修课（或公共平台课）的教学使用。

本教材编写分工：牟伯永负责课文、附录，视频主讲，PPT；钟小安负责应用文部分；邱娟飞朗读音频。对他们的辛勤付出，表示衷心感谢！

由于编写时间仓促和水平有限，教材难免会有疏漏和不足之处，恳请同行和广大考生批评指正。

牟伯永

2020年6月

目　　录

文学知识要点

议论文基础知识

记叙文基础知识

诗词曲赋基础知识

小说基础知识

戏剧基础知识

应用文部分

文学知识要点

第一章　中国古代文学概要

一、先秦文学

先秦，指秦王朝统一之前的一个漫长的历史时期。

神话　原始社会，巫风盛行，生产力低下，人们不能理解、解释自然现象，就借助幻想来表达自己的希望和心愿，于是产生了神话。神话的浪漫主义精神和创作手法，对后世文学发展影响甚大。保留古代神话较多的古籍有《山海经》《淮南子》《列子》《楚辞》等。

《诗经》　我国古代第一部诗歌总集，共收入自西周初期(公元前 11 世纪)到春秋中叶(公元前 6 世纪)五百余年的诗歌 305 篇。最初称《诗》，又称《诗三百》。汉代儒者奉之为《诗经》。《诗经》按音乐的不同分为《风》《雅》《颂》三部分。《风》包括十五《国风》，有诗 160 篇，十五《国风》就是十五个地方的土风歌谣。《雅》包括《大雅》31 篇，《小雅》74 篇，是周王朝国都四周广大地区的音乐，雅有“正”的意思，即把王畿之乐视为典范的音乐——正声。《颂》包括《周颂》《商颂》《鲁颂》，共 40 篇，是专门用于宗庙祭祀的音乐。《国风》大多是民歌，在《诗经》中艺术成就最高。首先，《诗经》表现出以日常性、现实性为基本特征的现实主义精神。其次，在语言形式上，《诗经》的基本句式是四言，常采用重章叠句的形式，强化感情的抒发，一唱三叹。最后，运用赋、比、兴的表现手法。“赋”和“比”都是诗歌最基本的表现手法，而“兴”则是《诗经》乃至中国诗歌中比较独特的手法。《诗经》是中国文学一个光辉的起点。它开创了我国古代现实主义诗歌艺术的传统，对我国古代文学的发展有着极其重要的影响。

“楚辞”　是屈原创作的一种新诗体。主要创作者屈原是战国时期楚国的伟大诗人。他有远大的政治理想，但受贵族保守势力的排挤与陷害，一生抑郁不得志，理想无法实现，终于悲愤投江，以身殉国。屈原给我们留下杰出的诗歌二十多篇，主要有《离骚》《九章》《九歌》《天问》等。其中《离骚》是屈原最重要的代表作，也是中国古代最为宏伟的抒情诗篇。楚辞以楚歌为基础，吸收了北方诗歌的某些特点，呈浓郁的地方色彩，即所谓“书楚语，作楚声。纪楚地，名楚物”。打破了四言为主的句式，创造了以六言为主、参差错落的句式。普遍使用语气词“兮”字。屈原的出现，标志着诗歌由集体创作为主的时代进入了诗人独立创作的新时代。屈原的爱国情操、高尚品格和坚持真理至死不渝的斗争精神堪称后世楷模。屈原所创造的楚辞体在古代诗体演变中居承前启后的地位。其作品浓郁的浪漫主义特色对古代文学浪漫主义传统的形成有重大影响。

历史散文　春秋战国是我国历史上经济制度和政治制度大变动的时期，各诸侯国之间及其内部的斗争错综复杂，加上生产力的发展和经济的繁荣，促进了“士”阶层的出现，促进了文化的繁荣。在剧烈的社会斗争中，各诸侯国的当政者需要借鉴历史、总结经验，于是《春秋》《尚书》《左传》《国语》《战国策》《竹书纪年》等一系列历史著作应运而生。

《左传》 原名《春秋左氏传》，又名《左氏春秋》，简称《左传》。《左传》相传是春秋末年鲁国的左丘明为《春秋》做注解的一部史书，与《公羊传》《谷梁传》合称“春秋三传”，也是中国第一部叙事详细的编年体史书。共三十五卷，是儒家经典之一，且为“十三经”中篇幅最长的，在《四库全书》中被列为经部。《左传》不仅直接影响了《战国策》《史记》等历史著作的写作风格，使之形成了文史结合的传统，也为后世叙事文学提供了创作经验和丰富素材。

《战国策》 是一部国别体史书，由史料汇编而成，西汉刘向考订整理后，定名为《战国策》。总共33篇，按国别记述，上自西周，下迄秦统一。以策士的游说活动为中心，总体上体现了纵横家的思想。其主要特色是语言纵恣多变，委曲尽情，富于文采。多用铺排和夸张手法，辞藻绚丽，气势酣畅。所描写人物的性格和活动，具体细致、生动活泼。所记的策士说辞中，常常引用生动的寓言故事。

诸子散文 春秋战国时期，“百家竞作，九疏并起”。大批饱学之士为了申说自己的政治主张，游说诸侯，纷纷著书立说，形成了我国历史上第一个百家争鸣的局面。当时有影响的代表学派有儒、墨、道、法、阴阳、纵横家等等。诸子散文大致经历了三个阶段：1. 早期，有《老子》《论语》《墨子》；2. 战国中期，有《庄子》《孟子》；3. 战国晚期，有《荀子》《韩非子》。愈是后期的著作，篇幅愈宏大，组织愈严密。诸子散文同历史散文一样包含着文学因素，在文学史上有独特价值。

《论语》 是儒家的经典，是一部记述孔子言行（有的地方也记录了孔子弟子的言行）的语录体著作，共20篇。记录了孔子关于政治、伦理、美学、道德、教育等方面的言行，着重体现了儒家“仁”的思想。《论语》的语言概括性强，具有格言特色；它善于灵活运用各种虚字，委婉曲折地传神达意，还善于通过对话来刻画人物性格。

《孟子》 共7篇，记述孟轲的言行，由他本人和门徒共同完成，仍属语录体，但较《论语》已有很大发展。有一定的中心，结构完整，条理清楚，初具文章规模，表现出向专题论文过渡的趋势。孟子的文章气势充沛，文风犀利，善用比喻和多种论辩方法。

《庄子》 是道家的重要代表作，现存33篇，在《老子》的基础上进一步阐述“道”的思想。通常认为《内篇》7篇是庄子本人所著。《庄子》散文的艺术成就是先秦文学中最高的。鲁迅称赞《庄子》“汪洋辟阖，仪态万方，晚周诸子之作莫能先也”。它善于用形象化的手法表达抽象的哲学思想，运用寓言是它最大的特色。一系列神妙的寓言故事和出奇的比喻，构成了光怪陆离的艺术形象，表现了庄子非凡的想象力。庄子散文语言华美，辞藻丰富，行文时而自然流畅，时而奔放雄奇，艺术水平为先秦诸子散文之冠，对后世影响很大。

二、两汉文学

秦王朝历时甚短且轻视文化，文学上几无可称道的东西。鲁迅说：“秦之文章，李斯一人而已。”汉代，文学的价值开始体现并受到重视，于是出现了以汉赋与乐府诗为标志的文学创作的新时代。汉代文人将在辞赋中磨练成的修辞技巧运用于散文，推进了散文的修辞化，至魏晋发展为骈文，成为中国文学史上最为精致的美文形式。

汉赋　汉赋是汉初文人在模拟楚辞的基础上发展形成的。汉初称为“骚体赋”，此后逐渐形成散体大赋，成为汉代文学的标志性文体。东汉后期，大赋逐渐衰落，出现了抒情小赋。大赋的特点是，介于诗与散文之间，韵散相间。尽管韵文所占比重很大，但已缺少诗的意味；极力铺陈排比、渲染夸张，从多种角度对景物、事物进行充分的形容描写；虚拟人物，采用主客问答的方式；辞藻丰富华丽，但发展到极端则成为辞藻的堆砌；以铺陈颂扬为主，篇末有一些讽谏之言，徒具形式，毫无意义，曰“劝百讽一”。贾谊是骚体赋的主要作家，《吊屈原赋》《鹏鸟赋》是其代表作。枚乘是由骚体赋转变为大赋的第一位作家，他的《七发》是标志大赋形成的第一篇作品。司马相如是汉大赋的主要代表作家。代表作是《子虚赋》和《上林赋》。扬雄的《长杨赋》《甘泉赋》，班固的《两都赋》，张衡的《二京赋》都是大赋的名篇。张衡的《归田赋》在抒情小赋的发展上有开创之功。赵壹的《刺世疾邪赋》是抒情小赋的名篇。

汉乐府　“乐府”原是汉代朝廷设立的音乐机关的名称。六朝时期，人们把汉代乐府机关制作、收集、传唱的诗歌也称为“乐府”，“乐府”二字由机关名称演变成为一种诗体的名称。沿用到后世，凡入乐的诗歌都可称为乐府。用乐府古题，不论能否入乐，也皆称乐府，如曹操《短歌行》等。唐代诗人有所谓“新乐府”的创作，如白居易提倡“新乐府运动”，其实与音乐无关，只是取其内容继承了汉乐府的现实主义精神，也称“乐府”。宋朝人郭茂倩编的《乐府诗集》一书，收录汉至唐的各类乐府诗最为完备。汉乐府民歌与《诗经·国风》一脉相承，继承并发扬了现实主义传统，“感于哀乐，缘事而发”。汉末出现了杰出的长篇叙事诗——《孔雀东南飞》。汉乐府民歌的语言朴素自然，近于口语，诗篇有杂言体，也有整齐的五言体。五言体对五言诗的正式形成起到了极其重要的作用。

五言诗与《古诗十九首》　乐府民歌以外的汉代诗歌精华全在五言诗中。五言诗在东汉后期成熟与丰收。以《古诗十九首》为代表，东汉后期的文人五言诗已经达到很高的文学水平。《古诗十九首》原载于梁昭明太子萧统所编的《文选》。“古诗”是泛指，萧统从“古诗”中选录了十九首，此后，“古诗十九首”就成了专称。《古诗十九首》非一人一时所作，内容反映了汉末社会动乱的现实，艺术风格独特，是文人五言诗成熟的标志。

司马迁与《史记》　司马迁父司马谈为太史令。父死，他继任太史令，并开始撰写《史记》以实现父亲的遗愿。汉武帝天汉二年(前 99 年)司马迁因李陵事件，被处以宫刑，出狱后，发愤继续《史记》的写作，至征和二年(前 91 年)终于完成了这部不朽的巨著。《史记》是中国第一部纪传体通史，记载了从黄帝到汉武帝太初元年三千余年的历史。全书共 130 篇，包括本纪 12 篇，表 10 篇，书 8 篇，世家 30 篇，列传 70 篇。本纪大多记载历代帝王的大事，表是各时期的简明大事记，书是记载天文、历法、水利、经济等方面情况的专门史，世家记载贵族王侯的历史，列传记载社会各阶层、各方面代表人物的历史。五种体例互相配合，构建了以纪传为主的史书新体例，并为后世的正史所遵循。《史记》不仅是史学巨著，也是一部成就极高的文学著作，被鲁迅赞为“史家之绝唱，无韵之《离骚》”。第一，《史记》开创了纪传文学体式，成功地塑造了丰富多彩的历史人物形象。第二，作者善于谋篇布局，对历史资料注重剪裁取舍，以便突出重点。此外，作者还创造了一种互见法，即在人物的本传中着重记述人物主要事迹，表现其主要特征，次要事迹则分散在其他人物的传记中，这种方法既可在本传中突出重点，又不影响人物事迹的完整，同时还减少了不必要的重复。第三，司马迁在写作中常常流露出他的爱或憎。篇后的“太史公曰”更是集中表现作者感情的部分。

班固的《汉书》，其文学成就虽稍逊于《史记》，但不少人物传记也能与《史记》相媲美，故前人常以“班马”并称。

三、魏晋南北朝文学

魏晋南北朝既是中国历史上一个长期分裂、动乱的时期，又是一个思想活跃，各种学说并兴的时期，是继战国“百家争鸣”以后，我国历史上又一个思想解放的时代。

建安文学　“建安”是汉献帝的年号，由建安到魏初的文学被称为“建安文学”。其开创者和领导者是曹操，重要诗人有“三曹”（曹操、曹丕、曹植）和“七子”（孔融、陈琳、王粲、徐干、阮瑀、应玚、刘桢）以及女诗人蔡琰。曹操由于一生在戎马中度过，故对现实有较多的接触。其《蒿里行》《苦寒行》《却东西门行》《薤露》等诗都反映了汉末动乱的社会现实和人民流离失所的痛苦生活。《短歌行》《步出夏门行》等则表现了建功立业的真切愿望。蔡琰的《悲愤诗》写自己在汉末战乱中被掳入匈奴的痛苦经历和晚年回乡时与儿子分别时的悲痛心情。建安诗歌的突出特点是慷慨悲凉，语言刚健清新。后人把建安文学的这些特点概括为“建安风骨”。

正始文学　“正始”是魏齐王曹芳的年号，由正始年间到西晋初的文学，称为“正始文学”。这一时期，最有成就的作家是阮籍和嵇康。阮籍的《咏怀诗》、嵇康的散文在魏晋文学中占有重要地位。

田园山水诗　晋末陶渊明是我国第一个创作田园诗的诗人，他淡泊官场、躬耕归隐的品性和质朴平淡清新的诗歌风格，对后世文人的人格和创作风格有着巨大影响。比陶渊明稍晚的诗人谢灵运，是我国古代第一位大量创作山水诗的诗人，开创了古代诗歌中的山水诗派。谢朓是“永明体”的主要代表诗人，也是继谢灵运之后又一位大量创作山水诗的诗人，后世并称“二谢”。

南北朝乐府民歌　南朝民歌的内容大多写男女爱情。形式短小，多为五言四句小诗。喜用双关隐语，风格委婉含蓄，语言清新自然。《西洲曲》为代表作。北朝民歌题材较为广泛，形式多样，四言、五言、七言、杂言都有。风格直率豪放，语言质朴刚健。《木兰诗》代表着北朝民歌的最高成就。

辞赋与骈文　骈文是兴起于魏晋，盛行于南北朝的一种文体。其主要特点是大量使用对偶句，甚至通篇对偶。句式以四言、六言为主；并列的两句要求平仄相对；讲究用典和辞藻。魏晋南北朝时期辞赋和骈文虽过分追求形式的华美，但也有一些思想与艺术俱佳的作品。如陶渊明的《归去来兮辞》、庾信的《哀江南赋序》等。

散文　这一时期的历史散文有两部名著：西晋陈寿的《三国志》和刘宋范晔的《后汉书》。后人把这两部史书与《史记》《汉书》合称为前四史。北魏郦道元的《水经注》，是一部有科学价值的地理著作，也是一部优秀的散文著作。这一时期还出现了不少有名的散文，如诸葛亮的《出师表》、李密的《陈情表》、陶渊明的《桃花源记》、王羲之的《兰亭集序》等，都为后世广为传诵。

小说　魏晋南北朝时期小说已粗具规模，并开始繁盛。大致有两类作品，一是志怪小说，二是志人小说。(1)志怪小说，专门记载鬼神怪异故事。这类小说保存至今的有 30 多种，代表作是东晋干宝著的《搜神记》，其中记载了一些著名故事，如《干将莫邪》《李寄》《韩凭夫妇》《董永》等，其人物描写与故事情节已具小说的特色。《搜神记》中的许多故事为后人所用，对后世小说、戏曲的创作都有很大影响。(2)志人小说，以记载人物的逸闻琐事为主，所以又称轶事小说。代表作是刘义庆的《世说新语》。此书记载汉末至东晋的名人逸事，篇幅短小，却传神。语言简洁隽永，开后世笔记小说先河，也是小品散文的典范。

四、唐代文学

唐朝把中国封建社会带进了一个鼎盛的时代。以诗赋取士的科举制的确立等，有力地促进了唐代文学的繁荣发展。

唐代诗歌 唐代诗歌是我国古代诗歌发展的高峰。唐诗的发展，一般划分为初唐、盛唐、中唐、晚唐四个时期。(1)初唐前期的诗歌是对齐梁余风的承袭，其主要代表人物是上官仪，上官仪的诗风在当时影响最大，以至于形成一种浮华靡丽的“上官体”。初唐后期，诗坛上出现了王勃、杨炯、卢照邻、骆宾王四位杰出诗人，时称“四杰”。继“四杰”之后，陈子昂是唐诗革新的先驱者，他自觉地奋起反对梁陈余绪，要求恢复《诗经》“风雅”传统，倡导汉魏风骨，为唐诗健康发展做出了巨大贡献。(2)“盛唐”指唐玄宗开元元年至唐代宗永泰元年。这一时期，诗坛上百花吐艳，名家如林。以高适、岑参为代表的边塞诗派，以王维、孟浩然为代表的山水田园诗派，都产生于这一时期。伟大的浪漫主义诗人李白和伟大的现实主义诗人杜甫，无疑是“盛唐之音”最杰出的代表。李白，人称“诗仙”，他性格傲岸独立，风度飘然欲仙，他的诗澎湃着无限的激情，充溢着神奇的想象。无论是乐府还是歌行还是绝句，都能运用得潇洒自如，都能体现他人格的魅力。李白的魅力，就是盛唐的魅力。杜甫，人称“诗圣”，是因为他有着古圣人般忧国忧民的情怀和历史学家的忠实严谨，他的笔始终紧扣时代的脉搏，记录着唐王朝由盛而衰的足迹。在唐代只有他的诗才有资格被称作“诗史”。(3)中唐。由于安史之乱的影响，诗坛也很不景气，到唐宪宗元和年间才又出现活跃的景象。以白居易为代表的新乐府诗派，发展了杜甫“即事名篇”的传统，大量创作新题乐府，反映民间疾苦，抨击种种弊政，掀起了又一次现实主义高潮，为唐诗的复兴做出了不可磨灭的贡献。白居易是唐代诗作流传下来最多的一位诗人。同时，韩愈、孟郊诗派艺术上刻意求新，奇特险怪、别具一格；柳宗元托山水以抒幽愤、写田家以寄性情；刘禹锡学习并创作民歌，给诗坛增添新品种，怀古、讽刺，名篇迭出；李贺力避蹈袭，奇诡警迈，异军突起，自成一家。上述诸家，共同构成了色彩斑斓的元和诗坛，形成唐诗发展史上的又一个高峰。(4)晚唐。反映到诗歌领域，便是感伤、颓废的气息增浓和雕章琢句的风气盛行。这是唐诗发展的夕阳返照时期。杜牧、李商隐(后人称之为小李杜)继承李白、杜甫传统，诗歌艺术成就很高，但气度、魄力大为不如；温庭筠诗作浓艳纤巧，为晚唐形式主义诗风的代表；唐末，皮日休、聂夷中、杜荀鹤等诗人，发扬新乐府的精神，但艺术成就不够高。

唐代散文 唐宋古文运动是指唐代中期以及宋朝以提倡古文、反对骈文为特点的文体改革运动。因涉及文学的思想内容，所以兼有思想运动和社会运动的性质。“古文”这一概念由韩愈最先提出。他把六朝以来讲求声律及辞藻、排偶的骈文视为俗下文字，认为自己的散文继承了两汉文章的传统，所以称“古文”。韩愈提倡古文，目的在于恢复古代的儒学道统，将改革文风与复兴儒学变为相辅相成的运动。在提倡古文时，进一步强调要以文明道。除唐代的韩愈、柳宗元外，宋代的欧阳修、王安石、曾巩、苏洵、苏轼、苏辙等人也是其中的代表。

唐代传奇 是唐代兴起的文言短篇小说。它的兴盛是我国古代小说发展史上的一大演进，已形成名副其实的小说样式。唐传奇虽源于志怪，但在内容方面由志神鬼之怪，而渐进为述人世之奇。

唐五代词 词是产生于唐代的又一种新文体，与唐代城市繁华和燕乐有关。为了适应乐曲的需要，渐渐形成句子长短不齐而有规定体制的文字格式。中、晚唐就有文人参与词的创作，五代十国时期，文人词已经很兴盛。

五、宋代文学

宋词的兴盛和发展 词的创作至宋代形成高峰。(1)北宋前期，承袭晚唐五代词风的有晏殊、欧阳修，词作亦各具特色。柳永是北宋婉约派代表词人，对词的发展有卓越贡献。他突破了词的狭窄的传统题材，使之“声色大开”。(2)柳永大量制作慢词，把慢词发展成为与小令双峰并峙的一种成熟的文学样式。柳词的语言平易、通俗、口语化，和谐悦耳，在当时影响颇大。(3)苏轼在我国词史上具有极其重要的地位，他不仅彻底打破了自晚唐五代以来所谓“词为艳科”的传统，而且冲破了传统的所谓“诗庄词媚”的界限；开“豪放词”派新风，拓展了词的题材，扩大了它反映生活表达感情的天地，促成了词的内容和风格的多样化。宋词成为有宋一代的代表性文体，苏轼是重要人物。(4)北宋中后期词人颇多，成就较大的有晏几道、秦观、贺铸和周邦彦。晏几道词风似父而造诣过之。工于言情，其小令语言清丽，感情深挚，尤负盛名。多写爱情生活，是婉约派的重要词人。秦观的词主要写男女爱情和个人不幸际遇，情调低沉感伤，但作品具有鲜明的形象性和强烈的感染力，语言自然、清新。贺铸有少数抒写人世沧桑或个人闲愁的作品比较出色。周邦彦，后人称他为“婉约词之集大成”者。周邦彦精通音律，能自度曲，掌管朝廷音乐，长于审音创调，其词作更是音律精审，声韵谐美。(5)南渡前后的李清照，词兼众家之长，而又蔚然独成一家。她早期的词，主要是思慕爱情和歌颂自然，风格清新明媚；晚年的词，多写国破家亡，孀居孤苦之感，风格沉郁悲凉。她的词具有很高的艺术境界，并在词论方面有所建树，是我国文学史上杰出的女词人。(6)南宋初期有豪放派词人辛弃疾及张元干、张孝祥、陈亮、刘过等，承苏轼词的豪放风格，融进抗金救亡的时代内容，成为南宋爱国词派的代表。辛弃疾更是南宋词坛豪放词派的集大成者，爱国词人的首领。他的爱国词，豪放中见沉郁，无不体现着他请缨无路、报国无门的愤懑。他归隐后写作的田园词，为词坛注入了一股清新质朴的气息，充分体现了他对生活的感悟和词风的多样化。(7)南宋后期，格律派词人姜夔，精于审音度曲，继承周邦彦的传统，严求格律声韵，讲究锤字炼句，艺术技巧上刻求工精。他虽追求形式美，但不流于轻艳浮靡。格律派词人还有史达祖、吴文英等。

宋代诗歌 最能反映宋诗特色的代表诗人是苏轼和黄庭坚。(1)苏轼的诗,写景说理抒情,自由奔放,刚柔相济。由于苏轼在艺术上有很强的兼容性,故他能超越同时代的许多诗人。苏轼的诗,代表着宋诗的最高成就。但也有人批评苏诗散文化、议论化的倾向。(2)北宋末南宋初,追随黄庭坚的诗人形成了一个江西诗派。黄庭坚的诗文人气和书卷气特别浓厚,诗中的人文意象格外密集。黄诗在用词造句、体制格律上也很下功夫。黄庭坚喜欢论诗,给青年人许多具体的指导。(3)中兴四大诗人(陆游、杨万里、范成大、尤袤)中以陆游最为杰出。①陆游诗歌内容极为丰富,其中最主要的内容是抗金爱国方面的。爱国主题不但贯穿了他长达六十年的创作历程,而且融入了他的整个生命,成为他诗歌的灵魂,陆游的诗歌把爱国主题推向了巅峰,对后人产生了极为深远的影响。陆游写山水景物和书斋生活的诗,因描写生动、语言清新,也颇受明清诗人喜爱。陆游擅长七言诗,他的七古、七律和七绝的成就都很高。陆游晚年的有些诗有字句和诗意重复出现的现象。②范成大与杨万里都曾受到江西诗派的影响。但范成大是一位爱国诗人,也是田园诗的集大成者,他的《四时田园杂兴》拓宽了田园诗的题材与境界,他的使金诗具有高尚的民族气节。杨万里的诗以描写自然风物和日常生活为主。他最终摒弃了江西诗派的影响,创立了活泼自然的"诚斋体"。(4)南宋诗坛,不受江西诗派影响的,一是永嘉四灵(徐灵晖、徐灵渊、翁灵舒、赵灵秀),诗宗晚唐;另一是严羽,诗宗盛唐,著有《沧浪诗话》,为我国著名诗论。

北宋的古文运动 古文运动是中唐韩愈、柳宗元所领导的古文运动的继续和演进。北宋中期,欧阳修作为文坛领袖,极力反对晚唐至宋初期的浮靡文风,进一步倡导复兴古文。在他的大力荐引下,"三苏"、王安石、曾巩等人的诗文名重一时,这样,就形成了一股强劲的"复古"实力,掀起了大规模复古运动。他们继承并发展了韩、柳所倡导的古文运动。在理论上,坚持以道为主、文道统一,强调"道"对"文"的决定作用。欧阳修提出"文简而意深""意切而言缓"等观点,苏轼提出"辞达""随物赋形"等理论,从而开创了富有特色的宋代散文的新局面。(1)欧阳修的文章,不论是议论、叙事、抒情、写景,都能做到平易畅达,曲折婉转。(2)苏轼的文章风格雄健奔放,挥洒自如,"文理自然,姿态横生",达到很高的境界。(3)苏洵擅长策论和经论,文章纵横捭阖,铺张扬厉,有战国策士权谲机变之风。(4)苏辙的文章,汪洋平淡、明白晓畅,不自铸伟词以求色泽尖新。(5)曾巩的文章,风格近于欧阳修,以平易自然、迂徐委曲为主,并力避板滞少变、木质少文之病。(6)王安石的文章,以议论见长,他的政论文在唐宋八大家中最为突出。不论是长篇还是短制,都结构严谨,说理透彻,语言朴素简洁,概括性很强。唐宋散文八大家,宋代占有六位。他们不懈地努力,推进了古文运动,确立了具有特色的宋代文风,对后世文学发展具有深远影响。

市民文学 "瓦舍""勾栏"等娱乐场所中最流行的是说话,其中最重要的是小说和"讲史"。它对中国古代白话小说的发展起过相当大的作用。宋代宫廷和瓦舍勾栏中演出的杂剧,南宋时期在温州一带流行的南戏,都是中国戏剧的重要源头。

同时期的辽、金文学,其文学观念以及创作较少拘谨,作品较多地表现出率真任情的特色。金末诗人元好问,足以与南宋诸大家并立。金代的市民文学在有些方面甚至占据着领先的地位。董解元的《西厢记诸宫调》(王实甫《西厢记》的前身),就代表了当时说唱文学的最高水平。

六、元代文学

元代蒙古族入主中原,士之地位之空前下降,使得文人与一般民众联系加强,文人思想情趣发生变化,元代文学呈现出异常活跃而繁荣的局面。

散曲 散曲应是"元曲"的一部分。作为一种新的抒情诗体,它既承继了传统诗词的某些因素,又鲜明地体现出元代文学的新精神。曲是继词而兴起的一种合乐诗体。和词一样,起源于民间。"南曲"产生于北宋而兴盛于明,"北曲"产生于金、元时期,而兴盛于元。包含性质不同的两种文体:一是所谓散曲,是一种配合音乐可歌的长短句,和词相类似,属于诗歌一类;另一是戏曲,又称杂剧,属于歌剧一类。散曲的体制:从结构形式看,可分为小令和套数两类。(1)小令,又叫"叶儿",是一种短小单只的曲子,相当于一首单调令词。(2)套数,又称套曲或散套。它是由若干支曲子联组而成的作品,规则要求是:曲子必须属于同一宫调,押同一韵脚,有首有尾,特别是结束时必须用煞曲、尾曲,以示首尾完整和音乐的结束。散曲在体式、声韵格律、语言运用等方面,都与诗、词有明显区别。散曲发展的前期,主要作家有关汉卿、马致远、白朴、张养浩等,后期主要作家有张可久、乔吉、睢景臣、刘时中、贯云石等。(1)关汉卿,前期著名的散曲家。他的作品内容丰富,风格多样。(2)马致远,也是早期颇负盛誉的散曲作家。其作品多写隐逸,主要艺术特色是:形象鲜明,意境高远,语言简练,声调和谐。(3)白朴的散曲多写男女爱情、自然风光和隐逸生活。(4)张养浩,有一部分作品反映人民的痛苦生活,深刻感人,有浓厚的现实感,显示出散曲创作的新特色。(5)张可久,后期最著名的散曲作家,毕生专作散曲,传世作品有八百余首。

杂剧 在元代文学中,首先崛起的是杂剧,它标志着中国戏剧的成熟与繁盛。前人把元杂剧与元散曲合称为"元曲",与唐诗、宋词并举,各作为一代文学中最具有特色的代表。杂剧把歌曲、宾白、舞蹈等有机地结合起来,开始形成了具有独特民族风格的戏曲艺术形式。杂剧的角色分工已很细密,有正末、正旦、副末、贴旦、搽旦、净、丑等。杂剧的剧本主要由曲词和宾白组成。"元曲四大家"指关汉卿、白朴、郑光祖、马致远四位元代杂剧作家。关汉卿代表作为《窦娥冤》、马致远代表作为《汉宫秋》、白朴代表作为《梧桐雨》、郑光祖代表作为《迷青琐倩女离魂》。王实甫(代表作《西厢记》)的成就不在上述四人之下。

南方地区,还流传着一种用地方曲调演唱的"南戏",其体制、声腔、乐器、风格与杂剧均有不同。

七、明清文学

(一)明代文学

明代文学的主要成就是小说和戏曲。

1.明代小说

明代的小说创作,无论是长篇还是短篇,都呈现了空前繁荣的盛况。

长篇小说以"四大奇书"为代表。

历史小说 《三国演义》,作者元末明初罗贯中。《三国演义》是中国文学史上第一部成熟的长篇章回体历史演义小说,也是一部最杰出的写战争的小说。全书以蜀汉为中心,抓住三国矛盾斗争的主线,井然有序地展开了一幅三国时期恢宏壮阔的历史画卷。成功地塑造了许多千古不朽的艺术形象:刘备是仁者的化身,曹操是奸雄的化身,关羽是忠义的化身,诸葛亮是智慧的化身。

英雄传奇 《水浒传》,作者元末明初施耐庵。《水浒传》是英雄传奇小说的开创之作。写了一次农民起义的全过程,通过对官逼民反过程的描述,深刻而又广泛地揭露了封建统治阶级的罪恶,热情地歌颂了起义的英雄人物。作者善于在具体的现实环境中刻画人物性格,还善于运用夸张、渲染、对比的手法突出英雄人物的性格,其主要英雄人物(梁山一百零八条好汉),都有其鲜明的性格特点。

神魔小说 《西游记》,作者明代吴承恩。这是一部神话小说,写唐僧取经的故事。孙悟空是全书的中心人物,是一个神话英雄形象,取经的故事是全书的主体。作者通过神话故事,表达了他对现实的愤激之情,讽刺和批判了各种邪恶势力,歌颂了孙悟空的正义勇敢的斗争精神。作者采用浪漫主义的创作方法,描绘了一个光怪陆离的神魔世界,塑造了神奇美丽的艺术形象。神话人物的塑造,既有人的个性,又有动物的特点,形象鲜明生动。具有幽默诙谐的艺术风格。

世情小说 《金瓶梅》,作者明代兰陵笑笑生。故事由《水浒传》"武松杀嫂"一段推衍而成。全书以土豪恶霸西门庆为中心,描写了他巧取豪夺横行乡里的种种劣迹及其荒诞无耻的生活,具体地暴露了明中叶封建社会及封建统治阶级的腐朽与罪恶。有些描写过于细碎,特别是大量的色情淫秽的描写,严重地损害了它的美学价值。

《三国演义》《水浒传》《西游记》《金瓶梅》这四部巨著,被称为"四大奇书"。

明代中叶的短篇小说,也十分发达。以冯梦龙和凌濛初的"三言二拍"为代表。

"三言二拍" 明代的冯梦龙搜集了大量的话本与拟话本,在此基础上加工改造成"三言"(《喻世名言》《警世通言》《醒世恒言》)。"三言"中有许多优秀的篇目,如《灌园叟晚逢仙女》《杜十娘怒沉百宝箱》等。这些作品主题集中、思想倾向进步,情节曲折跌宕,人物的刻画细致。特别是细致的心理描写,深刻地揭示出人物思想感情的复杂性。"二拍",即《初刻拍案惊奇》《二刻拍案惊奇》。"二言"是明代凌濛初应书商之要求,"取古今来杂碎事可新听睹、佐谈谐者,演而畅之",基本上是一部个人的白话小说创作专集。

2.明代戏剧

明代戏剧是沿着杂剧和传奇两条线发展的。代表作分别是徐渭的"四声猿"和汤显祖的《牡丹亭》。

"四声猿" 明代才子徐渭所作的四部短剧,包括《狂鼓史渔阳三弄》(简称《狂鼓史》)、《玉禅师翠乡一梦》(简称《玉禅师》)、《雌木兰替父从军》(简称《雌木兰》)、《女状元辞凰得凤》(简称《女状元》)。"四声猿"的取名应取自巴东三峡民谣"猿鸣三声泪沾裳",意思是猿鸣三声足以堕泪,何况四声。徐渭实际上开创了以南曲作杂剧的新写法。他的剧作从内容、精神到形式,都给当时和后世的剧坛带来了积极影响。

"临川四梦" 明代汤显祖创作的传奇(剧本),即《牡丹亭》《紫钗记》《南柯记》《邯郸记》。

其中《牡丹亭》影响最大，刊行于明万历四十五年(1617年)，该剧描写了官家千金杜丽娘对梦中书生柳梦梅倾心相爱，竟伤情而死，化为魂魄寻找现实中的爱人，人鬼相恋，最后起死回生，终于与柳梦梅永结同心的故事。《牡丹亭》文辞典雅，语言秀丽。

3.明代诗文

明代的诗歌、散文和小说、戏剧相比，成就较差。其中“公安派”的小品文，尚属可圈之点。

小品文 是晚明文学的奇葩，代表作家为“公安派”。公安派是明代后期出现的一个文学流派，“公安三袁”是公安派的领袖，其中袁宏道声誉最高，成绩最大。公安派反对前七子和后七子的拟古风气，主张“独抒性灵，不拘格套”，发前人之所未发。其创作成就主要在散文方面，清新活泼，自然率真，但仍多局限于抒写闲情逸致。袁宏道的《徐文长传》是一篇著名的人物传记。

(二)清代文学

清代文学呈现出蔚为大观的景象。

1.清代小说

清代文学以小说创作的成就为最。

《红楼梦》 作者清代曹雪芹。曹雪芹生前完成了八十回，初稿题名为《风月宝鉴》，以后又称《石头记》。后四十回据说是高鹗、程伟元补写的。全书以贾府由盛而衰和贾宝玉、林黛玉、薛宝钗的爱情婚姻悲剧为主要线索，真实而生动地刻画了封建社会末世的种种人情世态，全面、深刻地批判了封建社会、封建礼教、封建思想。《红楼梦》是一部伟大的现实主义小说，是我国古代小说的巅峰之作。《红楼梦》与《三国演义》《水浒传》《西游记》，被称为中国的四大名著。

《儒林外史》 作者清代吴敬梓。小说主要写封建社会末期在科举制度下的各种知识分子的故事。揭露八股科举弊端，批判功名利禄观念，是小说的中心内容。《儒林外史》是一部比较典型的批判现实主义作品，也是中国讽刺小说的代表作。他以封建科举文化病态为讽刺和反思对象，寓庄于谐，寓哭于笑。将严肃写实、犀利讽刺、合理夸张、冷静解剖熔为一炉，别具一格。

《聊斋志异》 作者清代蒲松龄。小说继承魏晋志怪的传统，以谈狐说鬼的方式，揭露黑暗腐败的政治和科举制度的弊端，表现了反对封建礼教和封建婚姻制度以及同情被压迫人民的立场。在艺术上代表着我国文言短篇小说的最高水平。

2.清代戏曲

清代戏曲在元明戏曲的基础上有了新的发展。

清初洪昇的《长生殿》、孔尚任的《桃花扇》，借爱情故事，反映一代兴亡，是清代最负盛名的两出戏。

3.清代诗歌、散文

名家迭出，流派众多。

“性灵派” 性灵派主要活跃于清中叶，以乾嘉时期大诗人袁枚、赵翼、张问陶等为代表，在文学创作上主张直接抒发人的性灵，表现真实情感，反对复古模拟风气，在近代和现代文学史上产生了重大影响。袁枚散文代表作《祭妹文》，哀婉真挚，流传久远，古文论者将其与唐代韩愈的《祭十二郎文》并提。

“桐城派” 建立了清代正统“古文”的阵营。桐城派以其文统的源远流长、文论的博大精深、著述的丰厚清正而闻名，在中国古代文学史上占有重要地位。戴名世、方苞、刘大櫆、姚鼐被尊为桐城派“四祖”。代表作品有：方苞的《狱中杂记》《左忠毅公逸事》，姚鼐的《登泰山记》等。

第二章　中国现当代文学概要

20 世纪中国文学走过一条曲折的道路，取得了令人瞩目的成就。

诗　歌

第一部白话诗集《尝试集》　“五四”文学革命在创作上是以新诗为突破口的，而新诗的改良运动则是从诗歌的形式的解放入手的。胡适在梁启超早年“诗界革命”的基础上，主张“作诗如作文”，提倡“诗体的解放”“诗的经验主义”，其核心就是他所说的“言之有物”，也即“有我”与“有人”。从 1917 年《新青年》4 卷 1 号发表第一批新诗（有胡适的《鸽子》、刘半农的《相隔一层纸》、沈尹默的《月夜》等），到 1920 年胡适的《尝试集》出版，新诗在一片反对声中逐渐站稳了阵脚。《尝试集》是中国第一部白话诗集。

第一个新诗刊物《诗》月刊　早期白话诗主要发表在《新青年》《新潮》《少年中国》《星期评论》《学灯》《觉悟》等“五四”新文化运动的重要阵地上；第一批白话诗人如胡适、刘半农、周作人、沈尹默、俞平伯、康白情都是新文化运动的骨干，连李大钊、陈独秀、鲁迅也都写过新诗，这说明了新诗与“五四”思想革命的密切联系。1922 年，叶绍钧、刘延陵、朱自清等以“中国新诗社”名义创办第一个新诗刊物《诗》月刊。

《女神》和湖畔诗派　“开一代诗风”的新诗，出现在 20 世纪 20 年代初。1. 1921 年郭沫若的《女神》出版，以狂飙突进的精神展示了“五四”精神，诗歌塑造了自我抒情主人公的形象，以自由诗的形式和雄奇的风格为新诗开拓了道路。2. 1922 年，汪静之、冯雪峰、潘漠华、应修人等出版了他们的合集《湖畔》，同年还出版了汪静之的个人诗集《蕙的风》，1923 年又有合集《春的歌集》出版，文学史上称这四位诗人为“湖畔诗人”。“湖畔诗人”天真、开朗的自我抒情主人公形象，体现了诗人个性与时代精神的结合。在某种意义上，与《女神》中叛逆、创造的自我抒情主人公形象是互相补充的。

小诗体　1923 年，冰心的《繁星》与《春水》，以及宗白华的《流云小诗》出版，引起了人们对“小诗体”的关注与兴趣。小诗是一种即兴式的短诗，表现作者的刹那感受，寄寓人生的哲理或美的情思，由客观描写转向内心。篇幅短小，却包含了丰富的内涵，在新诗发展历史上具有过渡意义。

新月派诗歌　是中国新诗创作进入自觉时期的标志。1927 年前，以北京《晨报副刊·诗镌》为基本阵地，闻一多、徐志摩、朱湘、饶孟侃、孙大雨等组成前期“新月派”，一是要在新诗与旧诗之间架起一座桥梁，二是把创作的重心由“白话”转移到“诗”自身。所以他们提出了“理性节制情感”的美学原则和形式格律化的主张。在创作中将直抒胸臆变为主观情愫的客观对象化，强调诗歌的“三美”主张：建筑美、音乐美、绘画美。因此，这一诗派也被称为新格律诗派。主要作品有闻一多的《红烛》《死水》，徐志摩的《志摩的的诗》《猛虎集》，朱湘的《夏天》《草莽集》。

中国诗歌会　1932 年 9 月中国诗歌会成立，它是“左联”领导下的一个群众性诗歌团体。作为其前驱诗人的殷夫把自己生命献给了革命与诗歌。中国诗歌会的发起人有穆木天、蒲风、杨骚、任钧（卢森堡）等人。强调“自我”在“集体”“小我”在“大我”中融合。在诗歌形式上，中国诗歌会诗人提出了“歌谣化”的主张，主要的诗人、诗作有蒲风的《茫茫夜》《迎着狂风和暴雨》，穆木天的《在喀林巴岭上》，殷夫的《孩儿塔》等。

现代派　20 世纪 30 年代现代派诗人是由后期新月派和 20 世纪 20 年代末的象征诗派演变而来的。现代派诗人主要有戴望舒（代表作《雨巷》）和“汉园三诗人”——何其芳、李广田、卞之琳，以及废名、林庚、李白风、金克木等。

艾青　20 世纪 30 至 40 年代的代表诗人是艾青，他的诗歌在中国新诗发展史上完成了历史的“综合”。一方面坚持中国诗歌会“忠实于现实的，战斗的”传统，另一方面又克服其“幼稚的叫喊”的弱点，进一步丰富和发展了新诗。艾青的诗歌主要有《我爱这土地》《雪落在中国的土地上》《给太阳》等。艾青的诗歌从感觉出发，注重诗歌的色彩，强调捕捉瞬间感受，具有广阔的象征意义。其代表作为《大堰河——我的保姆》。

七月诗派　在艾青的影响下，以理论家兼诗人胡风为中心，以《七月》及以后的《希望》《诗垦地》《诗创作》《泥土》《呼吸》等杂志为基本阵地而形成的青年诗人群，其主要代表诗人有鲁藜、绿原、冀汸、阿垅、曾卓、芦甸、孙钿、方然、牛汉等人，他们以提倡革命现实主义与自由诗体为主要旗帜。绿原，被公认为七月诗派的代表诗人之一。

其他　20 世纪 30 年代诗歌，除中国诗歌会之外，值得注意的诗人还有臧克家和他的《烙印》。

20 世纪 40 年代，在解放区、敌后根据地，“新歌谣”李季的《王贵与李香香》堪称歌谣体新诗的代表作。

归来者的诗歌　20 世纪 80 年代初，诗歌创作主要是归来者的诗歌和朦胧诗。归来者主要是“胡风分子”“右派”和“文革”搁笔的诗人，如艾青、绿原、曾卓、公刘、邵燕祥、流沙河、牛汉、郑敏、蔡其矫、昌耀等。他们的诗歌，或反思“文革”灾难，或反映真实生活，或沉思知识分子命运，或探索生命悲剧的意义，具有很高的社会意义和价值。

“朦胧诗”　20 世纪 80 年代初，与归来者并行的是“新潮诗歌”。主要是指北岛、舒婷等青年诗人的创作。“朦胧诗”的主要代表诗人与作品有北岛的《回答》《结局或开始》，舒婷的《双桅船》《致橡树》，顾城的《黑眼睛》，江河的《纪念碑》《葬礼》，杨炼的《大雁塔》《诺日朗》。

海子　1989 年是中国诗歌嬗变的临界，这年 3 月，海子在山海关卧轨自杀。海子的《面朝大海，春暖花开》影响广泛。

散　文

中国是一个散文的国度。现代中国文学的开始，应该说首先是从白话的散文和诗歌开始的。

鲁迅 “五四”时期，是散文革故鼎新自由发展的时期。鲁迅引起文坛普遍注意，其作品长久被视为散文诗的经典，还是在1920年写成《野草》后。而写于1926年的《朝花夕拾》则表现出另一种优美余裕的风致。鲁迅和他的杂文、散文，更成为这一时期文学的绝美景观。

周作人 现代散文大家。他最早从西方引入“美文”的概念，提倡“记述的”“艺术的”叙事抒情散文，“给新文学开辟了一块新的土地”；之后，他又形成了一整套的散文理论，中心是强调以自我为中心，提倡“言志”的小品文，他认为这种小品文是“个人的文学尖端”。周作人写于20世纪20年代的《北京的茶食》《故乡的野菜》《苦雨》《喝茶》《乌篷船》等，都是现代散文的名粹。许多日常生活的小事，一经过他的笔墨点染，就透露出某种人生滋味，有特别的情趣。尽管那种情趣可能未免落寞、颓废，适合所谓“中年心态”。

作品与周作人的言志散文风格相近，形成同一流派的散文作家还有俞平伯、钟敬文、冯文炳(废名)等。

冰心和冰心体 “五四”散文创作，坚持缜密、追求漂亮的作家人数比冲淡一派多，主要是文学研究会的作家。冰心的“冰心体”散文满蕴着温柔，微带着忧愁的清丽风格，得到了许多青年的喜爱。她的《往事》《山中杂记之七——说几句爱海的孩子话》都空灵缠绵，纤细澄澈。

朱自清 是极少数能用白话写出脍炙人口的名篇的散文家。《桨声灯影里的秦淮河》《绿》《荷塘月色》是他写景抒情的名篇，都体现出作者对自然景物的精确观察，对声音、色彩的敏锐感觉。通过千姿百态、或动或静的鲜明形象，巧妙的比喻、联想，融入自己的感情色彩，便构成细密、幽远、浑圆的意境。

丰子恺 20世纪20年代中期开始写小品，结集的有《缘缘堂随笔》。他的作品特殊之处在于以某种佛理的眼光去观察生活，在世俗中发现事理，将琐屑的事物叙说得娓娓动听。笔调平易朴实，文章萧疏淡远。

文学研究会 1921年1月4日，新文学运动中成立最早、影响和贡献最大的文学社团之一，由周作人、郑振铎、沈雁冰、郭绍虞、朱希祖、瞿世瑛、蒋百里、孙伏园、耿济之、王统照、叶绍钧、许地山十二人发起，其宗旨是“研究介绍世界文学，整理中国旧文学，创造新文学”。散文作品主要有：许地山的《空山灵雨》，叶圣陶的《藕与莼菜》，郑振铎的《山中杂记》，茅盾的旅日时期的散文(收入《宿莽》集)。

创造社 1921年6月上旬，留学日本的郭沫若、成仿吾、郁达夫、张资平、田汉、郑伯奇等人于日本东京成立创造社。“五四”时期，创造社作家的散文也是不可忽视的。郁达夫坦诚、率真、热情的散文，使他成为独树一帜的散文家。他认为，现代散文，“更带有自叙传的色彩”。他的《归航》《给一个文学青年的公开状》《一个人在途上》都写得恣肆酣畅、情感充沛。

语丝派 语丝派散文也有不少佳作。林语堂曾是《语丝》的主要撰稿人，1932年9月，他创办了《论语》半月刊，1932年和1934年，又先后创办了《人间世》与《宇宙风》两刊，都以发表小品文为主，提倡幽默、闲适和独抒性灵的创作。他主张“以自我为中心，以闲适为格调”，“宇宙之大，苍蝇之微，皆可取材”。20世纪30年代是林语堂散文创作的高峰期，从1932年《论语》创刊，到1936年去美国，他的散文有《剪拂集》《大荒集》《我的话》等。

“鲁迅风” 在20世纪30年代，影响比较大的有瞿秋白、茅盾、唐弢、徐懋庸、聂绀弩等。

他们的杂文基本上都如"鲁迅风"般简明、犀利，贴切泼辣。散文作家、作品有茅盾的《风景谈》《白杨礼赞》，艾芜的《漂泊杂记》《山中牧歌》，吴组缃的《黄昏》《泰山风光》，萧红的《过夜》《蹲在洋车上》等。

京派散文　20 世纪 30 年代，聚居北京的"京派"作家写出了大量优秀的散文作品。何其芳、李广田、吴伯箫、师陀、沈从文、萧乾，都是京派卓有建树的散文家。

"开明派"　叶圣陶、夏丏尊、丰子恺，他们都是上海立达学园的同事，1924 年创办刊物《一般》。

其他　1937 年到 1941 年的"孤岛时期"的上海，值得注意的作家是张爱玲，她的散文大多收入《流言》。抗战时期的散文作家、作品较为突出的有梁实秋的《雅舍小品》，沈从文《湘行散记》《湘西》，萧红《怀念鲁迅先生》，巴金《醉与梦》《黑土》《龙·虎·狗》等。

新中国散文　20 世纪 80 年代开始时，作为 60 年代初散文"复兴标志"的杨朔、秦牧、刘白羽的散文仍在读者中有很大影响，作家也在沿袭他们的模式。如贾平凹最初的《丑石》《月迹》等，仍然不脱杨朔散文的模式。散文面临突破 60 年代的模式，回归个人体验，创新散文艺术的局面。

20 世纪 80 年代前期，反思文革灾难，描述知识分子心路历程，"心交给读者""讲真话"的呼声非常强烈，主要作家、作品有巴金的《随想录》、杨绛的《干校六记》、陈白尘的《云梦断忆》，都从不同侧面展示了民族悲剧，给人以强烈的震撼。

20 世纪 80 年代末到 90 年代末，散文更加多元化，余秋雨、王充闾等人的"文化散文"，张中行、贾植芳等人的"学者散文"，周国平等人的"哲理散文"，史铁生、叶广芩等人的"生命散文"，刘小枫的"宗教散文"，唐敏、叶梦等人的"女性散文"，大仙、王俊义等人的"现代散文"等等，在更广阔的意义上拓宽了散文的创作题材。在散文艺术的探索方面进行了积极的努力。有的作家将小说、戏剧的创作方法引入散文，使散文的形式、语言、结构都发生了很大变化。

小　说

中国文学历史上，小说取得文学的正宗地位，是从"五四"开始的。

鲁迅　1918 年 5 月鲁迅发表于《新青年》第 4 卷第 5 号的《狂人日记》，是现代文学史上第一篇白话短篇小说，它以"表现的深切和格式的特别"开辟了中国小说发展的新时代。《狂人日记》后，至 1922 年，鲁迅又连续写了 13 篇小说，于 1923 年 8 月将这 14 篇小说结集，命名为《呐喊》。1924 年到 1925 年所写的 11 篇小说结集命名为《彷徨》，1926 年 8 月由北兴书局出版。《呐喊》和《彷徨》之所以标志着中国现代小说的成熟，是因为它创造了以《阿 Q 正传》等为代表的现代小说经典作品。

"问题小说"　"五四"时期，新文化运动除旧布新的巨大力量，引出了一批"问题小说"。"问题小说"的主要成绩是建立了现代市镇和乡土文学的基本叙述模式。罗家伦的《是爱情还是痛苦》、俞平伯的《花匠》、叶圣陶的《这也是一个人?》等初显"问题小说"的端倪。冰心的《斯人独憔悴》正式开创了"问题小说"的先河。"问题小说"主要作家、作品有冰心的《超人》《去国》，王统照的《沉思》《湖畔儿语》《一叶》等。"问题小说"的大部分作家后来都成为倾向于现实主义的人生派写实小说作家。

“自叙传”的抒情小说　“五四”时期，在小说领域将“表现自我”的主观性推至极端的，是以创造社作家为主的浪漫主义抒情小说流派。创造社的作家强调小说的主观性与抒情性，作品大多有一个抒情主人公的自我形象。作者不是通过人物性格的刻画，以某种思想意识教化读者，而是直接抒发主人公的强烈感情去打动读者。“自叙传”的抒情小说作为潮流涌起，是从郁达夫1921年出版的小说集《沉沦》开始的。主要作家、作品有郁达夫的《沉沦》、陶晶孙的《音乐会小曲》、叶鼎洛的《前梦》、叶灵凤的《女娲氏之遗孽》等。

乡土小说　此外，在乡土小说的现实主义发展中，以书写田园风光见长的是冯文炳(1926年起用笔名废名)，代表作品有《竹林的故事》。许地山的人生传奇小说也值得重视，他的《命命鸟》《缀网劳蛛》情节曲折，想象丰富，注重以情感人，运用象征和隐喻展示命运，表达了作家对宗教的内在体验。他20世纪30年代的《春桃》，讲述了一个历经磨难的捡破烂女子，如何面对本以为死于战争，却又回归的残废丈夫的故事，将民间仁义与宗教慈爱结合起来。

30年代中国小说繁盛一时，除小说大家鲁迅外，茅盾、老舍、巴金先后出版了长篇小说代表作(茅盾的《子夜》、老舍的《骆驼祥子》、巴金的“激流三部曲”之一的《家》)，对中国现代长篇小说的发展起到了促进作用。青年小说家的小说大致有三个板块，即以“左联”为核心的左翼作家、远离文学党派和商业机制的“京派”和接近市场和读者的“海派”。

京派作家　京派是20世纪30年代前后新文学中心南移上海后继续留在北京活动的自由主义作家群中的一个独特的文学流派，主要成员有周作人、废名、沈从文、李健吾、朱光潜等。“京派”的基本特征是关注人生，但和政治斗争保持距离，强调艺术的独特品格。他们的思想是讲求“纯正的文学趣味”所体现出的文学本体观，审美意识以“和谐”“节制”“恰当”为基本原则。沈从文是京派作家的第一人。京派作家使小说诗化、散文化，充满现实主义而又带有浪漫主义气息。

海派作家　应该是指活跃在上海周围的作家，代表人物有张资平、叶灵凤、穆时英、曾虚白等。他们都以都市青年男女的种种爱情纠葛为写作主题。有人统计1928年前张资平70多万字的小说中，写恋爱的就有55万字。各路作家体现都市文化和商业色彩。其中包括已成流派的“现代派”诗歌、“新感觉派”小说，以及无法归入任何流派的作家如张爱玲、苏青、林徽因。

暴露与讽刺的小说　对全面抗战初期“只写光明，不写黑暗”框套的突破。张天翼的《华威先生》以提供了一个“包而不办”的抗战文化官僚的典型形象而著称。沙汀是抗战年代杰出的讽刺小说家。他的代表作有1940年写的短篇《在其香居茶馆里》，1941年秋写的长篇《淘金记》。沙汀的《丁跛公》《在祠堂里》描写旧中国农村的黑暗，展示了旧中国的罪恶根源，具有深沉滞重的悲剧感。艾芜在抗战环境中明显地转向暴露压迫和苦难，这个时期他的作品主要是三部长篇——《丰饶的原野》《山野》《故乡》。讽刺小说有钱锺书的短篇小说集《人·兽·鬼》和长篇小说《围城》。其他既表现抗战，又有暴露性的小说作品有姚雪垠的《差半车麦秸》、丘东平的《一个连长的战斗遭遇》。

先锋和现代通俗小说　20世纪40年代在沦陷区以上海为中心的都市，小说呈现出先锋和现代通俗小说并行的局面。张爱玲的小说，既贴近都市生活，又展示人性丑陋，故事通俗，手法先锋，因而雅俗共赏。张爱玲作品有《小团圆》《倾城之恋》《金锁记》《红玫瑰与白玫瑰》和《色，戒》等中短篇小说，以及经典的长篇小说《半生缘》。苏青用平实的写实笔调创作的自传体小说《结婚十年》，从一个女性的视角大胆描写男女情事，从 1944 年初版至 1948 年，竟印行了 18 版。

新现实主义小说 解放区小说大多属于新现实主义，作品大多描写解放区的新人。农村题材作品主要有孙犁的《荷花淀》《丈夫》等，康濯的《我的两家房东》，丁玲的《太阳照在桑干河上》，周立波的《暴风骤雨》，欧阳山的《高干大》等。农村题材小说最重要的作家是赵树理。他的小说扬弃了传统章回小说的框架，汲取现代小说的情节、故事结构、评书的写作手法，风格明快、简约、富有幽默感，实现了艺术性与大众性的比较完美的结合，代表作有《小二黑结婚》。军事战争题材作品有刘白羽的《无敌三勇士》，邵子南的《地雷阵》，柯蓝的《洋铁桶的故事》，马烽、西戎的《吕梁英雄传》，孔厥、袁静的《新儿女英雄传》等。

“新时期”以来，小说在复兴“五四”传统，发展小说艺术方面取得了长足的进步。

“伤痕文学” “伤痕文学”的名称，源自卢新华刊登于 1978 年 8 月 11 日《文汇报》的短篇小说《伤痕》。它在“反映人们思想内伤的严重性”和“呼吁疗治创伤”的意义上，得到当时推动文学新变的人们的首肯。随后，揭露“文革”历史创伤的小说纷纷涌现，重要作品有刘心武的《班主任》、张弦的《记忆》、郑义的《枫》、周克芹的《许茂和他的女儿们》等。

“反思文学” 20 世纪 70 年代末 80 年代初坚持小说的“问题意识”，通过表现人物命运，来反思 1949 年以来的政治运动和“文革”灾难。作品有方之的《内奸》、高晓声的《“漏斗户”主》、宗璞的《我是谁》、王蒙的《布礼》《蝴蝶》，谌容的《人到中年》，古华的《芙蓉镇》等。

20 世纪 80 年代中后期，小说出现了新的潮流，比较重要的有“寻根小说”“先锋小说”“新写实小说”“新历史小说”等。

“寻根文学” 其提法出现于 1984 年。当时，以“知青作家”为主体的中青年作家曾经围绕文学“寻根”相互交换意见，开会讨论。他们意识到当代文学的“贫困”，希望通过借鉴西方现代文学来解决新时期文学的发展的难题。希望将自己的文学创作，植根于民族文化的土壤，以中国人的感受来改造西方的观念和形式，以便孕育出别开生面的文学成果。许多作家在小说艺术上进行探索，把对生活场景、细节的描写同象征、寓言相结合。强化叙述意识，强调语言节制、平淡、简洁。主要作品有汪曾祺的《受戒》《大淖记事》，莫言的《红高粱》，韩少功的《爸爸爸》《女女女》，阿城的《棋王》《遍地风流》，郑义的《远村》《老井》，郑万隆的《异乡异闻》，王安忆的《小鲍庄》等。

戏剧文学

话剧 话剧是西方戏剧的一种形式（中国传统戏剧主要是京剧以及与其模式相近的地方戏，如越剧、黄梅戏、秦腔、汉剧等）。中国在五四以前没有话剧的传统。西方侨民于 1886 年在上海西人业余剧团建立了第一个正规剧院——上海兰心剧院，话剧由此传入中国。1907 年 2 月，留学日本的中国学生组织成立了以李叔同、欧阳予倩等为主要成员的春柳社。

在东京演出《茶花女》后，接着又演出了根据林纾翻译小说改编的《黑奴吁天录》，引起了东京戏剧界的轰动。这种以言语、动作为主要表现手段，注重布景、道具、化装、服饰、表演的写实性的新的戏剧形式，被称之为“文明新戏”。中国现代话剧的探索就是从春柳社开始的。通过春柳社以及后来的新剧同志会、春阳社、进化团的努力，文明新戏从国外演到国内，地域不断扩大，从上海、广州等沿海口岸扩大到东北、苏州、长沙、福建、武汉等内地城市，获得了全国性的影响。

“五四”时期活跃在戏剧艺术上的作家、作品主要有胡适的《终身大事》，陈大悲的《幽兰女士》，欧阳予倩的《泼妇》，洪深的《赵阎王》，田汉的《获虎之夜》《南归》《古潭的声音》，白薇的《琳丽》，熊佛西的《一片爱国心》，丁西林的《压迫》。

老舍和他的话剧　老舍(1899 年 2 月 3 日—1966 年 8 月 24 日)，原名舒庆春，另有笔名絜青、鸿来、非我等，字舍予。因为老舍生于阴历立春，父母为他取名“庆春”，大概含有庆贺春来、前景美好之意。上学后，自己更名为舒舍予，含有“舍弃自我”，亦即“忘我”的意思。北京满族正红旗人。中国现代小说家、作家，语言大师、人民艺术家，新中国第一位获得“人民艺术家”称号的作家。代表作有小说《骆驼祥子》《四世同堂》、剧本《茶馆》。

曹禺和他的话剧　曹禺(1910 年 9 月 24 日—1996 年 12 月 13 日)，中国杰出的现代话剧剧作家，原名万家宝，字小石，小名添甲。汉族，祖籍湖北潜江，出生在天津一个没落的封建官僚家庭里。其父曾任黎元洪的秘书，后赋闲在家，抑郁不得志。曹禺幼年丧母，在压抑的氛围中长大，个性苦闷而内向。曹禺自小随继母辗转各个戏院听曲观戏，故而从小心中便播下了戏剧的种子。1922 年，入读南开中学，并参加了南开新剧团。

曹禺笔名的来源是因为本姓“萬”(繁体字)，繁体万字为草字头下一个禺。于是他将万字上下拆为“草禺”，又因“草”不像个姓，故取谐音字“曹”，两者组合而得“曹禺”。

曹禺是中国现代话剧史上成就最高的剧作家。其代表作品有《雷雨》《日出》《原野》《北京人》。

郭沫若和他的话剧　郭沫若(1892 年 11 月 16 日—1978 年 6 月 12 日)，原名郭开贞，字鼎堂，号尚武。四川乐山县人。郭沫若早期创作以诗歌为主。抗战时期，他创作了大量话剧剧本，鼓舞民心士气，包括《屈原》《虎符》《棠棣之花》《南冠草》《孔雀胆》《高渐离》六出历史剧，其中以《屈原》最受欢迎。

第三章　外国文学发展概要

东方文学

一、古代东方文学

《圣经·旧约》(《塔纳赫》)　实际上是一部有关犹太人早期生活的百科全书。《圣经·旧约》也是一部文学巨著,它几乎运用了所有的文学创作形式,如:神话、传说、小说、寓言、戏剧、散文、诗歌、谚语、格言,并独创了先知文学和启示文学,为繁花似锦的世界文学做出了独特的贡献。值得注意的是,在《圣经·旧约》中,犹太人被流放的历史,是一再出现的主题。《圣经·旧约》中的神话传说、英雄故事、诗歌和先知预言等,无论是在思想上还是艺术上,都取得了很高的成就,对后世文学,尤其是对欧洲文学产生深远影响。它与古希腊文学同是欧洲文学的历史源流。

《吠陀》等　古代印度文学丰富多彩,诗歌总集《吠陀》、民间故事集《五卷书》、两大史诗《摩诃婆罗多》和《罗摩衍那》以及迦梨陀娑的诗剧《沙恭达罗》等,都是古代文学的光辉成就。

二、中古东方文学

《一千零一夜》　是阿拉伯民间故事集,又名《天方夜谭》。因其内容丰富,规模宏大,故事曲折离奇,想象瑰丽奇妙,被高尔基誉为世界民间文学史上“最壮丽的一座纪念碑”。

《源氏物语》　是由日本平安时代女作家紫式部创作的一部长篇小说,“物语”是日本的文学体裁。

三、近代东方文学

泰戈尔　拉宾德拉纳特·泰戈尔(1861—1941),印度诗人、文学家、社会活动家、哲学家和印度民族主义者。代表作有诗集《吉檀迦利》《飞鸟集》,小说《碧娜蒂尼》《四个人》《家庭与世界》等。1913 年,他成为第一位获得诺贝尔文学奖的亚洲人。1941 年写作控诉英国殖民统治和相信祖国必将获得独立解放的遗言《文明的危机》。

夏目漱石　夏目漱石(1867—1916),日本近代作家,生于江户的牛迁马场下横町(今东京都新宿区喜久井町)一个小吏家庭,是家中末子。夏目漱石在日本近代文学史上享有很高的地位,被称为“国民大作家”。

西方文学

一、古代欧洲文学

古希腊早期文学的主要成就是神话和荷马史诗。古希腊神话的特点是系统完整，神和人同形同性。荷马史诗《伊利昂记》（一译《伊利亚特》）和《奥德修纪》（一译《奥德赛》）是古希腊最早的文学作品，相传为盲人荷马所作。希腊奴隶制繁荣的"古典时期"是古希腊文学最繁荣的时期，悲剧、喜剧的成就最为突出，产生了三大悲剧诗人和一大喜剧诗人："悲剧之父"埃斯库罗斯（代表作《普罗米修斯》），"戏剧中的荷马"索福克勒斯（代表作《俄狄浦斯王》），最富民主倾向的悲剧诗人欧里庇得斯（代表作《美狄亚》）和喜剧之父阿里斯托芬（代表作《阿卡奈人》），他们开创了悲剧和政治讽刺喜剧的先河。

古罗马文学是欧洲古代文学史上另一个重要时期。它是在古希腊文学的影响下发展起来的，它除了独特的贡献外，还是古希腊文学与欧洲近代文学之间的桥梁。维吉尔是古罗马最重要的作家和诗人，他的代表作史诗《伊尼特》是全部古罗马文学中最重要的作品。

二、中世纪欧洲文学

意大利诗人但丁是欧洲中世纪最伟大的作家。他"是中世纪的最后一位诗人，同时又是新时代的最初一位诗人"（恩格斯语）。他的长诗《神曲》是欧洲文学史上一部具有划时代意义的巨著。分为三部：《地狱》《炼狱》《天堂》。《神曲》用梦幻故事的形式，广泛而深刻地反映了欧洲从中世纪向资本主义过渡时期的社会生活。结构巧妙而严整，用当时意大利口语写成，打破了拉丁文垄断文坛的局面。

三、近代欧美文学

近代文学的繁荣发展主要在欧洲。

（一）文艺复兴时期文学

14 世纪以后，特别在 15－16 世纪，文艺复兴时期形成的资产阶级思想被称为人文主义。**意大利是文艺复兴和人文主义文学的发源地。**彼特拉克是第一个人文主义者。他的诗集《歌集》，首创十四行诗，开一代诗风，为近代资产阶级抒情诗的发展奠定了基础。薄伽丘的著名短篇小说集《十日谈》是近代欧洲第一部现实主义作品。

法国的拉伯雷是欧洲最重要的人文主义作家之一，代表作是长篇小说《巨人传》。

西班牙的人文主义文学极其繁荣，戏剧以维伽的《羊泉村》为代表。"流浪汉小说"以无名氏的《小癞子》最为著名。塞万提斯是欧洲近代现实主义小说的先驱，代表作《堂·吉诃德》是文艺复兴时期欧洲最优秀的长篇小说。小说以史诗般的规模，真实、全面而深刻地反映了 16—17 世纪西班牙的社会现实，成功地塑造了不朽的艺术典型堂·吉诃德。堂·吉诃德的名字遂成为脱离实际，耽于幻想，主观主义的同义语。

英国人文主义文学是文艺复兴时期欧洲文学的顶峰。乔叟是英国最早的人文主义作家，代表作是《坎特伯雷故事集》。托马斯·莫尔是英国早期人文主义运动中最富民主倾向的代表，他的《乌托邦》是近代空想社会主义小说的开端。文艺复兴时期的英国文学，以戏剧的成就最大。

莎士比亚是文艺复兴时期英国最重要的作家，也是世界文学史上的巨匠。他一生写有剧本37部，长篇2篇，十四行诗集一部(154首)，剧作成就最高。他的戏剧创作可分三个时期。早期，以创作历史剧、喜剧为主。《亨利四世》是莎士比亚最好的历史剧。《威尼斯商人》则是最富于社会讽刺意义的喜剧。悲喜剧《罗密欧与朱丽叶》标志着莎士比亚创作的成熟。中期主要成就是悲剧，这是他创作最光辉的时期。《哈姆雷特》《奥赛罗》《李尔王》《麦克白》被称为莎士比亚的四大悲剧。后期，亦称为传奇剧时期。传奇剧代表作《暴风雨》是莎士比亚“诗的遗嘱”。

(二)17世纪欧洲文学

17世纪欧洲文学，数英法两国成就最大。高乃依、拉辛的悲剧，莫里哀的喜剧，达到了这一时期欧洲文学的最高水平。莫里哀是17世纪法国最重要的喜剧作家，文艺复兴时期人文主义者反封建反教会进步传统的继承者。代表作《伪君子》是欧洲古典喜剧的杰作。剧本的锋芒直指教会，突出地批判了宗教的虚伪性和对社会的危害性。

(三)18世纪欧洲启蒙文学

1.英国启蒙文学。**笛福**是英国现实主义小说的奠基人，代表作《鲁滨孙漂流记》反映了资产阶级上升时期要求个性自由，发挥个人才智，勇于冒险，追求财富的进取精神，歌颂了资产阶级向海外扩张的殖民主义政策。它被认为是近代长篇小说的奠基作品之一。**斯威夫特**是一个激进的民主派，代表作讽刺小说《格列佛游记》以精妙的讽刺艺术著称于世。**菲尔丁**是18世纪英国最杰出的小说家。代表作《汤姆·琼斯》通过弃儿汤姆·琼斯和苏菲的爱情故事，反映了18世纪中叶英国的社会生活，涉及面广，形象生动，标志着18世纪英国现实主义小说的最高成就。

2.法国启蒙文学。**卢梭**是法国启蒙运动中的民主派。代表作书信体长篇小说《新爱洛绮丝》描写了一位家庭教师与女学生的爱情悲剧，强烈地控诉了封建道德和封建等级制度。

3.德国启蒙文学。**歌德**是德国最伟大的民族诗人，18世纪中叶到19世纪初期德国最重要的作家，欧洲启蒙文学作家中最杰出的代表。书信体中篇小说《少年维特之烦恼》是他在狂飙突进运动时期最重要的作品，小说成为第一部有重大国际影响的德国文学作品。长篇诗剧《浮士德》是歌德用毕生心血来完成的一部杰作。诗剧通过主人公浮士德努力追求的一生，概括了资产阶级上升时期先进的知识分子不满现实、极力探索人生意义和理想社会的全部过程。

(四)19世纪欧洲浪漫主义文学

1.德国浪漫主义文学。德国最有代表性的浪漫主义诗人是**海涅**。代表作是政治抒情长诗《德国——一个冬天的童话》。

2.英国浪漫主义文学。英国浪漫主义文学的代表作家是拜伦和雪莱。

3.法国浪漫主义文学。法国积极浪漫主义最杰出的代表作家是**雨果**。长篇历史小说《巴黎圣母院》写了副主教克洛德对吉卜赛女郎爱斯梅拉达的迫害。小说情节紧张，戏剧性强，突出了反封建反教会的主题，是这一时期浪漫主义小说的代表作。代表作《悲惨世界》是一部现实主义和浪漫主义相结合的优秀作品。

（五）19 世纪中后期欧美文学

1. 法国是批判现实主义的发源地。19 世纪欧洲批判现实主义文学以法国、英国和俄国成就最高。

(1)法国批判现实主义形成于 19 世纪 30 年代，四五十年代达到高潮。法国批判现实主义文学的奠基人是司汤达和巴尔扎克。**司汤达**的代表作长篇小说《红与黑》是欧洲第一部批判现实主义杰作。**巴尔扎克**的《欧也妮·葛朗台》标志着他批判现实主义风格的形成。他用 20 年的心血和精力，精心铸造出欧洲乃至世界文学史上一座宏伟灿烂的纪念碑——《人间喜剧》，包括 1829—1848 年所写的 91 部小说。这是一部 19 世纪法国社会的"风俗史"，是一部封建贵族的没落衰亡史和一部资产阶级的罪恶发迹史。**福楼拜**代表作是《包法利夫人》。后期重要作家还有**莫泊桑**（代表作《羊脂球》），他是西欧短篇小说成就最高的作家，被誉为短篇小说之王；还有**罗曼·罗兰**（代表作《约翰·克利斯朵夫》）等。

(2)英国批判现实主义文学。

英国批判现实主义文学开始于 19 世纪 30 年代，四五十年代达到繁荣。《艰难时世》是**狄更斯**重要的作品之一。**萨克雷**的《名利场》，通过两个女主人公夏泼和爱米莉娅的不同经历，对英国上流社会的冷酷自私、尔虞我诈、趋炎附势作了揭露和讽刺。**夏洛蒂·勃朗特**的《简·爱》通过女主人公简·爱的个人奋斗的经历，反映了英国资本主义慈善事业的伪善、贵族的腐败、婚姻的商业化和小资产阶级妇女要求独立平等的思想。后期代表作家还有萧伯纳（代表作《巴巴拉少校》）和高尔斯华绥（代表作《福尔赛世家》）。

(3)俄国批判现实主义文学。

普希金　是 19 世纪俄罗斯伟大的民族诗人，俄国积极浪漫主义文学的主要代表和俄国批判现实主义文学的奠基人。其代表作诗体小说《叶甫盖尼·奥涅金》是俄国批判现实主义文学的奠基作品。主人公奥涅金是俄国文学中第一个**"多余人"**的形象。

果戈理　是俄国批判现实主义文学"自然派"的奠基人。他的剧本《钦差大臣》是俄国现实主义戏剧发展史上的重要里程碑。代表作《死魂灵》(第一部)是俄国批判现实主义文学第一部具有高度思想艺术水平的长篇小说。小说通过一群官僚和五个地主的典型，暴露了俄国专制制度和农奴制度的反动、腐朽，展示了农奴制灭亡的历史必然性。

列夫·托尔斯泰　列夫·托尔斯泰的创作标志着欧洲批判现实主义文学的高峰，曾被列宁誉为"俄国革命的镜子"。《战争与和平》《安娜·卡列尼娜》和《复活》三部长篇小说是托尔斯泰的代表作，体现着托尔斯泰的最高艺术成就。在《复活》里，托尔斯泰比较集中地刻画了两个典型形象：一个是"忏悔贵族"的典型聂赫留道夫。一个是被侮辱被压迫的妇女典型玛丝洛娃。作家主要是通过对玛丝洛娃的命运和聂赫留道夫的恶行以及聂赫留道夫为玛丝洛娃申诉而四处活动见闻的描述，勾画出俄国广阔的生活图景，对沙皇俄国的国家制度、教会制度、社会制度和经济制度都做了批判。这种批判的全面性和彻底性达到了他那个时代的最高水平。

契诃夫　是俄国 19 世纪批判现实主义最后一个杰出的作家，他以擅长写短篇小说著称，也写过剧本。他的短篇小说是俄国批判现实主义文学的光辉成就之一。他创作了既幽默又富有悲剧性的短篇小说，反映了社会底层人民的被侮辱被损害的不幸生活，具有深刻的思想意义。代表作有短篇小说《变色龙》《苦恼》《万卡》《第六病室》《套中人》等。契诃夫被誉为世界三大短篇小说大师之一（另两位为法国的莫泊桑、美国的欧·亨利）。

(4)东、北欧批判现实主义文学。波兰作家亨利克·显克微支有历史小说《十字军骑士》。保加利亚作家伊凡·伐佐夫有长篇小说《轭下》。捷克作家伊拉塞克有剧本《约翰·杰式卡》。**安徒生**是19世纪丹麦文学的代表作家。他的成就以童话最为突出，他一共发表了168篇童话和故事，是19世纪第一个赢得世界声誉的北欧作家。**易卜生**是挪威著名的戏剧家。其代表作社会问题剧《玩偶之家》是“妇女独立的宣言书”，流行于世界许多国家。

2. 美国批判现实主义文学

1855年，**惠特曼**的代表作《草叶集》问世，是美国近代文学史上一座光辉的里程碑。南北战争以后，现实社会的深刻变化引起美国文学的变化。这就是浪漫主义文学的逐渐衰退，批判现实主义文学的兴起和发展。

美国批判现实主义文学的最主要的代表作家是**马克·吐温**，他是一个有世界声誉的作家。他以幽默、讽刺的手法，揭露美国资本主义虚伪的民主和自由，揭发美国种族主义对黑人的迫害和美国对外的侵略和扩张。其代表作是小说《哈克贝利·费恩历险记》。

欧·亨利　欧·亨利被全世界读者公认为20世纪初最好的短篇小说家，有“美国的莫泊桑”之称，直到今天，其作品结局的精彩转折依然被称为“欧·亨利式结尾”。《麦琪的礼物》《爱的牺牲》《带家具的出租房间》《生活的陀螺》是一曲曲刻骨铭心的爱情礼赞；《最后一片常青藤叶》《刎颈之交》歌颂感人至深的真挚友谊和善良人性；《警察与赞美诗》写一个流浪汉想躲进监狱以免受冬日的饥寒之苦，数次以身试法却屡试不能如愿，而当他站在教堂前，聆听赞美诗，决心从此振作精神认真做人时反被诬陷入狱，故事结局，使人啼笑皆非。“欧·亨利式结尾”是一种“出其不意，攻其不备”的文章结尾方式。这种结尾方式首先要“蓄势”——制造水到渠成的必然趋势，处处暗示读者必然要产生的某种结局，但到结尾时，却突然来个“反弹琵琶”——与读者的期待恰恰相反，然而，这种意外的结果却又是“出乎意料，合乎情理”。

四、现代欧美文学

(一)欧美现实主义文学

1. 传统现实主义文学

主要作品有法国罗曼·罗兰的《约翰·克利斯朵夫》，美国海明威的《永别了，武器》，英国萨尔默特·毛姆的长篇小说《人生的枷锁》。

2. 社会主义现实主义文学

20世纪初叶，高尔基被列宁称为“无产阶级艺术最杰出的代表”。他的长篇小说《母亲》(1906年)，成为社会主义现实主义文学的奠基作品。奥斯特洛夫斯基的小说《钢铁是怎样炼成的》，马雅可夫斯基的长诗《列宁》，法捷耶夫的小说《青年近卫军》和《毁灭》，肖洛霍夫的《静静的顿河》，绥拉菲莫维奇的《铁流》等，都是苏联社会主义现实主义文学的杰出代表。

(二)现代主义文学

1.现代主义文学

(1)后期象征主义。该流派是在20世纪20—40年代形成的文学流派,在创作方法上,从简单象征发展到意象象征,从个别象征发展到普遍象征,从情感象征发展到情感与理智并举,具有思辨性和哲理性。后期象征主义在文学上的主要成就是诗歌创作。1857年,**法国诗人波德莱尔发表诗集《恶之花》**,标志该流派正式形成,而**英国诗人艾略特的《荒原》**则是该流派的顶峰之作。

(2)表现主义。于20世纪初产生于德国,后蔓延到欧美各国。

表现主义文学善于透过事物的外层表象,展现内在的本质,从人的外部行为提示内在的灵魂,善于直接表现人物的心灵体验,展现内在的生命冲动。表现主义的作家作品首推奥地利**卡夫卡**的长篇小说《美国》《审判》《城堡》,而他的短篇小说**《变形记》**则是表现主义文学的代表作。其次是美国剧作家奥尼尔的《毛猿》《天边外》,瑞典剧作家斯特林堡的《去大马士革》三部曲和《鬼魂奏鸣曲》等。

(3)意识流小说。意识流文学形成于第一次世界大战前后,风行于20世纪20—30年代,以小说成就最大,因此称之为"意识流小说"。意识流小说不重视描摹客观世界,而着力于表现人的内心真实,特别是着力表现人的意识流程、从而打破了传统小说的模式和结构方法,用心理逻辑去组织故事。在创作技巧上,意识流小说大量采用内心独白、自由联想和象征暗示的手法,语言、文体和标点等方面都有很大的创新,这些创作方法后来被现代作家广泛采用,成了现代小说的基本创作方法之一。法国作家马塞尔·普鲁斯特是意识流小说的先驱,长篇巨著《追忆逝水年华》是其代表作。代表作家有爱尔兰作家**乔伊斯《尤利西斯》**,英国女作家伍尔芙,美国作家福格纳、海明威等。

2.后现代主义文学

(1)黑色幽默。它的基本特征是在思想上关注现实,对现实的荒诞感有一种深沉的痛苦和愤怒。所谓黑色幽默,就是阴郁的幽默。它以表面上轻松、调侃、玩世不恭,实则无可奈何的语调叙述深沉而恐怖的故事,从而产生荒诞不经,滑稽可笑的喜剧效果,小说的主人公往往是性格乖僻的"反英雄",情节结构具有非逻辑特性。其代表作家作品有:海勒的《第二十二条军规》、托马斯·品钦的《万有引力之虹》、约翰·巴斯的《烟草经纪人》等。

(2)魔幻现实主义。在现代派文学领域内占有十分重要的地位。它充满了神奇的色彩,这种神奇色彩是由拉美地区特殊现实和思维方式所决定的,是远古神话、信仰、巫术、魔法在文学上的积淀,同时拉美统治的严酷性,不允许作家直接描写现实,迫使他们以光怪陆离的魔幻世界来间接反映现实。魔幻性和现实性均是通过象征、夸张和时空变异等手法来体现的。危地马拉作家安赫尔·阿斯图里亚斯发表的长篇小说《总统先生》被公认为是第一部成熟的魔幻现实主义小说,他的另一部代表作是《玉米人》。墨西哥作家胡安·鲁尔福的名著《佩德罗·巴拉莫》是魔幻现实主义真正成熟的标志。哥伦比亚作家加西亚·马尔克斯是20世纪最有影响力的作家之一,拉丁美洲魔幻现实主义文学的代表人物,诺贝尔文学奖得主,代表作有《百年孤独》。

议论文基础知识

重点作家课文
要点指津 PPT

议论文是以议论为主要表达方式的一种文体。它通过列举事实材料和运用逻辑推理，来阐发对事物的理解和认识，表明对问题的观点和态度。

一篇议论文，通常包含论点、论据、论证三个要素。论点是议论文所阐发的思想观点；论据是文中用来证明论点的根据；论证是论点与论据之间逻辑关系的揭示。这三要素在一篇议论文中缺一不可。

一、论点

中心论点是统领文章内容的总论点，须用简明而准确的语言予以概括。中心论点一般是开门见山，扼要明确。如《新五代史·伶官传序》的中心论点是“盛衰之理，虽曰天命，岂非人事哉”；《谏逐客书》是“臣闻吏议逐客，窃以为过矣”；《论毅力》的中心论点是“有毅力者成，反是者败”等。但有些文章的中心论点，作者在行文中并没有点明，须由读者在综合分析后概括出来，如《寡人之于国也》的中心论点可概括为“以民为本的王道理想”；《秋水》的中心论点可概括为“宇宙无限，人的认识有限”。有些文章的中心论点在行文中，《论快乐》的中心论点是“一切快乐的享受都是属于精神的”等。

在一篇议论文中，作者往往分几个层次、从几个方面来论说中心论点，从而形成几个分论点。分论点围绕中心论点展开，是中心论点的重要内涵，有深化中心论点的作用。如《谏逐客书》一文大致就有三个分论点：第一个分论虽是“此四君者，皆以客之功……客何负于秦哉！”；第二个分论虽是重物轻人“非所以跨海内制诸侯之术也”；第三个分论虽是弃黔首却宾客“所谓藉寇兵而赍盗粮者也”。显然，这三个分论点紧密相连，从历史到现实再到古今对比，层层深入，把“臣闻吏议逐客，窃以为过矣”的中心论点阐发得相当充分而深刻。由于重要的分论点是对中心论点的深入分析，所以往往更具发人深省的现实意义。如《秋水》中认为人的认识总是要受到时间、空间、后天教育限制的观点，《五代史伶官传序》中认为“忧劳可以兴国，逸豫可以亡身”的观点，《论毅力》中认为只有毅力至强方能取得事业最终成功的观点等等，都是语重心长，富有哲理，值得认真体味。

写作议论文时，心中先要有一个大致的“腹稿”——提纲，也就是确立中心论点和分论点的过程。确立了正确、鲜明而有新意的中心论点，文章就有了灵魂，思路就有了线索；确定了几个合理而又有价值的分论点，也就有了行文的层次，有了文章的基本构架。这样，文章也就成功了一大半。

二、论据

议论文的说服力建筑在论据之上。论据大致有两类：一类是事实的材料，另一类是理论的材料。事实材料多种多样:既可以是历史的材料,也可以是现实的材料;既可以是具体的事实,也可以是概括的事实;既可以是统计数字,也可以是亲身经历和感受。理论材料则是事实材料的概括形态,往往已经过实践的检验和证明。它包括先哲的经典著作和至理名言,民间的谚语和俗语,科学上的公理和定律等。一般说来,事实材料是确证论点的最可靠依据,而理论材料则往往体现为考虑问题的思路和方法,将两者结合起来会更有说服力。

阅读议论文,要认真把握其中的重要论据,理解它们分别证明了什么论点。例如:在《寡人之于国也》中,孟子用"狗彘食人食"和"涂有饿莩"来说明当时社会的贫富悬殊、阶级对立;在《论毅力》中,梁启超用五种不同毅力的人的不同结果来说明只有毅力至强方能取得事业的最终成功;在《新五代史·伶官传序》中,欧阳修引用《尚书》"满招损,谦受益"的话来揭示后唐庄宗的亡国原因;在《谏逐客书》中,李斯用四君皆客之功、重物轻人之害和五帝三王与今之秦王相对比来论证逐客的错误;孟子用五十步笑百步来论证"民不加多"的原因;在《季氏将伐颛臾》中,孔子用"陈力就列,不能者止"的名言论证辅佐人的责任;等等。能否一看到这些事实或理论论据,就知道作者想论说的道理,是检验读者理解能力和认识能力的重要途径。

写作议论文要注重论据的选择和使用,而选择和使用论据则应以是否具有说服力为标准。首先要注意论据的确凿性,其次要注意论据的典范性,再次要注意论据和论点的统一性。事实论证还要求简明扼要,直击论点。说理充分的议论文,一般是事实材料和理论材料的综合运用。

三、论证

论证是用种种方法证明论点的过程,可分为立论和驳论两大类。立论是以充分的论据正面证明作者观点正确的议论形式,驳论是以有力的论据证明别人观点错误的议论形式。任何证明都体现为一定的论证方法,概括起来,基本的论证方法有下列几种。

(一)归纳法

归纳论证是一种由个别到一般的论证方法,它是通过列举和分析若干"个别",归纳它们所共有的特质,从而得出一个具有普遍意义的结论。可能是若干具体事例,也可能是若干分论点。通过具体事例来证明论点,多属初步归纳,一般被称为例证法;如《谏逐客书》第二段,列举和分析了四位君王任用客卿的实际功效,最后归纳出"此四君者,皆以客之功。由此观之,客何负于秦哉!"这一结论。将若干分论点综合为一个总论点,则是在初步归纳基础上的再归纳,一般称之为概括法;如《谏逐客书》一文最后一段。显然,这种逐层归纳、概括的论证方法,体现出一般议论文的整体建构规律。

写作议论文,要善于运用例证法,摆事实,讲道理。通过分析事例来展开论说,具有更强的说服力。议论文的事例,不宜像记叙文那样进行详细描述,应简明扼要,去掉那些与论点无关的细节,保留乃至强化与论点血肉相连的事实环节,点到为止,一针见血。

(二)演绎法

演绎论证是一种由一般到个别的论证方法,它是从一般原理出发,经过一定的逻辑推演,从而得出一个关于个别情况的结论。结论的正确性依赖于前提,前提与结论之间是必然的逻辑关系。由于逻辑思维是人类理性的集中体现，所以演绎推理是议论文中普遍运用的论证方法。演绎论证法有三段论、假言推理、选言推理等多种形式，其中最常见的是三段论。

三段论由大前提、小前提和结论三部分组成，是由一个概念联系着的两个前提推导出结论的演绎推理。例如在《寡人之于国也》中，孟子认为实行王道的基本标准是“使民养生丧死无憾”，这是大前提，而梁惠王“移民”“移粟”的小恩小惠不能“使民养生丧死无憾”，这是小前提，于是孟子就得出结论，认为梁惠王并没有真正实行王道。这就是一个完整的三段式推理。由于大前提、小前提中往往有一个是不言自明的常识，所以三段论中往往会有一个前提并不在行文中出现。例如在《秋水》中，大前提是在无限的宇宙中人的认识十分有限，小前提是孔孟是人，所以庄子得出结论：孔孟之道也是既“少”又“轻”、十分有限的。显然，在这个推理过程中，由于小前提是常识而被省略了。

一般说来，在议论文中，凡引进普遍性原理或名家名言的地方，都是运用演绎论证方法来证明论点的。例如：在《季氏将伐颛臾》中，引述“陈力就列，不能者止”的普遍道理，就是通过演绎法来论说“则将焉用彼相矣”“是谁之过与”的道理；在《新五代史·伶官传序》中，引用《尚书》中“满招损，谦受益”的名言，就是通过演绎法来证明后唐庄宗是因骄傲而亡国的道理；在《论毅力》中，引用孔子“譬如为山……”、孟子“譬若掘井……”来论证毅力的重要性。在阅读议论文时，要注意其中的普遍原理和名人名言，理解它们是通过演绎法说理；在写作议论文时，要善于运用普遍原理和名人名言，这可以增强文章的说理深度和逻辑力量。

（三）比较法

比较论证是一种由个别到个别的论证方法，一般分为对比法和类比法两类。对比论证，是正反对比论证的简称，也称比较法，是把两种事物加以对照、比较后，推导出它们之间的差异点，使结论映衬而出的论证方法。例如，在《新五代史·伶官传序》中贯穿着盛与衰、兴与亡、得与失、成与败的强烈对比，可以说全文主要是通过对比法来阐发道理的。《论毅力》也是善于运用对比论证法的范文，但其中有两个层次需要分清：一是全文贯穿着有毅力与无毅力两种态度、成功与失败两种结果的对比，把“有毅力者成，反是者败”的基本观念论说得很清楚；二是通过“志力薄弱之士”“其次弱者”“稍强者”“更稍强者”与“至强之人”的五个层次的比较，以及行舟中“一日而返”“二三日而返”“五六日而返”与坚持到底四个层次的比较，将只有毅力至强方能取得事业最终成功的观点彰显得十分鲜明，从而深化了中心论点；这种层次比较论证的方法也应当看作是对比法的一种类型。

类比法是一种通过已知事物与跟它有某些相同特点的事物进行比较类推从而证明论点的论证方法。其中，“相同特点”是这种论证方法能够成立的前提，没有它，就无法进行类推。《邹忌讽齐王纳谏》中，作者把邹忌受到不切实际的赞美即受蒙蔽的这一性质类推到了齐王的身上，生动地证明了“王之蔽甚矣”这一论点。简单地说，类比法就是通过打比方来说明道理的论证方法，因此，议论文中的一切比喻都是类比法的体现。例如，《寡人之于国也》中的“五十步笑百步”之喻，《论毅力》中的“行舟”“为山”“平地”“掘井”之喻，就都是通过类比法来讲道理。由于例证法和类比法都是用个别事物来说理，所以很容易混淆，须仔细辨识。如在《秋水》中，为了阐发宇宙无限而人的认识有限的道理，庄子连续列举了“四海之在天地”“中国之在海内”“人卒九州”等事物，同时又列举了“礨空之在大泽”“稊米之在大仓”“毫末之在于马体”等事物；但对论点来说，前者是事例，后者是比喻，所以前者用的是例证法，后者用的是类比法。把握议论文的论证方法，要特别注意那些几种论证方法相互交织的地方。例如，《论毅力》中引用孔子“为山”、“平地”的话来证明论点，都是比喻，所以总体说来用的是类比论证方法；但由于其中又强调了“止”与“进”、败与成的对比，所以同时又包含着对比论证方法。

类比论证与比喻论证的本质区别在于，用作类比的主客体属于同类事物，而用作比喻论证的主客体则属于不同类事物，这是区分类比论证与比喻论证的关键所在。

比喻论证。鲁迅在《拿来主义》中就使用了比喻论证。《拿来主义》是论证如何对待文化遗产的问题，作者在论证过程中，将文化遗产比作“大宅子”，将文化遗产的成分分别比作“鱼翅”“鸦片”“烟枪烟灯”“姨太太”，将时人对待文化遗产的错误态度比作“孱头”“昏蛋”“废物”，形象地批判了对待文化遗产的错误态度，以达到先破后立的效果。在诸多的与“大宅子”相关的事物中，没有一件能跟文化遗产扯上直接关系的，它们属于不同类事物，只是因为现实生活中对待物质方面的遗产有这样三种错误的态度与对待文化遗产的错误态度具有相似性，作者才借助比喻修辞将它们拉到了一起，从而达到论证生动活泼、通俗易懂、深入浅出的目的。

类比论证。《谏逐客书》第三段，“是以泰山不让土壤，故能成其大；河海不择细流，故能就其深；王者不却众庶，故能明其德”，用作类比的主客体属于同类事物——胸襟。

（四）驳论文中的论证法

驳论的着眼点就有三种选择：或反驳论点，或反驳论据，或反驳论证。当然也可以从几个着眼点同时进行反驳。反驳论点，即直接证明对方论点本身的片面、虚假或谬误，这是驳论中最常见的角度；反驳论据，是因为错误的论点常常是建筑在错误的论据之上，揭示论据的谬误，也就否定了论点；反驳论证，就是揭示对方在论证过程中的逻辑错误，如前提与结论的矛盾、论点与论据的矛盾、各分论点之间的矛盾等。

例如，在《论毅力》中，梁启超在反驳“旁观者”认为别人成功是由于“殆幸运儿”、自己失败是“蹇于遭逢”的观点时说：“所谓蹇焉、幸焉者，皆彼与我之相同，而其能征服此蹇焉，利用此幸焉与否，即彼成我败所由判也。”这就是直接反驳论点。《答司马谏议书》逐条驳斥了司马光对他推行新法是“侵官、生事、征利、拒谏”和“致天下怨谤”的指责，有理有据，并处处表明自己的所作所为是“受命于人主”，使对方难以反驳。语言简洁，态度坚决。这是反驳论点的实例。在《张中丞传后叙》中，韩愈驳斥诬蔑许远变节投降的观点时，先反复申述许远不怕死、决不会投降的理由，这是直接反驳论点，接着又指出，以“城之陷，自远所分始”为论据来证明许远的投降变节是“儿童”“小人”之见，十分荒谬，这就是通过反驳论据来扳倒论点，相当有说服力。故事“自相矛盾”则是典型的反驳论证方法的运用。

无论反驳论点、反驳论据还是反驳论证，其论说过程，仍然须采取演绎、归纳、对比、类比等论证方法，这是不言而喻的。

一 *上善若水

《老子》

老 子

上善若水①。水善利万物而不争，处众人之所恶②，故几③于道。居，善地；心，善渊④；与，善仁⑤；言，善信；正，善治⑥；事，善能；动，善时⑦。夫唯不争，故无尤⑧。

学习要点

【作家作品】

老子，姓李名耳，字聃，一字伯阳，或曰谥伯阳。春秋末期人，生卒年不详，大约出生于公元前571年（稍长于孔子）陈（后入楚）国苦县（古县名）。中国古代思想家、哲学家、文学家和史学家，道家学派创始人。

老子是世界文化名人，世界百位历史名人之一，与庄子合称老庄。在道教中，老子被尊为道教始祖，称“太上老君”。在唐朝，老子被追认为李姓始祖。

老子思想对中国哲学发展具有深刻影响，其思想核心是朴素的辩证法。老子主张无为而治、不言之教。老子讲究物极必反之理。在修身方面，老子是道家性命双修的始祖，讲究虚心实腹、不与人争的修持。老子传世作品《道德经》（又称《老子》），是全球文字出版发行量最大的著作之一。

《道德经》编为上下两篇，上篇道经三十七章，下篇德经四十四章。全书的思想结构是：道是德的“体”，德是道的“用”。

老子名言：“道可道，非常道。名可名，非常名。”“大白若辱，大方无隅，大器晚成，大音希声，大象无形。”“治大国，若烹小鲜。”“信言不美，美言不信。”“祸兮福之所倚，福兮祸之所伏。”“知者不言，言者不知。”“图难于其易，为大于其细；天下难事，必作于易，天下大事，必作于细。是以圣人终不为大，故能成其大。”……

本篇选自老子《道德经（第八章）》。

---

① 上善若水：上，最的意思。最高的品性就像水一样。

② 处众人之所恶：即居处于众人所不愿去的地方。

③ 几（jī）：接近。

④ 渊：沉静、深沉。

⑤ 与，善仁：与，这里指待人。善仁，善于真诚友爱。

⑥ 正，善治：为政善于治理国家。

⑦ 动，善时：行动善于把握有利的时机。

⑧ 尤：怨咎、过失、罪过。

【思想内容】

老子用水性来比喻有高尚品德者的人格。他认为人的品格应该像水一样，一是愿意停留在卑下的地方；二是滋润万物而不与物相争。最完善的人格就应该具有这种心态与行为。这就是老子“上善若水”的著名思想。

【艺术特色】

1. 观点鲜明，逻辑性强。本文开门见山提出中心论点“上善若水”，可谓是提出问题。紧接着以“水善利万物而不争，处众人之所恶，故几于道”来说明水德接近于“道”，即上善若水的道理，可谓是分析问题。然后，老子并列举出人的七个方方面面的“善”，如何达到如水一般的精神品格，最后的结论是：为人处世的要旨，即为“不争”。也就是说，宁处别人之所恶也不去与人争利，所以别人也没有什么怨尤。前后呼应，同时又解决了问题。

2. 深入浅出，气势不凡。首先用比喻来形象地说明大道理，人的最高境界就应该像水一样“不争”“处恶”，才能“无尤”，浅显易懂。接着老子用排比并举人的七个方方面面的“善”，以此说明怎样才能达到如水一般的精神品格，最后水到渠成得出结论“夫唯不争，故无尤”。读来气势连贯，言简意明。

【成语格言】

上善若水

【课文翻译】

最高品性的人好像水一样。水善于滋润万物而不与万物相争，停留在众人都不喜欢的地方，所以最接近于“道”。居处善于选择地方；心胸善于保持沉静而深不可测；待人善于真诚、友爱和无私；说话善于恪守信用；为政善于治理国家；处事善于发挥所长；行动善于把握时机。最高品性的人其所作所为正因为有不争的美德，所以没有过失，也就没有怨咎。

【每课一练】

一、选择题

1. 老子的《上善若水》选自 （　　）

A.《道德经》　　B.《南华经》

C.《诗经》　　D.《真经》

2. 老子的政治主张是 （　　）

A. 仁政　　B. 王道

C. 礼制　　D. 无为

3. 老子思想的核心是 （　　）

A. 以礼治国　　B. 仁政王道

C. 博爱非战　　D. 朴素的辩证法

4. 有关老子思想的表述不正确的是 （　　）

A. 老子哲学与古希腊哲学一起构成了人类哲学的两个源头，老子也因其深邃的哲学思想而被尊为“中国哲学之父”。

B. 老子的思想主张是“无为”，老子的理想政治境界是“邻国相望，鸡犬之声相闻，民至老死不相往来”。

C. 老子哲学的精髓是他的朴素辩证法思想，认为天地万物都是相反相成的，“有无相生，难易相成，高下相倾，声音相和，前后相随”。

D. 老子主张圣人应力求遵循人之道，力求“损不足以奉有余”。

二、填空题

老子，姓____名耳，字____，一字伯阳，或曰谥伯阳。________末期人。孔子曾向他问“________”。中国古代思想家、哲学家、文学家和史学家，________学派创始人。

老子思想对中国哲学发展具有深刻影响，其思想核心是朴素的________。老子主张无为____而治、________之教。老子讲究________必反之理。在修身方面，老子是道家________双修的始祖，讲究虚心实腹、不与人争的修持。老子传世作品《________经》（又称《老子》），是全球文字出版发行量最大的著作之一。

三、阅读分析题

1. 上善若水。水善利万物而不争，处众人之所恶，故几于道。居，善地；心，善渊；与，善仁；言，善信；正，善治；事，善能；动，善时。夫唯不争，故无尤。

（1）解释这段诗句中加点字的含义。

上：__________　　恶：__________　　几：__________　　渊：__________

与：__________　　正：__________　　时：__________　　尤：__________

（2）说说这段文字的艺术特色。

参考答案

《季氏将伐颛臾》

二 *季氏将伐颛臾

《论语》

季氏将伐颛臾[1]。冉有、季路见于孔子[2]，曰："季氏将有事于颛臾[3]。"孔子曰："求！无乃尔是过与[4]？夫颛臾，昔者先王以为东蒙主[5]，且在邦域之中矣[6]，是社稷之臣也[7]，何以伐为[8]？"冉有曰："夫子欲之[9]，吾二臣者，皆不欲也。"

孔子曰："求！周任有言曰[10]：'陈力就列，不能者止[11]。'危而不持，颠而不扶，则将焉用彼相矣[12]？且尔言过矣！虎兕出于柙[13]，龟玉毁于椟中[14]，是谁之过与？"冉有曰："今夫颛臾[15]，固而近于费[16]，今不取，后世必为子孙忧。"孔子曰："求！君子疾夫舍曰欲之而必为之辞[17]。丘也闻有国有家者[18]，不患寡而患不均，不患贫而患不安。盖均无贫，和无寡，安无倾[19]。夫如是[20]，

---

① 季氏：季孙氏，当时鲁国的贵族，这里指季康子。季康子，名肥，鲁国的大夫。颛臾（zhuān yú）：春秋小国名，附属于鲁国，现山东省费县西北八十里有颛臾村，当是古颛臾之地。

② 冉有、季路：均为孔子学生，当时为季康子家臣。冉有：名求，字子有。季路：姓仲名由，字子路。

③ 有事：指军事行动。

④ 无乃：岂不，恐怕。尔：你。是：表判断。过：责备。与：语助词，通"欤"。

⑤ 先王：已故的周天子。东蒙：蒙山，因在鲁国国都曲阜的东面，故称东蒙。主：主持祭祀的人。

⑥ 邦域之中：国境之内。

⑦ 社稷：社指土神，稷指谷神。后来代指国家，这里指鲁国。

⑧ 何以：为什么，凭什么，即介宾结构"以何"的倒序，是古汉语中表示疑问的一种习惯用法。为：语助词，可译为"呢"。

⑨ 夫子：季康子。古代对老师、长辈都可尊称为"夫子"。

⑩ 周任：古代的一位史官。

⑪ "陈力"二句：如果能施展自己才力，就接受职位；如果不能，就该辞职。陈：陈列，施展。就：居，担任。列：职位。

⑫ 相（xiàng）：这里指搀扶盲人走路的人。

⑬ 兕（sì）：泛指犀牛。柙（xiá）：关野兽的笼子。

⑭ 龟：占卜吉凶的龟甲。玉：用于祭祀的宝玉。椟：匣子。

⑮ 夫：句首语气词，表示下边要对某事发表议论或提出看法。

⑯ 固：指城墙坚固。费（古读 bì）：季氏的领地，今山东费县西南。

⑰ "君子"句：君子最痛恨嘴上不说"我想得到它"，却一定为了得到它去寻找借口。疾：痛恨，厌恶。舍曰：不说。辞：托词，寻找借口。

⑱ 有国有家者：有封地的诸侯和有采邑的卿大夫。

⑲ 盖：语气助词，表议论的开始，常用在句首或段落的前面。安无倾：国家安定了，就不致被颠覆。

⑳ 夫如是：要是这样做。如是：像这样。

故远人不服，则修文德以来之①。既来之，则安之②。今由与求也，相夫子，远人不服而不能来也，邦分崩离析而不能守也③，而谋动干戈于邦内。吾恐季孙之忧，不在颛臾，而在萧墙之内也④。”

学习要点

孔 子

【作家作品】

《论语》由孔子弟子及再传弟子编写而成，至战国前期成书。主要记录孔子及其弟子的言行，较为集中地反映了孔子的思想，是儒家学派的经典著作之一。以语录体为主，叙事体为辅，集中体现了孔子的政治主张、伦理思想、道德观念及教育原则等。与《大学》《中庸》《孟子》并称“四书”，与《诗经》等“五经”，总称“四书五经”。全书共 20 篇 492 章，首创“语录体”。是中国现代传扬并学习的古代著作之一。

孔子(公元前 551 年 9 月 28 日—公元前 479 年 4 月 11 日)，名丘，字仲尼，春秋末期鲁国陬邑(今山东曲阜)人。孔子是中国古代著名思想家、教育家，他开创了私人讲学的风气，倡导仁、义、礼、智、信，是儒家学派创始人。其思想的核心是仁和礼。孔子曾受业于老子，带领部分弟子周游列国前后十四年，晚年修订六经，即《诗》《书》《礼》《易》《乐》《春秋》。相传他有弟子三千，其中贤人七十二。孔子被列为“世界十大文化名人”之首。

孔子思想核心是“仁”和“礼”。具体来说，他提倡“仁者爱人”“克己复礼”“有教无类”“因材施教”。

本文选自《论语 · 季氏》。

【思想内容】

孔子针对“季氏将伐颛臾”一事，阐述了反对季氏武力吞并颛臾的理由，批评了作为季氏家臣的冉有、季路(孔子的学生)的失职，反映出孔子治国以礼，为政以德的政治主张。

【艺术特色】

1. 论点。中心论点：治国以礼。三个分论点：(1)社稷之臣，何以伐为；(2)“陈力就列，不能者止”；(3)文德教化。

2. 驳论为主，破中有立。(1)本文是以对话形式展开的驳论文。孔子以治国以礼驳“季氏将伐颛臾”；(2)以家臣应尽职责驳“吾二臣者皆不欲也”；(3)首先指出季氏的借口来驳斥“今夫颛臾，固而近于费，今不取，后世必为子孙忧”；然后正面提出要做到“均无贫，和无寡，

---

① 修：讲究，完善。文德：文教德化。来之：使他们归顺。来：归服，归顺。

② 安之：使归附的远人安居下来。

③ 邦：国家。分崩离析：四分五裂，指当时鲁国被季孙、叔孙、孟孙三家贵族分割的局面。

④ 萧墙之内：宫廷之内。萧墙：是宫门内当门的照壁。萧：古通“肃”，肃敬的意思。古时臣子朝见国君，至此照壁便会肃然起敬，故称“萧墙”。

安无倾”,如果这样还不够的话,“则修文德以来之。既来之,则安之”。本段先破后立,鲜明地提出了治国以礼的政治主张。

3. 论证方法。第一段:事实论证,“夫颛臾,昔者先王以为东蒙主”“且在邦域之中矣”“是社稷之臣也”。第二段:理论论证,“陈力就列,不能者止”;类比论证,“危而不持,颠而不扶”“虎兕出于柙,龟玉毁于椟中”从修辞上说是比喻,从逻辑论证法上说是类比论证法;正反对比论证,“丘也……今……”。

【成语格言】

既来之,则安之;分崩离析;祸起萧墙;开柙出虎;不患寡而患不均,不患贫而患不安。

【课文翻译】

季氏准备攻打颛臾。冉有、季路谒见孔子,说:“季氏将要对颛臾动武。”孔子说:“冉求!这难道不要责备你们吗?颛臾,先王曾经授权他主持东蒙山的祭祀,而且它又在鲁国最初被封的疆域之中,是鲁国的臣属。为什么要攻打它呢?”冉有说:“季孙要这么干,我们两人本来都是不同意的。”

孔子说:“冉求!周任有句话说:‘如果能够施展自己的才能,就接受任职;如果不行,就该辞职让位。’就如盲人遇到危险,不去扶持,将要摔倒了,又不去搀扶,那何必还要搀扶盲人的护理人呢?况且你的话是错误的。老虎犀牛从笼子里跑了出来,龟甲美玉在匣子里被毁坏,这是谁的责任呢?”冉有说:“颛臾,如今城郭坚固,而且靠近季孙家的采邑费地。现今不去占领,将来一定会成为子孙后代的忧患。”孔子说:“冉求!君子最痛恨那些心里想得到嘴上却不说‘我想得到它’,却一定为了得到它寻找借口的人。我听说过:无论是诸侯还是大夫,不必忧虑财富太少,只需忧虑财富不均;不必忧虑物质贫乏,只应忧虑人心不安。若是财富平均,便无所谓贫穷;若是和睦团结,便不会觉得人少;境内安定,国家就不会倾覆。如果能这样,远方之人还不归服,便再完善德政教化来使他们归顺;已经使他们归顺了,就得使他们安居下来。如今仲由和冉求你们二人辅佐季孙,远方之人不归服,而不能使他们来,国家四分五裂而不能保全,反而想在国境之内大动干戈。我担心季孙的忧患不在颛臾,却在宫廷之内啊!”

【每课一练】

一、选择题

1. 孔子的思想核心是 ( )

A. 民本思想　　B. 仁和礼

C. 严刑峻法　　D. 自然无为

2. 我国先秦时期著名的语录体散文集是 ( )

A.《庄子》　B.《论语》　C.《孟子》　D.《韩非子》

3. “既来之,则安之”这句古语出自 ( )

A.《论语》　B.《庄子》　C.《孟子》　D.《荀子》

4. 本文中，孔子用“东蒙主”“且在邦城之中”“社稷之臣”为论据来驳斥“季氏将有事于颛臾”的论证方法是（　　）

A. 对比论证　B. 类比论证　C. 归纳论证　D. 演绎论证

5. 本文中“危而不持，颠而不扶，则将焉用彼相矣？且尔言过矣！虎兕出于柙，龟玉毁于椟中，是谁之过与？”其论证方法是（　　）

A. 对比论证　B. 比喻论证　C. 类比论证　D. 事实论证

6.《季氏将伐颛臾》所体现出的孔子的政治主张是（　　）

A. 治国以法、为政以德　B. 无为而治、顺其自然

C. 兼爱非攻、尚贤尚同　D. 治国以礼、为政以德

7. 成语“祸起萧墙”出自（　　）

A.《论语》　B.《孟子》　C.《左传》　D.《战国策》

二、填空题

1. 孔子，名________，字________，春秋末期鲁国陬邑（今山东________）人。

2.《论语》与《________》《________》《________》并称“四书”，与《诗经》等“五经”，总称“四书五经”。

3. 孔子晚年修订六经，即《________》《________》《________》《________》《________》《________》。

4. 丘也闻有国有家者，不患________而患不均，不患贫而患不________。盖均无贫，和无寡，安无倾。夫如是，故远人不服，则________以来之。既来之，则________。今由与求也，相夫子，远人不服而不能来也，邦分崩离析而不能守也，而谋动________于邦内。吾恐季孙之忧，不在颛臾，而在________之内也。

三、阅读分析题

1. 阅读《季氏将伐颛臾》中的一段文字，回答下列问题。

季氏将伐颛臾。冉有、季路见于孔子，曰：“季氏将有事于颛臾。”孔子曰：“求！无乃尔是过与？夫颛臾，昔者先王以为东蒙主，且在邦域之中矣，是社稷之臣也，何以伐为？”

(1)解释这段文字中加点字的含义。

无乃：__________　是：__________　过：__________

以为：__________　是：__________

(2)在这段文字中，孔子的观点是什么？

(3)在这段文字中，孔子运用了哪些种类的论据？举例说明。

(4)在这段文字中，孔子运用了哪种论证方法？

(5)选出这段文字中所运用的反诘句。

2. 阅读《季氏将伐颛臾》中的一段文字，回答下列问题。

孔子曰：“求！周任有言曰：‘陈力就列，不能者止。’危而不持，颠而不扶，则将焉用彼相矣？且尔言过矣！虎兕出于柙，龟玉毁于椟中，是谁之过与？”

(1)将“陈力就列，不能者止”译成现代汉语。

(2)将“危而不持，颠而不扶，则将焉用彼相矣？”“虎兕出于柙，龟玉毁于椟中，是谁之过

与？”译成现代汉语，并说明孔子用这两句话作为论据的性质，所表达的观点，所运用的论证方法。

3. 阅读《季氏将伐颛臾》中的一段文字，回答下列问题。

冉有曰：“今夫颛臾，固而近于费，今不取，后世必为子孙忧。”孔子曰：“求！君子疾夫舍曰欲之而必为之辞。丘也闻有国有家者，不患寡而患不均，不患贫而患不安。盖均无贫，和无寡，安无倾。夫如是，故远人不服，则修文德以来之。既来之，则安之。今由与求也，相夫子，远人不服而不能来也，邦分崩离析而不能守也，而谋动干戈于邦内。吾恐季孙之忧，不在颛臾，而在萧墙之内也。”

（1）将“君子疾夫舍曰欲之而必为之辞”译成现代汉语，并说明孔子这句话所表达的观点。

（2）将“故远人不服，则修文德以来之。既来之，则安之”译成现代汉语，并说明孔子这句话所表达的观点。

（3）将“吾恐季孙之忧，不在颛臾，而在萧墙之内也”译成现代汉语，并说明孔子这句话所表达的观点。

（4）这段文字表达了什么观点？

（5）这段文字在论证方法上有何特色？

参考答案

三 *寡人之于国也

《孟子》

梁惠王曰①："寡人之于国也，尽心焉耳矣②。河内凶，则移其民于河东，移其粟于河内③。河东凶亦然④。察邻国之政，无如寡人之用心者。邻国之民不加少，寡人之民不加多⑤，何也？"

孟子对曰："王好⑥战，请以战喻。填然鼓之⑦，兵刃既接，弃甲曳兵而走⑧。或百步而后止，或五十步而后止。以五十步笑百步，则何如？"

曰："不可，直不百步耳，是亦走也⑨。"

曰："王如知此，则无望民之多于邻国也。

"不违农时，谷不可胜食也；数罟不入洿池⑩，鱼鳖不可胜食也；斧斤以时入山林⑪，材木不可胜用也。谷与鱼鳖不可胜食，材木不可胜用，是使民养生丧死无憾也⑫。养生丧死无憾，王道之始也⑬。

"五亩之宅，树之以桑，五十者可以衣帛矣⑭；鸡豚狗彘之畜⑮，无失其时，七十者可以食

---

① 梁惠王（前440—前319）：魏惠王，名䓨。魏国原来的都城在安邑（今山西夏县西北），因受秦威胁，迁都大梁（今河南开封西北），所以又称梁惠王。

② 焉：于是，作兼词用，兼起介词"于"和代词"是"的作用。耳：而已。矣：句末语气词。

③ 河内：魏国的黄河以北地区，今河南济源一带地方。凶：灾荒。粟：小米，这里泛指粮食。

④ 亦然：也这样办。

⑤ 加少：更少。加多：更多。

⑥ 好：作动词，喜欢，爱好。

⑦ 填（tián）然鼓之：咚咚地敲起鼓来。填：摹声词，这里用来模拟鼓声。

⑧ 兵：兵器。刃：刀口，这里指锋利的兵器。接：接触，交锋。甲：铠甲。曳（yè）兵：拖着武器。走：跑，这里指逃跑。

⑨ 直：仅，只。是：这，此，指跑五十步的人。

⑩ 数（cù）：细密。罟（gǔ）：网。洿（wū）：低洼地，这里指池塘。另《广雅》曰："洿，深也。"

⑪ 斤：斧头的一种。以时：按照一定的季节、时节。《礼记·王制》："草木寒落，然后入山林。"

⑫ 养生：供养活着的人。丧死：为死者办丧事。

⑬ 王道：孟子主张用仁政来治理天下，称之为"王道"。

⑭ 五亩之宅：相传古代一个成年的农民可分得五亩住宅地。衣（yì）：穿。帛：丝织品的总称，这里指丝绸衣服。

⑮ 豚：小猪。彘（zhì）：猪。畜：牲畜。无失其时：赵岐《孟子注》"言孕字不失时也"。

肉矣；百亩之田[①]，勿夺其时，数口之家可以无饥矣；谨庠序之教[②]，申之以孝悌之义[③]，颁白者不负戴于道路矣[④]。七十者衣帛食肉，黎民不饥不寒[⑤]，然而不王者[⑥]，未之有也[⑦]。

"狗彘食人食而不知检[⑧]，涂有饿莩而不知发[⑨]。人死，则曰：'非我也，岁也。'是何异于刺人而杀之，曰：'非我也，兵也。'王无罪岁[⑩]，斯天下之民至焉[⑪]。"

学习要点

【作家作品】

孟子(约前372—前289)，姬姓，孟氏，名轲，字子舆(待考，一说字子车、子居)，战国时期邹国(今山东邹城市)人。伟大的思想家、教育家，儒家学派的代表人物，师从子思(孔伋，字子思，孔子的嫡孙)，被称为"亚圣"，与孔子并称"孔孟"。主张施行仁政王道，倡导"民为贵，社稷次之，君为轻"的民本思想。

《孟子》一书，是孟子的言论汇编，由孟子及其弟子共同编写完成，倡导"以仁为本"。《孟子》一书善用排比，气势充沛，感情强烈，充分体现了孟子大义凛然的个性，表现了孟子的雄辩；善用比喻，深入浅出、生动有趣；善用对比，简明深刻，增强了文章的说服力。

本文选自《孟子·梁惠王上》。

【思想内容】

本文围绕"民不加多"和如何使"民加多"的问题展开论述，具体阐述了使"民加多"的初步措施、根本措施和统治者应持有的正确态度，从而表现了孟子的王道仁政思想。

【艺术特色】

1.论点。中心论点：实行仁政，斯天下之民至焉。

2.论证严密。全文围绕"民不加多"和如何使"民加多"的问题展开论述。第一部分提出问题，提出"民不加多"的疑问。第二部分分析问题，分析"民不加多"的原因。第三部分解决问题，阐述使"民加多"的措施和应持有的态度。三部分结尾各以"寡人之民不加多，何也？"

---

① 百亩之田：相传古代一个成年农民可以分得一百亩田地。
② 谨：谨慎从事，认真办好。庠(xiáng)序：古代乡学的名称，殷代称"序"，周代称"庠"。
③ 申：陈述，说明。悌(tì)：敬爱兄长。
④ 颁(bān)白者：须发花白的人。颁：同"斑"。负：背上驮东西。戴：头上顶东西。
⑤ 黎民：指老百姓。
⑥ 然：这样。王(wàng)：建立王业。
⑦ 未之有也：未有之也，从来不曾有过的。
⑧ 检：约束，制止。
⑨ 涂：通"途"。莩(piǎo)：饿死的人。发：指开仓放粮以赈救饥民。
⑩ 无罪岁：不归罪于年成不好。无：同"毋"，不要。岁：指一年的农事收成。
⑪ 斯：这样。

“则无望民之多于邻国也”“斯天下之民至焉”收束，环环相扣，层次清晰，结构完整。

3.论证方法。类比论证：逃兵“五十步笑百步”——梁惠王没从根本上施行仁政只是采取一些临时措施。结论：“不可，直不百步耳，是亦走也。”——“王知如此，则无望民之多与邻国也。”梁惠王不知不觉地入了圈套，这就叫作“请君入瓮”。用拿刀杀了人却说“不是我杀的，是刀杀的”类比梁惠王把“涂有饿莩”归罪于年成不好的错误观点，水到渠成，贴切自然。

4.修辞方法。说理中多用排比、比喻等修辞方法。体现出孟子文章的气势充沛、生动活泼、雄辩恣肆。排比句的运用，大大增强了文章的气势。以“五十步笑百步”比喻说明了梁惠王的治国方法与邻国在没有实行仁政上没有什么质的差别。用拿刀杀了人却说“不是我杀的，是刀杀的”作比喻，讽刺揭露了梁惠王把“涂有饿莩”归罪于年成不好的错误观点。从而将抽象的道理阐述得形象生动，具体深刻。

【成语格言】

五十步笑百步；非我也，兵也。

【课文翻译】

梁惠王说：“我对于国家，真是用尽心力了。如果黄河以北发生灾荒，我就把黄河以北的百姓迁移到黄河以东，把河东的粮食运到河北；河东发生灾荒也是这样做。考察邻国的政事，没有像我这样尽心尽力的。然而邻国的百姓没有更少，我的百姓没有更多，这是什么缘故呢？”

孟子回答说：“大王您喜欢打仗，请允许我用打仗来打个比方吧。战鼓咚咚地敲响，双方兵器一交接，有些士兵就扔掉铠甲拖着兵器逃跑。有的人逃了一百步后停止，有的人逃了五十步后停止，(跑了五十步的人)凭自己只跑了五十步来嘲笑跑了一百步的人，这可以吗？”

(梁惠王)说：“不可以，(他)只不过没有逃一百步而已，这也是逃跑呀。”

(孟子)说：“大王您如果懂得这个道理，那么就不要指望你的百姓比邻国多了。

“不在农忙时节使役百姓，粮食就可以吃不完；密网不撒向池塘，鱼鳖就吃不完；斧头按时节进入山林，木材就可以用不完。粮食和鱼鳖吃不完，木材用不完，这便会使老百姓对养活生者、发送死者而毫无遗憾了。老百姓对养活生者、发送死者毫无遗憾，这就是实行王道的开始。

“在五亩的宅园中种植桑树，五十岁以上的老人就可以穿丝绸衣服；鸡、猪、狗等家禽家畜，不在它们的繁殖季节杀食，七十岁的老人就可以吃到肉了；百亩的土地，不耽误农时，几口人的人家就可以免除饥饿了；认真搞好学校教育，反复地以孝悌的道理教导百姓，头发花白的老人就不会背着、顶着东西在路上行走了。七十岁的老人有丝绸衣服穿，有肉吃，百姓们不挨饿受冻，这样做而不能建立王业的，从来不曾有过。

“对(现在富贵人家的)狗、猪吃掉了百姓的粮食而不约束制止，道路上有饿死的人却不知道开仓放粮赈救百姓。老百姓死了，竟然说：‘这不是我的罪过，而是年成不好。’这种说法和用兵器刺人把他杀死，然后说‘这不是我杀的，而是兵器杀的’又有什么不同呢？如果大王不归罪于年成，普天下的百姓就会投奔到您这儿来了。”

【每课一练】

一、选择题

1. 孟子在本文中用“五十步笑百步”讽刺 (　　)

A. 胆小的逃兵　　B. 自己慢却要嘲笑别人的人

C. 不行仁政的梁惠王　　D. 不行仁政的邻国国君

2. 孟子在本文中阐述的政治主张是 (　　)

A. 以法治国　　B. 无为而治

C. 王道仁政　　D. 兼爱非攻

3. 认为“民为贵,社稷次之,君为轻”的思想家是 (　　)

A. 孔子　　B. 孟子　　C. 庄子　　D. 墨子

4. 孟子用“五十步笑百步”说理的论证方法属于 (　　)

A. 由个别到一般

B. 由一般到个别

C. 在某些方面相反或对立的不同事物之间的比较

D. 在某些方面相同或相近的不同事物之间的比较

5. “五十步笑百步”这一典故出自 (　　)

A.《寡人之于国也》　　B.《季氏将伐颛臾》

C.《大同》　　D.《秋水》

6. 孟子《寡人之于国也》所言“王道”的意思是 (　　)

A. 称王天下的方法　　B. 用仁政治理天下

C. 夺取王位的方法　　D. 用武力统一天下

7. 孟子《寡人之于国也》认为实行王道始于 (　　)

A. 河内凶,则移其民于河东　　B. 谨庠序之教

C. 养生丧死无憾　　D. 填然鼓之,兵刃既接

二、填空题

1. 孟子,名________,字________,战国时期邹国(今山东邹城市)人。师从________,与孔子并称“孔孟”,被称为“________”。主张施行仁政王道,倡导“________,________,君为轻”的民本思想。

2.《孟子》善用________,气势充沛,感情强烈,充分体现了孟子大义凛然的个性,表现了孟子的雄辩;善用________,深入浅出、生动有趣。

3. ________无憾,王道之始也。

4. 七十者________,黎民不饥不寒。然而________者,未之有也。

5. 王无罪岁,斯________至焉。

三、阅读分析题

1. 阅读《寡人之于国也》中的一段文字,回答下列问题。

梁惠王曰:“寡人之于国也,尽心焉耳矣。河内凶,则移其民于河东,移其粟于河内。河

东凶亦然。察邻国之政，无如寡人之用心者。邻国之民不加少，寡人之民不加多，何也？”

(1)解释这段文字中加点字的含义。

河内：________ 河东：________

凶：________ 无如：________

加：________

(2)这段文字在全文论证结构中起什么作用？

2.阅读《寡人之于国也》中的一段文字，回答下列问题。

孟子对曰：“王好战，请以战喻。填然鼓之，兵刃既接，弃甲曳兵而走。或百步而后止，或五十步而后止。以五十步笑百步，则何如？”曰：“不可，直不百步耳，是亦走也。”曰：“王如知此，则无望民之多于邻国也。”

(1)将这段文字中的两句话译成现代汉语。

填然鼓之，兵刃既接，弃甲曳兵而走：________________________________

直不百步耳，是亦走也：________________________________

(2)这段文字论证时使用了哪种性质的论据？

(3)这段文字论证时运用了哪种论证方法？请具体分析。

(4)这段文字论证了什么观点？

(5)分析“五十步笑百步”的喻义。

3.阅读《寡人之于国也》中的一段文字，回答下列问题。

不违农时，谷不可胜食也；数罟不入洿池，鱼鳖不可胜食也；斧斤以时入山林，材木不可胜用也。谷与鱼鳖不可胜食，材木不可胜用，是使民养生丧死无憾也。养生丧死无憾，王道之始也。

(1)解释这段文字中加点字的含义。

数：________ 罟：________ 胜：________ 斤：________

养生：________ 丧死：________ 王道：________

(2)这段文字论证时运用了哪种推理方法？请具体分析其论证方法。

(3)这段文字论证了什么观点？

(4)这段文字用了什么修辞手法，效果如何？

4.阅读《寡人之于国也》中的一段文字，回答下列问题。

五亩之宅，树之以桑，五十者可以衣帛矣；鸡豚狗彘之畜，无失其时，七十者可以食肉矣；百亩之田，勿夺其时，数口之家，可以无饥矣；谨庠序之教，申之以孝悌之义，颁白者不负戴于道路矣。七十者衣帛食肉，黎民不饥不寒，然而不王者，未之有也。

(1)解释这段文字中加点字的含义。

树：________ 衣：________ 谨：________ 申：________

颁：________

(2)将这段文字中两句话译成现代汉语。

谨庠序之教，申之以孝悌之义：________________________________

然而不王者，未之有也：________________________________

(3)这段话的论点是什么？

(4)在这段话中，孟子提出了哪些实行王道仁政的主要措施？

(5)分析这段话的论证方法。

(6)这段话用了什么修辞手法，效果如何？

5.阅读《寡人之于国也》中的一段文字，回答下列问题。

狗彘食人食而不知检，涂有饿莩而不知发。人死，则曰："非我也，岁也。"是何异于刺人而杀之，曰："非我也，兵也。"王无罪岁，斯天下之民至焉。

(1)解释加点字的含义

检：________ 涂：________ 发：________ 罪：________

(2)孟子的这段话说明了什么道理？

(3)分析这段话的论证方法。

参考答案

四 *秋 水(节选)

《庄子》

秋水时至[1],百川灌河[2],泾流之大[3],两涘渚崖之间[4],不辩牛马。于是焉河伯欣然自喜[5],以天下之美为尽在己[6]。顺流而东行,至于北海,东面而视,不见水端[7]。于是焉河伯始旋其面目[8],望洋向若而叹曰[9]:"野语有之曰[10],'闻道百,以为莫己若者',我之谓也[11]。且夫我尝闻少仲尼之闻而轻伯夷之义者[12],始吾弗信;今我睹子之难穷也[13],吾非至于子之门则殆矣[14],吾长见笑于大方之家[15]。"

北海若曰:"井蛙不可以语于海者[16],拘于虚也[17];夏虫不可以语于冰者,笃于时也[18];曲士不可以语于道者,束于教也[19]。今尔出于崖涘[20],观于大海,乃知尔丑[21],尔将可与语大理矣[22]。

---

① 时:按季节。

② 灌:注入。河:黄河。

③ 泾(jìng)流:水流。

④ 两涘(sì):河的两岸。涘:水边。渚(zhǔ)崖:水洲岸边。渚:水中洲岛。

⑤ 河伯:黄河之神。伯,长者之称。

⑥ 以天下之美为尽在己:以为天下浩大的水势全集中在自己这里。

⑦ 东面:脸朝东。端:边,尽头。

⑧ 旋其面目:改变他(欣然自喜)的面容。旋:转,转变。

⑨ 望洋:仰视的样子,也作"望羊""望阳"。若:海若,海神。

⑩ 野语:俗语,谚语。

⑪ 莫己若:宾语前置,即莫若己,没有人比得上自己。我之谓也:谓我也。

⑫ 少仲尼之闻:认为孔子的学识少。闻:学识,学问。轻伯夷之义:认为伯夷的义行轻。伯夷:商代诸侯孤竹君的长子,历来被看作义士的典型。少:以……为少,意动用法。

⑬ 子:您。本指海神,这里借指海。难穷:难以穷尽。穷:尽。

⑭ 殆:危险。

⑮ 长:长久,永远。见:表被动。大方之家:明白大道理的人。大方:大道。

⑯ 以:与。语(yù):谈论。

⑰ 拘:拘束,局限。于:被。虚:同"墟",居住的地方。

⑱ 笃:固,局限。时:时令。

⑲ 曲士:乡曲之士,指见识浅陋之人。束于教也:受所受教育的束缚。

⑳ 尔:你。崖涘:河岸。

㉑ 乃:才。丑:鄙陋。

㉒ 大理:大道理。

天下之水，莫大于海。万川归之，不知何时止而不盈[1]；尾闾泄之[2]，不知何时已而不虚[3]。春秋不变，水旱不知。此其过江河之流[4]，不可为量数。而吾未尝以此自多者[5]，自以比形于天地，而受气于阴阳[6]。吾在天地之间，犹小石小木之在大山也，方存乎见少，又奚以自多[7]？计四海之在天地之间也，不似礨空之在大泽乎[8]？计中国之在海内[9]，不似稊米之在大仓乎[10]？号物之数谓之万[11]，人处一焉[12]；人卒九州[13]，谷食之所生，舟车之所通[14]，人处一焉[15]。此其比万物也，不似豪末之在于马体乎[16]？五帝之所连[17]，三王之所争[18]，仁人之所忧[19]，任士之所劳[20]，尽此矣[21]。伯夷辞之以为名[22]，仲尼语之以为博[23]，此其自多也，不似尔向之自多于水乎[24]？"

学习要点

【作家作品】

庄子名周，战国时期宋国蒙人，大体与孟轲同时或稍后。他继承并发展了老子的思想，是道家学派的重要代表人物，与老子并称"老庄"。

庄子思想。(1)主张"天道无为"的思想，如《庄子·养生主》。(2)持有相对主义的认识

---

[1] 盈：满。
[2] 尾闾：神话传说中排泄海水的地方。
[3] 已：停止。虚：虚空。
[4] 过：超过。
[5] 自多：自我夸耀。多：赞美，自负。
[6] "自以"二句：我自以为列身于天地之间，接受了阴阳之气。比：并列。形：身形。
[7] "方存"二句：正存有"自己所见甚少"的想法，又怎么会自我夸耀呢？奚以：何以，怎么。
[8] 礨(lěi)空：小孔穴。
[9] 中国：这里指中原。
[10] 稊(tí)：一种形似稗的草，实如小米。大(tài)仓：储粮的大仓库。
[11] 号物之数谓之万：称物的数量叫作"万"。号：称。
[12] 人处一焉：人只是万物中的一类。处：居，占。焉：于此(于万物之中)。
[13] 人卒九州：人遍布九州。卒：尽。九州：天下。
[14] "谷食"二句：谷物生长的地方，车船所通达的地方。
[15] 人处一焉：人类所居之地只占谷食所生、舟车所通之地中的万分之一。一：承上言，意指万分之一。
[16] 此其比万物也：个人与万物相比。豪末：毫毛的末梢。
[17] 所连：所连续禅让的事。
[18] 所争：所争夺的事。
[19] 所忧：所忧虑的事。
[20] 任士：以天下为己任的贤能之士。所劳：所劳碌的事。
[21] 尽此：尽如此，意谓全都像马体之毫末一样。
[22] "伯夷"句：伯夷辞让君位是为了名声。
[23] "仲尼"句：孔子谈论仁、礼是为了显示渊博。
[24] "此其"二句：他们这样自我夸耀，不正像你刚才因河水的上涨而自我夸耀一样吗？向：当初，从前。

论，如《秋水》。(3)主张无条件的精神自由，如《逍遥游》追求“无己、无功、无名”的无差别境界，而获得“逍遥游”。著名学者南怀瑾这样说：“儒家像粮食店，绝不能打倒，否则打倒了儒家，我们就没饭吃。道家则是药店，如果不生病，一生也可以不必理会它，要是一生病，就非自动找上门去不可。”千百年来，道家思想对乱世中饱经创伤的心灵给予了莫大的慰藉，而道家的集大成者便是庄子。

流传至今的《庄子》中的作品只有三十三篇。其中内篇七篇，一般定为庄子著；外篇、杂篇可能掺杂有他的门人和后来道家的作品。作品均采用寓言故事形式，想象丰富。《庄子》在哲学、文学上都有较高研究价值。郭沫若曾评价说：“以思想家而兼文章家的人，在中国古代哲人中，实在是绝无仅有。”鲁迅先生曾说庄子的作品“汪洋辟阖，仪态万方，晚周诸子之作，莫能先也”。

本文节选自《庄子·秋水》。

【思想内容】

本文通过河伯和北海若的对话，阐明了一个道理：在无限广大的宇宙中，一切大小、多少都是相对的，个人的认识和作用都要受到主客观条件的制约，都是相对的，因而十分有限，不可自多。

这一主旨在客观上给今人的启迪是：学无止境，认识无止境，因此不能满足，应努力进取。

【艺术特色】

1. 构思巧妙。采用讲寓言故事的方法，对话体议论文的形式，但观点自明。节选部分运用对话形式，娓娓道来，以“自美”开始，中间大开大合，由黄河—北海—四海—天地，由中国—海内，由人—物，由自然—人文，以批判“自多”结尾，可谓“汪洋辟阖，仪态万方”。《庄子》散文在先秦散文中最富有浪漫色彩。

2. 论证活泼。类比论证，如“拘于虚”之井蛙、“笃于时”之夏虫与“束于教”之曲士之间的比较，仲尼的学问、伯夷的义举与开始时自多的河伯的比较。对比论证法贯穿全文，如“束于教”之“曲士”与“观于大海”，已知己丑、可与语大理的河伯之间的比较，黄河与北海，北海与四海，四海与天地，中国与海内，人与万物，仲尼的学问，伯夷的义举与浩如烟海的知识、历史长河中的壮举等等便是对比论证。

【成语格言】

望洋兴叹、贻笑大方、井底之蛙、夏虫朝菌、太仓一粟、九牛一毛、井蛙不可以语于海者，拘于虚也；夏虫不可以语于冰者，笃于时也；曲士不可以语于道者，束于教也。

【课文翻译】

秋季的雨如期而至，千百条小河注入黄河。水流宽阔，两岸和水中洲岛之间，连牛马都分辨不清。于是乎，河伯洋洋自得，认为天下洪大的水势都集中在他自己这里。顺着流水向东方行走，一直到达北海，面向东看去，看不到水的尽头。这时，河伯改变他自得的神色，抬头仰视着海神若叹息说:"俗话所说的'知道的道理很多了,便认为没有谁能比得上自己',这正是说我呀。再说,我曾经听说(有人)认为仲尼的学识少,伯夷的义行不值得看重。开始我还不敢相信,现在我亲眼看见了大海,您大到难以穷尽,如果我没有来到您的身边,那就很危险了,我将要永远被明白大道理的人嘲笑。"

北海若说:"不可与井底之蛙谈论大海,因为它的眼界受居处的局限;不可与夏天的虫子谈论冰,因为它受到时令的局限;不可与见识浅陋的乡曲书生谈论大道理,因为他受到了礼教的束缚。现在你河伯从黄河两岸间走出,看到了大海,才知道你自己的鄙陋,可以跟你谈论一些大道理了。天下的水,没有比海更大的。千万条河流流归大海,没有停止的时候,而大海却并不因此而盈满;尾闾不停地排泄海水,不知到什么时候停止,但大海并没有减少。无论春天还是秋天,大海水位不变,无论水灾还是旱灾,大海没有感觉。大海的容量超过了长江、黄河的水流,简直不能用数字来计算。但是我并没有因此而自夸,我自认为自己列身于天地之间,接受了阴阳之气。我在天地之间,好比是小石块、小树木在高山一样,正感到自己的渺小,又怎么会自傲自夸?计算四海在天地这个大空间里,不正像小小的孔穴存在于大湖之中吗?计算中原地区在四海之内,不正像米粒存放在粮仓之中吗?世间物的数量有万种,人不过是其中之一种;人类虽遍布九州,但其所居之地也只占谷食所生、舟车所通之地中的万分之一。拿人和万物相比,不正像一根毫毛在马身上一样吗?五帝所延续的连续禅让的事,三王所争夺的事,仁人志士所忧虑的事情,以天下为己任的贤能之士为之操劳的事情,都不过如此而已。伯夷辞让周王授予的职位是为了取得名声,孔子谈说'仁''礼'是为了显示渊博。他们这样自我夸耀,不正像你当初因河水上涨而自夸一样吗?"

【每课一练】

一、选择题

1. 下列人物中属于道家学派的有 ( )

A. 孔子和孟子　　B. 庄子和老子

C. 荀子和墨子　　D. 孔子和老子

2.《秋水》中河伯"以天下之美为尽在己"中的"美"的意思是指 ( )

A. 风景优美　　B. 水大　　C. 水小　　D. 明大理的人

3.《秋水》中北海若对"自多"的态度是 ( )

A. 反对　　B. 赞成　　C. 无所谓　　D. 顺其自然

4."贻笑大方"这个成语源自 ( )

A.《大同》　　B.《秋水》

C.《谏逐客书》　　D.《寡人之于国也》

5. 下列成语出于《庄子·秋水》的是 ( )

A. 望洋兴叹、贻笑大方　　B. 望洋兴叹、祸起萧墙

C. 贻笑大方,分崩离析　　D. 祸起萧墙、分崩离析

6. 下列作品中,通篇采用寓言形式说理的是 ( )

A.《寡人之于国也》　　B.《季氏将伐颛臾》

C.《冯谖客孟尝君》　　　　　　　　D.《秋水》

7. 先秦诸子散文中最富于浪漫色彩的是　　　　　　　　（　　）

A.《孟子》　　B.《庄子》　　C.《荀子》　　D.《韩非子》

二、填空题

1. 庄子名________，战国时期宋国蒙人，大体与孟轲同时或稍后。他继承并发展了________的思想，是________学派的重要代表人物，与老子并称"________"。

2. 庄子思想：(1)主张"天道无为"的思想，如《________》。(2)持有相对主义的认识论，如《________》。(3)主张无条件的精神自由，如《________》中追求"无己、无功、无名"的无差别境界，而获得"逍遥游"。

3. 鲁迅先生曾说庄子的作品"________，仪态万方，晚周诸子之作，________也"。

4. 吾非至于子之门则殆矣，吾长________之家。

5. 井蛙不可以语于海者，________也；夏虫不可以语于冰者，________也；曲士不可以语于道者，________也。

6. 五帝之所________，三王之所________，仁人之所________，任士之所________，尽此矣。伯夷辞之以为________，仲尼语之以为________，此其自________也，不似尔向之自多于水乎？

三、阅读分析题

1. 阅读《秋水》中的一段文字，回答下列问题。

秋水时至，百川灌河，泾流之大，两涘渚崖之间，不辩牛马。于是焉河伯欣然自喜，以天下之美为尽在己。顺流而东行，至于北海，东面而视，不见水端。于是焉河伯始旋其面目，望洋向若而叹曰："野语有之曰，'闻道百，以为莫己若者'，我之谓也。且夫我尝闻少仲尼之闻而轻伯夷之义者，始吾弗信；今我睹子之难穷也，吾非至于子之门则殆矣，吾长见笑于大方之家。"

(1)解释这段文字中加点字的含义。

涘：________　　辩：________　　美：________　　旋：________

望洋：________　　少：________　　轻：________　　于：________

(2)将这段文字中的下列句子译成现代汉语。

"闻道百，以为莫己若者"，我之谓也：________________

且夫我尝闻少仲尼之闻而轻伯夷之义者：________________

吾长见笑于大方之家：________________

(3)这段话在全文中起什么作用？

2. 阅读《秋水》中的一段文字，回答下列问题。

井蛙不可以语于海者，拘于虚也；夏虫不可以语于冰者，笃于时也；曲士不可以语于道者，束于教也。今尔出于崖涘，观于大海，乃知尔丑，尔将可与语大理矣。

(1)解释这段文字中加点字的含义。

虚：________　　笃：________　　丑：________

(2)这段话运用了哪种论证方法？

(3)这段话使用了哪种性质的论据？

(4)举例说明这段话运用了哪些修辞手法？

3.阅读《秋水》中的一段文字，回答下列问题。

吾在天地之间，犹小石小木之在大山也，方存乎见少，又奚以自多？计四海之在天地之间也，不似礨空之在大泽乎？计中国之在海内，不似稊米之在大仓乎？号物之数谓之万，人处一焉；人卒九州，谷食之所生，舟车之所通，人处一焉。此其比万物也，不似毫末之在马体乎？

(1)解释这段文字中加点字的含义。

奚：________　　多：________　　卒：________

(2)将这段文字中"此其比万物也，不似毫末之在马体乎？"译成现代汉语，并分析其含义。

(3)本段选文的观点是什么？

(4)本段选文运用了哪种论证法？举例分析。

(5)本段选文运用了哪些修辞方法，并举例分析其效果。

4.阅读《秋水》中的一段文字，回答下列问题。

五帝之所连，三王之所争，仁人之所忧，任士之所劳，尽此矣。伯夷辞之以为名，仲尼语之以为博，此其自多也，不似尔向之自多于水乎？

(1)解释这段文字中加点字的含义。

连：________　　任士：________　　以为：________　　向：________

(2)请分析本段选文的本义及客观上对今人的启迪。

(3)本段选文运用了哪种论证方法？请举例说明。

(4)本段选文运用了哪些修辞方法，请举例并分析其作用。

参考答案

五 大同

《礼记》

昔者仲尼与于蜡宾[①]，事毕，出游于观之上[②]，喟然而叹[③]。仲尼之叹，盖叹鲁也。言偃在侧，曰[④]："君子何叹？"

孔子曰："大道之行也[⑤]，与三代之英[⑥]，丘未之逮也[⑦]，而有志焉[⑧]。大道之行也，天下为公[⑨]，选贤与能[⑩]，讲信修睦[⑪]，故人不独亲其亲[⑫]，不独子其子[⑬]，使老有所终[⑭]，壮有所用，幼有所长，矜、寡、孤、独、废、疾者，皆有所养[⑮]。男有分，女有归[⑯]。货恶其弃于地也[⑰]，不必藏于己；力恶其不出于身也，不必为己。是故谋闭而不兴[⑱]，盗窃乱贼而不作[⑲]，故外户而不闭，是谓大同。

"今大道既隐，天下为家[⑳]，各亲其亲，各子其子，货力为己，大人世及以为礼[㉑]，城郭沟池

---

① 与：参与。蜡(zhà)：蜡祭，周代在周历十二月(夏历十月)合祭有关农业生产的鬼神的活动。宾：陪祭者，参与蜡祭饮酒的贵宾，由国内有地位的人担任。

② 观(guàn)：宫廷或宗庙门前两旁的高大建筑。

③ 喟(kuì)：叹息声。

④ 言偃：子游，孔子的弟子。

⑤ 大道之行：大道运行的时代，即大同时代，指禹之前的时代，即五帝的时代。

⑥ 三代之英：夏、商、周三代的精英禹、汤、文王、武王、成王、周公，指三代之英时代的小康之治。

⑦ 逮(dài)：及，到。

⑧ 有志焉：有志向于此。志：志向。一说记载。

⑨ 天下为公：天下为全民所共有。

⑩ 选贤与能：选拔有贤德与才能的人参与治理。一说，"与"当为"举"，《大戴礼·王言篇》："选贤举能。"

⑪ 讲信：讲求诚信。修睦：谋求友爱和睦。

⑫ 不独亲其亲：不只是以自己的双亲为双亲。

⑬ 子其子：以自己的子女为子女。

⑭ 终：安享晚年。

⑮ 矜(guān)：同鳏，无妻或丧偶的人。独：老而无子的人。

⑯ 分：职分，职业，职务。归：出嫁。

⑰ 货：财物，物质资料。恶：嫌恶，担心。弃：遗弃，抛弃。

⑱ 谋：图谋。闭：闭塞。兴：兴起。

⑲ 作：发生。

⑳ 隐：消失。家：家族。

㉑ 大人：指诸侯。世及：父子曰世，兄弟曰及。据世袭制之礼的规定，父传国于子，无子则传弟。

以为固①，礼义以为纪②。以正君臣③，以笃父子④，以睦兄弟，以和夫妇，以设制度，以立田里⑤，以贤勇知⑥，以功为己⑦，故谋用是作，而兵由此起⑧。禹、汤、文、武、成王、周公，由此其选也⑨，此六君子者，未有不谨于礼者也⑩。以著其义⑪，以考其信，著有过，刑仁讲让⑫，示民有常⑬。如有不由此者⑭，在势者去，众以为殃⑮，是谓小康⑯。"

学习要点

【作家作品】

本文选自《礼记·礼运》(《十三经注疏》本)。汉代把孔子定的典籍称为"经"，弟子对"经"的解说是"传"或"记"，《礼记》因此得名，即对"礼"的解说。《礼记》的作者不止一人，写作时间也有先有后，其中多数篇章可能是孔子的七十二弟子及其学生们的作品，还兼收先秦的其他典籍。相传戴德选编其中八十五篇，称为《大戴礼记》；戴圣选编其中四十九篇，称为《小戴礼记》。

礼是适应宗法等级制度的政治需要，以"天人合一"为哲学依据，在原始祭礼、习俗的基础上发展而成的。礼是体系完整的维护贵族等级制度的典章制度和道德规范。中国古代儒学推崇以礼乐治国，儒学认为："礼也者，理之不可易者也。"(《礼记·乐记》)礼是天理，是自然与人类社会运行的规律。

【思想内容】

孔子通过对"大同"社会的赞美和对"小康"社会的认可，表达了对春秋末期"礼崩乐坏"的社会现实的极端不满，对"克己复礼"重建"小康""大同"社会的美好憧憬。

---

① 池：护城河。固：坚固保障。
② 纪：纲纪，法度。
③ 正：正定，确定。以正君臣：用礼正定君臣的名分。
④ 笃：使……深厚，淳厚。
⑤ 立：设立，设置，划分。田里：田地和住宅。
⑥ 贤：崇尚，以……为贤。知：通智，此指有智慧的人。
⑦ 以功为己：依礼将一切事功都为自己而做。
⑧ 用是：由此，由于这个原因(指"以贤勇知，以功为己")。作：起。兵：此指战争。
⑨ 由此其选也：由，用。此，指礼义。选：杰出人物。能用礼乐以成治，而为"三代之英"。
⑩ 谨：谨慎从事。
⑪ 著：著明，表明。
⑫ 刑：通"型"，榜样，典范，效法。讲让：讲求礼让。
⑬ 常：常法，常规。
⑭ 由此：遵守礼法常规。
⑮ 在势者：有权势的人。去：黜退，撤职。殃：祸殃。
⑯ 小康：康，安。依礼而治的小安社会，稍逊于"大同"世界。

所谓五帝时的“大同”世界，是“大道之行”的时代，是“礼”自然运行于自然与人类社会之间，人欲与“礼”自然融合、人自然顺应“礼”的时代，是儒家所憧憬的最和谐美好的理想社会。

所谓“三代之英”时的“小康”社会，是“大道既隐”之后，圣人对“礼”特别提倡的时代，是圣人用“礼”约束人欲、治理天下的时代，是在儒家的政治理想中，稍逊于“大同”的理想社会。

【艺术特色】

1. 对比论证，比较大同社会与小康社会。

内容＼社会	大同社会	小康社会
出现时代	五帝（黄帝、颛顼、帝喾、唐尧、虞舜）	三王（夏禹、商汤、周武王）
宗旨	大道之行也， 天下为公	大道既隐， 天下为家
政治	选贤与能	大人世及以为礼， 城郭沟池以为固
社会	讲信修睦 1. 人不独亲其亲，不独子其子。 2. 老有所终，壮有所用，幼有所长。 3. 矜寡孤独废疾者皆有所养。 4. 男有分，女有归。 5. 货恶其弃于地也，不必藏于己；力恶其不出于身也，不必为己。	礼义以为纪 1. 各亲其亲，各子其子。 2. 礼义以为纪，以正君臣，以笃父子，以睦兄弟，以和夫妇，以设制度，以立田里，以贤勇知，以功为己。
结果	谋闭而不兴，盗窃乱贼而不作，故外户而不闭。 不讲“礼”而“礼”自存，人在“礼”中而不自知。	故谋用是作，而兵由此起。 以著其义，以考其信，著有过，刑仁讲让，示民有常。如有不由此者，在势者去，众以为殃。

2. 运用排比，增强气势。使人感觉一气呵成，感情强烈，气势充沛。如“老有所终，壮有所用，幼有所长，矜、寡、孤、独、废、疾者，皆有所养”，“大人世及以为礼，城郭沟池以为固，礼义以为纪”等。

【成语格言】

不独亲其亲，不独子其子；老有所终，壮有所用，幼有所长，矜、寡、孤、独、废、疾者，皆有所养；天下为公；天下为私；男有分，女有归；门不闭户。

【课文翻译】

从前，孔子以贵宾的身份参加了鲁国在年终举行的蜡祭，祭祀活动结束之后，到鲁宫的大门楼上游览，拉长声叹了口气。孔子的慨叹，大概是因为鲁国（祭祀僭行天子之礼）的缘故。子游跟随在孔子身边，问道：“请问老师为什么叹气？”

孔子说：“大道运行的时代，与夏、商、周三代精英当政的时代，我没有赶上，不过对那两个时代有文献记载。大道运行的时代，天下为全民所共有，推选有贤德和有才能的人参与管理，讲求诚信，谋求友爱和睦，所以人们不只是敬爱他们自己的父母双亲，不只是抚爱他们自己的子女，使老年人都能安享晚年，壮年们都能被任用以各尽其能，年幼的儿童们都能健康成长，老而无妻、老而无夫、幼而无父、老而无子以及身有残疾的人都能得到赡养，男人都有自己的职业，女人都能及时出嫁。对待物质财物，担心它丢弃在地上无端浪费，倒不一定要收藏到自己家里；对待智力体力，唯恐它不能从自身发挥出来，倒不一定为了自己的利益，因此邪恶的图谋自然闭塞而不能兴起，盗窃抢劫的恶行自然不会发生，因此外门不用上栓紧闭，这就是大同世界。

“如今，大道消失，天下为一个家族所私有，人们各自敬爱自己的双亲，各自抚爱自己的子女，对待财物、劳动，都是为了自己的利益，诸侯国君将国家当作私有财产传给儿子或弟弟，并认为这样做合乎礼法，建筑城墙、挖掘护城河作为坚固保障，把礼义作为纲纪，用礼正定君臣的名分，用礼加深父子亲情，用礼使兄弟情谊和睦，用礼使夫妻感情和谐，用礼来设置制度，用礼划分田地和住宅，用礼尊崇勇士和谋士，依礼将一切事功都为了自己而做，因此奸谋由此发生，战争由此兴起。大禹、汤、文王、武王、成王、周公，就是在这样的时代用礼义治理天下而成为杰出的人物，这六位杰出人物，没有一位不是谨慎地依礼行事的，他们用礼表明道义，用礼考察诚信，辨明过错，以仁爱为典范，讲求礼让，向民众明示为人行事的常规。如果有不遵守礼法常规的人，即使是有权有势的人，也要被撤职黜退，被民众视为祸殃，这就是小康社会。”

【每课一练】

一、选择题

1.《大同》选自 （　　）

A.《论语》　B.《墨子》　C.《礼记》　D.《庄子》

2.《礼记》是一部 （　　）

A. 法家著作　B. 道家著作　C. 墨家著作　D. 儒家著作

3. 关于大同世界的美好理想源自 （　　）

A. 儒家　B. 法家　C. 道家　D. 墨家

4. 下列语句中，论述“大同世界”特点的是 （　　）

A. 各亲其亲，各子其子　B. 以正君臣，以笃父子

C. 刑仁讲让，示民有常　D. 讲信修睦，选贤与能

5. 孔子所说的小康社会指的是 （　　）

A. 五帝时代　B.“三代之英”的时代

C. 夏、商、周三代　D. 东周春秋时代

6. 孔子认为“大同”“小康”之间最根本的区别是 （　　）

A. 人事制度　B. 物质文明建设

C. 所有制形式　D. 精神文明建设

7. 孔子认为他所生活的时代是 （　　）

A. 大同时代　B. 三代之英的时代

C. 小康时代　　　　　　　　　　　　D. 礼崩乐坏的时代

二、填空题

1. 汉代把孔子定的典籍称为“经”，弟子对“经”的解说是“传”或“________”，《礼记》因此得名，即对“礼”的解说。

2. 礼是体系完整的维护贵族等级制度的典章________和道德________。

3. 所谓“大同”世界，是“大道之行”的时代，即________治国的时代。

4. 所谓“小康”社会，是“三代之英”时代，即________治国的时代。

5. 孔子曰：“大道之行也，天下为________，……使老有所________，壮有所________，幼有所________，矜、寡、孤、独、废、疾者，皆有所________。男有________，女有________。故________而不闭，是谓大同。”

6. “今大道既隐，天下为________，各________其亲，各________其子，……是谓小康。”

三、阅读分析题

1. 阅读《大同》中的一段文字，并回答下列问题。

昔者仲尼与于蜡宾，事毕，出游于观之上，喟然而叹。仲尼之叹，盖叹鲁也。言偃在侧，曰：“君子何叹？”

(1)解释这段文字中加点字的含义。

与：________　　蜡：________　　观：________

(2)将这段文字中“仲尼之叹，盖叹鲁也”译成现代汉语，并分析其含义。

(3)这段文字在全文结构上起什么作用？

2. 阅读《大同》中的一段文字，并回答下列问题。

大道之行也，天下为公，选贤与能，讲信修睦，故人不独亲其亲，不独子其子，使老有所终，壮有所用，幼有所长，矜、寡、孤、独、废、疾者，皆有所养。男有分，女有归。货恶其弃于地也，不必藏于己；力恶其不出于身也，不必为己。是故谋闭而不兴，盗窃乱贼而不作，故外户而不闭，是谓大同。

(1)解释这段文字中加点字的含义。

亲：________　　矜：________　　独：________　　分：________

归：________　　货：________　　贼：________

(2)将这段文字中的下列句子译成现代汉语。

大道之行也，天下为公。选贤与能，讲信修睦：________

故人不独亲其亲，不独子其子，使老有所终，壮有所用，幼有所长：________

是故谋闭而不兴，盗窃乱贼而不作，故外户而不闭，是谓大同：________

(3)这段文字从哪些方面来阐述大同社会的主要特点？

(4)这段文字所运用的修辞手法。

3. 阅读《大同》中的一段文字，并回答下列问题。

今大道既隐，天下为家，各亲其亲，各子其子，货力为己，大人世及以为礼，城郭沟池以为固，礼义以为纪。以正君臣，以笃父子，以睦兄弟，以和夫妇，以设制度，以立田里，以贤勇知，以功为己，故谋用是作，而兵由此起。禹、汤、文、武、成王、周公，由此其选也。此六君子者，未有不谨于礼者也。以著其义，以考其信，著有过，刑仁讲让，示民有常。如有不由此者，在势者去，众以为殃，是谓小康。

(1)解释这段文字中加点字的含义。

隐：________　　家：________　　笃：________　　贤：________

谨：________　　著：________　　刑：________

(2)将这段文字中的下列句子译成现代汉语。

以正君臣，以笃父子，以睦兄弟，以和夫妇：________________________________

以著其义，以考其信，著有过，刑仁讲让，示民有常：________________________

(3)分析概括这段文字中所言小康社会的主要特点。

(4)找出这段文字的排比句，并分析其效果。

参考答案

六 *谏逐客书

李 斯

《谏逐客书》

臣闻吏议逐客①，窃以为过矣②！昔缪公求士③，西取由余于戎④，东得百里奚于宛⑤，迎蹇叔于宋⑥，来丕豹、公孙支于晋⑦。此五者，不产于秦，而缪公用之，并国二十⑧，遂霸西戎。孝公用商鞅之法⑨，移风易俗，民以殷盛，国以富彊，百姓乐用，诸侯亲服，获楚、魏之师⑩，举地千里，至今治彊。惠王用张仪之计⑪，拔三川之地⑫，西并巴、蜀⑬，北收上郡⑭，南取汉中⑮，包九夷⑯，制鄢、郢⑰，东据成皋之险⑱，割膏腴之壤⑲，遂散六国之从⑳，使之西面事秦，

---

① 客：客卿。此指他国人在秦国做官的人，被称为客卿。

② 过：错误。

③ 缪公：秦穆公，名任好，前659年至前621年在位。春秋五霸之一。

④ 由余：春秋时秦大夫，原是晋国人，后逃亡到西戎（当时西北地区的少数民族），西戎王派他出使秦国，秦穆公用计使他归秦，并采用他的计谋，统一了西戎各个部落。

⑤ 百里奚：秦大夫，其身世，说法不一。一说，他是楚国宛（今河南南阳）人，曾做过楚国大夫，后又沦为楚国奴隶，秦穆公用五张羊皮将他赎出，任他为相，所以又称五羖（gǔ）大夫。

⑥ 蹇（jiǎn）叔：百里奚的好友，由百里奚推荐，秦穆公把他从宋国请来，任为上大夫。

⑦ 丕（pī）豹：晋国人，其父被晋惠公杀死后，投奔秦穆公，助秦攻晋。公孙支：岐州（今陕西凤翔一带）人，字子桑，游于晋，从晋国入秦，任大夫之职。

⑧ 二十：虚指兼并很多小国。

⑨ 孝公：秦孝公渠梁，前361年至前338年在位，任用商鞅实行变法，经过十年，秦国从一个比较落后的国家一跃而为先进强国。商鞅：战国时法家代表人物，卫国公族，入秦后帮助秦孝公实行变法，使秦国很快强盛起来，秦孝公死后，被秦惠文王车裂而死。

⑩ 获楚魏之师：前340年，商鞅攻魏国，俘虏魏军主将公子卬。同年，秦军又南攻楚国。

⑪ 惠王：秦惠文王嬴驷，前337年至前311年在位，于前325年称王，此后秦魏国君都称王。张仪（？—前310）：魏国人，主张“连横”的纵横家，曾几次任秦丞相，他用各个击破的策略削弱六国，使秦更加强大。

⑫ 拔三川之地：此计出自张仪，但在秦惠王时未实行，直到前306年，秦武王才派甘茂攻取三川。三川之地：今河南洛阳一带，因境内有黄河、伊河、洛河，故称“三川”。

⑬ 西并巴、蜀：当时少数民族聚居地区，在今四川东部和西部。前316年，秦将司马错领兵灭巴蜀。

⑭ 上郡：魏地，郡城在今陕西榆林东南。前328年，魏国战败请和，向秦献上郡十五县地。

⑮ 汉中：在今陕西汉中地区。前313年，张仪诡称给楚国六百里土地，诱使楚国与齐国断交，事后只答应给六里，楚王一怒攻秦，反而丧失楚国汉中六百里土地。

⑯ 九夷：巴蜀和楚国南阳一带的少数民族。“九”是虚指，表示最多数。

⑰ 鄢（yān）：在今湖北宜城，楚国旧都。郢（yǐng）：楚国国都，故址在今湖北江陵北。

⑱ 成皋（gāo）：当时周朝都邑以东的要塞，即今河南荥（xíng）阳县的虎牢。

⑲ 膏腴（yú）：肥沃。

⑳ 从：同“纵”，合纵。

功施到今①。昭王得范雎②,废穰侯③,逐华阳④,彊公室,杜私门⑤,蚕食诸侯,使秦成帝业。此四君者,皆以客之功。由此观之,客何负于秦哉!向使四君却客而不内,疏士而不用,是使国无富利之实,而秦无强大之名也。

今陛下致昆山之玉⑥,有随、和之宝⑦,垂明月之珠,服太阿之剑⑧,乘纤离之马⑨,建翠凤之旗⑩,树灵鼍之鼓⑪。此数宝者,秦不生一焉,而陛下说之⑫何也?必秦国之所生然后可;则是夜光之璧,不饰朝廷⑬,犀象之器,不为玩好⑭;郑、魏之女,不充后宫⑮;而骏良駃騠,不实外厩⑯,江南金锡不为用,西蜀丹青不为采⑰;所以饰后宫,充下陈⑱,娱心意,说耳目者,必出于秦然后可;则是宛珠之簪⑲,傅玑之珥⑳,阿缟之衣㉑,锦绣之饰,不进于前;而随俗雅化㉒,佳冶窈窕,赵女不立于侧也㉓。夫击瓮叩缶㉔,弹筝搏髀㉕,而歌呼呜呜快耳目者,真秦之声也。郑、卫、桑间㉖,韶、虞、武、象者㉗,异国之乐也。今弃击瓮叩缶而就郑、卫,退弹筝而取韶、虞,若是者何也?快意当前,适观而已矣。今取人则不然,不问可否,不论曲直,非秦者

---

① 施(yì):延续。

② 昭王:秦昭襄王嬴则,前306年至前251年在位,秦武王异母弟。秦武主死后,他由养母芈(mǐ)八子和她的异父弟魏冉拥立为王(秦国政权被这个外戚集团控制)。范雎(jū):字叔游,魏国人。被秦昭王任为丞相。

③ 穰(ráng)侯:魏冉的封号,前255年被废黜。

④ 华阳:华阳君,芈八子的同父弟芈冉的封号,后被遣回封地华阳(今河南新郑东)。

⑤ 杜私门:指范雎帮助秦昭王从穰侯和华阳君等人手中夺回实权。私门:指魏冉等皇戚家族。

⑥ 陛(bì)下:对帝王的尊称。昆山:在今新疆和田西北,古代著名产玉地区。

⑦ 随:随侯珠,春秋时随侯的一颗夜明珠。和:和氏璧,楚人卞和在山中发现的一块美玉。

⑧ 太阿(ē):宝剑名,相传是春秋时吴国名匠干将铸造的名剑。

⑨ 纤离:骏马名。

⑩ 翠凤之旗:用翠凤的羽毛做装饰的旗帜。翠凤:一种珍奇的鸟。

⑪ 灵鼍(tuó):鳄鱼类,俗名"猪婆龙",皮可蒙鼓。

⑫ 说:同"悦"。

⑬ 夜光:玉名,美玉晚上会发光。

⑭ 犀(xī):犀牛角。象:象牙。

⑮ 后宫:嫔妃居住的宫室。

⑯ 駃騠(jué tí):古代北方名马。外厩(jiù):设在宫外的马圈。

⑰ 丹青:颜料。采:彩饰。

⑱ 下陈:站在后列的姬妾。

⑲ 宛珠之簪(zān):用宛地出产的珠子装饰的发簪。

⑳ 傅:附着。玑:非圆形的珠子,这里泛指珠子。珥(ěr):耳环。

㉑ 阿缟(gǎo):齐国东阿(今山东东阿)出产的白色丝织品。

㉒ 随俗雅化:随着社会风尚而装扮雅致。

㉓ 佳冶窈窕(yǎo tiǎo):女子善于打扮自己,使自己的容貌体态艳丽美好。

㉔ 瓮(wèng):汲水的瓦器。缶(fǒu):小口大腹的瓦罐。秦国把这两种瓦器用作打击乐器。

㉕ 弹筝:古代秦国地方的弦乐器。搏髀(bì):拍着大腿打拍子。

㉖ 郑、卫:指郑国、卫国地区的民间音乐。桑间:卫国濮水边上的一个地名,相传这个地方的民歌十分动听。

㉗ 韶、虞:也称箫韶,相传是歌颂虞舜的乐舞。武、象:周初的一种乐舞。

去，为客者逐。然则是所重者在乎色乐珠玉，而所轻者在乎人民也。此非所以跨海内制诸侯之术也。

臣闻地广者粟多，国大者人众，兵彊则士勇。是以泰山不让土壤，故能成其大；河海不择细流，故能就其深；王者不却众庶，故能明其德。是以地无四方，民无异国，四时充美，鬼神降福①，此五帝三王之所以无敌也②。今乃弃黔首以资敌国③，却宾客以业诸侯，使天下之士，退而不敢西向，裹足不入秦，此所谓藉寇兵而赍盗粮者也④。夫物不产于秦，可宝者多；士不产于秦，而愿忠者众。今逐客以资敌国，损民以益仇，内自虚而外树怨于诸侯⑤，求国无危，不可得也。

学习要点

【作家作品】

李斯（约前 284 年—前 208 年），李氏，名斯，字通古。战国末期楚国上蔡人。秦代著名的政治家、文学家和书法家。主要作品除《谏逐客书》外，还有《泰山刻石文》《琅琊台刻石文》等。

李斯的贡献：设立郡县制、统一文字、统一法律、统一货币、统一度量衡、统一车轨。李斯政治主张的实施对中国和世界产生了深远的影响，奠定了中国两千多年政治制度的基本格局。

李斯的恶行：建议秦始皇“焚书坑儒”，剪除百家，独尊法家；参与“弑长立幼”的事件；建议秦二世推行“严刑酷法”制度，使中国历史上商鞅、韩非子等一干人苦心经营的法家，不仅未成为一种根植于人性关怀的学说制度，而且彻底沦落为帝王之术，由“焚书”之“愚民”推进到所谓“严家无格虏（强悍不驯的奴仆）”的“役民”。秦始皇死后，他与赵高合谋，伪造遗诏，迫令始皇长子扶苏自杀，立少子胡亥为二世皇帝。后为赵高所忌，于秦二世二年（前 208 年）被腰斩于咸阳闹市，并夷三族。

鲁迅先生曾说：“秦之文章，李斯一人而已。”

本文节选自《史记・李斯列传》，是李斯写给秦王嬴政的奏章，也是一篇论说文。

【思想内容】

本文写于秦王政十年（前 237 年），即秦统一前 16 年。那时秦王为统一天下，采取连横之策，远交近攻。地处秦东邻的韩首先受到威胁。于是韩国派了一个名叫郑国的水工入秦，帮助秦国兴修水利（即“郑国渠”），以消耗秦国的人力、物力，使秦无力东征。水利工程一修

① 鬼神降福：鬼神降福人间，是迷信的说法。

② 五帝：通常指黄帝、颛顼、帝喾、尧、舜。三王：三代开国之王夏禹、商汤和周文王、周武王。

③ 黔首：百姓。黔：黑色。

④ 藉：借。赍（jī）：赠予。

⑤ 树怨：结怨。

就是十年，快竣工时韩国的目的被秦察觉。于是秦王大怒，下令驱逐一切来自异国的客卿。李斯是楚国人，也在被逐之列。这时李斯入秦也恰好十年，十年的苦心经营，李斯如何能甘心？于是他写下这一奏章。秦王读了这篇奏章后，立即派人将李斯追回，使他官复原职，并立即废除了逐客令。

本文中心论点："臣闻吏议逐客，窃以为过矣。"李斯首先以史为证，列举秦国历史上四位明君任用客卿使秦国富强的事实；再将逐客与享用异国色乐珠玉进行对比，指出重物轻人非成就帝业之术；并分析逐客的危害，从而论证"非秦者去，为客者逐"的极端危害。

【艺术特色】

1. 论证方法。(1)本文始终运用对比论证法，正反并论、利害对举，把逐客之错阐述得深刻透彻。从历史角度，将秦国四位先君任用客卿使秦国富强与现今秦王逐客对比，证明秦王逐客是错误的。从现实角度，将秦王对待物与人的不同态度进行对比，指出秦王重物轻人，并进一步指出重物轻人"非所以跨海内、制诸侯之术也"，从而证明逐客是错误的。再从历史角度，将五帝三王"民无异国""无敌于天下"与现今秦王逐客对比，指出其危害及"藉寇兵而赍盗粮"的荒谬。(2)归纳论证法，列举秦历史上四位明君任用客卿使秦富强的事例，然后归纳出一般道理：客卿对秦贡献巨大，逐客是错的。(3)类比论证法，泰山不让土壤，故能成其大；河海不择细流，故能就其深；王者不却众庶，故能明其德。阐述上古帝王(五帝三王)的英明之举。(4)归谬论证法，先假定"必秦国之所生然后可"这一前提的正确，然后得出荒谬的结论。

2. 李斯写作《谏逐客书》，采用切近秦王独特心理的手段，使之从内心产生共鸣，形成认同观点的良好心理情绪：(1)注意维护了君王尊严。(2)顺应秦王的"期待视野"。秦王政作为秦国一代君王，一统天下是他的最高理想，李斯在文中以"跨海内制诸侯""地无四方""民无异国""无敌于天下"来打动秦王政，正好顺应了秦王政的心理意向。(3)痛陈利害，增强情感共鸣。白居易曾说"感人心者，莫先乎情"。李斯在文中站在秦王政的角度上，反复阐述逐客对秦国的严重危害和后果，并上升到国家安危的高度，字字句句，利害攸关，震撼人心。这种设身处地为秦国利益着想，忠诚真切的情感，不能不使秦王政深受震撼而产生共鸣。《谏逐客书》成功地揣摩了接受者的接受心理，对促成秦王政撤销逐客令，起到了十分积极的作用。

3. 本文大量采用了排比、对偶，具有句式的对称美和音调的节奏美；尤其是第二段设彩绮丽，音韵铿锵，句子长短错落，形成一种不可遏止的气势，使人初见汉赋的端倪。

【成语格言】

泰山不让土壤，故能成其大；河海不择细流，故能就其深；王者不却众庶，故能明其德。

【课文翻译】

我听说宗室大臣在计议驱逐客卿的事，我个人认为这是错误的。过去，秦穆公访求贤才，西边把由余从西戎争取过来，东边在宛得到了百里奚，从宋国迎来了蹇叔，从晋国招来了丕豹和公孙支。这五位贤士都不出生在秦国，可是穆公重用他们，于是兼并了二十个小国，成为西部诸侯的霸主。孝公采用了商鞅的办法，移风易俗，人民因而富足兴旺，国家因而富强，百姓愿意为国家出力，各国诸侯都表示亲近归服，战胜了楚、魏两国的军队，占领了上千里的土地，直到今天秦国社会安定，势力强盛。惠王采用张仪的计策，攻占了三川地区，西边兼并了巴蜀，北边接收了上郡，南边攻取了汉中，并席卷了南方各族地区，控制了鄢、郢两都，东边占据了成皋，割取了大量肥沃的土地，这样就拆散了六国的合纵联盟，迫使他们面向西边事奉秦国，功绩一直延续到今天。昭王得到范雎，罢免穰侯，赶走华阳君，加强了秦王室的权力，制服了豪门贵族的势力，逐步吞并各诸侯国，使秦国建成帝王的基业。这四位国君都凭借了客卿的功劳。从这些事实看来，客卿有什么对不起秦国的地方呢！假使当初四位国君拒绝客卿而不予接纳，疏远士人而不予任用，这就不会使国家富饶，秦国也不会有强大的名声了。

如今陛下得到了昆山的美玉，占有了随侯珠、和氏璧那样的宝物，悬挂着如同明月的珍珠，佩戴着太阿宝剑，骑着纤离骏马，立起翠凤羽毛装饰的锦旗，树起灵鼍皮的大鼓。这许多宝物，秦国不出产一件，可是陛下却喜爱它们，这是为什么呢？如果一定要秦国出产的东西才能用，那么，夜光之璧就不能装饰在朝廷上，犀角、象牙制造的器皿就不能成为玩赏的东西，郑国、魏国的少女就不能充满后宫，駃騠名马也不能在马厩里饲养，江南所出产的金器锡器就不会被使用，西蜀的丹青也不能用来渲染彩色。如果用来装饰后宫嫔妃的珠宝、充当姬妾的美女、娱乐心意和耳目的东西，都一定要秦国出产的才行，那么，宛珠装饰的簪子、镶满小珠子的耳环、东阿的丝绸衣服、精致华美的装饰品，就不可能呈献在眼前。而那些善于随着社会风尚而装扮雅致，善于把自己打扮得艳丽窈窕的赵国美女，也不能侍立在身旁了。敲瓮击缶，弹筝拍腿，又呜呜地唱着以娱乐耳目，这是真正的秦国音乐；而郑国、卫国和桑间的新调，韶虞、武象之类的古代乐舞，都是外地的音乐。如今抛弃敲瓮击缶的声音而听取郑、卫的时兴乐歌，停止弹筝而采用韶虞乐舞，这样做是为什么呢？只不过是图眼前的快乐，使自己感官舒适罢了。现在选择人才，却不是这样，不问是否适用，不问是否相宜，不论是非曲直，凡不是秦国的人就得离开，凡是外来的客卿都要被驱逐。这样做，就说明，重视的是女色、音乐、珠宝、美玉，而轻视的则是人。这不是用来统一天下、制服诸侯的做法。

我听说，土地广阔的，粮食就充足；国家强大的，人口就众多；武器精良的，兵士就勇敢。因此，泰山由于不拒绝土壤，所以变得那样大；河海不嫌弃细流，所以才达到那样深；做王的人不拒绝民众，所以能显示恩德。因此，地无四方之别，民无国家之异，四季生活富足美满，鬼神都来降福，这就是五帝三王无敌于天下的原因。现在却抛弃百姓，来帮助敌国，驱逐客卿，来使别国诸侯建立功业，使得天下贤士退缩而不敢向西，裹足而不敢进入秦国。这正所谓"借武器给敌寇，送粮食给盗贼"。不出产在秦国而值得珍贵的东西很多，不出生在秦国而愿意为秦国效忠的人也很多。如今驱逐客卿来帮助敌国，拒绝民众而增强敌国的力量，对内削弱了自己的国家，对外则在各诸侯国树敌，这样下去，要想秦国不发生危机，是不可能的。

【每课一练】

一、选择题

1. 李斯的代表作是 （　　）

A.《谏逐客书》　B.《答司马谏议书》

C.《大同》　D.《陈情表》

2. 李斯的《谏逐客书》选自 （　　）

A.《左传》　B.《史记》　C.《战国策》　D.《国语》

3. 下列文章中，属于奏章的是 （　　）

A.《五代史伶官传序》　B.《答司马谏议书》

C.《谏逐客书》　D.《报刘一丈书》

4.《谏逐客书》贯穿始终的论证方法是 （　　）

A. 归纳法　B. 演绎法　C. 类比法　D. 对比法

5. 本文中，作者列举秦国四位先君广招人才的史实，然后得出“客何负于秦哉”的结论，这里采用的论证方法是 （　　）

A. 归纳法　B. 演绎法　C. 类比法　D. 对比法

6. 本文中，作者用“五帝三王之所以无敌”的做法来论证秦王的错误，这里采用的论证方法是 （　　）

A. 归纳法　B. 对比法　C. 演绎法　D. 类比法

7.“必秦国之所生然后可；则是夜光之璧，不饰朝廷，犀象之器，不为玩好，郑、魏之女，不充后宫；而骏马駃騠不实外厩，江南金锡不为用，西蜀丹青不为采。”这里运用的论证方法是 （　　）

A. 归纳法　B. 归谬法　C. 对比法　D. 类比法

二、填空题

1. 李斯，________代著名的政治家、文学家和书法家。

2. 李斯的贡献：设立________制、统一________、统一法律、统一________、统一________、统一车轨。

3. 李斯的恶行：建议秦始皇“焚书________”，剪除百家，独尊法家；参与“弑长________”的事件；建议秦二世推行“严刑________”制度。

4. 鲁迅先生曾说：“秦之文章，________一人而已。”

5. 本文节选自《________》，是李斯写给秦王嬴政的奏章，也是一篇论说文。

6. 此四君者，皆以________之功。由此观之，客何________于秦哉！向使四君却客而不内，疏士而不用，是使国无________之实，而秦无________之名也。

7. 今取人则不然，不问可否，不论________，非秦者去，________者逐。然则是所重者在乎色乐珠玉，而所轻者在乎人民也。此非所以________、制诸侯之术也。

8. 此所谓________寇兵而________盗粮者也。

三、阅读分析题

1. 阅读《谏逐客书》中的一段文字，回答下列问题。

昔缪公求士，西取由余于戎，东得百里奚于宛，迎蹇叔于宋，来丕豹、公孙支于晋。此五者，不产于秦，而缪公用之，并国二十，遂霸西戎。孝公用商鞅之法，移风易俗，民以殷盛，国以富强，百姓乐用，诸侯亲服，获楚、魏之师，举地千里，至今治强。惠王用张仪之计，拔三川之地，西并巴、蜀，北收上郡，南取汉中，包九夷，制鄢、郢，东据成皋之险，割膏腴之壤，遂散六国之从，使之西面事秦，功施到今。昭王得范雎，废穰侯，逐华阳，强公室，杜私门，蚕食诸侯，使秦成帝业。此四君者，皆以客之功。由此观之，客何负于秦哉！向使四君却客而不内，疏士而不用，是使国无富利之实，而秦无强大之名也。

(1)解释这段文字中加点字的含义。

来：________ 举：________ 散：________ 从：________

西面：________ 施：________ 杜：________

(2)划分这段文字的层次，并概括层次大意。

(3)这段文字运用了哪几种论证方法？

(4)这段文字在列举客卿建立功业时，叙述的特点是什么？

2. 阅读《谏逐客书》中的一段文字，回答下列问题。

所以饰后宫，充下陈，娱心意，说耳目者，必出于秦然后可；则是宛珠之簪，傅玑之珥，阿缟之衣，锦绣之饰，不进于前；而随俗雅化，佳冶窈窕赵女不立于侧也。夫击瓮叩缶，弹筝搏髀，而歌呼呜呜快耳目者，真秦之声也。郑、卫、桑间、韶、虞、武、象者，异国之乐也。今弃击瓮叩缶而就郑、卫，退弹筝而取韶、虞，若是者何也？快意当前，适观而已矣。今取人则不然，不问可否，不论曲直，非秦者去，为客者逐。然则是所重者在乎色乐珠玉，而所轻者在乎人民也。此非所以跨海内制诸侯之术也。

(1)解释这段文字中加点字的含义。

所以饰后宫：________ 说：________

所以跨海内：________

(2)这段话表达了什么观点？

(3)这段话运用了哪种论证方法？

(4)这段话中使用了哪种性质的论据？

3. 阅读《谏逐客书》中的一段文字，回答下列问题。

臣闻地广者粟多，国大者人众，兵强则士勇。是以泰山不让土壤，故能成其大；河海不择细流，故能就其深；王者不却众庶，故能明其德。是以地无四方，民无异国，四时充美，鬼神降福，此五帝三王之所以无敌也。今乃弃黔首以资敌国，却宾客以业诸侯，使天下之士，退而不敢西向，裹足不入秦，此所谓藉寇兵而赍盗粮者也。

(1)解释这段文字中加点字的含义。

藉：________ 赍：________

(2)将这段文字译成现代汉语。

(3)这段文字的中心论点是什么？

(4)划分层次,概括每层大意。

(5)分析这段议论的论证方法。

参考答案

七　陈情表

李　密

臣密言：臣以险衅[①]，夙遭闵凶[②]。生孩六月，慈父见背[③]；行年四岁，舅夺母志[④]。祖母刘愍臣孤弱[⑤]，躬亲抚养。臣少多疾病，九岁不行，零丁孤苦，至于成立[⑥]。既无叔伯，终鲜兄弟[⑦]，门衰祚薄[⑧]，晚有儿息[⑨]。外无期功强近之亲[⑩]，内无应门五尺之僮[⑪]，茕茕孑立[⑫]，形影相吊[⑬]。而刘夙婴疾病[⑭]，常在床蓐[⑮]。臣侍汤药，未尝废离。

逮奉圣朝[⑯]，沐浴清化[⑰]。前太守臣逵[⑱]察臣孝廉[⑲]，后刺史臣荣[⑳]举臣秀才。臣以供养无主，辞不赴命。诏书特下，拜臣郎中[㉑]，寻蒙国恩[㉒]，除臣洗马[㉓]。猥以微贱[㉔]，当侍东宫[㉕]，

---

① 险衅(xìn)：灾难与祸患，指命运不好。险，这里是命运坎坷不平的意思。

② 夙(sù)：早。闵(mǐn)凶：忧患凶险，凶：不幸的事情。

③ 见背：背我，弃我而去，死的委婉说法。

④ 舅夺母志：舅父强行改变了母亲的守节之志，即强迫母亲改嫁。

⑤ 愍(mǐn)：通“悯”，怜悯。

⑥ 成立：成人自立。

⑦ 终：这里是“又”的意思。鲜：少。

⑧ 门：家门。衰：衰微。祚(zuò)：福气。

⑨ 息：子女。

⑩ 期(jī)：服丧一年。功：服丧九个月叫“大功”，服丧五个又叫“小功”。期、功均指近门亲属。强(qiǎng)近：比较亲近。

⑪ 应门：照看门户。五尺：汉代的五尺相当于现在的三尺多。僮：少年仆人。

⑫ 茕(qióng)茕：孤单的样子。孑(jié)：《文选》作“独”，据他本改。

⑬ 吊：慰问。

⑭ 婴：缠绕，缠身。

⑮ 蓐(rù)：草垫子，此指褥子。

⑯ 逮：到了。圣朝：晋。

⑰ 清化：清明的政治教化。

⑱ 太守：郡的长官。

⑲ 孝廉：汉武帝时，察举科目之一，令郡国向中央推举当地能孝顺父母和操行清廉的人。魏晋沿袭此制。

⑳ 刺史：州的长官。

㉑ 郎中：官名，尚书曹司的官员。

㉒ 寻：不久。

㉓ 除：授职。洗(xiǎn)马：也作“先马”，太子的属官，晋时改掌图籍。

㉔ 猥：鄙，谦词。

㉕ 东宫：太子居东宫，因而用作太子的代称。

非臣陨首所能上报①。臣具以表闻，辞不就职。诏书切峻②，责臣逋慢③，郡县逼迫，催臣上道；州司临门④，急于星火。臣欲奉诏奔驰，则以刘病日笃⑤；欲苟顺私情，则告诉不许⑥；臣之进退，实为狼狈。

伏惟圣朝以孝治天下⑦，凡在故老，犹蒙矜育⑧，况臣孤苦，特为尤甚。且臣少仕伪朝⑨，历职郎署⑩，本图宦达⑪，不矜名节⑫。今臣亡国贱俘，至微至陋，过蒙拔擢⑬，宠命优渥，岂敢盘桓⑭，有所希冀⑮。但以刘日薄西山⑯，气息奄奄⑰，人命危浅⑱，朝不虑夕。臣无祖母，无以至今日；祖母无臣，无以终余年。母、孙二人，更相为命，是以区区不能废远⑲。

臣密今年四十有四，祖母刘今年九十有六，是臣尽节于陛下之日长，报刘之日短也。乌鸟私情⑳，愿乞终养。臣之辛苦，非独蜀之人士及二州牧伯所见明知㉑，皇天后土，实所共鉴。愿陛下矜愍愚诚㉒，听臣微志。庶刘侥幸㉓，保卒余年㉔，臣生当陨首，死当结草㉕。臣不胜犬马怖惧之情㉖，谨拜表以闻。

---

① 陨首：丢掉脑袋。陨：坠落。

② 切峻：急切而严厉。

③ 逋(bū)慢：回避怠慢。逋：逃。

④ 州司：州官。

⑤ 笃：重。

⑥ 告诉：向长官申诉。

⑦ 伏惟：俯伏思维，下对上的敬语。

⑧ 矜育：怜悯，养育。

⑨ 伪朝：被晋国灭掉的蜀国。

⑩ 郎署：尚书台的官署。

⑪ 宦达：官位显达。

⑫ 矜：夸耀。

⑬ 拔擢(zhuó)：提拔。

⑭ 盘桓：逗留，迟疑不决的样子。

⑮ 有所希冀：有其他非分之想。李密本是蜀旧臣，现在固辞新职，怕被人指为故意标榜名节，所以反复说明。

⑯ 日薄西山：太阳接近西山，比喻人年老将死。薄：迫近。

⑰ 奄奄：气息微弱，将要断绝的样子。

⑱ 危浅：危急，活不长。

⑲ 区区：渺小的意思，指私衷。废远：放弃奉养而远离。

⑳ 乌鸟私情：相传乌鸦能反哺其母，人们常用来比喻为人子者能孝养其亲。

㉑ 二州牧伯：刺史荣和太守逵。二州：梁州和益州。牧伯：州郡行政长官。

㉒ 矜愍：怜悯。

㉓ 庶：庶几，或许。

㉔ 卒：终。

㉕ 结草：取《左传・宣公十年》所载结草报恩的故事。春秋时晋大夫魏颗的父亲魏武子——魏犨(chōu)临终嘱咐要将宠妾殉葬，魏颗没有照办。后他与秦将杜回交战，见一老人结草把杜回绊倒，因而将杜回擒获。夜间魏颗梦见那位老人，自称是魏武子宠妾的父亲，特来报恩。

㉖ 不胜(shēng)：不尽。

学习要点

【作家作品】

李密(224—287),字令伯,一名虔,武阳县(今四川彭山县东)人,曾随当时名儒谯周学习经学,蜀汉时为尚书郎,多次出使东吴,很有才名。

蜀亡后,晋武帝征他为太子洗马,逼迫甚急,他以祖母年老多病,无人奉养为由,推辞不就,此表就是向武帝陈说这一理由的。武帝看表以后,也就不再勉强。

本文原题作《陈情事表》。表,古代的一种文体,属于奏议一类,是臣民对君主陈请事情的文书。这篇文章是西晋时李密给武帝的奏疏。

【思想内容】

晋武帝司马炎统一"三国"后,到处延揽人才,曾任职蜀国的李密也是其中之一。

在这封奏疏中,李密请求晋武帝允许他终养祖母,免于应诏。文章中作者陈述了自己的不幸遭遇,自己与祖母相依为命的情况,讲明了自己不能奉诏出仕的个人理由。晋朝标榜自己"圣朝以孝治天下",李密就"以子之矛,攻子之盾",反复申述自己的困厄与真情,以达到"辞不就命"的目的。这在君命必受的封建时代是难能可贵的。

【艺术特色】

1. 采用了"以子之矛,攻子之盾"的论证方式。作者不能奉诏,理由是奉亲(尽孝),作者抓住了"圣朝以孝治天下"这一特点,表明自己奉亲就是在实践朝廷这一号召,如果武帝硬要他奉诏,就使自己陷入了自相矛盾的境地。从而化解了奉诏与奉亲(孝)的矛盾。

2. 骈、散结合的文体特点。文章大量地采用了整齐的四句形式,读起来朗朗上口,但又不是严格的四六文;其中又有大量的散文的句式,这种骈、散相间的形式,既增强了文章的表现力,又不显得呆板。作者在动词的选用上也颇具匠心,如第二段叙述晋朝命他出仕,使用了"察臣""举臣""拜臣""除臣""责臣""催臣"数语,以错落参差之笔写尽官方举用催逼之急;第三段"况臣""且臣""今臣""是臣"等语,以委婉圆转之笔写尽了自己的一片忠心。一连串极具动感的词语,一层深一层地把作者的处境描绘了出来。

【成语格言】

零丁孤苦、茕茕孑立、形影相吊、日薄西山、气息奄奄、人命危浅、朝不虑夕、皇天后土、急于星火。

【课文翻译】

臣李密上言:我因为命运坎坷,幼年便遭不幸。刚生下来六个月,慈父就去世了。到了四岁,舅父强迫母亲改变了守节的心愿。祖母刘氏怜恤我孤单病弱,亲自抚养我。我小时候经常生病,九岁还不能行走,孤苦伶仃,直到成人。既没有叔伯,又没有兄弟。门庭衰败,福分浅薄,很晚才有儿子。外面没有近亲,家里没有可以照应门户的僮仆。孤孤单单,形影相伴。而祖母刘氏多年疾病缠身,时常卧床不起。我侍奉汤药,不曾停止和离开过。

到了圣朝,我沐浴着清明的政治教化。前次太守臣逵,考察举荐我为孝廉;后来刺史荣,又举荐我为秀才。我因祖母无人供养,都表示辞谢,没有应命前往。陛下特地下达诏书,任命我为郎中。不久又蒙国家的恩典,授职为太子洗马。以我这样微贱之人,担当侍奉太子的官职,这是我掉了脑袋也无法报答的恩遇。当时我把自己的想法详细上表奏闻,表示辞谢,不能就职。现在诏书又下,言辞急切而严峻,指责我有意回避和怠慢,郡县官府,层层逼迫,催我上路,州司官员登门催促,急如星火。我本想奉命奔驰前往,但刘氏的病一天比一天加重,想暂时迁就自己的私情向长官申诉,又得不到允许。我实在是进退两难,十分狼狈。

我想圣朝以孝道治理天下,凡属老年人,都受到怜悯和抚养,何况我孤单贫苦,更是不同寻常。再说,我年轻时在伪朝任职,一直做到郎官,本来就希图宦途显达,并不夸耀名节。现在我是亡国的俘虏,极其渺小和浅陋,却受到了过分的提拔,恩宠深厚,我怎敢徘徊观望,而有非分之想呢?只因为刘氏已经风烛残年,如太阳将落西山,奄奄一息,生命垂危,朝不保夕。我没有祖母,不能活到今天;祖母没有我,不能度过余生。祖孙二人,相依为命,因此,私下想不能放弃奉养而远行。

我今年四十四岁,祖母刘氏九十六岁。这样看来,我尽忠于陛下的日子还长,而报养刘氏的日子却不多了。我怀着乌鸦反哺的心情,乞求陛下允许我为祖母养老送终。我的苦衷,不仅蜀中人士及二州长官看见了,天地神明实在也都看得清清楚楚。希望陛下怜悯我的诚心,准许我实现这个微小的心愿。或许刘氏可以侥幸地平安寿终,我活着应当为陛下献出生命,死后也当像结草老人那样在暗中报答陛下之恩。我怀着犬马般恐惧的心情,恭敬地上表奏明陛下。

【每课一练】

一、选择题

1. 李密的《陈情表》是一篇 （ ）

A. 书信　B. 小说　C. 辞赋　D. 奏疏

2. “茕茕孑立,形影相吊”一语出自 （ ）

A. 李斯《谏逐客书》　B. 李密《陈情表》　C. 李清照《声声慢》　D. 诸葛亮《出师表》

3. 下列成语出自李密《陈情表》的是 （ ）

A. 日薄西山　B. 贻笑大方　C. 既来之则安之　D. 天下为公

二、填空题

1. 李密,字________,一名虔,________朝人,很有才名。

2. 表,古代的一种文体,属于奏议一类,是臣民对________陈请事情的文书。这篇文章是西晋时李密给武帝的奏疏。

3. 今臣亡国贱俘,至微至陋,过蒙拔擢,宠命优渥,岂敢盘桓,但以刘日薄________,气息________,人命危浅,朝不________。

4. ________私情,愿乞终养。

三、阅读分析题

1.阅读下面一段课文,回答下列问题。

臣密言:臣以险衅,夙遭闵凶。生孩六月,慈父见背;行年四岁,舅夺母志。祖母刘愍臣孤弱,躬亲抚养。臣少多疾病,九岁不行,零丁孤苦,至于成立。既无叔伯,终鲜兄弟,门衰祚薄,晚有儿息。外无期功强近之亲,内无应门五尺之僮,茕茕孑立,形影相吊。而刘夙婴疾病,常在床蓐。臣侍汤药,未尝废离。

(1)解释文中加点字的含义。

成立:________　祚薄:________　儿息:________　婴:________

蓐:________

(2)将"生孩六月,慈父见背"译成现代汉语。

(3)将"外无期功强近之亲,内无应门五尺之僮,茕茕孑立,形影相吊"译成现代汉语。

(4)这段文字中有哪些沿用至今的成语?

2.阅读《陈情表》中的两段课文,回答下列问题。

伏惟圣朝以孝治天下,凡在故老,犹蒙矜育,况臣孤苦,特为尤甚。且臣少仕伪朝,历职郎署,本图宦达,不矜名节。今臣亡国贱俘,至微至陋,过蒙拔擢,宠命优渥,岂敢盘桓,有所希冀。但以刘日薄西山,气息奄奄,人命危浅,朝不虑夕。臣无祖母,无以至今日;祖母无臣,无以终余年。母、孙二人,更相为命,是以区区不能废远。

臣密今年四十有四,祖母刘今年九十有六,是臣尽节于陛下之日长,报刘之日短也。乌鸟私情,愿乞终养。

(1)将划线二句译成现代汉语。

但以刘日薄西山,气息奄奄,人命危浅,朝不虑夕。________________________________

____

乌鸟私情,愿乞终养。____

(2)这二段内容可划分为几个层次?

(3)作者采取了什么办法来说服武帝?

(4)这二段文字中有哪些沿用至今的成语?

3.阅读下面一段课文,回答下列问题。

逮奉圣朝,沐浴清化。前太守臣逵察臣孝廉,后刺史臣荣举臣秀才。臣以供养无主,辞不赴命。诏书特下,拜臣郎中,寻蒙国恩,除臣洗马。猥以微贱,当侍东宫,非臣陨首所能上报。臣具以表闻,辞不就职。诏书切峻,责臣逋慢,郡县逼迫,催臣上道;州司临门,急于星火。臣欲奉奔驰,则以刘病日笃;欲苟顺私情,则告诉不许:臣之进退,实为狼狈。

(1)解释文中加点字的含义。

逮:________　猥以:________　逋慢:________　笃:________

苟:________　狼狈:________

(2)简述这一段的主旨。

4.阅读下面一段课文,回答下列问题。

臣之辛苦,非独蜀之人士及二州牧伯所见明知,皇天后土,实所共鉴。愿陛下矜愍愚诚,听臣微志。庶刘侥幸,保卒余年,臣生当陨首,死当结草。臣不胜犬马怖惧之情,谨拜表以闻。

(1)解释文中加点字的含义。

鉴:________　　矜:________　　庶:________　　卒:________

结草:________

(2)这段文字中有哪些沿用至今的成语?

参考答案

八 *新五代史伶官[①]传序

欧阳修

呜呼！盛衰之理，虽曰天命，岂非人事哉！原庄宗之所以得天下[②]，与其所以失之者，可以知之矣。

世言晋王之将终也[③]，以三矢赐庄宗而告之曰："梁[④]，吾仇也；燕王，吾所立[⑤]；契丹与吾约为兄弟[⑥]；而皆背晋以归梁。此三者，吾遗恨也。与尔三矢，尔其无忘乃父之志[⑦]！"庄宗受而藏之于庙[⑧]。其后用兵，则遣从事以一少牢告庙[⑨]，请其矢，盛以锦囊，负而前驱，及凯旋而纳之。

方其系燕父子以组[⑩]，函梁君臣之首[⑪]，入于太庙，还矢先王，而告以成功，其意气之盛，可谓壮哉！及仇雠已灭[⑫]，天下已定，一夫夜呼[⑬]，乱者四应，仓皇东出[⑭]，未及见贼而士卒离

---

① 古时称演戏的人为伶，在朝中授有官职的伶人，叫伶官。

② 原：推究本源。庄宗：五代时后唐庄宗李存勖（xù），李克用之子，后梁龙德三年（923 年）称帝；建都洛阳，国号唐。同年灭后梁，同光四年（926 年）兵变被杀。

③ 晋王：李克用，西突厥沙陀部首领，唐末因镇压黄巢农民起义有功，被唐王朝任命为河东节度使，后封为晋王。

④ 梁：后梁太祖朱温，公元 907 年至 912 年在位。朱温在唐乾符四年（877 年）曾参加黄巢起义，后叛变降唐，被任为河中行营招讨副使，唐僖宗赐名"全忠"。朱全忠又参加镇压黄巢起义，封为梁王。他曾企图谋害李克用，彼此结下世仇。天椿四年（907 年）代唐称帝，改名"晃"，建都汴（今河南开封），国号梁。

⑤ 燕王：刘守光，其父刘仁恭原来是受李克用举荐成为卢龙军节度使的，后背晋归梁。公元 909 年刘守光被朱全忠封为燕王。

⑥ 契丹：古民族名，曾建立辽国。这里指契丹族首领耶律阿保机，即辽王朝的建立者辽太祖。李克用曾和耶律阿保机相会，握手约为兄弟，商定共同举兵击梁，但后来阿保机背约遣使和梁通好。

⑦ 其：语气词，表示命令或希望的语气。乃：你。

⑧ 庙：宗庙，祭祀祖先的地方，即下文的"太庙"。

⑨ 从事：官名，原指三公及州郡长官的僚属，这里泛指一般官属。少牢：祭品，古代祭祀中，牛、羊、豕各一，称太牢；只有羊、豕而无牛，称少牢。告庙：到宗庙祷告。

⑩ 系燕父子以组：后梁乾化元年（911 年），刘守光自称大燕皇帝。第二年，李存勖派兵攻燕，生擒刘守光及其父刘仁恭二人，并用绳索捆绑送到太庙祭灵。系：捆绑。组：绳索。

⑪ 函梁君臣之首：后梁龙德三年（923 年）十月，李存勖领兵攻梁，梁末帝朱友贞使其部将皇甫麟把他杀死，然后皇甫麟也自杀了。李存勖攻入汴京，把他们的头装入木盒，收藏在太庙里。函：这里用作动词，用木匣装起来。

⑫ 仇雠（chóu chóu）：仇敌。二字古时不同音，但字义相近，故常连用。

⑬ 一夫：皇甫晖。后唐同光四年（926 年），李存勖妻刘皇后听信宦官诬告，杀死大臣郭崇韬，一时人心浮动。军士皇甫晖等作乱，攻入邺都（今河南安阳）。

⑭ 仓皇东出：皇甫晖等作乱后，李存勖命令元行钦进行讨伐，但久而无功，于是又派李存勖的养子李嗣源率兵讨伐，李嗣源到邺都后，也叛变了，李存勖只好从洛阳前往汴州（今河南开封一带）。

散。君臣相顾，不知所归，至于誓天断发，泣下沾襟①，何其衰也！岂得之难而失之易欤？抑本其成败之迹②，而皆自于人欤？

《书》曰："满招损，谦得益。"③忧劳可以兴国，逸豫可以亡身④，自然之理也⑤。故方其盛也，举天下之豪杰，莫能与之争；及其衰也，数十伶人困之，而身死国灭⑥，为天下笑。夫祸患常积于忽微⑦，而智勇多困于所溺⑧，岂独伶人也哉！作《伶官传》。

学习要点

【作家作品】

作者欧阳修(1007—1072)，北宋文学家、史学家，字永叔，号醉翁，晚年又号六一居士，庐陵(今江西吉安)人，宋仁宗天圣八年(1030 年)进士。累官至翰林学士、枢密副使、参知政事。谥号文忠。幼年丧父，母亲以荻画地作书以教之。作为北宋文坛领袖，欧阳修培养了大批的古文作家，"三苏"父子、王安石、曾巩皆出其门下。欧阳修为唐宋八大家之一，诗、词、文的创作上都取得了很高的成就。《醉翁亭记》《秋声赋》及《新五代史伶官传序》均为其散文名篇，著有《欧阳文忠公文集》《六一词》。

这是欧阳修为《新五代史·伶官传》写的一篇序文，也是一篇史论。序作为一种文体，相当于今天某些文章的"前言"或其编者的"按语"，它的内容或是提纲挈领地评价该书内容，或者叙述著书作文的缘由，以便读者理解其后有关书或文的内容。

【思想内容】

这篇文章通过唐庄宗宠幸伶人而招致灭国亡身的史实，论证了"盛衰之理，虽曰天命，岂非人事哉"这一中心论点，总结出了"忧劳可以兴国，逸豫可以亡身"以及"祸患常积于忽微，而智勇多困于所溺"的历史经验教训，借以告诫统治者，并进而推演出亡国"岂独伶人也哉"这一普遍性的警示。表现出作者作为历史学家和政治家的卓越识见。

---

① 誓天断发，泣下沾襟：李存勖到汴州时，李嗣源早已进入汴京(今开封市)，李存勖眼见诸军离散，十分沮丧，面对随行臣属元行钦等人痛哭流涕，这时诸将都相顾号泣，并拔刀断发，对天发誓，表示誓死效忠后唐。

② 抑：或是。本：考察。

③ 满招损，谦得益：语出《尚书·大禹谟》，"谦得益"，原作"谦受益"。

④ 逸豫：安逸享乐。

⑤ 自然：当然。

⑥ 数十伶人困之：李存勖灭梁后，纵情声色，宠信乐工、宦官。公元 926 年伶人郭从谦指挥一部分禁卫军作乱，李存勖中流矢而死。李存勖死后，李嗣源即位称帝，国号未改，但李嗣源并不是李克用的血统后代，所以本文说李克用"身死国灭"。

⑦ 忽微：忽和微，古代两个极小的度量单位名，这里是细小的意思。

⑧ 所溺：所溺爱的人或事物。

【艺术特色】

1. 欲抑先扬。先极赞后唐庄宗成功时意气之壮，再叹其失败时形势之衰，通过盛衰之得失、成败的强烈对比，突出庄宗历史悲剧的根本原因，使论点更有说服力。

2. 以小见大，以个别见一般。论据典型有力，用庄宗先盛后衰，先成后败的历史事实，恰到好处地论证自己的观点。

3. 文风雄健而有气势，行文跌宕顿挫。清代沈德潜评此文云："抑扬顿挫，得《史记》神髓，《五代史》中第一篇文字。"

4. 理论论据和事实论据相结合。在论述中从史实引出理论，如"忧劳可以兴国，逸豫可以亡身""祸患常积于忽微，而智勇多困予所溺"；又引理论来说明历史，如引用《尚书》中的"满招损，谦得益"来印证后唐庄宗兴亡的历史，做到了历史事实论据与理论论据相结合。

【成语格言】

满招损，谦得益；忧劳可以兴国，逸豫可以亡身；祸患常积于忽微，而智勇多困于所溺。

【课文翻译】

唉！国家盛衰兴亡的道理，虽然有人说是在于天命，难道不是也在于人为！考察一下后唐庄宗得到天下和失掉天下的原因，便知道这一点了。

世人相传晋王临死的时候，把三支箭赐予庄宗，并且告诉他说："梁是我的仇敌，燕王是我立起来的，契丹曾同我约为兄弟。可是他们都背叛了晋投靠了梁。这三件事，是我的遗恨。给你三支箭，希望你不要忘记你父亲报仇雪恨的心愿！"庄宗接受了箭，并且把它们收藏在宗庙里。从此以后，每逢出兵打仗，就派遣官属用一少牢礼祷告于太庙，并请出那三支箭，装进锦囊，背在身上，一马当先，等到胜利归来，再把箭放回原处。

当庄宗用绳索捆绑燕王父子，用木匣装着梁朝君臣的头颅，献入太庙，把箭放回先王灵位之前，禀告大功告成时，他气宇轩昂，真可以说得上是气势雄壮啊！可是等到仇敌已被消灭，天下已经平定，只是一个普通的军士在夜间一声呼唤，作乱的人便四面响应，而自己仓皇向东出奔，还没有见到叛贼，士卒就已经离散。君臣相对而视，不知投向何处，竟然对天发誓，割断头发，痛哭流涕，那个时候，他是多么悲惨啊！难道是取得天下困难；而失去天下容易吗？或者说一个人成功或失败都是由人事所决定的吗？

《尚书》说："自满招致灾祸，谦虚得到益处。"忧虑辛劳可以使国家兴盛，安逸享乐可以使自身败亡，这是当然的道理。所以正当他兴盛的时候，普天之下的英雄豪杰没有谁可以和他争锋；可是当他衰败的时候，数十个伶人围困他，就能使他本人丧命国家灭亡，被天下人耻笑。祸患往往是从细微小事积累起来的，而有才智勇气的人又常常因过分沉溺于某种事物而陷入困境，足以败国身亡的，难道只有伶人吗？因而写了《伶官传》。

【每课一练】

一、选择题

1. 北宋文坛领袖是 （　　）

A. 王安石　　B. 欧阳修　　C. 苏轼　　D. 黄庭坚

2. 欧阳修的《五代史伶官传序》是一篇 （　　）

A. 史论　　B. 奏疏　　C. 小说　　D. 辞赋

3.《五代史伶官传序》的中心论点是 （　　）

A. “盛衰之理，虽曰天命，岂非人事哉”　　B. “满招损，谦得益”

C. “忧劳可以兴国，逸豫可以亡身”　　D. “祸患常积于忽微，而智勇多困于所溺”

4. 欧阳修的《五代史伶官传序》阐述王朝的兴衰主要在于 （　　）

A. 天命　　B. 人事

C. 天命和人事同样重要　　D. 天命

5. “满招损，谦得益”一语出自 （　　）

A.《尚书》　　B.《论语》　　C.《孟子》　　D.《庄子》

6. 对“岂得之难而失之易欤？抑本其成败之迹，而皆自于人欤?”一句理解准确的一项是 （　　）

A. 强调得天下困难而失天下容易

B. 强调“得”“失”都是人事决定的

C. 否定“得”与“失”的难易都是由人事决定的

D. 否定得天下困难，承认失天下容易

二、填空题

1. 欧阳修(1007—1072)，北宋文学家、史学家，字永叔，号________，晚年又号________居士，庐陵(今江西吉安)人。

2. 作为北宋文坛领袖，欧阳修培养了大批的古文作家，“三苏”父子、________、________皆出于其门下。________是唐宋八大家之一，在诗、词、文的创作上都取得了很高的成就。《________亭记》、《________赋》及《五代史伶官传序》均为其散文名篇，著有《欧阳文忠公文集》《六一词》。

3. 本文是欧阳修为《五代史・伶官传》写的一篇序文，也是一篇________论。序作为一种文体，相当于今天某些文章的“前言”或其编者的“按语”，它的内容或是提纲挈领地________该书内容，或者________著书作文的缘由，以便读者理解其后有关书或文的内容。

4. 本文写作上的突出特点是：欲抑________；以小________。

5. 清代沈德潜评此文云：“抑扬顿挫，得《________》神髓，《五代史》中第一篇文字。”

6.《书》曰：“________，谦得益。”________可以兴国，________可以亡身，自然之理也。故方其盛也，举天下之豪杰，莫能与之争；及其衰也，数十伶人困之，而身死________，为天下笑。夫祸患常积于________，而智勇多困于________，岂独伶人也哉？作《伶官传》。

三、阅读分析题

1.阅读下面一段文字,回答下列问题。

呜呼!盛衰之理,虽曰天命,岂非人事哉!原庄宗之所以得天下,与其所以失之者,可以知之矣。

(1)解释这段文字中加点字的含义。

原:________　　所以:________

(2)这段文字在全文中的作用是什么?

2.阅读下面一段课文,回答下列问题。

世言晋王之将终也,以三矢赐庄宗而告之曰:"梁,吾仇也;燕王,吾所立;契丹,与吾约为兄弟,而皆背晋以归梁。此三者,吾遗恨也。与尔三矢,尔其无忘乃父之志!"庄宗受而藏之于庙。其后用兵,则遣从事以一少牢告庙,请其矢,盛以锦囊,负而前驱,及凯旋而纳之。

(1)解释这段文字中加点字句的含义。

矢:________　　遗恨:________　　乃父:________　　少牢:________

告:________　　盛以锦囊:________

(2)这段文字的主旨是什么?

3.阅读下面一段课文,回答下列问题。

方其系燕父子以组,函梁君臣之首,入于太庙,还矢先王,而告以成功,其意气之盛,可谓壮哉!及仇雠已灭,天下已定,一夫夜呼,乱者四应,仓皇东出,未及见贼而士卒离散。君臣相顾,不知所归,至于誓天断发,泣下沾襟,何其衰也!岂得之难而失之易欤?抑本其成败之迹,而皆自于人欤?

(1)将"方其系燕父子以组,函梁君臣之首"译成现代汉语。

(2)这段文字的论点是什么?

(3)这段文字采用了什么论证方法?

4.阅读下面一段课文,回答下列问题。

《书》曰:"满招损,谦得益。"忧劳可以兴国,逸豫可以亡身,自然之理也。故方其盛也,举天下之豪杰,莫能与之争;及其衰也,数十伶人困之,而身死国灭,为天下笑。夫祸患常积于忽微,而智勇多困于所溺,岂独伶人也哉!

(1)解释这段文字中加点字的含义。

《书》:________　　方:________　　举:________　　莫:________　　为:________

(2)将"忧劳可以兴国,逸豫可以亡身"译成现代汉语,并说明这两句话在文中所起的作用。

(3)将"祸患常积于忽微,而智勇多困于所溺"译成现代汉语,并说明这两句话在文中所起的作用。

(4)这一段文字采用了什么论证方法?

参考答案

九 答司马谏议[①]书

王安石

某启[②]：昨日蒙教[③]，窃以为与君实游处相好之日久[④]，而议事每不合，所操之术[⑤]多异故也。虽欲强聒[⑥]，终必不蒙见察[⑦]，故略上报[⑧]，不复一一自辨[⑨]；重念蒙君实视遇厚[⑩]，于反复不宜卤莽[⑪]，故今具道所以[⑫]，冀君实或见恕也[⑬]。

盖儒者所争[⑭]，尤在于名实[⑮]，名实已明，而天下之理得矣[⑯]。今君实所以见教者，以为侵官、生事、征利、拒谏[⑰]，以致天下怨谤也[⑱]。某则以谓[⑲]受命于人主[⑳]，议法度而修之于朝廷[㉑]，以授之于有司[㉒]，不为侵官[㉓]；举先王之政[㉔]，以兴利除弊，不为生事；为天下理财，不为

---

① 谏议：官名，即谏议大夫，专掌议论。司马光时任此职。

② 某启：等于说某某人陈述，是旧时书信中的习惯用语。

③ 蒙教：承蒙您的指教，这是接到对方来信的一种客气说法。

④ 窃：谦词，私自。君实：司马光的字，称字是表示对对方的尊敬。游处：交往相处。

⑤ 操：持，抱。术：政治主张。

⑥ 强聒(guō)：强作解释。聒，声音嘈杂。《庄子·天下》："虽天下不取，强聒而不舍也。"

⑦ 不蒙见察：不会被您理解。

⑧ 略：省略，免去。上报：复信。

⑨ 自辨：为自己辩解。

⑩ 重(chóng)念：再想到。视遇：看待。

⑪ 反复：书信往来。卤(lǔ)莽：同鲁莽。

⑫ 具道所以：详细地说明事情的缘由。

⑬ 冀：希望。见恕：原谅。

⑭ 儒者：信奉儒家思想的知识分子。争：争论。南宋龙舒本"争"作"重"，"重"有看重之意。

⑮ 名：概念。实：客观实际。

⑯ 得：得到，掌握。

⑰ 侵官：因推行新法，新增设一些机构和官吏，因而侵犯了原有官吏的权力。生事：滋生事端，扰害百姓。征利：搜刮百姓的钱财。司马光攻击王安石变法中的经济措施是与民争利。拒谏：一意孤行，不听劝告。

⑱ 致：招致。怨谤：怨恨和诽谤。

⑲ 以谓：以为。

⑳ 受命于人主：接受皇帝的命令(推行新法)。人主：皇帝，这里指宋神宗。

㉑ 修：制订。

㉒ 授：交付给。

㉓ 不为：不是，算不得。

㉔ 举：称举，宣扬。

征利；辟邪说[1]，难壬人[2]，不为拒谏。至于怨诽之多，则固前知其如此也[3]。人习于苟且非一日[4]，士大夫多以不恤国事[5]、同俗自媚于众为善[6]。上乃欲变此[7]，而某不量敌之众寡，欲出力助上以抗之，则众何为而不汹汹然[8]。盘庚之迁[9]，胥怨者民也[10]，非特朝廷士大夫而已[11]；盘庚不为怨者故改其度[12]，度义而后动[13]，是而不见可悔故也[14]。如君实责我以在位久[15]，未能助上大有为[16]，以膏泽斯民[17]，则某知罪矣；如曰今日当一切不事事[18]，守前所为而已[19]，则非某之所敢知[20]。

无由会晤[21]，不任区区向往之至[22]。

---

① 辟：抨击，驳斥。邪说：错误言论。

② 难(nàn)壬(rén)人：斥责奸伪巧辩的小人。难：责难。壬人：同“任人”，花言巧语而不行正道的人。《尚书·舜典》“而难任人。”

③ 固：本来。前知：早就预料到。

④ 苟且：得过且过。

⑤ 恤(xù)：关心，忧虑。

⑥ 同俗：附和流俗。自媚于众：讨好众人。

⑦ 上：皇帝，这里指宋神宗。

⑧ 汹汹然：大吵大闹的样子。

⑨ 盘庚之迁：《尚书·盘庚·序》：“盘庚五迁，将治亳殷，民咨胥怨。”从商汤到盘庚已有五次迁都。盘庚即位后，为了避免自然灾害和摆脱政治上的困境，决定将国都从奄(yān，今山东曲阜)迁到殷(今河南安阳)，遭到了贵族和被贵族鼓动的人们的反对。

⑩ 胥：与，相与。

⑪ 非特：不只是。

⑫ “盘庚”句：盘庚并没有因为遭到人们的怨恨就改变他的计划。度：计划，作名词用。南宋龙舒本此句作“盘庚不罪怨者，亦不改其度”。

⑬ 度(duó)义而后动：考虑到这是合理的才付诸实施。度：考虑，斟酌，作动词用。义：合理、符合原则。

⑭ 是：认为做得对。不见可悔：看不出有什么可后悔的。

⑮ 在位：居宰相之位。

⑯ 大有为：贤明的君主有所建树。《孟子·公孙丑下》：“故将大有为之君。”赵岐注：“言古之大圣大贤有所兴为之君。”

⑰ 膏泽：作动词用，给予恩惠。斯民：这些老百姓，意即使普通百姓得到好处。

⑱ 一切不事事：什么事情都不做。前一个“事”字是动词，后一个“事”字是名词。

⑲ 守前所为：固守祖宗留下的陈规旧法。前：前辈，祖先。

⑳ 非某之所敢知：不是我所敢领教的，是“我坚决不能同意”的一种客气说法。

㉑ 由：机会。

㉒ 不任：不胜，不尽。区区：衷心，诚心。向往之至：仰慕到了极点。这句是旧时书信结尾表示恭敬的客套话。

学习要点

【作家作品】

作者王安石(1021—1086),字介甫,晚年号半山,临川(今江西临川县)人;宋仁宗庆历二年(1042年)进士,做过几任地方官,神宗时任宰相,改革弊政,推行新法。由于遭受保守派的激烈反对,辞官后归隐江宁(今江苏南京)。他是北宋时期杰出的政治家和思想家,也是诗文革新运动的有力推动者,唐宋八大家之一,主张文章有补于世,以适用为本。王安石在诗、词方面也取得了很高的成就,著有《临川先生文集》。

熙宁二年(1069年),王安石出任宰相,推行新法。当时任右谏议大夫的司马光强烈反对,于熙宁三年一月十七日写了一封长达三千多字的信给王安石,全面反对新法,并指责王安石"侵官、生事、征利、拒谏、以致天下怨谤",王安石便写了这封信一一加以驳斥。列宁称王安石为"中国十一世纪的改革家"(《列宁全集》第十卷)。

本文选自《临川先生文集》(《四部丛刊》本)卷七十三。这是一篇书信体的驳论文。

【思想内容】

这篇文章有理有据地驳斥了司马光对王安石推行新法是"侵官、生事、征利、拒谏、致怨"的指责,批判了当时士大夫们不恤国事、苟且偷安、墨守成规的保守思想,表现了作者坚持真理、坚持改革的决心和勇气。

【艺术特色】

1. 驳论文。逐条驳斥了司马光对他推行新法是"侵官、生事、征利、拒谏"和"致怨"的指责,有理有据,并处处表明自己的所作所为是"受命于人主",使对方难以反驳。语言简洁,态度坚决。

2. 语言委婉有礼,却柔中寓刚。连用了四个"不为",态度异常坚定。

【课文翻译】

安石说:昨日承蒙指教,私下以为和您交往相处已经很久了,而议论政事每每意见不合,这是因为我们在治国的根本方法上存在着很多差异。虽然想强作解释,也终究不会得到您的理解,所以想省去回信,不再一一为自己辩解。又想到您待我不薄,在书信往来上不应草率从事,所以现在详细地阐述事情的缘由,希望或许得到您的原谅。

大概读书人所争论的,主要在于概念和事实是否相符,概念和事实弄清了,天下的道理也就掌握了。这次您用来指教我的,是侵犯了其他官员的权力、滋生事端、搜刮钱财、不听建议,以招致天下人的怨恨诽谤。而我则以为,接受皇上的命令,在朝廷上议论修订法律制度,然后交给各职能部门,不是侵犯其他官员的权力;称扬前代贤王的政治,以求兴利除弊,不是滋生事端;为国家管理财政,不是搜刮钱财;驳斥错误的言论,斥责奸伪巧辩的小人,不是拒绝别人的建议。至于招来很多怨恨诽谤，本来就预料到会是这样的。人们习惯于得过且过的日子不是一天了，士大夫多把不关心国家大事、附和世俗、讨好众人当作美德。皇上就是要改变这种风气，而我也不管反对的老百姓有多少，就想出力协助皇上以抗击，那么众人怎能不大吵大闹呢。盘庚迁都，相与抱怨的是老百姓，不光是朝廷的士大夫。盘庚不因为有人怨恨就改变他的计划，考虑到这是合理的才付诸实施，是他看不出这样做有什么可后悔的地方。如果您指责我占据宰相的位置已经很久了，还没能帮助皇上大有作为，给百姓带来恩惠，那我是知罪的；如果说我现在什么事都不该做，只是墨守成规旧法，就不是我所敢领教的。

没有机会会面，心中不禁充满向往之意。

【每课一练】

一、选择题

1.《答司马谏议书》的写作背景是　　　　（　　）

A. 王叔文变法　　B. 王安石变法

C. 戊戌变法　　D. 范仲淹变法

2. 主张文章应该“有补于世”“以适用为本”的作家是　　　　（　　）

A. 柳宗元　　B. 韩愈　　C. 王安石　　D. 白居易

3. 王安石的《答司马谏议书》是一篇　　　　（　　）

A. 奏疏　　B. 书信　　C. 散文　　D. 小说

4.《答司马谏议书》的总体行文风格是　　　　（　　）

A. 慷慨激昂　　B. 平易质朴　　C. 含蓄委婉　　D. 刚柔相济

5. 王安石《答司马谏议书》所采取的主要驳论角度是　　　　（　　）

A. 驳斥论点　　B. 驳斥论据　　C. 驳斥论证　　D. 驳斥事实

二、填空题

1. 本文选自《临川先生文集》。这是一篇书信体的________论文。

2. 作者王安石(1021—1086)，字________，晚年号________，临川(今江西临川县)人；神宗时任宰相，改革弊政，推行________。他是北宋时期杰出的政治家和思想家，也是诗文革新运动的有力推动者，唐宋八大家之一，主张文章________，以________为本。王安石在诗、词方面也取得了很高的成就，著有《临川先生文集》。

3. 列宁称王安石为“中国十一世纪的________家”(《列宁全集》第十卷)。

三、阅读分析题

1. 阅读下面一段课文，回答下列问题。

昨日蒙教，窃以为与君实游处相好之日久，而议事每不合，所操之术多异故也。虽欲强聒，终必不蒙见察，故略上报，不复一一自辨；重念蒙君实视遇厚，于反复不宜卤莽，故今具道所以，冀君实或见恕也。

(1)解释这段文字中加点字的含义。

聒：________　　视遇：________　　具：________　　所以：________

见：________

(2)说明这段文字在全文中的作用。

2. 阅读下面一段课文,回答下列问题。

盖儒者所争,尤在于名实,名实已明,而天下之理得矣。今君实所以见教者,以为侵官、生事、征利、拒谏,以致天下怨谤也。某则以谓受命于人主,议法度而修之于朝廷,以授之于有司,不为侵官;举先王之政,以兴利除弊,不为生事;为天下理财,不为征利;辟邪说,难壬人,不为拒谏。至于怨诽之多,则固前知其如此也。人习于苟且非一日,士大夫多以不恤国事、同俗自媚于众为善。上乃欲变此,而某不量敌之众寡,欲出力助上以抗之,则众何为而不汹汹然。盘庚之迁,胥怨者民也,非特朝廷士大夫而已;盘庚不为怨者故改其度,度义而后动,是而不见可悔故也。如君实责我以在位久,未能助上大有为,以膏泽斯民,则某知罪矣;如曰今日当一切不事事,守前所为而已,则非某之所敢知。

(1)解释这段文字中加点字的含义。

名实:________　见:________　为:________　难:________

壬人:________　苟且:________　恤:________　胥:________

度:________　膏泽:________　事事:________

(2)作者立论的原则是什么?

(3)作者采用了什么样的驳论方法?

(4)作者用"盘庚之迁"说明了什么问题?

参考答案

十　*论毅力

梁启超

梁启超

天下古今成败之林①，若是其莽然不一途也②。要其何以成，何以败③？曰：有毅力者成，反是者败。

盖人生历程，大抵逆境居十六七④，顺境亦居十三四，而顺逆两境又常相间以迭乘⑤。无论事之大小，必有数次乃至十数次之阻力，其阻力虽或大或小，而要之必无可逃避者也⑥。其在志力薄弱之士，始固曰吾欲云云⑦，吾欲云云，其意以为天下事固易易也⑧，及骤尝焉而阻力猝来⑨，颓然丧矣⑩；其次弱者，乘一时之意气，透过此第一关，遇再挫而退⑪；稍强者，遇三四挫而退；而更稍强者，遇五六挫而退；其事愈大者，其遇挫愈多，其不退也愈难，非至强之人，未有能善于其终者也。

夫苟其挫而不退矣，则小逆之后，必有小顺；大逆之后，必有大顺。盘根错节之既经⑫，而随有应刃而解之一日。旁观者徒艳羡其功之成⑬，以为是殆幸运儿⑭，而天有以宠彼也⑮，又以为我蹇于遭逢⑯，故所就不彼若也。庸讵知所谓蹇焉、幸焉者⑰，皆彼与我之相同，而其能征服此蹇焉，利用此幸焉与否，即彼成我败所由判也⑱。更譬诸操舟，如以兼旬之期⑲，行

---

① 林：汇集。
② 莽然：广大众多的样子。
③ 要：概括地推究。何以：以何，因为什么。
④ 居：占。
⑤ 相间：互相穿插。迭乘：交替地呈现。以：而。
⑥ 要：同注解③。
⑦ 固：必然，一定。吾欲云云：我要怎样怎样。
⑧ 易易：非常容易。
⑨ 及：等到。骤：很快地。尝：尝试，经历。猝：突然。
⑩ 颓：倒塌，此指精神上失去信心的样子。
⑪ 再：第二次。
⑫ 盘根错节：树木根干枝节回绕交错，比喻事情繁难复杂。
⑬ 艳羡：非常羡慕。
⑭ 殆：大概。
⑮ 有以：有所以，意为有意。天有以宠彼：上天有意宠爱他。
⑯ 蹇：厄运。
⑰ 庸讵(jù)：岂，怎么。
⑱ 判：分开，区别。
⑲ 兼旬：两旬。旬：十天。

千里之地者，其间风潮之或顺或逆，常相参伍①。彼以坚苦忍耐之力，冒其逆而突过之②，而后得从容以进度其顺。我则或一日而返焉，或二三日而返焉，或五六日而返焉，故彼岸终不可达也。

孔子曰："譬如为山，未成一篑③，止，吾止也；譬如平地④，虽覆一篑，进，吾往也。"孟子曰："有为者，譬若掘井，掘井九仞⑤，而不及泉，犹为弃井也⑥。"成败之数⑦，视此而已。

学习要点

【作家作品】

梁启超(1873—1929)，字卓如，号任公，别号"饮冰室主人"，广东新会人，光绪举人。我国近代资产阶级启蒙思想家，文学家，学者，著有《饮冰室文集》，《少年中国说》一文家喻户晓。

梁启超是中国近代思想的一个主要代表人物，最早用资产阶级史学观点和方法来研究中国历史，也是最早高度评价和极力提倡小说创作的人。光绪二十八年十月(1902 年 11 月)，《新小说》杂志在日本横滨创刊。1902 年 11 月梁启超在《论小说与群治之关系》中，提出了"今日欲改良群治，必自小说界革命始，欲新民，必自新小说始"的口号，这是"小说界革命"的开始。

本文选自梁启超《饮冰室文集》。梁启超与康有为共同领导了"戊戌变法"。本文写于 1902 年，戊戌变法之后的第四年。戊戌变法失败，以谭嗣同为首的"六君子"惨遭杀害，大批维新党人被贬官、监禁、流放，在这血雨腥风的日子里，梁启超仍满怀激情写作本文，勉励身处逆境中的志士们要百折不挠，冲破重重阻力，勇往直前，到达理想的彼岸。

【思想内容】

从人生历程的一般规律、顺逆的转化两个方面论证中心论点："有毅力者成，反是者败"，以勉励处于逆境中的志士，不要为失败所吓倒，要有坚持到底的毅力，继续前进。

【艺术特色】

1. 论证方法。本文的中心论点是"有毅力者成，反是者败"。(1)对比论证。全文紧紧围绕这个论点展开论证，在论证中自始至终运用了正反对比的说理方法。第二段，在逆境和顺

① 参伍：交相错杂。
② 冒：顶着。逆：逆风恶浪。
③ "譬如为山"二句：见《论语·子罕》。篑(kuì)：竹筐。
④ 平：填平。
⑤ "有为者"五句：见《孟子·尽心上》。仞：古代长度单位。周制以八尺为一仞，汉制以七尺为一仞。
⑥ 弃井：废井。
⑦ 数：命数，天数，含有规律的意思。

境中将“智力薄弱之士”“其次弱者”“稍强者”“更稍强者”与“至强之人”五种人，按照由弱到强的顺序排列，逐层递进，又互为对比，说明只有具有“至强之人”百折不挠的精神，才能取得事业的成功。第三段，成功者与旁观者形成对比；操舟比喻中，顺与逆、彼与我、进与退构成对比。最后一段，作者引经据典，将“未成一篑”的造山者与“虽覆一篑”的填土者作了鲜明的对比，通过反复的正反对比，有力地论证了全文的中心论点：“有毅力者成，反是者败”。(2)理论论证，最后一段，引用孔子“为山”和孟子“掘井”的话，再次论证中心论点。(3)类比论证，以操舟为喻，其实是类比论证。孔子“为山”和孟子“掘井”的话，同样也是类比论证。

2. 修辞方法：(1)比喻。如用操舟为喻，说明征程中风浪有顺有逆，若能“彼以坚苦忍耐之力，冒其逆而突过之，而后得从容以进度其顺”，即可顺利到达彼岸。又如用孔子《论语·子罕》中的比喻“譬如为山”及《孟子·尽心上》中的比喻“譬若掘井”等说明做事贵在坚持。这些比喻的运用，使论述深入浅出，生动活泼。(2)层递。文中有两处运用了层递方法。一是将“智力薄弱之士”“其次弱者”“稍强者”“更稍强者”与“至强之人”五种人，按照由弱到强的顺序排列，逐层递进，说明只有具有“至强之人”百折不挠的精神，才能取得事业的成功。另一处是在操舟的比喻中，将“一日而返”“二三日而返”“五六日而返”，按照时间由短而长的顺序排列，说明没有至强的毅力，就不可能成功。

【成语格言】

小逆之后，必有小顺；大逆之后，必有大顺、功亏一篑。

【每课一练】

一、选择题

1. 梁启超《论毅力》写于　（　　）

A. 戊戌变法之前　　B. 戊戌变法失败后

C. 五四运动之时　　D. 五四运动之后

2. 本文贯穿始终的论证方法是　（　　）

A. 演绎法　　B. 归纳法　　C. 对比法　　D. 类比法

3. “我则或一日而返焉，或二三日而返焉，或五六日而返焉”所运用的修辞方法是（　　）

A. 比喻、夸张　　B. 排比、层递　　C. 层递、夸张　　D. 排比、夸张

4. “譬如为山，未成一篑，止，吾止也；譬如平地，虽覆一篑，进，吾往也”这段话所用的论证方法是　（　　）

A. 演绎、对比　　B. 归纳、对比　　C. 类比、归纳　　D. 对比、类比

二、填空题

1. 梁启超，字卓如，号________，别号“________主人”，广东新会人，光绪举人。我国近代资产阶级启蒙思想家，文学家，学者，著有《________文集》，《________说》一文家喻户晓。

2. 梁启超是最早高度评价和极力提倡________创作的人。1902年11月在《论小说与群治之关系》中，提出了“今日欲改良群治，必自小说界革命始，欲新民，必自新小说始”的口号，这是“________革命”的开始。

三、阅读分析题

1. 阅读《论毅力》中的一段文字，回答问题。

天下古今成败之林，若是其莽然不一途也。要其何以成，何以败？曰：有毅力者成，反是者败。

(1)解释这段文字中加点字的含义。

林：________ 莽然：________ 要：________

(2)将“天下古今成败之林，若是其莽然不一途也”翻译成现代汉语。

(3)这段话在全文的论证结构中属于哪一部分，起什么作用？

2. 阅读《论毅力》中的一段文字，回答问题。

盖人生历程，大抵逆境居十六七，顺境亦居十三四，而顺逆两境又常相间以迭乘。无论事之大小，必有数次乃至十数次之阻力，其阻力虽或大或小，而要之必无可逃避者也。其在志力薄弱之士，始固曰吾欲云云，吾欲云云，其意以为天下事固易易也，及骤尝焉而阻力猝来，颓然丧矣；其次弱者，乘一时之意气，透过此第一关，遇再挫而退；稍强者，遇三四挫而退；而更稍强者，遇五六挫而退；其事愈大者，其遇挫愈多，其不退也愈难，非至强之人，未有能善于其终者也。

(1)将这段文字中的下列句子译成现代汉语。

顺逆两境又常相间以迭乘：________________

其阻力虽或大或小；而要之必无可逃避者也：________________

其意以为天下事固易易也，及骤尝焉而阻力猝来，颓然丧矣：________________

非至强之人，未有能善于其终者也：________________

(2)分析这段文字的层次大意。

(3)这段文字运用了什么论证方法？

(4)这段文字运用了哪些修辞手法？

3. 阅读《论毅力》中的一段文字，回答问题。

夫苟其挫而不退矣，则小逆之后，必有小顺；大逆之后，必有大顺。盘根错节之既经，而随有应刃而解之一日。旁观者徒艳羡其功之成，以为是殆幸运儿，而天有以宠彼也，又以为我蹇于遭逢，故所就不彼若也。庸讵知所谓蹇焉、幸焉者，皆彼与我之相同，而其能征服此蹇焉，利用此幸焉与否，即彼成我败所由判也。更譬诸操舟，如以兼旬之期，行千里之地者，其间风潮之或顺或逆，常相参伍。彼以坚苦忍耐之力，冒其逆而突过之，而后得从容以进度其顺。我则或一日而返焉，或二三日而返焉，或五六日而返焉，故彼岸终不可达也。

(1)解释这段文字中加点字的含义。

艳羡：________ 殆：________ 蹇：________ 庸讵：________

判：________ 参伍：________ 或：________

(2)将这段文字中的下列句子译成现代汉语。

盘根错节之既经，而随有应刃而解之一日：________________

利用此幸焉与否，即彼成我败所由判也：________________

(3)这段文字运用了什么论证方法？举例说明。

(4)这段文字运用了哪些修辞手法？

4.阅读《论毅力》中的一段文字，回答问题。

孔子曰："譬如为山，未成一篑，止，吾止也；譬如平地，虽覆一篑，进，吾往也。"孟子曰："有为者，譬若掘井，掘井九仞，而不及泉，犹为弃井也。"成败之数，视此而已。

(1)解释这段文字中加点字的含义。

篑：________　　数：________

(2)这段文字表明了什么观点？

(3)这段文字运用了哪几种论证方法？

(4)文中所引孔孟的话属于哪种论据？哪个成语是由孔子的话引申来的？

参考答案

鲁　迅

十一　*灯下漫笔

鲁　迅

一

有一时，就是民国二三年时候，北京的几个国家银行的钞票，信用日见其好了，真所谓蒸蒸日上。听说连一向执迷于现银的乡下人，也知道这既便当，又可靠，很乐意收受，行使了。至于稍明事理的人，则不必是“特殊知识阶级”，也早不将沉重累坠的银元装在怀中，来自讨无谓的苦吃。想来，除了多少对于银子有特别嗜好和爱情的人物之外，所有的怕大都是钞票了罢，而且多是本国的。但可惜后来忽然受了一个不小的打击。

就是袁世凯想做皇帝的那一年，蔡松坡先生溜出北京，到云南去起义。这边所受的影响之一，是中国和交通银行的停止兑现。虽然停止兑现，政府勒令商民照旧行用的威力却还有的；商民也自有商民的老本领，不说不要，却道找不出零钱。假如拿几十几百的钞票去买东西，我不知道怎样，但倘使只要买一枝笔，一盒烟卷呢，难道就付给一元钞票么？不但不甘心，也没有这许多票。那么，换铜元，少换几个罢，又都说没有铜元。那么，到亲戚朋友那里借现钱去罢，怎么会有？于是降格以求，不讲爱国了，要外国银行的钞票。但外国银行的钞票这时就等于现银，他如果借给你这钞票，也就借给你真的银元了。

我还记得那时我怀中还有三四十元的中交票，可是忽而变了一个穷人，几乎要绝食，很有些恐慌。俄国革命以后的藏着纸卢布的富翁的心情，恐怕也就这样的罢；至多，不过更深更大罢了。我只得探听，钞票可能折价换到现银呢？说是没有行市。幸而终于，暗暗地有了行市了：六折几。我非常高兴，赶紧去卖了一半。后来又涨到七折了，我更非常高兴，全去换了现银，沉垫垫地坠在怀中，似乎这就是我的性命的斤两。倘在平时，钱铺子如果少给我一个铜元，我是决不答应的。

但我当一包现银塞在怀中，沉垫垫地觉得安心，喜欢的时候，却突然起了另一思想，就是：我们极容易变成奴隶，而且变了之后，还万分喜欢。

假如有一种暴力，“将人不当人”，不但不当人，还不及牛马，不算什么东西；待到人们羡慕牛马，发生“乱离人，不及太平犬”的叹息的时候，然后给与他略等于牛马的价格，有如元朝定律，打死别人的奴隶，赔一头牛，则人们便要心悦诚服，恭颂太平的盛世。为什么呢？因为他虽不算人，究竟已等于牛马了。

我们不必恭读《钦定二十四史》，或者入研究室，审察精神文明的高超。只要一翻孩子所读的《鉴略》，——还嫌烦重，则看《历代纪元编》，就知道“三千余年古国古”的中华，历来所闹的就不过是这一个小玩艺。但在新近编纂的所谓“历史教科书”一流东西里，却不大看得明白了，只仿佛说：咱们向来就很好的。

但实际上，中国人向来就没有争到过“人”的价格，至多不过是奴隶，到现在还如此，然而下于奴隶的时候，却是数见不鲜的。中国的百姓是中立的，战时连自己也不知道属于那一面，但又属于无论那一面。强盗来了，就属于官，当然该被杀掠；官兵既到，该是自家人了罢，但仍然要被杀掠，仿佛又属于强盗似的。这时候，百姓就希望有一个一定的主子，拿他们去做百姓，——不敢，是拿他们去做牛马，情愿自己寻草吃，只求他决定他们怎样跑。

假使真有谁能够替他们决定，定下什么奴隶规则来，自然就“皇恩浩荡”了。可惜的是往往暂时没有谁能定。举其大者，则如五胡十六国的时候，黄巢的时候，五代时候，宋末元末时候，除了老例的服役纳粮以外，都还要受意外的灾殃。张献忠的脾气更古怪了，不服役纳粮的要杀，服役纳粮的也要杀，敌他的要杀，降他的也要杀：将奴隶规则毁得粉碎。这时候，百姓就希望来一个另外的主子，较为顾及他们的奴隶规则的，无论仍旧，或者新颁，总之是有一种规则，使他们可上奴隶的轨道。

“时日曷丧，余及汝偕亡！”愤言而已，决心实行的不多见。实际上大概是群盗如麻，纷乱至极之后，就有一个较强，或较聪明，或较狡滑，或是外族的人物出来，较有秩序地收拾了天下。厘定规则：怎样服役，怎样纳粮，怎样磕头，怎样颂圣。而且这规则是不像现在那样朝三暮四的。于是便“万姓胪欢”了；用成语来说，就叫作“天下太平”。

任凭你爱排场的学者们怎样铺张，修史时候设些什么“汉族发祥时代”“汉族发达时代”“汉族中兴时代”的好题目，好意诚然是可感的，但措辞太绕弯子了。有更其直捷了当的说法在这里——

一、想做奴隶而不得的时代；

二、暂时做稳了奴隶的时代。

这一种循环，也就是“先儒”之所谓“一治一乱”；那些作乱人物，从后日的“臣民”看来，是给“主子”清道辟路的，所以说：“为圣天子驱除云尔。”

现在入了那一时代，我也不了然。但看国学家的崇奉国粹，文学家的赞叹固有文明，道学家的热心复古，可见于现状都已不满了。然而我们究竟正向着那一条路走呢？百姓是一遇到莫名其妙的战争，稍富的迁进租界，妇孺则避入教堂里去了，因为那些地方都比较的“稳”，暂不至于想做奴隶而不得。总而言之，复古的，避难的，无智愚贤不肖，似乎都已神往于三百年前的太平盛世，就是“暂时做稳了奴隶的时代”了。

但我们也就都像古人一样，永久满足于“古已有之”的时代么？都像复古家一样，不满于现在，就神往于三百年前的太平盛世么？

自然，也不满于现在的，但是，无须反顾，因为前面还有道路在。而创造这中国历史上未曾有过的第三样时代，则是现在的青年的使命！

二

但是赞颂中国固有文明的人们多起来了，加之以外国人。我常常想，凡有来到中国的，倘能疾首蹙额而憎恶中国，我敢诚意地捧献我的感谢，因为他一定是不愿意吃中国人的肉的！

鹤见祐辅氏在《北京的魅力》中，记一个白人将到中国，预定的暂住时候是一年，但五年之后，还在北京，而且不想回去了。有一天，他们两人一同吃晚饭——

"在圆的桃花心木的食桌前坐定，川流不息地献着出海的珍味，谈话就从古董，画，政治这些开头。电灯上罩着支那式的灯罩，淡淡的光洋溢于古物罗列的屋子中。什么无产阶级呀，Proletariat 呀那些事，就像不过在什么地方刮风。

"我一面陶醉在支那生活的空气中，一面深思着对于外人有着'魅力'的这东西。元人也曾征服支那，而被征服于汉人种的生活美了；满人也征服支那，而被征服于汉人种的生活美了。现在西洋人也一样，嘴里虽然说着 democracy 呀，什么什么呀，而却被魅于支那人费六千年而建筑起来的生活的美。一经住过北京，就忘不掉那生活的味道。大风时候的万丈的沙尘，每三月一回的督军们的开战游戏，都不能抹去这支那生活的魅力。"

这些话我现在还无力否认他。我们的古圣先贤既给与我们保古守旧的格言，但同时也排好了用子女玉帛所做的奉献于征服者的大宴。中国人的耐劳，中国人的多子，都就是办酒的材料，到现在还为我们的爱国者所自诩的。西洋人初入中国时，被称为蛮夷，自不免个个蹙额，但是，现在则时机已至，到了我们将曾经献于北魏、献于金、献于元、献于清的盛宴，来献给他们的时候了。出则汽车，行则保护：虽遇清道，然而通行自由的；虽或被劫，然而必得赔偿的；孙美瑶掳去他们站在军前，还使官兵不敢开火。何况在华屋中享用盛宴呢？待到享受盛宴的时候，自然也就是赞颂中国固有文明的时候；但是我们的有些乐观的爱国者，也许反而欣然色喜，以为他们将要开始被中国同化了罢。古人曾以女人作苟安的城堡，美其名以自欺曰"和亲"，今人还用子女玉帛为作奴的贽敬，又美其名曰"同化"。所以倘有外国的谁，到了已有赴宴的资格的现在，而还替我们诅咒中国的现状者，这才是真有良心的真可佩服的人！

但我们自己是早已布置妥帖了，有贵贱，有大小，有上下。自己被人凌虐，但也可以凌虐别人；自己被人吃，但也可以吃别人。一级一级的制驭着，不能动弹，也不想动弹了。因为倘一动弹，虽或有利，然而也有弊。我们且看古人的良法美意罢——

"天有十日，人有十等。下所以事上，上所以共神也。故王臣公，公臣大夫，大夫臣士，士臣皂，皂臣舆，舆臣隶，隶臣僚，僚臣仆，仆臣台。"(《左传》昭公七年)

但是"台"没有臣，不是太苦了么？无须担心的，有比他更卑的妻，更弱的子在。而且其子也很有希望，他日长大，升而为"台"，便又有更卑更弱的妻子，供他驱使了。如此连环，各得其所，有敢非议者，其罪名曰不安分！

虽然那是古事，昭公七年离现在也太辽远了，但"复古家"尽可不必悲观的。太平的景象还在：常有兵燹，常有水旱，可有谁听到大叫唤么？打的打，革的革，可有处士来横议么？对国民如何专横，向外人如何柔媚，不犹是差等的遗风么？中国固有的精神文明，其实并未为共和二字所埋没，只有满人已经退席，和先前稍不同。

因此我们在目前，还可以亲见各式各样的筵宴，有烧烤，有翅席，有便饭，有西餐。但茅檐下也有淡饭，路傍也有残羹，野上也有饿莩；有吃烧烤的身价不资的阔人，也有饿得垂死的每斤八文的孩子(见《现代评论》二十一期)。所谓中国的文明者，其实不过是安排给阔人享用的人肉的筵宴。所谓中国者，其实不过是安排这人肉的筵宴的厨房。不知道而赞颂者是可恕的，否则，此辈当得永远的诅咒！

外国人中，不知道而赞颂者，是可恕的；占了高位，养尊处优，因此受了蛊惑，昧却灵性而赞叹者，也还可恕的。可是还有两种，其一是以中国人为劣种，只配悉照原来模样，因而故意称赞中国的旧物。其一是愿世间人各不相同以增自己旅行的兴趣，到中国看辫子，到日本看木屐，到高丽看笠子，倘若服饰一样，便索然无味了，因而来反对亚洲的欧化。这些都可憎恶。至于罗素在西湖见轿夫含笑，便赞美中国人，则也许别有意思罢。但是，轿夫如果能对坐轿的人不含笑，中国也早不是现在似的中国了。

这文明，不但使外国人陶醉，也早使中国一切人们无不陶醉而且至于含笑。因为古代传来而至今还在的许多差别，使人们各各分离，遂不能再感到别人的痛苦；并且因为自己各有奴使别人，吃掉别人的希望，便也就忘却自己同有被奴使被吃掉的将来。于是大小无数的人肉的筵宴，即从有文明以来一直排到现在，人们就在这会场中吃人，被吃，以凶人的愚妄的欢呼，将悲惨的弱者的呼号遮掩，更不消说女人和小儿。

这人肉的筵宴现在还排着，有许多人还想一直排下去。扫荡这些食人者，掀掉这筵席，毁坏这厨房，则是现在的青年的使命！

一九二五年四月二十九日

学习要点

【作家作品】

鲁迅（1881 年 9 月 25 日—1936 年 10 月 19 日），原名周樟寿，后改名周树人，字豫山，后改豫才，“鲁迅”是他 1918 年发表《狂人日记》时所用的笔名，也是他影响最为广泛的笔名，浙江绍兴人。著名文学家、思想家，五四新文化运动的重要参与者，中国现代文学的奠基人，也是中国现代杂文的开创者。

毛泽东曾评价：“鲁迅是中国文化革命的主将，他不但是伟大的文学家，而且是伟大的思想家和伟大的革命家。鲁迅的骨头是最硬的，他没有丝毫的奴颜和媚骨，这是殖民地半殖民地人民最可宝贵的性格。鲁迅是在文化战线上，代表全民族的大多数，向着敌人冲锋陷阵的最正确、最勇敢、最坚决、最忠实、最热忱的、空前的民族英雄。鲁迅的方向，就是中华民族新文化的方向。”因此，鲁迅又被称为“民族魂”。

鲁迅一生在文学创作、文学批评、思想研究、文学史研究、翻译、美术理论引进、基础科学介绍和古籍校勘与研究等多个领域具有重大贡献。他对于五四运动以后的中国社会思想文化发展具有重大影响，蜚声世界文坛，尤其在韩国、日本思想文化领域有极其重要的地位和影响，被誉为“二十世纪东亚文化地图上占最大领土的作家”。

鲁迅一生著述丰富。主要有短篇小说集 3 部（《呐喊》、《彷徨》和《故事新编》），散文诗集 1 部（《野草》），散文集 1 部（《朝花夕拾》），杂文集 16 部。同时他还做了大量的翻译和辑录校勘工作。鲁迅还是一个美术推广者。

【思想内容】

本文将历史总结和现实分析结合起来，对当时社会上复古主义思潮的实质作了深刻剖析，指出几千年的中国封建社会历史就是“想做奴隶而不得的时代”和“暂时做稳了奴隶的时代”的交替循环，从而深刻论证了中国人民长期遭受奴役与统治的历史命运，揭露了那些国学家所神往的“太平盛世”的真相，抨击了帝国主义以故意称赞中国的“固有文明”来反对中国现代化的险恶用心——要继续享受“人肉的筵席”，要中国人民永远处于奴隶地位；号召和激励青年人担负起反帝反封建的使命，争取到“做人”的资格，变革历史，变革现实，开创“第三样时代”。

【艺术特色】

1. 文艺性议论文。本文是一篇“漫笔”，随意而谈，旁征博引，如第一部分，从生活谈到历史，又谈到现实，在谈到历史时文献典籍信手拈来，贴切自然，但又紧紧围绕中心论点创建“第三样时代”而展开，层层深入。第二部分也是如此。鲁迅的嬉笑怒骂、犀利深刻可见一斑。

2. 思想犀利。鲁迅的杂文如匕首如投枪，直刺敌人的心脏，致人死命，把复古主义者的本质——向往做奴隶的地位，揭露得体无完肤；善于运用形象化的手法，把形象性、文艺性与高度的理论概括结合起来说理论事。

3. 论证方法。(1)事实论证。无论是生活事件、历史事件、文献典籍，大多为事实材料。(2)比喻论证。他把中国几千年封建社会“一治一乱”的历史形象地概括为“想做奴隶而不得的时代”和“暂时做稳了奴隶的时代”的交替循环。“所谓中国的文明者，其实不过是安排给阔人享用的人肉的筵宴。所谓中国者，其实不过是安排这人肉的筵宴的厨房”，这些论述可谓是惊世骇俗，振聋发聩。

4. 修辞方法。比喻、排比、反语等修辞手法的运用增强了作品议论的气势和讽刺性。作者善于运用比喻、排比、反语等修辞手法来增强作品议论的气势和讽刺性。(1)作者把中国几千年的“中国固有的精神文明”比喻为给洋人享用的“人肉筵席”，对中国固有文明的讽刺十分尖锐。(2)作者还运用排比来说明议事，如“我们在目前，还可以亲见各式各样的筵宴，有烧烤，有翅席，有便饭，有西餐。但茅檐下也有淡饭，路旁也有残羹，野上也有饿莩；有吃烧烤的身价巨资的阔人，也有饿得垂死的每斤八文的孩子……”(3)反语是与字面意思相反，具有讽刺性的语言，如“太平的盛世”“皇恩浩荡”“我们极容易变成奴隶，而且变了之后，还万分喜欢”。反语的运用增强了作品议论的形象性和讽刺性。

【成语格言】

“想做奴隶而不得的时代；暂时做稳了奴隶的时代”“所谓中国的文明者，其实不过是安排给阔人享用的人肉的筵宴。所谓中国者，其实不过是安排这人肉的筵宴的厨房”。

【每课一练】

一、选择题

1.《灯下漫笔》选自鲁迅著名的杂文集 ( )

A.《而已集》 B.《南腔北调集》 C.《坟》 D.《华盖集》

2.《灯下漫笔》是一篇 ( )

A. 散文 B. 文艺性论文 C. 小说 D. 报告文学

3. 鲁迅指出:中国几千年封建社会"一治一乱"的历史是 ( )

A. 中兴时代

B. 想做奴隶而不得的时代和暂时做稳了奴隶的时代的交替

C. 汉族文化发达的时代

D."古已有之"的时代

4. 鲁迅所处的时代是 ( )

A. 暂时做稳了奴隶的时代 B. 想做奴隶而不得的时代

C. 中国中兴的时代 D. 汉族发祥的时代

5.《灯下漫笔》一文主要抨击的是 ( )

A. 复古主义思潮 B. 帝国主义

C. 资本主义 D. 中国的奴隶制度

6. 在《灯下漫笔》一文中,鲁迅认为青年的使命是 ( )

A. 崇奉国粹 B. 赞颂固有精神文明

C. 热心复古 D. 创造第三样时代

二、填空题

1. 鲁迅,原名周樟寿,后改名________,字豫山,后改豫才,"鲁迅"是他 1918 年发表《________》时所用的笔名,也是他影响最为广泛的笔名,浙江________人。中国________文学的奠基人,也是中国现代________的开创者。

2. 毛泽东曾评价:"鲁迅是中国文化革命的主将,他不但是伟大的________家,而且是伟大的________家和伟大的革命家。"。鲁迅被称为"________魂"。

3. 鲁迅一生著述丰富。主要有短篇小说集 3 部(《________》、《________》和《________》),散文诗集 1 部《________》,散文集 1 部《________》,杂文集 16 部。同时他还做了大量的翻译和辑录校勘工作。鲁迅还是一个________的推广者。

三、阅读分析题

1. 阅读作品片段,回答问题。

假如有一种暴力,"将人不当人",不但不当人,还不及牛马,不算什么东西;待到人们羡慕牛马,发生"乱离人,不及太平犬"的叹息的时候,然后给与他略等于牛马的价格,有如元朝定律,打死别人的奴隶,赔一头牛,则人们便要心悦诚服,恭颂太平的盛世。为什么呢?因为他虽不算人,究竟已等于牛马了。

……

但实际上，中国人向来就没有争到过“人”的价格，至多不过是奴隶，到现在还如此，然而下于奴隶的时候，却是数见不鲜的。中国的百姓是中立的，战时连自己也不知道属于那一面，但又属于无论那一面。强盗来了，就属于官，当然该被杀掠；官兵既到，该是自家人了罢，但仍然要被杀掠，仿佛又属于强盗似的。这时候，百姓就希望有一个一定的主子，拿他们去做百姓，——不敢，是拿他们去做牛马，情愿自己寻草吃，只求他决定他们怎样跑。

(1)本片段揭示了旧时中国人怎样的落后心态？

(2)在本片段中，作者提出的主要观点是什么？

(3)根据本段，应如何理解作者揭示这种落后心态的用意？

2.阅读作品片段，回答问题。

任凭你爱排场的学者们怎样铺张，修史时候设些什么“汉族发祥时代”、“汉族发达时代”、“汉族中兴时代”的好题目，好意诚然是可感的，但措辞太绕湾子了。有更其直捷了当的说法在这里——

一、想做奴隶而不得的时代；

二、暂时做稳了奴隶的时代。

这一种循环，也就是“先儒”之所谓“一治一乱”；那些作乱人物，从后日的“臣民”看来，是给“主子”清道辟路的，所以说：“为圣天子驱除云尔。”现在入了那一时代，我也不了然。但看国学家的崇奉国粹，文学家的赞叹固有文明，道学家的热心复古，可见于现状都已不满了。然而我们究竟正向着那一条路走呢？百姓是一遇到莫名其妙的战争，稍富的迁进租界，妇孺则避入教堂里去了，因为那些地方都比较的“稳”，暂不至于想做奴隶而不得。总而言之，复古的，避难的，无智愚贤不肖，似乎都已神往于三百年前的太平盛世，就是“暂时做稳了奴隶的时代”了。

但我们也就都像古人一样，永久满足于“古已有之”的时代么？都像复古家一样，不满于现在，就神往于三百年前的太平盛世么？

自然，也不满于现在的，但是，无须反顾，因为前面还有道路在。而创造这中国历史上未曾有过的第三样时代，则是现在的青年的使命！

(1)在本片段中，作者提出了哪三个时代？

(2)联系上下文，这三个时代各自的内涵是什么？

(3)在作者心目中，第三样时代不同于前两个时代的特征是什么？

3.阅读作品片段，回答问题。

……我们在目前，还可以亲见各式各样的筵宴，有烧烤，有翅席，有便饭，有西餐。但茅檐下也有淡饭，路傍也有残羹，野上也有饿莩；有吃烧烤的身价不资的阔人，也有饿得垂死的每斤八文的孩子（见《现代评论》二十一期）。所谓中国的文明者，其实不过是安排给阔人享用的人肉的筵宴。所谓中国者，其实不过是安排这人肉的筵宴的厨房。不知道而赞颂者是可恕的，否则，此辈当得永远的诅咒！

……

这人肉的筵宴现在还排着，有许多人还想一直排下去。扫荡这些食人者，掀掉这筵席，毁坏这厨房，则是现在的青年的使命！

(1)本片段揭示了旧中国怎样的社会本质？

(2)本片段从内容上可分成几个层次？分析各层次的内容。

(3)在本片段中，鲁迅把中国历史和文明概括为“人肉的筵席”，讲中国是“安排这人肉的筵宴的厨房”，这两处运用了什么修辞方法？

(4)本片段在说理论事上运用了哪些论证方法？

(5)在本片段结尾处，鲁迅让青年牢记自己的使命，其用意是什么？

参考答案

十二　谈时间

梁实秋

希腊哲学家 Diogenes 经常睡在一只瓦缸里，有一天亚力山大皇帝走去看他，以皇帝的惯用的口吻问他，“你对我有什么请求吗?”这位玩世不恭的哲人翻了翻白眼，答道，“我请求你走开一点，不要遮住我的阳光。”

这个家喻户晓的小故事，究竟含义何在，恐怕见仁见智，各有不同的看法。我们通常总是觉得那位哲人视尊荣犹敝屣，富贵如浮云，虽然皇帝驾到，殊无异于等闲之辈，不但对他无所希冀，而且亦不必特别的假以颜色。可是约翰逊博士另有一种看法，他认为应该注意的是那阳光，阳光不是皇帝所能赐予的，所以请求他不要把他所不能赐予的夺了去。这个请求不能算奢，却是用意深刻。因此约翰逊博士由“光阴”悟到“时间”，时间者虽然也是极为宝贵，而也是常常被人劫夺的。

“人生不满百”，大致是不错的。当然，老而不死的人，不是没有，不过期颐以上不是一般人所敢想望的，数十寒暑当中，睡眠去了很大一部分。苏东坡所谓“睡眠去其半”，稍嫌有一点夸张，大约三分之一左右总是有的。童蒙一段时期，说它是天真未凿也好，说它是昏昧无知也好，反正是浑浑噩噩，不知不觉；及至寿登耄耋，老悖聋瞑，甚至“佳丽当前，未能缱绻”，比死人多一口气，也没有多少生趣可言。掐头去尾，人生所余无几。就是这短暂的一生，时间亦不见得能由我们自己支配。约翰逊博士所抱怨的那些不速之客，动辄登门拜访，不管你正在怎样忙碌，他觉得宾至如归，这种情形固然令人啼笑皆非，我觉得究竟不能算是怎样严重的“时间之贼”。他只是在我们的有限的资本上抽取一点捐税而已。我们的时间之大宗的消耗，怕还是要由我们自己负责。

有人说：“时间即生命。”也有人说：“时间即金钱。”二说均是，因为有人根本认为金钱即生命。不过细想一下，有命斯有财，命之不存，财于何有？有钱不要命者，固然实繁有徒，但是舍财不舍命，仍然是较聪明的办法。所以淮南子说：“圣人不贵尺之璧而重寸之阴，时难得而易失也。”我们幼时，谁没有作过“惜阴说”之类的课艺？可是谁又能趁早体会到时间之“难得而易失”？我小的时候，家里请了一位教师，书房桌上有一座钟，我和我的姊姊常乘教师不注意的时候把时针往前拨快半个钟头，以便提早放学，后来被老师觉察了，他用朱笔在窗户纸上的太阳阴影划一痕记，作为放学的时刻，这才息了逃学的念头。

时光不断地在流转，任谁也不能攀住它停留片刻。“逝者如斯夫，不舍昼夜！”我们每天撕一张日历，日历越来越薄，快要撕完的时候便不免矍然以惊，惊的是又临岁晚，假使我们把几十册日历装为合订本，那便象征我们的全部的生命，我们一页一页地往下扯，该是什么样的滋味呢！“冬天一到，春天还会远吗?”可是你一共能看见几次冬尽春来呢？

不可挽住的就让它去罢！问题在，我们所能掌握的尚未逝去的时间，如何去打发它。梁任公先生最恶闻“消遣”二字，只有活得不耐烦的人才忍心的去“杀时间”。他认为一个人要做的事太多，时间根本不够用，哪里还有时间可供消遣？不过打发时间的方法，亦人各不同，士各有志。乾隆皇帝下江南，看见运河上舟楫往来，熙熙攘攘，顾问左右：“他们都在忙些什么？”和珅侍卫在侧，脱口而出：“无非名利二字。”这答案相当正确，我们不可以人废言。不过三代以下惟恐其不好名，大概名利二字当中还是利的成分大些。“人为财死，鸟为食亡。”时间即金钱之说仍属不诬。诗人渥资华斯有句：

尘世耗用我们的时间太多了，夙兴夜寐，

赚钱挥霍，把我们的精力都浪费掉了。

所以有人宁可遁迹山林，享受那清风明月，“侣鱼虾而友麋鹿”，过那高蹈隐逸的生活。诗人济慈宁愿长时间地守着一株花，看那花苞徐徐展瓣，以为那是人间至乐。嵇康在大树底下扬锤打铁，“浊酒一杯，弹琴一曲”；刘伶“止则操卮执觚，动则挈植提壶”，一生中无思无虑其乐陶陶。这又是一种颇不寻常的方式。最彻底的超然的例子是《传灯录》所记载的“南泉和尚问陆亘曰：‘大夫十二时中作么生？’陆云：‘寸丝不挂！’”寸丝不挂即是了无挂碍之谓，“原来无一物，何处染尘埃？”这境界高超极了，可以说是“以天地为一朝，万期为须臾”，根本不发生什么时间问题。

人，诚如波斯诗人莪谟伽耶玛所说，来不知从何处来，去不知向何处去，来时并非本愿，去时亦未征得同意，胡里胡涂地在世间逗留一段时间。在此期间内，我们是以心为形役呢？还是立德立功立言以求不朽呢？还是参究生死直超三界呢？这大主意需要自己拿。

学习要点

【作家作品】

梁实秋，1903 年 1 月 6 日出生于北京，浙江杭县（今杭州）人，原名梁治华，字实秋。笔名子佳、秋郎、程淑等。中国著名的现当代散文家、学者、文学批评家、翻译家，国内第一个研究莎士比亚的权威，曾与鲁迅等左翼作家笔战不断。一生给中国文坛留下了两千多万字的著作，其散文集创造了中国现代散文著作出版的最高纪录。代表作有《莎士比亚全集》（译作）等。

1923 年 8 月赴美留学，取得哈佛大学文学硕士学位。1926 年回国后，先后任教于国立东南大学（东南大学前身）、国立青岛大学（山东大学前身）并任外文系主任。1927 年和徐志摩等人参与创办了《新月》刊物，是“新月社”最早的成员之一。在文学观念上，梁实秋既接受了五四运动以来中国新文化运动所倡导的“为人生”的主张，又深受美国哈佛大学教授白璧德和欧美浪漫主义文学的影响，认为文学是超功利的，因而在 20 世纪 30 年代初文学界关于文学的阶级性论争中，与左翼作家的观点尖锐冲突，并与鲁迅等人发生论争。鲁迅的《“丧家的”“资本家的乏走狗”》一文就是针对他的。1949 年到台湾，任台湾师范学院英语系教授。1987 年 11 月 3 日病逝于台北，享年 84 岁。

这篇文章选自梁实秋文集《秋室杂文》（中国文联出版社 1993 年版），是一篇文艺性随笔。代表作《雅舍小品》是梁实秋应人之邀从 1939 年至 1947 年在重庆《星期评论》上陆续发表的一系列散文和随笔的合集。

【思想内容】

在这篇文章中，梁实秋旁征博引梳理了对时间的深刻体悟，提出了时间固然是生命和金钱，但如何打发时间却反映了不同人的人生态度和价值观；论述了如何度过我们所能掌握的尚未逝去的时间问题，要求人们认真去思考，“在此期间内，我们是以心为形役呢？还是立德立功立言以求不朽呢？还是参究生死直超三界呢？”

【艺术特色】

1. 文艺性议论文。作者学识渊博，思路活跃，善于旁征博引、引经据典，中西方典故信手拈来、融会贯通，耳目一新、生动有趣，从而说明不同的人对待时间的不同态度，间接地表现作者关于时间的多重思索。文章结尾处写道，“在此期间内，我们是以心为形役呢？还是立德立功立言以求不朽呢？还是参究生死直超三界呢？这大主意需要自己拿”，其观点通过上文的论述，已是水到渠成不言自明，但作者却以一种宽容的态度，让人们自己去选择，引人深思，这比强加于读者以观点要睿智得多。

2. 论证方法。(1)事实论证，不同的人对时间的不同态度。(2)理论论证，借用大量的名士贤人，来说明时间的重要。(3)对比论证。不同的人对待时间有不同的态度，自然也就构成了对比，作者的观点在典雅平和的对比论述中，如春风化雨般沁人心田。

3. 典雅平和的语言风格。文章基调显示出平和、闲适的特点。作者对材料有感而发，而不是空发议论，还时常穿插个人的童年回忆，更显自然真情，笔调不同于激情澎湃的“怒吼的散文”，而是表现出平和闲适的风格，这与梁实秋的典雅与智慧是相关的。

【成语格言】

时间即生命；时间即金钱；逝者如斯夫，不舍昼夜；人为财死，鸟为食亡。

【每课一练】

一、选择题

1.《谈时间》一文选自梁实秋著名的散文集 (　　)

A.《槐园梦忆》　B.《雅舍小品》　C.《雅舍谈吃》　D.《秋室杂文》

2. 梁实秋是中国现代文学史上著名的 (　　)

A. 小说家　B. 诗人　C. 政论家　D. 散文家

3. 奠定梁实秋在中国现代散文史上的地位的一部作品是 (　　)

A.《槐园梦忆》　B.《雅舍小品》　C.《雅舍谈吃》　D.《实秋杂文》

4. 梁实秋早年参加的文学社团是 (　　)

A.“文学研究会”　B.“新月社”　C.“创造社”　D.“左翼作家联盟”

5.《谈时间》主要论述 (　　)

A. 参究生死直超三界　B. 心为形役

C. 立德立功立言以求不朽　D. 遁隐山林

6.是“以心为形役”还是选择“立德立功立言以求不朽”一句出自 ( )

A.《发现》 B.《风波》

C.《苦恼》 D.《谈时间》

二、填空题

1.梁实秋,浙江________人。中国著名的现当代________、学者、文学批评家、翻译家,国内第一个研究莎士比亚的权威。一生给中国文坛留下了两千多万字的著作,其散文集创造了中国现代________著作出版的最高纪录。

2.1927年和徐志摩等人参与创办了《新月》刊物,是“________”最早的成员之一。

3.这篇文章选自梁实秋文集《________》(中国文联出版社1993年版),是一篇文艺性随笔。代表作《雅舍小品》是梁实秋应人之邀从1939年至1947年在重庆《星期评论》上陆续发表的一系列散文和随笔的合集。

三、阅读分析题

1.阅读下面一段课文,然后回答问题。

“人生不满百”,大致是不错的。当然,老而不死的人,不是没有,不过期颐以上不是一般人所敢想望的,数十寒暑当中,睡眠去了很大一部分。苏东坡所谓“睡眠去其半”,稍嫌有一点夸张,大约三分之一左右总是有的。童蒙一段时期,说它是天真未凿也好,说它是昏昧无知也好,反正是浑浑噩噩,不知不觉;及至寿登耄耋,老悖聋瞑,甚至“佳丽当前,未能缱绻”,比死人多一口气,也没有多少生趣可言。掐头去尾,人生所余无几。就是这短暂的一生,时间亦不见得能由我们自己支配。约翰逊博士所抱怨的那些不速之客,动辄登门拜访,不管你正在怎样忙碌,他觉得宾至如归,这种情形固然令人啼笑皆非,我觉得究竟不能算是怎样严重的“时间之贼”。他只是在我们的有限的资本上抽取一点捐税而已。我们的时间之大宗的消耗,怕还是要由我们自己负责。

(1)概括本片段的大意。作者的观点是什么?

(2)作者是从什么角度论述时间的宝贵的?

(3)本片段中,作者运用了什么论证方法?

2.阅读下面一段课文,回答问题。

不可挽住的就让它去罢!问题在,我们所能掌握的尚未逝去的时间,如何去打发它。梁任公先生最恶闻“消遣”二字,只有活得不耐烦的人才忍心的去“杀时间”。他认为一个人要做的事太多,时间根本不够用,哪里还有时间可供消遣?不过打发时间的方法,亦人各不同,士各有志。乾隆皇帝下江南,看见运河上舟楫往来,熙熙攘攘,顾问左右:“他们都在忙些什么?”和珅侍卫在侧,脱口而出:“无非名利二字。”这答案相当正确,我们不可以人废言。不过三代以下惟恐其不好名,大概名利二字当中还是利的成分大些。“人为财死,鸟为食亡。”时间即金钱之说仍属不诬。

(1)本片段从内容上可分为几个层次?本段观点是什么?

(2)本片段中,作者在议论中运用了哪些论证方法?

(3)本片段中,作者列举了两种人打发时间的方式,请说出他们之间的根本区别。由此能看出作者的意图吗?

3.阅读下面一段课文,回答问题。

所以有人宁可遁迹山林,享受那清风明月,“侣鱼虾而友麋鹿”,过那高蹈隐逸的生活。诗人济慈宁愿长时间地守着一株花,看那花苞徐徐展瓣,以为那是人间至乐。嵇康在大树底下扬锤打铁,“浊酒一杯,弹琴一曲”;刘伶“止则操卮执觚,动则挈榼提壶”,一生中无思无虑其乐陶陶。这是一种颇不寻常的方式。最彻底的超然的例子是《传灯录》所记载的“南泉和尚问陆亘曰:‘大夫十二时中作么生?’陆云:‘寸丝不挂’!”寸丝不挂即是了无挂碍之谓,“原来无一物,何处染尘埃?”这境界高超极了,可以说是“以天地为一朝,万期为须臾”,根本不发生什么时间问题。

人,诚如波斯诗人莪谟伽耶玛所说,来不知从何处来,去不知向何处去,来时并非本愿,去时亦未征得同意,胡里胡涂地在世间逗留一段时间。在此期间内,我们是以心为形役呢?还是立德立功立言以求不朽呢?还是参究生死直超三界呢?这大主意需要自己拿。

(1)本片段中,作者主要运用了哪些论证方法来阐明自己的观点?

(2)在本片段的结束部分,作者在怎样利用未逝去的时间问题上未给予答案,为什么?

参考答案

十三 *论快乐

钱锺书

在旧书铺里买回来维尼(Vigny)的《诗人日记》,信手翻开,就看见有趣的一条。他说,在法语里,喜乐(bonheur)一个名词是“好”和“钟点”两字拼成,可见好事多磨,只是个把钟头的玩意儿。我们联想到我们本国话的说法,也同样的意味深永,譬如快活或快乐的快字,就把人生一切乐事的飘瞥难留,极清楚地指示出来。所以我们又慨叹说:“欢娱嫌夜短!”因为人在高兴的时候,活得太快,一到困苦无聊,愈觉得日脚像跛了似的,走得特别慢。德语的沉闷(langweile)一词,据字面上直译,就是“长时间”的意思。《西游记》里小猴子对孙行者说:“天上一日,下界一年。”这种神话,确反映着人类的心理。天上比人间舒服欢乐,所以神仙活得快,人间一年在天上只当一日过。从此类推,地狱里比人间更痛苦,日子一定愈加难度;段成式《西阳杂俎》就说:“鬼言三年,人间三日。”嫌人生短促的人,真是最快活的人;反过来说,真快活的人,不管活到多少岁死,只能算是短命夭折。所以,做神仙也并不值得,在凡间已经三十年做了一世的人,在天上还是个未满月的小孩。但是这种“天算”,也有占便宜的地方:譬如戴君孚《广异记》载崔参军捉狐妖,“以桃枝决五下”,长孙无忌说罚得太轻,崔答:“五下是人间五百下,殊非小刑。”可见卖老祝寿等等,在地上最为相宜,而刑罚呢,应该到天上去受。

“永远快乐”这句话,不但渺茫得不能实现,并且荒谬得不能成立。快乐的决不会永久;我们说永远快乐,正好像说四方的圆形,静止的动作同样的自相矛盾。在高兴的时候,我们空对瞬息即逝的时间喊着说:“逗留一会儿罢!你太美了!”那有什么用?你要永久,你该向痛苦里去找。不讲别的,只要一个失眠的晚上,或者有约不来的下午,或者一课沉闷的听讲——这许多,比一切宗教信仰更有效力,能使你尝到什么叫做“永生”的滋味。人生的刺,就在这里,留恋着不肯快走的,偏是你所不留恋的东西。

快乐在人生里,好比引诱小孩子吃药的方糖,更像跑狗场里引诱狗赛跑的电兔子。几分钟或者几天的快乐赚我们活了一世,忍受着许多痛苦。我们希望它来,希望它留,希望它再来——这三句话概括了整个人类努力的历史。在我们追求和等候的时候,生命又不知不觉地偷度过去。也许我们只是时间消费的筹码,活了一世不过是为那一世的岁月充当殉葬品,根本不会想到快乐。但是我们到死也不明白是上了当,我们还理想死后有个天堂,在那里——谢上帝,也有这一天!我们终于享受到永远的快乐。你看,快乐的引诱,不仅像兔子和方糖,使我们忍受了人生,而且彷佛钓钩上的鱼饵,竟使我们甘心去死。这样说来,人生虽痛苦,却不悲观,因为它终抱着快乐的希望;现在的账,我们预支了将来去付。为了快活,我们甚至于愿意慢死。

穆勒曾把“痛苦的苏格拉底”和“快乐的猪”比较。假使猪真知道快活,那么猪和苏格拉底也相去无几了。猪是否能快乐得像人,我们不知道;但是人会容易满足得像猪,我们是常看见的。把快乐分肉体的和精神的两种，这是最糊涂的分析。一切快乐的享受都属于精神的，尽管快乐的原因是肉体上的物质刺激。小孩子初生了下来，吃饱了奶就乖乖地睡，并不知道什么是快活，虽然它身体感觉舒服。缘故是小孩子时的精神和肉体还没有分化，只是混沌的星云状态。洗一个澡，看一朵花，吃一顿饭，假使你觉得快活，并非全因为澡洗得干净，花开得好，或者菜合你口味，主要因为你心上没有挂碍，轻松的灵魂可以专注肉体的感觉，来欣赏，来审定。要是你精神不痛快，像将离别时的筵席，随它怎样烹调得好，吃来只是土气息、泥滋味。那时刻的灵魂，彷佛害病的眼怕见阳光，撕去皮的伤口怕接触空气，虽然空气和阳光都是好东西。快乐时的你，一定心无愧怍。假如你犯罪而真觉快乐，你那时候一定和有道德、有修养的人同样心安理得。有最洁白的良心，跟全没有良心或有最漆黑的良心，效果是相等的。

发现了快乐由精神来决定，人类文化又进一步。发现这个道理，和发现是非善恶取决于公理而不取决于暴力，一样重要。公理发现以后，从此世界上没有可被武力完全屈服的人。发现了精神是一切快乐的根据，从此痛苦失掉它们的可怕，肉体减少了专制。精神的炼金术能使肉体痛苦都变成快乐的资料。于是，烧了房子，有庆贺的人；一箪食，一瓢饮，有不改其乐的人；千灾百毒，有谈笑自若的人。所以我们前面说，人生虽不快乐，而仍能乐观。譬如从写《先知书》的所罗门直到做《海风》诗的马拉梅(Mallarmé)，都觉得文明人的痛苦，是身体困倦。但是偏有人能苦中作乐，从病痛里滤出快活来，使健康的消失有种赔偿。苏东坡诗就说："因病得闲殊不恶，安心是药更无方。"王丹麓《今世说》也记毛稚黄善病，人以为忧，毛曰："病味亦佳，第不堪为躁热人道耳！"在着重体育的西洋，我们也可以找着同样达观的人。工愁善病的诺凡利斯(Novalis)在《碎金集》里建立一种病的哲学，说病是"教人学会休息的女教师"。罗登巴煦(Rodenbach)的诗集《禁锢的生活》(*Les Vies Encloses*)里有专咏病味的一卷，说病是"灵魂的洗涤(puration)"。身体结实、喜欢活动的人采用了这个观点，就对病痛也感到另有风味。顽健粗壮的十八世纪德国诗人白洛柯斯(B. H. Brockes)第一次害病，得是一个"可惊异的大发现"。对于这种人，人生还有什么威胁？这种快乐，把忍受变为享受，是精神对于物质的最大胜利。灵魂可以自主——同时也许是自欺。能一贯抱这种态度的人，当然是大哲学家，但是谁知道他不也是个大傻子？

是的，这有点矛盾。矛盾是智慧的代价。这是人生对于人生观开的玩笑。

学习要点

【作家作品】

钱锺书(1910—1998)，字默存，号槐聚，是中国现代著名的学者、作家。他出身于江苏无锡一个书香门第家庭，国文、英文成绩突出，1933 年毕业于清华大学外文系，1935 年赴英国留学，在牛津大学攻读文学硕士学位。后又赴法国巴黎大学进修。抗战期间，返回国内，先后在西南联大、暨南大学、清华大学等名校任教授。建国后，主要从事学术研究。钱锺书在国人眼里是"一代才子"，在外国人看来是中国的"文化长城"。

钱锺书的文学作品主要有：散文集《写在人生边上》(1941)、短篇小说集《人·兽·鬼》(1946)和长篇小说《围城》(1947)。长篇小说《围城》因揭示抗战期间中国知识界的众生相，从多方面展示传统对于现代中国自我围困的主题，而成为中国现代杰出的讽刺小说，被誉为战时"儒林外史"。

钱锺书的主要学术著作有《谈艺录》《管锥编》等。

本文选自1941年出版的钱锺书的散文集《写在人生边上》，是一篇有关人生哲理方面的随笔。

【思想内容】

由古今中外旁征博引，以层层递进的严密逻辑，深入分析了"快乐"及其对人生的意义，促使人们认识到快乐在人生中的作用，以及快乐的本质来自于精神这一人生至理。

【艺术特色】

钱锺书的两大精神支柱是渊博和睿智。

柯灵先生评论钱锺书的一段话颇为精到，他说："钱氏的两大精神支柱是渊博和睿智，二者相互渗透，互为羽翼，浑然一体，如影随形。他博览群书，古今中外，文史哲无所不窥，无所不精，睿智使他进得去，出得来，提得起，放得下，升堂入室，揽天下珍奇入我襟怀，神而化之，不蹈故常，绝傍前人，熔铸为卓然一家的'钱学'。渊博使他站得高，望得远，看得透，撇得开，灵心慧眼，明辨深思，热爱人生而超然物外，洞达世情而不染一尘，水晶般的透明与坚实，形成他立身处世的独特风格。"

1.旁征博引——渊博。文章不仅广举事以类义，而且思维变幻，思辨力强，极富创造性。行文由"喜乐"——"沉闷"；由快活之"短"——沉闷之"长"；由"天上比人间舒服欢乐"——"地狱里比人间更痛苦"；由"嫌人生短促""最快活"，又反过来说到"短命夭折"——"做神仙也并不值得"；卖老祝寿"在地上最为相宜"，"而刑罚呢，应该在天上去受"。作者的视野是极为开阔的，我们同时也领会到了世界各地、各民族的文化意蕴确有其相通之处。他的文章唤醒你想象的神经，补充你思想的空白。文章由此及彼，由正而反，由反而正，左右逢源，变幻不定。

2.诙谐幽默——睿智。文章语言独特，比喻中联想丰富且话语幽默，深刻警世。阅读本文我们不能不为钱老充满智慧的语言拍案叫绝。如文中用"飘瞥难留"形象地诠释一个"快"字；用"日脚像跛了似的"比喻一个"慢"字。前者不仅释了词义，而且把人生对快的感受也具象地表达了出来；后者所打的比方，说"日头有脚步且跛，怎么能快得起来?"喻得机智、恰帖，喻得有趣味。再如说"你要永久，你该向痛苦里去找"。为证明这一点作者用了几个极普通、极典型，又高度浓缩的事例："一个失眠的晚上"，"有约不来的下午"，"一课沉闷的听讲"。这是多么简练！又再如，"快乐在人生里，好比引诱小孩子吃药的方糖，更像跑狗场里引诱狗赛跑的电兔子"，"钓钩上的鱼饵"，"满足得像猪"，"那时刻的灵魂，仿佛害病的眼怕见阳光，撕去皮的伤口怕接触空气，虽然空气和阳光都是好东西"。比喻，以联想为桥梁，透着灵性，寓意深刻，浅显易懂，趣味横生，俏皮而耐人寻味。又更如，对于快乐这一司空见惯的感情，作者对古今中外之世道、人心、文化，进行了一次总挖掘，升天入地，追古索今，幽默中自有它的深刻。“我们说，人群中杰出人物的最大悲哀莫过于生而不是神仙。这就决定了他们只能吃人间的饭，坐人造的凳，读人写的书，操用人工的器物，在人的范围内生存、起居，混杂在芸芸众生当中而无法超越，所以，他们的痛苦比起一般人就更显得忧愤深广”。

3.层层推进。第一段：快乐——痛苦（古今中外，天上地下，人间鬼蜮）；第二段：人生“永远快乐”？第三段：人生虽然痛苦，却并不悲观；第四段：一切快乐的享受都属于精神的；第五段：痛苦失掉它们的可怕，肉体减少了专制；第六段：快乐和痛苦是人生的矛盾。思维严密，把论述推向深处。

【每课一练】

一、选择题

1.《论快乐》选自钱锺书的散文集（　　）

A.《随感录》　　B.《写在人生边上》

C.《人·兽·鬼》　　D.《谈艺录》

2.钱锺书的揭示抗战期间中国知识界众生相的长篇小说是（　　）

A.《写在人生边上》　B.《谈艺录》　C.《管锥编》　D.《围城》

3.“快乐在人生里，好比引诱小孩子吃药的方糖，更像跑狗场里引诱狗赛跑的电兔子”一句所用的修辞方法是（　　）

A. 拟人　　B. 拟物　　C. 层递　　D. 比喻

4.《论快乐》一文提出快乐是（　　）

A. 分为肉体和精神的　　B. 快乐能够永远

C. 人生的本质　　D. 由精神来决定

二、填空题

1.钱锺书，字默存，号槐聚，是中国现代著名的学者、作家。新中国成立后，主要从事学术研究。钱锺书在国人眼里是“一代才子”，在外国人看来是中国的“________”。

2.钱锺书的文学作品主要有：散文集《________》(1941)、短篇小说集《________》(1946)和长篇小说《________》(1947)。长篇小说《围城》因揭示抗战期间中国________界的众生相，从多方面展示传统对于现代中国自我________的主题，而成为中国现代杰出的讽刺小说，被誉为战时“________”。钱锺书的主要学术著作有《________》、《管锥编》等。

3.柯灵先生评论钱锺书的一段话颇为精到，他说“钱氏的两大精神支柱是________和________，二者相互渗透，互为羽翼，浑然一体，如影随形。

三、阅读分析题

1.阅读作品片段，回答问题。

一切快乐的享受都属于精神的，尽管快乐的原因是肉体上的物质刺激。小孩子初生了下来，吃饱了奶就乖乖地睡，并不知道什么是快活，虽然它身体感觉舒服。缘故是小孩子的精神和肉体还没有分化……洗一个澡，看一朵花，吃一顿饭，假使你觉得快活，并非全因为澡洗得干净，花开得好，或者菜合你口味，主要因为你心上没有挂碍……要是你精神不痛快，像将离别时的筵席，随它怎样烹调得好，吃来只是土气息、泥滋味。那时刻的灵魂，仿佛害病的眼怕见阳光，撕去皮的伤口怕接触空气，虽然空气和阳光都是好东西。

(1)在这一片段中作者提出了什么论点？

(2)作者从什么角度来论证这一观点？属于什么论证方法？

(3)在这一片段中作者运用了哪些修辞方法来说理论事，其作用如何？

2.阅读作品片段，回答问题。

在旧书铺里买回来维尼(Vigny)的《诗人日记》，信手翻开，就看见有趣的一条。他说，在法语里，喜乐(bonheur)一个名词是“好”和“钟点”两字拼成，可见好事多磨，只是个把钟头的玩意儿。我们联想到我们本国话的说法，也同样的意味深永，譬如快活或快乐的快字，就把人生一切乐事的飘瞥难留，极清楚地指示出来。所以我们又慨叹说：“欢娱嫌夜短！”因为人在高兴的时候，活得太快，一到困苦无聊，愈觉得日脚像跛了似的，走得特别慢。德语的沉闷(langweile)一词，据字面上直译，就是“长时间”的意思。《西游记》里小猴子对孙行者说：“天上一日，下界一年。”这种神话，确反映着人类的心理。天上比人间舒服欢乐，所以神仙活得快，人间一年在天上只当一日过。从此类推，地狱里比人间更痛苦，日子一定愈加难度；段成式《酉阳杂俎》就说：“鬼言三年，人间三日。”嫌人生短促的人，真是最快活的人；反过来说，真快活的人，不管活到多少岁死，只能算是短命夭折。所以，做神仙也并不值得，在凡间已经三十年做了一世的人，在天上还是个未满月的小孩。但是这种“天算”，也有占便宜的地方：譬如戴君孚《广异记》载崔参军捉狐妖，“以桃枝决五下”，长孙无忌说罚得太轻，崔答：“五下是人间五百下，殊非小刑。”可见卖老祝寿等等，在地上最为相宜，而刑罚呢，应该到天上去受。

(1)这一片段在全文中的作用是什么？

(2)这一片段体现了钱锺书文学作品的怎样一种风格？试举例说明。

参考答案

十四　选择与安排

朱光潜

在作文运思时，最重要而且最艰苦的工作不在搜寻材料，而在有了材料之后，将它们加以选择与安排，这就等于说，给它们一个完整有生命的形式。材料只是生糙的钢铁，选择与安排才显出艺术的锤炼刻画。就生糙的材料说，世间可想到可说出的话，从前人在大体上都已经想过说过；然而后来人却不能因此就不去想不去说，因为每个人有他的特殊的生活情境与经验，所想所说的虽大体上仍是那样的话，而想与说的方式却各不相同。变迁了形式，就变迁了内容。所以他所想所说尽管在表面上是老生常谈，而实际上却可以是一种新鲜的作品，如果选择与安排给了它一个新的形式和新的生命的话。“袅袅兮秋风，洞庭波兮木叶下”，在大体上和“菡萏香销翠叶残，西风愁起绿波间”表现同样的情致，而各有各的佳妙处，所以我们不能说后者对于前者是重复或是抄袭。莎士比亚写过夏洛克以后，许多作家接着写过同样典型的守财奴（莫里哀的哈伯贡和巴尔扎克的葛朗台是著例），也还是一样入情入理。材料尽管大致相同，每个作家有他的不同的选择与安排，这就是说，有他的独到的艺术手腕，所以仍可以有他的特殊的艺术成就。

最好的文章，像英国小说家斯沃夫特所说的，须用“最好的字句在最好的层次”。找最好的字句要靠选择，找最好的层次要靠安排。其实这两桩工作在人生各方面都很重要，立身处世到处都用得着，一切成功和失败的枢纽都在此。在战争中我常注意用兵，觉得它和作文的诀窍完全相同。善将兵的人都知道兵在精不在多。精兵一人可以抵得许多人用，疲癃残疾的和没有训练没有纪律的兵愈多愈不易调动，反而成为累赘或障碍。一篇文章中每一个意思或字句就是一个兵，你在调用之前，须加一番检阅，不能作战的，须一律淘汰，只留下精锐，让他们各站各的岗位，各发挥各的效能。排定岗位就是摆阵势，在文章上叫做“布局”。在调兵布阵时，步、骑、炮、工、辎须有联络照顾，将、校、尉、士、卒须按部就班，全战线的中坚与侧翼，前锋与后备，尤须有条不紊。虽是精锐，如果摆布不周密，纪律不严明，那也就成为乌合之众，打不来胜仗。文章的布局也就是一种阵势，每一段就是一个队伍，摆在最得力的地位才可以发生最大的效用。

文章的通病不外两种：不知选择和不知安排。第一步是选择，剪裁就是选择的消极方面。有选择就必有排弃，有割爱。在兴酣采烈时，我们往往觉得自己所想到的意思样样都好，尤其是费过苦心得来的，要把它一笔勾销，似未免可惜。所以割爱是大难事，它需要客观的冷静，尤其需要谨严的自我批评。不知选择大半由于思想的懒惰和虚荣心所生的错觉。遇到一个题目来，不肯朝深一层处想，只浮光掠影地凑合一些实在是肤浅陈腐而自以为新奇的意思，就把它们和盘托出。我常看大学生的论文，把一个题目所有的话都一五一十地说出来，每一点都约略提及，可是没有一点说得透彻，甚至前后重复或自相矛盾。如果有几个人同做一个题目，说的话和那话说出来的形式都大半彼此相同，看起来只觉得“天下老鸦一般黑”。这种文章如何能说服读者或感动读者？这里我们可以再就用兵打比譬，用兵致胜的要诀在占领要塞，击破主力。要塞既下，主力既破，其余一切就望风披靡，不攻自下。古人所以有“射人先射马，擒贼先擒王”的说法。如果虚耗兵力于无战略性的地点，等到自己的实力消耗尽了，敌人的要塞和主力还屹然未动，那还能希望打什么胜仗？做文章不能切中要害，错误正与此相同。在艺术和在自然一样，最有效的方式常是最经济的方式，浪费不仅是亏损而且也是伤害。与其用有限的力量干十件事上而不能把任何一件事做得好，不如以同样的力量集中在一件事上，把它做得斩钉截铁。做文章也是如此。世间没有说得完的话，你想把它说完，只见得你愚蠢；你没有理由可说人人都说的话，除非你比旁人说得好，而这却不是把所有的话都说完所能办到的。每篇文章必有一个主旨，你须把着重点完全摆在这主旨上，在这上面鞭辟入里，烘染尽致，使你所写的事理情态成一个世界，突出于其他一切世界之上，像浮雕突出于石面一样。读者看到，马上就可以得到一个强有力的印象，不由得他不受说服和感动。这就是选择，这就是攻坚破锐。

我们最好拿戏剧小说来说明选择的道理。戏剧和小说都描写人和事。人和事的错综关系向来极繁复，一个人和许多人有因缘，一件事和许多事有联络，如果把这些关系辗转追溯下去，可以推演到无穷。一部戏剧或小说只在这无穷的人事关系中割出一个片段来，使它成为一个独立自足的世界，许多在其他方面虽有关系而在所写的一方面无大关系的事事物物，都须斩断撇开。我们在谈劫生辰纲的梁山泊好汉，生辰纲所要送到的那个豪贵场合也许值得描写，而我们却不能去管。谁不想知道哈姆雷特在魏敦堡的留学生活，但是我们现在只谈他的家庭悲剧，时间和空间的限制都不许我们搬到魏敦堡去看一看。再就划定的小范围来说，一部小说或戏剧须取一个主要角色或主要故事做中心，其余的人物故事穿插，须能烘托这主角的性格或理清这主要故事的线索，适可而止，多插一个人或一件事就显得臃肿繁芜。再就一个角色或一个故事的细节来说，那是数不尽的，你必须有选择，而选择某一个细节，必须有典型性，选了它其余无数细节就都可不言而喻。悭吝人到处悭吝，吴敬梓在《儒林外史》里写严监生，只挑选他临死时看见油灯里有两茎灯芯不闭眼一事。《红楼梦》对于妙玉着笔墨最少，而她那既冷僻而又不忘情的心理却令我们一见不忘。刘姥姥吃过的茶杯她叫人掷去，却将自己用的绿玉斗斟茶给宝玉；宝玉做寿，众姊妹闹得欢天喜地，她一人枯坐参禅，却暗地递一张粉红笺的贺帖。寥寥数笔，把一个性格，一种情境，写得活灵活现。在这些地方多加玩索，我们就可悟出选择的道理。

选择之外，第二件要事就是安排，就是摆阵势。兵家有所谓“常山蛇阵”，它的特点是“击首则尾应，击尾则首应，击腹则首尾俱应”。亚里士多德在《诗学》里论戏剧结构说它要完整，于是替“完整”一词下了一个貌似平凡而实则精深的定义：“我所谓完整是指一件事物有头，有中段，有尾。头无须有任何事物在前面笼盖着，而后面却必须有事物承接着。中段要是前面既有事物笼盖着，后面又有事物承接着。尾须有事物在前面笼盖着，却不须有事物在后面承接着。这与“常山蛇阵”的定义其实是一样。用近代语言来说，一个艺术品必须为完整的有机体，必须是一件有生命的东西。有生命的东西第一须有头有尾有中段，第二是头尾和中段各在必然的地位，第三是有一股生气贯注于全体，某一部分受影响，其余各部分不能麻木不仁。一个好的阵形应如此，一篇好的文章布局也应如此。一段话如果丢去仍于全文无害，那段话就是赘疣；一段话如果搬动位置仍于全文无害，那篇文章的布局就欠斟酌。布局愈松懈，文章的活力就愈薄弱。

从前中国文人讲文章义法，常把布局当作呆板的形式来谈，例如全篇局势须有起承转合，脉络须有起伏呼应，声调须有抑扬顿挫，命意须有正反侧，如作字画，有阴阳向背。这些话固然也有它们的道理，不过它们是由分析作品得来的，离开作品而空谈义法，就不免等于纸上谈兵。我们想懂得布局的诀窍，最好是自己分析完美的作品；同时，自己在写作时，多费苦心衡量斟酌。最好的分析材料是西方戏剧杰作，因为它们的结构通常都极严密。习作戏剧也是学布局的最好方法，因为戏剧须把动作表现于有限时间与有限空间之中，如果起伏呼应不紧凑，就不能集中观众的兴趣和产生紧张的情绪。我国史部要籍如《左传》《史记》之类在布局上大半也特别讲究，值得细心体会。一篇完美的作品，如果细细分析，在结构上必具备下面的两个要件。

第一是层次清楚。文学像德国学者莱森所说的，因为用在时间上承续的词语为媒介，是沿着一条线绵延下去。如果同时有许多事态线索，我们不能把它们同时摆在一个平面上，如同图画上许多事物平列并存；我们必须把它们在时间上分先后，说完一点，再接着说另一点，如此生发下去。这许多要说的话，谁说在先，谁说在后，须有一个层次。层次清楚，才有上文所说的头尾和中段。文章起头最难，因为起头是选定出发点，以后层出不穷的意思都由这出发点顺次生发出来，如幼芽生发出根干枝叶。文章只有生发，才能成为完整的有机体。所谓"生发"，是上文意思生发下文意思，上文有所生发，下文才有所承接。文章的"不通"有多种，最厉害的是上气不接下气，上段上句的意思没有交代清楚就搁起，下段下句的意思没有伏根就突然出现。顺着意思的自然生发，脉络必有衔接，不致有脱节断气的毛病，而且意思可以融贯，不致有前后矛盾的毛病。打自己耳光，是文章最大的弱点。章实斋在韩退之《送孟东野序》里挑出过一个很好的例。上文说"大凡物不得其平则鸣"，下文接着说"伊尹鸣商，周公鸣周"，伊尹、周公并非不得其平。这是自相矛盾，下文意思不是从上文意思很逻辑地生发出来。意思顺次生发，就能互相呼应，也就能以类相聚，不相杂乱。杂乱有两种：一是应该在前一段说的话遗漏着不说，到后来一段不很相称的地方勉强插进去；一是在上文已说过的话，到下文再重复说一遍。这些毛病的根由都在思想疏懈。思想如果谨严，条理自然缜密。

第二是轻重分明。文章不仅要分层次，尤其要分轻重。轻重犹如图画的阴阳光影，一则可以避免单调，起抑扬顿挫之致；二则轻重相形，重者愈显得重，可以产生较强烈的效果。一部戏剧或小说的人物和故事如果不分宾主，群龙无首，必定显得零乱芜杂。一篇说理文如果有五六层意思都平铺并重，它一定平淡无力，不能说服读者。艺术的特征是完整，完与整是相因的，整一才能完美。在许多意思并存时，想产生整一的印象，它们必须轻重分明。文章无论长短，一篇须有一篇的主旨，一段须有一段的主旨。主旨是纲，由主旨生发出来的意思是目。纲必须能领目，目必须附丽于纲，尊卑就序，然后全体自能整一。"譬如北辰居其所而众星拱之。"一篇文章的主旨应有这种气象，众星也要分大小远近。主旨是着重点，有如照像投影的焦点，其余所有意思都附在周围，渐远渐淡。在文章中显出轻重，通常不外两种办法：

第一是在层次上显出。同是一个意思，摆的地位不同，所生的效果也就不同，不过我们不能指定某一地位是天然的着重点。起头有时可以成为着重点，因为它笼盖全篇，对读者可以生"先入为主"的效果；收尾通常不能不着重，虎头蛇尾是文章的大忌讳，作家往往一层深一层地掘下去，不断地引起读者的好奇心，使他不能不读到终了，到终了主旨才见分晓，故事才告结束，谜语才露谜底。中段承上启下，也可以成为着重点，戏剧的顶点大半落在中段，可以为证。一个地方能否成为着重点，全看作者渲染烘托的技巧如何，我们不能定出法则，但是可以从分析名著（尤其是叙事文）中探得几分消息。其次轻重可以在篇幅分量上显出。就普遍情形说，意思重要，篇幅应占多；意思不重要，篇幅应占少。这不仅是为着题旨醒豁，也是要在比例匀称上现出一点波澜节奏，如同图画上的阴阳。轻重倒置在任何艺术作品中都是毛病。不过这也不能一概而论，名手立论或叙事，往往在四面渲染烘托，到了主旨所在，有如画龙点睛，反而轻描淡写地掠过去，不多着笔墨。

从上面的话看来，我们可以知道文章有一定的理，没有一定的法。所以我们只略谈原理，不像一般文法修辞书籍，在义法上多加剖析。"大匠能诲人以规矩，不能使人巧。"知道文章作法，不一定就做出好文章。艺术的基本原则是寓变化于整齐，整齐易说，变化则全靠心灵的妙运，这是所谓"神而明之，存乎其人"了。

学习要点

【作家作品】

朱光潜（1897—1986），字孟实，安徽省桐城市人。现当代著名美学家、文艺理论家、教育家、翻译家。

1922年毕业于香港大学文学院。1925年留学英国爱丁堡大学，致力于文学、心理学与哲学的学习与研究，后在法国斯特拉斯堡大学获哲学博士学位。1933年回国后，历任北京大学、四川大学、武汉大学教授。1946年后一直在北京大学任教，讲授美学与西方文学。他是最早向中国介绍西方美学的学者。

主要著作有《悲剧心理学》《文艺心理学》《西方美学史》《谈美》等。此外，他的《谈文学》《谈美书简》等理论读物，深入浅出，内容切实，文笔流畅，对提高青年的写作能力与艺术鉴赏能力颇有启迪，有《朱光潜全集》。主要译著有《美学》（黑格尔）、《新科学》（维柯）和《柏拉图文艺对话录》等。

本文选自朱光潜论文集《谈文学》（1946），是一篇谈写作经验的议论文。

【思想内容】

本文论述文章的选择和安排，是按照提出问题、分析问题和解决问题来展开的，最后阐明了文章选择和安排的重要性以及"文无定法"（"文章有一定的理，没有一定的法"）的道理。

【艺术特点】

1. 类比论证。(1)如文中所说,“最好的文章,像英国小说家斯沃夫特所说的,须用‘最好的字句在最好的层次’。找最好的字句要靠选择,找最好的层次要靠安排。其实这两桩工作在人生各方面都很重要,立身处世到处都用得着,一切成功和失败的枢纽都在此。在战争中我常注意用兵,觉得它和作文的诀窍完全相同。”(2)文中说道,“这里我们可以再就用兵打比譬,用兵制胜的要诀在占领要塞,击破主力。要塞既下,主力既破,其余一切就望风披靡,不攻自下。古人所以有‘射人先射马,擒贼先擒王’的说法。如果虚耗兵力于无战略性的地点,等到自己的实力消耗尽了,敌人的要塞和主力还屹然未动,那还能希望打什么胜仗?做文章不能切中要害,错误正与此相同。”(3)用绘画、幼芽生发等作譬喻。类比论证的运用,使文章深入浅出,形象生动。

2. 对比论证。譬如第二段和第三段,详述“最好的文章”和“文章的通病”,对比分明,观点清晰明白。

3. 例证法。古今中外作品,如《水浒传》《红楼梦》《莎士比亚》《左传》《史记》等等在文中均有提及,作者作为一个学贯中西的学者,熟悉古今中外的典籍,善于从中选取大量的例证作为论据的内容,用以证明和深化自己的观点。论述过程中广征博引、取用精当。从而使文章所阐述的道理建立在认真总结前人写作经验的基础之上,具有说服力。

4. 引证法。此文善于引用名人名言。

【每课一练】

一、选择题

1.《选择与安排》一文选自朱光潜的论文集 ( )

A.《悲剧心理学》 B.《谈美》 C.《谈文学》 D.《诗论》

2. 朱光潜的主要美学论著有 ( )

A.《美的历程》 B.《美学散步》 C.《西方美学史》 D.《七缀集》

3.《选择与安排》一文提出做文章最重要的是 ( )

A. 搜寻材料 B. 要有创作的灵感

C. 要有丰富的情感和思想 D. 选择与安排

4.《选择与安排》一文提出完美的作品在结构上须具备的条件有 ( )

A. 要有头有尾 B. 层次清楚、轻重分明

C. 有贯穿的主旨 D. 首尾呼应

5.“文章的通病总不外两种,一是不知选择,二是不知安排”,此句话出自 ( )

A. 鲁迅的《灯下漫笔》 B. 钱锺书的《论快乐》

C. 梁实秋的《谈时间》 D. 朱光潜的《选择与安排》

6.“文章的布局也就是一种阵势,每一段就是一个队伍,摆在最得力的地位才可以发生最大效用”,这句话的修辞方法是 ( )

A. 拟人 B. 排比 C. 比喻 D. 反复

二、填空题

1. 朱光潜，字孟实，安徽省桐城市人。现当代著名________学家、文艺理论家、教育家、翻译家。他是最早向中国介绍________美学的学者。

2. 朱光潜的主要著作有《悲剧心理学》、《文艺心理学》、《西方________史》、《谈美》等。主要译著有《________》(黑格尔)、《新科学》(维柯)和《柏拉图文艺对话录》等。

3. 本文选自朱光潜论文集《________》(1946)，是一篇谈写作经验的议论文。

三、阅读分析题

1. 阅读作品片段，然后回答问题。

在战争中我常注意用兵，觉得它和作文的诀窍完全相同。善将兵的人都知道兵在精不在多。精兵一人可以抵得许多人用，疲癃残疾的和没有训练没有纪律的兵愈多愈不易调动，反而成为累赘或障碍。一篇文章中每一个意思或字句就是一个兵，你在调用之前，须加一番检阅，不能作战的，须一律淘汰，只留下精锐，让他们各站各的岗位，各发挥各的效能。排定岗位就是摆阵势，在文章上叫做“布局”。在调兵布阵时，步、骑、炮、工、辎须有联络照顾，将、校、尉、士、卒须按部就班，全战线的中坚与侧翼，前锋与后备，尤须有条不紊。虽是精锐，如果摆布不周密，纪律不严明，那也就成为乌合之众，打不来胜仗。文章的布局也就是一种阵势，每一段就是一个队伍，摆在最得力的地位才可以发生最大的效用。

(1)在这一片段中作者提出的主要观点是什么？

(2)作者是用什么方法来阐明这一观点的？

2. 阅读作品片段，然后回答问题。

用兵制胜的要诀在占领要塞，击破主力。要塞既下，主力既破，其余一切就望风披靡，不攻自下。古人所以有“射人先射马，擒贼先擒王”的说法。如果虚耗兵力于无战略性的地点，等到自己的实力消耗尽了，敌人的要塞和主力还屹然未动，那还能希望打什么胜仗？做文章不能切中要害，错误正与此相同。在艺术和在自然一样，最有效的方式常是最经济的方式，浪费不仅是亏损而且也是伤害。与其用有限的力量干十件事上而不能把任何一件事做得好，不如以同样的力量集中在一件事上，把它做得斩钉截铁。做文章也是如此。世间没有说得完的话，你想把它说完，只见得你愚蠢；你没有理由可说人人都说的话，除非你比旁人说得好，而这却不是把所有的话都说完所能办到的。每篇文章必有一个主旨，你须把着重点完全摆在这主旨上，在这上面鞭辟入里，烘染尽致，使你所写的事理情态成一个世界，突出于其他一切世界之上，像浮雕突出于石面一样。

(1)请概括本片段的主要观点。

(2)本段综合运用了哪些论证方法？

参考答案

十五　论学问

培　根

读书为学的用途是娱乐、装饰和增长才识。在娱乐上学问的主要的用处是幽居养静；在装饰上学问的用处是辞令；在长才识上学问底用处是对于事务的判断和处理。因为富于经验的人善于实行，也许能够对个别的事情一件一件地加以判断；但是最好的有关大体的议论和对事务的计划与布置，乃是从有学问的人来的。在学问上费时过多是偷懒；把学问过于用作装饰是虚假；完全依学问上的规则而断事是书生的怪癖。学问锻炼天性，而其本身又受经验的锻炼；盖人的天赋有如野生的花草，他们需要学问的修剪；而学问底本身，若不受经验的限制，则其所指示的未免过于笼统。多诈的人藐视学问，愚鲁的人羡慕学问，聪明的人运用学问；因为学问的本身并不教人如何用它们；这种运用之道乃是学问以外，学问以上的一种智能，是由观察体会才能得到的。不要为了辩驳而读书，也不要为了信仰与盲从；也不要为了言谈与议论；要以能权衡轻重、审察事理为目的。

有些书可供一尝，有些书可以吞下，有不多的几部书则应当咀嚼消化；这就是说，有些书只要读读他们的一部分就够了，有些书可以全读，但是不必过于细心地读；还有不多的几部书则应当全读，勤读，而且用心地读。有些书也可以请代表去读，并且由别人替我作出摘要来；但是这种办法只适于次要的议论和次要的书籍；否则录要的书就和蒸馏的水一样，都是无味的东西。阅读使人充实，会谈使人敏捷，写作与笔记使人精确。因此，如果一个人写得很少，那么他就必须有很好的记性；如果他很少与人会谈，那么他就必须有很敏捷的机智；并且假如他读书读得很少的话，那末他就必须要有很大的狡黠之才，才可以强不知以为知。史鉴使人明智；诗歌使人巧慧；数学使人精细；博物使人深沉；伦理之学使人庄重；逻辑与修辞使人善辩。“学问变化气质。”不特如此，精神上的缺陷没有一种是不能由相当的学问来补救的：就如同肉体上各种的病患都有适当的运动来治疗似的。踢球有益于结石和肾脏；射箭有益于胸肺；缓步有益于胃；骑马有益于头脑；诸如此类。同此，如果一个人心志不专，他顶好研究数学；因为在数学的证理之中，如果他的精神稍有不专，他就非从头再做不可。如果他底精神不善于辨别异同，那么他最好研究经院学派的著作，因为这一派的学者是条分缕析的人；如果他不善于推此知彼，旁征博引，他顶好研究律师们的案卷。如此看来，精神上各种的缺陷都可以有一种专门的补救之方了。

学习要点

【作家作品】

弗朗西斯·培根(Francis Bacon,1561—1626),第一代圣阿尔本子爵(1st Viscount St Alban),英国文艺复兴时期散文家、哲学家。英国唯物主义哲学家,实验科学的创始人,是近代归纳法的创始人。

培根12岁入剑桥大学,后担任女王特别法律顾问以及朝廷的首席检察官、掌玺大臣等。晚年,受宫廷阴谋逐出宫廷,脱离政治生涯,专心从事学术研究和著述活动,写成了一批在近代文学思想史上具有重大影响的著作,其中最重要的一部是《伟大的复兴新工具论》。另外,他以哲学家的眼光,思考了广泛的人生问题,写出了许多形式短小、风格活泼的随笔小品,集成《培根随笔》(中文译名为《培根论说文集》),这部作品开创了英国随笔写作的范例,在英国文学史上具有重要意义。

培根是唯物主义第一人,他的最大的哲学贡献在于,提出了唯物主义经验论的一系列原则,制定了系统的归纳逻辑,马克思、恩格斯称他是“英国唯物主义的第一个创始人”。

本文选自《培根论说文集》。

【思想内容】

本文的中心内容是论说学问的用途、治学目的和治学方法以及各种学问对人精神的影响。

第一部分(第一自然段)集中谈学问的用途和治学目的。

第二部分(第二自然段)集中谈治学方法,阐明各种学问对人精神的影响。

【艺术特色】

本文善用比喻和排比,形象而严密。本文中比喻句和排比式的语句随处可见,譬如作者形容人的天赋“有如野生的花草,他们需要学问的修剪”,在主张针对不同的书要采取不同的读法时,说道:“有些书可供一尝,有些书可以吞下,有不多的几部书则应当咀嚼消化。”在谈到用学问来对精神作补救时,非常形象地用几种运动方式(射箭、缓步、骑马)来阐明不同的学问可以医治不同的精神缺陷。这些比喻句的使用可以增强说理的生动性和形象性。

【成语格言】

多诈的人藐视学问,愚鲁的人羡慕学问,聪明的人运用学问。

阅读使人充实,会谈使人敏捷,写作与笔记使人精确。

史鉴使人明智;诗歌使人巧慧;数学使人精细;博物使人深沉;伦理之学使人庄重;逻辑与修辞使人善辩。

学问变化气质。

【每课一练】

一、选择题

1. 下面不属于《论学问》一文提出的读书的四种方法的是 （　　）

A. 细读　　B. 快速阅读　　C. 选读　　D. 全读

2.《论学问》一文指出治学的目的是 （　　）

A. 能权衡轻重，审察事理　　B. 辩驳

C. 信仰与盲从　　D. 言谈与议论

3.“史鉴使人明智；诗歌使人巧慧；数学使人精细；博物使人深沉；伦理之学使人庄重；逻辑与修辞使人善辩。”此句出自 （　　）

A. 鲁迅的《灯下漫笔》　　B. 朱光潜的《选择与安排》

C. 培根的《论学问》　　D. 梁实秋的《谈时间》

4.“学问变化气质”此话出自 （　　）

A. 鲁迅　　B. 钱锺书　　C. 梁实秋　　D. 培根

二、填空题

1. 弗朗西斯·培根，英国________时期散文家、哲学家。英国唯物主义哲学家，________的创始人，是近代________的创始人。

2. 培根以哲学家的眼光，思考了广泛的人生问题，写出了许多形式短小、风格活泼的随笔小品，集成《培根________》（中文译名为《培根论说文集》），这部作品开创了英国随笔写作的范例，在英国文学史上具有重要意义。

3. 培根是唯物主义第一人，他的最大的哲学贡献在于，提出了唯物主义经验论的一系列原则，制定了系统的归纳逻辑，马克思、恩格斯称他是“________________”。

三、阅读分析题

1. 阅读作品片段，然后回答问题。

在学问上费时过多是偷懒；把学问过于用作装饰是虚假；完全依学问上的规则而断事是书生的怪癖。学问锻炼天性，而其本身又受经验的锻炼；盖人的天赋有如野生的花草，他们需要学问的修剪；而学问的本身，若不受经验底限制，则其所指示的未免过于笼统。多诈的人藐视学问，愚鲁的人羡慕学问，聪明的人运用学问；因为学问的本身并不教人如何用它们；这种运用之道乃是学问以外，学问以上的一种智能，是由观察体会才能得到的。不要为了辩驳而读书，也不要为了信仰与盲从；也不要为了言谈与议论；要以能权衡轻重、审察事理为目的。

（1）这段文字主要阐明了什么问题？

（2）本段文字在说理论事上运用了什么修辞手法？

2. 阅读作品片段，回答问题。

史鉴使人明智；诗歌使人巧慧；数学使人精细；博物使人深沉；伦理之学使人庄重；逻辑与修辞使人善辩。“学问变化气质。”不特如此，精神上的缺陷没有一种是不能由相当的学问来补救的……如果一个人心志不专，他顶好研究数学；因为在数学的证理之中，如果他的精

神稍有不专，他就非从头再做不可。如果他的精神不善于辨别异同，那么他最好研究经院学派的著作，因为这一派的学者是条分缕析的人；如果他不善于推此知彼，旁征博引，他顶好研究律师们的案卷。如此看来，精神上各种的缺陷都可以有一种专门的补救之方了。

(1)这一片段中心论点是什么？

(2)试体会本段文字所运用的修辞格的作用。

参考答案

记叙文基础知识

记叙文是指叙事、写人、记游、状物等类的文章。古代的记、传、序、志等，现代的消息、通讯、简报、特写、传记、回忆录、游记等，都属于记叙文的范畴。

记叙文以叙述为主，但往往兼有描写、抒情和议论，是一种形式多样、笔墨灵活的文体。

一、叙述

把人物的经历、行为或事情的发生、发展表述出来，就是叙述。

叙述的主要方式，有顺叙、倒叙、插叙、平叙等几种。

按照事件发展的顺序进行叙述，依次从开端、发展写到高潮、结局，文章的层次、段落与事情发展的过程基本一致，这就是顺叙。顺叙是最常见的叙述方式，大多数记叙文和它们的主要章节，都是用顺叙方式来表述的。

倒叙是把人物、事件的结局，或人物经历、事件过程中最突出的环节，提到文章前面来写，然后再追叙在这以前发生的事情。如在《马伶传》中，作者先写马伶在与李伶的第二次技艺较量中获得大胜，然后再写他在这次较量之前刻苦学艺的过程，这就是倒叙。倒叙有造成悬念、引起读者兴趣、启发人们思考的艺术表达效果。

在顺叙过程中暂停一下，插入另一段事，然后再把原叙述继续下去，就是插叙。如在《爱尔克的灯光》中，巴金先叙写自己回到阔别了十八年的故居的情景，接着插入了在过去的十八年中姐姐的死亡和自己对姐姐的思念，然后再回到十八年后的今天继续往下写，后来又回忆到祖父积攒家资为子孙造福等情景，这就是多次插叙。由于这篇文章是凭借作者的“思绪”展开的，时空转换相当自由，今日之事与往昔之事反复交错，所以插叙很多，行文显得十分舒展，抒情味道很足。

在一篇文章中，分头记叙两件或多件同时发生的事情，是平叙，也叫分叙。平叙可以是先叙一件事，再叙另一件事，也可以是几件事并行交错记叙。前者如韩愈的《张中丞传后叙》，作者先通过夹叙夹议方式为许远辩诬，接着再记叙南霁云的英勇事迹，最后又补记张巡的轶事，一一写来，次序井然。至于几件事并行交错的叙述方式，则多见于小说，特别是中、长篇小说。

要把记叙写好，须在以下两个方面多下工夫：

一是要善于剪裁，做到详略得当。

人事复杂，哪些材料该写，哪些材料不该写，哪些地方应详写，哪些地方应略写，这种选材与剪裁的艺术，是决定文章成败、高下的关键之一。详略处理的标准，不同的题材、文体虽有所不同，但都要依据内容表达的需要、主题表现的要求，在人物事件勾勒清楚的前提下，务求集中笔墨，把中心思想鲜明而又深刻地表达出来。如《马伶传》一文，马伶一生的事迹很多，但作者却将他的生平只在开头、结尾几句带过，而采用倒叙、对比和场面描写多种方法，极力描摹和渲染他与李伶两次技艺较量的情景，这样就突出了马伶深入生活、刻苦学艺、精益求精的从业精神。再如《种树郭橐驼传》，虽为传记，作者却匠心独运，用了将近一半的篇幅详写他种树的原理和具体方法，并且用层层对比的方法将其彰显得十分精细，而后又用类比方法将其升华为养民治国的道理，这样一来，文章的主题就集中而鲜明了。又如《李将军列传》，李广将军一生大小七十余战，司马迁只着重抓住四次战役来刻画一代“飞将军”的形象，再通过与他人的比较来全面地展示李将军的个性特点，就显得紧凑而生动。

二是行文要有变化、有波澜。

“文似看山不喜平”，这是普遍的阅读心理。情节有起有伏，笔调有低有高，节奏有快有慢；有铺垫，有映衬，有抑有扬，有隐有发，叙述才能引人入胜。如《冯谖客孟尝君》一文，先写冯谖三次弹铗而歌：求食鱼、求乘车、求养母，给人以无德无能、不知餍足的小人之感，同时也大大引发了读者的好奇心。接下来再写冯谖为孟尝君营就三窟：焚券市义、恢复相位、立庙于薛，显示出他深谋远虑的奇异才能，峰回路转，令人惊叹、回味不已。无疑，这是先抑后扬、隐而后发的表现手法，是一波三折、起伏跌宕的行文技巧，从而不仅使人物形象鲜明突出，而且充分调动了读者的阅读兴趣，显示出文章整体构思的巧妙匠心。

二、描写

用生动形象的语言，把人物的形态、动作，或景物的状态、特征等，具体细致地描绘出来，就是描写。描写，按对象划分，大体可分为人物描写和环境描写两类。

人物描写方法包括肖像描写、语言描写、行为描写、心理描写和细节描写五个方面。肖像描写是指具体描绘人物的外形——容貌、表情、服饰、姿态等。语言描写是指具体描写人物的对话、独白、潜台词等。行为描写是指具体描写人物的行为和举止。心理描写是指具体描写人物的感觉、联想、想象、领悟、看法等各种心理活动。细节则是指人物肖像、举止、言语中那些具有鲜明个性特点和典型意义的生动具体环节。人物形象是一个有机生命整体，所以作者一般将这几方面的描写交错使用。

记叙文中的人物描写，不可能像小说那样周全详尽，所以写作中要特别注意以下几点：

一是要善于以“形”写“神”。描写人物的外貌、行为和言语，本身不是目的，而是为了揭示人物的内心世界和精神面貌，所以要选择那些最能传神的环节进行描绘。例如，在《张中丞传后叙》一文中，作者抓住南霁云最具典型意义的三个环节进行描写：拔刀断指、抽箭射塔和谈笑而死。南霁云慷慨陈辞，望欲独食，义不忍，“断一指，血淋漓，以示贺兰”，其忠义刚烈犹在眼前。“吾归破贼，必灭贺兰！此矢所以志也”，其嫉恶如仇跃然纸上。南霁云“欲将以有为也”“即不屈”，其为武将所表现出的智谋也让读者钦佩不已。南霁云这一英雄形象立体化地呈现在读者面前。

二是要善于抓住人物的个性特点。任何人都有自己的个性，人物不同，表情、言语、行为就有不同的特点。即使“做什么”相同，“怎么做”也会因人而异。一个人的人格精神，往往集中体现在他的个性特点之中。例如《郑伯克段于鄢》，文中郑庄公作为主要人物，话语却极为稀少：“姜氏欲之，焉辟害！”“多行不义必自毙，子姑待之。”“无庸，将自及。”“不义不暱，厚将崩。”“可矣！”将郑庄公的阴险狡诈、老谋深算、胸有城府、工于心计、伪孝伪悌、善于应变的政治家的形象，刻画得逼真生动。

三是要善于描摹富有表现力的细节。记叙文中穿插具体描绘的地方，应当都是既生动又传神的典型细节，否则就可能是浪费笔墨。在《报刘一丈书》一文中，“干谒者”“夜披衣坐，闻鸡鸣，即起盥木节，走马抵行”“甘言媚词，作妇人状”“惊走匍匐阶下”，其处心积虑、奴颜婢膝凸现纸上。“相公厚我，厚我”，则更见其丑恶和无耻。

环境描写包括自然景物描写和社会环境描写两个方面。

在游记类散文中，景物描写往往是描述的主体，但在记人叙事类散文中，景物描写则是人物和事件的陪衬。但不管怎样，写景状物都是为了表达一定的思想情感。像《前赤壁赋》那样，虽然全文贯穿着江水、清风、明月等景物，但描绘相对比较简约，这是因为作者主要是借助景物描写来生发对社会人生的感慨和思考，从而抒写自己适意自然、追求精神自由的审美化人生哲学，所以作者将更多的笔墨花到了抒情和议论上。

写人记事散文中的环境描写，由于篇幅的限制，不可能全面铺开，因而特别值得注意的是人、事、物交织在一起的场面描写。生动逼真的场面描写，往往具有深化主题、烘托人物、渲染气氛的表现作用。如《香市》，通过大革命前香市的热闹场面与大革命后香市冷落情景的对比描写，鲜明地反映出旧中国在由封建经济向半殖民地经济的转变中，农村的日益凋敝及其对市镇的影响，以小见大，主题在场面比照中加深。《马伶传》则是通过第一次技艺较量大败的场面描写与第二次技艺较量大胜的对比，有力地烘托出马伶不甘人后、刻苦精进的性格特征。

三、抒情和议论

记叙文以叙述和描写为主，抒情和议论是它的辅助成分，一般不可喧宾夺主。

文学作品要以情动人，因而情感的抒写既是内容又是手段。但抒情一般不宜直露，即使是抒情散文，也应当将感情溶解在写景和叙事之中，通过委婉的笔调和荡漾的情思体现出来。在这方面，冰心的《往事(一)之十四》可视作典范。姐弟的谈论大海，通过与弟弟们的对话有序推进，借弟弟们的尽心描摹，最后我水到渠成地概括出“不是做女婢，我希望我们都做个‘海化’的青年”这一文章主旨。

以抒情的笔调记叙事物，让叙事与抒情水乳交融，是强化文章抒情色彩的有效途径。例如，在《爱尔克的灯光》中有这样一段描述，“黑暗来了，我的眼睛失掉了一切。于是大门内亮起了灯光。灯光并不曾照亮什么，反而增加了我心上的黑暗。我只得失望地走了。我向着来时的路回去。已经走了四五步，我忽然掉转头，再看那个建筑物。依旧是阴暗中一线微光。我好像看见一个盛满希望的水碗一下子就落在地上打碎了一般，我痛苦地在心里叫起来……”与其说这是叙述“我”看到灯光、离开旧居、再回头观望的行为过程，不如说是抒发“我”看到旧居中昏暗灯光时的种种感受和痛苦心境。在这里，人的行为只是一个简要的轮廓，而感情却像一条波涛起伏的河流，在一浪一浪地向前推进。

记叙文中的议论有两种情况：一是边记叙边议论，称作夹叙夹议；一是在叙述结束后的议论，称为叙后评议。前者如《张中丞传后叙》和《爱尔克的灯光》都是夹叙夹议的典范之作，感情真挚，气势充沛；后者如《报刘一丈书》，末尾议论简洁，反诘作结。

好的议论，应当是情感达到一定程度之时的水到渠成。因此，寓理于情，情理相生，也是一种常见的笔调。如在《张中丞传后叙》“当二公之初守也”一段中，作者既驳斥了“责二公以死守”的谬论，阐明了张巡、许远“守一城、捍天下”的功绩，又在行文中借助反诘、对比等手法，表达了他对张巡、许远的敬佩，对袖手旁观、见死不救者的蔑视，对“设淫辞”以惑众者的憎恶。抒议结合，情理交融，事理昭昭，激情烈烈，同时收到了以理服人和以情感人的双重效果。

记叙文的文笔是丰富多样、灵动多彩的。在这方面，应当特别推重苏轼的《前赤壁赋》。《前赤壁赋》以记游起、记游终，以情感变化为线索，以宣泄适意自然的人生态度为目标，一气呵成，抑扬跌宕舒展自如；行文中因景生情，因情忆事，因事说理，环环相扣，推移过渡十分自然；既记叙了游览经过，又抒发了社会感慨，论辩了人生意义，旷达通脱，充满了“打通后壁说话”的哲理情趣。冰心的《往事（一）之十四》，娓娓道来，如话家常，结尾点睛之笔，水到渠成。

《郑伯克段于鄢》

十六 *郑伯克段于鄢

《左传》

初①,郑武公娶于申②,曰武姜③。生庄公及共叔段④。庄公寤生⑤,惊姜氏,故名曰寤生,遂恶之。爱共叔段,欲立之。亟请于武公⑥,公弗许。及庄公即位,为之请制⑦。公曰:“制,岩邑也⑧。虢叔死焉⑨,佗邑唯命。”请京⑩,使居之。谓之京城大叔。祭仲曰⑪:“都城过百雉⑫,国之害也⑬。先王之制,大都,不过叁国之一⑭,中,五之一,小,九之一。今京不度⑮,非制也,君将不堪。”公曰:“姜氏欲之,焉辟害⑯?”对曰:“姜氏何厌之有,不如早为之所,无使滋蔓,蔓难图也。蔓草犹不可除,况君之宠弟乎?”公曰:“多行不义必自毙,子姑待之。”

既而大叔命西鄙、北鄙贰于己⑰。公子吕曰⑱:“国不堪贰,君将若之何?欲与大叔,臣请事之,若弗与,则请除之,无生民心。”公曰:“无庸⑲,将自及。”大叔又收贰以为己邑,至于廪延⑳。

---

① 初:当初。

② 郑:国名,姬姓,在今河南新郑一带。郑武公:前770年至前744年在位。娶于申:从申国娶妻。申,国名,姜姓,在今河南南阳一带。

③ 武姜:“武”是丈夫的谥号,“姜”是母家的姓氏。丈夫谥号加母亲姓氏,这是当时追称贵族女子的一种习惯称呼。

④ 庄公:前743年至前701年在位。共(gōng)叔段:庄公的弟弟,名段。共:国名,在河南辉县。庄公弟后来曾逃亡到这里,故称共叔。

⑤ 寤(wù)生:逆生,难产。

⑥ 亟(qì):屡次。

⑦ 请制:要制这个地方作领地。制:郑地名,一名虎牢,在今河南汜水西,原为东虢(guó)国属地,前767年东虢为郑所灭。虢国,故地原在今陕西宝鸡东,史称西虢;周室东迁后,虢国迁到今河南陕县东南,史称东虢。

⑧ 岩邑:险要的城邑。

⑨ 虢叔:东虢国国君。

⑩ 京:郑地名,在今河南荥阳东南。

⑪ 祭(zhài)仲:郑大夫,字足。

⑫ 都:这里泛指一般城邑。城:这里指城墙。雉(zhì):古代计算城墙长度的单位,长三丈,高一丈,为一雉。

⑬ 国:诸侯国家。

⑭ 叁国之一:国都的三分之一。此处的国是指国都。

⑮ 度:法度,规定。

⑯ 焉:怎么,如何。辟:通“避”。

⑰ 鄙:边邑。贰于己:一方面属庄公,一方面属自己。贰:两属,属二主。

⑱ 公子吕:下文的子封,郑大夫。

⑲ 庸:用。

⑳ 廪(lǐn)延:郑地名,在今河南延津北。

子封曰："可矣，厚将得众①。"公曰："不义不昵②，厚将崩。"

大叔完聚③，缮甲兵④，具卒乘⑤，将袭郑。夫人将启之⑥。公闻其期，曰："可矣！"命子封帅车二百乘以伐京⑦。京叛大叔段，段入于鄢⑧。公伐诸鄢。五月辛丑⑨，大叔出奔共。

书曰⑩："郑伯克段于鄢⑪。"段不弟⑫，故不言弟，如二君，故曰克，称郑伯，讥失教也，谓之郑志⑬，不言出奔，难之也⑭。

遂置姜氏于城颍⑮，而誓之曰："不及黄泉，无相见也。"既而悔之。颍考叔为颍谷封人⑯，闻之，有献于公。公赐之食，食舍肉。公问之，对曰："小人有母，皆尝小人之食矣，未尝君之羹⑰，请以遗之⑱。"公曰："尔有母遗，繄我独无⑲。"颍考叔曰："敢问何谓也？"公语之故，且告之悔。对曰："君何患焉！若阙地及泉⑳，隧而相见㉑，其谁曰不然？"公从之。公入而赋㉒："大隧之中，其乐也融融。"姜出而赋："大隧之外，其乐也泄泄㉓。"遂为母子如初。

君子曰㉔："颍考叔，纯孝也㉕。爱其母，施及庄公㉖。《诗》㉗曰：'孝子不匮㉘，永锡尔类㉙。'其是之谓乎。"

---

① 厚：雄厚，这里指扩大土地。
② 昵：亲近兄长。
③ 完聚：修葺、积聚，这里指修治城郭、集结百姓。
④ 缮：修理、整治。甲：铠甲一类的戎装。兵：兵器。
⑤ 具：准备。乘(shèng)：车乘，指战车。
⑥ 启之：开城门，做内应。
⑦ 帅：通"率"。乘：春秋时战车，一乘有甲士三人，步卒七十二人。
⑧ 鄢(yān)：郑地名，在今河南鄢陵北。
⑨ 五月辛丑：鲁隐公元年(前722年)五月二十三日。古代以天干、地支配合纪日，如甲子、辛丑等。
⑩ 书：《春秋》上的记述。
⑪ 郑伯：郑庄公。春秋时有五等爵：公、侯、伯、子、男，郑国君属伯爵，故称郑伯。克：战胜。
⑫ 弟：通"悌"(tì)。旧时指恭敬、顺从兄长。
⑬ 郑志：郑伯有杀弟的意图。志：意图。
⑭ 难：责难。
⑮ 置：安置，这里有放逐的意思。城颍：郑地名，在今河南临颍西北。
⑯ 颍考叔：郑大夫。颍谷：郑国边邑名，在今河南登封西。封人：掌管疆界的官。
⑰ 羹(gēng)：有肉有汤的食物，这里泛指肉食。
⑱ 遗(wèi)：赠给，这里是留给的意思。
⑲ 繄(yī)：句首语气助词。
⑳ 阙：通"掘"，挖掘。
㉑ 隧：动词，挖隧道。
㉒ 赋：赋诗，这里指诵读诗句。
㉓ 泄泄(yì)：与"融融"意义相近，都是快乐的意思。
㉔ 君子：这是作者直接表示意见时所假托的评论者。
㉕ 纯：纯正。
㉖ 施(yì)：延及。
㉗ 诗：后来的《诗经》。
㉘ 匮(kuì)：亏缺。
㉙ 锡：通"赐"，赐予。类：指同类的人。

学习要点

【作家作品】

《左传》，又称《春秋左氏传》、《左氏春秋》，汉朝以后才多称《左传》。相传是春秋末年鲁国的左丘明为《春秋》做注解的一部史书，与《公羊传》《谷梁传》合称“春秋三传”。《左传》也是中国第一部叙事详细的编年体史书，共三十五卷，是儒家经典之一且为十三经中篇幅最长的，在四库全书中列为经部。

记述范围从公元前722年（鲁隐公元年）至公元前468年（鲁哀公二十七年）。所记史事以鲁国为中心，包括春秋时代二百四十多年间各个诸侯国所发生的重大政治、军事斗争以及各国间的外交活动。同时也广泛记述了当时的礼仪制度、社会风俗、文化生活等方面的内容，保存了丰富的古史传说资料。《左传》的文学成就突出地表现在善于写战争，刻画人物个性鲜明，语言简洁而又有文采，对中国古代历史散文的发展具有奠基作用。

本文选自《左传·隐公元年》。本文记载了春秋初年郑国最高统治集团内部，即郑庄公家庭内部为争夺王位而发生的一场政治斗争。郑庄公的对手是他的亲兄弟共叔段，而共叔段的背后又有他们的亲生母亲姜氏的怂恿暗助。面对这棘手的局面，郑庄公先是不动声色，静观事态发展，而当时机成熟时，他果断出击，一举粉碎了弟弟的政变阴谋，并放逐了母亲。最后，同母亲的关系也得到了缓和。

【思想内容】

本文记叙了春秋初年，郑国公族内部为争夺君位而进行斗争的故事，揭露了当时统治阶级内部腐朽、贪婪、虚伪奸诈、相互兼并和残杀的丑恶本质。作者意在讽刺双方的同时，揭示“多行不义必自毙”的道理，并且宣扬了孝道。

【艺术特色】

1.(1)叙事脉络清晰。这篇记事文章情节结构完整，按照事情的开端、发展、高潮和结局来展开。第一自然段——矛盾的起因：庄公寤生，姜氏恶之，欲立共叔段，挑起了对君位的争夺。第二、三自然段——矛盾的发展：及庄公即位，姜氏为共叔段请制、请京。共叔段扩展势力，至于廪延。第四自然段至第七自然段——矛盾的解决：共叔段准备袭击郑都，姜氏将为内应，矛盾激化。庄公克段于鄢，共叔段出奔共，姜氏被软禁。第八、九自然段——尾声：颍考叔献计，庄公母子隧中相见。(2)叙事详略得当。详写事情的发生发展，而事情的高潮却一笔带过。更好地突出了人物形象。

2.人物形象生动。郑庄公：阴险狡诈、老谋深算、胸有城府、工于心计、伪孝伪悌、善于应变的政治家。共叔段：贪婪狂妄、得寸进尺、愚昧无知。姜氏：偏狭昏聩。

3.衬托。文中郑庄公作为主要人物，话语却极为稀少：“姜氏欲之，焉辟害！”“多行不义必自毙，子姑待之。”“无庸，将自及。”“不义不昵，厚将崩。”“可矣！”；而描写姜氏的贪婪、共叔段的疯狂、谋士们的焦急，则显得详尽，一简一详，从而更好地衬托出了主要人物郑庄公的性格特征。结尾郑庄公对颍考叔建议的采纳，其实也是一种衬托，颍考叔“食舍肉”的至孝与郑庄公和姜氏“隧中相见”的伪善伪孝形成了鲜明对比。

【课文翻译】

当初，郑武公从申国娶了一位夫人，名叫武姜，生下庄公和共叔段兄弟二人。庄公出生时脚先出来，使姜氏受到惊吓，所以起名叫寤生。姜氏便不喜欢他，而偏爱共叔段，总想立共叔段做太子，多次向武公请求，武公一直不肯答应。

后来庄公即位做了国君，姜氏就要求把制邑封给共叔段。庄公说：“制是个险要的城邑，虢叔死在那里，其他地方，可以唯命是从。”姜氏于是要求京城，庄公同意共叔住在那里。从此，人们称他为京城太叔。有个名叫祭仲的大夫说：“一般的城邑如果超过三百丈，就会成为国家的祸患。先王遗留下来的制度，大城不得超过国都的三分之一，中等的不得超过五分之一，小城不得超过九分之一。现在京城超过规定，不合制度，将来恐怕您会感到受不了的。”庄公说：“姜氏要这样做，又怎么能规避这场祸患呢！”祭仲说：“姜氏哪里会有满足的时候！我看不如早点为太叔作出安排，以免这个祸根滋生蔓延。一旦蔓延起来，可就难对付了。蔓草尚且难以除掉，何况您那受宠的弟弟呢！”庄公说：“坏事做多了，必然自取灭亡。您且等着瞧吧！”

不久，太叔又命令西部和北部边境地区表面上属于庄公，而实际却归自己管辖。公子吕对庄公说：“国家不能容忍这种两属的情况，您究竟打算怎么办？若是想把君位让给太叔，就请允许我去侍奉他吧；若是不想交给他，那就请您赶紧除掉他，不要让百姓产生疑心。”庄公还是说：“不必这样做，他会自找倒霉的。”后来太叔又进一步把两属的地方公开划归自己所有，一直扩展到廪延一带。公子吕又对庄公说：“现在该动手了。土地扩大，就能控制更多的人力。”庄公说：“对国君不尽义，对兄长不亲昵，土地越多，崩溃得越彻底。”

太叔修治城郭，集结百姓，整治装备武器，征调士卒和战车，就要偷袭郑都了。姜氏也准备开城门做内应。庄公了解到他们约定的日期，就说：“现在可以了！”他命令公子吕统率二百辆战车去攻打京城。

京城人背叛了太叔，太叔只好逃到鄢邑。郑伯又亲率军队攻打鄢邑。五月辛丑这一天，太叔逃出郑国，投奔到共国去了。

《春秋》上写道，“郑伯克段于鄢。”意思是说，太叔不讲孝悌之道，所以不称“弟”；如同两国的国君在交战，所以用了“克”字；称庄公为“郑伯”，是讥刺他对弟弟不加管教。这里说郑伯早有杀弟的意图，而又不明说太叔出奔，都是对庄公的责备。

此后，庄公就把姜氏安置在边远的城颍，并对她发誓说：“不到黄泉之下，决不再见面了。”可是，不久他又后悔了。

当时颍考叔正在颍谷一带做掌管疆界事务的官，他听说此事以后，便借贡献礼物的时机来见庄公。庄公赐给他食物，颍考叔吃的时候，把肉挑出来放在一边。庄公便问他这是什么意思。他回答说：“小人家里有老母，总是吃自己带回去的食物，还从来没吃过您的东西，请允许我把这些食物带给她吃吧。”庄公说：“你有母亲可以孝敬，我却偏偏没有啊！”颍考叔便说："敢问这话是什么意思呢？"庄公把此事的前因后果告诉了他，并且说自己已经感到后悔。颍考叔回答说："您何必在这件事上发愁呢！如果挖掘土地，直到见了泉水，然后你们就在地道里相见，又有谁能说不是在黄泉下相见的呢？"庄公按照他的话去做了。庄公进入地道里赋诗说："大隧之内相见啊，多么和乐相得啊！"姜氏出来也赋诗说："大隧之外相见啊，多么舒畅快乐啊！"从此，他们恢复了从前的母子关系。

君子说：颍考叔的孝行真纯正呀！他不仅爱自己的母亲，而且还把这种孝道推广到庄公身上。《诗经》上说："孝子的孝道不会穷尽，永远能感化你的同类。"大概就是说的颍考叔这样的人吧！

【每课一练】

一、选择题

1.《郑伯克段于鄢》选自 （　　）

A.《国语》　B.《史记》　C.《战国策》　D.《左传》

2.《左传》是一部 （　　）

A. 编年体史书　B. 国别体史书　C. 纪传体史书　D. 民间野史

3.《郑伯克段于鄢》是一篇典型的 （　　）

A. 写人文章　B. 叙事文章　C. 议论文章　D. 抒情文章

4. 下列最能体现文章主旨的语句是 （　　）

A. 都城过百雉，国之害也　B. 孝子不匮永赐尔类

C. 多行不义必自毙　D. 国不堪贰

5."大都不过叁国之一"中"叁国之一"的意思是 （　　）

A. 三个国家中的一个　B. 国都的三分之一

C. 参加国之一　D. 三个国都中的一个

6.《郑伯克段于鄢》中的主要人物是 （　　）

A. 郑庄公　B. 颍考叔　C. 姜氏　D. 共叔段

7.《郑伯克段于鄢》中郑庄公的性格特征是 （　　）

A. 贪婪狂妄　B. 老谋深算　C. 褊狭昏聩　D. 恪守孝悌

8.《郑伯克段于鄢》中详写的是 （　　）

A. 战争成败的原因　B. 战争的场面

C. 置姜氏于城颍的原因　D. 郑伯克段于鄢的经过

9."亟请于武公"句中"亟"的意思是 （　　）

A. 迅速　B. 急忙　C. 屡次　D. 竭力

二、填空题

1.《左传》，又称《________》《________》，汉朝以后才多称《左传》。相传是春秋末年鲁国的左丘明为《________》做注解的一部史书，与《公羊传》《谷梁传》合称"春秋三传"。《左传》也是中国________叙事详细的________体史书，共三十五卷，是儒家经典之一且为十三经中篇幅最长的，在四库全书中列为经部。

2.《左传》的记述范围从公元前 722 年(鲁隐公元年)至公元前 468 年(鲁哀公二十七年)。所记史事以鲁国为中心。《左传》的文学成就突出地表现在善于写战争,刻画人物个性鲜明,语言简洁而又有文采,对中国古代历史散文的发展具有________作用。

3.本文选自《左传・隐公元年》。本文记载了春秋初年郑国最高统治集团内部,即郑庄公家庭内部为争夺________而发生的一场政治斗争。

4.本文叙事脉络清晰,详略得当,是一篇典型的________文章。

三、阅读分析题

1.阅读《郑伯克段于鄢》中的一段文字,回答下列问题。

初,郑武公娶于申,曰武姜。生庄公及共叔段。庄公寤生,惊姜氏,故名曰寤生,遂恶之。爱共叔段,欲立之。亟请于武公,公弗许。

(1)解释这段文字中加点字的含义。

寤生:________　　亟:________

(2)分析这段文字在全文结构中的作用。

2.阅读《郑伯克段于鄢》中的一段文字,回答下列问题。

及庄公即位,为之请制。公曰:"制,岩邑也,虢叔死焉,佗邑唯命。"请京,使居之。谓之京城大叔。祭仲曰:"都城过百雉,国之害也。先王之制,大都,不过叁国之一,中,五之一,小,九之一。今京不度,非制也,君将不堪。"公曰:"姜氏欲之,焉辟害?"对曰:"姜氏何厌之有,不如早为之所,无使滋蔓,蔓难图也。蔓草犹不可除,况君之宠弟乎?"公曰:"多行不义必自毙,子姑待之。"

(1)解释这段文字中加点字的含义。

岩:________　　都城:________　　叁国之一:________　　度:________

堪:________　　焉:________　　辟:________　　厌:________

为:________　　姑:________

(2)分析这段文字在全文结构中的作用。

3.阅读《郑伯克段于鄢》中的一段文字,回答下列问题。

既而大叔命西鄙、北鄙贰于己。公子吕曰:"国不堪贰,君将若之何?欲与大叔,臣请事之,若弗与,则请除之,无生民心。"公曰:"无庸,将自及。"大叔又收贰以为己邑,至于廪延。子封曰:"可矣,厚将得众。"公曰:"不义不昵,厚将崩。"

(1)解释这段文字中加点字的含义。

鄙:________　　贰:________　　庸:________　　及:________

(2)将这段文字译成现代汉语。

(3)这段话揭示了共叔段怎样的性格特征?

(4)这段话体现了郑庄公怎样的性格特征?

(5)这段话揭示了当时怎样的政治现象?

(6)这段详写谁略写谁,为什么这样写?

4.阅读《郑伯克段于鄢》中的一段文字,回答下列问题。

大叔完聚,缮甲兵,具卒乘,将袭郑。夫人将启之。公闻其期,曰:"可矣!"命子封帅车二百乘以伐京。京叛大叔段，段入于鄢。公伐诸鄢。五月辛丑，大叔出奔共。

(1)解释这段文字中加点字的含义。

完：________ 聚：________ 缮：________ 兵：________

具：________ 乘：________ 帅：________ 诸：________

出奔：________

(2)这段文字在全文结构中属于哪一部分？

(3)这段文字在全文中属于详写还是略写？作者这样写的好处是什么？

5.阅读《郑伯克段于鄢》中的一段文字，回答下列问题。

颍考叔为颍谷封人，闻之，有献于公。公赐之食，食舍肉。公问之，对曰："小人有母，皆尝小人之食矣，未尝君之羹，请以遗之。"公曰："尔有母遗，繄我独无。"颍考叔曰："敢问何谓也？"公语之故，且告之悔。对曰："君何患焉！若阙地及泉，隧而相见，其谁曰不然？"公从之。公入而赋："大隧之中，其乐也融融。"姜出而赋："大隧之外，其乐也泄泄。"遂为母子如初。

君子曰："颍考叔，纯孝也，爱其母，施及庄公。《诗》曰：'孝子不匮，永锡尔类。'，其是之谓乎。"

(1)解释这段文字中加点字的含义。

遗：________ 阙：________ 隧：________ 其：________

赋：________ 施：________ 锡：________

(2)将这段文字中的"君何患焉！若阙地及泉，隧而相见，其谁曰不然？""颍考叔，纯孝也，爱其母，施及庄公。"译成现代汉语。

(3)这段文字在全文结构上属于哪一部分？

(4)作者写这段文字的目的有哪些？

(5)概括文中郑庄公、颍考叔的性格特点。

参考答案

十七 冯谖客孟尝君[①]

《战国策》

齐人有冯谖者，贫乏不能自存[②]，使人属孟尝君[③]，愿寄食门下[④]。孟尝君曰："客何好[⑤]？"曰："客无好也。"曰："客何能？"曰："客无能也。"孟尝君笑而受之曰："诺。"左右以君贱之也，食以草具[⑥]。

居有顷[⑦]，倚柱弹其剑。歌曰："长铗归来乎[⑧]！食无鱼。"左右以告。孟尝君曰："食之，比门下之客[⑨]。"居有顷，复弹其铗，歌曰："长铗归来乎！出无车。"左右皆笑之，以告。孟尝君曰："为之驾，比门下之车客。"于是乘其车，揭其剑[⑩]，过其友曰[⑪]："孟尝君客我[⑫]。"后有顷，复弹其剑铗，歌曰："长铗归来乎！无以为家[⑬]。"左右皆恶之，以为贪而不知足。孟尝君问："冯公有亲乎？"对曰："有老母。"孟尝君使人给其食用，无使乏。于是冯谖不复歌。

后孟尝君出记[⑭]，问门下诸客："谁习计会[⑮]，能为文收责于薛者乎[⑯]？"冯谖署曰[⑰]："能。"孟尝君怪之，曰："此谁也？"左右曰："乃歌夫'长铗归来'者也。"孟尝君笑曰："客果有能也，吾负之[⑱]，未尝见也。"请而见之，谢曰[⑲]："文倦于事，愦于忧[⑳]，而性愚，沉于国家之事，开罪于

---

① 本篇选自《战国策·齐策》。冯谖：齐国孟尝君的门客。客：作动词，做门客。孟尝君：姓田名文，齐国贵族，齐湣王时为相，封于薛（故城在今山东藤县东南），孟尝君是他的封号。

② 自存：养活自己。

③ 属：同"嘱"，嘱托。

④ 寄食门下：在孟尝君门下做食客。

⑤ 何好：爱好什么。

⑥ 食（sì）：吃，动词。草：素菜。具：馔具。草具：这里指没有鱼肉的粗劣饭菜。

⑦ 居有顷：过了不久。

⑧ 铗：剑把，这里指剑。

⑨ 比：按照。鱼客：食鱼的门客。

⑩ 揭：高举。

⑪ 过：访问，拜访。

⑫ 客我：以我为上客。

⑬ 为家：养家。

⑭ 记：布告。

⑮ 习：熟悉。记会：会计。

⑯ 责：同"债"。

⑰ 署：签名。

⑱ 负：辜负，对不起。

⑲ 谢：道歉。

⑳ 愦（kuì）：昏乱，糊涂。

先生①。先生不羞②，乃有意欲为收责于薛乎？”冯谖曰：“愿之。”于是约车治装③，载券契而行④，辞曰：“责毕收，以何市而反⑤？”孟尝君曰：“视吾家所寡有者⑥。”

驱而之薛⑦，使吏召诸民当偿者⑧悉来合券⑨。券遍合，起矫命⑩，以责赐诸民，因烧其券，民称万岁⑪。

长驱到齐，晨而求见。孟尝君怪其疾也⑫，衣冠而见之，曰：“责毕收乎？来何疾也！”曰：“收毕矣。”“以何市而反？”冯谖曰：“君云‘视吾家所寡有者’。臣窃计⑬，君宫中积珍宝，狗马实外厩⑭，美人充下陈⑮。君家所寡有者，以义耳⑯！窃以为君市义⑰。”孟尝君曰：“市义奈何⑱？”曰：“今君有区区之薛⑲，不拊爱子其民⑳，因而贾利之㉑。臣窃矫君命，以责赐诸民，因烧其券，民称万岁。乃臣所以为君市义也。”孟尝君不说㉒，曰：“诺。先生休矣㉓！”

后期年㉔，齐王谓孟尝君曰㉕：“寡人不敢以先王之臣为臣㉖。”孟尝君就国于薛㉗，未至百

---

① 沉：沉溺。

② 不羞：不以为羞。

③ 约车：备办车马。治装：整治行装。

④ 券契：债务的契据。由竹木制成，中分两半，各书债数，双方各执一半为凭证，并刻齿契旁，以便合齿验证。

⑤ 市：买。反：同“返”。

⑥ 寡有者：所缺少的东西。

⑦ 驱：赶车前行。之：到，往。

⑧ 当偿者：应当还债的人。

⑨ 合券：合齿验证券契。

⑩ 矫命：假托孟尝君的命令。

⑪ 因：于是，因而。称：呼喊。

⑫ 怪其疾：因其迅速而感到奇怪。

⑬ 窃计：私下考虑。

⑭ 实：充满。厩：马棚。

⑮ 下陈：堂下。堂下与门间的通路，是宾主相见，陈列礼品，站列婢妾之处，故曰下陈。

⑯ 以：只是。

⑰ 市义：买回道义，即买回民心。

⑱ 奈何：怎么样？

⑲ 区区：小小的。

⑳ 拊爱：抚爱。拊：同“抚”。子其民：以其民为子。

㉑ 贾(gǔ)利之：用商贾的办法向百姓榨取利息。

㉒ 说，同“悦”。

㉓ 休矣：犹言“算了吧”。

㉔ 期(jī)年：满一年。

㉕ 齐王：齐湣王。

㉖ “寡人”句：我不敢把先王的臣作为我的臣。这是齐湣王废孟尝君的一种借口。《史记·孟尝君列传》：“齐王惑于秦、楚之毁，以为孟尝君名高其主，而擅齐国之权，遂废孟尝君。”

㉗ 就国：到自己的封邑。

里[①]，民扶老携幼，迎君道中。孟尝君顾谓冯谖[②]："先生所为文市义者，乃今日见之[③]。"冯谖曰："狡兔有三窟，仅得免其死耳。今君有一窟，未得高枕而卧也。请为君复凿二窟。"

孟尝君予车五十乘，金五百斤，西游于梁[④]，谓惠王曰[⑤]："齐放其大臣孟尝君于诸侯[⑥]，诸侯先迎之者，富而兵强。"于是梁王虚上位，以故相为上将军[⑦]，遣使者，黄金千斤，车百乘，往聘孟尝君。冯谖先驱，诫孟尝君曰："千金，重币也[⑧]；百乘，显使也[⑨]。齐其闻之矣。"梁使三反，孟尝君固辞不往也。

齐王闻之，君臣恐惧。遣太傅赍黄金千斤[⑩]、文车二驷[⑪]，服剑一，封书，谢孟尝君曰[⑫]："寡人不祥[⑬]，被于宗庙之祟[⑭]，沉于谄谀之臣，开罪于君。寡人不足为也[⑮]，愿君顾先王之宗庙，姑反国统万人乎[⑯]！"冯谖诫孟尝君曰："愿请先王之祭器，立宗庙于薛[⑰]。"庙成，还报孟尝君曰："三窟已就，君姑高枕为乐矣。"

孟尝君为相数十年，无纤介之祸者[⑱]，冯谖之计也。

学习要点

【作家作品】

《战国策》，简称《国策》，是一部国别体史书，是对战国时期不同国别史料的汇编，也是一部优秀的散文总集。作者不详，由西汉刘向整理编订成书。因其内容主要为"战国时游士辅所用之国为之策谋"而定名。共33篇。以记言为主，按国别分东周、西周、秦、齐、楚、赵、魏、韩、燕、宋、卫、中山12国策。记载上自西周，下至秦并六国二百四十年间各国谋臣策士的活动，其思想比较庞杂。

---

① 未至百里：离薛尚有百里之远。

② 顾：回头。

③ 乃：竟然。

④ 梁：魏惠王迁都于大梁(今河南开封市)，故称魏为梁。

⑤ 惠王：梁惠王。

⑥ 放：放逐。

⑦ "于是"二句：于是梁王把最高的职位(相位)空出来，以待孟尝君，把原来的宰相调任上将军。

⑧ 重币：贵重的财物礼品。

⑨ 显使：显要的使臣。

⑩ 太傅：官名，周始置，是辅佐国君的官，地位很高。赍(jī)：以物赠人。

⑪ 文车：绘有花纹的车。文：通"纹"。驷：一车驾四马。

⑫ 封书：封好的书信。

⑬ 不祥：没福气。祥：善，福。

⑭ 被于宗庙之祟：遭受到祖先神灵降下来的灾祸。被：遭受。祟：鬼神降下的灾祸。

⑮ 不足为：不足以有为，即成不了大事。

⑯ 统：统辖。

⑰ "愿请"二句：希望你请求要一套先王的祭器，在薛建立先王的宗庙。

⑱ 纤介：丝毫，细小。

《战国策》长于记事，对策士们游说诸侯、互相辩论的活动和言辞均有生动的记载。虽有时夸张虚构，不合事实，但文笔生动恣肆，善于运用铺陈、夸张、渲染、排比、比喻、寓言等手法，刻画人物绘声绘色，对后世历史著作、辩论文章和散文创作影响很大。

本文选自《战国策·齐策》。战国时期，诸侯的大臣为了巩固自己的政治地位，大量收养门客为自己出谋划策。当时养士最多的是"战国四公子"：齐国孟尝君田文、魏国信陵君魏无忌、赵国平原君赵胜、楚国春申君黄歇。孟尝君为齐湣王国相，继承父田婴的封邑薛。本文记叙了冯谖在孟尝君门下做食客期间为主人出谋划策奔走效劳的故事。

【思想内容】

本文通过冯谖为孟尝君出谋划策、焚券市义、经营三窟、巩固政权的故事，赞扬了冯谖的深谋远虑、有胆有识、聪明果敢的政治才能，显示了多谋善断的策士在战国时期纵横捭阖的斗争中的重大政治作用。冯谖"焚券市义"的故事蕴涵着一定的"民本"思想。

【艺术特色】

1. 欲扬先抑。起初，冯谖"贫乏不能自存"，无好无能，却不断弹铗而歌，求鱼，求车，求养家，得寸进尺，乘车访友，小人得志，以致"左右皆恶之，以为贪而不知足"。当孟尝君找人去薛地收债时，无好无能之人却曰"能"，以致"孟尝君怪之"，本去收债，却"焚券市义"，空着车回来，孟尝君不悦，气得说"先生休矣"，这以上都是"抑"。而后孟尝君被免职，"市义"效果显现，孟尝君暗暗称奇，顾谓冯谖曰："先生所为文市义者，乃今日见之。"这之后皆为褒扬，冯谖又为孟尝君"复凿二窟"，以至"孟尝君为相数十年，无纤介之祸者，冯谖之计也"。故事情节安排巧妙，波澜迭出，曲折生动，悬念丛生，处处皆"奇"，不同凡响，出人意料。

2. 人物形象鲜明生动。冯谖是位出身贫寒的知识分子，深谋远虑，是具有民本思想的政治家；有胆有识，聪明果敢，是一个工于计谋、竭尽忠诚的策士形象。孟尝君虽无政治远见，但能礼贤下士。

作者通过"弹铗而歌"表现冯谖的"贪而不知足"，冯谖是低调试探孟尝君的诚意；用"焚券市义"表现冯谖的民本思想，政治家的远见卓识；用"营造三窟"表现冯谖的工于计谋。

3. 衬托。用孟尝君及其左右衬托冯谖的深谋远虑和与众不同的胆识。

【每课一练】

一、选择题

1.《冯谖客孟尝君》选自 ( )

A.《左传》 B.《战国策》 C.《汉书》 D.《史记》

2.《战国策》是一部 ( )

A. 编年体史书 B. 纪传体通史 C. 国别体史书 D. 民间野史

3.《战国策》的整理编订者是 ( )

A. 刘向 B. 左丘明 C. 司马迁 D. 孔子

4."狡兔三窟"这一成语出自 ( )

A.《秋水》　B.《冯谖客孟尝君》　C.《季氏将伐颛臾》　D.《寡人之于国也》

5. 冯谖为孟尝君“焚券市义”的行为中蕴含着　(　　)

A. 道家思想　B. 法家思想　C. 墨家思想　D. 民本思想

6.《冯谖客孟尝君》中最能表现冯谖政治才能的情节是　(　　)

A. 弹铗而歌　B. 焚券市义　C. 营造三窟　D. 乘车过友

7. 下列人物属于战国四君子的是　(　　)

A. 冯谖　B. 孟子　C. 庄子　D. 孟尝君

8.《冯谖客孟尝君》中冯谖最突出的性格特点是　(　　)

A. 胸无远见　B. 深谋远虑　C. 贪图小利　D. 粗犷豪爽

二、填空题

1.《战国策》，简称《国策》，是一部________体史书。作者不详，由西汉刘向整理编订成书。因其内容主要为“战国时游士辅所用之国为之策谋”而定名。按国别分为12国策。记载上至春秋，下至秦并六国二百四十年间各国________的活动。

2. 战国时期，诸侯的大臣为了巩固自己的政治地位，大量收养门客为自己出谋划策。当时养士最多的是“战国四公子”：齐国________田文、魏国________魏无忌、赵国________赵胜、楚国________黄歇。孟尝君为齐湣王国相，继承父田婴的封邑薛。本文记叙了________在孟尝君门下做食客期间为主人出谋划策奔走效劳的故事。

3. 狡兔三窟是________、________和________。

4. 本文用孟尝君及其左右________冯谖的深谋远虑和与众不同的胆识。

三、阅读分析题

1. 阅读《冯谖客孟尝君》中的一段文字，回答下列问题。

齐人有冯谖者，贫乏不能自存，使人属孟尝君，愿寄食门下。孟尝君曰：“客何好？”曰：“客无好也。”曰：“客何能？”曰：“客无能也。”孟尝君笑而受之曰：“诺。”左右以君贱之也，食以草具。居有顷，倚柱弹其剑，歌曰：“长铗归来乎！食无鱼。”左右以告。孟尝君曰：“食之，比门下之鱼客。”居有顷，复弹其铗，歌曰：“长铗归来乎！出无车。”左右皆笑之，以告。孟尝君曰：为之驾，比门下之车客。”于是乘其车，揭其剑，过其友曰：“孟尝君客我。”后有顷，复弹其剑铗，歌曰：“长铗归来乎！无以为家。”左右皆恶之，以为贪而不知足。孟尝君问：“冯公有亲乎？”对曰：“有老母。”孟尝君使人给其食用，无使乏。于是冯谖不复歌。

(1)解释这段文字中加点字的含义。

自存：________　属：________　贱：________　比：________

揭：________　过：________　客：________　亲：________

(2)将这段文字中的下列句子译成现代汉语。

左右以君贱之也，食以草具：________________________________

食之，比门下之鱼客：________________________________

孟尝君客我：________________________________

长铗归来乎！无以为家：________________________________

(3)冯谖弹铗而歌，当时人们认为他是怎样的一个人？

(4)这段选文在全文中起什么作用?

(5)这段选文刻画冯谖时反复地写他人的表现,属于什么表现手法?

2.阅读《冯谖客孟尝君》中的三段文字,回答下列问题。

后孟尝君出记,问门下诸客:“谁习计会,能为文收责于薛者乎?”冯谖署曰:“能。”孟尝君怪之,曰:“此谁也?”左右曰:“乃歌夫‘长铗归来’者也。”孟尝君笑曰:“客果有能也,吾负之,未尝见也。”请而见之,谢曰:“文倦于事,愦于忧,而性愚,沉于国家之事,开罪于先生。先生不羞,乃有意欲为收责于薛乎?”冯谖曰:“愿之。”于是约车治装,载券契而行,辞曰:“责毕收,以何市而反?”孟尝君曰:“视吾家所寡有者。”

驱而之薛,使吏召诸民当偿者,悉来合券。券遍合,起矫命,以责赐诸民,因烧其券,民称万岁。

长驱到齐,晨而求见。孟尝君怪其疾也,衣冠而见之,曰:“责毕收乎?来何疾也!”曰:“收毕矣。”“以何市而反?”冯谖曰:“君云‘视吾家所寡有者’。臣窃计,君宫中积珍宝,狗马实外厩,美人充下陈。君家所寡有者,以义耳!窃以为君市义。”孟尝君曰:“市义奈何?”曰:“今君有区区之薛,不拊爱子其民,因而贾利之。臣窃矫君命,以责赐诸民,因烧其券,民称万岁。乃臣所以为君市义也。”孟尝君不说,曰:“诺。先生休矣!”

(1)解释这段文字中加点字的含义。

责:________　谢:________　何市:________　之:________

矫:________　怪:________　衣冠:________　反:________

贾:________

(2)这几段选文表现出冯谖性格的哪些特征?

(3)这几段选文在刻画冯谖性格时主要运用了哪种方法?

3.阅读《冯谖客孟尝君》中的一段文字,回答下列问题。

后期年,齐王谓孟尝君曰:“寡人不敢以先王之臣为臣。”孟尝君就国于薛,未至百里,民扶老携幼,迎君道中。孟尝君顾谓冯谖曰:“先生所为文市义者,乃今日见之。”冯谖曰:“狡兔有三窟,仅得免其死耳。今君有一窟,未得高枕而卧也。请为君复凿二窟。”

孟尝君予车五十乘,金五百斤,西游于梁,谓惠王曰:“齐放其大臣孟尝君于诸侯,诸侯先迎之者,富而兵强。”于是梁王虚上位,以故相为上将军,遣使者,黄金千斤,车百乘,往聘孟尝君。冯谖先驱,诫孟尝君曰:“千金,重币也;百乘,显使也。齐其闻之矣。”梁使三反,孟尝君固辞不往也。

(1)解释这段文字中加点字的含义。

市义:________　乃:________　上位:________　其:________

反:________　固:________

(2)冯谖为孟尝君“复凿二窟”指的是哪二窟?并分析“复凿二窟”的意义。

(3)这段选文表现出冯谖性格的哪些特征?

(4)这段选文在刻画冯谖性格时运用了哪些方法?

参考答案

十八　*李将军列传(节选)

《史记》

《史记》和李广将军

李将军广者，陇西成纪人也[1]。其先曰李信，秦时为将，逐得燕太子丹者也[2]。故槐里，徙成纪[3]。广家世世受射[4]。孝文帝十四年[5]，匈奴大入萧关[6]，而广以良家子从军击胡[7]，用善骑射杀首虏多[8]，为汉中郎[9]。广从弟李蔡亦为郎，皆为武骑常侍[10]，秩八百石[11]。尝从行[12]，有所冲陷折关[13]，及格猛兽，而文帝曰："惜乎，子不遇时！如令子当高帝时[14]，万户侯岂足道哉！"及孝景初立[15]，广为陇西都尉[16]，徙为骑郎将[17]。吴、楚军时[18]，广为骁骑都尉[19]，从太尉亚夫击吴、楚军[20]，取旗，显功名昌邑下[21]。以梁王授广将军印，还，赏不行[22]。徙为上谷太守[23]。

---

① 陇西：汉郡名，郡治狄道，在今甘肃临洮。成纪：汉县名，在今甘肃秦安北。

② 其先：他的祖先。李信：秦名将。逐得：追获。

③ 故槐里：原来是槐里地方人。槐里：在今陕西兴平东南。徙：迁徙。

④ 受：通"授"，传授。

⑤ 孝文帝十四年：公元前 166 年。孝文帝：高祖子刘恒。

⑥ 匈奴：古代北方的一个游牧民族。大人：大举入侵。萧关：在今甘肃环县西北。

⑦ 良家子：清白人家的子弟。根据汉朝的制度，医、巫、商贾、百工都不能列入良家。汉代征兵来源有两种，一为谪徙罪人，一为平常人家弟子，即"良家子"。

⑧ 用：因为。杀首虏多：多斩敌人首级，多俘虏。

⑨ 中郎：汉时皇帝的侍从官。

⑩ 武骑常侍：皇帝侍从武官。

⑪ 秩：官吏的俸禄，引申指官吏的职位或品级。

⑫ 尝从行：曾经跟随皇帝出行。

⑬ 有所：有下面一些行为。冲陷：冲锋陷阵。折关：(攻坚)破关。折：断。

⑭ 当高帝时：意思是说处在汉高祖刘邦平定天下的时候。

⑮ 孝景：汉景帝刘启，文帝之子。初立：刚做皇帝。

⑯ 陇西都尉：陇西郡尉，掌管该郡的武事。

⑰ 徙：迁调。骑郎将：统率骑兵护从皇帝车驾的郎官的将领，秩比二千石。

⑱ 吴、楚军时：吴、楚起兵举事的时候。景帝三年，吴、楚等七个封国曾联合起兵反抗中央政权。

⑲ 骁(xiāo)骑都尉：统率骁骑的将领。骁骑：勇猛的骑兵。

⑳ 太尉：掌管全国军政大事的长官，与丞相、御史大夫并称三公。亚夫：周亚夫。吴、楚七国反时，以周亚夫为主帅，率军征讨。

㉑ 显：显扬。昌邑下：昌邑城下。昌邑故城在今山东金乡西北。

㉒ 以：因为，由于。梁王：地方封王，汉景帝的同母弟刘武。还：还朝。

㉓ 上谷：郡名，在今河北西北部及中部一带。

匈奴日以合战[1]，典属国公孙昆邪为上泣曰[2]："李广才气，天下无双，自负其能[3]，数与虏敌战，恐亡之[4]。"于是，乃徙为上郡太守[5]。后广转为边郡太守，徙上郡。尝为陇西、北地、雁门、代郡、云中太守，皆以力战为名。

匈奴大入上郡，天子使中贵人从广勒习兵击匈奴[6]。中贵人将骑数十纵[7]，见匈奴三人，与战。三人还射[8]，伤中贵人，杀其骑且尽。中贵人走广[9]。广曰："是必射雕者也[10]。"广乃遂从百骑往驰三人[11]。三人亡马步行[12]，行数十里。广令其骑张左右翼，而广身自射彼三人者[13]，杀其二人，生得一人，果匈奴射雕者也。已缚之，上马，望匈奴有数千骑，见广，以为诱骑，皆惊，上山陈[14]。广之百骑皆大恐，欲驰还走。广曰："吾去大军数十里，今如此以百骑走，匈奴追射我立尽。今我留，匈奴必以我为大军诱之[15]，必不敢击我。"广令诸骑曰："前！"前，未到匈奴陈二里所[16]，止。令曰："皆下马解鞍。"其骑曰："虏多且近，即有急[17]，奈何？"广曰："彼虏以我为走，今皆解鞍以示不走，用坚其意[18]。"于是胡骑遂不敢击。有白马将出护其兵，李广上马与十余骑奔射杀胡白马将，而复还至其骑中，解鞍，令士皆纵马卧。是时会暮，胡兵终怪之，不敢击。夜半时，胡兵亦以为汉有伏军于旁，欲夜取之，胡皆引兵而去。平旦，李广乃归其大军。大军不知广所之，故弗从[19]。

居久之，孝景崩，武帝立[20]。左右以为广名将也，于是广以上郡太守为未央卫尉[21]，而程

---

① 日：每天。以：与，同。合战：交战。

② 典属国：掌管与外族交往事务的官员。公孙昆邪(hún yé)：复姓公孙，名昆邪。上：汉景帝。

③ 负：仗恃。

④ 数(shuò)：不止一次，屡次。亡之：失掉他，指在战斗中死亡。

⑤ 上郡：今陕西北部及内蒙古自治区南部部分地区。

⑥ 天子：汉景帝。中贵人：宫中贵人，指受到皇帝宠幸的太监。勒：部勒，约束指挥。习：训练，操练。兵：军队。

⑦ 将：带领。纵：放马奔驰。

⑧ 还射：回身射箭。

⑨ 走广：奔逃到李广处。

⑩ 雕：一种比鹰大的凶猛飞禽，飞翔时速度极快，非善射者不能得。

⑪ 乃：于是。遂：就，立即。驰：追逐。

⑫ 亡：失去。

⑬ 身自：亲自。

⑭ 诱骑：引诱敌人的骑兵。陈：通"阵"，这里指布置阵地。

⑮ "匈奴"句：匈奴一定以为我们是大军的诱骑。

⑯ 所：许，大约。

⑰ 即：假如。

⑱ 用坚其意：以(这个办法)来坚定他们(认为我们是大军诱兵)的想法。

⑲ 弗从：没有办法跟从接应。

⑳ 武帝：景帝子刘彻。

㉑ 未央卫尉：未央宫(皇帝所居)的禁卫军长官。

不识亦为长乐卫尉[①]。程不识故与李广俱以边太守将军屯[②]。及出击胡，而广行无部伍行阵[③]，就善水草屯[④]，舍止，人人自便，不击刁斗以自卫[⑤]，莫府省约文书籍事[⑥]，然亦远斥候，未尝遇害。程不识正部曲行伍营阵，击刁斗，士吏治军簿至明[⑦]，军不得休息，然亦未尝遇害。不识曰："李广军极简易，然虏卒犯之，无以禁也[⑧]，而其士卒亦佚乐，咸乐为之死[⑨]。我军虽烦扰，然虏亦不得犯我。"是时汉边郡李广、程不识皆为名将，然匈奴畏李广之略，士卒亦多乐从李广而苦程不识[⑩]。程不识孝景时以数直谏为太中大夫[⑪]。为人廉，谨于文法[⑫]。

后，汉以马邑城诱单于[⑬]，使大军伏马邑旁谷，而广为骁骑将军，领属护军将军[⑭]。是时单于觉之，去，汉军皆无功。其后四岁，广以卫尉为将军，出雁门击匈奴[⑮]。匈奴兵多，破败广军，生得广。单于素闻广贤，令曰："得李广必生致之[⑯]！"胡骑得广，广时伤病，置广两马间，络而盛卧广[⑰]。行十余里，广佯死，睨其旁有一胡儿骑善马[⑱]，广暂腾而上胡儿马，因推堕儿[⑲]，取其弓，鞭马南驰数十里，复得其余军，因引而入塞[⑳]。匈奴捕者，骑数百追之，广行取胡儿弓[㉑]，射杀追骑，以故得脱。于是至汉。汉下广吏[㉒]，吏当广所失亡多[㉓]，为虏所生得，当斩。赎为庶人[㉔]。

---

① 长乐卫尉：长乐宫（太后所居）的禁卫军长官。

② 故：从前。以边太守将军屯：以边郡太守的身份带领军队驻防。屯：驻扎。

③ 行：行军。部伍行（háng）阵：部队的编制和行列阵势。古代军队编制有部，部下有曲，五人为伍，二十五人为行。此处"行"字指行列。

④ 就：靠拢。善水草：水草好的地方。

⑤ 刁斗：军用铜锅，白天用来做饭，晚上用来敲击巡更。

⑥ 莫府：军中将帅所居的帐幕，后泛指将帅办事的地方。莫：通"幕"。省约文书籍事：简略公文案牍等事。

⑦ 至明：直到天亮。

⑧ 卒：同"猝"，突然。无以：无法。禁：阻挡。

⑨ 佚乐：同"逸乐"。咸乐为之死：都心甘情愿地为他去死。

⑩ 苦程不识：以跟从程不识为苦。

⑪ 数直谏：屡次直言进谏。太中大夫：掌管议论的官员。

⑫ 谨于文法：严格遵守规章制度。

⑬ 以马邑城诱单于：以马邑城为诱饵，诱使单于带兵进攻马邑。马邑：在今山西朔县西。

⑭ 领属：隶属于。护军将军：指韩安国，是这次战役的主将。

⑮ 雁门：关名，在今山西代县西北。

⑯ 生致之：活着送到单于处。

⑰ "置广"二句：把用绳结成的网兜，置放于两马之间，让李广躺卧在网兜里。

⑱ 佯：假装。中华书局本作"洋"。睨（nì）：斜视。

⑲ 暂腾：突然跳起。因：顺势。

⑳ 因：于是。塞：边关。

㉑ 行取：一边走一边拿起。

㉒ 下广吏：把李广交给执法官审理。

㉓ 当：判决。失亡：损失伤亡。

㉔ 赎为庶人：纳金赎罪，免去死刑，降为普通百姓。

顷之①,家居数岁。广家与故颍阴侯孙屏野居蓝田南山中射猎②。尝夜从一骑出③,从人田间饮。还至霸陵亭④,霸陵尉醉,呵止广。广骑曰:"故李将军。"尉曰:"今将军尚不得夜行,何乃故也⑤!"止广宿亭下。居无何⑥,匈奴入,杀辽西太守⑦,败韩将军⑧,韩将军后徙右北平⑨。于是天子乃召拜广为右北平太守。广即请霸陵尉与俱,至军而斩之。广居右北平,匈奴闻之,号曰"汉之飞将军",避之数岁,不敢入右北平。

广出猎,见草中石,以为虎而射之,中石没镞⑩,视之石也。因复更射之,终不能复入石矣。广所居郡闻有虎⑪,尝自射之,及居右北平,射虎,虎腾伤广,广亦竟射杀之⑫。

广廉,得赏赐辄分其麾下⑬,饮食与士共之。终广之身,为二千石四十余年,家无余财,终不言家产事。广为人长,猿臂⑭,其善射亦天性也。虽其子孙他人学者⑮,莫能及广。广讷口少言,与人居则画地为军陈,射阔狭以饮⑯。专以射为戏,竟死⑰。广之将兵乏绝之处⑱,见水,士卒不尽饮,广不近水;士卒不尽食,广不尝食⑲。宽缓不苛,士以此爱乐为用⑳。其射,见敌急,非在数十步之内,度不中不发㉑,发即应弦而倒㉒。用此㉓,其将兵数困辱,其射猛兽亦为所伤云。

居顷之,石建卒㉔,于是上召广代建为郎中令。元朔六年㉕,广复为后将军㉖,从大将军

---

① 顷之:不久。

② 故颍阴侯孙:灌强。强为前颍阴侯灌婴之孙。屏野:屏退人事,隐居田野。蓝田:县名,今陕西蓝田。

③ 从一骑:带了一骑随从。

④ 霸陵亭:霸陵附近的驿亭。霸陵:在今陕西省长安县东。

⑤ 何乃:何况是。

⑥ 居无何:过了不久。

⑦ 辽西:郡名,在今河北省东南部、辽宁省西南部一带。

⑧ 韩将军:韩安国,时驻守渔阳(在今北京市密云县西南)。

⑨ 右北平:郡名,在今河北省兴隆、隆化以东及辽宁省建昌、建平以西一带。

⑩ 中石没镞(zú):射中了石头,整个箭头都陷入石内。没(mò):陷入。

⑪ 所居郡:所任职过、居住过的各郡。

⑫ 竟:终于。

⑬ 廉:廉洁。辄:就。麾(huī)下:部下。

⑭ 长:身材高大。猿臂:两臂像猿臂那样长而灵活。

⑮ 学者:向他学习的人。

⑯ "与人居"二句:与人闲居无事的时候,则在地上画出阔狭的行列当作军队的阵势,从高处往下射箭,箭能直立射中狭处者胜,罚负者饮酒。

⑰ 竟死:直到死。

⑱ 乏绝之处:粮食、水草缺乏断绝的时候。

⑲ 不尝食:不曾食,指一口不食。

⑳ "士以此"句:兵士因此爱戴他并乐于听从他的指挥。

㉑ 急:迫近,紧急。度(duó):估计。

㉒ 应弦而倒:随着弓弦声响而倒下。

㉓ 用此:因此,指上面说的见敌急才发箭的做法。

㉔ 石建:石奋之子,一生以谨慎著称。武帝时为郎中令(掌宫殿门户)。

㉕ 元朔六年:公元前123年。

㉖ 后将军:当时有前、后、左、右四将军,其位次于上卿。

军出定襄[1]，击匈奴。诸将多中首虏率[2]，以功为侯者，而广军无功。

后三岁，广以郎中令将四千骑出右北平，博望侯张骞将万骑与广俱[3]，异道[4]。行可数百里，匈奴左贤王将四万骑围广[5]。广军士皆恐，广乃使其子敢往驰之。敢独与数十骑驰，直贯胡骑[6]，出其左右而还。告广曰："胡虏易与耳[7]。"军士乃安。广为圜陈外向[8]，胡急击之，矢下如雨。汉兵死者过半，汉矢且尽[9]。广乃令士持满毋发[10]，而广身自以大黄射其裨将[11]，杀数人，胡虏益解[12]。会日暮，吏士皆无人色，而广意气自如[13]，益治军[14]。军中自是服其勇也。明日，复力战，而博望侯军亦至，匈奴军乃解去。汉军罢[15]，弗能追。

是时广军几没，罢归[16]。汉法，博望侯留迟后期[17]，当死，赎为庶人。广军功自如[18]，无赏。

初，广之从弟李蔡与广俱事孝文帝。景帝时，蔡积功劳至二千石。孝武帝时，至代相[19]。以元朔五年为轻车将军从大将军击右贤王[20]，有功，中率，封为乐安侯[21]。元狩二年中[22]，代公孙弘为丞相[23]。蔡为人在下中[24]，名声出广下甚远；然广不得爵邑，官不过九卿，而蔡为列侯，位至三公[25]。诸广之军吏及士卒或取封侯[26]。广尝与望气王朔燕语曰[27]："自汉击匈奴，

---

① 大将军：当时军职中的最高勋衔，此处指武帝卫皇后的同母弟卫青。定襄：汉郡名，在今山西西北部和内蒙古自治区西南部一带。

② 中首虏率：斩敌人首级和俘虏的数量符合标准。中：符合。率：标准。

③ 张骞：汉中人，初为郎，后因出使西域有功，封为博望侯。往驰之：驰往左贤王的队伍。

④ 异道：不走同一条道路。

⑤ 可：大约。左贤王：匈奴单于手下的统帅，有左、右贤王。

⑥ 贯：从中间穿过。

⑦ 易与：容易对付。

⑧ 圜陈：圆形的阵势。圜：通"圆"。外向：面向外。

⑨ 且：将要。

⑩ 毋发：把弓拉满，不把箭射出。

⑪ 持满大黄：一种体大色黄的强弓。裨(pí)将：副将。

⑫ 益解(xiè)：逐渐松弛。解：通"懈"。

⑬ 气自如：神色气概跟平时一样。

⑭ 益治军：更加注意整理好队伍。

⑮ 罢(pí)：通"疲"。

⑯ 几没：几乎全军覆没。罢归：收兵回朝。

⑰ 留迟后期：因滞留延误而未能在规定日期到达。

⑱ 军功自如：功与罚相当。如：当。

⑲ 代相：代国的相。相：汉代王国的最高行政长官。

⑳ 元朔五年：公元前124年。

㉑ 乐安：县名，在今山东博兴北。

㉒ 元狩二年：公元前121年。

㉓ 公孙弘：字季，薛(今山东滕县)人，封平津侯，元狩二年卒，李蔡代其为相。

㉔ "蔡为人"句：李蔡的才能在下等的中档。

㉕ 三公：汉以丞相、太尉、御史大夫为三公，位在九卿上。

㉖ 诸：众多。或：有的。

㉗ 望气：古代的一种迷信行为，以观测天象附会人事，预言吉凶。此处指望气者。燕语，私下闲谈。

而广未尝不在其中①。而诸部校尉以下，才能不及中人②，然以击胡军功取侯者数十人；而广不为后人③，然无尺寸之功以得封邑者，何也？岂吾相不当侯邪④？且固命也⑤？”朔曰：“将军自念⑥，岂尝有所恨乎⑦？”广曰：“吾尝为陇西守，羌尝反⑧，吾诱而降，降者八百余人，吾诈而同日杀之。至今大恨独此耳。”朔曰：“祸莫大于杀已降，此乃将军所以不得侯者也。”

后二岁，大将军、骠骑将军大出击匈奴⑨，广数自请行⑩，天子以为老，弗许；良久，乃许之，以为前将军。是岁，元狩四年也。

广既从大将军青击匈奴，既出塞，青捕虏知单于所居，乃自以精兵走之⑪，而令广并于右将军军⑫，出东道⑬。东道少回远⑭，而大军行，水草少，其势不屯行⑮。广自请曰：“臣部为前将军，今大将军乃徙令臣出东道；且臣结发而与匈奴战⑯，今乃一得当单于⑰，臣愿居前，先死单于⑱。”大将军青亦阴受上诫⑲，以为李广老，数奇⑳，毋令当单于，恐不得所欲㉑。而是时公孙敖新失侯㉒，为中将军，从大将军，大将军亦欲使敖与俱当单于，故徙前将军广。广时知之，固自辞于大将军㉓。大将军不听，令长史封书与广之莫府㉔，曰：“急诣部，如书㉕！”广不

---

① 未尝不在其中：没有一次不参与。

② 校尉：军官名。中人：有一般才能的人。

③ 不为后人：不在人后，不比人差。

④ 相：面相、骨相。不当侯：不应该封侯。

⑤ 且固命也：还是命中注定的呢？且：或者，还是。

⑥ 自念：自己想一想。

⑦ 岂尝有所恨乎：莫非曾经做过自己感到遗憾的事情吗？

⑧ 羌(qiāng)：当时居住在陇西一带的少数民族。

⑨ 骠骑将军：霍去病，是大将军卫青姐姐的儿子。

⑩ 自请行：自己主动请求随军出征。

⑪ 乃：于是。

⑫ 右将军：赵食其(yìjī)。

⑬ 出东道：从东路出兵。大军：卫青所率主力部队。势必要急行军。

⑭ 少：稍微。回远：迂回而路远。

⑮ 不屯行：不利于行军中长时间驻扎。

⑯ 结发：古代男子二十岁时结发于顶。

⑰ 乃：才。当：对。

⑱ 先死单于：先为单于而死，指首先与单于决一死战。

⑲ 阴受上诫：暗中得到武帝的告诫。

⑳ 数奇(jī)：命运不好。数：命运的定数。奇：不偶。古代占法以偶为吉，以奇为凶。

㉑ 不得所欲：不能实现俘获单于的愿望。

㉒ 公孙敖：义渠人，曾三次随卫青击匈奴有功，封合骑侯。元狩二年，将兵击匈奴，因与骠骑将军霍去病约会不能如期，当斩，赎为庶人，所以说他“新失侯”。

㉓ 固：坚决。自辞：要求辞去合并于右将军的任命。

㉔ 不听：不接受。长史：大将军幕府中的属官。

㉕ 诣(yì)：往。部：右将军军部。如书：按照文书执行。书：文书，公文。广之莫府：李广的军部。

谢大将军而起行[①],意甚愠怒而就部[②],引兵与右将军食其合军出东道。军亡导,或失道[③],后大将军[④]。大将军与单于接战,单于遁走,弗能得而还。南绝幕[⑤],遇前将军、右将军,广已见大将军,还入军。大将军使长史持糒醪遗广[⑥],因问广、食其失道状——青欲上书报天子军曲折[⑦]。广未对。大将军使长史急责广之幕府对簿[⑧]。广曰:"诸校尉无罪,乃我自失道。吾今自上簿[⑨]。"至莫府,广谓其麾下曰:"广结发与匈奴大小七十余战,今幸从大将军出接单于兵[⑩],而大将军又徙广部,行回远,而又迷失道,岂非天哉[⑪]!且广年六十余矣,终不能复对刀笔之吏[⑫]。"遂引刀自颈[⑬]。广军士大夫一军皆哭。百姓闻之,知与不知,无老壮皆为垂涕[⑭]。而右将军独下吏,当死,赎为庶人。

……

太史公曰[⑮]:传曰:"其身正,不令而行;其身不正,虽令不从[⑯]。"其李将军之谓也!余睹李将军,悛悛如鄙人[⑰],口不能道辞[⑱]。及死之日,天下知与不知,皆为尽哀[⑲]。彼其忠实心诚信于士大夫也[⑳]。谚曰:"桃李不言,下自成蹊[㉑]。"此言虽小,可以谕大也[㉒]。

---

① 谢:辞别。

② 就部:到达右将军的军部。

③ 亡(wú)导:没有向导。或:同"惑",迷惑。失道:走错道路。

④ 后大将军:晚于与大将军会师的约期。

⑤ 南绝幕:横渡沙漠南归。绝:横渡。幕:通"漠",沙漠。

⑥ 糒(bèi):干粮。醪(láo):酒。遗(wèi):赠送。

⑦ 状:情况。军曲折:军情的曲折经过。

⑧ "大将军"句:大将军的长史责令李广幕府中的人员去对质、受审。北大《参考资料》:"本句'使'字疑为衍文,《汉书》此句即无'使'字。"

⑨ 上簿:"对簿"。簿:文状。受审时,就此文状对质,回答质问。

⑩ 接:接战。

⑪ 岂非天哉:这难道不是天意吗!

⑫ 刀笔之吏:掌管文书法令的官吏。

⑬ 引刀:抽刀。自颈:自刎。

⑭ 无:无论。垂涕:流泪。

⑮ 太史公:司马迁,当时任太史令。以下的话都是他的评论。

⑯ "传曰"四句:传,指《论语》。所引四句见《论语・子路篇》。正:合于礼。

⑰ 悛(xún)悛:通"恂恂",诚恳拘谨的样子。鄙人:乡野之人。

⑱ 不能道辞:不擅辞令。

⑲ 尽哀:极尽悲哀之情。

⑳ "彼其"句:他那忠诚老实的品德确实得到了天下士大夫们的信任和称赞。

㉑ "桃李"二句:意思说,桃树和李树虽然不会说话,但由于它们花实并茂,能够吸引人们爱慕,以至在树下自然地踏出一条条小路。喻李广不善言辞,但由于其行正,能够得到人们的敬仰爱慕。蹊(xī):小路。

㉒ 谕:同"喻",比喻。

学习要点

【作家作品】

司马迁(约前 145 或前 135—?),字子长,西汉夏阳(今陕西韩城)人,他先代"世典周史",父亲司马谈官至大史令。司马迁青年、中年时代曾 3 次游历,足迹远及巴蜀、昆明。天汉三年(前 98 年),他因替被迫投降匈奴的李陵申辩,结果惨遭宫刑。他忍辱含垢,"究天人之际,通古今之变,成一家之言",终于完成彪炳千秋的历史巨著《史记》。

《史记》是我国第一部以写人物为中心的纪传体通史,它记载了从黄帝至汉武帝太初年间大约三千年的历史。全书 52 万多字,130 篇,分为 12 本纪(叙述历代最高统治者的政绩)、10 表(各个历史时期的大事记)、8 书(关于天文、历法、水利、经济、文化等方面的专史)、30 世家(记载贵族侯王的历史)、70 列传(历代有影响人物的传记,少数列传是外国史和少数民族史)。

《史记》体现出司马迁先进的史学观。司马迁在人物塑造上做出了许多突出的贡献:他敢于按照人物的历史作用而不是按贵贱来撰写,如以写帝王的"本纪"写项羽,以写贵族侯王的"世家"为孔子、陈涉立传,甚至为"小人物"立传;敢于客观地评价历史人物的功过是非,如对项羽,一方面写出了他的爽直,另一方面也写出了他的残暴和短视。可谓是"不虚美,不隐恶"。

《史记》开创了我国纪传体史学和传记文学的先河。鲁迅称誉它是"史家之绝唱,无韵之离骚"。

李广是汉代抗击匈奴的爱国名将,也是司马迁笔下的一个悲剧英雄的形象。李广一生共与匈奴交战 70 余次,屡建战功,却终生未得封侯。"冯唐易老,李广难封"(王勃《滕王阁序》)。

【思想内容】

本文通过对李广一生经历的记叙,凸显出李广"天下无双"的武功和军德,并记叙了李广这样一代"飞将军"终生不得封侯的悲惨遭遇;通过对这个悲剧英雄人物的刻画,表达了作者对一代名将的衷心倾慕,揭露和批判了汉统治者妒贤嫉能、任人唯亲以及不合理的军功制度,同时,由此也寄寓了作者对自己身世的悲愤。

【艺术特色】

1. 选材典型。(1)重要事件。作者从李广一生所参与的大小七十余战中选取了四场典型战役(上郡遭遇战、雁门出击战、右北平以四千对四万敌之战、最后随卫青出击一战)来刻画李广形象的主要方面。(2)典型细节。如通过射虎穿石,"中石没镞"的细节描写来突出李广的臂力惊人,并使这个人物富有传奇色彩。通过"脱其旁有一胡儿骑善马,广暂腾而上……"的细节描写,表现了李广伺机脱险时的机智勇敢。这些典型细节,既突出了李广形象的主要方面，又比较完整全面地刻画了人物形象的不同侧面；使李广形象鲜明具体、真实可信。

2. 对比手法。其一，李广和匈奴射雕者的对比。作用是突出了李广的善射。其二，李广和程不识的对比。作用是突出李广治军简易、号令不烦的治军特点。士兵的一乐一苦，彰显李广治军的非凡。其三，李广和李蔡的对比。作用是突出李广终生不遇、白首未封的不幸遭遇。另外还有一些对比，如遭遇战中，李广平叛夺帅旗而独不赏；士兵的惊慌与李广的临危不乱；李广手下多有封侯，而李广则独不然；等等。全文把李广放在一个更广阔的社会环境中来刻画，使李广的悲剧具有了更加深广的社会意义。

3. 李广形象鲜明。射技高超，作战勇敢；仁爱士卒，不贪钱财；为人简易，号令不烦；心胸狭窄，公报私仇（杀尉）；鲁莽行事，不计后果（杀已降）；无统帅之才、有百战之功；胸无城府，缺乏政治意识。体现了司马迁"不隐恶，不虚美"的真正的史家风范。

【成语格言】

其身正，不令而行；其身不正，虽令不从；桃李不言，下自成蹊。

【每课一练】

一、选择题

1.《史记》是我国第一部 （　　）

A. 正史　　B. 纪传体通史

C. 编年体通史　　D. 国别体断代史

2. "其身正，不令而行；其身不正，虽令不从"这句话出自 （　　）

A.《论语》　　B.《孟子》　　C.《左传》　　D.《墨子》

3. 史上被称为"飞将军"的是 （　　）

A. 岳飞　　B. 白起　　C. 李广　　D. 项羽

4. 司马迁用"桃李不言，下自成蹊"赞美 （　　）

A. 冯谖　　B. 孟尝君　　C. 李广　　D. 程不识

二、填空题

1. 司马迁，字子长，西汉夏阳（今陕西韩城）人。其父亲司马谈官至大史令。他因替被迫投降匈奴的________申辩，结果惨遭宫刑。他忍辱含垢，"究天人之际，通古今之变，成________"，终于完成彪炳千秋的历史巨著《________》。

2.《史记》是我国第一部以写人物为中心的________通史，它记载了从黄帝至汉武帝太初年间大约三千年的历史。全书52万多字，130篇，分为12________（叙述历代最高统治者的政绩）、10________（各个历史时期的大事记）、8书（关于天文、历法、水利、经济、文化等方面的专史）、30________（记载贵族侯王的历史）、70________（历代有影响人物的传记，少数列传是外国史和少数民族史）。

3.《史记》体现出司马迁先进的史学观。如以写帝王的"________"写项羽，以写贵族侯王的"________"为孔子、陈涉立传，甚至为"小人物"立传。

4. 鲁迅称誉它是"________之绝唱，无韵之________"。

5."冯唐易老，________难封"(王勃《滕王阁序》)。

三、阅读分析题

1. 阅读《李将军列传》中的一段文字，回答问题。

孝文帝十四年，匈奴大入萧关，而广以良家子从军击胡，用善骑射杀首虏多，为汉中郎。广从弟李蔡亦为郎，皆为武骑常侍，秩八百石。尝从行，有所冲陷折关，及格猛兽，而文帝曰："惜乎，子不遇时！如令子当高帝时，万户侯岂足道哉！"及孝景初立，广为陇西都尉，徙为骑郎将。吴、楚军时，广为骁骑都尉，从太尉亚夫击吴、楚军，取旗，显功名昌邑下。以梁王授广将军印，还，赏不行。徙为上谷太守。匈奴日以合战，典属国公孙昆邪为上泣曰："李广才气，天下无双，自负其能，数与虏敌战，恐亡之。"

(1)解释这段文字中加点字的含义。

用：________ 为：________ 负：________ 数：________

(2)请分析文帝所说"子不遇时"的含义，在全文结构中起什么作用？

(3)这段文字写出了李广的哪些性格特征？

2. 阅读《李将军列传》中的一段文字，回答问题。

匈奴大入上郡，天子使中贵人从广勒习兵击匈奴。中贵人将骑数十纵，见匈奴三人，与战。三人还射，伤中贵人，杀其骑且尽。中贵人走广。广曰："是必射雕者也。"广乃遂从百骑往驰三人；三人亡马步行，行数十里。广令其骑张左右翼，而广身自射彼三人者，杀其二人，生得一人，果匈奴射雕者也。已缚之，上马，望匈奴有数千骑，见广，以为诱骑，皆惊，上山陈。广之百骑皆大恐，欲驰还走。广曰："吾去大军数十里，今如此以百骑走，匈奴追射我立尽。今我留，匈奴必以我为大军诱之，必不敢击我。"广令诸骑曰："前！"前，未到匈奴陈二里所，止。令曰："皆下马解鞍。"其骑曰："虏多且近，即有急，奈何？"广曰："彼虏以我为走，今皆解鞍以示不走，用坚其意。"于是胡骑遂不敢击。有白马将出护其兵，李广上马与十余骑奔射杀胡白马将，而复还至其骑中，解鞍，令士皆纵马卧。是时会暮，胡兵终怪之，不敢击。夜半时，胡兵亦以为汉有伏军于旁，欲夜取之，胡皆引兵而去。平旦，李广乃归其大军。大军不知广所之，故弗从。

(1)解释这段文字中加点字的含义。

生：________ 陈：________ 所：________ 会：________

怪：________ 之：________

(2)将这段文字中的下列句子译成现代汉语。

虏多且近，即有急，奈何：____

胡兵终怪之，不敢击：____

(3)这段文字表现了李广怎样的个性特征？

(4)这段主要运用了哪些方法刻画李广？

3. 阅读《李将军列传》中的一段文字，回答问题。

程不识故与李广俱以边太守将军屯。及出击胡，而广行无部伍行阵，就善水草屯，舍止，人人自便，不击刁斗以自卫，莫府省约文书籍事，然亦远斥候，未尝遇害。程不识正部曲行伍营阵，击刁斗，士吏治军簿至明，军不得休息，然亦未尝遇害。不识曰："李广军极简易，然虏卒犯之，无以禁也，而其士卒亦佚乐，咸乐为之死。我军虽烦扰，然虏亦不得犯我。”是时汉边郡李广、程不识皆为名将，然匈奴畏李广之略，士卒亦多乐从李广而苦程不识。程不识孝景时以数直谏为太中大夫。为人廉，谨于文法。

(1)将这段文字中的下列句子译成现代汉语。

士卒亦多乐从李广而苦程不识：________________

为人廉，谨于文法：________________

(2)这段文字表现了李广怎样的个性特征？

(3)这段文字里主要运用了哪些方法刻画李广？

4.阅读《李将军列传》中的一段文字，回答问题。

匈奴兵多，破败广军，生得广。单于素闻广贤，令曰：“得李广必生致之！”胡骑得广，广时伤病，置广两马间，络而盛卧广。行十余里，广佯死，睨其旁有一胡儿骑善马，广暂腾而上胡儿马，因推堕儿，取其弓，鞭马南驰数十里，复得其余军，因引而入塞。匈奴捕者，骑数百追之，广行取胡儿弓，射杀追骑，以故得脱。于是至汉。汉下广吏，吏当广所失亡多，为虏所生得，当斩。赎为庶人。

(1)将这段文字中的下列句子译成现代汉语。

吏当广所失亡多，为虏所生得，当斩。赎为庶人：________________

(2)这段文字表现了李广怎样的个性特征？

(3)这段主要运用了哪种方法刻画李广？举例说明。

5.阅读《李将军列传》中的一段文字，回答问题。

广家与故颍阴侯孙屏野居蓝田南山中射猎。尝夜从一骑出，从人田间饮。还至霸陵亭，霸陵尉醉，呵止广。广骑曰：“故李将军。”尉曰“今将军尚不得夜行，何乃故也！”止广宿亭下。居无何，匈奴入，杀辽西太守，败韩将军，韩将军后徙右北平。于是天子乃召拜广为右北平太守。广即请霸陵尉与俱，至军而斩之。

(1)将这段文字中的下列句子译成现代汉语。

今将军尚不得夜行，何乃故也：________________

(2)这段文字表觋了李广怎样的个性特征？

(3)这段文字主要运用了哪些方法刻画李广？

6.阅读《李将军列传》中的一段文字，回答问题。

广尝与望气王朔燕语曰：“自汉击匈奴，而广未尝不在其中。而诸部校尉以下，才能不及中人，然以击胡军功取侯者数十人；而广不为后人，然无尺寸之功以得封邑者，何也？岂吾相不当侯邪？且固命也？”朔曰：“将军自念，岂尝有所恨乎？”广曰：“吾尝为陇西守，羌尝反，吾诱而降，降者八百余人，吾诈而同日杀之。至今大恨独此耳。”朔曰：“祸莫大于杀已降，此乃将军所以不得侯者也。”

(1)将这段文字中的下列句子译成现代汉语。

岂吾相不当侯邪？且固命也：________________

将军自念，岂尝有所恨乎：________________

祸莫大于杀已降，此乃将军所以不得侯者也：________________

(2)找出这段文字中对李广不得封侯原因的三种解释的原文。

7.阅读《李将军列传》中的一段文字,回答问题。

大将军青亦阴受上诫,以为李广老,数奇,毋令当单于,恐不得所欲。而是时公孙敖新失侯,为中将军,从大将军,大将军亦欲使敖与俱当单于,故徙前将军广。广时知之,固自辞于大将军。大将军不听,令长史封书与广之莫府,曰:"急诣部,如书!"广不谢大将军而起行,意甚愠怒而就部,引兵与右将军食其合军出东道。军亡导,或失道,后大将军。大将军与单于接战,单于遁走,弗能得而还。南绝幕,遇前将军、右将军,广已见大将军,还入军。

(1)解释这段文字中加点字的含义。

诣:________　　　　绝:________

(2)作者以此役表现李广怎样的性格和遭遇?

(3)这段选文揭示了李广始终不得封侯的哪些原因。

8.阅读《李将军列传》中的一段文字,回答问题。

太史公曰:传曰:"其身正,不令而行;其身不正,虽令不从。"其李将军之谓也?余睹李将军,悛悛如鄙人,口不能道辞。及死之日,天下知与不知,皆为尽哀。彼其忠实心诚信于士大夫也。谚曰:"桃李不言,下自成蹊。"此言虽小,可以谕大也。

(1)这段选文中,作者概括了李广哪些性格特点?

(2)这段选文对李广的刻画中哪些属于侧面描写?

(3)"桃李不言,下自成蹊"的原意和在本文中的含义分别是什么?

参考答案

十九 *张中丞传后叙

韩 愈

元和二年四月十三日夜①，愈与吴郡张籍阅家中旧书②，得李翰所为《张巡传》。翰以文章自名，为此传颇详密③。然尚恨有阙者④：不为许远立传⑤，又不载雷万春事首尾⑥。

远虽材若不及巡者，开门纳巡，位本在巡上，授之柄而处其下⑦，无所疑忌，竟与巡俱守死，成功名，城陷而虏，与巡死先后异耳⑧。两家子弟材智下⑨，不能通知二父志⑩，以为巡死而远就虏，疑畏死而辞服于贼⑪。远诚畏死，何苦守尺寸之地，食其所爱之肉⑫，以与贼抗而不降乎？当其围守时，外无蚍蜉蚁子之援⑬，所欲忠者，国与主耳，而贼语以国亡主灭⑭。远见救援不至，而贼来益众，必以其言为信，外无待而犹死守⑮，人相食且尽，虽愚人亦能数日而知死处矣⑯。远之不畏死亦明矣！乌有城坏其徒俱死，独蒙愧耻求活？虽至愚者不忍为，呜呼！而谓远之贤而为之邪！

---

① 元和：唐宪宗李纯年号。元和二年为公元 807 年。

② 张籍：字文昌，吴郡人，中唐著名诗人，韩愈之友。

③ “翰以”二句：李翰以文章自诩。《旧唐书·文苑传》：“(翰)为文精密，用思苦涩。”

④ 阙：同“缺”。

⑤ 许远：杭州盐官(今浙江海宁市)人。安史之乱中官睢阳太守。

⑥ 雷万春：张巡的偏将，与此文中所说的南霁云都是张巡得力的部将。但这篇叙文未补叙雷万春事，因此有人认为“雷万春”三字应是“南霁云”，前后文才相应。

⑦ “授之柄”句：肃宗至德二载(757 年)正月，安庆绪部将尹子奇带兵 13 万赴睢阳。睢阳太守许远向张巡告急，张巡从宁陵带兵入睢阳，督励将士，昼夜苦战。许远对张巡说：“远懦，不习兵，公智勇兼济，远请为公守，公请为远战。”此后许远只管调军粮，修战具，居中接应而已，战斗筹划，都由张巡决定。所以说授予张巡权柄而处于张巡之下。

⑧ “城陷”二句：至德二载十月，睢阳城陷，张巡、许远被俘。尹子奇斩张巡、南霁云、雷万春等 36 人。将许远绑赴洛阳请功。安庆绪败，许远在偃师被害。死先后异耳：只是在死的先后这一点上不同罢了。

⑨ “两家”句：大历中，张巡之子去疾曾上书说睢阳陷落时，张巡及将校三十余人皆剖心剖肌，惨毒备至，而许远独生。巡临死时恨远心不可测，误国家事，请追夺远官爵，以刷冤耻。诏下尚书省，使去疾与许远之子许岘及百官议。材智下：才能智力低下。

⑩ 通知：通晓。

⑪ 辞服：请降。

⑫ “食其”句：睢阳久困，城中食尽，“巡出爱妻，杀以食士，远亦杀其奴；然后括城中妇人食之，继以男子老弱。人知必死，莫有叛者”(《资治通鉴》卷二二〇)。

⑬ 蚍蜉(pí fú)：黑色大蚁。这句形容连极少的援助都没有。

⑭ “而贼”句：安史乱起，玄宗逃往蜀中，两京沦陷，叛军可能以国亡君死来劝降张巡、许远。

⑮ “外无”句：睢阳围急，当时河南节度使贺兰进明屯兵临淮，许叔冀、尚衡驻彭城，都坐视不救。

⑯ “虽愚”句：就是笨人也能计算日子知道自己必死无疑了。

说者又谓远与巡分城而守，城之陷，自远所分始[①]。以此诟远[②]，此又与儿童之见无异。人之将死，藏脏腑必有先受其病者；引绳而绝之，其绝必有处[③]。观者见其然，从而尤之[④]，其亦不达于理矣！小人之好议论，不乐成人之美[⑤]，如是哉！如巡、远之所成就，如此卓卓[⑥]，犹不得免，其他则又何说！

当二公之初守也，宁能知人之卒不救，弃城而逆遁[⑦]；苟此不能守，虽避之他处何益？及其无救而且穷也，将其创残饿羸之余[⑧]，虽欲去，必不达。二公之贤，其讲之精矣[⑨]！守一城，捍天下[⑩]，以千百就尽之卒，战百万日滋之师，蔽遮江淮，沮遏其势[⑪]，天下之不亡，其谁之功也！当是时，弃城而图存者[⑫]，不可一二数；擅彊兵坐而观者，相环也[⑬]。不追议此[⑭]，而责二公以死守，亦见其自比于逆乱[⑮]，设淫辞而助之攻也[⑯]。

愈尝从事于汴徐二府[⑰]，屡道于两府间[⑱]，亲祭于其所谓双庙者[⑲]。其老人往往说巡、远时事云：南霁云之乞救于贺兰也[⑳]，贺兰嫉巡、远之声威功绩出己上，不肯出师救；爱霁云之勇且壮，不听其语，彊留之。具食与乐，延霁云坐。霁云慷慨语曰："云来时，睢阳之人，不食月余日矣！云虽欲独食，义不忍；虽食，且不下咽！"因拔所佩刀，断一指，血淋漓，以示贺兰。一座大惊，皆感激为云泣下。云知贺兰终无为云出师意，即驰去；将出城，抽矢射佛寺浮图，

---

① "分城而守"三句：张巡和许远各守睢阳城的一方，张守东北，许守西南。城陷是从许远所守的部分打开缺口的。

② 诟：诽谤。

③ "其绝"句：绳子总有个先断的地方。

④ 尤之：归罪于先受其病的脏腑和绳断的地方，喻许远所守的部分。

⑤ "不乐"句：《论语·颜渊篇》："子曰：'君子成人之美，不成人之恶，小人反是。……"

⑥ 卓卓：特异貌。

⑦ "弃城"句：据《新唐书·张巡传》，当初众人曾议论弃城东奔，张巡、许远认为睢阳是江淮的保障，如弃之，叛军必定乘胜南下，江淮不保，而且城中军民饥饿，也难远行。逆遁：事先转移。

⑧ 创残：受伤残废。饿羸：饥饿瘦弱。之余：久经战斗剩下来的士兵。

⑨ 讲之精：考虑、谋划精密周全。

⑩ 捍天下：守住睢阳，等于保卫了整个国家。李翰《进张中丞传表》："贼所以不敢越睢阳而取江淮，江淮所以保全者，巡之力也。"

⑪ 沮：阻止。遏：遏制。其势：叛军南下的势头。

⑫ "弃城"句：安禄山反后，不止一二处守令奔城而图自我保全，如谯郡太守杨万石、雍丘县令令狐潮先后降贼。山南东道节度使鲁炅(jiǒng)弃南阳奔襄阳，灵昌太守许叔冀奔彭城。

⑬ 相环：睢阳周围环绕着拥兵不动的唐军统帅。

⑭ 追议：朝廷对这些人重作评议。

⑮ 自比：自附。

⑯ 淫辞：过分的邪说。助之攻：帮助逆乱者进行攻击。

⑰ "愈尝"句：韩愈曾先后在董晋镇汴州和张建封镇徐州时为推官。汴州：今河南开封市。徐州：今江苏徐州市。从事：唐时对幕僚的通称，这里作动词用。

⑱ 道：取道，来往。

⑲ 双庙：张巡、许远死后，肃宗追赠巡为扬州大都督，远为荆州大都督，在睢阳立庙祭祀，号双庙。

⑳ 南霁云：魏州顿丘(今河南清丰县西南)人，少微贱，为人操舟。安禄山反，被钜野尉张沼选拔为将。后为尚衡前锋，至睢阳，与张巡计事，感张巡厚恩，遂为张巡部将。贺兰：贺兰进明。

矢著其上砖半箭，曰："吾归破贼，必灭贺兰！此矢所以志也。"愈贞元中过泗州，船上人犹指以相语。城陷，贼以刃胁降巡，巡不屈，即牵去，将斩之；又降云，云未应。巡呼云曰："南八①，男儿死耳，不可为不义屈！"云笑曰："欲将以有为也②；公有言，云敢不死③！"即不屈。

张籍曰："有于嵩者，少依于巡；及巡起事④，嵩常在围中⑤。籍大历中于和州乌江县见嵩，嵩时年六十余矣。以巡初尝得临涣县尉⑥，好学无所不读。籍时尚小，粗问巡、远事，不能细也。云巡长七尺余，须髯若神⑦。尝见嵩读《汉书》，谓嵩曰：'何为久读此？'嵩曰：'未熟也。'巡曰：'吾于书读不过三遍，终身不忘也。'因诵嵩所读书，尽卷不错一字。嵩惊，以为巡偶熟此卷，因乱抽他帙以试⑧，无不尽然。嵩又取架上诸书试以问巡，巡应口诵无疑。嵩从巡久，亦不见巡常读书也。为文章，操纸笔立书，未尝起草。初守睢阳时，士卒仅万人⑨，城中居人户，亦且数万，巡因一见问姓名，其后无不识者。巡怒，须髯辄张。及城陷，贼缚巡等数十人坐，且将戮。巡起旋⑩，其众见巡起，或起或泣。巡曰：'汝勿怖！死，命也。'众泣不能仰视。巡就戮时，颜色不乱，阳阳如平常⑪。远宽厚长者，貌如其心⑫；与巡同年生，月日后于巡，呼巡为兄，死时年四十九。"嵩贞元初死于亳宋间⑬，或传嵩有田亳宋间，武人夺而有之，嵩将诣州讼理⑭，为所杀。嵩无子，张籍云。

学习要点

【作家作品】

韩愈(768—824)，字退之，中唐河南河阳(今河南省孟州市)人。郡望为昌黎，世称"韩昌黎"。死后赠礼部尚书，谥号"文"，世称韩文公。

韩愈是中唐古文运动的倡导者，与柳宗元并称为"韩柳"。提倡古文、反对骈文。主张继

---

① 南八：南霁云，排行为八。

② "欲将"句：南霁云是想寻找机会有所作为。

③ 敢不死：岂敢不死。

④ 起事：起兵讨安禄山。

⑤ 围中：围城之中，指睢阳。

⑥ "以巡"句：因为张巡的缘故，起初曾得到临涣县尉的官职。这里指于嵩因随张巡参加守卫睢阳城，后叙功得官。

⑦ 须：在颐曰须。髯：在颊曰髯，这里指络腮胡子。

⑧ 帙(zhì)：书套，这里指书。

⑨ 仅万人：近万人。《说文》段玉裁注："唐人文字，仅，多训庶几之几。如杜诗：'山城仅百层。'韩文：'初守睢阳时，士卒仅万人。'又：'家累仅三十口。'"

⑩ 起旋：起来转身。一说起来小便。

⑪ 阳阳：安详的样子。

⑫ 貌如其心：谓许远外貌和他的性情一样宽厚。

⑬ 亳宋间：亳州和宋州之间。亳州州治在今安徽省亳县，宋州即睢阳。

⑭ 讼理：诉讼。

承两汉文章的传统，所以称“古文”。主张文以明道，提出“气盛言宜”“不平则鸣”“词必己出”等一系列著名的观点，故有“文章巨公”和“百代文宗”的称号，宋代苏轼称他为“文起八代之衰”。在诗歌创作上，别开生面，用韵险怪，开创了“说理诗派”的诗风，具有奇崛和散文化的倾向，是韩孟诗派的代表人物。韩愈是“唐宋八大家”之首，有《韩昌黎集》传世。

本文选自马其昶《韩昌黎文集校注》（上海古籍出版社出版）卷二，是韩愈为李翰《张巡传》写的一篇后记。

【思想内容】

本文记叙了睢阳保卫战。睢阳被安史乱军围困超过一年，在城中军民支持下，张巡、许远坚守不降，张巡用手上仅有的几千人，抵挡住敌军十几万精锐的轮番进攻，牵制了安史大军南下，后因粮尽援绝而陷落，张巡、许远等 36 人从容就义。

文章针对当时社会上所流行的对张巡、许远等人造谣中伤的言论，高度评价了睢阳战役对于保住江淮、扭转战局的重要意义，辩明了许远与张巡同样是不屈而死的事实，愤怒斥责了诽谤者的谬论，猛烈抨击了安史之乱中弃城自保或拥兵坐观的郡守将领，并生动地补叙了张巡和南霁云的事迹。

【艺术特色】

1. 夹叙夹议，叙议结合。前半部分是申辩性文字，主要立足于对谬论的“破”。作者采用夹叙夹议、以议为主的写法，有时用事实进行说明，有时据情理进行推断，有时针对谬论进行批驳，有时又根据事实进行评论。说理深刻，具有较强的说服力。后半部分是补叙性文字，立足于“立”，作者主要采用了白描实录写法，通过人物的行动、对话等细节（如南霁云的“抽刀断指”“抽箭射塔”、张巡的“谈笑就死”“读书尽卷不错一字”“为文章，操笔立书”等）来刻画英雄性格，突出英雄品质。两部分既有分工，又有联系。前半部分的议论，在辩驳中突出英雄的功绩，是后半部分的纲，后半部分叙述英雄视死如归、坚贞不屈的事迹，则成为前半部分的事实佐证。两部分都围绕着颂英雄、斥小人这一主题，看上去时有旁逸斜出，其实都呼应着主旨。这样的写法，不但使主旨突出，而且枝叶繁茂，摇曳多姿。

2. 人物形象鲜明生动。张巡：正义凛然，精于谋略，博学强志。许远：精忠报国，宽厚谦和。南霁云：疾恶如仇，勇武刚烈。

3. 气势充沛，正气凛然。作者面对社会上是非不清的局面愤慨不已，爱憎分明，对精忠报国的英雄给予热情的礼赞，对小人的诬蔑给予有力的驳斥，对那些在国难当头之际，拥兵自重的人给予无情的鞭挞。语言简洁而有抑扬顿挫之致，有似《史记》笔法；论辩凌厉威严，词锋有似《孟子》，使文章充溢着一股凛然正气，也是体现韩愈文风的经典之作。

【每课一练】

一、选择题

1. 被称为唐宋八大家之首的作家是　（　　）

A. 王安石　B. 韩愈　C. 柳宗元　D. 欧阳修

2. 中唐古文运动的倡导者是　　（　　）

A. 刘禹锡　　B. 韩愈　　C. 李贺　　D. 孟郊

3.《张中丞传后叙》中所说的“守一城，捍天下”的“城”是指　　（　　）

A. 长安　　B. 睢阳　　C. 洛阳　　D. 徐州

4. 在《张中丞传后叙》中，当南霁云抽刀断指时，“一座大惊，皆感激为云泣下”，对刻画南霁云的形象来说，这里所运用的表现方法是　　（　　）

A. 正面描写　　B. 侧面描写

C. 心理描写　　D. 行为描写

5.《张中丞传后叙》中抨击的人物是　　（　　）

A. 张巡　　B. 许远

C. 南霁云　　D. 贺兰进明

6.《张中丞传后叙》歌颂的三个人物是　　（　　）

A. 张巡、张籍、南霁云　　B. 张巡、许远、于嵩

C. 许远、张巡、南霁云　　D. 张巡、许远、雷万春

7.《张中丞传后叙》最突出的写作特色是　　（　　）

A. 抒情与叙事并重　　B. 议论与叙事并重

C. 议论与抒情并重　　D. 描写与抒情并重

二、填空题

1. 韩愈(768—824)，字退之，中唐河南河阳(今河南省孟州市)人。郡望为昌黎，世称“________”。死后赠礼部尚书，谥号“文”，世称韩文公。

2. 韩愈是中唐古文运动的________者，与柳宗元并称为“韩柳”。提倡古文、反对骈文。主张继承________文章的传统，所以称“古文”。主张文以明道，提出“气盛言宜”“不平________”“词必己出”等一系列著名的观点，故有“文章巨公”和“百代文宗”的称号，宋代苏轼称他为“文起八代之衰”。在诗歌创作上，别开生面，用韵险怪，开创了“________诗派”的诗风，具有奇崛和散文化的倾向，是________诗派的代表人物。

3. 本文是韩愈为李翰《张巡传》写的一篇________。《张中丞传》即《张巡传》。

三、阅读分析题

1. 阅读下面一段课文，回答下列问题。

远虽材若不及巡者，开门纳巡，位本在巡上，授之柄而处其下，无所疑忌，竟与巡俱守死，成功名，城陷而虏，与巡死先后异耳。两家子弟材智下，不能通知二父志，以为巡死而远就虏，疑畏死而辞服于贼。远诚畏死，何苦守尺寸之地，食其所爱之肉，以与贼抗而不降乎？当其围守时，外无蚍蜉蚁子之援，所欲忠者，国与主耳，而贼语以国亡主灭。远见救援不至，而贼来益众，必以其言为信，外无待而犹死守，人相食且尽，虽愚人亦能数日而知死处矣。远之不畏死亦明矣！

(1)解释这段文字中加点字的含义。

柄：________　　材智：________　　通知：________　　辞：________

诚：________　　益：________

(2)这一段为许远辩诬采用了什么写法？

2.阅读下面一段课文，回答下列问题。

说者又谓远与巡分城而守，城之陷，自远所分始。以此诟远，此又与儿童之见无异。人之将死，其藏腑必有先受其病者；引绳而绝之，其绝必有处。观者见其然，从而尤之，其亦不达于理矣！小人之好议论，不乐成人之美，如是哉！如巡、远之所成就，如此卓卓，犹不得免，其他则又何说！

(1)解释这段文字中加点字的含义。

诟：________　　尤：________

(2)将"引绳而绝之，其绝必有处"译成现代汉语。

(3)这段话的主要内容是什么？

(4)这段话采用了什么样的论证方法？

3.阅读下面一段课文，回答下列问题。

当二公之初守也，宁能知人之卒不救，弃城而逆遁；苟此不能守，虽避之他处何益？及其无救而且穷也，将其创残饿羸之余，虽欲去，必不达。二公之贤，其讲之精矣！守一城，捍天下，以千百就尽之卒，战百万日滋之师，蔽遮江淮，沮遏其势，天下之不亡，其谁之功也！当是时，弃城而图存者，不可一二数；擅强兵坐而观者，相环也。不追议此，而责二公以死守，亦见其自比于逆乱，设淫辞而助之攻也。

(1)解释这段文字中加点字的含义。

逆：________　　讲：________

就：________　　滋：________

淫辞：________

(2)这段课文批评了哪种错误观点？

(3)"弃城图存者"和"擅兵坐观者"的用心是什么？

(4)这段文字是怎样概括张、许的守城功绩的？

(5)这段文字在表达方式上有何特点？

4.阅读下面一段课文，回答下列问题。

愈尝从事于汴徐二府，屡道于两府间，亲祭于其所谓双庙者。其老人往往说巡、远时事云：南霁云之乞救于贺兰也，贺兰嫉巡、远之声威功绩出己上，不肯出师救；爱霁云之勇且壮，不听其语，强留之。具食与乐，延霁云坐。霁云慷慨语曰："云来时，睢阳之人，不食月余日矣！云虽欲独食，义不忍；虽食，且不下咽！"因拔所佩刀，断一指，血淋漓，以示贺兰。一座大惊，皆感激为云泣下。云知贺兰终无为云出师意，即驰出；将出城，抽矢射佛寺浮图，矢著其上砖半箭，曰："吾归破贼，必灭贺兰！此矢所以志也。"愈贞元中过泗州，船上人犹指以相语。城陷，贼以刃胁降巡，巡不屈，即牵去，将斩之；又降云，云未应。巡呼云曰："南八，男儿死耳，不可为不义屈！"云笑曰："欲将以有为也；公有言，云敢不死！"即不屈。

(1)解释段中加点字的意义。

延：________　　浮图：________

志：________

(2)翻译“欲将以有为也”。

(3)这段话中哪两个细节用来刻画南霁云,表现了他怎样的性格特点?

(4)正面刻画之外,本段还采取了什么表现手法?

参考答案

《种树郭橐驼传》

二十　*种树郭橐驼传

柳宗元

郭橐驼，不知始何名。病偻①，隆然伏行，有类橐驼者②。故乡人号之"驼"。驼闻之曰："甚善，名我固当。"因舍其名，亦自谓"橐驼"云。

其乡曰丰乐乡，在长安西③。驼业种树，凡长安豪家富人为观游及卖果者，皆争迎取养。视驼所种树，或迁徙，无不活，且硕茂，早实以蕃④。他植者虽窥伺效慕，莫能如也。

有问之，对曰："橐驼非能使木寿且孳也，能顺木之天⑤，以致其性焉尔⑥。凡植木之性，其本欲舒⑦，其培欲平，其土欲故，其筑欲密⑧。既然已，勿动勿虑，去不复顾。其莳也若子⑨，其置也若弃。则其天者全，而其性得矣。故吾不害其长而已，非有能硕茂之也；不抑耗其实而已，非有能早而蕃之也。他植者则不然，根拳而土易。其培之也，若不过焉则不及。苟有能反是者，则又爱之太恩，忧之太勤。旦视而暮抚，已去而复顾。甚者爪其肤以验其生枯，摇其本以观其疏密，而木之性日以离矣。虽曰爱之，其实害之；虽曰忧之，其实仇之。故不我若也，吾又何能为哉！"

问者曰："以子之道，移之官理可乎？"驼曰："我知种树而已，官理非吾业也。然吾居乡，见长人者⑩好烦其令，若甚怜焉，而卒以祸⑪。旦暮吏来而呼曰：'官命促尔耕⑫，勖尔植⑬，督尔获，早缫而绪⑭，早织而缕⑮，字而幼孩⑯，遂而鸡豚⑰。'鸣鼓而聚之，击木而召之⑱。吾小

---

① 偻(lóu)：是一种病，患者鸡胸、驼背。

② 橐驼(tuó tuó)：骆驼。

③ 长安：唐代的都城，即今陕西西安市。

④ 蕃：繁多。

⑤ 天：天性。这里指树木生长的自然规律。

⑥ 致其性：充分发展它的本性。致，尽。

⑦ 本：树根。

⑧ 筑：把土砸实。

⑨ 莳(shì)：栽种。

⑩ 长人者：指官吏。长，官长。用作动词，等于说管辖。

⑪ 卒：终于。

⑫ 尔：你们。

⑬ 勖：勉励。

⑭ 缫(sāo)：抽茧出丝。而：通"尔"，你们。绪：丝头。

⑮ 缕：线。

⑯ 字：养育。

⑰ 遂：成长。豚：小猪。

⑱ 木：这里指梆子。

人辍飧饔以劳吏者[①]，且不得暇，又何以蕃吾生而安吾性邪？故病且怠。若是，则与吾业者，其亦有类乎？"

问者曰："嘻，不亦善夫！吾问养树，得养人术。"传其事以为官戒。

学习要点

【作家作品】

柳宗元(773—819)，字子厚，河东（今山西运城西）人，贞元进士。参加主张革新的王叔文集团，任礼部员外郎。王叔文失败后，他被贬为永州司马，10年后迁柳州刺史，死在任上。世称柳柳州。有《柳河东集》传世。

柳宗元是唐代古文运动的倡导者，唐宋八大家之一。他奉儒又尊佛，思想比韩愈通脱，加之后半生漂泊蛮荒边郡，历尽人生沧桑，故较多民主思想。他注意描写社会下层的人物，从中寄托自己的坎坷不平之感与讽时讥世之意，体现了进步的政治倾向，如《童区寄传》《捕蛇者说》《种树郭橐驼传》等。柳文最具特色的是山水游记散文。他把山水游记发展成为一种独立的文学体裁，代表作《永州八记》，善于以清新隽永的文笔描绘出各种景物的独特美感，又融入身世之感，具有清峻秀逸的个性光彩。他的讽刺小品《三戒》《黔之驴》等文，发扬先秦诸子散文中以寓言说理的传统，并把它由片断文字发展成为一种独立的文学样式。他的议论文，注重思想性，逻辑严密，笔锋犀利，富有战斗力。

此文大概作于参加王叔文变法时，表现了作者改革政治的愿望。"种树郭橐驼"，意谓以种树为职业的名叫郭橐驼的人。

【思想内容】

文章针对中唐时期政乱令烦、民不聊生的情况，借郭橐驼种树的成功经验，指出为政与种树一样，一定要顺其天性，不要人为破坏百姓的正常生活和生产规律。对于那些"好烦其令"的昏庸官吏，提出了"官戒"。

【艺术特色】

1. 类比法，即以种树之道，"移之官理"，这是本文最大的特点。郭橐驼种树贵在得树之天性，为政也贵在使民得其天性。而那些不善种树的人的做法，与"好烦其令"的为官者是一样的愚蠢。

2. 对比法。本文另一个突出的特点是郭橐驼善于种树和不善于种树者形成了对比。

3. 寓言体传记。采用对话体给人以真实的感受，方便说理，起到了良好的艺术效果，犹如庄子笔法。

4. 以小见大，平凡的种树中寄寓了深刻的哲理和治民之道。

---

① 辍：中止。飧(sūn)：晚饭。饔(yōng)：早饭。劳：慰劳。

【课文翻译】

郭橐驼，不知他最初叫什么名字。由于得了佝偻病，走路时隆背俯身，有点像骆驼的样子，所以乡里人叫他“橐驼”。橐驼听了这个称呼说：“很好，这样叫我确实很恰当。”因此便放弃了他原来的名字，也自称“橐驼”。

他居住的地方叫丰乐乡，在长安城的西边。橐驼的职业是种树，凡是长安那些豪门富人建造观赏游乐的园林，以及种果树卖钱的，都争相雇用他。考察橐驼种的树，或者移植的，没有不成活的，而且长得高大茂盛，果实结得早而且多。其他种树的，尽管是偷偷仿效，也没有谁能赶得上他。

有人问他这是什么原因，他回答说：“我并不能使树活得久而且繁殖增多，只不过能顺着树木的天性，使它的本性能够得到充分发展罢了。种树的方法，一般来说树根要舒展，培土要均匀，移栽树木要保留根部的旧土，土要砸密实，种完后就不要再去动它，也不必担心它不能成活，离开后就不必再照管它了。栽种时要像养育自己子女一样，种完之后，放到那里就如同扔掉一样。这样，树木的天性没有被破坏，它的本性就能得到发展了。所以说，我只不过是不妨害树木的自然生长而已，并没有什么特殊的本领使它高大茂盛；我不过是不抑制和损耗它的果实罢了，并没有什么使它的果实早熟多结的诀窍。别人种树却不是这样，树根屈曲，并且换了土，培土时不是过多就是过少。即使有不那样做的人，却又过分地关心它的生长，过多地忧虑它不能成活。早晨去看看，晚上去摸摸，刚刚离开就又回头来看看。甚至用指甲抠破树皮来检验树的死活，摇动树根来观察培的土是松是实，因而树木的本性就逐渐被破坏了。这样做，虽说是爱护它，实际是害它；虽说是为它担心，其实是把它当敌人。所以比不上我啊。其实我又有什么特殊的本领呢？”

发问的人说：“把你这些种树的道理运用到为官治民上，可以吗？”橐驼说：“我只知道种树罢了，做官治理百姓不是我的事情。但我住在乡里，看到那些做官的喜欢颁布繁多的政令，似乎是很爱惜百姓，但最终却给百姓带来了灾难。一天到晚只见衙役来了就喊：‘官府下令催促你们耕作，勉励你们种植，督促你们收获，快点缫你们的丝，快点织你们的布，抚养好你们的小孩，喂养好你们的鸡和猪！’又是擂鼓召集他们，又是敲梆子传呼他们。我们这些小小百姓，即使放下碗筷不吃饭，专门招待这些官吏都应接不暇，又哪里有时间使我们子孙兴旺、生活安定呢？因此才困苦劳累到这种程度。那么，这些人同我那些种树的同行们，大概也有类似之处吧！”

发问的人高兴地说：“这不是很好吗？我问怎样养树，却从中获得了治民的道理。”于是记下这件事，当作为官的警示语。

【每课一练】

一、选择题

1. 属于唐宋八大家的是　　（　　）

A. 白居易　　B. 杜牧

C. 柳宗元　　D. 李商隐

2.《种树郭橐驼传》采用的主要写作手法是　　（　　）

A. 类比方法　　B. 夸张手法

C. 讽刺手法　　D. 拟人手法

3.《种树郭橐驼传》主要的创作意图是　　（　　）

A. 赞扬郭橐驼的种树技术　　B. 揭露统治者的政令扰民

C. 传播郭橐驼的植树经验　　D. 借"养树"之道，喻"官理"之道

4. 下列关于《种树郭橐驼传》的表述，不正确的一项是　　（　　）

A. 柳宗元，字子厚，官至柳州刺史，也称"柳柳州"。

B. 柳宗元与韩愈，并称"韩柳"。

C. 这是一篇真实的传记。

D. 本文以种树为喻，阐发了顺应民心，使民休养生息的政治观点。

二、填空题

1. 柳宗元(773—819)，字子厚，河东(今山西运城西)人，因此，又称柳________。贞元进士。参加主张革新的________集团，任礼部员外郎。王叔文失败后，他被贬为永州司马，10年后迁柳州刺史，死在任上。世称柳________。有《柳河东集》传世。

2. 柳宗元是唐代古文运动的________者，唐宋八大家之一。他后半生漂泊蛮荒边郡，历尽人生沧桑，故较多________思想。柳文最具特色的是山水游记散文。代表作《________八记》。

三、阅读分析题

1. 阅读下面一段课文，回答下列问题。

有问之，对曰："橐驼非能使木寿且孳也，能顺木之天，以致其性焉尔。凡植木之性，其本欲舒，其培欲平，其土欲故，其筑欲密。既然已，勿动勿虑，去不复顾。其莳也若子，其置也若弃。则其天者全，而其性得矣。故吾不害其长而已，非有能硕茂之也；不抑耗其实而已，非有能早而蕃之也。他植者则不然，根拳而土易。其培之也，若不过焉则不及。苟有能反是者，则又爱之太恩，忧之太勤。旦视而暮抚，已去而复顾。甚者爪其肤以验其生枯，摇其本以观其疏密，而木之性日以离矣。虽曰爱之，其实害之；虽曰忧之，其实仇之。故不我若也，吾又何能为哉！"

(1)解释这段文字中加点字的含义。

孳：________　天：________　已：________　莳：________

硕茂：________　爪：________　我若：________

(2)将"则其天者全，而其性得矣"译成现代汉语。

(3)本段文字采用了哪些方法来写？

2. 阅读下面一段课文，回答下列问题。

问者曰："以子之道，移之官理可乎？"驼曰："我知种树而已，官理非吾业也。然吾居乡，见长人者好烦其令，若甚怜焉，而卒以祸。旦暮吏来而呼曰：'官命促尔耕，勖尔植，督尔获，早缫而绪，早织而缕，字而幼孩，遂而鸡豚。'鸣鼓而聚之，击木而召之。吾小人辍飧饔以劳吏者，且不得暇，又何以蕃吾生而安吾性邪？故病且怠。若是，则与吾业者，其亦有类乎？"

(1)解释这段文字中加点字的含义。

长人者：________　　卒：________　　勖：________　　字而：________

遂：________　　劳：________　　病：________　　怠：________

(2)简要分析这段文字的写作特点，并说出这样写的好处。

参考答案

二十一　报刘一丈书

宗　臣

数千里外，得长者时赐一书[①]，以慰长想，即亦甚幸矣。何至更辱馈遗[②]，则不才益将何以报焉[③]，书中情意甚殷，即长者之不忘老父，知老父之念长者深也。

至以"上下相孚，才德称位"语不才[④]，则不才有深感焉。夫才德不称[⑤]，固自知之矣。至于不孚之病，则尤不才为甚。

且今之所谓孚者何哉？日夕策马候权者之门[⑥]，门者故不入，则甘言媚词作妇人状，袖金以私之[⑦]。即门者持刺入[⑧]，而主者又不即出见，立厩中仆马之间，恶气袭衣袖，即饥寒毒热不可忍，不去也。抵暮，则前所受赠金者出，报客曰："相公倦[⑨]，谢客矣，客请明日来。"即明日又不敢不来，夜披衣坐，闻鸡鸣即起盥栉[⑩]，走马抵门。门者怒曰："为谁？"则曰："昨日之客来。"则又怒曰："何客之勤也？岂有相公此时出见客乎？"客心耻之，强忍而与言曰："亡奈何矣，姑容我入。"门者又得所赠金，则起而入之。又立向所立厩中[⑪]。幸主者出，南面召见[⑫]，则惊走匍匐阶下[⑬]。主者曰："进！"，则再拜，故迟不起，起则上所上寿金[⑭]。主者故不受，则固请；主者故固不受，则又固请。然后命吏内之。则又再拜，又故迟不起。起则五六揖始出[⑮]。出揖门者曰："官人幸顾我[⑯]，他日来，幸亡阻我也。"门者答揖，大喜，奔出。马上遇所交识，即扬鞭语曰："适自相公家来，相公厚我厚我！"且虚言状。即所交识，亦心畏相公厚之矣。相公又稍稍语人曰："某也贤，某也贤！"闻者亦心计交赞之。此世所谓上下相孚也。

---

① 长者：年纪大的长辈，这里指刘一丈。
② 馈遗(kuì wèi)：赠送礼物。
③ 不才：自谦之辞，意谓不成材的人。
④ 孚(fú)：信任。
⑤ 夫：发语词。
⑥ 策马：用鞭子赶马。权者：当权的要人。
⑦ 私：用作动词，暗暗地贿赂。
⑧ 刺：名帖。
⑨ 相公：对宰相的一种称呼，这里指权贵。
⑩ 盥栉(guàn zhì)：洗脸和梳头。
⑪ 向：以前。
⑫ 南面：古代以面向南为尊位。
⑬ 匍匐(pú fú)：趴下。
⑭ 上寿金：奉献金银当作祝寿进见之礼。
⑮ 揖(yī)：作揖。
⑯ 官人：对守门人的敬称。

长者谓仆能之乎？

前所谓权门者，自岁时伏腊一刺之外①，即经年不往也。间道经其门，则亦掩耳闭目，跃马疾走过之，若有所追逐者。斯则仆之褊衷②，以此长不见悦于长吏③，仆则愈益不顾也。每大言曰："人生有命，吾惟守分尔矣！"长者闻之，得无厌其为迂乎？

乡园多故，不能不动客子之愁④。至于长者之抱才而困⑤，则又令我怆然有感⑥。天之与先生者甚厚，亡论长者不欲轻弃之⑦，即天意亦不欲长者之轻弃之也，幸宁心哉⑧！

学习要点

【作家作品】

宗臣(1525—1560)，字子相，兴化(今属江苏)人。明嘉靖二十九年(1550年)进士。因反对严嵩父子的专权，被贬官至福建。后又因抗倭有功，升至福建提学副使。卒于官，年仅36岁。文学上主张复古，与李攀龙、王世贞、谢榛、梁有誉、徐中行、吴国伦合称明代"后七子"。其散文成就最高。著有《宗子相先生集》。

这是一篇书信体的记叙文。明代嘉靖年间，严嵩父子把持朝政，一些无耻之徒奔走钻营于严府门下，趋炎附势，丑态百出。正是在这种情况下，宗臣在回复刘一丈的信中，借题发挥，深刻地揭露和讽刺了明代官场中的丑恶现象。

【思想内容】

刘一丈信中称赞作者"上下相孚、才德称位"，作者借题发挥，对明代官场中"上下相孚"的内情做了深刻揭露，形象地刻画和讽刺了"干谒者"奴颜婢膝的丑态、"权者"虚伪贪婪的丑恶嘴脸和门者的狐假虎威，反映出明代官场的黑暗腐败。

【艺术特色】

1. 漫画式刻画人物。使"干谒者""权者""门者"的丑态逼真。"干谒者"："夜披衣坐，闻鸡鸣，即起盥栉，走马抵门"；"甘言媚词，作妇人状"；向门人百般讨好，被召见时奴颜婢膝，"惊走匍匐阶下"；一出权门就大肆吹嘘，"相公厚我，厚我！""权者"先是傲慢不见；假辞贿金，

---

① 岁时伏腊：一年中逢年过节的日子。岁：过年。时：立春、立夏、立秋、立冬四时行迎气礼。伏腊：夏伏冬腊，古代两祭名。

② 褊(biǎn)衷：狭隘的心胸。

③ 长吏：长官。

④ 客子：寄居他乡的人。

⑤ 抱才而困：怀抱才能无法施展而处于困境。

⑥ 怆然：悲伤的样子。

⑦ 亡论：无论，且不论。

⑧ 幸宁心哉：希望能够心情平静。

贪婪虚伪；纳贿后则为来客说好话。“门者”，先是狐假虎威，借机敲诈；而待来客拍马成功，就变为作揖答礼。

2. 对比强烈，爱憎分明，既深刻讽刺了明代官场中的黑暗腐朽，又表明自己刚正不阿的志节。

【每课一练】

一、选择题

1.《报刘一丈书》是一篇（　　）

A. 书信体记叙文　　B. 书信体议论文

C. 书信体抒情文　　D. 奏章

2. 下列作家属于明代“后七子”的是（　　）

A. 李密　　B. 侯方域　　C. 马致远　　D. 宗臣

3. 本文中“甘言媚词，作妇人状”是写（　　）

A. 门者　　B. 权者　　C. 客子　　D. 干谒者

4. 本文主旨是（　　）

A. 赞美刘一丈　　B. 讽刺刘一丈

C. 讽刺官场“上下相孚”　　D. 赞美“才德称位”

5.《报刘一丈书》中“权者”暗指（　　）

A. 顾秉谦　　B. 刘一丈　　C. 宗臣　　D. 严嵩

二、填空题

1. 宗臣，明嘉靖二十九年（1550 年）进士。因反对严嵩父子的专权，被贬官至福建。文学上主张________，与李攀龙、王世贞、谢榛、梁有誉、徐中行、吴国伦合称明代“________”。

2. 刘一丈信中称赞作者“________、才德称位”，作者借题发挥，对明代官场中“上下相孚”的内情做了深刻揭露，形象地刻画和讽刺了“________者”奴颜婢膝的丑态。

三、阅读分析题

1. 阅读《报刘一丈书》中的两段文字，回答问题。

数千里外，得长者时赐一书，以慰长想，即亦甚幸矣。何至更辱馈遗，则不才益将何以报焉，书中情意甚殷，即长者之不忘老父，知老父之念长者深也。

至以“上下相孚，才德称位”语不才，则不才有深感焉。夫才德不称，固自知之矣。至于不孚之病，则尤不才为甚。

（1）解释这段文字中加点字的含义。

辱：________　　馈遗：________　　殷：________　　孚：________

甚：________

（2）这段文字在全文结构中起何作用？

2. 阅读《报刘一丈书》中的一段文字，回答问题。

且今之所谓孚者何哉？日夕策马候权者之门，门者故不入，则甘言媚词作妇人状，袖金以私之。即门者持刺入，而主者又不即出见。立厩中仆马之间，恶气袭衣袖，即饥寒毒热不可忍，不去也。抵暮，则前所受赠金者出，报客曰："相公倦，谢客矣。客请明日来。"即明日又不敢不来，夜披衣坐，闻鸡鸣即起盥栉，走马抵门。门者怒曰："为谁？"则曰："昨日之客来。"则又怒曰："何客之勤也？岂有相公此时出见客乎？"客心耻之，强忍而与言曰："亡奈何矣，姑容我入。"门者又得所赠金，则起而入之。又立向所立厩中。幸主者出，南面召见，则惊走匍匐阶下。主者曰："进！"，则再拜，故迟不起，起则上所上寿金。主者固不受，则固请；主者故固不受，则又固请。然后命吏内之。则又再拜，又故迟不起。起则五六揖始出。出揖门者曰："官人幸顾我，他日来，幸亡阻我也。"门者答揖，大喜，奔出。马上遇所交识，即扬鞭语曰："适自相公家来，相公厚我厚我！"且虚言状。即所交识，亦心畏相公厚之矣。相公又稍稍语人曰："某也贤，某也贤！"闻者亦心计交赞之。此世所谓上下相孚也。长者谓仆能之乎？

(1)解释这段文字中加点字的含义。

袖金：________　　刺：________　　谢：________　　盥栉：________

耻：________　　亡：________　　故：________　　固：________

幸顾：________　　厚：________

(2)这段文字中描写了几种形象，分析其形象特征。

3. 阅读《报刘一丈书》中的一段文字，回答问题。

前所谓权门者，自岁时伏腊一刺之外，即经年不往也。间道经其门，则亦掩耳闭目，跃马疾走过之，若有所追逐者。斯则仆之褊衷，以此常不见悦于长吏，仆则愈益不顾也。每大言曰："人生有命，吾惟守分尔矣！"长者闻之，得无厌其为迂乎？

(1)解释这段文字中加点字的含义。

间：________　　褊：________

(2)将文中"以此常不见悦于长吏，仆则愈益不顾也。"译成现代汉语。

(3)这段选文中作者所说"褊衷"是什么意思，作者运用了什么修辞方法？

(4)这段选文在全文中有何作用？

参考答案

二十二　马伶传

侯方域

马伶者①，金陵梨园部也②。金陵为明之留都③，社稷百官皆在④，而又当太平盛时，人易为乐⑤。其士女之问桃叶渡、游雨花台者⑥，趾相错也⑦。梨园以技鸣者⑧，无虑数十辈⑨，而其最著者二：曰兴化部，曰华林部。

一日，新安贾合两部为大会⑩，遍征金陵之贵客文人，与夫妖姬静女⑪，莫不毕集。列兴化于东肆⑫，华林于西肆。两肆皆奏《鸣凤》⑬，所谓椒山先生者⑭。迨半奏⑮，引商刻羽⑯，抗坠疾徐⑰，并称善也。当两相国论河套⑱，而西肆之为严嵩相国者曰李伶⑲，东肆则马伶。坐

---

① 马伶：姓马的演员。伶：乐人。

② 金陵：今江苏南京。梨园部：戏班，剧团。梨园，本是唐玄宗命乐工教授宫女乐曲的地方，后世因称戏班为梨园。部：行业的组织。

③ 留都：明朝开国时，建都南京。明成祖时迁都北京，南京仍保存京城的建制，称留都。

④ 社稷：社指土神，稷指谷神。后用作国家的代称。

⑤ 盛时：国家兴隆的时期。人易为乐：人们易于做使人快乐的事。

⑥ 问：探访。桃叶渡：南京名胜之一，是秦淮河的古渡口，相传东晋王献之送其妾桃叶在此渡江，因而得名。雨花台：在南京中华门外。三国时称石子岗，又称聚宝山。相传梁武帝时，云光法师在此讲经，落花如雨，故名。

⑦ 趾相错：脚趾交相错杂，形容人多。

⑧ 以技鸣：因技艺高而出名。

⑨ 无虑：大约。辈：同一等级、同一类别的人。引申为“群”“队”。这里与下“部”同。

⑩ 新安贾(gǔ)：新安商人。新安：古徽州的别名。会：堂会。

⑪ 征：邀请。妖姬静女：艳丽的妇人和娴静文雅的女子。

⑫ 肆：店铺，这里指演戏的场所。

⑬ 《鸣凤》：明传奇《鸣凤记》，王世贞作，写明嘉靖年间杨继盛等人与严嵩的政治斗争，杨继盛等人均受迫害，最后以严嵩父子的罪行被揭发并受到制裁结束。

⑭ 椒山先生：杨继盛，字仲芳，号椒山，官至南京兵部右侍郎，因为弹劾严嵩被害致死。

⑮ 迨(dài)：等到。半奏：演唱到一半。

⑯ 引商刻羽：演唱符合节拍，讲究声律。商、羽都是我国音乐五声之一。

⑰ 抗坠疾徐：音调高低快慢，变化很多。抗坠：高低。疾徐：快慢。

⑱ 两相国论河套：是《鸣凤记》第六出的情节，两相国指明世宗时的宰相夏言(主战派)和严嵩(投降派)争论是否收复河套。河套：黄河从宁夏横城流经内蒙古，到陕西府谷一带，形成“几”字形的大弯曲，所以习惯上把那一带的黄河两岸称作河套地区。当时河套地区被俺答占据。

⑲ 严嵩：字惟中，分宜(今属江西)人，弘治年间中进士，明世宗很信任他。他弄权纳贿，结党营私，陷害忠良，是臭名昭著的奸臣。

客乃西顾而叹，或大呼命酒①，或移坐更进之，首不复东。未几更进②，则东肆不复能终曲。询其故，盖马伶耻出李伶下，已易衣遁矣。马伶者，金陵之善歌者也。既去，而兴化部又不肯辄易之，乃竟辍其技不奏③，而华林部独著。

去后且三年而马伶归④，遍告其故侣⑤，请于新安贾曰："今日幸为开宴⑥，招前日宾客，愿与华林部更奏《鸣凤》，奉一日之欢⑦。"既奏，已而论河套⑧，马伶复为严嵩相国以出。李伶忽失声⑨，匍匐前称弟子。兴化部是日遂凌出华林部远甚。

其夜，华林部过马伶曰⑩："子，天下之善技也，然无以易李伶⑪，李伶之为严相国至矣，子又安从授之而掩其上哉⑫？"马伶曰："固然，天下无以易李伶，李伶即又不肯授我⑬。我闻今相国昆山顾秉谦者⑭，严相国俦也⑮。我走京师，求为其门卒三年。日侍昆山相国于朝房，察其举止，聆其语言，久乃得之，此吾之所为师也。"华林部相与罗拜而去⑯。

马伶，名锦，字云将，其先西域人⑰，当时犹称马回回云。

侯方域曰：异哉！马伶之自得师也。夫其以李伶为绝技，无所干求⑱，乃走事昆山，见昆山犹之见分宜也⑲，以分宜教分宜，安得不工哉⑳？呜呼！耻其技之不若㉑，而去数千里，为卒三年。倘三年犹不得，即犹不归尔㉒。其志如此，技之工又须问耶？

---

① 命酒：叫人拿酒来。

② 未几：没有多久。更进：继续进行。

③ 辍其技不奏：停止演唱表演。

④ 且：将近。

⑤ 故侣：旧日的伴侣，这里指同戏班的人。

⑥ 幸：希望。

⑦ 奉：敬献。

⑧ 已而：不久之后。

⑨ 失声：停止了演唱，不出声。

⑩ 过：往访。

⑪ 易：改变，替换，引申为超过。

⑫ 安从授之：从哪里学来的？掩其上：超过他。

⑬ 即：通"则"。

⑭ 昆山顾秉谦：明代昆山（今属江苏）人，曾依附魏忠贤，残害过左光斗等忠臣，亦为奸臣。

⑮ 俦（chóu）：同类。

⑯ 罗拜：列队行礼。

⑰ 西域：今甘肃西部、新疆维吾尔自治区以及中亚细亚一部分地区。

⑱ 无所干求：无从干求。干：求取。

⑲ "见昆山"句：见到顾秉谦就好像见到了严嵩。分宜：严嵩出生地，此指代顾秉谦和严嵩。

⑳ 以分宜教分宜：以现实生活中的奸臣教舞台上的奸臣。工：巧妙，精致。

㉑ 技之不若：技艺不如人家。

㉒ 尔：语末助词，相当于"耳"。

学习要点

【作家作品】

本文是明末清初著名诗文作家侯方域所写的一篇人物传记。

侯方域(1618—1655),字朝宗,号雪苑,河南商丘人,明末清初著名诗文作家。明末参加复社,与陈贞慧、吴应箕等人一起,与权奸魏忠贤及其依附者阮大铖之流进行过斗争。清兵入关后,应河南乡试,中榜,不久病逝。他能诗善文,部分作品反映了明末清初的现实生活,与魏禧、汪琬齐名,被称为清初三大家。有《壮悔堂文集》和《四忆堂诗集》。

【思想内容】

本文主要记叙了明朝著名演员马伶和李伶的两次较量中马伶先败后胜的过程。作者的写作意图是:赞美马伶不甘失败,不怕吃苦,对技艺精益求精的精神;说明生活是艺术的源泉,艺术创作要获得成功,必须深入生活;同时含蓄地嘲讽了当朝权奸。

【艺术特色】

1. 欲扬先抑。作者先写马伶的大败,为后来的大胜做铺垫,达到先抑欲扬的惊人艺术效果。

2. 倒叙方式。将第二次较量移至马伶到京师学艺之前叙述,造成悬念,引人入胜。

3. 比较衬托。两次较量深刻揭示了马伶获胜的根本原因。

4. 侧面描写。用渲染演出效果,来衬托演员演技及人物性格。例如第一次较量中,作者不是正面写二人的演技,而是写“坐客乃西顾而叹,大命呼酒,或移坐更近之,首不复东”,通过描写观众的神态来侧面表现李伶的演技高超。又如第二场较量中,作者不是正面写马伶的演技,而是用“李伶忽失声,匍匐前称弟子”侧面衬托出马伶的大获成功。

【每课一练】

一、选择题

1.《马伶传》的作者是 ( )

A. 宗臣　　B. 侯方域　　C. 韩愈　　D. 欧阳修

2. 本文是一篇 ( )

A. 人物传记　　B. 叙事散文

C. 抒情散文　　D. 说理散文

3. 下列《马伶传》的句子中最能体现作者主观创作意图的是 ( )

A. 以分宜教分宜,安得不工哉　　B. 倘三年犹不得,即犹不归尔

C. 日侍昆山相国于朝房　　D. 见昆山犹之见分宜也

4. 本文在记叙马伶与李伶第二次较量时所用的方法是 ( )

A. 顺叙　　B. 倒叙　　C. 插叙　　D. 分叙

5. 马伶在《鸣凤记》扮演的是　　（　　）

A. 严嵩　　B. 杨继盛　　C. 夏言　　D. 顾秉谦

6. 下列句子中，运用侧面描写渲染演出效果的是　　（　　）

A. 引商刻羽，抗坠疾徐，并称善也　　B. 或大呼命酒，或移坐更进之

C. 我闻今相国顾秉谦者，严相国俦也　　D. 以分宜教分宜，安得不工哉

二、填空题

1. 侯方域，________初著名诗文作家。明末参加________，与陈贞慧、吴应箕等人一起，与权奸魏忠贤及其依附者阮大铖之流进行过斗争。与魏禧、汪琬齐名，被称为________初三大家。

2.《马伶传》主要记叙了明朝著名演员________和李伶的两次较量中马伶先败后胜的过程。

3. 作者先写马伶的大败，为后来的大胜做铺垫，达到欲扬________的惊人艺术效果。

4. 本文的叙述方式采用________方式，将第二次较量移至马伶到京师学艺之前叙述，造成悬念，引人入胜。

三、阅读分析题

1. 阅读《马伶传》中的一段文字，回答问题。

马伶者，金陵梨园部也。金陵为明之留都，社稷百官皆在，而又当太平盛时，人易为乐。其士女之问桃叶渡、游雨花台者，趾相错也。梨园以技鸣者，无虑数十辈，而其最著者二：曰兴化部，曰华林部。

(1)解释这段文字中加点字的含义。

问：________　　相错：________　　鸣：________

(2)将这段文字中的“梨园以技鸣者，无虑数十辈”译成现代汉语。

(3)分析这段文字在《马伶传》全文结构中的作用。

2. 阅读《马伶传》中的一段文字，回答问题。

列兴化于东肆，华林于西肆。两肆皆奏《鸣凤》，所谓椒山先生者。迨半奏，引商刻羽，抗坠疾徐，并称善也。当两相国论河套，而西肆之为严嵩相国者曰李伶，东肆则马伶。坐客乃西顾而叹，或大呼命酒，或移坐更进之，首不复东。未几更进，则东肆不复能终曲。询其故，盖马伶耻出李伶下，已易衣遁矣。马伶者，金陵之善歌者也。既去，而兴化部又不肯辄易之，乃竟辍其技不奏，而华林部独著。

(1)解释这段文字中加点字的含义。

迨：________　　抗坠疾徐：________　　耻：________　　辍：________

著：________

(2)将这段文字中的下列句子译成现代汉语。

坐客乃西顾而叹，或大呼命酒，或移坐更进之，首不复东：________________

马伶耻出李伶下，已易衣遁矣：________________

(3)这段文字中不仅运用了正面描写，而且运用了侧面描写，请举例分析其作用。

3. 阅读《马伶传》中的一段文字，回答问题。

去后且三年而马伶归，遍告其故侣，请于新安贾曰："今日幸为开宴，招前日宾客，愿与华林部更奏《鸣凤》，奉一日之欢。"既奏，已而论河套：马伶复为严嵩相国以出。李伶忽失声，匍匐前称弟子。兴化部是日遂凌出华林部远甚。

(1)解释这段文字中加点字的含义。

更：________　　匍匐：________　　凌：________　　甚：________

(2)这段文字在全文中属于哪种叙述方法？这种方法有何特点？

(3)这段选文中哪些地方属于侧面描写，有什么作用？

4. 阅读《马伶传》中的一段文字，回答问题。

其夜，华林部过马伶曰："子，天下之善技也，然无以易李伶，李伶之为严相国至矣，子又安从授之而掩其上哉？"马伶曰："固然，天下无以易李伶，李伶即又不肯授我。我闻今相国昆山顾秉谦者，严相国俦也。我走京师，求为其门卒三年。日侍昆山相国于朝房，察其举止，聆其语言，久乃得之，此吾之所为师也。"华林部相与罗拜而去。

(1)解释这段文字中加点字的含义。

过：________　　至：________　　俦：________　　日：________

罗拜：________

(2)将这段文字中的下列句子译成现代汉语。

子又安从授之而掩其上哉？：____

5. 阅读《马伶传》中的一段文字，回答问题。

异哉！马伶之自得师也。夫其以李伶为绝技，无所干求，乃走事昆山，见昆山犹之见分宜也，以分宜教分宜，安得不工哉？呜呼！耻其技之不若，而去数千里，为卒三年。倘三年犹不得，即犹不归尔。其志如此，技之工又须问耶？

(1)这段选文在全文结构中属于哪一部分？

(2)简析这段选文中表达的作者的创作意图。

(3)分析"以分宜教分宜"的修辞特点。

参考答案

二十三　往事(一)之十四

——生命历史中的几页图画

冰　心

每次拿起笔来，头一件事忆起的就是海。我嫌太单调了，常常因此搁笔。

每次和朋友们谈话，谈到风景，海波又侵进谈话的岸线里，我嫌太单调了，常常因此默然，终于无语。

一次和弟弟们在院子里乘凉，仰望天空，又谈到海。我想索性今夜彻底地谈一谈海，看词锋到何时为止，联想至何处为极。

我们说着海潮，海风，海舟……最后便谈到海的女神。

涵说，"假如有位海的女神，她一定是'艳如桃李，冷若冰霜'的。"我不觉笑问，"这话怎讲！"

涵也笑道，"你看云霞的海上，何等明媚；风雨的海上，又是何等的阴沉！"

杰两手抱膝凝听着，这时便运用他最丰富的想象力，指点着说："她……她住在灯塔的岛上，海霞是她的扇旗，海鸟是她的侍从；夜里她曳着白衣蓝裳，头上插着新月的梳子，胸前挂着明星的璎珞；翩翩地飞行于海波之上……"

楫忙问，"大风的时候呢？"杰道："她驾着风车，狂飙疾转地在怒涛上驱走；她的长袖拂没了许多帆舟。下雨的时候，便是她忧愁了，落泪了，大海上一切都低头静默着。黄昏的时候，霞光灿然，便是她回波电笑，云发飘扬，丰神轻柔而潇洒……"

这一番话，带着画意，又是诗情，使我神往，使我微笑。

楫只在小椅子上，挨着我坐着，我抚着他，问，"你的话必是更好了，说出来让我们听听！"他本静静地听着，至此便抱着我的臂儿，笑道，"海太大了，我太小了，我不会说。"

我肃然——涵用折扇轻轻地击他的手，笑说，"好一个小哲学家！"

涵道："姊姊，该你说一说了。"我道，"好的都让你们说尽了——我只希望我们都像海！"

杰笑道，"我们不配做女神，也不要'艳如桃李，冷若冰霜'的。"

他们都笑了——我也笑说，"不是说做女神，我希望我们都做个'海化'的青年。像涵说的，海是温柔而沉静。杰说的，海是超绝而威严。楫说的更好了，海是神秘而有容，也是虚怀，也是广博……"

我的话太乏味了，楫的头渐渐地从我臂上垂下去，我扶住了，回身轻轻地将他放在竹榻上。

涵忽然说："也许是我看的书太少了，中国的诗里，咏海的真是不多；可惜这么一个古国，上下数千年，竟没有一个'海化'的诗人！"

从诗人上，他们的谈锋便转移到别处去了——我只默默地守着楫坐着，刚才的那些话，只在我心中，反复地寻味——思想。

学习要点

【作家作品】

冰心(1900—1999),原名谢婉莹,福建长乐(今福建福州)人,中学毕业后,进入北京协和女子大学预科学习。1921 年,文学研究会在京成立,她是成员之一。冰心是"五四"以来著名的女作家。她走上文坛是以问题小说起步的。1919 年 9 月,她以"冰心"为笔名发表了第一篇问题小说《两个家庭》。1923 年 1 月,出版了第一部诗集《繁星》,同年 10 月又出版了第一部散文和短篇小说合集《超人》。在作品中,冰心提出了"人生究竟是什么"的问题,并主张用"人类之爱"来改造不合理的社会现实。此后又陆续出版了诗集《春水》,小说集《去国》、《姑姑》和《冬儿姑娘》,散文集《寄小读者》和《往事》等。早期作品除表达爱国思想以外,大都歌颂母爱、童真和大自然。冰心因早期的文学成就突出而成为中国现代文学史上最有影响力的作家之一。新中国成立后又创作了散文集《樱花赞》《小橘灯》等。

她擅长写散文,其散文立意新颖,构思精巧,语言典雅飘逸、清丽淡远,文笔细腻,文体自成一家,被读者誉为"冰心体"。

本文选自冰心散文集《往事》。本文写于 1922 年。

【思想内容】

本文是一篇托物言志的散文。作者通过回忆姐弟们关于大海的一段对话,赞美了大海的"温柔而沉静""神秘而有容""虚怀而广博"的品格,号召年轻人做"海化"的青年。

【艺术特色】

1. 欲扬先抑。作者在描述大海时,先采用了抑的表现方法,写作者几次忆海都嫌单调而搁笔了,和朋友谈海也一言不发,然后通过对话叙谈大海,表达对大海的礼赞和思考。

2. 拟人化。赋予大海以思想、感情和生命,把它幻想成一个人格化的"海的女神",通过生动形象的语言、奇妙丰富的想象力,诗意地描绘了一个"海的女神"的形象,赋予她形体、服饰,神态、感情、胸襟和品格。

3. 象征手法。"海的女神"形象所具有的形体、服饰,神态、感情、胸襟和品格,其实是作者心目中理想人格的一种象征。作者表面写大海(托物),其实是抒发自己的人生感受和理想追求(言志)。象征手法的运用使作品更具有哲理意味。

【每课一练】

一、选择题

1. 1921 年,冰心在北京参加的文学社团是 (　　)

A. 文学研究会　　　　B. 新月社

C. 创造社　　　　D. 左翼作家联盟

2. 冰心的《往事(一)之十四》是一篇 ( )

A. 抒情散文　B. 记叙文

C. 托物言志的散文　D. 议论文

3. 冰心著名的散文集有 ( )

A.《繁星》　B.《寄小读者》　C.《春水》　D.《虹》

4. 下面不是冰心创作的问题小说有 ( )

A.《斯人独憔悴》　B.《往事》　C.《超人》　D.《两个家庭》

5. 在《往事(一)之十四》中，冰心赞颂了大海的性格和美德，号召大家做一个 ( )

A. 女神　B. 大海　C. 海舟　D. "海化"青年

6. 冰心擅长写散文，其文体自成一家，被读者誉为 ( )

A. "白话文西化"　B. "新文艺腔"　C. "冰心体"　D. "工笔美文"

二、填空题

1. 冰心(1900—1999)，原名________，福建长乐(今福建福州)人。1921年，________在京成立，她是成员之一。

2. 1919年9月，她以"冰心"为笔名发表了第一篇问题小说《________》。1923年1月，出版了第一部诗集《________》，同年10月又出版了第一部散文和短篇小说合集《________》。在作品中，冰心提出了"人生究竟是什么"的问题，并主张用"人类之爱"来改造不合理的社会现实。此后又陆续出版了诗集《春水》，小说集《去国》，散文集《寄________》和《________》等。早期作品除表达爱国思想以外，大都歌颂________、________和大自然。冰心因早期的文学成就突出而成为中国现代文学史上最有影响力的作家之一。

3. 她擅长写散文，其散文立意新颖，构思精巧，语言典雅飘逸、清丽淡远，文笔细腻，文体自成一家，被读者誉为"________体"。

三、阅读分析题

1. 阅读作品片段，然后回答问题。

每次拿起笔来，头一件事忆起的就是海。我嫌太单调了，常常因此搁笔。

每次和朋友们谈话，谈到风景，海波又侵进谈话的岸线里，我嫌太单调了，常常因此默然，终于无语。

一次和弟弟们在院子里乘凉，仰望天空，又谈到海。我想索性今夜彻底地谈一谈海，看词锋到何时为止，联想至何处为极。

(1)文章开篇部分，作者想要描述什么？文章的主旨又是什么？

(2)作者采用了什么表现方法来表现本文的主旨？

2. 阅读作品片段，回答问题。

她住在灯塔的岛上，海霞是她的扇旗，海鸟是她的侍从；夜里她曳着白衣蓝裳，头上插着新月的梳子，胸前挂着明星的璎珞；翩翩地飞行于海波之上……大风的时候……她驾着风车，狂飙疾转地在怒涛上驱走……下雨的时候……落泪了……黄昏的时候，霞光灿然，便是她回波电笑，云发飘扬……

(1)从这片段上看，作者塑造了一个什么形象？

(2)作者运用了什么修辞手法来描写？

(3)在作品中，塑造这一形象的目的是什么？

3.阅读作品片段，回答问题。

不是说做女神，我希望我们都做个“海化”的青年。像涵说的，海是温柔而沉静的。杰说的，海是超绝而威严。楫说的更好了，海是神秘而有容，也是虚怀，也是广博……

(1)“希望我们都做个‘海化’的青年”一句表达了作者怎样的思想感情？

(2)“海化”的青年是怎样一个青年？

参考答案

二十四 背 影

朱自清

我与父亲不相见已二年余了，我最不能忘记的是他的背影。那年冬天，祖母死了，父亲的差使也交卸了，正是祸不单行的日子，我从北京到徐州，打算跟着父亲奔丧回家。到徐州见着父亲，看见满院狼藉的东西，又想起祖母，不禁簌簌地流下眼泪。父亲说，“事已如此，不必难过，好在天无绝人之路！”

回家变卖典质，父亲还了亏空；又借钱办了丧事。这些日子，家中光景很是惨淡，一半为了丧事，一半为了父亲赋闲。丧事完毕，父亲要到南京谋事，我也要回北京念书，我们便同行。

到南京时，有朋友约去游逛，勾留了一日；第二日上午便须渡江到浦口，下午上车北去。父亲因为事忙，本已说定不送我，叫旅馆里一个熟识的茶房陪我同去。他再三嘱咐茶房，甚是仔细。但他终于不放心，怕茶房不妥帖；颇踌躇了一会。其实我那年已二十岁，北京已来往过两三次，是没有甚么要紧的了。他踌躇了一会，终于决定还是自己送我去。我两三回劝他不必去；他只说，“不要紧，他们去不好！”

我们过了江，进了车站。我买票，他忙着照看行李。行李太多了，得向脚夫行些小费，才可过去。他便又忙着和他们讲价钱。我那时真是聪明过分，总觉他说话不大漂亮，非自己插嘴不可。但他终于讲定了价钱；就送我上车。他给我拣定了靠车门的一张椅子；我将他给我做的紫毛大衣铺好坐位。他嘱我路上小心，夜里要警醒些，不要受凉。又嘱托茶房好好照应我。我心里暗笑他的迂；他们只认得钱，托他们直是白托！而且我这样大年纪的人，难道还不能料理自己么？唉，我现在想想，那时真是太聪明了！

我说道，“爸爸，你走吧。”他望车外看了看，说，“我买几个橘子去。你就在此地，不要走动。”我看那边月台的栅栏外有几个卖东西的等着顾客。走到那边月台，须穿过铁道，须跳下去又爬上去。父亲是一个胖子，走过去自然要费事些。我本来要去的，他不肯，只好让他去。我看见他戴着黑布小帽，穿着，黑布大马褂，深青布棉袍，蹒跚地走到铁道边，慢慢探身下去，尚不大难，可是他穿过铁道，要爬上那边月台，就不容易了。他用两手攀着上面，两脚再向上缩；他肥胖的身子向左微倾，显出努力的样子。这时我看见他的背影，我的泪很快地流下来了。我赶紧拭干了泪，怕他看见，也怕别人看见。我再向外看时，他已抱了朱红的橘子往回走了。过铁道时，他先将橘子散放在地上，自己慢慢爬下，再抱起橘子走。到这边时，我赶紧去搀他。他和我走到车上，将橘子一股脑儿放在我的皮大衣上。于是扑扑衣上的泥土，心里很轻松似的，过一会说，“我走了，到那边来信！”我望着他走出去。他走了几步，回过头看见我，说，“进去吧，里边没人。”等他的背影混入来来往往的人里，再找不着了，我便进来坐下，我的眼泪又来了。

近几年来，父亲和我都是东奔西走，家中光景是一日不如一日。他少年出外谋生，独立支持，做了许多大事。哪知老境却如此颓唐！他触目伤怀，自然情不能自已。情郁于中，自然要发之于外；家庭琐屑便往往触他之怒。他待我渐渐不同往日。但最近两年的不见，他终于忘却我的不好，只是惦记着我，惦记着我的儿子。我北来后，他写了一信给我，信中说道，“我身体平安，惟膀子疼痛厉害，举箸提笔，诸多不便，大约大去之期不远矣。”我读到此处，在晶莹的泪光中，又看见那肥胖的，青布棉袍，黑布马褂的背影。唉！我不知何时再能与他相见！

一九二五年十月于北京

学习要点

【作家作品】

朱自清(1898 年 11 月 22 日—1948 年 8 月 12 日)，原名自华，号秋实，后改名自清，字佩弦。中国近代散文家、诗人、学者、民主战士。

原籍浙江绍兴，出生于江苏省东海县(今连云港市东海县平明镇)，后随祖父、父亲定居扬州。1916 年中学毕业考入北京大学预科。1919 年开始发表诗歌。1928 年第一本散文集《背影》出版。1932 年 7 月，任清华大学中国文学系主任。1934 年，出版《欧游杂记》和《伦敦杂记》。1935 年，出版散文集《你我》。1948 年 8 月 12 日因胃穿孔病逝于北平，年仅 50 岁。毛泽东对朱自清宁肯饿死不领美国“救济粉”的精神，给予称赞，赞扬他“表现了我们民族的英雄气概”。

朱自清的散文以描写细腻、文笔秀丽著称。《桨声灯影里的秦淮河》《荷塘月色》《背影》和《绿》等都是文情并茂、脍炙人口的名篇。本文选自朱自清散文集《背影》。

本文是一篇回忆性的抒情散文。

【思想内容】

本文是一篇回忆性的抒情散文，记叙了父亲送子乘火车北上念书的情景，尤其以父亲送行时的背影为描写内容，侧重表现了真挚动人的父亲对儿子的深挚的爱。

【艺术特色】

1. 描写角度独特。文章没有对父亲的肖像、神态及表情作正面的描绘，只是选取父亲的“背影”，尤其是着重描绘父亲买橘子时的背影，描写人物的角度比较独特。写父亲背影时，也不是静止地去描绘，而是抓住父亲肥胖的体态、又穿着棉袍行动不便的特征来写父亲翻越站台去买橘子的不易，从而写出父亲对儿子的一片真情。

2. 白描手法。白描是中国画技法名，指单用墨色线条勾描形象而不施彩色的画法；白描也是文学表现手法之一，特点是用朴素简练的文字描摹形象，不重辞藻修饰与渲染烘托。本文主要通过记叙父亲送行的全过程来塑造一个慈父形象，作品用非常简练的笔墨，只抓住在车上父亲对儿子细心安顿，以及父亲为买橘子两次翻越站台时的背影的细节，通过简单的肖像描写，即只写父亲的衣着，非常简单地勾勒出一个朴实的父亲的外形轮廓。

3. 对比手法。如从儿子当年嫌恶父亲送行和父亲在车上有些“迂”的做法，从儿子后来懂得世事后的悔恨和自责来侧面写父亲的“迂”是慈父之爱；而儿子后来的悔恨与自责也是侧面烘托思父之情和记起父亲对自己的种种好处。“家中光景……触他之怒”——“但最近两年的不见，他终于忘却我的不好”，表达了儿子对父亲心情和情感的理解。

【每课一练】

一、选择题

1. 朱自清早期参加的文学社团是（　　）

A.“新月社”　　B.“文学研究会”

C.“创造社”　　D.“左翼作家联盟”

2. 本文为刻画一个慈父形象所选取的描写重点是（　　）

A. 人物的面貌　　B. 人物的行动

C. 人物的背影　　D. 人物的语言

3. 本文塑造人物形象主要采用的手法是（　　）

A. 对比手法　　B. 侧面描写

C. 白描手法和侧面烘托　　D. 正面描写

4.《背影》一文的结构线索是（　　）

A. 横式结构　　B. 纵式结构　　C. 自由结构　　D. 纵横结合

5. 朱自清发表的第一部散文集是（　　）

A.《背影》　　B.《踪迹》　　C.《你我》　　D.《欧游杂记》

6. 朱自清散文《背影》的最主要特点是（　　）

A. 真实简明　　B. 闲适伤感　　C. 清丽典雅　　D. 以情胜

二、填空题

1. 朱自清，原名自华，号________，后改名自清，字佩弦。中国近代________家、诗人、学者、民主战士。

2. 1928 年第一本散文集《________》出版。

3. 1948 年 8 月 12 日因胃穿孔病逝于北平，年仅 50 岁。毛泽东对朱自清宁肯饿死不领美国“救济粉”的精神，给予称赞，赞扬他“表现了我们________”。

4. 朱自清的散文以描写________、文笔秀丽著称。《桨声灯影里的秦淮河》、《________》、《背影》和《________》等都是文情并茂、脍炙人口的名篇。

三、阅读分析题

1. 阅读作品片段，然后回答问题。

到南京时，有朋友约去游逛，勾留了一日；第二日上午便须渡江到浦口，下午上车北去。父亲因为事忙，本已说定不送我，叫旅馆里一个熟识的茶房陪我同去。他再三嘱咐茶房，甚是仔细。但他终于不放心，怕茶房不妥帖；颇踌躇了一会。其实我那年已二十岁，北京已来往过两三次,是没有甚么要紧的了。他踌躇了一会,终于决定还是自己送我去。我两三回劝他不必去;他只说,“不要紧,他们去不好!”

(1)这段文字表现了父亲怎样的感情?

(2)这段文字运用了哪种人物描写方法?

2.阅读作品片段,然后回答问题。

走到那边月台,须穿过铁道,须跳下去又爬上去。父亲是一个胖子,走过去自然要费事些。我本来要去的,他不肯,只好让他去。我看见他戴着黑布小帽,穿着黑布大马褂,深青布棉袍,蹒跚地走到铁道边,慢慢探身下去,尚不大难,可是他穿过铁道,要爬上那边月台,就不容易了。他用两手攀着上面,两脚再向上缩;他肥胖的身子向左微倾,显出努力的样子。这时我看见他的背影,我的泪很快地流下来了。我赶紧拭干了泪,怕他看见,也怕别人看见。我再向外看时,他已抱了朱红的橘子往回走了。过铁道时,他先将橘子散放在地上,自己慢慢爬下,再抱起橘子走。到这边时,我赶紧去搀他。他和我走到车上,将橘子一股脑儿放在我的皮大衣上。于是扑扑衣上的泥土,心里很轻松似的,过一会说:“我走了,到那边来信!”我望着他走出去。他走了几步,回过头看见我,说,“进去吧,里边没人。”等他的背影混入来来往往的人里,再找不着了,我便进来坐下,我的眼泪又来了。

(1)这段文字是选取什么角度来刻画父亲形象的?

(2)在这段文字中,作者运用了哪些人物描写方法?

(3)在这段文字中,从哪几处的描写中可以看出作者“我”对父亲的感情?

3.阅读作品片段,然后回答问题。

我北来后,他写了一信给我,信中说道,“我身体平安,唯膀子疼痛厉害,举箸提笔,诸多不便,大约大去之期不远矣。”我读到此处,在晶莹的泪光中,又看见那肥胖的,青布棉袍,黑布马褂的背影。唉!我不知何时再能与他相见!

(1)从这段文字中,可以看出父亲是个什么样的人物形象?

(2)这段文字表现了作者“我”怎样的感情?

参考答案

二十五　故都的秋

郁达夫

秋天，无论在什么地方的秋天，总是好的；可是啊，北国的秋，却特别地来得清，来得静，来得悲凉。我的不远千里，要从杭州赶上青岛，更要从青岛赶上北平来的理由，也不过想饱尝一尝这“秋”，这故都的秋味。

江南，秋当然也是有的；但草木凋得慢，空气来得润，天的颜色显得淡，并且又时常多雨而少风；一个人夹在苏州上海杭州，或厦门香港广州的市民中间，浑浑沌沌①地过去，只能感到一点点清凉，秋的味，秋的色，秋的意境与姿态，总看不饱，尝不透，赏玩不到十足。秋并不是名花，也并不是美酒，那一种半开，半醉的状态，在领略秋的过程上，是不合适的。

不逢北国之秋，已将近十余年了。在南方每年到了秋天，总要想起陶然亭的芦花，钓鱼台的柳影，西山的虫唱，玉泉的夜月，潭柘寺的钟声。在北平即使不出门去罢，就是在皇城人海之中，租人家一椽破屋②来住着，早晨起来，泡一碗浓茶，向院子一坐，你也能看得到很高很高的碧绿的天色，听得到青天下驯鸽的飞声。从槐树叶底，朝东细数着一丝一丝漏下来的日光，或在破壁腰中，静对着像喇叭似的牵牛花(朝荣)的蓝朵，自然而然地也能够感觉到十分的秋意。说到了牵牛花，我以为以蓝色或白色者为佳，紫黑色次之，淡红者最下。最好，还要在牵牛花底，教长着几根疏疏落落③的尖细且长的秋草，使作陪衬。

北国的槐树，也是一种能使人联想起秋来的点缀。像花而又不是花的那一种落蕊，早晨起来，会铺得满地。脚踏上去，声音也没有，气味也没有，只能感出一点点极微细极柔软的触觉。扫街的在树影下一阵扫后，灰土上留下来的一条条扫帚的丝纹，看起来既觉得细腻，又觉得清闲，潜意识下并且还觉得有点儿落寞④，古人所说的梧桐一叶而天下知秋的遥想，大约也就在这些深沉的地方。

秋蝉的衰弱的残声，更是北国的特产；因为北平处处全长着树，屋子又低，所以无论在什么地方，都听得见它们的啼唱。在南方是非要上郊外或山上去才听得到的。这秋蝉的嘶叫，在北平可和蟋蟀耗子一样，简直像是家家户户都养在家里的家虫。

还有秋雨哩，北方的秋雨，也似乎比南方的下得奇，下得有味，下得更像样。在灰沉沉的天底下，忽而来一阵凉风，便息列索落⑤的下起雨来了。一层雨过，云渐渐地卷向了西去，天

---

① 浑浑：深厚的样子。沌沌，指混沌不明的样子，形容糊里糊涂、不知不觉。

② 椽：椽子。一椽破屋：一根椽子的破屋子。

③ 疏疏：稀疏。落落：零落稀疏的样子。

④ 落寞：冷落，寂寞。

⑤ 息列索落：拟声词，雨势不大的样子。

又青了，太阳又露出脸来了；着着[1]很厚的青布单衣或夹袄的都市闲人，咬着烟管，在雨后的斜桥影里，上桥头树底去一立，遇见熟人，便会用了缓慢悠闲的声调，微叹着互答着的说：

"唉，天可真凉了——"(这"了"字念得很高，拖得很长。)

"可不是么？一层秋雨一层凉了！"

北方人念阵字，总老像是层字，平平仄仄起来，这念错的歧韵，倒来得正好。

北方的果树，到秋来，也是一种奇景。第一是枣子树，屋角，墙头，茅房边上，灶房门口，它都会一株株的长大起来。像橄榄又像鸽蛋似的这枣子颗儿，在小椭圆形的细叶中间，显出淡绿微黄的颜色的时候，正是秋的全盛时期；等枣树叶落，枣子红完，西北风就要起来了，北方便是尘沙灰土的世界，只有这枣子、柿子、葡萄，成熟到八九分的七八月之交，是北国的清秋的佳日，是一年之中最好也没有的 Golden Days。有些批评家说，中国的文人学士，尤其是诗人，都带着很浓厚的颓废色彩，所以中国的诗文里，颂赞秋的文字特别的多。但外国的诗人，又何尝不然？我虽则外国诗文念得不多，也不想开出账来，做一篇秋的诗歌散文钞，但你若去一翻英德法意等诗人的集子，或各国的诗文的 Anthology 来，总能够看到许多关于秋的歌颂与悲啼。各著名的大诗人的长篇田园诗或四季诗里，也总以关于秋的部分，写得最出色而最有味。足见有感觉的动物，有情趣的人类，对于秋，总是一样的能特别引起深沉、幽远、严厉、萧索的感触来的。不单是诗人，就是被关闭在牢狱里的囚犯，到了秋天，我想也一定会感到一种不能自已的深情；秋之于人，何尝有国别，更何尝有人种阶级的区别呢？不过在中国，文字里有一个"秋士"的成语，读本里又有着很普遍的欧阳子的《秋声》与苏东坡的《赤壁赋》等，就觉得中国的文人，与秋的关系特别深了。可是这秋的深味，尤其是中国的秋的深味，非要在北方，才感受得到底。

南国之秋，当然是也有它的特异的地方的，比如廿四桥[2]的明月，钱塘江的秋潮，普陀山的凉雾，荔枝湾的残荷等等，可是色彩不浓，回味不永。比起北国的秋来，正像是黄酒之与白干，稀饭之与馍馍，鲈鱼之与大蟹，黄犬之与骆驼。

秋天，这北国的秋天，若留得住的话，我愿意把寿命的三分之二折去，换得一个三分之一的零头。

一九三四年八月作于北平

学习要点

【作家作品】

郁达夫(1896—1945)，原名郁文，字达夫，浙江富阳人，现代著名作家。早年留学日本，与郭沫若、成仿吾等组织成立"创造社"。1921 年发表的处女作《沉沦》，以惊人的取材和大胆的描写震动了当时的文坛。1922 年回国，在北京大学、武昌大学任教，主编《创造季刊》

---

① 着着：即穿着。

② 廿四桥：(廿，念"niàn")，在江苏扬州。

《洪水》等刊物。1923 年发表《春风沉醉的晚上》。1928 年与鲁迅合编《奔流》。他是“左联”发起人之一，同时参加“中国自由由运动大同盟”“上海文化界反帝抗日大联盟”和“中国民权保障同盟”，积极从事革命文化活动。抗日战争爆发后，积极从事抗日活动。1938 年到新加坡，主编《星洲日报》副刊。1941 年出任新加坡文化界抗日联合会主席。1942 年流亡到印度尼西亚。1945 年 9 月 17 日在苏门答腊被日本宪兵秘密杀害。

在“自叙传”小说中，郁达夫善于把自己的人生阅历融入作品，大胆率真地袒露内心，作品具有浓郁的抒情气息。主要小说代表作品有：《沉沦》《春风沉醉的晚上》《过去》《薄奠》和《迟桂花》等。他的散文以闲适为主，飘逸之中时常露出悲愤之音，但总的来说笔调清婉俊逸，富有诗意。散文集有《达夫散文集》《屐痕处处》《闲书》。

本文选自郁达夫散文集《闲书》，写于 1934 年 8 月，是一篇游记散文。

【思想内容】

本文主要通过“南国之秋”与“北国之秋”的对比，突出描绘故都北平的秋色、秋味和秋的意境，写出了北国之秋“色彩浓、回味永”以及“清、静、悲凉”的特点，赞美了故都的自然风物，抒发了向往、眷念北国之秋的真情。

全文可分为三部分。

第一部分（第一、二自然段），总写作者对北国之秋和南国之秋的不同感受，记叙作者从杭州赶赴青岛，再从青岛来北平的目的，表达了作者想饱尝故都之秋的迫切心情。

第二部分（从“不逢北国之秋”到“非要在北方，才感受得到底”），是分写部分。作者采用描写和议论两种方法，抓住房前屋后北国的秋景，赞美北方秋色之浓之深。在第二部分的结束部分，还插入了作者对北方秋色的议论，以及中外不同的文人雅士和普通人对于“秋”的相似感触——秋能引起深沉、幽远、严厉和萧索的感触。作者进一步赞颂只有在北方才能真正感受到秋的深韵。

第三部分（最后两个自然段），总括全文，再次以南国之秋色味之淡来反衬北国之秋色味之浓，直接抒发作者对于北国秋天的眷念之情。

【艺术特色】

1. 对比和反衬的手法。作者在本文的首尾部分为赞美北国之秋，运用了对比和反衬的手法。作者在开头部分首先写北国之秋来得清，来得静，来得悲凉，以突出写北国之秋的“秋色和秋味”：清、静中透着“悲凉”。然后他把江南的秋景和北方的秋色作对比。南国之秋，不仅草木凋得慢，天空色淡，而且多雨少风，只让人感到一丝清凉，而尝不到秋的味、秋的色和秋的意境。这样来反衬下文所写的北国之秋“色彩浓、回味永”的特点。作品结尾处，作者再次将南国之秋和北国之秋作对比，并用“黄酒之与白干，稀饭之与馍馍，鲈鱼之与大蟹，黄犬之与骆驼”作比喻，来突出北国秋色的浓重和深沉，形象生动。作者通过这种对比和反衬的手法的运用，让读者从文中对北方之秋的描绘中体会到北国秋天深沉、幽远和高远的氛围。

2. 诗意的散文。复沓的手法、跌宕的韵律。读过《故都的秋》，难免有这种感觉：这是诗式的散文，还是散文式的诗？其实，作者是饱含诗情写散文的。我们读这篇文章，之所以有一种情深意切的快感，这不正是“诗”的功力吗？作者赋予“故都的秋”以满腔的激情，无论礼赞或哀怜，无论热烈或悲凉，我们总是深切地感受到作者的情是真切的。这种表达效果的产生，一个重要原因就是复沓、跌宕手法的运用。这种反复咏叹的手法虽源远流长，但用在现代散文中，且用得恰到好处，的确是难能可贵的。如古今文人很少提及“秋味”这个抽象的感觉，作者一共提到五次，再加上一些富有“秋味”的描写镜头，使本来抽象的东西也成为可感触的具体物象了。当然，本文最主要的复沓、跌宕还不在于具体的“物象”上，而在于它的旋律和情味上，通过“旋律”和“情味”反复，拨动读者对于“秋”的宏观和微观的认识与深化的感情。所以作者在表达上采取了叙述、描写与议论、抒情相结合的方法，因情生景，借景发情，将“物”“我”，“主”“客”完美地统一到“意境”这个极点上，通过读者的美感经验而完成作者所要传递的思想。

【每课一练】

一、选择题

1. 在现代文学史上，郁达夫是杰出的　（　　）

A. 作家　B. 诗人　C. 杂文家　D. 剧作家

2. 五四以后，郁达夫是哪个社团的发起人之一　（　　）

A. 创造社　B. 文学研究会　C. 新月社　D. 左联

3. 郁达夫所创作的散文名篇有　（　　）

A.《故都的秋》　B.《荷塘夜色》

C.《白杨礼赞》　D.《故乡的野菜》

4. 下列作品属于郁达夫所创作的小说是　（　　）

A.《边城》　B.《伤逝》　C.《家》　D.《迟桂花》

5.《故都的秋》一文主要描绘了　（　　）

A. 南国的秋　B. 北京的秋　C. 南京的秋　D. 西安的秋

6.《故都的秋》一文是一篇　（　　）

A. 抒情散文　B. 记事散文　C. 游记散文　D. 议论散文

二、填空题

1. 郁达夫(1896—1945)，原名郁文，字达夫，浙江________人，现代著名作家。早年留学日本，与郭沫若、成仿吾等组织成立“________”。1921 年发表的处女作《________》，以惊人的取材和大胆的描写震动了当时的文坛。1922 年回国，在北京大学、武昌大学任教，主编《创造季刊》《洪水》等刊物。1923 年发表《________的晚上》。郁达夫积极从事抗日活动，1942 年流亡到印度尼西亚。1945 年 9 月 17 日在苏门答腊被________秘密杀害。

2. 在“________传”小说中，郁达夫善于把自己的人生阅历融入作品，大胆率真地袒露内心，作品具有浓郁的________气息。主要小说代表作品有：《________》《________》《过去》《薄奠》和《迟桂花》等。他的散文以闲适为主，飘逸之中时常露出悲愤之音，但总的来说笔调清婉俊逸，富有诗意。散文集有《达夫散文集》《屐痕处处》《闲书》。

本文选自郁达夫散文集《闲书》，写于 1934 年 8 月，是一篇游记散文。

三、阅读分析题

1.阅读作品片段,回答问题。

江南,秋当然也是有的;但草木凋得慢,空气来得润,天的颜色显得淡,并且又时常多雨而少风;一个人夹在苏州上海杭州,或厦门香港广州的市民中间,浑浑沌沌地过去,只能感到一点点清凉,秋的味,秋的色,秋的意境与姿态,总看不饱,尝不透,赏玩不到十足。秋并不是名花,也并不是美酒,那一种半开,半醉的状态,在领略秋的过程上,是不合适的。

(1)从这段文字看,作者对南方的秋天有什么样的看法?

(2)概述这段文字的中心意思。

(3)这段文字运用了哪些修辞手法?

2.阅读作品片段,回答问题。

不逢北国之秋,已将近十余年了。在南方每年到了秋天,总要想起陶然亭的芦花,钓鱼台的柳影,西山的虫唱,玉泉的夜月,潭柘寺的钟声。在北平即使不出门去罢,就是在皇城人海之中,租人家一椽破屋来住着,早晨起来,泡一碗浓茶,向院子一坐,你也能看得到很高很高的碧绿的天色,听得到青天下驯鸽的飞声。从槐树叶底,朝东细数着一丝一丝漏下来的日光,或在破壁腰中,静对着像喇叭似的牵牛花(朝荣)的蓝朵,自然而然地也能够感觉到十分的秋意。

(1)这段文字表达了作者怎样的感情?

(2)这段文字中,作者是通过什么方法来表达他的感情的?

3.阅读作品片段,回答问题。

南国之秋,当然是也有它的特异的地方的,比如廿四桥的明月,钱塘江的秋潮,普陀山的凉雾,荔枝湾的残荷等等,可是色彩不浓,回味不永。比起北国的秋来,正像是黄酒之与白干,稀饭之与馍馍,鲈鱼之与大蟹,黄犬之与骆驼。

秋天,这北国的秋天,若留得住的话,我愿意把寿命的三分之二折去,换得一个三分之一的零头。

(1)作者对比南国之秋与北国之秋的意图是什么?

(2)作者在描绘南国之秋时运用了什么修辞方法?

参考答案

二十六 *香 市

茅 盾

"清明"过后,我们镇上照例有所谓"香市"①,首尾大约半个月。

赶"香市"的群众,主要是农民。"香市"的地点,在社庙。从前农村还是"桃源"②的时候,这"香市"就是农村的"狂欢节"。因为从"清明"到"谷雨"这二十天内,风暖日丽,正是"行乐"的时令,并且又是"蚕忙"的前夜,所以到"香市"来的农民一半是祈神赐福(蚕花二十四分),一半也是预酬蚕节的辛苦劳作。所谓"借佛游春"是也。

于是"香市"中主要的节目无非是"吃"和"玩"。临时的茶棚,戏法场,弄缸、弄甏③,走绳索,三上吊的武技班,老虎、矮子、提线戏、髦儿戏、西洋镜——将社庙前五六十亩地的大广场挤得满满的。庙里的主人公是百草梨膏糖,花纸,各式各样泥的纸的金属的玩具,灿如繁星的"烛山",熏得眼睛流泪的檀香烟,木拜垫上成排的磕头者。庙里庙外,人声和锣鼓声,还有孩子们手里的小喇叭、哨子的声音,混合成一片骚音,三里路外也听得见。

我幼时所见的"香市",就是这样热闹的。在这"香市"中,我不但赏鉴了所谓"国技",我还认识了老虎、豹、猴子、穿山甲。所以"香市"也是儿童们的狂欢节。

"革命"以后,据说为的要"破除迷信",接连有两年不准举行"香市"。社庙的左屋被"公安分局"借去做了衙门,而庙前广场的一角也筑了篱笆,据说将造公园。社庙的左起殿上又有什么"蚕种改良所"的招牌。

然而从去年起,这"迷信"的香市忽又准许举行了。于是我又得机会重温儿时的旧梦,我很高兴地同三位堂妹子(她们运气不好,出世以来没有见过像样的热闹的香市),赶那香市去。

天气虽然很好,"市面"却很不好。社庙前虽然比平日多了许多人,但那空气似乎很阴惨。居然有锣鼓的声音。可是那声音单调。庙前的乌龙潭一泓清水依然如昔,可是潭后那座戏台却坍塌了,屋椽子④像瘦人的肋骨似的暴露在"光风化日"之下。一切都不像我儿时所见的香市了!

那么姑且到唯一的锣鼓响的地方去看一看吧。我以为这锣鼓响的是什么变把戏的,一定也是瘪三式的玩意了。然而出乎意料,这是"南洋武术班",上海的《良友画报》六十二期揭

---

① 香市:就是阴历三月初一起,十五日止的土地庙的"庙会"式的临时市场(茅盾在《故乡杂记》一文中曾详细记叙)。

② "桃源":此处是象征,象征着大革命以前没有帝国主义经济侵略、没有军阀势力插入时那种"小国寡民"式的美好的田园生活。

③ 弄缸弄甏:杂耍节目之一,常用头和肩等部位顶,接缸和甏。缸、甏是坛子、大瓮。

④ 屋椽子:椽子指放在檩(音 lǐn,屋梁上的横木)子上的架屋瓦的木条。

载“卧钉床”的大力士就是其中的一员。那不是无名的“江湖班”。然而他们只售票价十六枚铜元。

看客却也很少，不满二百(我进去的时候，大概只有五六十)。武术班的人们好像有点失望，但仍认真地表演了预告中的五六套：马戏，穿剑门，穿火门，走铅丝，大力士……他们说：“今天第一回，人少，可是把式不敢马虎，——”他们三条船上男女老小总共有到三十个！

在我看来，这所谓“南洋武术班”的几套把式比起从前“香市”里的打拳头卖膏药的玩意儿来，委实是好看得多了。要是放在十多年前，怕不是挤得满场没个空隙儿么？但是今天第一天也只得二百来看客。往常“香市”的主角——农民，今天差不多看不见。

后来我知道，镇上的小商人是重兴这“香市”的主动者；他们想借此吸引游客“振兴”市面①，他们打算从农民的干瘪的袋里榨出几文来。可是他们这计划失败了！

学习要点

【作家作品】

茅盾(1896—1981)，原名沈德鸿，字雁冰，浙江桐乡市乌镇人，出身于一个思想开明的知识分子家庭。父亲是清末举人，推崇维新思想。后由于父亲早逝，家道衰落。1913年，茅盾考入北京大学预科第一类学习三年，但因家境窘困，被迫退学走上社会谋生。1916年8月进入上海商务印书馆任编辑，此间开始文学翻译和文学创作。五四运动时期，茅盾是“文学研究会”的倡导者和组织者，曾担任《小说月报》的主编。茅盾是他1927年发表第一部长篇小说《幻灭》时开始用的笔名。1928年6月因发表三部曲《蚀》——《幻灭》《动摇》《追求》而在文坛上崭露头角。20世纪30年代，因发表著名长篇小说《子夜》、“农村三部曲”(《春蚕》《秋收》《残冬》)和短篇小说《林家铺子》而成为“左翼”文学的重要代表。其中，《子夜》是我国现代文学史上第一部杰出的革命现实主义长篇巨著。茅盾的散文名篇有《沙滩上的脚迹》、《香市》、《风景谈》和《白杨礼赞》等。新中国成立后，曾担任文化部长，作协主席。

【思想内容】

本文通过记叙“香市”昔盛今衰的变迁，以小见大来反映20世纪30年代中国社会的变化，尤其是江南农村经济的凋敝，同时也揭示了大革命以后帝国主义经济侵略、军阀反动势力深入农村和小商人转嫁危机造成中国农村经济日益凋敝的现实，揭示了旧中国农村半殖民地、半封建社会农民的苦难缘由。

【艺术特色】

1. 以小见大的表现手法。本文通过记述乌镇“香市”今昔的变化，以小见大，写出了大革命后中国农村自然经济的日益衰败，集市萧条，农民生活贫困，并揭示其变化的原因是军阀

① “市面”：市场的生意或买卖交易。

的统治和帝国主义的入侵，从而反映了中华人民共和国成立前由封建经济向半封建半殖民地经济的转变并没有给农村带来繁荣、富裕。“香市”只是当时社会现象中的一个细胞，作者以此为突破口，来揭示当时深刻的社会本质，达到窥一斑而见全豹的效果。因此，茅盾也有“社会细胞学家”之称。

2. 对比叙述的方法。本文主要采用今昔对比的方法。作者既从总体上，又从场面、活动内容、环境气氛等多层面，对今昔“香市”做了鲜明的对比。

从总体上对比，追忆农民往昔的“香市”热市非凡的情景，它是农民和儿童的狂欢节，充满了热烈欢快的节日气氛——然而革命后的“香市”，只有小商人为振兴市面而搞的集市，一派凄凉冷落的景象。

从场面上对比，先前“社庙前五六十亩地的大广场挤得满满的”——如今“社庙的左屋被‘公安分局’借去做了衙门，而庙前广场的一角也筑起了篱笆，据说将造公园。社庙的左偏殿上又有什么‘蚕种改良所’的招牌”。

从活动内容上对比，从前香市的“吃”和“玩”——如今几乎荡然无存了；虽然请来了技艺高超、节目精彩、票价低廉、演出认真的“南洋武术班”——然而“看客却也很少”。

从气氛上对比，作者从锣声、戏台、演出等多方面强烈的反差进行描写——尤其点出“往常‘香市’的主角农民，今天差不多看不见”。正是这种全方位、多层面的对比手法，有力地突出了主题。

3. 象征手法的运用。

“桃源”象征着大革命以前没有帝国主义经济侵略、没有军阀势力插入时那种“小国寡民”式的美好世界。这也表现了作者对农村封建自然经济下的田园生活的眷念，也是对20世纪30年代动荡现实不满的一种情绪反映。

“公安分局”暗示着军阀势力统治已深入农村。

“蚕种改良所”则暗示着帝国主义经济侵略。社庙的被瓜分暗示了造成农村经济日益凋敝的原因。

【每课一练】

一、选择题

1. 茅盾的《香市》是一篇 （　　）

A. 记事散文　　B. 抒情散文　　C. 写景的散文　　D. 回忆性的抒情散文

2. 茅盾的《香市》一文选自他著名的散文集 （　　）

A.《闲书》　　B.《速写与随笔》　　C.《人生边上》　　D.《话匣子》

3. 下面不是茅盾的著名散文作品的是 （　　）

A.《白杨礼赞》　　B.《故都的秋》　　C.《风景谈》　　D.《香市》

4. 下面属于茅盾的著名短篇小说的是 （　　）

A.《春蚕》　　B.《伤逝》　　C.《故乡》　　D.《寒夜》

5. 下面属于茅盾《蚀》三部曲的系列小说是 （　　）

A.《家》《春》《秋》　　B.《幻灭》《动摇》《追求》

C.《春蚕》《秋收》《残冬》　　D.《风》《雨》《电》

二、填空题

1. 茅盾(1896—1981),原名________,字雁冰,浙江________人。

2. 五四运动时期,茅盾是"________会"的倡导者和组织者,曾担任《小说月报》的主编。茅盾是他1927年发表第一部长篇小说《________》时开始用的笔名。1928年6月因发表三部曲《________》——《幻灭》《动摇》《追求》而在文坛上崭露头角。20世纪30年代,因发表著名长篇小说《________》、"农村三部曲"(《春蚕》《秋收》《残冬》)和短篇小说《林家铺子》而成为"左翼"文学的重要代表。其中《________》是我国现代文学史上第一部杰出的革命现实主义长篇巨著。茅盾的散文名篇有《沙滩上的脚迹》《香市》《________谈》和《________礼赞》等。

3. 茅盾善于抓住社会现象加以解剖,揭示社会的本质。因此,他的文章常常能以小________,也有"________学家"之称。

三、阅读分析题

1. 阅读作品片段,然后回答问题。

于是"香市"中主要的节目无非是"吃"和"玩"。临时的茶棚,戏法场,弄缸、弄甏,走绳索,三上吊的武技班,老虎、矮子、提线戏、髦儿戏、西洋镜——将社庙前五六十亩地的大广场挤得满满的。庙里的主人公是百草梨膏糖,花纸,各式各样泥的纸的金属的玩具,灿如繁星的"烛山",熏得眼睛流泪的檀香烟,木拜垫上成排的磕头者。庙里庙外,人声和锣鼓声,还有孩子们手里的小喇叭、哨子的声音,混合成一片骚音,三里路外也听得见。

我幼时所见的"香市",就是这样热闹的。在这"香市"中,我不但赏鉴了所谓"国技",我还认识了老虎、豹、猴子、穿山甲。所以"香市"也是儿童们的狂欢节。

(1)这两段文字突出描写的场面是什么?它在全文中的作用是什么?

(2)这两段文字表现了作者怎样的感情?

2. 阅读作品片段,然后回答问题。

"革命"以后,据说为的要"破除迷信",接连有两年不准举行"香市"。社庙的左屋被"公安分局"借去做了衙门,而庙前广场的一角也筑了篱笆,据说将造公园。社庙的左起殿上又有什么"蚕种改良所"的招牌。

(1)这段文字记叙了什么内容?

(2)解释"公安分局""蚕种改良所"的象征意义。

3. 阅读作品片段,然后回答问题。

天气虽然很好,"市面"却很不好。社庙前虽然比平日多了许多人,但那空气似乎很阴惨。居然有锣鼓的声音。可是那声音单调。庙前的乌龙潭一泓清水依然如昔,可是潭后那座戏台却坍塌了,屋椽子像瘦人的肋骨似的暴露在"光风化日"之下。一切都不像我儿时所见的香市了!

那么姑且到唯一的锣鼓响的地方去看一看吧。我以为这锣鼓响的是什么变把戏的,一定也是瘪三式的玩意了。然而出乎意料,这是"南洋武术班",上海的《良友画报》六十二期揭载"卧钉床"的大力士就是其中的一员。那不是无名的"江湖班"。然而他们只售票价十六枚铜元。

看客却也很少，不满二百（我进去的时候，大概只有五六十）。武术班的人们好像有点失望，但仍认真地表演了预告中的五六套：马戏，穿剑门，穿火门，走铅丝，大力士……他们说：“今天第一回，人少，可是把式不敢马虎，——”他们三条船上男女老小总共有到三十个！

在我看来，这所谓“南洋武术班”的几套把式比起从前“香市”里的打拳头卖膏药的玩意儿来，委实是好看得多了。要是放在十多年前，怕不是挤得满场没个空隙儿么？但是今天第一天也只得二百来看客。往常“香市”的主角——农民，今天差不多看不见。

后来我知道，镇上的小商人是重兴这“香市”的主动者；他们想借此吸引游客“振兴”市面，他们打算从农民的干瘪的袋里榨出几文来。可是他们这计划失败了！

(1)今日的香市与昔日的香市相比有什么不同？

(2)作者在描述重兴“香市”时运用了什么手法？

(3)“往常‘香市’的主角——农民，今天差不多看不见。”反映了什么问题？

(4)“后来我知道，镇上的小商人是重兴这“香市”的主动者；他们想借此吸引游客“振兴”市面，他们打算从农民的干瘪的袋里榨出几文来。可是他们这计划失败了”，这一结尾有什么含义？其作用是什么？

参考答案

二十七　*爱尔克的灯光

巴　金

傍晚，我靠着逐渐黯淡的最后的阳光的指引，走过十八年前的故居。这条街、这个建筑物开始在我的眼前隐藏起来，像在躲避一个久别的旧友。但是它们的改变了的面貌于我还是十分亲切。我认识它们，就像认识我自己。还是那样宽的街，宽的房屋。巍峨的门墙代替了太平缸和石狮子，那一对常常做我们坐骑的背脊光滑的雄狮也不知逃进了哪座荒山。然而大门开着，照壁上"长宜子孙"四个字却是原样地嵌在那里，似乎连颜色也不曾被风雨剥蚀。我望着那同样的照壁，我被一种奇异的感情抓住了，我仿佛要在这里看出过去的十八个年头，不，我仿佛要在这里寻找十八年以前的遥远的旧梦。

守门的卫兵用怀疑的眼光看我。他不了解我的心情。他不会认识十八年前的年轻人。他却用眼光驱逐一个人的许多亲密的回忆。

黑暗来了。我的眼睛失掉了一切。于是大门内亮起了灯光。灯光并不曾照亮什么，反而增加了我心上的黑暗。我只得失望地走了。我向着来时的路回去。已经走了四五步，我忽然掉转头，再看那个建筑物。依旧是阴暗中一线微光。我好像看见一个盛满希望的水碗一下子就落在地上打碎了一般，我痛苦地在心里叫起来。在这条被夜幕覆盖着的近代城市的静寂的街中，我仿佛看见了哈立希岛上的灯光。那应该是姐姐爱尔克点的灯罢。她用这灯光来给她的航海的兄弟照路，每夜每夜灯光亮在她的窗前，她一直到死都在等待那个出远门的兄弟回来。最后她带着失望进入坟墓。

街道仍然是清静的。忽然一个熟习的声音在我耳边轻轻地唱起了这个欧洲的古传说。在这里不会有人歌咏这样的故事。应该是书本在我心上留下的影响。但是这个时候我想起了自己的事情。

十八年前在一个春天的早晨，我离开这个城市、这条街的时候，我也曾有一个姐姐，也曾答应过有一天回来看她，跟她谈一些外面的事情。我相信自己的诺言。那时我的姐姐还是一个出阁才只一个多月的新嫁娘，都说她有一个性情温良的丈夫，因此也会有长久的幸福的岁月。

然而人的安排终于被"偶然"毁坏了。这应该是一个"意外"。但是这"意外"却毫无怜悯地打击了年轻的心。我离家不过一年半光景，就接到了姐姐的死讯。我的哥哥用了颤抖的哭诉的笔叙说一个善良女性的悲惨的结局，还说起她死后受到的冷落的待遇。从此那个作过她丈夫的所谓温良的人改变了，他往一条丧失人性的路走去。他想往上爬，结果却不停地向下面落，终于到了用鸦片烟延续生命的地步。对于姐姐，她生前我没有好好地爱过她，死后也不曾做过一样纪念她的事。她寂寞地活着，寂寞地死去。死带走了她的一切，这就是在我们那个地方的旧式女子的命运。

我在外面一直跑了十八年。我从没有向人谈过我的姐姐。只有偶尔在梦里我看见了爱尔克的灯光。一年前在上海我常常睁起眼睛做梦。我望着远远的在窗前发亮的灯，我面前横着一片大海，灯光在呼唤我，我恨不得腋下生出翅膀，即刻飞到那边去。沉重的梦压住我的心灵，我好像在跟许多无形的魔手挣扎。我望着那灯光，路是那么远，我又没有翅膀。我只有一个渴望：飞！飞！那些熬煎着心的日子！那些可怕的梦魇！

但是我终于出来了。我越过那堆积着像山一样的十八年的长岁月，回到了生我养我而且让我刻印了无数儿时回忆的地方。我走了很多的路。

十八年，似乎一切全变了，又似乎都没有改变。死了许多人，毁了许多家。许多可爱的生命葬入黄土。接着又有许多新的人继续扮演不必要的悲剧。浪费，浪费，还是那许多不必要的浪费——生命，精力，感情，财富，甚至欢笑和眼泪。我去的时候是这样，回来时看见的还是一样的情形。关在这个小圈子里，我禁不住几次问我自己：难道这十八年全是白费？难道在这许多年中间所改变的就只是装束和名词？我痛苦地搓自己的手，不敢给一个回答。

在这个我永不能忘记的城市里，我度过了五十个傍晚。我花费了自己不少的眼泪和欢笑，也消耗了别人不少的眼泪和欢笑。我匆匆地来，也将匆匆地去。用留恋的眼光看我出生的房屋，这应该是最后的一次了。我的心似乎想在那里寻觅什么。但是我所要的东西绝不会在那里找到。我不会像我的一个姑母或者嫂嫂，设法进到那所已经易了几个主人的公馆，对着园中的花树垂泪，慨叹着一个家庭的盛衰。摘吃自己栽种的树上的苦果，这是一个人的本分。我没有跟着那些人走一条路，我当然在这里找不到自己的脚迹。几次走过这个地方，我所看见的还只是那四个字："长宜子孙"。

"长宜子孙"这四个字的年龄比我的不知大了多少。这也该是我祖父留下的东西罢。最近在家里我还读到他的遗嘱。他用空空两手造就了一份家业。到临死还周到地为儿孙安排了舒适的生活。他叮嘱后人保留着他修建的房屋和他辛苦地搜集起来的书画。但是儿孙们回答他的还是同样的字：分和卖。我很奇怪，为什么这样聪明的老人还不明白一个浅显的道理：财富并不"长宜子孙"，倘使不给他们一个生活技能，不向他们指示一条生活道路？"家"这个小圈子只能摧毁年轻心灵的发育成长，倘使不同时让他们睁起眼睛去看广大世界，财富只能毁灭崇高的理想和善良的气质，要是它只消耗在个人的利益上面。

"长宜子孙"，我恨不能削去这四个字！许多可爱的年轻生命被摧残了，许多有为的年轻心灵被囚禁了。许多人在这个小圈子里面憔悴地挨着日子。这就是"家"！"甜蜜的家"！这不是我应该来的地方。爱尔克的灯光不会把我引到这里来的。

于是在一个春天的早晨，依旧是十八年前的那些人把我送到门口，这里面少了几个，也多了几个。还是和那次一样，看不见我姐姐的影子，那次是我没有等待她，这次是我找不到她的坟墓。一个叔父和一个堂兄弟到车站送我，十八年前他们也送过我一段路程。

我高兴地来，痛苦地去。汽车离站时我心里的确充满了留恋。但是清晨的微风，路上的尘土，马达的叫吼，车轮的滚动，和广大田野里一片盛开的菜子花，这一切驱散了我的离愁。我不顾同行者的劝告，把头伸到车窗外面，去呼吸广大天幕下的新鲜空气。我很高兴，自己又一次离开了狭小的家，走向广大的世界中去！

忽然在前面田野里一片绿的蚕豆和黄的菜花中间，我仿佛又看见了一线光，一个亮，这我常常看见的灯光。这不会是爱尔克的灯里照出来的，我那个可怜的姐姐已经死去了。这一定是我的心灵的灯，它永远给我指示我应该走的路。

1941年3月在重庆

学习要点

【作家作品】

巴金(1904—2005)，原名李尧棠，字芾甘，四川成都人，出身于一个官僚地主家庭。早年崇尚无政府主义，写作和翻译了大量的民粹派革命家传记。巴金在1957年9月27日致苏联作家彼得罗夫的信中对自己的名字做了注解："一九二八年八月我写好《灭亡》要在原稿上署名，我想找两个笔画较少的字。我当时正在翻译克鲁泡特金的《伦理学》，我看到了'金'字，就在稿本上写下来。在这时候我得到了一个朋友自杀的消息，这个朋友姓巴，我和他在法国Chateau-Thierry同住了一个不长的时期。他就是我在《死去的太阳》序文中所说的'我的一个朋友又在项热投水自杀'的那个中国留学生。我们并不是知己朋友，但是在外国，人多么重视友情。我当时想到他，我就在'金'字上面加了一个'巴'字。从此'巴金'就成了我的名字。"

巴金是"五四"新文化运动以来最有影响的作家之一，是中国作家、翻译家、社会活动家、无党派爱国民主人士，曾任中国作家协会主席等职。

巴金作品有处女作《灭亡》，"爱情三部曲"(《雾》《雨》《电》)；"激流三部曲"(《家》《春》《秋》)；抗战时期作品有《憩园》《第四病室》《寒夜》等。新中国成立后巴金散文中的重要作品收集到《新声集》《爝火集》，改革开放时著有《随想录》，因此，巴金被认为代表着中国大陆知识分子的良心。

鲁迅说："巴金是一个有热情的有进步思想的作家，在屈指可数的好作家之列的作家。"

冰心评价说："巴金是'一位最可爱可佩的作家'，他的可佩之处，就是他为人的'真诚'……"

【思想内容】

本文选自巴金散文集《龙·虎·狗》，是记叙文中的抒情散文。

本文主要描述作者重访18年前故居时的复杂心情和所忆所想。面对早已物是人非、几易其主的旧宅，作者追忆往昔岁月和姐姐的悲剧。对故居照壁上"长宜子孙"的凝视引发了作者对人生道路的思索："家"这个小圈子只能摧毁年轻心灵的发育成长，财富只能毁灭崇高的理想和善良的气质，使他们成为旧制度、旧礼教的牺牲品。本文表达了作者对故乡的失望，更加坚定了投身于广大的世界才是真正光明的出路这一信念。

【艺术特色】

1. 双线结构：灯光，"长宜子孙"。(1)作者以灯光为明线串起全文，以显示作者内在思想、感情和心理发展变化的脉络，以及他对生活认识的逐步深入。文章开头写故居大门内亮起的一线微光，作者好像看见一个盛满希望的水碗落在地上打碎了一般，写家庭的衰亡使他的希望破灭。而从一线微光又联想到爱尔克的灯光，从回忆死去姐姐的悲剧命运，引出对“长宜子孙”封建思想意识的批判和对封建家庭和礼教的否定。从“爱尔克的灯光不会把我引到这里来的”，到应由“我心灵的灯”来指示走光明正确的道路，写作者思想觉醒后的自觉选择。结尾处，作者点明了文章的主旨：对18年前毅然冲破家的牢笼、离家出走行动的再次肯定，表达投身社会洪流的决心。(2)照壁上的“长宜子孙”作为暗线，贯穿始终，融记叙、议论、抒情于一体。“长宜子孙”作为封建秩序的象征，它维护着“家”的秩序，“囚禁着许多年轻人的心”“许多可爱的生命被摧残了”。体现了作者的控诉之情和反封建的强烈愿望。

2.象征手法的运用。“灯光”的寓意更为深刻而复杂。“爱尔克的灯光”是用欧洲古老传说故事来烘托姐姐伟大善良的心灵；故居内的灯光象征封建家庭的没落；“心灵的灯”象征着作者心中的理想和希望。象征手法的运用使作品意蕴丰富、意味深远。“长宜子孙”作为封建秩序的象征，维护着“家”的秩序，“囚禁着许多年轻人的心”，“许多可爱的生命被摧残了”。体现了作者的控诉之情和反封建的强烈愿望。

3.融记叙、议论、抒情于一炉。本文记叙了作者重访18年前故居时的复杂心情。因事而生情感体验，在记叙中抒发了作者的痛惜、愤怒和憧憬；而议论则是作者借助爱憎的情感判断来明辨是非阐发真理。三者相结合的表现手法使本文文情并茂、寓情于理，加强了作品的艺术感染力。这也是巴金抒情散文的一种经典样式。

【每课一练】

一、选择题

1.奠定巴金在现代文学史上地位的长篇小说是（　　）

A.《雾》　B.《灭亡》　C.《家》　D.《春》

2.受五四新思潮的冲击，巴金最先接受了什么思想的影响？（　　）

A. 革命民主主义　B. 无政府主义

C. 马克思主义　D. 自由主义

3.巴金创作的最著名的长篇小说三部曲是（　　）

A.《蚀》三部曲　B.《爱情三部曲》　C.《激流三部曲》　D.《抗战三部曲》

4.巴金的散文集有（　　）

A.《写在人生边上》　B.《朝花夕拾》　C.《龙·虎·狗》　D.《雅舍小品》

5.《爱尔克的灯光》中故居照壁上的四个大字是（　　）

A.“家门和顺”　B.“长宜子孙”　C.“光明正大”　D.“廉洁奉公”

二、填空题

1.巴金(1904—2005)，原名李尧棠，字芾甘，四川成都人。出身于一个官僚地主家庭。早年崇尚无政府主义，写作和翻译了大量的民粹派革命家传记，是“五四”新文化运动以来最有影响的作家之一。

2.巴金的作品有处女作《________》，《爱情三部曲》(《雾》《雨》《电》)，《________》(《家》《春》《秋》)；抗战时期作品有《憩园》《第四病室》《寒夜》等。新中国成立后巴金散文中的重要作品收集到《新声集》《爝火集》，改革开放时著有《随想录》，因此，巴金被认为代表着中国大陆知识分子的________。

三、阅读分析题

1.阅读作品片段，回答问题。

黑暗来了。我的眼睛失掉了一切。于是大门内亮起了灯光。灯光并不曾照亮什么，反而增加了我心上的黑暗。我只得失望地走了。我向着来时的路回去。已经走了四五步，我忽然掉转头，再看那个建筑物。依旧是阴暗中一线微光。我好像看见一个盛满希望的水碗一下子就落在地上打碎了一般，我痛苦地在心里叫起来。在这条被夜幕覆盖着的近代城市的静寂的街中，我仿佛看见了哈立希岛上的灯光。那应该是姐姐爱尔克点的灯罢。她用这灯光来给她的航海的兄弟照路，每夜每夜灯光亮在她的窗前，她一直到死都在等待那个出远门的兄弟回来。最后她带着失望进入坟墓。

(1)这段文字中有两种灯光的描述，它们分别有何象征意义？

(2)两处灯光在全文中的作用是什么？

2.阅读作品片段，回答问题。

对于姐姐，她生前我没有好好地爱过她，死后也不曾做过一样纪念她的事。她寂寞地活着，寂寞地死去。死带走了她的一切，这就是在我们那个地方的旧式女子的命运。

我在外面一直跑了十八年。我从没有向人谈过我的姐姐。只有偶尔在梦里我看见了爱尔克的灯光。一年前在上海我常常睁起眼睛做梦。我望着远远的在窗前发亮的灯，我面前横着一片大海，灯光在呼唤我，我恨不得腋下生出翅膀，即刻飞到那边去。沉重的梦压住我的心灵，我好像在跟许多无形的魔手挣扎。我望着那灯光，路是那么远，我又没有翅膀。我只有一个渴望：飞！飞！那些熬煎着心的日子！那些可怕的梦魇！

但是我终于出来了。我越过那堆积着像山一样的十八年的长岁月，回到了生我养我而且让我刻印了无数儿时回忆的地方。我走了很多的路。

(1)从这段文字看，作者从姐姐的死一事中体会到了什么？

(2)“但是我终于出来了”，这句话表达了作者怎样的感慨？

(3)总结这段文字表达了作者怎样的思想感情？

3.阅读作品片段，请回答下面问题。

十八年，似乎一切全变了，又似乎都没有改变。死了许多人，毁了许多家。许多可爱的生命葬入黄土。接着又有许多新的人继续扮演不必要的悲剧。浪费，浪费，还是那许多不必要的浪费——生命，精力，感情，财富，甚至欢笑和眼泪。我去的时候是这样，回来时看见的还是一样的情形。关在这个小圈子里，我禁不住几次问我自己：难道这十八年全是白费？难道在这许多年中间所改变的就只是装束和名词？我痛苦地搓自己的手，不敢给一个回答。

(1)在这十九年中，改变的是什么？没有改变的是什么？

(2)这段文字表达了作者怎样的感情？

4.阅读作品片段，请回答下面问题。

“长宜子孙”这四个字的年龄比我的不知大了多少。这也该是我祖父留下的东西罢。最近在家里我还读到他的遗嘱。他用空空两手造就了一份家业。到临死还周到地为儿孙安排了舒适的生活。他叮嘱后人保留着他修建的房屋和他辛苦地搜集起来的书画。但是儿孙们回答他的还是同样的字:分和卖。我很奇怪,为什么这样聪明的老人还不明白一个浅显的道理:财富并不“长宜子孙”,倘使不给他们一个生活技能,不向他们指示一条生活道路?“家”这个小圈子只能摧毁年轻心灵的发育成长,倘使不同时让他们睁起眼睛去看广大世界,财富只能毁灭崇高的理想和善良的气质,要是它只消耗在个人的利益上面。

“长宜子孙”,我恨不能削去这四个字!许多可爱的年轻生命被摧残了,许多有为的年轻心灵被囚禁了。许多人在这个小圈子里面憔悴地挨着日子。这就是“家”!“甜蜜的家”!这不是我应该来的地方。爱尔克的灯光不会把我引到这里来的。

(1)“长宜子孙”最终带来的是什么结果?

(2)“长宜子孙”在全文中的作用是什么?

(3)找出片段中运用的修辞手法。

5.阅读作品片段,并回答问题。

我高兴地来,痛苦地去……但是清晨的微风,路上的尘土,马达的叫吼……驱散了我的离愁……我很高兴,自己又一次离开了狭小的家,走向广大的世界中去!

忽然在前面田野里一片绿的蚕豆和黄的菜花中间,我仿佛又看见了一线光,一个亮,还是我常常看见的灯光。这不会是爱尔克的灯里照出来的,我那个可怜的姐姐已经死去了。这一定是我的心灵的灯,它永远给我指示我应该走的路。

(1)作者重回故里和离开故地的心情有什么变化?为什么?

(2)作者“心灵的灯”的象征含义是什么?

参考答案

二十八　箱子岩

沈从文

十五年以前，我有机会独坐一只小篷船，沿辰河上行，停船在箱子岩脚下。一列青黛崭削的石壁，夹江高矗，被夕阳烘炙成为一个五彩屏障。石壁半腰约百米高的石缝中，有古代巢居者的遗迹，石罅隙间横横的悬撑起无数巨大横梁，暗红色长方形大木柜尚依然好好地搁在木梁上。岩壁断折缺口处，看得见人家茅棚同水码头，上岸喝酒下船过渡人也得从这缺口通过。那一天正是五月十五，河中人过大端阳节。箱子岩洞窟中最美丽的三只龙船，早被乡下人拖出浮在水面上。船只狭而长，船舷描绘有朱红线条，全船坐满了青年桨手，头腰各缠红布。鼓声起处，船便如一支没羽箭，在平静无波的长潭中来去如飞。河身大约一里路宽，两岸皆有人看船，大声呐喊助兴。且有好事者，从后山爬到悬岩顶上去，把“铺地锦”百子边炮从高岩上抛下，尽边炮在半空中爆裂，形成一团团五彩碎纸云尘，彭彭彭彭的边炮声与水面船中锣鼓声相应和。引起人对于历史回溯发生一种幻想，一点感慨。

当时我心想：多古怪的一切！两千年前那个楚国逐臣屈原，若本身不被放逐，疯疯癫癫来到这种充满了奇异光彩的地方，目击身经这些惊心动魄的景物，两千年来的读书人，或许就没有福分读《九歌》那类文章，中国文学史也就不会如现在的样子了。在这一段长长岁月中，世界上多少民族皆堕落了，衰老了，灭亡了。即如号称东亚大国的一片土地，也已经有过多少次被来自西北方沙漠中的蛮族，骑了膘壮的马匹，手持强弓硬弩，长枪大戟，到处践踏蹂躏！（辛亥革命前夕，在这苗蛮杂处的一个边镇上，向土民最后一次大规模施行杀戮的统治者，就是一个北方清朝的宗室！辛亥以后，老袁梦想做皇帝时，又有两师北老在这里和滇军作战了大半年。）然而这地方的一切，虽在历史中照样发生不断的杀戮，争夺，以及一到改朝换代时，派人民担负种种不幸命运，死的因此死去，活的被逼迫留发，剪发，在生活上受新朝代种种限制与支配。然而细细一想，这些人根本上又似乎与历史毫无关系。从他们应付生存的方法与排泄感情的娱乐看上来，竟好像今古相同，不分彼此。这时节我所眼见的光景，或许就和两千年前屈原所见的完全一样。

那次我的小船停泊在箱子岩石壁下，附近还有十来只小渔船，大致打鱼人也有玩龙船竞渡的，所以渔船上妇女小孩们，无不十分兴奋，各站在尾梢上或船篷上锐声呼喊。其中有几个小孩子，我只担心他们太快乐兴奋，会把住家的小船跳沉。

日头落尽云影无光时，两岸渐渐消失在温柔暮色里。两岸看船人呼喝声越来越少，河面被一片紫雾笼罩，除了从锣鼓声中尚能辨别那些龙船方向，此外已别无所见。然而岩壁缺口处却人声嘈杂，且闻有小孩子哭声，有妇女们尖锐叫唤声，综合给人一种悠然不尽的感觉。天已经夜了，吃饭是正经事。我原先尚以为再等一会儿，那龙船一定就会傍近岩边来休息，被人拖进石窟里，在快乐呼喊中结束这个节日了。谁知过了许久，那种锣鼓声尚在河面飘扬着,表示一班人还不愿意离开小船,回转家中。待到我把晚饭吃过后,爬出舱外一望,呀,天上好一轮圆月。月光下石壁同河面,一切如镀了银,已完全变换了一种调子。岩壁缺口处水码头边,正有人用废竹缆或油柴燃着火燎,火光下只见许多穿白衣人的影子移动。问问船上水手,方知道那些人正把酒食搬移上船,预备分派给龙船上人。原来这些青年人白日里划了一整天船,看船的已慢慢散尽了,划船的还不尽兴,并且谁也不愿意扫兴示弱,先行上岸,因此三只长船还得在月光下玩个上半夜。

提起这件事,使我重新感到人类文字语言的贫俭。那一派声音,那一种情调,真不是用文字语言可以形容的事情。要一个长年身在城市里住下,以读读《楚辞》就"神王意移"的人,来描绘那月下竞舟的一切,更近于徒然的努力。我可以说的,只是自从我把这次水上所领略的印象保留到心上后,一切书本上的动人记载,全看得平平常常,不至于发生任何惊讶了。这正像我另外一时,看过人类许多不同花样的愚蠢杀戮,对于其余书上叙述到这件事情时,同样不能再给我如何感动。

十五年后我又有了机会乘坐小船沿辰河上行,应当经过箱子岩。我想温习温习那地方给我的印象,就要管船的不问迟早,把小船在箱子岩下停泊。这一天是十二月七号,快要过年的光景。没有太阳的阴沉酿雪天,气候异常寒冷。停船时还只下午三点钟左右,岩壁上藤萝草木叶子多已萎落,显得那一带斑驳岩壁十分瘦削。悬岩高处红木柜,只剩下三四具,其余早不知到哪儿去了。小船最先泊在岩壁下洞窟边,冬天水落得太多,洞口已离水面两三丈以上。我从石壁裂罅爬上洞口,到搁龙船处看了一下,旧船已不知坏了还是早被水冲去了,只见有四只新船搁在石梁上,船头还贴有鸡血同鸡毛,一望就明白是今年方下水的。出得洞口时,见岩下左边泊定五只渔船,有几个老渔婆缩颈敛手在船头寒风中修补渔网。上船后觉得这样子太冷落了,可不是个办法,就又要船上水手为我把小船撑到岩壁断折处有人家地方去,就便上岸,看看乡下人过年以前是什么光景。

四点钟左右,黄昏已逐渐腐蚀了山峦与树石轮廓,占领了屋角隅。我独自坐在一家小饭铺柴火边烤火。我默默的望着那个火光煜煜的枯树根,在我脚边很快乐的燃着,爆炸出轻微的声音。铺子里人来来往往,有些说两句话又走了,有些就来镶在我身边长凳上,坐下吸他的旱烟。有些来烘烘脚,把穿着湿草鞋的脚去热灰里乱搅。看看每一个人的脸子,我都发生一种奇异的乡情。这里是一群会寻快乐的正直善良乡下人,有捕鱼的,打猎的,有船上水手和编制竹缆工人。若我的估计不错,那个坐在我身旁,伸出两只手向火,中指节有个放光顶针的,肯定还是一位乡村里的成衣人。这些人每到大端阳时节,都得下河去玩一整天的龙船。平常日子特别是隆冬严寒天气,却在这个地方,按照一种分定,很简单地把日子过下去。每日看过往船只摇橹扬帆来去,看落日同水鸟。虽然也同样有人事上的得失,到恩怨纠纷成一团时,就陆续发生庆贺或仇杀。然而从整个说来,这些人生活却仿佛同"自然"已相融合,很从容的各在那里尽其性命之理,与其他无生命物质一样,惟在日月升降寒暑交替中放射,分解。而且在这种过程中,人是如何渺小的东西,这些人比起世界上任何哲人,也似乎还更知道的多一些。

听他们谈了许多,我心中有点忧郁起来了。这些不辜负自然的人,与自然妥协,对历史毫无担负,活在这无人知道的地方。另外尚有一批人,与自然毫不妥协,想出种种方法来支配自然，违反自然的习惯。同样也那么尽寒暑交替，看日月升降。然而后者却在慢慢改变历史，创造历史。一份新的日月，行将消灭旧的一切。我们用什么方法，就可以使这些人心中感觉一种对“明天”的“惶恐”，且放弃过去对自然和平的态度，重新来一股劲儿，用划龙船的精神活下去？这些人在娱乐上的狂热，就证明这种狂热能换个方向，就可使他们还配在世界上占据一片土地，活得更愉快更长久一些。不过有什么办法，可以改造这些人的狂热到一件新的竞争方面去，可是个费思索的问题。

一个跛脚青年人，手中提了一个老虎牌新桅灯，灯罩光光的，洒着摇着从外面走进屋子。许多人见了他都同声叫唤起来：“什长，你发财回来了！好个灯！”

那跛子年纪虽很轻，脸上却刻划了一种兵油子的油气与骄气，在乡下人中仿佛身分特高一层。把灯搁在木桌上，大洋洋的坐近火边来，拉开两腿摊出两只大手烘火，满不高兴的说：“碰鬼，运气坏，什么都完了。”

“船上老八说你发了财，瞒我们。怕我们开借。”

“发了财，哼。用得着瞒你们？本钱去七角，桃源行市只一块零，除了上下开销，二百两货有什么捞头，我问你。”

这个人接着且连骂带唱的说起桃源后江娘儿们种种有趣的情形，使得一般人活泼兴奋起来。话说得正有兴味时，一个人来找他，说“什长，猪蹄髈炖好了，酒已热好了，”他搓搓手，说声“有偏各位”，提起那个新桅灯就走了。

原来这个青年汉子，是个打鱼人的独生子。三年前被省城里募兵委员看中了招去，训练了三个月，就开到江西边境去同共产党打仗。打了半年仗，一班兄弟中只剩下他一个人好好的活着，奉令调回后防招募新军补充时，他因此升了班长。第二次又训练三个月，再开到前线去打仗。于是碎了一只腿，抬回省中军医院诊治，照规矩这只腿得用锯子锯去。一群同乡都以为从辰州地方出来的家乡人，“辰州符”比截割高明得多了，信他个洋办法像话吗？就把他从医院中抢出，在外边用老办法找人敷水药治疗。说也古怪，不到三个月，那只腿居然不必截割全好了。战争是个什么东西他也明白了。取得了本营证明，领得了些伤兵抚恤费后，于是回到家乡来，用什长名义受同乡恭维，又用伤兵名义做点特别生意。这生意也就正是有人可以赚钱，有人可以犯法，政府也设局收税，也制定法律禁止，又可以杀头又可以发财那种从各方面说来都似乎极有出息的生意。我想弄明白那什长的年龄，从那个当地唯一成衣人口中，方知道这什长今年还只二十一岁。那成衣人还说：

“这小子看事有眼睛，做事有魄力，蹶了一只腿，还会一月一个来回下常德府，吃喝玩乐发财走好运。若两只腿全弄坏，那就更好了。”

有个水手插口说：“这是什么话。”

“什么画，壁上挂。穷人打光棍，一只腿打坏了不顶事。如两只腿全打坏了，他就不会卖烟土走私赚了钱，再到桃源县后江玩花姑娘了！”

成衣人末后一句打趣话，把大家都弄笑了。

回船时，我一个人坐在灌满冷气的小小船舱中，屈指计算那什长年龄，二十一岁减十五，得到个数目是六。我记起十五年前那个夜里一切光景，那落日返照，那狭长而描绘朱红线条的船只，那锣鼓与热情兴奋的呼喊，……尤其是临近几只小渔船上欢乐跳掷的小孩子，其中一定就有一个今晚我所见到的跛脚什长。唉,历史,多么古怪的事物。生恶性痈疽的人,照旧式治疗方法,可用一星一点毒药敷上,尽它溃烂,到溃烂净尽时,再用药物使新的肌肉生长,人也就恢复健康了。这跛脚什长,我对他的印象虽异常恶劣,想起他就是一个可以溃烂这乡村居民灵魂的人物,不由人不寄托一种幻想……

二十年前澧州镇守使王正雅部队一个平常马夫,姓贺名龙,兵乱时,一菜刀切下了一个散兵的头颅,二十年后就得惊动三省集中十万军队来解决这马夫。谁个人会注意这小小节目,谁个人想象得到人类历史是用什么写成的!

学习要点

【作家作品】

沈从文(1902—1988),原名沈岳焕,笔名休芸芸、甲辰、上官碧、璇若等,乳名茂林,字崇文,湖南凤凰人,中国著名作家、历史文物研究者。

14岁时,他投身行伍,浪迹湘川黔交界地区。1924年开始进行文学创作,撰写出版了《长河》《边城》等小说。1931年至1933年在青岛大学任教,抗战爆发后到西南联大任教,1946年回到北京大学任教,新中国成立后在中国历史博物馆和中国社会科学院历史研究所工作,主要从事中国古代历史与文物的研究,著有《中国古代服饰研究》。1988年病逝于北京,享年86岁。

沈从文创作的作品有80多部,主要以小说、散文为主。著名的中长篇作品有《边城》《长河》等,散文有《湘行散记》《湘西》和《从文自传》等。

沈从文是具有特殊意义的乡村世界的主要表现者和反思者。他认为"美在生命",虽身处于虚伪、自私和冷漠的都市,却醉心于人性之美。他说:"这世界或有在沙基或水面上建造崇楼杰阁的人,那可不是我,我只想造希腊小庙。选小地作基础,用坚硬石头堆砌它。精致,结实、对称,形体虽小而不纤巧,是我理想的建筑,这庙供奉的是'人性'(《习作选集代序》)。"沈从文的创作风格趋向浪漫主义,他要求小说具有诗意效果,融写实、纪梦、象征于一体。其作品语言优美抒情,主干突出,单纯而又厚实,具有浓郁的地方色彩,凸现出乡村人性特有的风韵与神采。

本文选自沈从文散文集《湘行散记》。这篇散文写于1934年,最初发表于1935年4月10日《水星》第2卷第7号。本文是一篇游记散文。

【思想内容】

本文记叙了作者相隔15年,两次游览湘西箱子岩的见闻。通过对湘西历史风物的触摸与思考,阐释了作者对湘西人近乎原始自足式生活的独特的体察,表达了作者对家乡故土的"世外桃源"式生活的挚爱和深深的眷念;同时,又怀着对乡民们那种麻木不仁,即将为飞逝的历史所淘汰的深深忧虑,深情地呼唤出要用划龙船的精神来重塑故乡人灵魂的心愿。

【艺术特色】

1.正面描写与侧面描写相结合。

本文主要写作者两次游览箱子岩的见闻，尤其重点写了第一次游览箱子岩时所看见的五月十五端阳节赛龙舟的激烈场面。在具体描写赛龙舟的场面时，本文采用了正面描写与侧面描写相结合的表现手法，先是正面写三只龙船上青年桨手的动作，然后是侧面写了两岸观众呐喊助威的情景，使场面描写有声有色，文笔细腻生动，让读者有身临其境之感。

2.叙事、抒情、议论融汇一体。

本文是一篇游记散文。本文以叙事为主，但还穿插一些议论及抒情；议论与抒情均是因事而生，情事相融，使叙事有了主题的归宿，也避免了文章的平铺直叙，增强了文章的感染力。如在描写端阳节的赛龙舟的场面时，作者由此联想到了两千年前被流放到这里的屈原，进而对湘西这块土地及人民的历史命运及生存方式作了一番议论。在描写端阳节赛龙舟的场面后，文中有一大段的抒情，表达了观赛龙舟后的作者那种用语言无法表述的激动心情。叙事、抒情、议论融汇一体，凸显了沈从文散文的笔致灵动、优美抒情的诗意风格。

【每课一练】

一、选择题

1.《箱子岩》一文选自散文集 （　）

A.《湘行散记》　B.《湘西》　C.《从文自传》　D.《闲书》

2.《箱子岩》一文叙述的是 （　）

A.军旅生活　B.湘西生活　C.都市生活　D.市井生活

3.《箱子岩》一文重点描写了大端阳节什么场面 （　）

A.狮子舞　B.社戏　C.灯会　D.赛龙舟

4.《箱子岩》一文中所描写的跛脚什长是一个什么形象 （　）

A.兵痞　B.平民　C.打鱼人　D.桨手

5.《箱子岩》是一篇 （　）

A.写人散文　B.抒情散文　C.游记散文　D.状物散文

二、填空题

1.沈从文(1902—1988)，________凤凰人，中国著名作家、历史文物研究者。

2.14岁时，他投身________，浪迹湘川黔交界地区。沈从文创作的作品有80多部，主要以小说、散文为主。著名的中长篇作品有《边城》《长河》等，其中《________》为其代表作。散文有《湘行散记》、《湘西》和《从文自传》等。

3.沈从文是具有特殊意义的________世界的主要表现者和反思者，他醉心于________之美。沈从文的创作风格趋向浪漫主义，他要求小说的________效果，融写实、纪梦、象征于一体。其作品语言优美抒情，主干突出，单纯而又厚实，具有浓郁的________色彩，凸现出乡村人性特有的风韵与神采。

4.《箱子岩》一文表达了作者对家乡故土的“________”式生活的挚爱和深深的眷念；……

三、阅读分析题

1.阅读作品片段,然后回答下列问题。

那一天正是五月十五,河中人过大端阳节。箱子岩洞窟中最美丽的三只龙船,早被乡下人拖出浮在水面上。船只狭而长,船舷描绘有朱红线条,全船坐满了青年桨手,头腰各缠红布。鼓声起处,船便如一只没羽箭,在平静无波的长潭中来去如飞。河身大约一里路宽,两岸皆有人看船,大声呐喊助兴。且有好事者,从后山爬到悬崖顶上去,把“铺地锦”百子边炮从高岩上抛下,尽边炮在半空中爆裂,形成一团团五彩碎纸云尘,彭彭彭彭的鞭炮声与水面船中锣鼓声相应和。引起人对历史回溯发生一种幻想,一点感慨。

(1)这段文字的主旨是什么?

(2)这段文字在全文中的作用是什么?

2.阅读作品片段,然后回答问题。

当时我心想:多古怪的一切!两千年前那个楚国逐臣屈原,若本身不被放逐,疯疯癫癫来到这种充满了奇异光彩的地方,目击身经这些惊心动魄的景物,两千年来的读书人,或许就没有福分读《九歌》那类文章,中国文学史也就不会如现在的样子了。在这一段长长岁月中,世界上多少民族皆堕落了,衰老了,灭亡了。即如号称东亚大国的一片土地,也已经有过多少次被来自西北方沙漠中的蛮族,骑了膘壮的马匹,手持强弓硬弩,长枪大戟,到处践踏蹂躏!(辛亥革命前夕,在这苗蛮杂处的一个边镇上,向土民最后一次大规模施行杀戮的统治者,就是一个北方清朝的宗室!辛亥以后,老袁梦想做皇帝时,又有两师北老在这里和滇军作战了大半年。)然而这地方的一切,虽在历史中照样发生不断的杀戮,争夺,以及一到改朝换代时,派人民担负种种不幸命运,死的因此死去,活的被逼迫留发,剪发,在生活上受新朝代种种限制与支配。然而细细一想,这些人根本上又似乎与历史毫无关系。从他们应付生存的方法与排泄感情的娱乐看上来,竟好像今古相同,不分彼此。这时节我所眼见的光景,或许就和两千年前屈原所见的完全一样。

(1)这段文字采用了什么表达方式?

(2)这段文字表达了作者怎样的感慨?

3.阅读作品片段,然后回答问题。

听他们谈了许多,我心中有点忧郁起来了.这些不辜负自然的人,与自然妥协,对历史毫无担负,活在这无人知道的地方.另外尚有一批人,与自然毫不妥协,想出种种方法来支配自然,违反自然的习惯。同样也那么尽寒暑交替,看日月升降。然而后者却在慢慢改变历史,创造历史。一份新的日月,行将消灭旧的一切。我们用什么方法,就可以使这些人心中感觉一种对“明天”的“惶恐”,且放弃过去对自然和平的态度,重新来一股劲儿,用划龙船的精神活下去?这些人在娱乐上的狂热,就证明这种狂热能换个方向,就可使他们还配在世界上占据一片土地,活得更愉快更长久一些。

(1)文中的“他们”是指什么人?

(2)文中的“他们”与“另外尚有一批人”构成什么关系?

(3)文段所说的“划龙船的精神”是什么精神?

(4)这段文字寄托作者什么理想?

(5)本段文字运用了什么表达方式?

4.阅读作品片段,然后回答问题。

二十年前澧州镇守使王正雅部队一个平常马夫,姓贺名龙,兵乱时,一菜刀切下了一个散兵的头颅,二十年后就得惊动三省集中十万军队来解决这马夫。谁个人会注意这小小节目,谁个人想象得到人类历史是用什么写成的!

(1)这段文字表达了作者什么样的思想感情?

(2)本文以贺龙起家为结尾具有什么寓意?

参考答案

诗词曲赋基础知识

诗、词、曲、赋都属于诗歌的范畴。诗歌是一种古老的文学体裁，它与戏剧、散文、小说并列为四大文学体裁。

一、诗

诗歌是人类文化的源头。最早的诗歌，与音乐、舞蹈是合为一体的，“诗歌”联称就体现了这一特点。古代的律诗、词、散曲都属于诗歌的范畴，中国古代诗歌又分为古体诗和近体诗。古体诗产生较早，有四言、五言、六言、七言、杂言诸体；近体诗是发端于南齐形成于初唐的五七言律诗、排律、绝句的通称。现在的诗歌概念更为宽泛，除歌曲以外的格律诗、自由诗和散文诗都属于诗歌的范畴。

诗歌的基本特点：诗歌饱含着作者的思想感情与丰富的想象，语言凝练而形象性强，具有鲜明的节奏，和谐的音韵，富于音乐美，语句一般分行排列，注重结构形式美。

近体诗(格律诗)的结构特点：

1. 四句为绝句，八句为律诗，长于八句叫长律，也叫排律。
2. 各句字数(五言或七言)相等。
3. 一韵到底，必需押平声韵。
4. 中间两两对仗。
5. 合乎平仄(即必须按律诗平仄格律)。

二、词

词是一种诗的别体，萌芽于南朝，是隋唐时兴起的一种新的文学样式。到了宋代，经过长期不断的发展，进入到词的全盛时期。词最初称为“曲词”或者“曲子词”，别称有：近体乐府、长短句、曲子、曲词、乐章、琴趣、诗余等，是配合宴乐乐曲而填写的歌诗，词牌是词的调子的名称，不同的词牌在总句数、句数，每句的字数、平仄上都有规定。

词的主要特征：

1. 每首词都有一个表示音乐性的词调。一般来说，词调并不是词的题目，仅只能把它当作词谱看待。到了宋代，有些词人为了表明词意，常在词调下面另加题目，而词牌与题目用“·”隔开，或者还写上一段小序。各个词调都是“调有定格，句有定数，字有定声”，并且各不相同。

2. 词一般都分两段(叫作上下片或上下阕)，极少有不分段或分两阕(片)以上的。一首词有的只分一段，称为单调；有的分两段，称双调；有的分三段或四段，称三叠或四叠。分片是由于乐谱的规定，是因为音乐已经唱完了一遍。片与片之间的关系，在音乐上是暂时休止而非全曲终了。一首词分成数片，就是由几段音乐合成完整的一曲。

3. 一般词调的字数和句子的长短都是固定的，有一定的格式(一般上下阕(片)像对联一样相对)。

4. 词的句式参差不齐，基本上是长短句，长短句也是词的别称。

5. 词中声韵的规定特别严格，用字要分平仄，每个词调的平仄都有所规定，各不相同。

6. 词有时会不符合上述规律，因为早期是和着曲子写的，因此它最注重的还是与曲的配合。(蒙元时期，词与曲是两相和的，因为元曲与词差不多，只是曲没有阕，词有阕。)

7. 一般按字数将词分为小令、中调和长调三种，58 字以内为小令；59 到 90 字为中调；长调 91 字以上，最长的词达 240 字。

8. 字声配合更严密。词的字声组织基本上和近体诗相近似，但变化很多，而且有些词调还须分辨四声和阴阳。作词要审音用字，以文字的声调来配合乐谱的声调。在音乐吃紧的地方更须严辨字声，以求协律和美动听。

宋代是词特别繁荣发展的时代。由于宋代特定的政治、经济背景，词的兴起即以反映市井、女性、征人、游子等内容见长。柳永对词的发展贡献是巨大的。柳永那种情感真挚细腻、天然无雕饰，既讲究炼词，又以白描见长，且注重音韵的表现手法和创作技巧，深为人们喜爱，从而成为婉约派的代表词人。宋词表现生活内容狭窄的局面到苏轼才开始有所转变，苏轼以其志向高远、托情言志、胸襟开阔、激情豪放的创作风格，开创了豪放派的先河。但总体来看，整个宋代，乃至后来，词的题材内容仍不如诗歌，特别是不如唐诗广阔。

三、曲

曲兴起于元代，是在宋词的基础上，结合民间谣曲演化而成的新诗体。曲可分为：剧曲和散曲。其中前者主要用于演唱，有完整的故事情节，属于戏剧。后者才是具有供人托情言志性质的诗歌。

散曲的体制：

1. 小令

又称“叶儿”，是散曲体制的基本单位。其名称源于唐代的酒令。单片只曲，调短字少是最基本的特征。除了单片只曲，还有一种联章体，又称重头小令，由同题同调的数支小令组成，最多可达百支，用以合咏一事或分咏数事，如关汉卿的双调《大德歌·春》。

2. 套数

又称套曲、散套、大令，是从宋大曲、宋曲诸宫调发展而来的，体制特点有三：

(1)是由同一宫调的若干首曲牌相连而成。

(2)各曲同押一韵。

(3)通常在结尾部分还有[尾声]。

3. 带过曲

由同一宫调的不同曲牌组成。

散曲是兴于元代的新诗体，其特点是音乐性强，曲调来源于民间，深受我国北方民歌和北方少数民族音乐的影响。形式上要求句句押韵、一韵到底、通篇一韵，形式自由、松散、不怕重复、易于上口，适合民间传唱。此外，为适应这种文体形式，散曲还可以用“衬字”来改变曲调所规定的句式的长短，从而既保留了原曲调的风格，又可灵活表现内容，使之更易在民间被接受。

元代是元曲的鼎盛时期。一般来说，元杂剧和散曲合称为元曲，杂剧是戏曲，散曲是诗歌，属于不同的文学体裁。但也有相同之处，两者都采用北曲为演唱形式，因此，散曲、剧曲又被称为乐府。散曲是元代文学主体，不过，元杂剧的成就和影响远远超过散曲，因此也有人以“元曲”单指杂剧，元曲也即“元代戏曲”。把关汉卿、马致远、郑光祖、白朴并称为“元曲四大家”，关汉卿位于“元曲四大家”之首。

四、赋

赋是汉代形成的特殊文体，兼具诗歌与散文的性质。它源起于楚辞，受先秦散文的影响，至大汉空前统一基业的建立，遂产生出这种以皇家歌功颂德为内容，以铺陈、排比、夸张、追求辞藻华丽为特点，以服务于宫廷贵族为目的的汉赋。

汉赋分小赋和大赋，前者为短小的，以抒情言志为目的的作品；后者篇幅长，规模大。汉赋讲究铺叙、文采、对仗和韵律，一般采用主客问答、抑客扬主的结构句式。内容多反映皇家驰马田猎、华殿豪宴、武功声威等。整个汉代即以大赋为主要文体形式，代表作品有枚乘的《七发》，司马相如的《子虚赋》《上林赋》，扬雄的《甘泉赋》《羽林赋》，班固的《两都赋》等。到了汉末，汉赋中逐渐分化出小赋。魏晋南北朝时骈文兴盛，于是出现了骈赋；唐代律诗兴盛，于是出现了律赋；唐宋时古文兴盛，于是出现了文赋。

二十九 *氓

《氓》

《诗经》

氓之蚩蚩①，抱布贸丝②。匪来贸丝③，来即我谋④。送子涉淇⑤，至于顿丘⑥。匪我愆期⑦，子无良媒⑧。将子无怒⑨，秋以为期。

乘彼垝垣⑩，以望复关⑪。不见复关，泣涕涟涟⑫。既见复关，载笑载言⑬。尔卜尔筮⑭，体无咎⑮言。以尔车来⑯，以我贿迁⑰。

桑之未落，其叶沃若⑱。于嗟鸠兮⑲，无食桑葚！于嗟女兮，无与士耽⑳！士之耽兮，犹可说也㉑。女之耽兮，不可说也。

桑之落矣，其黄而陨㉒。自我徂尔㉓，三岁食贫㉔。淇水汤汤㉕，渐车帷裳㉖。女也不

---

① 氓(méng)：古代称百姓(多指外来的)。诗中指弃妇过去的丈夫。蚩蚩(chī)：同"嗤嗤"，嬉笑的样子。
② 贸：交换。
③ 匪：通"非"。
④ 即：就。谋：商议。
⑤ 子："氓"。涉：渡。淇：淇水，卫国的一条河流名。
⑥ 顿丘：地名，在淇水南。
⑦ 愆(qiān)期：错过了期限(婚期)。愆：过失，过错。
⑧ 良媒：好的媒人。
⑨ 将(qiāng)：又，且。
⑩ 乘：登。垝(guǐ)垣：坍坏的墙。
⑪ 复关：进城门。复：进。关：当时收税的地方，即城门口。一说"复关"指"氓"所居之地。
⑫ 涟涟：泪流不断的样子。
⑬ 载：则，就。
⑭ 尔：你，指男子。卜：用龟甲卜卦。筮(shì)：用蓍草占卜。
⑮ 体：卦象，即占卜的结果。咎：凶，灾。
⑯ 车：指迎亲的车。
⑰ 贿：财物，指嫁妆之类。
⑱ 沃若：润泽的样子。这里用桑叶的茂盛润泽，喻女子的年轻貌美与初婚的幸福。
⑲ 于(xū)嗟：同"吁嗟"，感叹词。鸠：斑鸠。据说此鸟爱食桑葚，吃多了就会昏醉。
⑳ 士：男子的通称。耽：沉溺。
㉑ 说：通"脱"，解脱。
㉒ 陨：坠落，掉下。这里是以桑叶黄落喻女子颜色衰老与婚姻的破裂。
㉓ 徂(cú)尔：嫁到男家。徂：往。
㉔ 三岁：多年。食贫：过着穷日子。
㉕ 汤(shāng)汤：水势很盛的样子。
㉖ 渐(jiān)：浸湿。帷裳：车幔。

爽①，士贰其行②。士也罔极③，二三其德④。

三岁为妇，靡室劳矣⑤。夙兴夜寐⑥，靡有朝矣⑦。言既遂矣，至于暴矣⑧。兄弟不知，咥其笑矣⑨。静言思之⑩，躬自悼矣⑪。

及尔偕老，老使我怨⑫。淇则有岸，隰则有泮⑬。总角之宴⑭，言笑晏晏⑮。信誓旦旦⑯，不思其反⑰。反是不思，亦已焉哉⑱！

学习要点

【作家作品】

《诗经》是我国最早的一部诗歌总集，共收入自西周初年至春秋中叶大约五百年时间（公元前 11 世纪至公元前 6 世纪）的诗歌 305 篇。它在先秦时代只称为《诗》或《诗三百》，西汉初，被儒家尊为经典，始称为《诗经》，并成为"五经"之首，开创了现实主义的源头。

"风"是各诸侯的土风歌谣，《诗经》共有十五国风，共 160 篇，最富于思想意义和艺术价值。"风"的意义就是声调。古人所谓《秦风》《魏风》《郑风》，就如现在我们所说的陕西调、山西调、河南调。各国国情不同，民歌的风格也有区别。比如郑风，它歌唱爱情，就比别的国家要大胆，要放肆（"郑风淫"孔子语）。

"雅"是周朝王畿（jī）之乐，"雅"是正的意思，是一种正统音乐，是西周王畿之地的正声雅乐、宫廷乐曲，包括大雅（一般用于诸侯朝会，31 篇）和小雅（一般用于贵族宴享，74 篇），共 105 篇。

---

① 爽：差错，过失。

② 贰其行：行为前后不一。贰：用作动词。

③ 罔极：没有准则。罔：无。

④ 二三其德："士"的行为一再反复，时二时三，变化无常。

⑤ 靡室劳矣：不以操持家务为苦。靡：无，不。

⑥ 夙兴夜寐：早起晚睡。夙：早。兴：起来。寐：睡。

⑦ 靡有朝矣：非止一日，天天如此。

⑧ 言：句首语助词。遂：实现。

⑨ 咥（xì）：大笑的样子，此处当指冷嘲热讽。

⑩ 言：语助词。

⑪ 躬自悼矣：自己伤悼自己。躬：身，自己。悼：悲伤。

⑫ "及尔"二句：从前曾相约和你白头到老，现在"偕老"之说只有使我怨恨。及：与。

⑬ "淇则"二句：以"淇有岸"、"隰有泮"反喻自己愁思无尽。隰（xí）：低湿之地。泮：通"畔"，边。

⑭ 总角：男女未成年时结发成两角，代指未成年。宴：欢聚。

⑮ 晏晏：柔和的样子。

⑯ 信誓：真诚的誓言。旦旦：态度诚恳的样子。

⑰ 不思其反：没想到他会违背誓约。

⑱ "反是"二句：既然他违背了誓约，不念当初，也就算了吧！已：完了。焉哉：是两个语助词连用，以加重语气，表示感叹。

“颂”共40篇。颂是宫廷用于宗庙祭祀的舞曲、歌词。从思想性和艺术价值上看，颂不如雅，雅不如十五国风。

现存的《诗经》基本上经孔子删汰选编而成。《诗经》常用赋、比、兴的表现手法，连同风、雅、颂，常被称作诗经“六义”。

《氓》，从表现方法上说，是一首叙事诗；从其表现的内容上说，则是一首“弃妇诗”。

【思想内容】

这是一首叙事诗。描写了春秋时郑、卫等地的风俗和妇女在恋爱婚姻生活中的不幸遭遇。诗歌以女主人公自我独白的方式，叙述了她与“氓”从恋爱到结婚，到受虐待、被遗弃的全过程，有力地谴责了“氓”背信弃义的丑恶行为，表达了她的悔、她的恨和她的决绝。

章节：第一二章──→第三四五章──→第六章

情节：恋爱结婚──→婚变遭弃──→决绝离开

【艺术特色】

1. 人物形象鲜明。女主人公：婚前，作为少女，她纯真、痴情、善良，对爱情执着专一；婚后，作为妻子，她辛苦操持、任劳任怨；被弃后，刚强果决，自尊自重。

“氓”：婚前，态度温和，看似忠厚，性格急躁，不够庄重；婚后，性格暴虐，德行不一。

2. 多用比兴。“赋”：陈述铺叙。“比”：比喻，对人或事物加以形象的比喻，使其特征更加鲜明突出。“兴”：借助其他事物作为诗歌的发端，以引起所要歌唱的内容。如“桑之未落，其叶沃若”，“桑之落矣，其黄而陨”既是托物发端，又是以物喻人喻情，前者比喻女子的年轻貌美和初婚的幸福，后者比喻女子的年老色衰和婚姻的逐渐破裂。如“于嗟鸠兮，无食桑葚”，比喻女子不可为爱情所迷；“淇水汤汤，渐车帷裳”喻指女子的痛苦盛大；“淇则有岸，隰则有泮”，反喻女子的愁思无尽而男子的心思不可捉摸。比兴手法的运用不仅使诗歌更加生动形象，而且对渲染气氛、烘托主题、塑造人物形象都具有积极的作用。

3. 多用对比。有人物性格纵向的对比，如“氓”，起初是“言笑晏晏”，“氓之蚩蚩，抱布贸丝”，后来却是“言既遂矣，至于暴矣”；有人物性格横向的对比，如“女也不爽，士贰其行”；有人物情态的对比，如“不见复关，泣涕涟涟。既见复关，载笑载言”；有人与自然间的对比，如“淇则有岸，隰则有泮”。

【成语格言】

夙兴夜寐；信誓旦旦。

【每课一练】

一、选择题

1.《氓》选自《诗经》中的 （　　）

A. 风　　B. 小雅　　C. 大雅　　D. 颂

2. 下列作品出自我国最早的诗歌总集的是　（　　）

A.《氓》　B.《国殇》

C.《陌上桑》　D.《短歌行》(其一)

3. 下列诗句运用"赋"法的是　（　　）

A. 氓之蚩蚩，抱布贸丝　B. 桑之未落，其叶沃若

C. 于嗟鸠兮，无食桑葚　D. 淇则有岸，隰则有泮

4. 下列诗句运用了比兴方法的是　（　　）

A. 自我徂尔，三岁食贫　B. 女也不爽，士贰其行

C. 桑之落矣，其黄而陨　D. 既见复关，载笑载言

5. 下列诗句中，运用反比的是　（　　）

A. 桑之未落，其叶沃若　B. 于嗟鸠兮，无食桑葚

C. 淇水汤汤，渐车帷裳　D. 淇则有岸，隰则有泮

6. 下列成语出自《氓》的一组是　（　　）

A. 贻笑大方、井底之蛙　B. 夙兴夜寐、翻云覆雨

C. 夙兴夜寐、信誓旦旦　D. 居安思危、信誓旦旦

二、填空题

1.《诗经》是我国最早的一部________，共收入自西周初年至春秋中叶大约五百年时间(公元前 11 世纪至公元前 6 世纪)的诗歌 305 篇。它在先秦时代只称为《诗》或《________》，西汉初，被儒家尊为经典，始称为《诗经》，并成为"五经"之首，开创了________主义的源头。

2."风"是各诸侯的土风歌谣，《诗经》共有十五国风，共 160 篇，思想意义和艺术价值________。"风"、"雅"、"颂"是按________来分的。"雅"是正的意思。是一种正统音乐，是西周王畿之地的正声雅乐、宫廷乐曲，包括大雅(一般用于诸侯朝会，31 篇)和小雅(一般用于贵族宴享，74 篇)，共 105 篇。"颂"共 40 篇。颂是宫廷用于宗庙________的舞曲、歌词。

3. 现存的《诗经》基本上经________删汰选编而成。

4.《诗经》常用________、________、________的表现手法。连同风、雅、颂，常被称作诗经"六义"。

5.《氓》，从表现方法上说，是一首________诗；从其表现的内容上说，则是一首"________诗"。

三、阅读分析题

1. 阅读《氓》中的一段诗句，回答问题。

氓之蚩蚩，抱布贸丝。匪来贸丝，来即我谋。送子涉淇，至于顿丘。匪我愆期，子无良媒。将子无怒，秋以为期。

(1)解释这段诗句中加点字的含义。

贸：________　愆：________　将：________

(2)结合诗句分析这段诗句中男、女主人公的性格特点。

2. 阅读《氓》中的一段诗句，回答问题。

乘彼垝垣，以望复关。不见复关，泣涕涟涟。既见复关，载笑载言。尔卜尔筮，体无咎言。以尔车来，以我贿迁。

(1)解释这段诗句中加点字的含义。

垝：________　　泣涕：________　　载：________　　咎：________

贿：________

(2)这段选文中主要运用了哪些表现手法？刻画了怎样的人物性格特点？

3. 阅读《氓》中的一段诗句，回答问题。

桑之未落，其叶沃若。于嗟鸠兮，无食桑葚！于嗟女兮，无与士耽！士之耽兮，犹可说也。女之耽兮，不可说也。

桑之落矣，其黄而陨。自我徂尔，三岁食贫。淇水汤汤，渐车帷裳。女也不爽，士贰其行。士也罔极，二三其德。

(1)解释这段诗句中加点字的含义。

耽：________　　说：________　　徂：________　　汤汤：________

渐：________　　爽：________　　贰：________　　罔：________

二三：________

(2)概括这两节诗的内容大意。

(3)找出这两节诗中的比兴句，并分析其比兴意义。

(4)从这两节诗中选出相应诗句说明造成女主人公悲剧命运的根本社会原因和前夫的直接原因。

4. 阅读《氓》中的一段诗句，回答问题。

三岁为妇，靡室劳矣。夙兴夜寐，靡有朝矣。言既遂矣，至于暴矣。兄弟不知，咥其笑矣。静言思之，躬自悼矣。

(1)解释文中加点字含义。

靡：________　　夙：________　　遂：________

(2)结合诗句分析男、女主人公的性格特点。

5. 阅读《氓》中的一段诗句，回答问题。

及尔偕老，老使我怨。淇则有岸，隰则有泮。总角之宴，言笑晏晏。信誓旦旦，不思其反。反是不思，亦已焉哉！

(1)解释这段诗句中加点字的含义。

泮：________　　宴：________　　旦旦：________

(2)将这段诗句中的下列诗句译成现代汉语。

信誓旦旦：____

(3)概括这节诗的内容大意。

(4)找出这节诗中的比兴句，并分析其比兴意义。

(5)这节诗中为什么写到婚前与“氓”在一起的欢乐景象？

参考答案

《橘颂》

三十 *橘 颂

屈 原

后皇①嘉②树，橘徕③服④兮。
受命⑤不迁，生南国⑥兮。
深固难徙，更壹志⑦兮。
绿叶素荣⑧，纷其可喜兮。
曾枝剡棘⑨，圆果抟⑩兮。
青黄杂糅，文章烂⑪兮。
精色内白，类任道⑫兮。
纷缊宜修⑬，姱⑭而不丑兮。
嗟尔幼志，有以异兮。
独立不迁，岂不可喜兮。
深固难徙，廓⑮其无求兮。
苏⑯世独立，横而不流⑰兮。
闭心自慎，终不失过兮。

---

① 后皇：即后土、皇天，指地和天。
② 嘉：美，善。
③ 徕：通“来”。
④ 服：习惯。
⑤ 受命：受天地之命，即禀性、天性。
⑥ 南国：指楚国。
⑦ 壹志：志向专一。壹，专一。
⑧ 素荣：白花。
⑨ 曾枝：繁枝。剡(yǎn)棘：尖利的刺。
⑩ 抟(tuán)：通“团”，圆。
⑪ 文章：花纹色彩。烂：斑斓，明亮。
⑫ 任：抱。
⑬ 纷缊宜修：长得繁茂，修饰得体。
⑭ 姱(kuā)：美好。
⑮ 廓：胸怀开阔。
⑯ 苏，苏醒。
⑰ 横而不流：横渡江河，不随波逐流。

秉德无私，参①天地兮。
愿岁并谢，与长友兮。
淑离②不淫，梗其有理兮。
年岁虽少，可师长兮。
行比伯夷，置以为像③兮。

学习要点

【作家作品】

屈原(约前 340—约前 278)，战国末期楚国人，名平，字原。楚武王熊通之子屈瑕的后代。丹阳(今湖北秭归)人。杰出的政治家和爱国诗人。1953 年，屈原被列为世界四大文化名人之一(其余三位是波兰哥白尼、英国莎士比亚、法国拉伯雷)，受到全世界人民的隆重纪念。

他是中国文学史上第一位伟大的爱国诗人，是浪漫主义诗人的杰出代表。

屈原的出现，不仅标志着中国诗歌进入了一个由集体歌唱到个人创作的新时代，而且他开创了新诗体——楚辞。楚辞，是战国后期产生于南方楚国的一种新诗体。因它“书楚语，作楚声，纪楚地，名楚物”，故称“楚辞”。楚辞以六言、七言为主，句式长短参差多变，多用语气词“兮”字。屈原的楚辞创作，既继承了南方楚文化的楚歌与巫歌，又借鉴了北方中原文化的《诗经》，还吸取了当时蓬勃发展的散文的精华。代表作《离骚》是一篇宏伟壮丽的政治抒情诗，作者用浪漫主义的笔法抒写了自己崇高的政治理想和“九死不悔”的斗争精神，表现了誓死不离故国的爱国情操和峻洁耿介的伟大人格。屈原的作品还有《九歌》《九章》《天问》等。楚辞，突破了《诗经》的表现形式，极大地丰富了诗歌的表现力，为中国古代的诗歌创作开辟了一片新天地。后人因此将《楚辞》与《诗经》并称为“风骚”。“风”“骚”是中国诗歌史上现实主义和浪漫主义两大优良传统的源头。除此，以屈原为代表的楚辞还影响到汉赋的形成。

屈原一生经历了楚威王、楚怀王、顷襄王三个时期，而主要活动于楚怀王时期。这个时期正是中国即将实现大一统的前夕，“横则秦帝，纵则楚王”，屈原因出身贵族，又明于治乱，娴于辞令，故而早年深受楚怀王的宠信，位为左徒、三闾大夫。屈原为实现楚国的统一大业，对内积极辅佐怀王变法图强，对外坚决主张联齐抗秦，使楚国一度出现了一个国富兵强、威震诸侯的局面。但是由于在内政外交上屈原与楚国腐朽贵族集团发生了尖锐的矛盾，由于上官大夫等人的嫉妒，屈原后来遭到群小的诬陷和楚怀王的疏远。公元前 278，秦将白起攻破郢都，屈原悲愤难捺，遂自沉汨罗江，以身殉了自己的政治理想。

① 参：合。
② 淑离：善良自守而美丽。离，通“丽”。
③ 像：榜样。

屈原名言:“举世皆浊我独清,众人皆醉我独醒。”“路曼曼其修远兮,吾将上下而求索。”本篇是楚辞体诗歌,选自《楚辞·九章》。

【思想内容】

本诗是一首托物言志的咏物诗,表面上歌颂橘树,实际是诗人对自己理想和人格的表白。全诗可分两部分,前十六句为第一部分,缘情咏物,重在描述橘树俊逸动人的外美,以描写为主;后半部分缘物抒情,转入对橘树内在精神的热情讴歌,以抒情为主。两部分从各个侧面描绘和赞颂橘树,借以表达自己追求美好品质和理想的坚定意志。

【艺术特色】

1.叙赞结合。第一部分缘情咏物,重在描述橘树俊逸动人的外美,以描写为主。围绕着“嘉树”展开。根生南国,难以迁徙,意志专一;叶儿碧绿花儿素洁,意态又何其缤纷可喜;树枝繁茂并且有刺;果实却结得如此圆美,青黄相杂,色彩绚烂;表皮鲜明,内瓤雪白,看似可以赋予重任的人一般;最后,评价橘树气度潇洒,显示出脱俗的美质。后半部分缘物抒情,转入对橘树内在精神的热情讴歌,以抒情为主。赞叹南国的橘树:幼年立志与众迥异;独立于世不肯迁移,志节令人欣喜;深固其根难以迁徙,心胸廓落不求私利;世事清醒独立不羁,有如横渡江河而不随波逐流;谨慎自重,未有过失;无私的品行可与天地相比相合;愿与橘树同心并志,做长久的朋友;善良美丽而不淫,性格刚强而又有文理;年岁还轻,可为师长;道德品行可与伯夷相比,我要把橘树种在园中作为榜样。

2.托物言志。表面上歌颂橘树,实际是诗人对自己理想和人格的表白。《晏子春秋》所记“橘生淮南则为橘,生于淮北则为枳”,在深深热爱故国乡土的屈原看来,这种“受命不迁,生南国兮”的秉性,正与自己矢志不渝的爱国情志相通。从现世所能见到的诗作看,《橘颂》堪称中国诗歌史上的第一首咏物诗。屈原巧妙地抓住橘树的习性和生态,运用类比联想,将它与人的精神品格联系起来,给予热烈的赞美。借物抒志,以物写人。由此造出了清人林云铭在《楚辞灯》中所赞扬的“看来两段中句句是颂橘,句句不是颂橘,但见(屈)原与橘分不得是一是二,彼此互映,有镜花水月之妙”奇特境界。从此以后,南国之橘便蕴含了志士仁人“独立不迁”、热爱祖国的丰富文化内涵,而永远为人们所歌咏和效法了。这一独特的贡献,仅属于屈原,所以宋刘辰翁又称屈原为千古“咏物之祖”。

【每课一练】

一、选择题

1.屈原的《橘颂》选自 ( )

A.《离骚》　　B.《九歌》

C.《九章》　　D.《天问》

2.我国古代第一个有伟大成就的爱国诗人是 ( )

A.李斯　　B.陶渊明

C.谢朓　　D.屈原

3. 战国后期产生的一种新诗体是 ( )

A. 律诗 B. 乐府诗

C. 楚辞 D. 五言古诗

4.《楚辞·九章·橘颂》是一首 ( )

A. 借景抒情诗 B. 借古讽今诗

C. 托物言志诗 D. 叙事言志诗

5. 伯夷是 ( )

A. 商朝末年人 B. 战国末期人

C. 春秋末期人 D. 夏朝末期人

二、填空题

1. 屈原(约前 340—约前 278),战国末期____人,名平,字原。1953 年,屈原被列为____四大文化名人之一(其他三位是波兰哥白尼、英国莎士比亚、弗朗索瓦·拉伯雷),受到全世界人民的隆重纪念。

2. 屈原是中国文学史上________位伟大的爱国诗人,是________诗人的杰出代表。

3. 屈原的出现,不仅标志着中国诗歌进入了一个由集体歌唱到________创作的新时代,而且他开创了新的诗体"________"。楚辞以六言、七言为主,句式长短参差多变,多用语气词"____"字。屈原的代表作《____》是一篇宏伟壮丽的政治抒情诗。屈原的作品还有《____》《九章》《天问》等。楚辞,突破了《诗经》的表现形式,后人因此将《____》与《____》并称为"风骚"。"风""骚"是中国诗歌史上____主义和____主义两大优良传统的源头。

4. 公元前 278,秦将白起攻破郢都,屈原悲愤难挨,遂自沉____,以身殉了自己的政治理想。

5. 屈原名言:"举世皆浊我____,众人皆醉我________。""路曼曼其____兮,吾将上下而______。"

三、阅读分析题

1. 阅读《橘颂》中的一段诗句,回答问题:

后皇嘉树,橘徕服兮。受命不迁,生南国兮。深固难徙,更壹志兮。绿叶素荣,纷其可喜兮。曾枝剡棘,圆果抟兮。青黄杂糅,文章烂兮。精色内白,类任道兮。纷缊宜修,姱而不丑兮。

(1)解释这段诗句中加点字的含义。

嘉:____________ 壹:____________ 剡:____________

文章:____________ 任:____________ 姱:____________

(2)概括这段诗句的大意。

(3)这段诗句围绕哪两个字展开描写,从哪些方面来描写?

2. 阅读《橘颂》中的一段诗句,回答问题:

嗟尔幼志,有以异兮。独立不迁,岂不可喜兮。深固难徙,廓其无求兮。苏世独立,横而不流兮。闭心自慎,终不失过兮。秉德无私,参天地兮。愿岁并谢,与长友兮。淑离不淫,梗其有理兮。年岁虽少,可师长兮。行比伯夷,置以为像兮。

(1)解释这段诗句中加点字的含义。

廓：____________　　苏：____________　　横：____________

参：____________　　谢：____________

(2)将“年岁虽少，可师长兮。行比伯夷，置以为像兮”译成现代汉语。

(3)概括这段诗句的大意。

(4)分析这段诗是从哪几个方面来赞美橘树的可贵品格。

参考答案

三十一 *陌上桑[①]

《汉乐府》

日出东南隅[②]，照我秦氏楼。秦氏有好女[③]，自名为罗敷[④]。罗敷喜蚕桑[⑤]，采桑城南隅。青丝为笼系[⑥]，桂枝为笼钩。头上倭堕髻[⑦]，耳中明月珠。缃绮为下裙[⑧]，紫绮为上襦[⑨]。行者见罗敷，下担捋髭须。少年见罗敷，脱帽著帩头[⑩]。耕者忘其犁，锄者忘其锄。来归相怨怒，但坐观罗敷[⑪]。

使君从南来[⑫]，五马立踟蹰[⑬]。使君遣吏往，问是谁家姝[⑭]。"秦氏有好女，自名为罗敷。""罗敷年几何？""二十尚不足，十五颇有余[⑮]。"使君谢罗敷[⑯]："宁可共载不[⑰]？"罗敷前置辞[⑱]："使君一何愚[⑲]！使君自有妇，罗敷自有夫！"

"东方千余骑，夫婿居上头。何用识夫婿[⑳]？白马从骊驹[㉑]。青丝系马尾，黄金络马头。

---

① 小路边的桑林。

② 隅：角、方。

③ 好女：美女。

④ 罗敷：古代美女名，汉代女子常以之为名。

⑤ 喜，一本作"善"。

⑥ 笼：竹篮。系：绳子。

⑦ 倭堕髻：堕马髻，髻偏一边，若欲堕状，当时流行的一种时髦发型。

⑧ 缃：杏黄色。绮：有花纹的丝织品。

⑨ 襦(rú)：短袄。

⑩ 著：戴。帩(qiāo)头：束头发的纱巾。

⑪ "来归"二句：耕者、锄者归来后互相抱怨耽误了干活，只是因为贪看罗敷。又，清人陈祚明说："缘观罗敷，故怨怒妻妾之陋。"(《采菽堂古诗选》)但：只。坐：因为。

⑫ 使君：汉代对太守或刺史的称呼。

⑬ 五马：汉代太守驾车套五匹马。踟蹰(chí chú)：徘徊不前。

⑭ 姝(shū)：美女。

⑮ 颇(pō)：很。一说略微。

⑯ 谢：致辞。

⑰ 宁可：可不可。共载：同乘一辆车，这里指嫁给太守。不(fǒu)：同"否"。

⑱ 前：走上前。置辞：同"致辞"，答话。

⑲ 一何：何其、多么。

⑳ 何用：用什么。识：识别、辨认。

㉑ "白马"句：骑着白马、后边跟从着小黑马的大官就是我的丈夫。从：跟从、随从。骊(lí)：纯黑色的马。驹：两岁的马。

腰中鹿卢剑①，可直千万余②。十五府小吏③，二十朝大夫④，三十侍中郎⑤，四十专城居⑥。为人洁白皙⑦，鬑鬑颇有须⑧。盈盈公府步⑨，冉冉府中趋⑩。坐中数千人，皆言夫婿殊⑪。”

学习要点

【作家作品】

汉乐府。“乐府”本是西汉王朝承秦制设立的音乐官署。乐府机构所采集或编制的诗皆可入乐，时人称之为“歌诗”，南北朝时称乐府所编录的可以唱的“歌诗”为乐府诗，汉代乐府诗简称汉乐府，于是汉乐府也就成为一种诗体名称。

汉乐府中有相当一部分是民歌，这些民歌继承并发展了《诗经》的现实主义传统，“感于哀乐，缘事而发”，并具有较高的艺术水平，对后世的诗歌创作产生极大的影响，如建安时期曹操等人“借乐府古题写时事”的古题乐府（如《短歌行》）、李白也常有借乐府旧题而写的诗（如《行路难》），唐代杜甫创作的“即事名篇，无复依傍”的新题乐府（如“三吏三别”）以及白居易所倡导的新乐府运动都直接受到汉乐府的影响。

本篇选自“汉乐府”，是一首著名的汉代乐府民歌，五言叙事诗。最早见于《宋书·乐志》，题为《艳歌罗敷行》。《玉台新咏》题为《日出东南隅行》。在宋代郭茂倩编辑的《乐府诗集》中属《相和歌辞·相和曲》，题为《陌上桑》。汉代设有太守巡行观览民俗、劝人农桑的制度，《陌上桑》所反映的可能就是这种巡行骚扰平民的真相。

【思想内容】

通过叙述使君调戏采桑女秦罗敷而遭到严词拒绝的故事，赞美了罗敷的坚贞和智慧，讽刺了使君的丑恶和愚蠢，反映了当时上层统治阶级的荒淫和无耻。

【艺术特点】

1. 人物形象鲜明。女主人公罗敷：(1)形象美：A. 她热爱劳动（如“罗敷喜蚕桑，采桑城

---

① 鹿卢：辘轳，井上汲水用的圆木滑轮。鹿卢剑：剑柄制成辘轳形的剑。

② 直：通“值”。

③ 府小吏：官府中的低级官员。

④ 朝大夫：朝廷上的大夫。大夫为汉代官职。

⑤ 侍中郎：官名，按汉代官职是一种加官，即在原官上特加的荣衔。享有这种官衔的官员可以出入宫禁，侍奉君王左右。

⑥ 专城居：一城之主，如太守、刺史一类的官。专：独自管辖和据有。

⑦ 洁白皙：皮肤洁白。

⑧ 鬑(lián)鬑：胡须稀疏貌。颇：略微。

⑨ 盈盈：美好的样子，这里指走路的体态、姿势。公府：官府。公府步：官步。

⑩ 冉冉：舒缓的样子，这里指丈夫走路舒缓安泰的派头。府中趋：在官府中走来走去。

⑪ 殊：特别，出众。

南隅”）。B.服饰美（也体现了她心灵手巧——古代妇女服饰大多为妇女自制，讲究搭配）。C.容貌美丽，她的美貌不仅使行者、少年、耕者、锄者驻足观看，而且使“五马立踟蹰”，使使君神魂颠倒。(2)心灵美：坚贞不二，道德高尚，面对高官的求婚，她严词拒绝。(3)机智勇敢：A.严词拒绝——表现出她的勇敢；B.夸夫——表现出她的机智，她夸夫君的富有、位高、容貌出众、风度不凡，不仅表现出罗敷对夫君的忠贞，表现出罗敷的勇敢机智，更重要的是对使君形成威慑，使他不敢对“太守之妻”轻举妄动。

使君：荒淫无耻。

2.正面描写与侧面烘托相结合。第一段，A.环境描写：“日出东南隅，照我秦氏楼”，对环境描写而言，属于侧面描写，是为了衬托罗敷这一主人公。B.器物描写也同样是侧面描写，用器物侧面衬托罗敷的美貌。C.“头上倭堕髻”四句则是正面的肖像描写，正面描写的效果是直观、鲜明、明确。D.“行者见罗敷”八句则是典型的侧面描写，通过他人之反应能更好地表现人物的特点，使文章含蓄、客观、有说服力，所谓“不着一字，尽得风流”，有利于烘托人物形象，引发读者的再度创作，在想象中感受美。所谓“有一千个读者就有一千个哈姆雷特”。第二段，写使君求婚也对罗敷的美貌起到侧面衬托的作用，不但是行者、少年、犁者、耕者，甚至有阅人无数的高官，见了罗敷，也是“五马立踟蹰”，可见罗敷的惊人美貌。

【每课一练】

一、选择题

1.下列作品中，属于汉代乐府民歌的是　（　　）

A.《陌上桑》　B.《氓》　C.《短歌行》　D.《杜陵叟》

2.下列作品选自宋代郭茂倩编辑的《乐府诗集》的是　（　　）

A.《氓》　B.《长恨歌》　C.《孔雀东南飞》　D.《行路难》

3.下列诗句中，在描写罗敷美貌时运用了侧面烘托手法的是　（　　）

A.头上倭堕髻　B.罗敷喜蚕桑

C.来归相怨怒　D.紫绮为上襦

4.下列诗句中，罗敷通过夸夫震慑刺史的是　（　　）

A.采桑城南隅　B.脱帽著帩头

C.使君一何愚　D.四十专城居

5.下列诗句中，表现方法与“脱帽著帩头”相同的是　（　　）

A.采桑城南隅　B.缃绮为下裙

C.冉冉府中趋　D.但坐观罗敷

二、填空题

1.“乐府”本是西汉王朝承秦制设立的音乐官署。乐府机构所采集或编制的诗皆可入乐，时人称之为“________”，南北朝时称乐府所编录的可以唱的“歌诗”为________诗，汉代乐府诗简称汉乐府，于是汉乐府也就成为一种诗体名称。

2.汉乐府中有相当一部分是民歌，这些民歌继承并发展了《诗经》的现实主义传统，“感于哀乐，________”，并具有较高的艺术水平，对后世的诗歌创作产生极大的影响，如建安时期曹操等人“借乐府古题写时事”的古题乐府（如《________》）、李白也常有借乐府旧题而写的诗（如《________》），唐代杜甫创作的“即事名篇，无复依傍”的新题乐府（如“三吏三别”）以及白居易所倡导的________运动都直接受到汉乐府的影响。

三、阅读分析题

1. 阅读《陌上桑》中的一段诗句，回答下列问题。

日出东南隅，照我秦氏楼。秦氏有好女，自名为罗敷。罗敷喜蚕桑，采桑城南隅。青丝为笼系，桂枝为笼钩。头上倭堕髻，耳中明月珠。缃绮为下裙，紫绮为上襦。行者见罗敷，下担捋髭须。少年见罗敷，脱帽著帩头。耕者忘其犁，锄者忘其锄。来归相怨怒，但坐观罗敷。

(1)解释这段诗句中加点字的含义。

隅：________ 著：________

(2)将下列诗句译成现代汉语。

来归相怨怒，但坐观罗敷：________________

(3)这段诗句从哪些方面来描写罗敷？

(4)找出哪些是侧面描写，并分析其作用。

2. 阅读《陌上桑》中的一段诗句，回答下列问题。

使君从南来，五马立踟蹰。使君遣吏往，问是谁家姝。“秦氏有好女，自名为罗敷。”“罗敷年几何？”“二十尚不足，十五颇有余。”使君谢罗敷：“宁可共载不？”罗敷前置辞：“使君一何愚！使君自有妇，罗敷自有夫！”

(1)解释这段诗句中加点字的含义。

踟蹰：________ 姝：________ 颇：________ 谢：________

宁可：________ 不：________ 一何：________

(2)将下列诗句译成现代汉语。

使君一何愚：________________

(3)概括这段诗句的大意。

(4)分析这段诗句中罗敷的性格特点。

3. 阅读《陌上桑》中的一段诗句，回答下列问题。

“东方千余骑，夫婿居上头。何用识夫婿？白马从骊驹。青丝系马尾，黄金络马头。腰中鹿卢剑，可直千万余。十五府小吏，二十朝大夫，三十侍中郎，四十专城居。为人洁白皙，鬑鬑颇有须。盈盈公府步，冉冉府中趋。坐中数千人，皆言夫婿殊。”

(1)解释这段诗句中加点字的含义。

从：________ 直：________ 专：________ 殊：________

(2)罗敷从哪几个方面来夸夫？

(3)罗敷的夸夫表现出罗敷怎样的性格特点？

参考答案

三十二 *短歌行(其一)

《短歌行》

曹 操

对酒当歌[1],人生几何?譬如朝露[2],去日苦多[3]。慨当以慷[4],忧思难忘[5]。何以解忧?唯有杜康[6]。青青子衿[7],悠悠我心[8]。但为君故,沉吟至今[9]。呦呦鹿鸣,食野之苹。我有嘉宾,鼓瑟吹笙[10]。明明如月,何时可掇[11]?忧从中来,不可断绝[12]。越陌度阡,枉用相存[13]。契阔谈讌[14],心念旧恩。月明星稀,乌鹊南飞。绕树三匝[15],何枝可依?山不厌高,海不厌深[16]。周公吐哺,天下归心[17]。

曹 操

---

① 当:对着,或以为是“应当”亦可。

② 朝露:早上露水日出即干,形容人生短促。

③ 去日:过去了的日子。苦:苦于。

④ 慨当以慷:慷慨,形容歌声激昂不平。

⑤ 忧思:一作“幽思”,深藏的心事,指统一天下的功业。

⑥ 杜康:相传是开始造酒的人,这里代指酒。

⑦ “青青”句:青衿是周代学子的服装。衿(jīn):衣领。这里用《诗经·郑风·子衿》中“青青子衿,悠悠我心”的成句。

⑧ “悠悠”句:表示对贤才的思念。

⑨ “但为”二句:只是因为你们的缘故,使我一直低吟至今,难以忘怀。君:所思念的人才。

⑩ “呦呦”四句:《诗经·小雅·鹿鸣》首章“呦呦鹿鸣,食野之苹。我有嘉宾,鼓瑟吹笙。”这里取其成句,意思是说鹿得艾蒿而欢快地发出呼叫同伴的呦呦声,我高兴地奏乐设宴来娱乐我的嘉宾。苹:艾蒿。鼓:弹奏。瑟:古代一种弦乐器。笙:一种管乐器。

⑪ “何时”句:那明月的运行什么时候才会停止?掇(duō):拾取,摘取。一说同“辍”,停止。

⑫ “忧从”二句:我的忧思出自内心,也是不会断绝的。

⑬ “越陌”二句:越过田间纵横的小路,劳你远道前来问候我。应劭《风俗通》引古谚:“越陌度阡,更为客主。”陌:田间东西向的小道。阡:田间南北向的小道。枉:枉驾,屈就。用:以。存:问候,探望。

⑭ 契阔:聚散、合离。谈讌:畅谈欢宴。

⑮ 匝(zā):一圈。此处以乌鹊在月夜寻不到归宿,比喻当时的人才都在寻找依托。

⑯ 语出《管子·形势解》:海不辞水,故能成其大;山不辞土石,故能成其高;明主不厌人,故能成其众。

⑰ “周公”二句:典故出于《韩诗外传》,传说周公唯恐失去天下人才,凡有士人来访,他立即接待,以至于“一沐三握发,一饭三吐哺”。这两句说自己要以周公“一饭三吐哺”的精神虚心对待贤才,就会得到天下人的衷心拥戴。周公:周文王之子,武王之弟,成王之叔父,曾代为摄政,因采邑在周,爵为上公,故称。哺:嘴里嚼着的食物。归心:心回到自己这边。

学习要点

【作家作品】

曹操(155—220),字孟德,沛国谯(今安徽亳州)人,是汉代末年三国时期著名的政治家、军事家、文学家。

作为政治家:曹操初举孝廉,任洛阳北部尉,迁顿丘令。后在镇压黄巾起义和讨伐董卓的战争中,逐步扩充军事力量。建安元年(196 年),迎献帝都许(今河南许昌)。从此"挟天子以令诸侯",先后削平吕布等割据势力。官渡之战大破河北割据势力袁绍后,成为北方势力最强的军阀,并逐渐统一了中国北部。建安十三年(208 年),进位为丞相,率军南下,被孙权和刘备的联军击败于赤壁。封魏王。子曹丕称帝后,追尊为太祖武皇帝。他在北方大力屯田,兴修水利,恢复农业生产;几次下《求贤令》,打破当时以德行和家世为用人标准的惯例,唯才是举,罗致地主阶级中下层人物,当时四方知名的文士几乎网罗无遗,而具有治国用兵之术的人才更是济济一堂。

作为军事家:实践方面,指挥了中国历史上著名的以弱胜强的战例——官渡之战。著有《孙子略解》《兵书接要》等军事理论类书。

作为文学家:曹操精音律,善诗歌,即使在鞍马劳顿中,也常常横槊赋诗,常用乐府旧题,抒怀咏志。他的诗歌内容较为丰富,风格慷慨悲壮,为建安文坛领袖。有反映战乱和民生疾苦的《蒿里行》等;有反映个人政治抱负的《短歌行》等;有写景的《观沧海》等。曹操被鲁迅誉为"改造文章的祖师"(《魏晋风度及文章与药及酒之关系》)。曹操爱好音乐,创作了许多乐府歌辞。他现存的二十几首乐府歌辞,虽然沿用旧题,但写入了新鲜的现实内容,《短歌行》即为此例。有《曹操集》收录曹操诗文。

【思想内容】

全诗以感慨开始,继之以慷慨、沉吟,再继之以忧愁、开朗。一忧一喜,忽徐忽急,以如歌的行板倾诉了作者渴望天下贤才与之共成统一大业的慷慨激昂的情怀。

【艺术特色】

1.建安风骨——慷慨悲壮。本文是乐府旧题诗,四言诗。这首诗主要表现了曹操渴求贤才、追求不朽功业的急切心情和使个人有限的生命获得崇高的价值的一种社会责任感。诗歌朴实无华、感情深挚、气韵沉雄,诗风慷慨悲壮。

2.比兴手法。用"朝露"来比喻人生的短暂,用"月明星稀,乌鹊南飞"比喻贤才投主,用"绕树三匝,何枝可依?"比喻贤者择木而栖却难得知遇,用"山不厌高,水不厌深"比喻自己渴望多纳贤才,都起到了良好的艺术效果。

3.用典突出。这首诗使用了大量的典故,既恰切地表达了自己的情感,又使整诗的风格协调一致，令人叹服。如“何以解忧？唯有杜康”“青青子衿，悠悠我心”“呦呦鹿鸣，食野之苹”“山不厌高，海不厌深”“周公吐哺，天下归心”等，学习时要细心体会。

【成语格言】

譬如朝露，去日苦多；何以解忧？唯有杜康；月明星稀；山不厌高，海不厌深；周公吐哺，天下归心。

【每课一练】

一、选择题

1.《短歌行》是一首 （ ）

A. 乐府新题诗 B. 乐府旧题诗

C. 绝句 D. 律诗

2. 被鲁迅誉为“改造文章的祖师”的是 （ ）

A. 曹操 B. 曹丕 C. 曹植 D. 孔融

3. 下列属于曹操的作品是 （ ）

A.《长歌行》 B.《蒿里行》 C.《行路难》 D.《兵车行》

4. 下列诗句中化用了《诗经》中诗句的是 （ ）

A. 对酒当歌，人生几何 B. 山不厌高，海不厌深

C. 呦呦鹿鸣，食野之苹 D. 周公吐哺，天下归心

5.《短歌行》中引用《诗经》成句“青青子衿，悠悠我心”，所表达的心情是 （ ）

A. 思慕贤才 B. 礼遇贤才

C. 对贤才无所依托的思虑 D. 与贤才久别重逢的欣慰

6. 曹操《短歌行》的主旨是 （ ）

A. 感叹人生几何，去日苦多 B. 感伤人才迷路，无所依傍

C. 感慨功业无成，忧从中来 D. 渴望招纳贤才，建功立业

二、填空题

1. 曹操(155—220)，字________，沛国谯(今安徽亳州)人，是________末年三国时期著名的政治家、军事家、诗人。

2. 作为政治家：曹操打破当时以德行和家世为用人标准的惯例，提出“________”，罗致四方人才。

3. 作为军事家：指挥了________之战，此场战役成为中国历史上著名的以弱胜强的战例。

4. 作为文学家：曹操精音律，善诗歌，他的诗歌内容较为丰富，风格________，为建安文坛领袖。有反映战乱和民生疾苦的《________》等；有反映个人政治抱负的《________》等；有写景的《________》等。曹操被鲁迅誉为“________的祖师”(《魏晋风度及文章与药及酒之关系》)。曹操爱好音乐，创作了许多乐府歌辞。他现存的二十几首乐府歌辞，虽然沿用________，但写入了新鲜的现实内容，《短歌行》即为此例。有《曹操集》收录曹操诗文。

三、阅读分析题

1.阅读曹操《短歌行》中一段文字,回答下列问题。

对酒当歌,人生几何?譬如朝露,去日苦多。慨当以慷,忧思难忘。何以解忧?唯有杜康。

这段文字作者运用了什么手法来表达思想感情?

2.阅读曹操《短歌行》中一段文字,回答下列问题。

青青子衿,悠悠我心。但为君故,沉吟至今。呦呦鹿鸣,食野之苹。我有嘉宾,鼓瑟吹笙。

(1)解释这段文字中加点字的含义。

沉吟:____________　　　　苹:____________

(2)将"青青子衿,悠悠我心"译成现代汉语,并说出这句话的出处,作者在这里要表达的是什么意思?

3.明明如月,何时可掇?忧从中来,不可断绝。越陌度阡,枉用相存。契阔谈讌,心念旧恩。

(1)解释这段文字中加点字的含义。

掇:________　　陌:________　　阡:________　　枉:________

存:________　　契阔:________

(2)这段诗句运用了哪些手法来表达了诗人怎样的感情?

4.阅读曹操《短歌行》中一段文字,回答下列问题。

月明星稀,乌鹊南飞。绕树三匝,何枝可依?山不厌高,海不厌深。周公吐哺,天下归心。

(1)将"月明星稀,乌鹊南飞"译成现代汉语。

(2)将"山不厌高,海不厌深。周公吐哺,天下归心"译成现代汉语,并说明这句话中的典故。

(3)这段文字表达了作者怎样的思想感情?

(4)哪几句用了比兴手法?

参考答案

三十三　*饮　酒(其五)

陶渊明

结庐在人境[①],而无车马喧[②]。问君何能尔[③]? 心远地自偏[④]。采菊东篱下,悠然见南山[⑤]。山气日夕佳,飞鸟相与还[⑥]。此中有真意[⑦],欲辨已忘言[⑧]。

学习要点

【作家作品】

陶渊明(365—427),字元亮,一说名潜,字渊明,号五柳先生,私谥靖节。浔阳柴桑(今江西九江)人。陶渊明是魏晋南北朝时最有成就的诗人,是田园诗派的开创者。29 岁时他因为贫穷而出任江州祭酒,其后时隐时仕,直至 41 岁弃彭泽令归乡,"不为五斗米折腰",从此"躬耕自资",终老于田舍。

陶渊明的作品,现存诗一百二十多首、文十一篇。散文辞赋名篇《五柳先生传》《归去来兮辞》等都广为流传。其诗歌的成就更为突出,诗中最有特色的是田园诗。陶渊明生于晋宋交替的乱世,他厌恶官场的黑暗与腐败,愤而弃官归隐,把对人生的热爱倾注于田园诗,多方面地描写了恬美静穆的农村景色和悠然自得的农村生活,如《饮酒》组诗、《归园田居》组诗。他在《桃花源记》中描绘的桃花源反映了广大人民追求幸福生活的愿望。陶渊明的作品中,咏怀、咏史诗也占有重要的地位,其中有不少"金刚怒目"式的作品,如《咏荆轲》《读山海经(其十)》等,可见他并未忘怀世事。

【思想内容】

这首诗写作者在悠闲自得的田园生活中,远离尘世,欣赏自然的兴致和从中领悟到的人生真正意义。

---

① 结庐:建造住宅。人境:人世间。

② 车马喧:世俗往来的喧闹。

③ 君:作者自称。何能尔:怎么能做到这样。

④ "心远"句:心既远离尘俗,虽居喧闹之境也自会像偏远之地一样清静。

⑤ 悠然:形容自得的神态。见:《文选》作"望"。苏轼说:"因采菊而见山,境与意会,此句最有妙处。近岁俗本皆作'望南山',则此一篇神气都索然矣。"(《东坡题跋》)后人大都同意苏说。

⑥ 相与:结伴。

⑦ 此:眼前情景。真意:天性,意趣。

⑧ "欲辨"句:想要辨析自己的这种领会,却又不知如何用语言来表达。《庄子·外物》:"言者所以在意,得意而忘言。"

【艺术特色】

1.他的诗具有平淡与醇美相统一的风格，于自然平淡的形式中，饱含着浓郁的生活气息和生命的哲理，令人回味无穷。

2.融写景、抒情、说理为一体，自然妥帖。

【成语格言】

心远地偏、欲辨忘言。

【每课一练】

一、选择题

1.《饮酒》是一首（　　）

A.五言律诗　　B.乐府诗　　C.五言古诗　　D.五言绝句

2.我国田园诗派的开创者是（　　）

A.陶渊明　　B.王维　　C.孟浩然　　D.谢灵运

3.陶渊明诗作中，成就最高的是（　　）

A.田园诗　　B.咏怀诗　　C.咏史诗　　D.说理诗

4.陶渊明《饮酒》中，最富有哲理意味的诗句是（　　）

A.飞鸟相与还　　B.心远地自偏　　C.山气日夕佳　　D.悠然见南山

二、填空题

1.陶渊明（365—427），字元亮，一说名________，字________，私谥号________先生。浔阳柴桑（今江西九江）人。陶渊明是魏晋南北朝时________成就的诗人，是田园诗派的________。29岁时他因为贫穷而出任江州祭酒，其后时隐时仕，直至41岁弃彭泽令归乡，“不为________折腰”，从此“躬耕自资”，终老于田舍。

2.陶渊明的作品中最有特色的是田园诗。陶渊明生于晋宋交替的乱世，多方面地描写了恬美静穆的农村景色和悠然自得的农村生活，如《________》组诗、《________》组诗。他在《________记》中描绘的桃花源反映了广大人民追求幸福生活的愿望。

三、阅读分析题

阅读下面一段课文，回答下列问题。

结庐在人境，而无车马喧。问君何能尔？心远地自偏。采菊东篱下，悠然见南山。山气日夕佳，飞鸟相与还。此中有真意，欲辨已忘言。

（1）解释这段文字中加点字的含义。

结庐：________　　喧：________　　尔：________

（2）赏析这首诗。

参考答案

三十四　从军行(其四)

王昌龄

青海长云暗雪山①,孤城遥望玉门关②。
黄沙百战穿金甲③,不破楼兰终不还④。

学习要点

【作家作品】

作者王昌龄(690? —756?),字少伯,河东晋阳(今山西太原市)人,一说京兆(今陕西西安市)人。开元十五年(727 年)进士,补秘书郎,调汜水尉、江宁丞,贬龙标尉,人称“王江宁”“王龙标”。他是盛唐时期著名的诗人,有“诗家天子”之誉,属于盛唐边塞诗派的代表人物之一,因善作七言绝句,被人称为“七绝圣手”。其七绝多采用乐府旧题。作品多写边塞、送别,气象雄浑,情意隽永,语言精炼,音律铿锵。《从军行》《出塞》《芙蓉楼送辛渐》等都是其代表作。《全唐诗》录存其诗四卷。

这是一首七言绝句、边塞诗,用的是乐府相和歌辞平调曲的旧题,原诗共有七首,此为第四首。

【思想内容】

这首诗写西北边塞自青海、祁连山到玉门关一带防线上,战士们艰苦奋战的生活和昂扬的斗志。

【艺术特色】

1.境界开阔,慷慨高昂。前三句的写景和叙事为表现将士们的豪情起到了很好的铺垫和反衬作用,最后一句是将士们直抒胸臆的卫国誓言,慷慨淋漓。

2.用词精炼。如“暗”字,青海湖上空长云密布,遮暗了雪山,战争之频繁持久以及战域

① 青海:今青海湖。雪山:今甘肃祁连山。
② 孤城:玉门关,因地广人稀,给人以孤城之感。这句词序倒装,意思是“遥望孤城玉门关”。
③ 穿:磨穿。金甲:战衣,是金属制成的铠甲。
④ 楼兰:汉时西域国名,这里泛指外族入侵之敌。

之广阔可见一斑。如“穿”字，既写出了战斗之残酷和敌人之凶悍，也写出了后方供给之不足，表现了诗人对从军将士的同情。“穿”字，千百年来一直为人们所品味所称赞。

【每课一练】

一、选择题

1. 王昌龄的《从军行》是一首　　　　　　　　（　　）

A. 七律　　B. 七言绝句　　C. 七言古诗　　D. 五绝

2. 王昌龄的《从军行》是一首　　　　　　　　（　　）

A. 边塞诗　　B. 朦胧诗　　C. 山水诗　　D. 田园诗

3. 被人称为“七绝圣手”的诗人是　　　　　　（　　）

A. 李贺　　B. 李商隐　　C. 王昌龄　　D. 杜甫

4. 下列诗人中不属于边塞诗派的是　　　　　　（　　）

A. 王昌龄　　B. 孟浩然　　C. 高适　　D. 岑参

5. 王昌龄《从军行》(青海长云暗雪山)主要是表现戍边将士　　（　　）

A. 艰难困苦的生活　　B. 出生入死的经历

C. 报国御敌的壮志　　D. 思念家乡的感情

二、填空题

1. 这是一首七言________、边塞诗，用的是乐府相和歌辞平调曲的________题，原诗共有七首，此为第四首。

2. 作者王昌龄(690? —756?)，字少伯，河东晋阳(今山西太原市)人，一说京兆(今陕西西安市)人。开元十五年(727 年)进士，补秘书郎，调汜水尉、江宁丞，贬龙标尉，人称“王江宁”“王________”。他是盛唐时期著名的诗人，有“诗家天子”之誉，属于盛唐________诗派的代表人物之一，因善作七言绝句，被人称为“七绝________”。

三、阅读分析题

阅读下面一段课文，回答下列问题。

青海长云暗雪山，孤城遥望玉门关。黄沙百战穿金甲，不破楼兰终不还。

(1)解释这段文字中加点字的含义。

暗：________　　穿：________　　还：________

(2)这首诗哪些词句反映了边地激烈的战斗情景和战士们的艰苦生活？

(3)哪句诗表现了战士们的卫国热情与英雄气概？

参考答案

三十五 *山居秋暝

王 维

空山新雨后，天气晚来秋。
明月松间照，清泉石上流。
竹喧归浣女，莲动下渔舟。
随意春芳歇，王孙自可留①。

学习要点

【作家作品】

作者王维(701—761)，字摩诘，祖籍太原祁州(今山西祁县)，从其父亲开始迁居于蒲州(今山西永济)。少有才名，开元九年(721年)进士，授大乐丞，后谪官济州。开元二十三年，张九龄为相，被提拔为右拾遗，有"朝廷左相笔，天下右丞诗"之称。后迁监察御史，奉使出塞，在凉州河西节度使幕任判官。安史之乱中被迫出任伪官，乱后降为太子中允。官至尚书右丞，所以又称"王右丞"。曾先后在嵩山、淇上隐居，特别是在长安为官时，经常到蓝田辋川别业优游。他是盛唐山水田园诗派的代表诗人，与孟浩然合称"王孟"。他多才多艺，擅长绘画、精通音乐、笃信佛理，并自觉与诗的创作相结合，融诗、画、音乐、理趣为一体，形成了清新淡雅的诗风，被称为诗佛。苏轼赞他"味摩诘之诗，诗中有画；观摩诘之画，画中有诗"。人们也以"诗中有画""诗中有乐""诗中有禅"来称赞其诗歌的特点。有《王右丞集》收录王维诗文。

这首五言律诗是王维山水诗的代表作，作于王维在终南山的辋川别业。

【思想内容】

这首诗写山村傍晚雨后的优美景色，于诗情画意之中寄托着诗人的高洁情怀和对理想境界的追求。

【艺术特色】

1. 动静结合。这首诗一个突出的特点就是用以动写静、动静相衬的手法，写出了山村宁

① "随意"二句：《楚辞·招隐士》："王孙游兮不归，春草生兮萋萋。""王孙兮归来，山中兮不可以久留。"在此反用其意，说任凭春芳凋谢，秋色仍然很美，王孙自可留在山中。

静优美的景色。傍晚，秋雨过后，明月初照，清新而静谧。但诗人并没有一味写山村如何宁静，而是写静中之动，写清泉在石上流淌，写洗衣女子在竹林中说笑，写渔船归来搅动莲花，给这幽静的画面增添了生趣，多了一种宜人的情调。动静互相映衬，起到了良好的艺术效果。

2. 诗中有画。《山居秋暝》是王维山水诗的代表作，也鲜明地体现了"诗中有画"的特点。在这首诗中，诗人以画家的眼光来观察景物，并在诗中成功地描绘出完整的画面。开头两句就给这幅画定下了爽淡而清新的色调：秋天的傍晚，刚刚下过雨。三四句写景：月光从松树的缝隙照到地上，清泉从石上流过。五六句写景和人：竹林中女子，莲花中的渔船。诗中既有总体的色调渲染，又有具体的景物描写，新雨空山、松林明月、岩石清泉、竹林浣女、莲叶渔舟，五幅画面给人以身临其境之感。

【每课一练】

一、选择题

1.《山居秋暝》是一首　（　　）

A. 五律　B. 七律

C. 五古　D. 七古

2.《山居秋暝》是一首　（　　）

A. 边塞诗　B. 爱情诗

C. 山水诗　D. 田园诗

3. 王维山水诗突出的特点是　（　　）

A. 潇洒豪迈　B. 慷慨悲凉

C. 沉郁顿挫　D. 清新淡雅

4. 王维在《山居秋暝》诗中，流露出隐居山中之意的诗句是　（　　）

A. 空山新雨后，天气晚来秋　B. 明月松间照，清泉石上流

C. 竹喧归浣女，莲动下渔舟　D. 随意春芳歇，王孙自可留

5. 盛唐山水田园诗派的代表诗人是　（　　）

A. 陶渊明　B. 谢灵运

C. 王维　D. 李白

二、填空题

1. 王维(701—761)，字________。他是盛唐________诗派的代表诗人，与孟浩然合称"王孟"。他多才多艺，擅长绘画、精通音乐、笃信佛理，并自觉与诗的创作相结合，被称为"诗________"，他的诗风________。苏轼赞他"味摩诘之诗，诗中有画；观摩诘之画，画中有诗。"人们也以"诗中有________""诗中有________""诗中有________"来称赞其诗歌的特点。有《王右丞集》收录王维诗文。

三、阅读分析题

阅读《山居秋暝》回答下列问题。

空山新雨后，天气晚来秋。明月松间照，清泉石上流。竹喧归浣女，莲动下渔舟。随意

春芳歇，王孙自可留。

(1)如何理解这首诗中以动写静、动静相衬的表现手法？

(2)分析《山居秋暝》这首诗所表现出来的“诗中有画”的特点。

(3)这首诗表现了诗人怎样的人生追求？

参考答案

三十六 *行路难(其一)

李 白

金樽清酒斗十千[①],玉盘珍羞直万钱[②]。
停杯投箸不能食[③],拔剑四顾心茫然。
欲渡黄河冰塞川,将登太行雪满山[④]。
闲来垂钓碧溪上,忽复乘舟梦日边[⑤]。
行路难,行路难,多歧路,今安在?
长风破浪会有时,直挂云帆济沧海[⑥]。

学习要点

【作家作品】

本诗诗题是乐府《杂曲歌辞》的旧题,属七言歌行体。作者李白(701—762),字太白,号青莲居士,祖籍陇西成纪(今甘肃天水附近),是唐朝著名诗人。其先世在隋末流徙到西域,他生于唐安西都护府巴尔喀什湖南的碎叶(今吉尔吉斯斯坦境内)。5岁时随其父到绵州彰明县(今四川江油),早年在蜀中读书漫游,25岁出川漫游。天宝初,经道士吴筠推荐,应诏入长安,供奉翰林,三年后被玄宗"赐金放还",又开始了他的漫游生涯。安史乱发,李白参加了永王李璘的军幕,不久,永王被其兄唐肃宗消灭,李白获罪,流放夜郎,途中遇赦返还。但他还想参加李光碧的平叛军队,路上因病折回。62岁时病死在族叔当涂县令李阳冰的家里。有《李太白全集》收录李白诗文。

复杂的李白:(1)天才诗人:才思敏捷,斗酒诗百篇。(2)狂放个性:谪仙、诗仙、酒仙。平交王侯:"戏万乘若僚友,视俦列如草芥"(苏轼)。(3)传奇经历:以布衣为皇帝召见。(4)世界观复杂:入世、隐逸、求仙、任侠集于一身。

---

① 斗十千:一斗酒值万钱。

② 珍羞:珍贵的菜肴。羞,同"馐"。直:同"值",价值。

③ 箸:筷子。

④ 鲍照《舞鹤赋》:"冰塞长川,雪满君山。"

⑤ "闲来"二句:垂钓碧溪:传说姜太公吕尚未遇周文王时,曾在磻溪(今陕西宝鸡市东南)钓鱼。梦日边:传说伊尹将受汤命,梦见自己乘船在日月旁经过。此两先人的境遇是李白所希望的。

⑥ "长风"二句:自信总有一天能乘长风破万里浪,渡过沧海,实现理想。《宋书·宗悫(què)传》载,宗悫的叔叔问宗悫的志向,宗悫答道:"愿乘长风破万里浪。"

李白是盛唐文化的典型代表，他的诗作以强烈的激情和豪迈的气魄歌唱自己远大的理想，对社会中不合理的现象展开广泛的批评。李白是我国古代最伟大的浪漫主义诗人，表现出特有的豪放而又飘逸的风格，被称为“诗仙”。杜甫评价李白：“笔落惊风雨，诗成泣鬼神。”韩愈评价：“李杜文章在，光焰万丈长。”其代表作有《梦游天姥吟留别》《将进酒》《古风》《蜀道难》等。

【思想内容】

这首诗是李白的代表作之一，作于天宝三年(744 年)。三年前，李白被唐玄宗征诏入京，供奉翰林，如今受到权贵的排挤和中伤，不得不离开京城，在离开京城之前，借用乐府旧题作了三首《行路难》诗，这是其中第一首。

本诗表现了诗人离开长安时的痛苦思想和心理矛盾。一方面，他对仕途的艰难满怀悲愤；另一方面又对前途充满希望。

【艺术特色】

1. 感情起伏跌宕。内心矛盾交织，面对美酒佳肴的欢乐——停杯投箸、拔剑四顾的愤懑和茫然——不能欲渡将登的苦闷——伊尹、姜尚的希望——行路难多歧路的失望乃至绝望——长风破浪、直挂云帆的自信，感情时高时低时起时伏，理想与现实、失望与希望、痛苦与快乐交织在一起。这就是思想复杂的李白，始终豪迈飘逸的李白。

2. 象征的运用。(1)“欲渡黄河冰塞川，将登太行雪满山”二句用比兴手法一“欲”一“将”，仅两字就写出了诗人雄伟的抱负；而自然景象“冰塞川”“雪满山”却象征了当时奸臣当道，为贤能之士设置种种障碍的现实。(2)“行路难，行路难，多歧路，今安在?”以路途多艰险象征了仕途的艰难，同时不着痕迹地写出了恶势力的强大。

3. 用典。(1)“闲来垂钓碧溪上，忽复乘舟梦日边”二句运用历史典故，以姜尚、伊尹二人自比，表达自己总有一天也能够像先贤那样有所作为。(2)“长风破浪会有时，直挂云帆济沧海”二句也是化用典故，借古人习语说出自己心中的抱负，坚信自己前程远大，表现出为实现愿望要乘风破浪勇往直前的非凡气概。

【成语格言】

垂钓碧溪；乘舟梦日；长风破浪。

【每课一练】

一、选择题

1. 李白是 (　　)

A. 初唐诗人　　B. 盛唐诗人　　C. 中唐诗人　　D. 晚唐诗人

2.《行路难》是一首 (　　)

A. 七律　　B. 七言排律　　C. 七绝　　D. 七言歌行

3. 李白《行路难》中运用行为细节描写揭示内心悲愤的诗句是 (　　)

A. 金樽清酒斗十千，玉盘珍羞直万钱　　B. 停杯投著不能食，拔剑四顾心茫然

C. 行路难，行路难，多歧路，今安在　　D. 闲来垂钓碧溪上，忽复乘舟梦日边

4.《行路难》中具有象征意义的诗句是　　（　　）

A. 欲渡黄河冰塞川　　B. 玉盘珍羞直万钱

C. 金樽清酒斗十千　　D. 拔剑四顾心茫然

5.《行路难》中运用了典故的诗句是　　（　　）

A. 金樽清酒斗十千，玉盘珍羞直万钱　　B. 停杯投箸不能食，拔剑四顾心茫然

C. 闲来垂钓碧溪上，忽复乘舟梦日边　　D. 欲渡黄河冰塞川，将登太行雪满山

6. 李白《行路难》中，诗歌情感变化的特点是　　（　　）

A. 逐层递进　　B. 逐层递退　　C. 平缓舒展　　D. 起伏跌宕

二、填空题

1. 李白（701—762），字________，号________居士。天宝初，经道士吴筠推荐，应诏入长安，供奉________，三年后被玄宗"赐金放还"。

2. 李白斗酒诗________篇。"戏________若僚友，视俦列如草芥"（苏轼）。以________为皇帝召见。李白世界观复杂：集________、________、求仙、任侠于一身。

3. 李白是我国古代最伟大的________诗人，表现出特有的豪放而又飘逸的风格，被称为"________"。杜甫评价李白："________惊风雨，诗成________。"韩愈评价李白："________文章在，光焰万丈长。"

三、阅读分析题

阅读下面一段课文，回答下列问题。

金樽清酒斗十千，玉盘珍羞直万钱。停杯投箸不能食，拔剑四顾心茫然。欲渡黄河冰塞川，将登太行雪满山。闲来垂钓碧溪上，忽复乘舟梦日边。行路难，行路难，多歧路，今安在？长风破浪会有时，直挂云帆济沧海。

（1）解释这段文字中加点字的含义。

羞：________　　直：________　　安在：________　　济：________

（2）找出诗中的比喻句并分析其含义。

（3）找出诗中所用历史典故并分析其含义。

（4）分析本诗的感情脉络。

（5）这首诗的抒情方式是什么？

参考答案

三十七 *蜀 相

杜 甫

丞相祠堂何处寻？锦官城外柏森森[①]。
映阶碧草自春色，隔叶黄鹂空好音。
三顾频烦天下计[②]，两朝开济老臣心[③]。
出师未捷身先死[④]，长使英雄泪满襟！

学习要点

【作家作品】

杜甫(712—770)，字子美，祖籍襄阳，后迁居巩县(今河南巩县)，杜甫就出生在那里。杜甫早年曾漫游吴越，后到长安求仕，困守十年。安史之乱爆发，任左拾遗，不久贬华州司功参军，又弃官入蜀，被严武表荐为节度参谋，检校工部员外郎，后漂泊西南而死。又称“杜拾遗”“杜工部”。有《杜少陵集》收录杜甫诗文。杜甫是唐代伟大的现实主义诗人，具有高尚的情怀，同情人民，忧世济时，被称为“诗圣”，其诗被称为“诗史”。杜甫与李白并称“李杜”。杜甫的诗的风格以“沉郁顿挫”为主，代表作有《兵车行》、《自京赴奉先县咏怀五百字》、《北征》、《秋兴八首》、“三吏”、“三别”等。

【思想内容】

这首诗写作者怀着崇敬的心情瞻仰三国时蜀汉开国丞相诸葛亮祠堂，对诸葛亮历史功绩和忠心为国的精神给予热情的讴歌，对其“出师未捷身先死”的悲剧给予高度的同情，同时也借此发出了自己在国家动荡之际，未能有所作为的慨叹。

【艺术特色】

1. 这首诗突出的特点是将写景、叙事、抒情和议论融为一体。这是一首七言律诗，也是一首怀古诗。起承转合，自然渠成。前半部分重在写景，后半部分重在叙事、抒情、议论。

---

① 锦官城：成都的别称。

② “三顾”句：诸葛亮隐居隆中(今湖北襄阳西)时，刘备曾三次拜访他，商量天下大计。

③ “两朝”句：赞美诸葛亮辅佐刘备和刘禅父子两朝的忠心。开：开创大业。济：匡济国家。

④ “出师”句：234 年诸葛亮伐魏，病死在五丈原(在今陕西眉县西南)军中。

首联写作者寻找丞相祠堂，在锦官城外一片翠柏中终于找到，此为远景描写。颔联写来到祠堂的院落当中，看到的是碧绿的春草，听的是黄鹂的鸣叫。景色写得很美，但在“自春色”“空好音”当中，也隐含着对当时世情的感慨，春色依旧，诸葛亮这位令人敬仰的先贤却无人记挂。颈联高度概括和赞赏了诸葛亮的“才”“德”。尾联慨叹诸葛亮出师北伐，统一天下，大业未成，就死于军中。对诸葛亮悲剧的感叹，也同时是对自己在国家动荡之际，未能有所作为的感慨。借景抒情，寓情于景，最后画龙点睛，说出自己的理想和愿望。慷慨悲壮，真切感人。

2.用字精工，音律和谐。“寻”“自春色”“空好音”等字词隐含着作者的情感，学习时要细加体会。

【每课一练】

一、选择题

1.《蜀相》是一首　（　　）

A.山水诗　B.田园诗　C.边塞诗　D.怀古诗

2.“出师未捷身先死”句中所指人物是　（　　）

A.岳飞　B.周瑜　C.诸葛亮　D.辛弃疾

3.杜甫诗歌风格是　（　　）

A.沉郁顿挫　B.豪放飘逸　C.慷慨悲凉　D.清新自然

二、填空题

1.杜甫(712—770)，字________。又称“杜拾遗”、“杜工部”。有《杜少陵集》收录杜甫诗文。

2.杜甫是唐代伟大的________诗人，具有高尚的情怀，同情人民，忧世济时，被称为“________”，其诗被称为“________”。他与李白并称“李杜”。其诗风格以“________”为主。代表作有《兵车行》、《自京赴奉先县咏怀五百字》、《北征》、《秋兴八首》、“三________”、“三________”等。

三、阅读分析题

阅读《蜀相》一诗，回答下列问题。

丞相祠堂何处寻？锦官城外柏森森。映阶碧草自春色，隔叶黄鹂空好音。三顾频烦天下计，两朝开济老臣心。出师未捷身先死，长使英雄泪满襟！

(1)首联的哪一个字表达了作者对诸葛亮的仰慕之情？

(2)颔联对表现本诗的主题起了什么作用？

(3)颈联是如何高度概括诸葛亮一生的？

(4)尾联赞美诸葛亮的同时怎样抒发了自己的感慨？

(5)这首诗主要的艺术特点是什么？

参考答案

三十八　白雪歌送武判官归京

岑　参

北风卷地白草折①,胡天八月即飞雪。忽如一夜春风来,千树万树梨花开。散入珠帘湿罗幕,狐裘不暖锦衾薄②。将军角弓不得控③,都护铁衣冷难着④。瀚海阑干百丈冰⑤,愁云惨淡万里凝。中军置酒饮归客⑥,胡琴琵琶与羌笛。纷纷暮雪下辕门⑦,风掣红旗冻不翻⑧。轮台东门送君去,去时雪满天山路。山回路转不见君,雪上空留马行处。

学习要点

【作家作品】

作者岑参(715—770),荆州江陵(今湖北江陵)人。天宝三年进士,天宝十三年被封摄监察御史,充安西,北庭节度判官。后入朝任右补缺,官至嘉州刺史,世称“岑嘉州”。作者两次出塞,从军西北十余年,熟悉边塞生活。岑参多以诗人的敏感描绘边塞风光和战争景象,表现边塞将士的英雄气概和不畏艰险的乐观精神。诗歌想象丰富,气势磅礴,风格瑰丽雄奇,语言变化自如,擅长七言歌行。有《岑嘉州集》。

他是盛唐边塞诗派的代表诗人,与高适齐名,并称“高岑”。诗人陆游曾称赞说,“太白、子美之后一人而已。”岑参早年的诗以风华绮丽见长。由于后来历参戎幕,往来边陲,风格为之大变。其诗大都洋溢着积极乐观的精神。

《白雪歌送武判官归京》就是他在西域所作的一首送别诗,也是其边塞诗的名篇。属于七言歌行体。

① 白草:西域草名,秋天变白。

② 锦衾(qīn):锦缎被子。

③ 控:引,拉开。

④ 都护:镇守边疆的长官,唐时设六都护府,各设大都护一人。唐代往往尊称节度使为“都护”“都使”。着:穿。

⑤ 阑干:纵横。百丈冰:形容大沙漠上冰层之厚。

⑥ 中军:主帅亲自率领的军队,这里借指主帅营帐。

⑦ 辕门:军营门。古时驻军,两车的辕木相向,交叉作为营门。

⑧ “风掣”句:军旗凝雪结冰,风吹不动。此句化用虞世基《出塞》:“雾烽暗天色,霜旗冻不翻”句意。掣(chè):牵。翻:飘动。

【思想内容】

这首诗描写八月飞雪的西域的壮丽风光、军中送别同僚的情景，突出了西域的奇寒、与同僚的深情。

【艺术特色】

1. 写景叙事相得益彰。前半部分(自“北风”至“万里凝”)，写景为主，按外——内——外的顺序，描写西域大雪奇寒的景象。后半部分(自“中军”至“马行处”)，叙事为主，记叙在大雪奇寒中送别同僚，凸显友情之深。

2. 寓情于景。“忽如一夜春风来，千树万树梨花开。”以梨花喻雪十分新奇，此为千古传诵的咏雪佳句。“忽”字，既显示出塞外气候的奇特变幻，又表现了诗人看到奇丽雪景的惊喜之情。“瀚海阑干百丈冰，愁云惨淡万里凝”中“愁”“惨淡”“万里”寄寓着饯别前的广阔愁思。“山回路转不见君，雪上空留马行处”句满蕴无限深情。

【格言名句】

忽如一夜春风来，千树万树梨花开。

【每课一练】

一、选择题

1.《白雪歌送武判官归京》是一首 （　　）

A. 山水诗　B. 田园诗　C. 边塞诗　D. 怀古诗

2.《白雪歌送武判官归京》是一首 （　　）

A. 咏史诗　B. 爱情诗　C. 送别诗　D. 怀古诗

3.《白雪歌送武判官归京》是一首 （　　）

A. 七律　B. 七绝　C. 七言排律　D. 七言歌行

4. 下列诗句中最为著名的两句是 （　　）

A. 北风卷地白草折，胡天八月即飞雪　B. 忽如一夜春风来，千树万树梨花开

C. 散入珠帘湿罗幕，狐裘不暖锦衾薄　D. 瀚海阑干百丈冰，愁云惨淡万里凝

5. 下列诗句最能体现送别之情的是 （　　）

A. 瀚海阑干百丈冰，愁云惨淡万里凝　B. 中军置酒饮归客，胡琴琵琶与羌笛

C. 纷纷暮雪下辕门，风掣红旗冻不翻　D. 山回路转不见君，雪上空留马行处

二、填空题

1. 岑参是盛唐________诗派的代表诗人，与高适齐名，并称“高岑”。诗人历参戎幕，往来边陲，其诗大都洋溢着积极乐观的精神。

2.《白雪歌送武判官归京》就是他在西域所作的一首________诗，也是其边塞诗的名篇，属于七言________。

三、阅读分析题

阅读《白雪歌送武判官归京》,回答下列问题。

北风卷地白草折,胡天八月即飞雪。
忽如一夜春风来,千树万树梨花开。
散入珠帘湿罗幕,狐裘不暖锦衾薄。
将军角弓不得控,都护铁衣冷难着。
瀚海阑干百丈冰,愁云惨淡万里凝。
中军置酒饮归客,胡琴琵琶与羌笛。
纷纷暮雪下辕门,风掣红旗冻不翻。
轮台东门送君去,去时雪满天山路。
山回路转不见君,雪上空留马行处。

(1)划分层次,归纳层意。

(2)找出寓情于景的句子,并作分析。

参考答案

三十九　杜陵叟[①]

白居易

杜陵叟，杜陵居，岁种薄田一顷余[②]。三月无雨旱风起，麦苗不秀多黄死。九月降霜秋早寒，禾穗未熟皆青干[③]。长吏明知不申破[④]，急敛暴征求考课[⑤]。典桑卖地纳官租[⑥]，明年衣食将何如？剥我身上帛，夺我口中粟。虐人害物即豺狼[⑦]，何必钩爪锯牙食人肉[⑧]？不知何人奏皇帝，帝心恻隐知人弊[⑨]。白麻纸上书德音[⑩]，京畿尽放今年税[⑪]。昨日里胥方到门，手持敕牒榜乡村[⑫]。十家租税九家毕，虚受吾君蠲免恩[⑬]。

学习要点

【作家作品】

白居易(772—846)，字乐天，号香山居士，下邽(今陕西渭南)人。800年(贞元十六年)中进士，历任左拾遗、东宫赞善大夫、江州司马、杭州、苏州刺史、太傅等职。白居易是一位伟大的现实主义诗人。他的诗歌题材广泛，形式多样，语言平易通俗。他所写的《秦中吟》《新乐府》，敢于针对当权者的弊政，反映人民疾苦，深刻地揭露社会矛盾，他又是中唐新乐府运动的主要倡导人。白居易的叙事诗如《长恨歌》《琵琶行》，描写细腻，生动感人，具有独特的艺术风格，影响极为广泛。在诗歌创作理论上，他提出“文章合为时而著，歌诗合为事而作”的主张。现存诗3000多首，有《白氏长庆集》。是唐代诗作流传下来最

---

① 叟(sǒu)：年老的男人。

② 顷余：古时成年男子分得的一顷多的耕地，夏秋两季必须按此田亩数向官府交税。

③ 青干：禾穗未熟便干死。

④ 申破：向上级申报灾情。

⑤ 考课：考核地方官吏的政绩以定升降。求考课：追求政绩，以图升官。

⑥ 典：抵押。

⑦ 虐人：虐害人民。

⑧ 钩爪锯牙：形容豺狼爪子尖锐如钩，牙齿锋利如锯。

⑨ 人弊：百姓困苦凋敝。

⑩ 白麻纸：朝廷专用来书写任命将相、宣布赦令的纸，其他诏命用黄麻纸写。德音：宣布皇帝有恩德于民的消息。

⑪ 京畿：京都周围受其管辖的地区。尽放：完全免除。

⑫ 敕牒：传达皇帝敕令的公文。榜(bǎng)：张贴。

⑬ 蠲(juān)：免除。

多的一位诗人。

新乐府运动、诗歌革新运动，由唐代诗人白居易、元稹、张籍、王建等所倡导，主张恢复古代的采诗制度，发扬《诗经》和汉魏乐府讽喻时事的传统，使诗歌起到“补察时政”“泄导人情”的作用，强调以自创的新的乐府题目咏写时事，故名。所谓新乐府，是相对古乐府而言的。这类诗的特点是：自创新题，咏写时事，体现汉乐府的现实主义精神。

宣宗李忱曾说：“童子解吟长恨曲（长恨歌），胡儿能唱琵琶篇（琵琶行）。”

【思想内容】

《杜陵叟》这首诗作于元和四年（809 年）作者任左拾遗时。诗前有小序“伤农夫之困也”，说明其创作宗旨是同情农民生活困苦。杜陵，在长安东南。元和四年，江南大旱，唐宪宗下罪己诏，并接受李绛、白居易的建议，下令蠲免天下租税，但各地方官隐瞒灾情，或加勒索，待诏令下达，人民早已因交租而破产。皇帝博得了爱民的虚名，人民得到的却是一纸空文，此诗就是针对这一事件而作的。

【艺术特色】

1. 语言浅显通俗，该诗可以看作是白居易但倡导的新乐府运动的代表作，体现了白居易一贯的诗歌风格。

2. 感情真挚。“剥我身上帛，夺我口中粟。虐人害物即豺狼，何必钩爪锯牙食人肉！”作为一个衣食无忧的政府官吏，能够对“农夫之困”如此感同身受，能够如此直接激烈地为人民鸣不平，在当时实在是不多见的。

【每课一练】

一、选择题

1.《杜陵叟》是一首（　　）

A. 七律　　B. 五律　　C. 新乐府诗　　D. 古题乐府诗

2.《杜陵叟》是一首（　　）

A. 叙事诗　　B. 抒情诗　　C. 写景诗　　D. 送别诗

3. 中唐新乐府运动的倡导者是（　　）

A. 韩愈　　B. 杜甫　　C. 白居易　　D. 李贺

4.“文章合为时而著，歌诗合为事而作”的口号是谁提出的？（　　）

A. 韩愈　　B. 杜甫　　C. 白居易　　D. 李贺

5.《杜陵叟》中，为了突出急征暴敛的罪恶，作者先写灾情的严重，这里运用的艺术手法是（　　）

A. 铺垫手法　　B. 对比手法　　C. 侧写手法　　D. 象征手法

6. 白居易号（　　）

A. 六一居士　　B. 东坡居士　　C. 青莲居士　　D. 香山居士

7. 唐代诗歌流传下来最多的诗人是　（　　）

A. 白居易　　B. 李白　　C. 杜甫　　D. 刘禹锡

二、填空题

1. 白居易，字________，号________。历任左拾遗、东宫赞善大夫、________司马、杭州________、苏州刺史等职。白居易是一位伟大的________诗人，敢于针对当权者的弊政，反映人民疾苦。他又是中唐________运动的主要倡导人。在诗歌创作理论上，他提出"________合为时而著，歌诗________而作"的主张。现存诗 3000 多首，有《白氏长庆集》。是________诗作流传下来最多的一位诗人。

2. 新乐府运动，主张恢复古代的________制度，使诗歌起到"补察时政""________人情"的作用，自创新题，咏写时事，体现汉乐府的现实主义精神。

3. 宣宗李忱曾说："童子解吟长恨曲（即《________》），胡儿能唱琵琶篇（即《________》）。"

三、阅读分析题

阅读下面一段课文，回答下列问题。

杜陵叟，杜陵居，岁种薄田一顷余。三月无雨旱风起，麦苗不秀多黄死。九月降霜秋早寒，禾穗未熟皆青干。长吏明知不申破，急敛暴征求考课。典桑卖地纳官租，明年衣食将如何？剥我身上帛，夺我口中粟。虐人害物即豺狼，何必钩爪锯牙食人肉？不知何人奏皇帝，帝心恻隐知人弊。白麻纸上书德音，京畿尽放今年税。昨日里胥方到门，手持敕牒榜乡村。十家租税九家毕，虚受吾君蠲免恩。

（1）解释这段文字中加点字的含义。

秀：________　　长吏：________　　申破：________　　考课：________

放：________　　敕牒：________　　榜：________

（2）概括这首诗的主题思想。

（3）试分析诗中议论的作用。

参考答案

四十　无题(相见时难别亦难)

李商隐

相见时难别亦难，东风无力百花残。
春蚕到死丝方尽，蜡炬成灰泪始干①。
晓镜但愁云鬓改②，夜吟应觉月光寒③。
蓬山此去无多路④，青鸟殷勤为探看⑤。

学习要点

【作家作品】

李商隐(约 813—858)，字义山，号玉溪生，怀州河内(今河南沁阳)人，晚唐著名诗人，与杜牧合称“小李杜”，与温庭筠合称为“温李”，因处于党争的夹缝之中，一生很不得志。

李诗广纳前人所长，承杜甫七律的沉郁顿挫，融齐梁诗的华丽浓艳，学李贺诗的诡异幻想，形成了他深情、缠绵、绮丽、精巧的风格。李诗还善于用典，借助恰当的历史类比，使隐秘难言的意思得以表达。“唐人知学老杜而得其藩篱者唯义山一人。”(王安石)

以“无题”作为诗的题目是李商隐的独创。这类诗并非成于一时一地，大多以爱情相思为题材；其中有的可能别有寄寓，也可能以恋爱本事为依托。其《无题》诗共有 16 首。其内容或因不便明言，或因难用一个恰当的题目表现，所以命名为“无题”，这是一类；还有一类无题诗，是用篇首或句中二字为题，如《锦瑟》《碧城》。

【思想内容】

这首诗表面上写的是爱情，但很可能别有寄寓(如政治等)。

【艺术特色】

1. 叙事清晰。按照相聚—分别—别后的顺序叙述。

---

① “春蚕”二句：用春蚕吐丝、蜡烛燃烧来形容自己至死不绝的思恋和爱情煎熬的痛苦。丝：双关语，隐“相思”的“思”。

② “晓镜”句：设想对方晨起对镜，发现浓软如云的鬓发发生了变化。“云鬓改”：青春的年华逐渐消失。

③ “夜吟”句：联想自己月夜独自沉吟的清冷光景。

④ 蓬山：蓬莱山，道教传说中神仙居住的地方，喻对方所在。

⑤ 青鸟：神话中西王母派去探望汉武帝的信使，后借称爱情信使为青鸟。

2. 成功地运用了双关、比喻手法，如“春蚕到死丝方尽，蜡炬成灰泪始干”。

3. 成功地刻画出恋人的独特心理，缠绵悱恻，意境朦胧。

【格言名句】

春蚕到死丝方尽，蜡炬成灰泪始干。

【每课一练】

一、选择题

1.《无题》(相见时难别亦难)是一首　　　　（　　）

A. 送别诗　　B. 爱情诗　　C. 边塞诗　　D. 山水诗

2. 李商隐《无题》中，写对方的诗句是　　　　（　　）

A. 相见时难别亦难，东风无力百花残　　B. 春蚕到死丝方尽，蜡炬成灰泪始干

C. 晓镜但愁云鬓改，夜吟应觉月光寒　　D. 蓬山此去多无路，青鸟殷勤为探看

3. 李商隐《无题》中运用神话传说抒情的句子是　　　　（　　）

A. 东风无力百花残　　B. 蜡炬成灰泪始干

C. 夜吟应觉月光寒　　D. 青鸟殷勤为探看

二、填空题

1. 李商隐(约 813—858 年)，字________，号玉溪生，和杜牧合称“小李杜”，与温庭筠合称为“温李”，因处于________党争的夹缝之中，一生很不得志。

2. 李诗还善于________，借助恰当的历史类比，使隐秘难言的意思得以表达。

3. 以“________”作为诗的题目是李商隐的独创。这类诗并非成于一时一地，大多以爱情相思为题材；其中有的可能别有________，也可能以恋爱本事为依托。

三、阅读分析题

阅读下面一段课文，回答下列问题。

相见时难别亦难，东风无力百花残。春蚕到死丝方尽，蜡炬成灰泪始干。晓镜但愁云鬓改，夜吟应觉月光寒。蓬山此去无多路，青鸟殷勤为探看。

(1)总结这首诗的主题。

(2)颔联“春蚕到死丝方尽，蜡炬成灰泪始干”使用了哪些修辞手法？起到了怎样的艺术效果？

(3)颈联“晓镜但愁云鬓改，夜吟应觉月光寒”采用了什么方法来写？

(4)尾联的用典起到了怎样的作用？

(5)简析诗中的两个“难”字的含义。

参考答案

四十一　*关山月(和戎诏下十五年)

陆　游

和戎诏下十五年①,将军不战空临边②。朱门沉沉按歌舞③,厩马肥死弓断弦④。戍楼刁斗催落月⑤,三十从军今白发。笛里谁知壮士心⑥?沙头空照征人骨⑦。中原干戈古亦闻,岂有逆胡传子孙⑧?遗民忍死望恢复⑨,几处今宵垂泪痕。

学习要点

【作家作品】

陆游(1125—1210),字务观,号放翁,越州山阴(今绍兴)人,南宋爱国诗人、文学家、史学家。

陆游具有多方面文学才能,尤以诗的成就为最,是“中兴四大诗人”之一。《关山月》《书愤》《临安春雨初霁》《示儿》等都是其诗歌的代表作。自言“六十年间万首诗”,存世有九千三百余首。中国诗歌史上流传下来诗作最多的一位诗人。

陆游一生笔耕不辍,诗词文俱有很高成就,著有《剑南诗稿》《放翁词》《渭南文集》等。其诗语言平易晓畅、章法整饬谨严,兼具李白的潇洒飘逸、杜甫的沉郁顿挫,尤以饱含爱国热情对后世影响深远。陆游亦有史才,他的《南唐书》,“简核有法”,史评色彩鲜明,具有很高的史料价值。

---

① “和戎诏”句:隆兴元年(1163年),宋孝宗让王之望担任金国通问使,与金议和,至作此诗已十五年。和戎,古书中本指与少数民族和平相处,宋人借以指对金人的屈膝投降政策。

② 空:应战而不战,故云“空”,意即“白白地”。临:到。

③ 朱门:红漆大门,代指大官僚贵族的住宅。沉沉:深深。按歌舞:按曲调节奏表演歌舞。

④ 厩(jiù):马棚。

⑤ 戍(shù)楼:守卫边境的岗楼。刁斗:古代一种铜制的军中用具,既可作炊饭用的锅,亦可作打更报时的工具。催落月:月亮在刁斗声中落,暗含在凄凉的刁斗声中战士们度过了无数个清冷的月夜之意,与下句“三十从军今白发”呼应。

⑥ 笛:古代乐府中吹曲多用笛。“笛”字照应题目《关山月》。全句说:戍边而不战,岁月空流,人已衰老,内心的苦闷和悲愤只能借笛声传出,却是无人知晓。

⑦ 沙头:沙场。

⑧ “中原”二句:从古以来一直听说过外族侵入中原地区进行蹂躏掠夺之事,岂能容忍他们子孙相传、长期占领呢?

⑨ 遗民:中原地区沦陷于金人之手的汉族人民。忍死:在死亡线上挣扎,有所期待。

这首诗是宋孝宗淳熙四年(1177 年),作者在成都时所作,表现了作者对朝廷奉行的投降政策的不满。《关山月》,为汉乐府横吹曲名,是乐府旧题。《乐府解题》说:"《关山月》,伤离别也。"这种离别,总是与征战联系在一起的。

【思想内容】

这首诗写"和戎诏下十五年"来,统治阶级贪图享乐、守边战士老死边疆、沦陷区人民盼望收复失地的现状,充分地抒发了作者的爱国情怀。

【艺术特色】

1. 以关山月照为线索,多角度展开叙写;层次分明,思路清晰

把上层高官的醉心歌舞、边关战士的报国无门、北宋遗民的失望落泪,放在同一月夜之下。

2. 善于选取典型事物表达主题

人物:将军、战士、遗民;

地点:朱门、戍楼、中原;

事物:歌舞、白发、泪痕。

3. 语言高度凝练

展现了南宋十几年来的一个缩影,是宋金长期对峙局面的真实写照。

【每课一练】

一、选择题

1.《关山月》是一首 ( )

A. 新乐府诗　B. 乐府古题诗　C. 七律　D. 七绝

2.《关山月》是以什么为线索来叙写的? ( )

A. 笛声　B. 月夜　C. 歌舞　D. 泪痕

3.《剑南诗稿》的作者是 ( )

A. 杜牧　B. 李商隐　C. 陆游　D. 苏轼

4. 中国诗歌史上诗歌流传下来最多的诗人是 ( )

A. 陆游　B. 白居易　C. 杜甫　D. 李白

二、填空题

1. 陆游(1125—1210),字务观,号________,汉族,越州山阴(今绍兴)人,________时期爱国诗人。

2. 陆游是"________四大诗人"之一。自言"六十年间万首诗",存世有九千三百余首。是________史上诗作流传下来诗作最多的一位诗人。

3. 陆游一生笔耕不辍,诗词文俱有很高成就,著有《________诗稿》《放翁词》《渭南文集》等。诗歌风格兼具李白的________、杜甫的________,尤以饱含________热情对后世影响深远。

陆游的《关山月》,为汉乐府横吹曲名,是乐府________。

三、阅读分析题

阅读下面一段课文,回答下列问题。

和戎诏下十五年,将军不战空临边。朱门沉沉按歌舞,厩马肥死弓断弦。戍楼刁斗催落月,三十从军今白发。笛里谁知壮士心?沙头空照征人骨。中原干戈古亦闻,岂有逆胡传子孙。遗民忍死望恢复,几处今宵垂泪痕。

(1)用最简洁的词语概括这首诗各层次的含义。

(2)这首诗具有什么样的艺术特点?

参考答案

四十二　*炉中煤

——眷念祖国的情绪

郭沫若

中国现当代诗歌主要流派(一)

啊,我年青的女郎!
我不辜负你的殷勤,
你也不要辜负了我的思量。
我为我心爱的人儿
燃到了这般模样!

啊,我年青的女郎!
你该知道了我的前身?
你该不嫌我黑奴卤莽?
要我这黑奴的胸中,
才有火一样的心肠。

啊,我年青的女郎!
我想我的前身
原本是有用的栋梁,
我活埋在地底多年,
到今朝总得重见天光。

啊,我年青的女郎!
我自从重见天光,
我常常思念我的故乡,
我为我心爱的人儿
燃到了这般模样!

1920 年 1、2 月间作

学习要点

【作家作品】

郭沫若(1892—1978)原名郭开贞,笔名沫若。四川省乐山市沙湾镇人。幼年受家塾教育,1905 年考入嘉定区高等小学,1913 年中学毕业,次年赴日留学,1918 年升入九州帝国大学医科。先后接触过泰戈尔、歌德、惠特曼等外国作家的作品，并深受浪漫主义文艺思潮的影响。1921 年出版新诗集《女神》，为中国新诗开了一代浪漫主义诗风，是中国新诗发展史上的第一座丰碑。同年 6 月，与郁达夫、成仿吾、张资平、郑伯奇等在日本东京创立著名文学团体“创造社”。五四运动后，又创作《星空》《瓶》《前茅》等诗集，还写了历史剧《卓文君》、《王昭君》。抗战时期，创作了《棠棣之花》《屈原》《虎符》等六部大型历史剧和诗歌《战声集》等。新中国成立后，他又创作了历史剧《蔡文姬》等，成为“继鲁迅之后……文化战线上又一面光辉的旗帜”。

本诗选自郭沫若诗集《女神》。

【思想内容】

《炉中煤》是诗集《女神》中的名篇。这首诗表达了受“五四”影响的诗人对祖国的思念以及甘于为祖国献身的爱国热情。

【艺术特色】

1. 象征手法的运用。以“年青的女郎”来象征新生的祖国；以“炉中煤”象征受五四新文化运动感召的一批热血爱国青年。象征和比喻的区别：比喻的相似点更侧重于本体和喻体之间外在的形似，而象征的本体与象征体之间更侧重于诠释人的情感或态度。比喻中的明喻和暗喻会出现本体和喻体，而象征中是只出现本体，不出现象征体，其象征的意义需要我们自己去体悟。更重要的区别是：象征作为一种表现手法，是就文章构思方面来说的，它可以拓深拓宽文章的主题、内涵，丰富文章的意蕴，所以它甚至可以用来贯穿全篇文章，当然也可以作为文章的一部分来使用；而比喻作为语言修辞格的一种形式，是为了提高语言的表达效果，使文章更艺术化的一种手段，一般一个比喻不会贯穿全文。

2. 重章叠句的运用。重章是诗歌的一种表现手法，也是《诗经》章法上的一个重要特点，即各章的句法基本相同，中间只更换相应的几个字，反复咏唱。作用在于加深印象，渲染气氛，深化诗的主体，增强诗的音乐性和节奏感，使感情得到尽情的抒发。叠句就是意义相同的句子前后呼应地重叠。它常常用于表现人物的一种回环往复的强烈感情，给人以“百转千回”“绕梁三日”的感受。叠句运用得好，会使作品产生强烈的艺术魅力。而反复，是指重复、来回，也是一种修辞手法，就是通过一遍一遍地重复个别词语或句子，达到强调的目的。本诗采用的手法即为重章叠句。

【每课一练】

一、选择题

1. 奠定郭沫若在中国现代文学史上的地位的是他于 1921 年出版的诗集　（　　）

A.《尝试集》　B.《星空》　C.《女神》　D.《前茅》

2. 抗战时期，郭沫若写的历史剧最著名的是　（　　）

A.《蔡文姬》　B.《卓文君》　C.《屈原》　D.《王昭君》

3. 1921 年 7 月，郭沫若和谁在日本创建了文学社团“创造社”？　（　　）

A. 鲁迅　B. 周作人　C. 茅盾　D. 郁达夫

4.《炉中煤》中的“我年青的女郎”指的是 （　　）

A. 心爱的姑娘　　B. 日本的妻子

C. 新生的祖国　　D. 未实现的梦想

5.《炉中煤》一诗中“炉中煤”指的是 （　　）

A. 外国的留学生　　B. 被祖国遗忘的青年

C. 象征鲁莽的青年　　D. 敢于献身的新青年

二、填空题

1. 郭沫若(1892—1978)原名________，笔名沫若。________省乐山市沙湾镇人。1921年出版新诗集《________》，为中国新诗开了一代浪漫主义诗风，是中国新诗发展史上的________丰碑。同年6月，与郁达夫、成仿吾、张资平、郑伯奇等在日本东京创立著名文学团体“________”。抗战时期，创作了《棠棣之花》《屈原》《虎符》等六部大型________剧，成为“继鲁迅之后……文化战线上又一面光辉的旗帜”。

2.《炉中煤》是诗集《________》中的名篇。

三、阅读分析题

阅读作品片段，回答问题。

啊，我年青的女郎！
我想我的前身
原本是有用的栋梁，
我活埋在地底多年，
到今朝总得重见天光。

(1)“年青的女郎”的象征意义是什么？

(2)“炉中煤”的象征意义是什么？

(3)怎样理解这一节诗的寓意？

参考答案

四十三　*发　现

闻一多

我来了，我喊一声，迸着血泪，
“这不是我的中华，不对，不对！”
我来了，因为我听见你叫我；
鞭着时间的罡风，擎一把火，
我来了，不知道是一场空喜。
我会见的是噩梦，哪里是你？
那是恐怖，是噩梦挂着悬崖，
那不是你，那不是我的心爱！
我追问青天，逼迫八面的风，
我问，拳头擂着大地的赤胸，
总问不出消息；我哭着叫你，
呕出一颗心来，——在我心里！

学习要点

【作家作品】

闻一多(1899—1946)，是我国现代著名的诗人、学者和民主战士。闻一多，原名亦多，族名家骅，字益善，号友山，湖北浠水人。

1912年考入清华大学留美预备班。

1922年乘船赴美留学，在芝加哥美术学院就读。此间异乡漂泊求学的生涯和对故国家园的思念激起了他写诗的冲动。1923年，他将103首新诗汇编成册，以《红烛》为名，在国内发表，这是他的第一部新诗集。

1925年他提前回国，不久加入“新月社”，在诗界大力提倡新格律诗的三美主张，即新诗要有“音乐的美”(音节)、“绘画的美”(辞藻)和“建筑的美”(节的匀称和句的均齐)。他主张诗歌不仅在内容上要创新，而且在形式上要注重修辞和用韵，因而被称为“格律派”。“格律派”与早期诗坛上的“自由派”和后来的“象征派”成为中国新诗发展史上三大重要诗派。

1928年他发表了自己的第二部诗集《死水》，此后在国内多所大学执教，并改行从事中国古典文学的研究与教学工作。

抗战爆发后，闻一多来到西南联大执教，受抗日民族情绪的感染，积极投身民主斗争，

1946 年 7 月，去云南大学参加被国民党暗杀的李公朴烈士的殉难报告会，并发表著名的伸张正义的个人演说，走出会场后，惨遭特务暗杀。

朱自清曾评价闻一多："是个爱国诗人，而且几乎可以说是唯一的爱国诗人。"

【思想内容】

《发现》一诗选自闻一多的著名诗集《死水》，该诗创作于 1927 年。这一年国内形势混乱，先是军阀混战，国民革命军开始北伐，不久蒋介石发动了"四一二"大屠杀，形势开始急骤变化，政局动荡，战乱频繁，民不聊生。

这首诗写诗人踏上日思夜念的国土后，看到的是现实中军阀混战、民不聊生的黑暗旧中国，令人愤懑、恐怖、绝望，但诗人对祖国的至爱并未改变。

【艺术特色】

1. 诗人用直接抒情的方式，表达了愤懑、失望和深沉的爱这样一种复杂的情感，把表达炽烈、奔放的情感收敛于严谨的形式之中。

2. 手法灵活多样，运用了呼告、反复、比喻、拟人、象征等手法。学习时要细加体会。

【每课一练】

一、选择题

1.《发现》一诗被收录于闻一多的诗集 （　　）

A.《女神》　B.《红烛》　C.《死水》　D.《星空》

2. 下列属于闻一多的作品是 （　　）

A.《女神》　B.《北方》　C.《死水》　D.《瓶》

3. 闻一多曾提出新格律诗的"三美"主张，即新诗要有 （　　）

A. 理想美、思想美、形式美　B. 色彩浓、回味永、意境

C. 音乐美、绘画美、建筑美　D. 节奏、韵味、意境

4. 中国现代新诗发展史上有三个代表诗派，闻一多属于 （　　）

A. 自由派　B. 格律派　C. 象征派　D. 浪漫派

5. 闻一多最具有代表性的诗集是 （　　）

A.《真我集》　B.《红烛》　C.《死水》　D.《猛虎集》

6."呕出一颗心来，——在我心里！"此诗句出自 （　　）

A. 郭沫若《炉中煤》　B. 艾青《我爱这土地》

C. 闻一多《发现》　D. 徐志摩《再别康桥》

二、填空题

1. 闻一多留美期间将 103 首新诗汇编成册，以《________》为名，在国内发表，这是他的第一部新诗集。

2. 1925 年回国，加入"________社"，在诗界大力提倡新格律诗的三美主张，即新诗要有"________的美"(音节)、"________的美"(辞藻)和"________的美"(节的匀称和句的均齐)。

因而被称为“________派”。“格律派”与早期诗坛上的“自由派”和后来的“________派”成为中国新诗发展史上三大重要诗派。

3.1928年闻一多发表了自己的第二部诗集《________》。此后在国内多所大学执教，并改行从事中国古典文学的研究与教学工作。

4.闻一多参加被国民党暗杀的李公朴烈士的殉难报告会，并发表著名演讲《________》，走出会场后，惨遭特务暗杀。朱自清曾评价闻一多“是个________诗人，而且几乎可以说是唯一的爱国诗人”。

三、阅读分析题

阅读全诗，回答下列问题。

我来了，我喊一声，迸着血泪，
“这不是我的中华，不对，不对！”
我来了，因为我听见你叫我；
鞭着时间的罡风，擎一把火，
我来了，不知道是一场空喜。
我会见的是噩梦，哪里是你？
那是恐怖，是噩梦挂着悬崖，
那不是你，那不是我的心爱！
我追问青天，逼迫八面的风，
我问，拳头擂着大地的赤胸，
总问不出消息；我哭着叫你，
呕出一颗心来，——在我心里！

(1)本诗用哪些词句来表达诗人热切回到祖国怀抱的心情？

(2)本诗用哪些词句来表达诗人见到祖国后失望的心情？

(3)本诗抒发了诗人怎样的感情？

(4)本诗的最后一句“呕出一颗心来，——在我心里！”运用了什么修辞手法？诗人用此句主要表达他怎样的情感？

(5)本诗综合运用了哪些艺术手法？

(6)说明这首诗的抒情方式。

参考答案

四十四　再别康桥

徐志摩

轻轻的我走了，
正如我轻轻的来；
我轻轻的招手，
作别西天的云彩。

那河畔的金柳，
是夕阳中的新娘；
波光里的艳影，
在我的心头荡漾。

软泥上的青荇，
油油的在水底招摇；
在康河的柔波里，
我甘做一条水草！

那榆荫下的一潭，
不是清泉，是天上虹；
揉碎在浮藻间，
沉淀着彩虹似的梦。

寻梦？撑一支长篙，
向青草更青处漫溯；
满载一船星辉，
在星辉斑斓里放歌。

但我不能放歌，
悄悄是别离的笙箫；
夏虫也为我沉默，
沉默是今晚的康桥！

悄悄的我走了，
正如我悄悄的来；
我挥一挥衣袖，
不带走一片云彩。

学习要点

【作家作品】

徐志摩(1897—1931),是中国现代著名诗人。出生于浙江海宁一个富商家庭。1916 年始先后在北洋大学和北京大学读书,拜梁启超为师。1918 年自费去美国留学,遵循父意攻读金融学。1920 年追随英国哲学家罗素而赴英国伦敦,后进入剑桥大学学习西洋文学。早年留学英、美,深受西方资产阶级的民主、自由和个性解放思想的影响,形成其独特的人生观:追求爱、自由和理想的美。1922 年回国,历任北京大学、清华大学教授。1923 年"新月社"成立,他是发起人之一。1931 年死于飞机失事。1921 年,徐志摩在英国剑桥读书时开始创作诗歌,直至 1931 年。10 年间共发表诗作 234 首,出版诗集 4 部:《志摩的诗》(1925)、《翡冷翠的一夜》(1927)、《猛虎集》(1931)和《云游集》(1932)。作为"新月社"的代表诗人,徐志摩一直探索新格律诗的表现形式和技巧,成为新格律诗派成果重要贡献者。他的抒情诗韵律和谐、节奏鲜明,富于音乐美,有相当高的艺术造诣。

【思想内容】

本诗选自徐志摩的诗集《猛虎集》,本诗也是徐志摩的名篇之一。康桥,今译剑桥,是英国伦敦剑桥大学的风景胜地。1921 年春,徐志摩在剑桥大学三一学院学习,他常来此地观看落日晚霞。在康桥,他曾与恋人一起感受爱情的甜美,曾萌生对新生活的祈盼。康桥曾给予诗人心灵的抚慰,也是促使他自我意识觉醒、产生追求个性解放冲动的具有象征意义的地方。1928 年 6 月,他故地重游,一切都已物是人非,诗人陷入了寻梦不得的怅惘之中。

《再别康桥》这首诗主要写诗人故地重游所产生的情感波澜和寻梦不得时的怅惘与落寞的情怀。

【艺术特色】

1. 先扬后抑。第二、三、四节,作者选取了金柳、青荇和潭水三个意象来渲染和表现对康桥的眷念。这三节诗表面是写景抒情,实则是暗示对旧情的怀念和对美好生活的向往。第五节,是全诗的高潮部分,写诗人此次重游故地的痴想:重寻旧梦。第六节,诗人笔锋一转,变扬为抑,表达诗人寻梦不得时的怅惘和落寞的情怀。"但我不能放歌,悄悄是别离的笙箫;夏虫也为我沉默,沉默是今晚的康桥!"但物是人非,时间不能倒转,现实的处境终于使诗人领悟到当年的梦想早已是可望而不可即。

2. 飘逸清丽的艺术风格。诗人紧紧紧围绕着"寻梦"这一中心展开,他敏锐地抓住"金柳""波光""青荇""星辉"等具体而生动的意象展开联想,通过明喻和暗喻等手法,勾勒出无比美丽的康河晚景,融情于景,营造了艳丽梦幻般的意境,展现了旧梦的美好。作者面对旧梦的回忆和诱惑,虽有无奈和惆怅,但还是超脱潇洒地面对现实,"我挥一挥衣袖,不带走一片云彩。"

3."三美"——音乐美、建筑美和绘画美。这首诗不仅具有外观的建筑美,而且还具有内在的音乐美。首先在诗行排列上,讲究建筑美,每诗行6到8个汉字,有规律地参差错落,赏心悦目。其次本诗讲究内在音节和韵律。这首诗的音乐美主要体现在节奏鲜明和韵律和谐方面。间行押韵,又非一韵到底,追求音节的旋律美,读来柔美悦耳。这首诗的绘画美主要体现在对康桥美丽景色的细致描绘上。西天的云彩、河畔的金柳、金色的夕阳、康河的柔波、河中的水草、榆荫下的清潭、夜晚的星辉,使整首诗呈现出色彩艳丽的画面,而且情景交融、意境深远。

【每课一练】

一、选择题

1.徐志摩的《再别康桥》被收录在诗集 (　　)

A.《志摩的诗》　B.《翡冷翠的一夜》

C.《猛虎集》　D.《云游集》

2."新月社"的代表诗人有 (　　)

A.徐志摩　B.郁达夫　C.郭沫若　D.艾青

3.《再别康桥》是一首 (　　)

A.状物诗　B.爱情诗　C.言志诗　D.政治诗

二、填空题

1.徐志摩,是中国现代著名诗人,出生于浙江________的一个富商家庭。1916年始先后在北洋大学和北京大学读书,拜________为师。

2.1923年"________"成立,徐志摩是发起人之一。徐志摩成为________派成果重要贡献者。

三、阅读分析题

1.阅读诗歌片段,回答问题。

轻轻的我走了,
正如我轻轻的来;
我轻轻的招手,
作别西天的云彩。

这段文字中,诗人是用哪种修辞方法来描述自己的心情?表达了诗人怎样的心情?

2.阅读诗歌片段,回答问题。

寻梦?撑一支长篙,
向青草更青处漫溯;
满载一船星辉,
在星辉斑斓里放歌。

但我不能放歌,
悄悄是别离的笙箫;

夏虫也为我沉默，
沉默是今晚的康桥！

(1)“寻梦”在全诗中的作用是什么？

(2)为什么“我不能放歌”？找出这段诗句中哪些词用来渲染了这种气氛？

(3)这两节诗中，诗人运用了什么样的修辞手法？

3.阅读诗歌片段，然后回答问题。

悄悄的我走了，
正如我悄悄的来；
我挥一挥衣袖，
不带走一片云彩。

最后一节诗与第一节形成了怎样一种关系，对表现诗人的思想感情起了什么作用？

参考答案

四十五 *雨 巷

戴望舒

《雨巷》

中国现当代诗歌主要流派（二）

撑着油纸伞，独自
彷徨在悠长，悠长
又寂寥的雨巷，
我希望逢着
一个丁香一样地
结着愁怨的姑娘。

她是有
丁香一样的颜色，
丁香一样的芬芳，
丁香一样的忧愁，
在雨中哀怨，
哀怨又彷徨；

她彷徨在这寂寥的雨巷，
撑着油纸伞
像我一样，
像我一样地
默默彳亍着，
冷漠，凄清，又惆怅。

她静默地走近
走近，又投出
太息一般的眼光，
她飘过
像梦一般的，
像梦一般的凄婉迷茫。

像梦中飘过
一枝丁香的，
我身旁飘过这女郎；
她静默地远了，远了，

到了颓圮的篱墙，
走尽这雨巷。

在雨的哀曲里，
消了她的颜色，
散了她的芬芳
消散了，甚至她的
太息般的眼光，
丁香般的惆怅。

撑着油纸伞，独自
彷徨在悠长，悠长
又寂寥的雨巷，
我希望飘过
一个丁香一样地
结着愁怨的姑娘。

学习要点

【作家作品】

戴望舒(1905 年 11 月 15 日—1950 年 2 月 28 日)，浙江杭州人。名承，字朝安，小名海山，后曾用笔名梦鸥、梦鸥生、信芳、江思等。中国现代派象征主义诗人、翻译家。

戴望舒先后在鸳鸯蝴蝶派的刊物上发表过三篇小说：《债》、《卖艺童子》和《母爱》。曾与杜衡、张天翼和施蛰存等人成立了一个名谓“兰社”的文学小团体，创办了《兰友》旬刊。因诗作《雨巷》一度被人称为“雨巷诗人”。著有诗集《我的记忆》《望舒草》《望舒诗稿》《灾难的岁月》等。

本篇选自戴望舒诗集《我的记忆》。

【思想内容】

这首诗写于 1927 年夏天。当时全国正处于白色恐怖之中，戴望舒因曾参加进步活动而不得不避居于松江的友人家中，在孤寂中咀嚼着大革命失败后的幻灭与痛苦，心中充满了迷惘的情绪和朦胧的希望。《雨巷》一诗就是他的这种心情的表现，其中交织着失望和希望、幻灭和追求的双重情调。这种情怀在当时具有一定的普遍性。

【艺术特色】

1. 象征手法。《雨巷》就体现了这种艺术上的特点。诗里那撑着油纸伞的诗人、那寂寥悠长的雨巷、那像梦一般地飘过有着丁香一般忧愁的姑娘，并非真实生活本身的具体写照，而是充满着象征意味的抒情形象：孤独彷徨的理想追求者、当时的黑暗而沉闷的社会现实、诗人心中朦胧的美好的理想。

南唐李璟有“丁香空结雨中愁”(《摊破浣溪沙·手卷真珠上玉钩》)之句。《雨巷》朦胧而不晦涩，低沉而不颓唐，深情而不轻佻，确实把握了象征派诗歌艺术的幽微精妙的大去处。

戴望舒说：“诗是由真实经过想象而出来的，不单是真实的，也不单是想象的。”(《诗论零札》十三)

2. 音节优美。叶圣陶盛赞这首诗“替新诗的音节开了一个新的纪元”。

(1)首尾呼应，加强了全诗的音乐感，也加重了诗人彷徨和幻灭心境的表现力。

(2)每节押二三次韵，一韵到底。“雨巷”“姑娘”“芬芳“惆怅”“眼光”，有意地使一个音响在听觉中反复。这样就造成了一种回荡的旋律和流畅的节奏，像一首轻柔而沉思的小夜曲，一个寂寞而痛苦的旋律在全曲中反复回响，萦绕在心头。

(3)在同一节诗中让同样的字句更迭相见。这种语言上的重复，复沓，像交织在一起的抒情乐句的反复，听起来悦耳和谐，又加重了诗的抒情色彩。

开拓了音乐在新诗中表现的新天地。

【每课一练】

一、选择题

1.《雨巷》选自戴望舒的诗集 (　　)

A.《我的记忆》　　B.《望舒草》

C.《灾难的岁月》　　D.《我用残损的手掌》

2. 下列加点字的注音全都正确的一项是 (　　)

A. 青荇(xìng)　长篙(hāo)　漫溯(sù)　B. 笙(shēng)箫　撑(chēng)开　哀怨(āi)

C. 寂(jì)寥　彷(páng)徨　彳(cì)亍　D. 凄婉(wǎn)　斑斓(lǎn)　笙箫(xiāo)

3. 下列说法不正确的一项是 (　　)

A. 戴望舒是中国现代诗人，主要诗集有《我的记忆》《望舒草》《望舒诗稿》《灾难的岁月》。

B.《雨巷》是戴望舒早期的成名作和代表作，诗歌发表后产生了较大影响，诗人也因此被称为“雨巷诗人”。

C. 戴望舒早期的诗歌受西方印象派的影响，意象朦胧、含蓄。

D. 后期诗歌主要表现热爱祖国、憎恨侵略者的强烈感情和对美好未来的热烈向往，诗风明朗、沉挚。

4. 对《雨巷》的赏析不正确的一项是 (　　)

A. 诗人在《雨巷》中创造了一个丁香一样的结着愁怨的姑娘。这受中国古代诗词的启发，用丁香结即丁香的花蕾来象征人的愁心。

B.《雨巷》运用了象征的手法。诗中的“我”“雨巷”“姑娘”并非是对生活的具体写实，而是充满了象征意味的抒情形象。

C. 诗中借江南小巷的阴沉来象征当时社会的黑暗，“我”在黑暗中迷失了方向，找不到出路，充满了迷惘和绝望。

D.《雨巷》运用了复沓重唱手法，造成了回环往复的旋律，强化了音乐效果，替新诗的音节开了一个新纪元。

二、填空题

1. 戴望舒(1905 年 11 月 15 日—1950 年 2 月 28 日)，浙江________人。名承，字朝安，小名海山，后曾用笔名梦鸥、梦鸥生、信芳、江思等。中国现代派________主义诗人、翻译家。

戴望舒因诗作《雨巷》一度被人称为“________诗人”。著有诗集《________》《________草》《________诗稿》《灾难的岁月》等。

三、阅读分析题

1. 阅读《雨巷》中的首尾二段诗句，回答问题：

撑着油纸伞，独自
彷徨在悠长，悠长
又寂寥的雨巷，
我希望逢着
一个丁香一样地
结着愁怨的姑娘。

撑着油纸伞，独自
彷徨在悠长，悠长
又寂寥的雨巷，
我希望飘过
一个丁香一样地
结着愁怨的姑娘。

(1)诗一开始用“悠长”“寂寥”表明了雨巷的________，以细雨表现了________的天气特点。

(2)这两节诗在艺术形式上有何特点？这样写有何作用？

(3)诗人为什么把“逢着”改为“飘过”？

(4)怎样理解“丁香一样的结着愁怨的姑娘”这个意象？

2. 阅读《雨巷》中的五六两段诗句，回答问题：

像梦中飘过
一枝丁香的，
我身旁飘过这女郎；
她静默地远了，远了，
到了颓圮的篱墙，
走尽这雨巷。

在雨的哀曲里，
消了她的颜色，
散了她的芬芳
消散了，甚至她的

太息般的眼光，

丁香般的惆怅。

(1)丁香姑娘和“颓圮的篱墙”形成了怎样的关系，这“颓圮的篱墙”有何象征意义？

(2)“颜色”“芬芳”“太息”“惆怅”塑造了怎样的一位丁香姑娘？

(3)“消了”“散了”“消散了”运用了怎样的表现手法，其含义是什么？

参考答案

四十六　*我爱这土地

艾　青

假如我是一只鸟，
我也应该用嘶哑的喉咙歌唱：
这被暴风雨所打击着的土地，
这永远汹涌着我们的悲愤的河流，
这无止息地吹刮着的激怒的风，
和那来自林间的无比温柔的黎明……
——然后我死了，
连羽毛也腐烂在土地里面。

为什么我的眼里常含泪水？
因为我对这土地爱得深沉……

1938 年 11 月 17 日

学习要点

【作家作品】

艾青(1910—1996)，原名蒋正涵，字养源，号海澄，浙江金华人，是我国现代新诗发展史上最具有影响力的诗人之一。他曾被胡风称为“吹芦笛的诗人”。

艾青早年曾留学法国，专攻绘画艺术。1932 年“一·二八”事变后返回国内。在上海加入“中国左翼美术家联盟”，同年 7 月因“颠覆政府罪”被投进监狱，1935 年出狱。在狱中他写下了著名的《大堰河——我的保姆》，并第一次使用了艾青(海澄的金华语谐音)作为笔名。诗作发表后，艾青在中国诗坛上也一举成名。1937 年 7 月抗战爆发，投身于民族救亡运动。1941 年去了延安。从抗战爆发至 1945 年抗日战争结束，是艾青诗歌创作的成熟时期。他相继创作了诗集《北方》和长诗《向太阳》。艾青思考着民族的命运，探索中国新诗传达民族心声的道路，成为诗坛上最引人瞩目的诗人之一。新中国成立后曾任《人民文学》副主编、中国作家协会副主席等职。

【思想内容】

《我爱这土地》写于 1938 年 11 月 17 日，选自艾青诗集《北方》。

【艺术特色】

1.象征。土地→遭践踏的国土;河流→屈辱的历史;风→愤怒的反抗;黎明→光明的未来;“鸟”→诗人。通过鸟的歌唱来表达诗人对祖国炽热而深沉的爱。

2.感情激烈,内在韵律顿挫跌宕。

【每课一练】

一、选择题

1.谁曾被谁称为“吹芦笛的诗人”? ( )

A.艾青　　B.臧克家　　C.闻一多　　D.郭沫若

2.艾青的成名作是 ( )

A.《北方》　　B.《大堰河——我的保姆》

C.《向太阳》　　D.《我爱这土地》

3.《我爱这土地》选自艾青的诗集 ( )

A.《北方》　　B.《大堰河——我韵保姆》

C.《艾青诗选》　　D.《旷野》

4.《我爱这土地》中着力通过哪一个意象来刻画诗人的形象 ( )

A.土地　　B.暴风雨　　C.鸟　　D.温柔的黎明

二、填空题

1.艾青(1910—1996),原名蒋正涵,字养源,号海澄,浙江________人,是我国现代新诗发展史上最具有影响力的诗人之一。他曾被胡风称为“________的诗人”。

2.艾青在狱中写下了著名的《________》,并第一次使用了________(海澄的金华语谐音)作为笔名。诗作发表后,艾青在中国诗坛上也一举成名。他相继创作了诗集《北方》和长诗《向太阳》。

三、阅读分析题

阅读全诗,然后回答问题。

假如我是一只鸟,
我也应该用嘶哑的喉咙歌唱:
这被暴风雨所打击着的土地,
这永远汹涌着我们的悲愤的河流,
这无止息地吹刮着的激怒的风,
和那来自林间的无比温柔的黎明……
——然后我死了,
连羽毛也腐烂在土地里面。

为什么我的眼里常含泪水?
因为我对这土地爱得深沉……

(1)请找出本诗中象征形象并说明其寓意。

(2)这首诗抒发了诗人怎样的感情?

(3)这首诗前后两部分的抒情方式有何不同?

参考答案

四十七 门 槛

——梦

屠格涅夫

我看见一座大楼。

正面一道窄门敞开。门里一片阴森的黑暗。高高的门槛前站着一位姑娘……一位俄罗斯姑娘。

望不透的黑暗中散发着寒气，随着寒气，从大楼里传来一个慢吞吞的、不响亮的声音：

“啊，你要跨进这道门槛来，想做什么？你知道里面有什么在等着你？”

“我知道，”姑娘这样回答。

“寒冷，饥饿，憎恨，嘲笑，蔑视，侮辱，监狱，疾病，甚至于死亡？”

“我知道。”

“跟人们疏远，完全的孤独？”

“我知道。……我准备好了。我要忍受一切的痛苦，一切的打击。”

“这些痛苦，这些打击，不仅来自你的敌人，而且来自你的亲戚，你的朋友？”

“是……就是从他们那里来的，我也要忍受。”

“好。你准备牺牲吗？”

“是。”

“你准备着无名的牺牲吗？你会灭亡——没有一个人……甚至没有一个人会尊敬地怀念你……”

“我不要人感激，不要人怜悯。我也不需要名声。”

“你还准备犯罪？”

姑娘埋下了头……

“我也准备去犯罪。”

声音停了一会，然后又问下去。

“你知道吗，”那声音最后说，“将来你会不再相信你现在这个信仰，你会认为自己受了骗，白白地毁了你年轻的生命？”

“这我也知道。然而我还是要进来。”

“进来吧！”

姑娘跨进了门槛。——厚厚的门帘立刻放下来遮住了她。

“傻瓜！”有人在后面咬牙切齿地咒骂。

“一位圣人。”不知从什么地方传来这一声回答。

一八七八年五月

学习要点

【作家作品】

屠格涅夫(1818—1883),俄国批判现实主义作家。出身于贵族家庭。母亲独断专横。屠格涅夫从小目睹他家农奴所遭受的非人待遇。年轻时赴德国读哲学,受到卢梭等启蒙思想的影响。因此,屠格涅夫成为具有进步的民主主义思想的作家。回到俄国后,反农奴制的态度更为坚决。《猎人笔记》是屠格涅夫的成名之作,使他获得作家的声誉。

屠格涅夫是以写小说而著称的,共发表长篇小说 6 部,其中《贵族之家》、《罗亭》和《父与子》都是其长篇代表作。著名的中短篇杰作有《木木》《阿霞》《初恋》等。此外,他也擅长于写散文、随笔和诗歌。同期他还写了一些剧本。

屠格涅夫被称为“小说家中的小说家”。他的小说语言纯净优美,结构简洁严密,擅长自然风景描写,常用隐蔽手法描写人物心理。作品充满诗意的氛围和淡淡的哀愁,让人回味无穷。

本诗选自 19 世纪俄国作家屠格涅夫的《散文诗集》,《散文诗集》是他晚年最后一部作品。《门槛》是一首充满象征意蕴的散文诗。

【思想内容】

这首诗塑造了一个女革命者——“一个俄罗斯姑娘”的光辉形象,描写了她明知革命征途上有重重困难和危险,甚至死亡,但她毫不畏惧、勇于献身的崇高精神和高尚品格。

【艺术特色】

梦幻、象征手法。

全诗运用了象征手法,从作品的标题到人物再到具体的意象,都有其寓意。如诗中“一座大楼”象征着伟大而壮丽的革命事业;“门槛”象征着革命征途上的艰难险阻;“门内的声音”象征着对投身革命者的考验;“一位姑娘”,则喻指勇于献身的革命战士;而“傻瓜”,象征着市侩们对于革命者的不理解和诬蔑;“一个圣人”象征着人民群众对革命者的崇敬。作品通过这一系列象征性的形象,反映了当时俄国人民争取民族解放和自由而英勇斗争的情景,赞颂了革命者的崇高献身精神。

【每课一练】

一、选择题

1. 屠格涅夫是　　（　　）

A. 19 世纪俄国作家　　B. 19 世纪法国作家

C. 19 世纪英国作家　　D. 19 世纪德国作家

2. 屠格涅夫的成名作是　　（　　）

A.《罗亭》　　B.《猎人笔记》　　C.《木木》　　D.《初恋》

3. 屠格涅夫的《门槛》一文是　　(　　)

A. 抒情诗　　B. 散文诗　　C. 寓言　　D. 哲理诗

二、填空题

1. 屠格涅夫(1818—1883)，________批判现实主义作家。《________笔记》是屠格涅夫的成名之作，使他获得作家的声誉。

2. 屠格涅夫被称为“小说家中的________”。

3. 本诗选自19世纪俄国作家屠格涅夫的《散文诗集》，《门槛》是一首充满________意蕴的散文诗。

三、阅读分析题

1. 阅读诗歌片段，回答问题。

我看见一座大楼。

正面一道窄门敞开。门里一片阴森的黑暗。高高的门槛前站着一位姑娘一……一位俄罗斯姑娘。

望不透的黑暗中散发着寒气，随着寒气，从大楼里传来一个慢吞吞的、不响亮的声音：

“啊，你要跨进这道门槛来，想做什么？你知道里面有什么在等着你？”

“我知道，”姑娘这样回答。

“寒冷，饥饿，憎恨，嘲笑，蔑视，侮辱，监狱，疾病，甚至于死亡？”

“我知道。”

“跟人们疏远，完全的孤独？”

“我知道。……我准备好了。我要忍受一切的痛苦，一切的打击。”

(1)这段文字所表达的主旨是什么？

(2)作品是通过什么方式着力塑造一个女革命者形象的？

(3)从这段文字中，可以看出这位女革命者有什么性格特征？

(4)分别说明“一座大楼”、“门槛”、“一位姑娘”都象征着什么？

2. 阅读诗歌片段，回答问题。

姑娘跨进了门槛。——厚厚的门帘立刻放下来遮住了她。

“傻瓜!”有人在后面咬牙切齿地咒骂。

“一位圣人。”不知从什么地方传来这一声回答。

(1)“姑娘跨进了门槛”象征着什么？

(2)“傻瓜!”的咒骂在此说明了什么？

(3)“一位圣人。”的评价在此说明了什么？

参考答案

四十八 * 虞美人(春花秋月何时了)

李 煜

春花秋月何时了,往事知多少?
小楼昨夜又东风,故国不堪回首月明中!
雕栏玉砌,应犹在,只是朱颜改。
问君能有几多愁?恰似一江春水向东流。

学习要点

【作家作品】

李煜(937—978),五代时南唐的末代皇帝,也称南唐后主或李后主。在位15年,975年,宋灭南唐,降宋。李煜精书法、工绘画、通音律,诗文均有一定造诣,尤以词的成就最高。李煜的词,继承了晚唐以来温庭筠、韦庄等花间派词人的传统,又受冯延巳等的影响,语言明快、形象生动、用情真挚,风格鲜明,其亡国后词作反映亡国之痛,题材广阔,含意深沉,在晚唐五代词中别树一帜,对后世词坛影响深远。

【思想内容】

这首词即作于李煜降宋之后,抒发了思念故国而产生的悔恨之情。

【艺术特色】

1.善用比喻。善于把看不见、摸不着的情感具体化。如“问君能有几多愁?恰似一江春水向东流。”成为千古名句。

2.善用对比。前面六句在结构上是颇具匠心的。几度运用两相对比和隔句呼应,反复强调自然界的轮回更替和人生的短暂易逝,富有哲理意味,感慨深沉。一二两句春花秋月的无休无止和人间事的一去难返对比;三四两句“又东风”和“故国不堪回首”对比;五六两句“应犹在”和“改”对比。“又东风”“应犹在”又呼应“何时了”;“不堪回首”“朱颜改”又呼应“往事”。如此对比和回环,形象逼真地传达出词人心灵上的波涛起伏和忧思难平。

【格言名句】

问君能有几多愁?恰似一江春水向东流。

【每课一练】

一、选择题

1. 李煜是 （　　）

A. 晚唐末代皇帝　　B. 南唐末代皇帝

C. 南宋末代皇帝　　D. 隋朝末代皇帝

2. 李煜《虞美人》的主题是 （　　）

A. 羁旅行役　　B. 亡国之恨

C. 伤春悲秋　　D. 怀古伤今

3. 李后主是指 （　　）

A. 李忱　　B. 李商隐　　C. 李煜　　D. 李祚

二、填空题

李煜(937—978)，五代时南唐的末代皇帝，也称________或________。在位 15 年，975 年，宋灭南唐，降宋。李煜精书法、工绘画、通音律，诗文均有一定造诣，尤以________的成就最高。李煜亡国后的词作反映________之痛，题材广阔，含意深沉，在晚唐五代词中别树一帜，对后世词坛影响深远。

三、阅读分析题

阅读下面一段课文，回答下列问题。

春花秋月何时了，往事知多少？小楼昨夜又东风，故国不堪回首月明中！雕栏玉砌应犹在，只是朱颜改。问君能有几多愁？恰似一江春水向东流。

(1)解释这段文字中加点字的含义。

了：________　　堪：________　　砌：________　　朱颜：________

(2)这首词中对比手法的运用，如何理解？

(3)这首词哪句是比喻句，表达效果如何？

参考答案

柳 永

四十九　八声甘州(对潇潇暮雨洒江天)

柳　永

对潇潇①暮雨洒江天，一番洗清秋②。渐霜风凄紧③，关河冷落④，残照当楼⑤。是处红衰翠减⑥，苒苒物华休⑦。惟有长江水，无语东流⑧。　不忍登高临远，望故乡渺邈，归思难收⑨。叹年来踪迹，何事苦淹留⑩？想佳人，妆楼颙望⑪，误几回、天际识归舟⑫。争知⑬我、倚栏干处，正恁凝愁⑭！

学习要点

【作家作品】

柳永(约984—约1053)，原名三变，字耆卿，崇安(今福建崇安)人。初试进士落榜，作词【黄钟宫】(鹤冲天)“忍把浮名，换了浅斟低唱”，皇上回“且去浅斟低唱，何要浮名?”“且去填词。”早年考进士屡试不中，于是长期生活在歌楼妓馆，与乐工歌女交往。“受尽世人青白眼，只缘填有乐工词。”近50岁时改名永，才考取进士，官至屯田员外郎，故世称柳屯田。

柳永认为“才子词人，自是白衣卿相。”[【黄钟宫】(鹤冲天)]，柳永是北宋第一个专事写

---

① 潇潇：象声词。形容风雨急骤。

② “一番”句：洗出一片清秋景色。

③ 凄紧：形容秋风寒冷逼人。

④ 关河：山河。

⑤ 残照：夕阳的余晖。以上三句很得苏轼欣赏，据赵令畤《侯鲭录》卷七：“东坡云：世言柳耆卿曲俗，非也。如《八声甘州》云：‘霜风凄紧，关河冷落，残照当楼。’此语于诗句不减唐人高处。”

⑥ 是处：处处，到处。红衰翠减：花败叶落。

⑦ 苒苒：同“冉冉”，渐渐地。物华休：美好的景物凋残。

⑧ “惟有”二句：只有长江流水默默地向东流去，昼夜不息。

⑨ 归思：归乡的情思。收：收拾，停止。

⑩ “叹年”二句：仍指自己，由思乡不归进而感叹漂流不定。何事：科考之事。淹留：久留。自问而不答，更见出难以言说的内心凄苦。

⑪ “想佳人”句：此句和下句由自己想佳人，设想佳人在家亦在想望自己。颙(yóng)望：颙是仰慕、仰望的意思。颙望，即举头凝望。

⑫ “误几回”句：因想望心切，多少次以为爱人乘舟归来，临近才发现错了。谢朓《之宣城郡出新林浦向板桥》诗云：“天际识归舟，云中辨江树。”

⑬ 争知：怎知。

⑭ 恁(nèn)：如此。凝愁：凝结不能排解的忧愁。

词的词人，是婉约词派的杰出代表。柳永对词的贡献：(1)艺术风格的开拓。继承民间传统，以俚俗对抗典雅。(2)扩大了词的题材。儿女恋情、都市繁华、羁旅行役都是柳永词的主题。(3)创作慢词。节奏舒缓、旋律绵长，宜于表现丰富的内容、绵邈的情思、曲折的韵致，大大增加了词的容量，扩大了词的表现力。他的词在当时被广为传唱，据传“凡有井水饮处，皆能歌柳词”。代表作有《雨霖铃》(寒蝉凄切)、《望海潮》(东南形胜)和《八声甘州》(对潇潇暮雨洒江天)等。著有词集《乐章集》。

这首《八声甘州》是柳永抒写羁旅行役之苦的名作，属慢词。因全词共八韵，故名。

【思想内容】

这首词写词人见秋景而生思乡的愁绪，抒发了词人的羁旅行役之苦。

【艺术特色】

1. 运用领字，展开铺叙，这也是柳永慢词的特点之一。用“对”“渐”“是处”“唯有”“不忍”“望”“叹”“想”“争知”等字词敷衍铺叙，上阕抓住“清秋”，寓情于景；下阕抓住“不忍”，抒写“凝愁”。全词写景抒情融汇一体。

2. 寓情于景。“渐霜风凄紧，关河冷落，残照当楼”受苏轼好评，认为“此语于诗句不减唐人高处。”

【格言名句】

渐霜风凄紧，关河冷落，残照当楼；惟有长江水，无语东流。

【每课一练】

一、选择题

1.《八声甘州》(对潇潇暮雨洒江天)所写的内容是 (　　)

A. 儿女恋情　　B. 羁旅行役

C. 都市繁华　　D. 乡井里巷

2. 北宋第一个大量写作慢词的是 (　　)

A. 欧阳修　　B. 苏轼　　C. 柳永　　D. 李清照

3. 北宋第一个专事写词的词人是 (　　)

A. 苏轼　　B. 秦观　　C. 柳永　　D. 辛弃疾

4. 下列词句哪一项是苏轼高度赞扬的 (　　)

A. 对潇潇暮雨洒江天，一番洗清秋。

B. 是处红衰翠减，苒苒物华休。

C. 渐霜风凄紧，关河冷落，残照当楼。

D. 惟有长江水，无语东流。

5. 在《八声甘州》中，“是处红衰翠减，苒苒物华休”的修辞方法是 (　　)

A. 比喻　　B. 拟人　　C. 借代　　D. 象征

6. 北宋婉约派的开创者是　　（　　）

A. 李清照　　B. 柳永　　C. 晏殊　　D. 姜夔

二、填空题

1. 柳永，原名________，又因排行老七，故又称________。前期屡试不第，只因“________，换了浅斟低唱”。柳永认为“才子词人，自是________。”受皇帝奚落，“且去________。”

2. 柳永是北宋第一个________写词的词人，是________词派的杰出代表。

3. 柳永对词的贡献：(1)以俚俗对抗________。(2)柳永创作________词。(3)________题材。

4. 他的词在当时被广为传唱，据传“凡有________，皆能歌柳词”。

5. 这首《八声甘州》是柳永抒写________之苦的名作，属慢词。因全词共________，故名。

三、阅读分析题

阅读下面一段课文，回答下列问题。

对潇潇暮雨洒江天，一番洗清秋。渐霜风凄紧，关河冷落，残照当楼。是处红衰翠减，苒苒物华休。惟有长江水，无语东流。　　不忍登高临远，望故乡渺邈，归思难收。叹年来踪迹，何事苦淹留？想佳人，妆楼颙望，误几回、天际识归舟。争知我、倚栏干处，正恁凝愁！

(1)解释这段文字中加点字的含义。

关河：________　　是：________　　苒苒：________　　物华：________

休：________　　渺邈：________　　淹留：________　　颙望：________

争：________　　处：________　　恁：________

(2)这首词上片景物描写抓住什么特点来写？分析其所运用的艺术手法。

(3)分析“不忍登高临远”在全文中的作用，并说明其丰富的内涵。

(4)试分析柳永展开铺叙的独特方式。

参考答案

五十　*水调歌头(明月几时有)

苏　轼

《水调歌头》

丙辰中秋[1],欢饮达旦,大醉,作此篇,兼怀子由[2]。

明月几时有?把酒问青天[3]。不知天上宫阙,今夕是何年[4]?我欲乘风归去,又恐琼楼玉宇[5],高处不胜寒[6]。起舞弄清影[7],何似在人间[8]!　　转朱阁,低绮户,照无眠[9]。不应有恨,何事长向别时圆[10]?人有悲欢离合,月有阴晴圆缺,此事古难全。但愿人长久,千里共婵娟[11]。

学习要点

【作家作品】

苏轼(1037年1月8日—1101年8月24日),字子瞻,又字和仲,号铁冠道人、东坡居士,世称苏东坡、苏仙。四川眉山人,北宋文学家、书法家、画家。

嘉祐二年(1057年),苏轼进士及第。父苏洵、弟苏辙,都极负盛名,三人在文学史上合称“三苏”。宋神宗时曾在凤翔、杭州、密州、徐州、湖州等地任职。元丰三年(1080年),因“乌台诗案”被贬为黄州团练副使。宋哲宗即位后,曾任翰林学士、侍读学士、礼部尚书等职,并出知杭州、颍州、扬州、定州等地,晚年因新党执政被贬惠州、儋州。宋徽宗时获大赦北还,

---

① 丙辰:神宗熙宁九年(1076年)。

② 子由:苏轼的弟弟苏辙的字。此时,虽然相距不远,兄弟俩却已有七年没有见面。

③ “明月”二句:屈原《天问》:“日月安属?列星安陈?”李白《把酒问月》:“青天有月来几时?我今停杯一问之。”

④ “不知”二句:托名牛僧孺所作的唐人传奇《周秦行纪》中有诗云:“香风引到大罗天,月地云阶拜洞仙。共道人间惆怅事,不知今夕是何年。”宫阙(què):宫殿。阙指皇宫门前两边的望楼。

⑤ 琼楼玉宇:用玉石砌成的楼阁宫殿,这里指月宫。

⑥ 不胜寒:经受不住寒冷。《明皇杂录》载,八月十五日夜,叶静能邀唐明皇游月宫,叶叫明皇着皮衣,到月宫后果然寒冷难禁。

⑦ 起舞弄清影:李白《月下独酌》:“我歌月徘徊,我舞影零乱。”弄:戏弄。谓月下起舞,清影随人,相戏不离。

⑧ 何似:那哪,何如。

⑨ “转朱阁”三句:写月光的转移。朱阁:华美的楼阁。朱,红色。绮(qǐ)户:雕花的窗户。无眠:不能入睡的人。

⑩ “不应”二句:诗人设问,月亮对人不该有什么怨恨,它为什么老是在人们离别的时候圆呢?

⑪ “但愿”二句:但愿彼此健康长在,共享一轮明月,以寄托相思。谢庄《月赋》:“美人迈兮音尘阙,隔千里兮共明月。”婵娟:月宫中的嫦娥,这里指月亮。

途中于常州病逝。宋高宗时追赠太师，谥号“文忠”。

苏轼是北宋中期的文坛领袖，在诗、词、散文、书、画等方面取得了很高的成就。其文纵横恣肆，豪放自如，与欧阳修并称“欧苏”，为“唐宋八大家”之一；其诗题材广阔，清新豪健，善用夸张比喻，独具风格，与黄庭坚并称“苏黄”；其词开豪放一派，与辛弃疾同是豪放派代表，并称“苏辛”；苏轼亦善书，为“宋四家”之一；工于画，尤擅墨竹、怪石、枯木等。有《东坡七集》、《东坡易传》、《东坡乐府》等传世。

苏轼代表作品有：《水调歌头》《赤壁赋》《念奴娇·赤壁怀古》《定风波》《江城子·密州出猎》《饮湖上初晴后雨》等。

【思想内容】

《水调歌头·明月几时有》是宋代大文学家苏轼于公元1076年（宋神宗熙宁九年）中秋在密州（今山东省诸城市）时所作。这首词以月起兴，以其弟苏辙七年未见之情为基础，围绕中秋明月展开想象和思考，把人世间的悲欢离合之情纳入对宇宙人生的哲理性追寻之中，反映了作者复杂而又矛盾的思想感情，又表现出作者热爱生活与积极向上的乐观精神。词作上片问天反映执着人生，下片问月表现善处人生。落笔潇洒，舒卷自如，情与景融，境与思偕，思想深刻而境界高逸，充满哲理，是苏轼词的典范之作。

【艺术特色】

奇特的想象、拟人化的手法与人生哲理相结合。词的上片把酒问月，想要飞上月宫，但又担心耐不住月宫的寒冷，想象奇特。对月亮的描写与跟月亮的对话，完全把月亮当作人来看待，采用的是拟人的手法。整首词落笔潇洒，舒卷自如，情与景融，境与思偕，思想深刻而境界高逸，充满哲理，是苏轼词的典范之作。

【格言名句】

高处不胜寒；人有悲欢离合，月有阴晴圆缺；但愿人长久，千里共婵娟。

【每课一练】

一、选择题

1. 苏轼的《水调歌头》（明月几时有）是一首　（　　）

A. 清明词　B. 元旦词　C. 端午词　D. 中秋词

2. 苏轼的《水调歌头》（明月几时有）是一首　（　　）

A. 婉约词　B. 豪放词　C. 风雅词　D. 田园词

3.《水调歌头》“明月几时有”一词思念的对象主要是　（　　）

A. 父亲　B. 朋友　C. 妻子　D. 弟弟

4. 下列属于北宋豪放词人的是　（　　）

A. 晏殊　B. 苏轼　C. 辛弃疾　D. 柳永

二、填空题

1.苏轼，字________，又字和仲，号铁冠道人、________居士，世称苏东坡、苏仙。四川眉山人，北宋文学家、书法家、画家。

2.苏轼，父苏洵、弟苏辙，都极负盛名，三人在文学史上合称“________”。宋神宗时曾在凤翔、杭州、密州、徐州、湖州等地任职。

3.苏轼是北宋中期的文坛领袖，在诗、词、散文、书、画等方面取得了很高的成就。其文纵横恣肆，与________并称“欧苏”，为“唐宋八大家”之一；其诗清新豪健，与________并称“苏黄”；其词开豪放一派，与________同是豪放派代表，并称“苏辛”；苏轼亦善书，为“宋______大家”之一。

三、阅读分析题

阅读下面下列课文，回答下列问题。

明月几时有？把酒问青天。不知天上宫阙，今夕是何年？我欲乘风归去，又恐琼楼玉宇，高处不胜寒。起舞弄清影，何似在人间！　转朱阁，低绮户，照无眠。不应有恨，何事长向别时圆？人有悲欢离合，月有阴晴圆缺，此事古难全。但愿人长久，千里共婵娟。

(1)试分析这首词感情脉络。

(2)这首词的风格是什么？

参考答案

五十一　声声慢(寻寻觅觅)

李清照

寻寻觅觅，冷冷清清，凄凄惨惨戚戚①。乍暖还寒时候②，最难将息③。三杯两盏淡酒④，怎敌他晚来风急⑤！雁过也，正伤心，却是旧时相识⑥。　满地黄花堆积⑦，憔悴损⑧，如今有谁堪摘⑨？守着窗儿，独自怎生得黑⑩！梧桐更兼细雨，到黄昏、点点滴滴。这次第⑪，怎一个愁字了得⑫！

学习要点

【作家作品】

李清照(1084 年 3 月 13 日—约 1155 年)，号易安居士，齐州济南(今山东省济南市章丘区)人。宋代女词人，婉约词派代表，有“千古第一才女”之称。

李清照出身于书香门第，早期生活优裕，其父李格非藏书甚富，她小时候就在良好的家庭环境中打下厚实的文学基础。出嫁后与夫赵明诚共同致力于书画金石的搜集整理。1127 年靖康之变，赵明诚病死，国破家亡的李清照便漂泊到杭州、越州(今浙江绍兴)、金华一带过着孤苦的生活。李清照多才多艺，能书善画，文学上诗、词、文兼擅，而以词最为著名。所作词，前期多写其悠闲生活，后期多悲叹身世，情调感伤。词作形式上善用白描手法，自辟蹊径，语言清丽，人称“易安体”。论词强调协律，崇尚典雅，提出词“别是一家”之说，反对以作诗文之法作词。

---

① “寻寻觅觅”三句：“寻寻觅觅”写追寻求索，“冷冷清清”写环境，“凄凄惨惨戚戚”写内心。

② 乍暖还寒：秋天早晨天气刚见暖意夜里却仍然带有余寒。

③ 将息：调养。

④ 淡酒：言“淡”也暗含了无饮酒的意趣。

⑤ 晚来：犹言“向晚”。

⑥ “雁过也”三句：见北雁南飞，引起伤感，而雁又是“旧时相识(意从北国家乡飞来)，就更加勾起怀乡之愁，令人悲苦难禁了。”是：正是。

⑦ 黄花：菊花。

⑧ 憔悴损：花的凋残，也指人的消瘦。

⑨ “如今”句：暗指丈夫已经逝去，无人相伴摘菊赏玩。

⑩ 怎生：怎样。得黑：挨到天黑。

⑪ 次第：依次。

⑫ “怎一个”句：一个愁字怎么能概括得了！

著名的作品有《如梦令》(昨夜雨疏风骤)、《渔家傲》(天接云涛连晓雾)、《永遇乐》(落日熔金)等。有《易安居士文集》《易安词》,已散佚。后人有《漱玉词》辑本。今有《李清照集校注》。

【思想内容】

这首《声声慢》是李清照南渡后的作品,而在南渡之后她连续遭到国破家亡、夫死的苦难,过着长期流亡的生活,因此在这首词中描绘的事物和抒发的感情,不仅展现出了一个百无聊赖,空虚孤寂而又凄苦愁闷的古代妇女形象,同时也对乱世进行了揭露和控诉。

【艺术特色】

1. 构思巧妙。借秋景来渲染愁情,她寻觅什么呢?在寻觅故国、故园、故乡、故人?而寻觅出的只是冷清与寂寥,还有那染愁的秋景,因为要解愁,所以去喝酒;因为酒解不了愁,所以才感到酒淡风急;因为室内冷清,她去关注外景,抬头望却见秋雁,又想起那失去的家园与失去的亲人,所以低头望菊,看那残落的花,想起自己青春不在,所以只想一个人独自在窗前闷坐,可又偏偏听见秋雨打落在梧桐上敲打着那无所依靠的心,而这一切想消愁的举动,非但没有消愁,反而是愁上加愁,这就是"有意消愁愁更愁"的艺术结构,因此这种愈相反愈相叠的反迭手法,使读者更加体会到词人的愁情深重。

2. 借景抒情。这首词以写愁绪贯穿始终,运用铺叙的手法,通过对淡酒、秋风、过雁、残菊、梧桐、细雨等景物的描写,反复渲染,将抽象的感情化为具体可感的形象,来抒发词人的凄苦心情。

3. 叠字奇效。开头十四个叠字造语奇特,在整体建构中起着统摄全词的作用。叠字的运用,从思想内容上讲,它往往会加重语气,增强感情,突现事物;从艺术技巧来讲,它往往会造成一种急促、跳动、铿锵的音乐效果。清人徐则说"首句连下十四个叠字,真如大珠小珠落玉盘也"。

【每课一练】

一、选择题

1. 李清照《声声慢》(寻寻觅觅)是一首 ( )

A. 婉约词　　B. 豪放词　　C. 山水词　　D. 田园词

2. 李清照的词集是 ( )

A.《漱玉词》　　B.《乐章集》　　C.《东坡词》　　D.《稼轩词》

3. "易安体"是指下列词人的作品风格 ( )

A. 辛弃疾　　B. 王安石　　C. 苏轼　　D. 李清照

4. 从词作中"将息""怎生""次第""了得"等词来看,这首词语言上的一个特点是 ( )

A. 典雅　　B. 口语化　　C. 以诗为词　　D. 以文为词

5. 在《声声慢》(寻寻觅觅)一词中,作者借以抒写家破人亡之痛的主要景物是 ( )

A. 晚风　　B. 黄花　　C. 梧桐细雨　　D. 旧雁

6. 以宋室南渡为界,词作的情感和风格呈现出两种不同面貌的作家是 ( )

A. 辛弃疾　　B. 李清照　　C. 柳永　　D. 苏轼

二、填空题

1. 李清照，号易安居士，山东济南人。宋代女词人，________派代表，有“千古第一________”之称。

2. 1127 年靖康之变，其夫赵明诚病死，国破家亡的李清照后期词作多悲叹身世，情调感伤。词作形式上善用白描手法，自辟蹊径，语言清丽，人称“________体”。论词强调协律，崇尚典雅，提出词“________一家”之说，反对以作________之法作词。对其词后人有《漱玉词》辑本。

三、阅读分析题

阅读下面一段课文，回答下列问题。

寻寻觅觅，冷冷清清，凄凄惨惨戚戚。乍暖还寒时候，最难将息。三杯两盏淡酒，怎敌他晚来风急！雁过也，正伤心，却是旧时相识。　满地黄花堆积，憔悴损，如今有谁堪摘？守着窗儿，独自怎生得黑！梧桐更兼细雨，到黄昏、点点滴滴。这次第，怎一个愁字了得！

(1)词中九组叠字的运用有何艺术效果？

(2)这首词表现了词人什么样的感情？

(3)这首词是怎样表现词人的感情的？

参考答案

五十二　*水龙吟(登建康赏心亭)①

辛弃疾

《水龙吟》

楚天千里清秋②,水随天去秋无际③。遥岑远目④,献愁供恨⑤,玉簪螺髻⑥。落日楼头,断鸿声里⑦,江南游子⑧。把吴钩看了⑨,栏杆拍遍,无人会⑩,登临意。　　休说鲈鱼堪脍,尽西风,季鹰归未⑪?求田问舍,怕应羞见,刘郎才气⑫。可惜流年⑬,忧愁风雨⑭,树犹如此⑮!倩何人唤取⑯、红巾翠袖⑰,揾英雄泪⑱?

辛弃疾

---

① 建康:今江苏南京市。赏心亭:南京水西门内一处名胜。

② 楚天:古时楚国的天地。清秋:清爽的秋天。

③ “水随”句:长江东流,远接天边,秋色无际。

④ 遥岑:远山。远目:极目远望。

⑤ 献愁供恨:高低起伏的群山,似愁似恨,融情于景。

⑥ 玉簪(zān)螺髻(jì):比喻山的形状像妇女头上绾发的玉簪和螺形的发髻。

⑦ 断鸿:失群的孤雁。

⑧ 江南游子:漂泊到江南地区的人,作者自指。

⑨ 吴钩:古代吴地所造的宝刀,这里泛指刀、剑。看吴钩:表示志在杀敌。

⑩ 会:理解。

⑪ “休说”三句:张翰字季鹰,晋代吴郡人,在洛阳做官,见秋风起,因而想起吴中的莼菜羹和鲈鱼脍,便辞官归家。(见《世说新语·识鉴》。)这里反用其意,是说自己在国难当头之时,不会一见秋风起就忘怀国事,思西故乡。休说:不要说。堪:可。脍(kuài):把肉切成细片。

⑫ “求田”三句:三国时许汜(sì)对刘备说,他过下邳时见陈元龙(即陈登),陈元龙不理睬他,自上大床去睡,使他睡下床,未免太傲慢不敬。刘备批评许汜说:“君有国士之名,今天下大乱,帝主失所,望君忧国忘家,有救世之意;而君求田问舍,言无可采,是元龙所讳也,何缘(有什么理由)当与君语?如小人(刘备自称),欲卧百尺楼上卧君于地,何但(只)上下床之间耶!”(事见《三国志·陈登传》。)此用其事,意思是说,自己胸怀国家大事,耻于做许汜那样只顾自己一家私利的庸人。求田问舍:买田置屋。刘郎:刘备。才气:才干、气魄。

⑬ 流年:流逝的岁月。

⑭ 忧愁风雨:为风雨飘摇的国事而忧愁。

⑮ 树犹如此:晋朝桓温北征,看见他早年种的柳树已经长得非常粗大,不禁感慨地说:“木犹如此,人何以堪!”(事见《世说新语·言语》。)此用其事,意思是说,大好的时光白白地流逝,人已衰老,却只能为国势的危殆而忧愁。

⑯ 倩(qiàn):请。唤取:叫来。

⑰ 红巾翠袖:女子的穿戴,借指女子。这里指歌女。

⑱ 揾(wèn):拭,擦。

学习要点

【作家作品】

辛弃疾(1140—1207),字幼安,号稼轩,历城(今山东济南)人,南宋伟大的爱国词人。出生在金人统治的沦陷区,绍兴三十一年(1161年)参加耿京率领的起义军,斩杀叛徒,后率余众投归南宋,因此,被称为"词人中的英雄"。入南宋后先后任多地地方官,被削夺兵权。他虽积极倡导抗金大业,却处处受到投降派的压制,后在家闲居近二十年,始终未能实现自己的心愿。

辛弃疾一生致力于词的创作,他的词作作品是宋代词人中流传下来最多的,共计629首,其词题材广阔,多表现爱宋抗金。他的词雄劲豪迈,悲壮沉郁,又不乏细腻柔媚之处,是南宋词坛豪放派的代表,与苏轼合称"苏辛"。有词集《稼轩词》。

《菩萨蛮》(郁孤台下清江水)、《摸鱼儿》(更能消几番风雨)、《破阵子》(醉里挑灯看剑)、《西江月》(明月别枝惊鹊)、《永遇乐》(京口北固亭怀古)、《清平乐》(茅檐低小)、《青玉案》(东风夜放花千树)等均为名篇。

这首《水龙吟》作于宋孝宗淳熙元年(1174年),当时作者在建康,任江东安抚司参议官。

【思想内容】

这首词抒写了作者报国无路、壮志难酬、年华虚度的悲愤,表达了作者关心国事、渴望收复中原的强烈的爱国主义精神。

【艺术特色】

1. 融情于景。词的上片,选取秋天有代表性的景物如江景、山景、落日、断鸿、游子来写,北国崇山峻岭的风景在词人的眼中是"献愁供恨",通过游子一连串的动作,词人苦闷、急切悲愤、孤寂的心情跃然纸上。这是作者登临时即目所见,从中引出漂泊南方、渴望报国,而无用武之地的幽愤。

2. 善于用典。自苏轼开创豪放词派,以诗为词后,到辛弃疾更发展成以文为词。这首词就是以文为词的典型,词的下片,恰当地引入历史故事:张翰,念鱼归隐;许汜,买房置田(刘备,雄才大略);桓温,叹时光流逝;虽是借典言志,但其志其情也是昭然自明。

【每课一练】

一、选择题

1. 宋词流传下来最多的词人是　(　　)

A. 苏轼　B. 柳永　C. 辛弃疾　D. 李清照

2. 与苏轼同为豪放派词人的是　(　　)

A. 王安石　B. 欧阳修　C. 李清照　D. 辛弃疾

3. 辛弃疾的词集是　（　　）

A.《东坡词》　B.《漱玉词》　C.《乐章集》　D.《稼轩词》

4. 下列哪位词人的风格是“雄劲豪迈，悲壮沉郁”？　（　　）

A. 苏轼　B. 柳永　C. 辛弃疾　D. 李清照

二、填空题

1. 辛弃疾(1140—1207)，字幼安，号________，历城(今山东济南)人，________伟大的爱国词人。参加耿京率领的起义军，斩杀叛徒，后率余众投归南宋，因此，被称为“词人中的________”。

2. 辛弃疾的词作是________词人中作品流传下来最多的。他的词大多雄劲豪迈，悲壮沉郁，是南宋词坛________派的代表，与苏轼合称“________”。有词集《________词》。

三、阅读分析题

阅读下面一段课文，回答下列问题。

楚天千里清秋，水随天去秋无际。遥岑远目，献愁供恨，玉簪螺髻。落日楼头，断鸿声里，江南游子。把吴钩看了，栏杆拍遍，无人会，登临意。　休说鲈鱼堪脍，尽西风，季鹰归未？求田问舍，怕应羞见，刘郎才气。可惜流年，忧愁风雨，树犹如此！倩何人唤取、红巾翠袖，揾英雄泪？

(1)词的上片是怎样来写景的，怎样理解融情于景？

(2)词的下片所用三个历史典故的本来含义及作者借用这三个典故分别表达的思想感情是什么？

参考答案

五十三 *天净沙·秋思

马致远

枯藤老树昏鸦，
小桥流水人家，
古道西风瘦马。
夕阳西下，断肠人在天涯。

学习要点

【作家作品】

马致远(约 1251 年—约 1321 年至 1324 年间)，号东篱，大都人。早年参加过元贞书会，后担任过浙江省务官，晚年隐居田园，过着“红尘不向门前惹”的闲散生活。

马致远是元代前期著名的杂剧作家和散曲作家。周德清《中原音韵序》把他和关汉卿、白朴、郑光祖合称为“元曲四大家”。所作杂剧，据《录鬼簿》记载共有 13 种，今存 7 种，内容比较复杂，以历史剧《汉宫秋》最著名，其他多是神仙道化剧。他的散曲保存最多，后人辑有《东篱乐府》一卷，共有小令 104 首、套数 17 套。多写隐居叹世一类内容，也有歌咏山水自然和男女恋情之作。马致远以文采见长，无论是杂剧还是散曲，都写得清新优美，境界不凡，有“曲状元”之称。

天净沙为曲牌名。元代散曲有小令和套数之分，小令通常只有一支曲子。套数由同一曲调中两支以上的曲子组成。这首《天净沙》是小令，被誉为“秋思之祖”。

【思想内容】

这首小令借郊野黄昏的秋景抒情，抒发了作者深沉的秋思，表达了游子思乡、倦于漂泊的想想感情，反映了封建社会中失意文人共有的寂寞愁苦的情怀。

【艺术特色】

1. 以景托情，寓情于景，在景情的交融中构成一种凄凉悲苦的意境。中国古典诗歌十分讲究意境的创造。意境是中国古典诗歌美学中的一个重要范畴，它的本质特征在于情景交融、心物合一。情与景能否妙合，是能否构成意境的关键。王国维《人间词话删稿》云：“一切景语皆情语也。”马致远这首小令，前四句皆写景色，这些景语都是情语，“枯”“老”“昏”“瘦”等字眼使浓郁的秋色之中蕴含着无限凄凉悲苦的情调。而最后一句“断肠人在天涯”作为曲眼更具有画龙点睛之妙，使前四句所描之景成为人活动的环境，成为天涯断肠人内心悲凉情感的触发物。曲中的景物既是马致远旅途中之所见，即眼中物，但同时又是其情感载体，即心中物。全曲景中有情，情中有景，情景妙合，构成了一种动人的艺术境界。

2. 语言凝练，音节和谐，色彩鲜明，意境深远。特别是开头三句的“鼎足对”，由三组名词九种景物构成，既没用动词，也没有关联词连接，如同九个特写镜头的展现，把九种不同的景物巧妙地组织在一幅画面里，渲染出一种凄凉萧瑟的晚秋气氛，从而含蓄地烘托出旅人的哀愁，也写出了天下游子共通的思乡情怀，表现了作者高度的概括力和精巧的艺术构思。王国维在《人间词话》中称誉此诗：“寥寥数语，深得唐人绝句妙境。”

【每课一练】

一、选择题

1.《天净沙·秋思》前三句用各写三种景物的词语构成　(　　)

A. 当句对　　B. 鼎足对

B. 顶针对　　D. 隔句对

2. 下列曲词中，能概括全篇主题思想的是　(　　)

A. 枯藤老树昏鸦　　B. 小桥流水人家

C. 古道西风瘦马　　D. 断肠人在天涯

3. 马致远的《天净沙·秋思》是一篇　(　　)

A. 小令　　B. 套曲　　C. 慢词　　D. 杂剧

二、填空题

1. 马致远是________前期著名的杂剧作家和散曲作家。周德清《中原音韵序》把他和________、________、________合称为“元曲四大家”。所作杂剧，据《录鬼簿》记载共有 13 种，今存 7 种，内容比较复杂，以历史剧《________》最著名。马致远以文采见长，无论是杂剧还是散曲，都写得清新优美，境界不凡，有“________”之称。

2. 天净沙为________名。元代散曲有________和________之分，小令只有一支曲子。套数由同一曲调中两支以上的曲子组成。这首《天净沙》是小令，被誉为“________之祖”。

3. 本文最突出的艺术特色是借景抒情和________景。

三、阅读分析题

阅读这首散曲，回答下列问题。

枯藤老树昏鸦，小桥流水人家，古道西风瘦马。夕阳西下，断肠人在天涯。

(1)这首小令的主旨是什么？

(2)这首小令最主要的艺术特色是什么？

参考答案

苏 轼

五十四 *前赤壁赋

苏 轼

壬戌之秋[1]，七月既望[2]，苏子与客泛舟游于赤壁之下[3]。清风徐来，水波不兴。举酒属客[4]，诵明月之诗，歌窈窕之章[5]。少焉，月出于东山之上，徘徊于斗牛之间[6]。白露横江，水光接天。纵一苇之所如[7]，凌[8]万顷之茫然。浩浩乎如冯虚御风[9]，而不知其所止；飘飘乎如遗世独立，羽化而登仙[10]。

于是饮酒乐甚，扣舷而歌之。歌曰："桂棹兮兰桨，击空明兮溯流光[11]。渺渺兮予怀，望美人兮天一方[12]。"客有吹洞箫者，倚歌而和之。其声呜呜然，如怨如慕，如泣如诉，余音袅袅，不绝如缕。舞幽壑之潜蛟[13]，泣孤舟之嫠妇[14]。

苏子愀然[15]，正襟危坐[16]，而问客曰："何为其然也？"客曰："'月明星稀，乌鹊南飞'，此非曹孟德之诗乎[17]？西望夏口[18]，东望武昌[19]，山川相缪[20]，郁乎苍苍，此非孟德之困于周郎者乎[21]？

---

① 壬戌：宋神宗元丰五年(1082 年)。

② 既望：过了望日，即十六日。望，夏历每月十五日。

③ 苏子：苏轼自称。

④ 属：通"嘱(zhǔ)"，劝酒。

⑤ 明月之诗：《诗经·月出》篇。窈窕之章：《月出》篇的第一章，其中有"舒窈纠(jiǎo)兮"一语，"窈纠"与"窈窕"音义相近。

⑥ 斗牛：两个星宿名。斗宿和牛宿，都属于二十八宿。

⑦ 一苇：比喻小船。苇，苇叶。如：往。

⑧ 凌：乘。

⑨ 冯虚：依托太空。冯，通"凭"，凭依。虚：天空。

⑩ 羽化：道教认为人能飞天成仙，如生了羽翼一般。

⑪ 空明：船桨拍打着月光浮动的清澈的水，溯流而上。溯：逆流而上。流光：月光闪动在清澈的江水上。

⑫ 美人：代指有才德的人。古诗文中多指自己所怀念向往的人。

⑬ 幽壑：深谷。

⑭ 嫠(lí)妇：寡妇。

⑮ 愀(qiǎo)然：忧愁凄怆的样子。

⑯ 正襟危坐：整理衣襟，端正地坐着。

⑰ 曹孟德：曹操，字孟德。详见前《短歌行》题解。

⑱ 夏口：汉水下游流入长江处，古称夏口，又称汉口。

⑲ 武昌：今湖北鄂城。公元 221 年孙权曾迁都于此。

⑳ 缪(liǎo)：通"缭"，盘绕。

㉑ 周郎：周瑜。赤壁之战，曹操兵败于孙、刘联军。周瑜是这次孙刘联军的主要指挥者。因年轻，故称"郎"。

方其破荆州[1],下江陵[2],顺流而东也,舳舻千里[3],旌旗蔽空,酾酒临江[4],横槊赋诗[5],固一世之雄也,而今安在哉!况吾与子渔樵于江渚之上[6],侣鱼虾而友麋鹿,驾一叶之扁舟,举匏樽以相属[7]。寄蜉蝣于天地[8],渺沧海之一粟。哀吾生之须臾[9],羡长江之无穷。挟飞仙以遨游,抱明月而长终。知不可乎骤得,托遗响于悲风[10]。"

苏子曰:"客亦知夫水与月乎?逝者如斯,而未尝往也;盈虚者如彼[11],而卒莫消长也。盖将自其变者而观之,则天地曾不能以一瞬;自其不变者而观之,而物与我皆无尽也,而又何羡乎!且夫天地之间,物各有主,苟非吾之所有,虽一毫而莫取。惟江上之清风,与山间之明月,耳得之而为声,目遇之而成色,取之无禁,用之不竭。是造物者之无尽藏也,而吾与子之所共适[12]。"

客喜而笑,洗盏更酌。肴核既尽[13],杯盘狼藉。相与枕藉乎舟中[14],不知东方之既白。

学习要点

【作家作品】

这是苏轼被贬黄州时所写的一篇有名的文赋,作于宋神宗元丰五年(1082年)七月。三年前,作者因作诗讽刺新法,被捕入狱,史称"乌台诗案",虽免一死,却被贬为黄州团练副使。他在政治失意、思想苦闷的情况下,放浪形骸,寄情山水。曾两次泛舟黄州赤壁(赤鼻矶),写了两篇文赋,此为前一篇,故名。全赋在布局与结构安排中映现了其独特的艺术构思,情韵深致、理意透辟,在中国文学史上有着很高的文学地位,并对之后的赋、散文、诗产生了重大影响。

【思想内容】

《前赤壁赋》是北宋文学家苏轼创作的一篇赋,作于宋神宗元丰五年(1082年)贬谪黄州

---

① 破荆州:建安十三年,荆州牧刘表死后,曹军南下,刘表次子刘琮以荆州降曹。当时,湖北、湖南等地都属荆州,治所在今湖北襄阳。

② 江陵:今湖北江陵。

③ 舳舻(zhúlú):船尾和船头连接。舳,船后掌舵处。舻,船前摇棹处。

④ 酾(shī)酒:滤酒,这里是"洒"的意思。在江面上洒酒,表示对古代英雄豪杰的凭吊。

⑤ 槊:一种似长矛的兵器。

⑥ 渔樵:捕鱼打柴。渚:江中小洲。

⑦ 匏(páo)樽:葫芦做的酒器。匏,葫芦的一种。

⑧ 蜉蝣(fú yóu):一种小飞虫,成虫仅能生存几小时。

⑨ 须臾:片刻,很短的时间。

⑩ 遗响:箫的余音。悲风:秋天凄厉的风。

⑪ 盈虚者:月亮。月有圆有缺,故称盈虚者。

⑫ 适:享用。

⑬ 肴:菜肴。核:果品。

⑭ 枕藉:互相枕着靠着睡觉。

（今湖北黄冈）时。此赋记叙了作者与朋友们月夜泛舟游赤壁的所见所感，以作者的主观感受为线索，通过主客问答的形式，反映了作者由月夜泛舟的舒畅，到怀古伤今的悲咽，再到精神解脱的达观。

【艺术特色】

1. 构思巧妙。本文借鉴了传统大赋主客对话的方式和庄子散文的常用形式，将自己思想的两个侧面都展示了出来。(1)客人关于人生无常的议论，其实是作者对人生态度悲观的一面。(2)作者运用庄子“齐物论”的观点来否定客人的人生观，进而提出“共适”清风、明月的超然态度，是作者人生态度的另一面。在这种对比中，作者的人生态度得到了充分的表达。本文的思想和艺术形式显然受到了庄子的影响。

2. 写景叙事、议论抒情相结合，创造出了一种情景交融、文理相生自然意境。

3. 写景状物拟人形象生动。对清风明月江水的描写，对箫声的拟状，对曹操的勾勒，均给人以深刻的印象。

4. 骈散相间的语言特色。

【每课一练】

一、选择题

1.《前赤壁赋》的作者是 （　　）

A. 苏轼　　B. 苏洵　　C. 苏辙　　D. 辛弃疾

2. 苏轼的《前赤壁赋》作于 （　　）

A. 杭州　　B. 密州　　C. 黄州　　D. 惠州

3. 苏轼的《前赤壁赋》是一篇 （　　）

A. 骚赋　　B. 骈赋　　C. 文赋　　D. 大赋

4. 苏轼的《前赤壁赋》主要描写了哪三种景物？ （　　）

A. 明月、江水、秋花　　B. 江水、明月、清风

C. 清风、黄花、梧桐　　D. 清风、明月、芦荻

5.《前赤壁赋》行文的内在线索是 （　　）

A. 时间的推移　　B. 感情的变化

C. 事理的逻辑　　D. 想象的展开

二、填空题

1. 这是苏轼被贬黄州时所写的一篇有名的________赋。三年前，作者因作诗讽刺新法，被捕入狱，史称“________诗案”，虽免一死，却被贬为黄州团练副使。

2. 此赋记叙了作者与朋友们月夜泛舟游赤壁的所见所感，以作者的主观感受为线索，通过________问答的形式，反映了作者由月夜泛舟的________，到怀古伤今的________，再到精神解脱的________。

3. 本文主客问答的方式，是明显借鉴了汉________赋的形式，思想上明显地受到了________的影响。

三、阅读分析题

1.阅读下面一段课文，回答下列问题。

壬戌之秋，七月既望，苏子与客泛舟，游于赤壁之下。清风徐来，水波不兴。举酒属客，诵明月之诗，歌窈窕之章。少焉，月出于东山之上，徘徊于斗牛之间。白露横江，水光接天。纵一苇之所如，凌万顷之茫然。浩浩乎如冯虚御风，而不知其所止；飘飘乎如遗世独立，羽化而登仙。

(1)解释这段文字中加点字的含义。

属：________　　　如：________　　　凌：________　　　冯虚：________

(2)分析清风、明月、江水这三种景物与下文所要阐述的主要观点之间的关系。

2.阅读下面一段课文，回答下列问题。

于是饮酒乐甚，扣舷而歌之。歌曰："桂棹兮兰桨，击空明兮溯流光。渺渺兮予怀，望美人兮天一方。"客有吹洞箫者，倚歌而和之。其声呜呜然，如怨如慕，如泣如诉，余音嫋嫋，不绝如缕。舞幽壑之潜蛟，泣孤舟之嫠妇。

(1)解释这段文字中加点字的含义。

空明：________　　　溯：________　　　和：________　　　舞：________

泣：________　　　嫠妇：________

(2)这段文字的主旨是什么？

(3)在上下文的作用是什么？

3.阅读下面一段课文，回答下列问题。

苏子曰："客亦知夫水与月乎？逝者如斯，而未尝往也；盈虚者如彼，而卒莫消长也。盖将自其变者而观之，则天地曾不能以一瞬；自其不变者而观之，而物与我皆无尽也，而又何羡乎！且夫天地之间，物各有主，苟非吾之所有，虽一毫而莫取。惟江上之清风，与山间之明月，耳得之而为声，目遇之而成色，取之无禁，用之不竭。是造物者之无尽藏也，而吾与子之所共适。"

客喜而笑，洗盏更酌。肴核既尽，杯盘狼藉。相与枕藉乎舟中，不知东方之既白。

(1)解释这段文字中加点字的含义。

卒：________　　　无尽藏：________　　　适：________　　　肴核：________

狼藉：________　　　枕藉：________

(2)本片段前一段话阐述了什么道理？

参考答案

小说基础知识

小说是以塑造人物形象为中心，通过完整的故事情节和具体的环境描写反映社会生活的一种文学体裁。这句话明确交代了小说的三要素是人物、情节、环境，也明确了小说的主题是反映社会生活。

一、小说三要素

(一)人物

小说能够多角度、全方位地刻画人物，它可以凭借各种艺术手段，从各个角度对人物进行肖像描写、心理描写、对话描写、行为描写和环境描写，既能展现人物音容笑貌、言谈举止和衣着服饰等外在形态，也能呈现出人物心理和思想感情等内在活动，还能完整展现人物与环境互为作用的关系，从而塑造出丰满而成功的人物形象。

1. 肖像描写

肖像描写即描绘人物的面貌特征，它包括人物的身材、容貌、服饰、打扮以及表情、仪态、风度、习惯性特点等。肖像描写的目的是以"形"传"神"，刻画人物的性格特征，反映人物的内心世界。

2. 语言描写

语言描写包括人物的独白和对话。独白是反映人物心理活动的重要手段。对话可以是两个人的对话，也可以是几个人的相互交谈。描写人物的语言，要求体现人物的个性化。语言描写是塑造人物形象的重要手段。成功的语言描写总是鲜明地展示人物的性格，生动地表现人物的思想感情，深刻地反映人物的内心世界，使读者"如闻其声，如见其人"，获得深刻的印象。

3. 动作描写

动作描写是刻画人物的重要方法之一，就是通过描写人物富有特征性的动作行为，来表现人物的性格、品质、身份、地位、处境、状态。古今中外优秀的小说大都通过动作描写来推动情节的发展，展示人物的个性，使小说的叙写简练生动，避免沉闷烦琐。

4. 心理描写

心理描写就是对人物内心的思想情感活动进行描写。描写人物的思想活动，能反映人物的性格，展示人物的内心世界。所以，心理描写也是刻画人物思想性格的重要手段之一。心理描写与肖像描写、语言描写等方法相比，能够直接叙写人物的七情六欲，揭示人物灵魂深处的奥秘，把单靠外部形象难以表现的内心感受揭示出来，使文学作品中的人物形象立体化，从而使人物显得更为完整和真实。

5.细节描写

优秀的文学作品，常常因某一独特而极具个性的细节描写，令我们过目不忘。什么是细节描写呢？简洁地说，就是情节中那些极富个性特点的细枝末节方面的描写。细节细小，却往往通过文学作品给人留下深刻、难忘的印象。《儒林外史》中，严监生临死时伸出两个手指头不肯闭目归天的细节很是典型。他看见屋里的灯盏里燃着两根灯草，心疼费油，放不下心，闭不上眼。直到他小老婆走过去挑掉了一根灯草时，悭吝鬼才“点一点头，把头垂下，顿时就没了气。”这个艺术形象的不朽魅力，不能不说得力于这样入木三分的细节描写。

（二）环境

小说中的环境是指作品中所描写的人物赖以存在，情节赖以展开的社会背景或具体场面，分为社会环境和自然环境两个方面。

1.自然环境

自然环境描写就是对日月星辰、山川河流、花草树木、鸟兽虫鱼、时序节令、风雨雪霜等自然景物的描写。作用是多方面的：第一、为人物活动和事件发展提供必要的环境；第二、渲染烘托气氛；第三、抒发或寄托作者和人物的感情；第四、有的环境描写可以推动情节的发展。

2.社会环境

社会环境的描写是指对一定历史时期的社会生活、社会风尚、风土人情的描写；在具体的文章中则指对人物的活动有影响的阶级关系、人际关系、居室陈设等环境因素的描写。社会环境比自然环境有更为重要的作用，它不仅可以交代背景，渲染气氛，提供人物活动的典型环境，而且对人物的活动内容和活动方式有重要的影响，使人物的性格和作品的主题富有时代感。

（三）情节

情节是叙事性文学作品内容构成的要素之一，它是指叙事作品中表现人物之间相互关系的一系列生活事件的发展过程。小说情节的划分，习惯上采取四分法，即分为开端、发展、高潮和结局四部分，有时在开端之前也有引子（也叫序幕），在结局之后还有尾声。

划分情节要看过渡，时间的变换、地点的转移、人物感情的变化、人物的转换等，往往是划分的依据。划分时要看这些过渡的句子。

二、表达方式：叙述、描写、说明、抒情、议论

1.叙述：对人物经历和事物发展变化所作的交代、陈述。

作用：可以把描写的各个方面联成一体，推动故事情节的发展，加深读者对人物、事件的理解。在议论文中，作为事实论据，用来证明论点。

2.描写：用形象生动的语言对人物、事件和环境所作的具体的描绘与刻画。

作用：能实现文学形象的具体性、生动性和可感性。

3.抒情：作者在作品中抒发由某种媒介触发起来的主观感受和思想感情，以强化某些景象的色彩，或突出人物性格的一种表现手法。

作用:表达作者强烈的某种主观感情。起到渲染环境气氛,强调人物性格品质,突出文章中心的作用。引起读者的共鸣,使文章更有感染力。

(1)直接抒情(直抒胸臆,情感浓烈);

(2)间接抒情(借景抒情:通过景物描写,抒发感情)。

4.议论:作者直接在作品中对人物、事件表明自己的态度、情感和评价。

作用:

(1)在记叙性文体中,议论能令人深思,具有启发性;使读者很快进入对将要叙述的事物的思考,引起读者对下文的注意。

(2)议论在散文中会对形象的特征或意义起到画龙点睛的作用。

(3)议论在议论文中主要是阐述观点。

5.说明:是对事物与事理进行的解释和介绍。

作用:使读者清楚明白地了解被说明的事物及其特点。

三、小说的主题

小说是一种叙事性的文学体裁。它以塑造人物形象为主,通过完整的故事情节和具体的生活环境描写来反映社会生活。在学习小说中,如何去探究小说主题思想呢?

(一)从多个角度理解小说主题

1.一方面要了解作品的时代背景和作者的创作意图;另一方面也要有自己的思考,获得自己的认识。

2.仔细地分析作者在作品中表达的思想感情和观念,从而很好地把握这篇小说的主题含义。

(二)通过小说的情节、人物、环境三要素来把握小说主题

1.紧扣小说情节发展来分析人物形象,探究小说主题

(1)小说主要以叙事为主,描写生活画面,表现时代风云。阅读小说,要透过故事情节表层,探寻蕴含其中的时代气息、社会发展、思想意识以及生命形态。

(2)探究小说主题时,还要注意情节之间的人物矛盾冲突。人物性格的特征及思想的变化都是随着情节的发展而变化的。因此,小说教学不能脱离情节的发展,孤立地分析人物性格。

2.分析人物形象,探究小说主题

小说主题一般比较含蓄,作者总是把自己的思想感情隐藏在人物形象之中。因此,把握小说主题的重要途径,就是认真探究人物的性格特征,以及人物的性格特征所折射出来的历史内涵。塑造人物形象是小说的中心任务,独特鲜明的艺术形象能深刻地反映社会生活;因此,分析鉴赏人物形象对探究小说主题具有十分重要的作用。小说塑造人物的方法是多种多样的,要根据不同的方法加以分析。

(1)人物的肖像描写包含了作者对人物本质的认识,蕴含了作者要表达的文章主题。好的肖像描写往往起到画龙点睛的作用。要抓住人物的特征和人物的变化来分析人物。

(2)言为心声,语言是揭示人物性格特征的重要手段,不同性格特征的人都有自己独特的语言习惯。在分析人物的语言时,要注意人物语言的前后矛盾和无意识下的语言。

(3)人物的行为动作是人物内心世界对外界的反应,性格和行为是相互统一的,分析人物行为动作的描写是把握人物性格的重要方面。在分析人物的行为动作时,一定要抓住最能表现人物思想性格的关键动词来分析。作者在描绘人物动作时,一般都是通过关键动词来表现人物思想性格的,所以抓住了它就抓住了人物的思想性格。

(4)人的内心是一个秘密领域,它的深处隐藏着人的立场观点、思想品质、精神状态、生活情趣。人物的内心独白是人物的内在思想的外在表现,同时它也是作者要表达的主题。

3.紧扣人物活动的环境来分析人物形象,探究小说主题

在小说中,人物总是在一定的环境中活动,对其所生活的环境做出种种反应。小说的自然环境、心理环境和社会环境,也为我们把握主题提供了必要的信息。

4.从细节描写来分析人物形象,探究小说主题

典型的细节描写是作品的血肉,有了它,人物形象就会丰满感人;丢了它,就会干瘪乏味。要感受人物形象,对细节描写的分析也是必不可少的。

五十五 *宝玉挨打

曹雪芹

却说王夫人唤他母亲上来，拿几件簪环当面赏与，又吩咐请几众僧人念经超度。他母亲磕头谢了出去。

原来宝玉会过雨村回来听见了，便知金钏儿含羞赌气自尽，心中早又五内摧伤，进来被王夫人数落教训，也无可回说。见宝钗进来，方得便出来，茫然不知何往，背着手，低头一面感叹，一面慢慢的走着，信步来至厅上。刚转过屏门，不想对面来了一人正往里走，可巧儿撞了个满怀。只听那人喝了一声“站住!”宝玉唬了一跳，抬头一看，不是别人，却是他父亲，不觉的倒抽了一口气，只得垂手一旁站了。贾政道：“好端端的，你垂头丧气嗐些什么？方才雨村来了要见你，叫你那半天你才出来；既出来了，全无一点慷慨挥洒谈吐，仍是葳葳蕤蕤[1]萎靡不振。我看你脸上一团思欲愁闷气色，这会子又咳声叹气。你那些还不足，还不自在？无故这样，却是为何?”宝玉素日虽是口角伶俐，只是此时一心总为金钏儿感伤，恨不得此时也身亡命殒，跟了金钏儿去。如今见了他父亲说这些话，究竟不曾听见，只是怔呵呵地站着。

贾政见他惶悚，应对不似往日，原本无气的，这一来倒生了三分气。方欲说话，忽有回事人来回：“忠顺亲王府里有人来，要见老爷。”贾政听了，心下疑惑，暗暗思忖道：“素日并不和忠顺府来往，为什么今日打发人来?”一面想，一面令“快请”，急走出来看时，却是忠顺府长史官[2]，忙接进厅上坐了献茶。未及叙谈，那长史官先就说道：“下官此来，并非擅造潭府[3]，皆因奉王命而来，有一件事相求。看王爷面上，敢烦老大人作主，不但王爷知情，且连下官辈亦感谢不尽。”贾政听了这话，抓不住头脑，忙陪笑起身问道：“大人既奉王命而来，不知有何见谕，望大人宣明，学生好遵谕承办。”那长史官便冷笑道：“也不必承办，只用大人一句话就完了。我们府里有一个做小旦的琪官，一向好好在府里，如今竟三五日不见回去，各处去找，又摸不着他的道路，因此各处访察。这一城内，十停人倒有八停人都说，他近日和衔玉的那位令郎相与甚厚。下官辈等听了，尊府不比别家，可以擅入索取，因此启明王爷。王爷亦云：‘若是别的戏子呢，一百个也罢了；只是这琪官随机应答，谨慎老诚，甚合我老人家的心，竟断断少不得此人。’故此求老大人转谕令郎，请将琪官放回，一则可慰王爷谆谆奉恳，二则下官辈也可免操劳求觅之苦。”说毕，忙打一躬。

贾政听了这话，又惊又气，即命唤宝玉来。宝玉也不知是何原故，忙赶来时，贾政便问：“该死的奴才！你在家不读书也罢了，怎么又做出这些无法无天的事来！那琪官现是忠顺王

---

① 葳(wēi)葳蕤(ruí)蕤：草木茂盛，枝叶下垂的样子，此指精神疲惫，萎靡不振。

② 长史官：总管王府内事务的官吏。从南朝起始设，其后各代王府都沿设此职。

③ 潭府：深宅大院，常用作对他人住宅的尊称。潭：深邃的样子。

爷驾前承奉的人，你是何等草芥，无故引逗他出来，如今祸及于我。”宝玉听了唬了一跳，忙回道：“实在不知此事。究竟连‘琪官’两个字不知为何物，岂更又加‘引逗’二字！”说着便哭了。贾政未及开言，只见那长史官冷笑道：“公子也不必掩饰。或隐藏在家，或知其下落，早说了出来，我们也少受些辛苦，岂不念公子之德？”宝玉连说不知，“恐是讹传，也未见得。”那长史官冷笑道：“现有据证，何必还赖？必定当着老大人说了出来，公子岂不吃亏？既云不知此人，那红汗巾子怎么到了公子腰里？”宝玉听了这话，不觉轰去魂魄，目瞪口呆，心下自思：“这话他如何得知！他既连这样机密事都知道了，大约别的瞒他不过，不如打发他去了，免得再说出别的事来。”因说道：“大人既知他的底细，如何连他置买房舍这样大事倒不晓得了？听得说他如今在东郊离城二十里有个什么紫檀堡，他在那里置了几亩田地几间房舍。想是在那里也未可知。”那长史官听了，笑道：“这样说，一定是在那里。我且去找一回，若有了便罢，若没有，还要来请教。”说着，便忙忙地走了。

贾政此时气的目瞪口歪，一面送那长史官，一面回头命宝玉“不许动！回来有话问你！”一直送那官员去了。才回身，忽见贾环带着几个小厮一阵乱跑。贾政喝令小厮“快打，快打！”贾环见了他父亲，唬的骨软筋酥，忙低头站住。贾政便问：“你跑什么？带着你的那些人都不管你，不知往那里逛去，由你野马一般！”喝令叫跟上学的人来。贾环见他父亲盛怒，便乘机说道：“方才原不曾跑，只因从那井边一过，那井里淹死了一个丫头，我看见人头这样大，身子这样粗，泡的实在可怕，所以才赶着跑了过来。”贾政听了惊疑，问道：“好端端的，谁去跳井？我家从无这样事情，自祖宗以来，皆是宽柔以待下人。——大约我近年于家务疏懒，自然执事人操克夺之权①，致使生出这暴殄轻生②的祸患。若外人知道，祖宗颜面何在！”喝令快叫贾琏、赖大、来兴。小厮们答应了一声，方欲叫去，贾环忙上前拉住贾政的袍襟，贴膝跪下道：“父亲不用生气。此事除太太房里的人，别人一点也不知道。我听见我母亲说……”说到这里，便回头四顾一看。贾政知意，将眼一看众小厮，小厮们明白，都往两边后面退去。贾环便悄悄说道：“我母亲告诉我说，宝玉哥哥前日在太太屋里，拉着太太的丫头金钏儿强奸不遂，打了一顿。那金钏儿便赌气投井死了。”话未说完，把个贾政气的面如金纸，大喝“快拿宝玉来！”一面说，一面便往里边书房里去，喝令：“今日再有人劝我，我把这冠带家私③一应交与他与宝玉过去！我免不得做个罪人，把这几根烦恼鬓毛剃去，寻个干净去处④自了，也免得上辱先人下生逆子之罪。”众门客仆从见贾政这个形景，便知又是为宝玉了，一个个都是啖指咬舌，连忙退出。那贾政喘吁吁直挺挺坐在椅子上，满面泪痕，一叠声“拿宝玉！拿大棍！拿索子捆上！把各门都关上！有人传信往里头去，立刻打死！”众小厮们只得齐声答应，有几个来找宝玉。

那宝玉听见贾政吩咐他“不许动”，早知多凶少吉，那里承望贾环又添了许多的话。正在厅上干转，怎得个人来往里头去捎信，偏生没个人，连焙茗也不知在那里。正盼望时，只见一

① 克夺之权：生杀予夺之权。

② 暴殄(tiǎn)轻生：暴殄，恣意糟踏、灭绝。轻生，不爱惜生命。

③ 冠带家私：冠带，帽子和束带，是官服的代称，这里代指官爵。家私，财产，代指家业。

④ 烦恼鬓毛、干净去处：鬓毛，即头发，佛家称为“烦恼丝”。干净，佛家认为人世污浊不净，唯有佛门才能通向清净世界，即所谓净土。剃去烦恼鬓毛与寻个干净去处，都是出家当和尚的意思。

个老姆姆出来。宝玉如得了珍宝，便赶上来拉他，说道："快进去告诉：老爷要打我呢！快去，快去！要紧，要紧！"宝玉一则急了，说话不明白；二则老婆子偏生又聋，竟不曾听见是什么话，把"要紧"二字只听作"跳井"二字，便笑道："跳井让他跳去，二爷怕什么？"宝玉见是个聋子，便着急道："你出去叫我的小厮来罢。"那婆子道："有什么不了的事？老早的完了。太太又赏了衣服，又赏了银子，怎么不了事的！"

宝玉急的跺脚，正没抓寻处，只见贾政的小厮走来，逼着他出去了。贾政一见，眼都红紫了，也不暇问他在外流荡优伶，表赠私物，在家荒疏学业，淫辱母婢等语，只喝令"堵起嘴来，着实打死！"小厮们不敢违拗，只得将宝玉按在凳上，举起大板打了十来下。贾政犹嫌打轻了，一脚踢开掌板的，自己夺过来，咬着牙狠命盖了三四十下。众门客见打的不祥了，忙上前夺劝。贾政哪里肯听，说道："你们问问他干的勾当可饶不可饶！素日皆是你们这些人把他酿坏了，到这步田地还来解劝。明日酿到他弑君杀父，你们才不劝不成！"

众人听这话不好听，知道气急了，忙又退出，只得觅人进去给信。王夫人不敢先回贾母，只得忙穿衣出来，也不顾有人没人，忙忙赶往书房中来，慌得众门客小厮等避之不及。王夫人一进房来，贾政更如火上浇油一般，那板子越发下去的又狠又快。按宝玉的两个小厮忙松了手走开，宝玉早已动弹不得了。贾政还欲打时，早被王夫人抱住板子。贾政道："罢了，罢了！今日必定要气死我才罢！"王夫人哭道："宝玉虽然该打，老爷也要自重。况且炎天暑日的，老太太身上也不大好，打死宝玉事小，倘或老太太一时不自在了，岂不事大！"贾政冷笑道："倒休提这话。我养了这不肖的孽障，已不孝；教训他一番，又有众人护持；不如趁今日一发勒死了，以绝将来之患！"说着，便要绳索来勒死。王夫人连忙抱住哭道："老爷虽然应当管教儿子，也要看夫妻分上。我如今已将五十岁的人，只有这个孽障，必定苦苦的以他为法，我也不敢深劝。今日越发要他死，岂不是有意绝我。既要勒死他，快拿绳子来先勒死我，再勒死他。我们娘儿们不敢含怨，到底在阴司里得个依靠。"说毕，爬在宝玉身上大哭起来。贾政听了此话，不觉长叹一声，向椅上坐了，泪如雨下。王夫人抱着宝玉，只见他面白气弱，底下穿着一条绿纱小衣皆是血渍，禁不住解下汗巾看，由臀至胫，或青或紫，或整或破，竟无一点好处，不觉失声大哭起来，"苦命的儿吓！"因哭出"苦命儿"来，忽又想起贾珠来，便叫着贾珠哭道："若有你活着，便死一百个我也不管了。"此时里面的人闻得王夫人出来，那李宫裁王熙凤与迎春姊妹早已出来了。王夫人哭着贾珠的名字，别人还可，惟有宫裁禁不住也放声哭了。贾政听了，那泪珠更似滚瓜一般滚了下来。

正没开交处，忽听丫鬟来说："老太太来了。"一句话未了，只听窗外颤巍巍的声气说道："先打死我，再打死他，岂不干净了！"贾政见他母亲来了，又急又痛，连忙迎接出来，只见贾母扶着丫头，喘吁吁的走来。贾政上前躬身陪笑道："大暑热天，母亲有何生气亲自走来？有话只该叫了儿子进去吩咐。"贾母听说，便止住步喘息一回，厉声说道："你原来是和我说话！我倒有话吩咐，只是可怜我一生没养个好儿子，却教我和谁说去！"贾政听这话不像，忙跪下含泪说道："为儿的教训儿子，也为的是光宗耀祖。母亲这话，我做儿的如何禁得起？"贾母听说，便啐了一口，说道："我说一句话，你就禁不起，你那样下死手的板子，难道宝玉就禁得起了？你说教训儿子是光宗耀祖，当初你父亲怎么教训你来！"说着，不觉就滚下泪来。贾政又陪笑道："母亲也不必伤感，皆是作儿的一时性起，从此以后再不打他了。"贾母便冷笑道："你也不必和我使性子赌气的。你的儿子，我也不该管你打不打。我猜着你也厌烦我们娘儿们。不如我们赶早儿离了你，大家干净！”说着便令人去看轿马，“我和你太太宝玉立刻回南京去！”家下人只得干答应着。贾母又叫王夫人道：“你也不必哭了。如今宝玉年纪小，你疼他，他将来长大成人，为官做宰的，也未必想着你是他母亲了。你如今倒不要疼他，只怕将来还少生一口气呢。”贾政听说，忙叩头哭道：“母亲如此说，贾政无立足之地。”贾母冷笑道：“你分明使我无立足之地，你反说起你来！只是我们回去了，你心里干净，看有谁来许你打。”一面说，一面只令快打点行李车轿回去。贾政苦苦叩求认罪。

贾母一面说话，一面又记挂宝玉，忙进来看时，只见今日这顿打不比往日，又是心疼，又是生气，也抱着哭个不了。王夫人与凤姐等解劝了一会，方渐渐的止住。早有丫鬟媳妇等上来，要搀宝玉，凤姐便骂道：“糊涂东西！也不睁开眼睛瞧瞧！打的这么个样儿，还要搀着走！还不快进去把那藤屉子春凳①抬出来呢。”众人听说连忙进去，果然抬出春凳来，将宝玉抬放凳上，随着贾母王夫人等进去，送至贾母房中。

彼时贾政见贾母气未全消，不敢自便，也跟了进去。看看宝玉，果然打重了。再看看王夫人，“儿”一声，“肉”一声，“你替珠儿早死了，留着珠儿，免你父亲生气，我也不白操这半世的心了。这会子你倘或有个好歹，丢下我，叫我靠那一个！”数落一场，又哭“不争气的儿”。贾政听了，也就灰心，自悔不该下毒手打到如此地步。先劝贾母，贾母含泪说道：“你不出去，还在这里做什么！难道于心不足，还要眼看着他死了才去不成！”贾政听说，方退了出来。

此时薛姨妈同宝钗、香菱、袭人、史湘云也都在这里。袭人满心委屈，只不好十分使出来，见众人围着，灌水的灌水，打扇的打扇，自己插不下手去，便越性走出来到二门前，令小厮们找了焙茗来细问：“方才好端端的，为什么打起来？你也不早来透个信儿！”焙茗急的说：“偏生我没在跟前，打到半中间我才听见了。忙打听原故，却是为琪官金钏姐姐的事。”袭人道：“老爷怎么得知道的？”焙茗道：“那琪官的事，多半是薛大爷素日吃醋，没法儿出气，不知在外头唆挑了谁来，在老爷跟前下的火②。那金钏儿的事是三爷说的，我也是听见老爷的人说的。”袭人听了这两件事都对景③，心中也就信了八九分。然后回来，只见众人都替宝玉疗治。调停完备，贾母令“好生抬到他房内去”。众人答应，七手八脚，忙把宝玉送入怡红院内自己床上卧好。又乱了半日，众人渐渐散去，袭人方进前来经心服侍，问他端的。且听下回分解。

话说袭人见贾母王夫人等去后，便走来宝玉身边坐下，含泪问他：“怎么就打到这步田地？”宝玉叹气说道：“不过为那些事，问他做什么！只是下半截疼得很，你瞧瞧打坏了那里。”袭人听说，便轻轻的伸手进去，将中衣褪下。宝玉略动一动，便咬着牙叫“嗳哟”，袭人连忙停住手，如此三四次才褪了下来。袭人看时，只见腿上半段青紫，都有四指宽的僵痕高了起来。袭人咬着牙说道：“我的娘，怎么下这般的狠手！你但凡听我一句话，也不得到这步地位。幸而没动筋骨，倘或打出个残疾来，可叫人怎么样呢！”

---

① 藤屉子春凳：春凳，一种面较宽的可坐可卧的长凳。藤屉子，凳面用藤皮编成。

② 下的火：使坏进谗。

③ 对景：对得上号。

正说着，只听丫鬟们说："宝姑娘来了。"袭人听见，知道穿不及中衣，便拿了一床袷纱被[①]替宝玉盖了。只见宝钗手里托着一丸药走进来，向袭人说道："晚上把这药用酒研开，替他敷上，把那淤血的热毒散开，可以就好了。"说毕，递与袭人，又问道："这会子可好些?"宝玉一面道谢说："好了。"又让坐。宝钗见他睁开眼说话，不像先时，心中也宽慰了好些，便点头叹道："早听人一句话，也不至今日。别说老太太、太太心疼，就是我们看着，心里也疼。"刚说了半句又忙咽住，自悔说的话急了，不觉的就红了脸，低下头来。宝玉听得这话如此亲切稠密，大有深意，忽见他又咽住不往下说，红了脸，低下头只管弄衣带，那一种娇羞怯怯，非可形容得出者，不觉心中大畅，将疼痛早丢在九霄云外，心中自思："我不过挨了几下打，他们一个个就有这些怜惜悲感之态露出，令人可玩可观，可怜可敬。假若我一时竟遭殃横死，他们还不知是何等悲感呢！既是他们这样，我便一时死了，得他们如此，一生事业纵然尽付东流，亦无足叹惜，冥冥之中若不怡然自得，亦可谓糊涂鬼祟矣。"想着，只听宝钗问袭人道："怎么好好的动了气，就打起来了?"袭人便把焙茗的话说了出来。宝玉原来还不知道贾环的话，见袭人说出方才知道。因又拉上薛蟠，惟恐宝钗沉心[②]，忙又止住袭人道："薛大哥哥从来不这样的，你们不可混猜度。"宝钗听说，便知道是怕他多心，用话相拦袭人，因心中暗暗想道："打的这个形象，疼还顾不过来，还是这样细心，怕得罪了人，可见在我们身上也算是用心了。你既这样用心，何不在外头大事上做工夫，老爷也欢喜了，也不能吃这样亏。但你固然怕我沉心，所以拦袭人的话，难道我就不知我的哥哥素日恣心纵欲，毫无防范的那种心性。当日为一个秦钟，还闹得天翻地覆，自然如今比先又更利害了。"想毕，因笑道："你们也不必怨这个，怨那个。据我想，到底宝兄弟素日不正，肯和那些人来往，老爷才生气。就是我哥哥说话不防头，一时说出宝兄弟来，也不是有心调唆：一则也是本来的实话，二则他原不理论这些防嫌小事。袭姑娘从小儿只见宝兄弟这么样细心的人，你何尝见过天不怕地不怕、心里有什么口里就说什么的人。"袭人因说出薛蟠来，见宝玉拦他的话，早已明白自己说造次了，恐宝钗没意思，听宝钗如此说，更觉羞愧无言。宝玉又听宝钗这番话，一半是堂皇正大，一半是去己疑心，更觉比先畅快了。方欲说话时，只见宝钗起身说道："明儿再来看你，你好生养着罢。方才我拿了药来交给袭人，晚上敷上管就好了。"说着便走出门去。袭人赶着送出院外，说："姑娘倒费心了。改日宝二爷好了，亲自来谢。"宝钗回头笑道："有什么谢处。你只劝他好生静养，别胡思乱想的就好了。不必惊动老太太、太太众人，倘或吹到老爷耳朵里，虽然彼时不怎么样，将来对景，终是要吃亏的。"说着，一面去了。

袭人抽身回来，心内着实感激宝钗。进来见宝玉沉思默默似睡非睡的模样，因而退出房外，自去栉沐[③]。宝玉默默的躺在床上，无奈臀上作痛，如针挑刀挖一般，更又热如火炙，略展转时，禁不住"嗳哟"之声。那时天色将晚，因见袭人去了，却有两三个丫鬟伺候，此时并无呼唤之事，因说道："你们且去梳洗，等我叫时再来。"众人听了，也都退出。

这里宝玉昏昏默默，只见蒋玉菡走了进来，诉说忠顺府拿他之事；又见金钏儿进来哭说

---

① 袷(jiá)纱被：表里两层的纱被。袷，同夹。

② 沉心：多指言者无意而听者有心，也叫"吃心"或"嗔心"。

③ 栉(zhì)沐：梳洗。

为他投井之情。宝玉半梦半醒，都不在意。忽又觉有人推他，恍恍忽忽听得有人悲戚之声。宝玉从梦中惊醒，睁眼一看，不是别人，却是林黛玉。宝玉犹恐是梦，忙又将身子欠起来，向脸上细细一认，只见两个眼睛肿的桃儿一般，满面泪光，不是黛玉，却是那个？宝玉还欲看时，怎奈下半截疼痛难忍，支持不住，便"嗳哟"一声，仍就倒下，叹了一声，说道："你又做什么跑来！虽说太阳落下去，那地上的余热未散，走两趟又要受了暑。我虽然挨了打，并不觉疼痛。我这个样儿，只装出来哄他们，好在外头布散与老爷听，其实是假的。你不可认真。"此时林黛玉虽不是嚎啕大哭，然越是这等无声之泣，气噎喉堵，更觉得厉害。听了宝玉这番话，心中虽然有万句言词，只是不能说得，半日，方抽抽噎噎的说道："你从此可都改了罢!"宝玉听说，便长叹一声，道："你放心，别说这样话。就便为这些人死了，也是情愿的!"一句话未了，只见院外人说："二奶奶来了。"林黛玉便知是凤姐来了，连忙立起身说道："我从后院子去罢，回来再来。"宝玉一把拉住道："这可奇了，好好的怎么怕起他来。"林黛玉急的跺脚，悄悄的说道："你瞧瞧我的眼睛，又该他取笑开心呢。"宝玉听说赶忙的放手。黛玉三步两步转过床后，出后院而去。凤姐从前头已进来了，问宝玉："可好些了？想什么吃，叫人往我那里取去。"接着，薛姨妈又来了。一时贾母又打发了人来。

至掌灯时分，宝玉只喝了两口汤，便昏昏沉沉地睡去。接着，周瑞媳妇、吴新登媳妇、郑好时媳妇这几个有年纪常往来的，听见宝玉挨了打，也都进来。袭人忙迎出来，悄悄地笑道："婶婶们来迟了一步，二爷才睡着了。"说着，一面带他们到那边房里坐了，倒茶与他们吃。那几个媳妇子都悄悄地坐了一回，向袭人说："等二爷醒了，你替我们说罢。"

袭人答应了，送他们出去。

学习要点

【作家作品】

曹雪芹(约1715年5月28日—约1763年2月12日)，名霑，字梦阮，号雪芹，又号芹溪、芹圃，中国古典名著《红楼梦》作者，伟大的现实主义作家。

祖籍辽宁铁岭，生于江宁(今南京)，曹雪芹出身清代内务府正白旗包衣世家，他是江宁织造曹寅之孙，曹颙之子(一说曹頫之子)。曹雪芹早年在南京江宁织造府亲历了一段锦衣纨绔、富贵风流的生活。曾祖父曹玺任江宁织造；曾祖母孙氏做过康熙帝的保姆；祖父曹寅做过康熙帝的伴读和御前侍卫，后任江宁织造，兼任两淮巡盐监察御使，极受康熙宠信。雍正六年(1728年)，曹家因亏空获罪被抄家，曹雪芹随家人迁回北京老宅。后又移居北京西郊，靠卖字画和朋友救济为生。曹家从此一蹶不振，日渐衰微。经历了生活中的重大转折，曹雪芹深感世态炎凉，对封建社会有了更清醒、更深刻的认识。他蔑视权贵，远离官场，过着贫困如洗的艰难日子。曹雪芹素性放达，爱好广泛，对金石、诗书、绘画、园林、中医、织补、工艺、饮食等均有所研究。他以坚韧不拔的毅力，历经多年艰辛，终于创作出极具思想性、艺术性的伟大作品——《红楼梦》。晚年，曹雪芹生活更加穷苦，"满径蓬蒿""举家食粥酒常赊"。乾隆二十七年(1762年)，病逝。

《红楼梦》是曹雪芹蛰居北京西山时创作的，从乾隆六年(1741 年)开始至死，生前只完成八十回，初稿题名为《风月宝鉴》，后又称《石头记》。后四十回据说是高鹗、程伟元补写的。

《红楼梦》是一部具有世界影响力的人情小说作品，举世公认的中国古典小说巅峰之作，中国封建社会的百科全书，传统文化的集大成者。此书以贾、史、王、薛四大家族的兴衰为背景，主要以贾宝玉、林黛玉之间的爱情悲剧为中心线索，通过对以贾府为代表的封建家族盛衰的描述，对封建社会的上层建筑和旧制度、旧道德作了全面而深刻的揭露与批判，展示了中国封建社会走向灭亡的历史命运。《红楼梦》以“大旨谈情，实录其事”自勉，运用“真事隐去，假语村言”的特殊笔法，令后世读者惊叹不已。

【思想内容】

本文节选自长篇小说《红楼梦》第三十三回、三十四回。主要分三部分：一是写宝玉挨打的原因；二是写宝玉挨打的经过；三是写众人在宝玉挨打之后的探访。

宝玉挨打的直接原因有三个：一是怠慢了贾雨村，“全无一点慷慨挥洒谈吐”；二是与琪官交往得罪了忠顺王府；三是贾环的诬告。而根本原因是宝玉厌恶“仕途经济”，不愿意与官宦人来往，与封建思想、封建意识格格不入，使父亲贾政“光耀门楣”的愿望无法实现。通过宝玉的挨打，作品揭示了贾府上下错综复杂的矛盾：贾府与忠顺王府之间的矛盾；封建家长与叛逆者之间的矛盾；封建家长之间的矛盾；嫡与庶之间的矛盾。其中封建家长与叛逆者之间的矛盾则为主要矛盾。

【艺术特色】

1. 人物形象。(1)宝玉是封建礼教叛逆者的形象。他听说金钏儿跳井自杀后“五内摧伤”，以及与戏子琪官互换信物，都说明他有着蔑视封建礼教，敢于打破尊卑秩序的个性自由思想。就是被打得遍体鳞伤，他也仍然不悔改，说“一生事业纵然尽付东流，亦无足叹惜”。(2)贾政是封建思想的代表，是个卫道者的形象。他痛恨儿子“辱没先人”，不能“光亲耀祖”。他意识到儿子将来可能发展到“弑君杀父”的地步，所以要先把他打死。他对宝玉的责打，是对封建思想的维护，更是对叛逆思想的一次镇压。但在王夫人的哭诉之下，“不觉长叹一声，向椅上坐了，泪如雨下”，这样的由暴怒到息怒，也透露出他作为父亲的些许天伦之情。(3)贾母是贾府辈分最高的人，她疼爱孙子，溺爱宝玉，在某种程度上助成了宝玉的叛逆性格。(4)王夫人对宝玉挨打的痛情不但是出于护子的本性，更主要是从自己终身有靠出发的。因为在封建的宗法制度下，母以子贵，宝玉的荣辱生死与她休戚相关。所以在宝玉挨打的时候，她大哭长子贾珠，而在维护封建礼教这一方面她与贾政也没有什么区别。(5)宝钗对宝玉挨打很是痛心，并趁机表露了自己的爱慕之心；但她又劝告宝玉“早听人一句话，也不至今日”，则又显然站在了封建正统的一边。她对自己感情的控制力和她与袭人、宝玉的对话，都表现了她人情的练达。(6)黛玉与宝玉相爱，她心疼宝玉，听说宝玉被打，哭得两眼“肿的桃儿一般”，因担心宝玉再次被打，所以说“你从此可都改了罢”。她是宝玉的知心人，能理解宝玉，所以宝玉在她面前才说出自己的心里话：“你放心，别说这样话。就便为这些人死了，也是情愿的！”描写了林黛玉对宝玉真心的爱和悲伤，另外也刻画了她不喜欢张扬、不虚伪的性格特征。

2. 对比的手法。如对宝钗和黛玉的性格刻画，就是通过她们语言、情态和行动的对比揭示出来的。宝钗是落落大方，进门由丫鬟通报，手中托着药丸，动情处也只是红了脸，低下头只管弄衣带，真所谓关切而众人皆知，真情而又以礼相待。而黛玉则是在别人都走了后才来探望，而且早已是“两个眼睛肿的桃儿一般”，感情真挚，去时是“出后院而去”。这不但写出了她和宝玉真情相通，而且也写出了她寄人篱下的处境。

3. 人物的对话富有个性。在本文中，作者只需用三言两语就可以勾画出颇具有个性的人物。如王熙凤的泼辣、眼明嘴快又善于在众人面前表现自己的个性，作者是通过人物的语言来表现的。如她见众丫鬟要搀刚挨打后的宝玉回屋，马上盛怒，骂道：“糊涂东西！也不睁开眼睛瞧瞧！打的这么个样儿，还要搀着走！还不快进去把藤屉子春凳抬出来呢。”

【每课一练】

一、选择题

1. 曹雪芹是 （　　）

A. 宋代文学家　　B. 明代文学家

C. 清代文学家　　D. 元代现实主义作家

2. 曹雪芹所写《红楼梦》总共包括多少回？ （　　）

A. 60　　B. 80　　C. 200　　D. 120

3.《红楼梦》的体裁是 （　　）

A. 长篇章回白话小说　　B. 长篇文言文小说

C. 诗体韵文小说　　D. 短篇小说集

4.“宝玉挨打”的根本原因是 （　　）

A. 宝玉同情投井自杀的丫鬟金钏　　B. 宝玉与戏剧演员琪官的交往

C. 鄙弃仕途经济　　D. 贾环诬告宝玉

二、填空题

1. 曹雪芹，名________，字梦阮，号________，又号芹溪、芹圃，中国古典名著《红楼梦》作者，伟大的现实主义作家。

2.《红楼梦》是曹雪芹蛰居北京西山时创作的，从乾隆六年(1741 年)开始至死，生前只完成八十回，初稿题名为《________》，以后又称《________》。后四十回据说是________、程伟元补写的。

3.《红楼梦》是一部具有世界影响力的________小说作品，举世公认的中国古典小说________之作，中国封建社会的________全书，传统文化的集大成者。此书以________、________、________、薛四大家族的兴衰为背景，主要以贾宝玉、________之间的爱情悲剧为中心线索，通过对以________为代表的封建家族盛衰的描述，对封建社会的上层建筑和旧制度、旧道德作了全面而深刻的揭露与批判，展示了中国封建社会走向灭亡的历史命运。

三、阅读分析题

1. 阅读小说片段，回答问题。

原来宝玉会过雨村回来听见了，便知金钏儿含羞赌气自尽，心中早又五内摧伤，进来被王夫人数落教训，也无可回说。见宝钗进来，方得便出来，茫然不知何往，背着手，低头一面感叹，一面慢慢的走着，信步来至厅上。刚转过屏门，不想对面来了一人正往里走，可巧儿撞了个满怀。只听那人喝了一声"站住！"宝玉唬了一跳，抬头一看，不是别人，却是他父亲，不觉的倒抽了一口气，只得垂手一旁站了。贾政道："好端端的，你垂头丧气嗐些什么？方才雨村来了要见你，叫你那半天你才出来；既出来了，全无一点慷慨挥洒谈吐，仍是葳葳蕤蕤委靡不振。我看你脸上一团思欲愁闷气色，这会子又咳声叹气。你那些还不足，还不自在？无故这样，却是为何？"宝玉素日虽是口角伶俐，只是此时一心总为金钏儿感伤，恨不得此时也身亡命殒，跟了金钏儿去。如今见了他父亲说这些话，究竟不曾听见，只是怔呵呵地站着。

(1)以这段文字来分析宝玉这一人物形象。

(2)这段文字用哪些描写方法来刻画宝玉形象？

2. 阅读小说片段，回答问题。

贾政冷笑道："倒休提这话。我养了这不肖的孽障，已不孝；教训他一番，又有众人护持；不如趁今日一发勒死了，以绝将来之患！"说着，便要绳索来勒死。王夫人连忙抱住哭道："老爷虽然应当管教儿子，也要看夫妻分上。我如今已将五十岁的人，只有这个孽障，必定苦苦的以他为法，我也不敢深劝。今日越发要他死，岂不是有意绝我。既要勒死他，快拿绳子来先勒死我，再勒死他。我们娘儿们不敢含怨，到底在阴司里得个依靠。"说毕，爬在宝玉身上大哭起来。贾政听了此话，不觉长叹一声，向椅上坐了，泪如雨下。

(1)这段文字主要描述的内容是什么？

(2)贾政毒打宝玉的原因是什么？他暴打宝玉是出于怎样的心理？

(3)王夫人阻拦丈夫打宝玉，其动机和心理是什么？

3. 阅读小说片段，回答问题。

正说着，只听丫鬟们说："宝姑娘来了。"……只见宝钗手里托着一丸药走进来，向袭人说道："晚上把这药用酒研开，替他敷上，把那淤血的热毒散开，可以就好了。"说毕，递与袭人，又问道："这会子可好些？"宝玉一面道谢说："好了。"又让坐。宝钗见他睁开眼说话，不像先时，心里也宽慰了好些，便点头叹道："早听人一句话，也不至今日。别说老太太、太太心疼，就是我们看着，心里也疼。"刚说了半句又忙咽住，自悔说的话急了，不觉的就红了脸，低下头来。

……

……宝玉半梦半醒，都不在意。忽又觉有人推他，恍恍忽忽听得有人悲戚之声。宝玉从梦中惊醒，睁眼一看，不是别人，却是林黛玉。宝玉……向脸上细细一认，只见两个眼睛肿的桃儿一般，满面泪光，不是黛玉，却是那个？宝玉……叹了一声，说道："你又做什么跑来！虽说太阳落了下来，那地上的余热未散，走几趟又要受了暑。……"此时林黛玉虽不是嚎啕大哭，然越是这等无声之泣，气噎喉堵，更觉得厉害。听了宝玉这番话，心中虽然有万句言词，只是不能说得,半日,方抽抽噎噎的说道:“你从此可都改了罢!”……一句话未了,只见院外人说:“二奶奶来了。”林黛玉……连忙立起身说道:“我从后院子去罢,回头再来。”

……

(1)文中刻画人物采用了什么手法?

(2)根据该片段文字的描写,分析宝钗和黛玉有着怎样的不同性格。

参考答案

五十六　*风　波

鲁　迅

临河的土场上，太阳渐渐的收了他通黄的光线了。场边靠河的乌桕树叶，干巴巴的才喘过气来，几个花脚蚊子在下面哼着飞舞。面河的农家的烟突里，逐渐减少了炊烟，女人孩子们都在自己门口的土场上泼些水，放下小桌子和矮凳；人知道，这已经是晚饭时候了。

老人男人坐在矮凳上，摇着大芭蕉扇闲谈，孩子飞也似的跑，或者蹲在乌桕树下赌玩石子。女人端出乌黑的蒸干菜和松花黄的米饭，热蓬蓬冒烟。河里驶过文人的酒船，文豪见了，大发诗兴，说，"无思无虑，这真是田家乐呵！"

但文豪的话有些不合事实，就因为他们没有听到九斤老太的话。这时候，九斤老太正在大怒，拿破芭蕉扇敲着凳脚说："我活到七十九岁了，活够了，不愿意眼见这些败家相，——还是死的好。立刻就要吃饭了，还吃炒豆子，吃穷了一家子！"

伊的曾孙女儿六斤捏着一把豆，正从对面跑来，见这情形，便直奔河边，藏在乌桕树后，伸出双丫角的小头，大声说，"这老不死的！"

九斤老太虽然高寿，耳朵却还不很聋，但也没有听到孩子的话，仍旧自己说，"这真是一代不如一代！"

这村庄的习惯有点特别，女人生下孩子，多喜欢用秤称了轻重，便用斤数当作小名。九斤老太自从庆祝了五十大寿以后，便渐渐的变了不平家，常说伊年青的时候，天气没有现在这般热，豆子也没有现在这般硬：总之现在的时世是不对了。何况六斤比伊的曾祖，少了三斤，比伊父亲七斤，又少了一斤，这真是一条颠扑不破的实例。所以伊又用劲说，"这真是一代不如一代！"

伊的儿媳七斤嫂子正捧着饭篮走到桌边，便将饭篮在桌上一摔，愤愤的说，"你老人家又这么说了。六斤生下来的时候，不是六斤五两么？你家的秤又是私秤，加重称，十八两秤；用了准十六，我们的六斤该有七斤多哩。我想便是太公和公公，也不见得正是九斤八斤十足，用的秤也许是十四两……"

"一代不如一代！"

七斤嫂还没有答话，忽然看见七斤从小巷口转出，便移了方向，对他嚷道，"你这死尸怎么这时候才回来，死到那里去了！不管人家等着你开饭！"

七斤虽然住在农村，却早有些飞黄腾达的意思。从他的祖父到他，三代不捏锄头柄了；他也照例的帮人撑着航船，每日一回，早晨从鲁镇进城，傍晚又回到鲁镇，因此很知道些时事：例如什么地方，雷公劈死了蜈蚣精；什么地方，闺女生了一个夜叉之类。他在村人里面，的确已经是一名出场人物了。但夏天吃饭不点灯，却还守着农家习惯，所以回家太迟，是该骂的。

七斤一手捏着象牙嘴白铜斗六尺多长的湘妃竹烟管，低着头，慢慢地走来，坐在矮凳上。

六斤也趁势溜出，坐在他身边，叫他爹爹。七斤没有应。

“一代不如一代！”九斤老太说。

七斤慢慢地抬起头来，叹一口气说，“皇帝坐了龙庭了。”七斤嫂呆了一刻，忽而恍然大悟的道，“这可好了，这不是又要皇恩大赦了么！”

七斤又叹一口气，说，“我没有辫子。”

“皇帝要辫子么？”

“皇帝要辫子。”

“你怎么知道呢？”七斤嫂有些着急，赶忙的问。

“咸亨酒店里的人，都说要的。”

七斤嫂这时从直觉上觉得事情似乎有些不妙了，因为咸亨酒店是消息灵通的所在。伊一转眼瞥见七斤的光头，便忍不住动怒，怪他恨他怨他；忽然又绝望起来，装好一碗饭，搡在七斤的面前道，“还是赶快吃你的饭罢！哭丧着脸，就会长出辫子来么？”

太阳收尽了他最末的光线了，水面暗暗地回复过凉气来；土场上一片碗筷声响，人人的脊梁上又都吐出汗粒。七斤嫂吃完三碗饭，偶然抬起头，心坎里便禁不住突突地发跳。伊透过乌桕叶，看见又矮又胖的赵七爷正从独木桥上走来，而且穿着宝蓝色竹布的长衫。

赵七爷是邻村茂源酒店的主人，又是这三十里方圆以内的唯一的出色人物兼学问家；因为有学问，所以又有些遗老的臭味。他有十多本金圣叹批评的《三国志》，时常坐着一个字一个字的读；他不但能说出五虎将姓名，甚而至于还知道黄忠表字汉升和马超表字孟起。革命以后，他便将辫子盘在顶上，像道士一般；常常叹息说，倘若赵子龙在世，天下便不会乱到这地步了。七斤嫂眼睛好，早望见今天的赵七爷已经不是道士，却变成光滑头皮，乌黑发顶；伊便知道这一定是皇帝坐了龙庭，而且一定须有辫子，而且七斤一定是非常危险。因为赵七爷的这件竹布长衫，轻易是不常穿的，三年以来，只穿过两次；一次是和他呕气的麻子阿四病了的时候，一次是曾经砸烂他酒店的鲁大爷死了的时候；现在是第三次了，这一定又是于他有庆，于他的仇家有殃了。

七斤嫂记得，两年前七斤喝醉了酒，曾经骂过赵七爷是“贱胎”，所以这时便立刻直觉到七斤的危险，心坎里突突地发起跳来。

赵七爷一路走来，坐着吃饭的人都站起身，拿筷子点着自己的饭碗说，“七爷，请在我们这里用饭！”七爷也一路点头，说道“请请”，却一径走到七斤家的桌旁。七斤们连忙招呼，七爷也微笑着说“请请”，一面细细的研究他们的饭菜。

“好香的干菜，——听到了风声了么？”赵七爷站在七斤的后面七斤嫂的对面说。

“皇帝坐了龙庭了。”七斤说。

七斤嫂看着七爷的脸，竭力陪笑道，“皇帝已经坐了龙庭，几时皇恩大赦呢？”

“皇恩大赦？——大赦是慢慢的总要大赦罢。”七爷说到这里，声色忽然严厉起来，“但是你家七斤的辫子呢，辫子？这倒是要紧的事。你们知道，长毛时候，留发不留头，留头不留发，……”

七斤和他的女人没有读过书，不很懂得这古典的奥妙，但觉得有学问的七爷这么说，事情自然非常重大，无可挽回，便仿佛受了死刑宣告似的，耳朵里嗡的一声，再也说不出一句话。

“一代不如一代，——”九斤老太正在不平，趁这机会，便对赵七爷说，“现在的长毛，只是剪人家的辫子，僧不僧，道不道的。从前的长毛，这样的么？我活到七十九岁了，活够了。从前的长毛是一整匹的红缎子裹头，拖下去，拖下去，一直拖到脚跟；王爷是黄缎子，拖下去，黄缎子；红缎子，黄缎子，——我活够了，七十九岁了。”

七斤嫂站起身，自言自语地说，“这怎么好呢？这样的一班老小，都靠他养活的人，……”

赵七爷摇头道，“那也没法。没有辫子，该当何罪，书上都一条一条明明白白写着的。不管他家里有些什么人。”

七斤嫂听到书上写着，可真是完全绝望了；自己急得没法，便忽然又恨到七斤。伊用筷子指着他的鼻尖说，“这死尸自作自受！造反的时候，我本来说，不要撑船了，不要上城了。他偏要死进城去，滚进城去，进城便被人剪去了辫子。从前是绢光乌黑的辫子，现在弄得僧不僧道不道的。这囚徒自作自受，带累了我们又怎么说呢？这活死尸的囚徒……”

村人看见赵七爷到村，都赶紧吃完饭，聚在七斤家饭桌的周围。七斤自己知道是出场人物，被女人当大众这样辱骂，很不雅观，便只得抬起头，慢慢地说道：

“你今天说现成话，那时你……”

“你这活死尸的囚徒……”

看客中间，八一嫂是心肠最好的人，抱着伊的两周岁的遗腹子，正在七斤嫂身边看热闹；这时过意不去，连忙解劝说，“七斤嫂，算了罢。人不是神仙，谁知道未来事呢？便是七斤嫂，那时不也说，没有辫子倒也没有什么丑么？况且衙门里的大老爷也还没有告示，……”

七斤嫂没有听完，两个耳朵早通红了；便将筷子转过向来，指着八一嫂的鼻子，说，“阿呀，这是什么话呵！八一嫂，我自己看来倒还是一个人，会说出这样昏诞胡涂话么？那时我是，整整哭了三天，谁都看见；连六斤这小鬼也都哭，……”六斤刚吃完一大碗饭，拿了空碗，伸手去嚷着要添。七斤嫂正没好气，便用筷子在伊的双丫角中间，直扎下去，大喝道，“谁要你来多嘴！你这偷汉的小寡妇！”

扑的一声，六斤手里的空碗落在地上了，恰巧又碰着一块砖角，立刻破成一个很大的缺口。七斤直跳起来，捡起破碗，合上了检查一回，也喝道，“入娘的！”一巴掌打倒了六斤。六斤躺着哭，九斤老太拉了伊的手，连说着“一代不如一代”，一同走了。

八一嫂也发怒，大声说，“七斤嫂，你恨棒打人……”

赵七爷本来是笑着旁观的；但自从八一嫂说了“衙门里的大老爷没有告示”这话以后，却有些生气了。这时他已经绕出桌旁，接着说，“恨棒打人，算什么呢。大兵是就要到的。你可知道，这回保驾的是张大帅，张大帅就是燕人张翼德的后代，他一支丈八蛇矛，就有万夫不当之勇，谁能抵挡他，”他两手同时捏起空拳，仿佛握着无形的蛇矛模样，向八一嫂抢进几步道，“你能抵挡他么！”

八一嫂正气得抱着孩子发抖，忽然见赵七爷满脸油汗，瞪着眼，准对伊冲过来，便十分害怕，不敢说完话，回身走了。赵七爷也跟着走去，众人一面怪八一嫂多事，一面让开路，几个剪过辫子重新留起的便赶快躲在人丛后面，怕他看见。赵七爷也不细心察访，通过人丛，忽然转入乌桕树后，说道“你能抵挡他么！”跨上独木桥，扬长去了。

村人们呆呆站着，心里计算，都觉得自己确乎抵不住张翼德，因此也决定七斤便要没有性命。七斤既然犯了皇法，想起他往常对人谈论城中的新闻的时候，就不该含着长烟管显出那般骄傲模样，所以对于七斤的犯法，也觉得有些畅快。他们也仿佛想发些议论，却又觉得没有什么议论可发。嗡嗡的一阵乱嚷，蚊子都撞过赤膊身子，闯到乌桕树下去做市；他们也就慢慢地走散回家，关上门去睡觉。七斤嫂咕哝着，也收了家伙和桌子矮凳回家，关上门睡觉了。

七斤将破碗拿回家里，坐在门槛上吸烟；但非常忧愁，忘却了吸烟，象牙嘴六尺多长湘妃竹烟管的白铜斗里的火光，渐渐发黑了。他心里但觉得事情似乎十分危急，也想想些方法，想些计划，但总是非常模糊，贯穿不得："辫子呢辫子？丈八蛇矛。一代不如一代！皇帝坐龙庭。破的碗须得上城去钉好。谁能抵挡他？书上一条一条写着。入娘的！……"

第二日清晨，七斤依旧从鲁镇撑航船进城，傍晚回到鲁镇，又拿着六尺多长的湘妃竹烟管和一个饭碗回村。他在晚饭席上，对九斤老太说，这碗是在城内钉合的，因为缺口大，所以要十六个铜钉，三文一个，一总用了四十八文小钱。

九斤老太很不高兴的说，"一代不如一代，我是活够了。三文钱一个钉；从前的钉，这样的么？从前的钉是……我活了七十九岁了，——"

此后七斤虽然是照例日日进城，但家景总有些黯淡，村人大抵回避着，不再来听他从城内得来的新闻。七斤嫂也没有好声气，还时常叫他"囚徒"。

过了十多日，七斤从城内回家，看见他的女人非常高兴，问他说，"你在城里可听到些什么么？"

"没有听到些什么。"

"皇帝坐了龙庭没有呢？"

"他们没有说。"

"咸亨酒店里也没有人说么？"

"也没人说。"

"我想皇帝一定是不坐龙庭了。我今天走过赵七爷的店前，看见他又坐着念书了，辫子又盘在顶上了，也没有穿长衫。"

"你想，不坐龙庭了罢？"

"我想，不坐了罢。"

现在的七斤，是七斤嫂和村人又都早给他相当的尊敬，相当的待遇了。到夏天，他们仍旧在自家门口的土场上吃饭；大家见了，都笑嘻嘻的招呼。九斤老太早已做过八十大寿，仍然不平而且康健。六斤的双丫角，已经变成一支大辫子了；伊虽然新近裹脚，却还能帮同七斤嫂做事，捧着十八个铜钉的饭碗，在土场上一瘸一拐的往来。

一九二〇年十月

学习要点

【作家作品】

鲁迅。详见《灯下漫笔》文后"作家作品"。

【思想内容】

这篇小说主要通过辫子的故事描写民国六年即1917年张勋复辟在江南水乡引起的风波，以此真实地反映了辛亥革命后中国农村社会的停滞与落后的面貌，表现了农民阶级的落后、愚昧、保守和精神上的麻木。

【艺术特色】

1. 单线型结构。这是传统小说的最常见的一种结构，即构成小说情节的线索只有一条，情节单纯，线索明晰。小说《风波》以“辫子事件”为中心线索，采用顺叙的方式来描述风波的起因、发展和结束的全过程。(1)风波的起因与发生；(2)表现风波的发展与高潮，着意描写七斤一家的恐慌及村里人的种种表现，使辫子问题发展成一场吵吵闹闹的风波；(3)描写辫子风波的逐渐平息及原因；(4)表现风波消解后的影响和村中的情况：一切又恢复如故。通过人们对待辫子的态度，通过这场风波的前前后后，可以以小见大，概括性地反映辛亥革命后中国社会变革的状况和民众的思想意识觉悟的程度。

2. 塑造人物形象的方法。(1)对话。人物对话不仅推动作品情节的发展，而且展示了人物的思想性格，显示了作品主题。譬如，作品第一部分，第三部分末尾都有一段七斤、七斤嫂之间关于皇帝是否坐龙庭的对话，既展示了风波的发生与平息，又塑造了两个愚昧无知的农民形象，还说明了张勋复辟与辫子风波的关系。(2)环境描写。小说开头部分环境描写：一则为风波发生提供了一个典型环境；二则以开始的平静同后文的风波相对比。小说结尾描写环境，一切恢复了原样。开始与结尾前后呼应，深入说明小说的主题。(3)细节描写。九斤老太的一句口头禅“一代不如一代”反映了她的守旧；赵七爷的一件竹布长衫，在穿与不穿中，便能极喜或极忧；赵七爷的辫子一会儿盘上，一会儿又放下，说明他善于韬晦时刻伺机复辟，使这个思想顽固落后的封建余孽的投机心理暴露无遗；写七斤“忘却了吸烟，象牙嘴六尺多长湘妃竹烟管的白铜斗里的火光，渐渐发黑了”的动作细节，由外到内展现出了人物思想简单愚昧无知产生的焦虑和痛苦，口里含一根湘妃竹长烟管时的不同神态，有时表达了他的骄傲，有时又显出他的忧愁；七斤嫂骂人时手里挥着一双筷子生动地体现了她粗野泼辣的性格；小说结尾六斤新近裹了脚，“在土场上一瘸一拐的往来”。这些都有深刻的寓意，说明农村和农民的思想和生活，仍然走在老路上，他们的生活是更加艰难。(4)白描。在文学创作上，“白描”作为一种表现方法，是指用最简练的笔墨，不加烘托，描绘出鲜明生动的形象。我国优秀的古典小说《水浒》《三国演义》等多用白描的手法；鲁迅的作品，也有许多使用白描手法的范例。作者用简洁的笔墨，直接写出人物的言语、行动、细节、肖像，而不用大段的心理分析、浓彩重墨的描写。

【每课一练】

一、选择题

1. 中国现代小说的奠基人是 (　　)

A. 沈从文　　B. 茅盾　　C. 鲁迅　　D. 巴金

2.《风波》所描写的事件背景是 （　　）

A. 1911 年辛亥革命　　B. 1919 年五四运动

C. I917 年张勋复辟　　D. 1905 年科举制度废除

3. 小说《风波》的中心线索是 （　　）

A. 九斤老太的八十大寿　　B. 七斤的上城

C. 赵七爷的读书　　D. 辫子事件

二、填空题

1. 鲁迅是 1918 年 5 月在《________》上发表中国第一篇现代白话文小说《________》时始用的笔名。1921 年 12 月发表的中篇小说《阿 Q 正传》，是中国现代文学史上的不朽杰作，也是鲁迅的代表作。鲁迅撰写了著名学术著作《________史略》《________纲要》。

2. 本文选自鲁迅的短篇小说集《呐喊》。短篇小说集《________》的出版成为中国现代小说的伟大开端。

3. 在文学创作上，鲁迅继承我国优秀的古典小说《水浒》《三国演义》等多用的________手法，用简洁的笔墨，直接用人物的言语、行动、细节、肖像来刻画人物。

三、阅读分析题

1. 阅读小说片段，回答问题。

临河的土场上，太阳渐渐的收了他通黄的光线了。场边靠河的乌桕树叶，干巴巴的才喘过气来，几个花脚蚊子在下面哼着飞舞。面河的农家的烟突里，逐渐减少了炊烟，女人孩子们都在自己门口的土场上泼些水，放下小桌子和矮凳；人知道，这已经是晚饭时候了。

老人男人坐在矮凳上，摇着大芭蕉扇闲谈，孩子飞也似的跑，或者蹲在乌桕树下赌玩石子。女人端出乌黑的蒸干菜和松花黄的米饭，热蓬蓬冒烟。河里驶过文人的酒船，文豪见了，大发诗兴，说，“无思无虑，这真是田家乐呵！”

(1)本片段描写了怎样一幅图景？

(2)从全文来看，这样的环境描写开头具有什么样的作用？

2. 阅读小说片段，回答问题。

赵七爷是邻村茂源酒店的主人，又是这三十里方圆以内的唯一的出色人物兼学问家；因为有学问，所以又有些遗老的臭味。他有十多本金圣叹批评的《三国志》，时常坐着一个字一个字的读；他不但能说出五虎将姓名，甚而至于还知道黄忠表字汉升和马超表字孟起。革命以后，他便将辫子盘在顶上，像道士一般；常常叹息说，倘若赵子龙在世，天下便不会乱到这地步了。七斤嫂眼睛好，早望见今天的赵七爷已经不是道士，却变成光滑头皮，乌黑发顶；伊便知道这一定是皇帝坐了龙庭，而且一定须有辫子，而且七斤一定是非常危险。因为赵七爷的这件竹布长衫，轻易是不常穿的，三年以来，只穿过两次；一次是和他呕气的麻子阿四病了的时候，一次是曾经砸烂他酒店的鲁大爷死了的时候；现在是第三次了，这一定又是于他有庆，于他的仇家有殃了。

(1)这段文字是通过哪些方法刻画赵七爷这个人物的？

(2)从这段文字的描写来看，赵七爷是个怎样的人物？

(3)作者塑造这个人物形象的意图是什么？

3.阅读小说片段,回答问题。

现在的七斤,是七斤嫂和村人又都早给他相当的尊敬,相当的待遇了。到夏天,他们仍旧在自家门口的土场上吃饭;大家见了,都笑嘻嘻的招呼。九斤老太早已做过八十大寿,仍然不平而且康健。六斤的双丫角,已经变成了一支大辫子了;伊虽然新近裹脚,却还能帮同七斤嫂做事,捧着十八个铜钉的饭碗,在土场上一瘸一拐的往来。

(1)作者用了什么样的描写方法?

(2)这段文字揭示了怎样一种深刻的社会主题?

(3)这段文字中,"九斤老太康健""六斤新近裹脚""十八个铜钉的饭碗"具有何种象征意义?

参考答案

五十七　*断魂枪

老　舍

"生命是闹着玩，事事显出如此；从前我这么想过，现在我懂得了。"

沙子龙的镳局已改成客栈。

东方的大梦没法子不醒了。炮声压下去马来与印度野林中的虎啸。半醒的人们，揉着眼，祷告着祖先与神灵；不大会儿，失去了国土、自由与主权。门外立着不同面色的人，枪口还热着。他们的长矛毒弩，花蛇斑彩的厚盾，都有什么用呢；连祖先与祖先所信的神明全不灵了啊！龙旗的中国也不再神秘，有了火车呀，穿坟过墓破坏着风水。枣红色多穗的镳旗，绿鲨皮鞘的钢刀，响着串铃的口马，江湖上的智慧与黑话，义气与声名，连沙子龙，他的武艺、事业，都梦似的变成昨夜的。今天是火车、快枪、通商与恐怖。听说，有人还要杀下皇帝的头呢！

这是走镳已没有饭吃，而国术还没被革命党与教育家提倡起来的时候。

谁不晓得沙子龙是短瘦、利落、硬棒，两眼明得像霜夜的大星？可是，现在他身上放了肉。镳局改了客栈，他自己在后小院占着三间北房，大枪立在墙角，院子有几只楼鸽。只是在夜间，他把小院的门关好，熟习熟习他的"五虎断魂枪"。这条枪与这套枪，二十年的工夫，在西北一带，给他创出来："神枪沙子龙"五个字，没遇见过敌手。现在，这条枪与这套枪不会再替他增光显胜了；只是摸摸这凉、滑、硬而发颤的杆子，使他心中少难过一些而已。只有在夜间独自拿起枪来，才能相信自己还是"神枪沙"。在白天，他不大谈武艺与往事；他的世界已被狂风吹了走。

在他手下创练起来的少年们还时常来找他。他们大多数是没落子的，都有点武艺，可是没地方去用。有的在庙会上去卖艺：踢两趟腿，练套家伙，翻几个跟头，附带着卖点大力丸，混个三吊两吊的。有的实在闲不起了，去弄筐果子，或挑些毛豆角，赶早儿在街上论斤吆喝出去。那时候，米贱肉贱，肯卖膀子力气本来可以混个肚儿圆；他们可是不成：肚量既大，而且得吃口管事儿的；干饽饽辣饼子咽不下去。况且他们还时常去走会：五虎棍、开路、太狮少狮……虽然算不了什么——比起走镳来——可是到底有个机会活动活动，露露脸。是的，走会捧场是买脸的事，他们打扮得像个样儿，至少得有条青洋绉裤子，新漂白细市布的小褂，和一双鱼鳞洒鞋——顶好是青缎子抓脚虎靴子。他们是神枪沙子龙的徒弟——虽然沙子龙并不承认——得到处露脸，走会得赔上俩钱，说不定还得打场架。没钱，上沙老师那里去求。沙老师不含糊，多少不拘，不让他们空着手儿走。可是，为打架或献技去讨教一个招数，或是请给说个"对子"——什么空手夺刀，或虎头钩进枪——沙老师有时说句笑话，马虎过去："教什么？拿开水浇吧！"有时直接把他们逐出去。他们不大明白沙老师是怎么了，心中也有点不乐意。

可是，他们到处为沙老师吹腾，一来是愿意使人知道他们的武艺有真传授，受过高人的指教；二来是为激动沙老师：万一有人不服气而找上老师来，老师难道还不露一两手真的么？所以：沙老师一拳就砸倒了个牛！沙老师一脚把人踢到房上去，并没使多大的劲！他们谁也没见过这种事，但是说着说着，他们相信这是真的了，有年月，有地方，千真万确，敢起誓！

王三胜——沙子龙的大伙计——在土地庙拉开了场子，摆好了家伙。抹了一鼻子茶叶末色的鼻烟，他抡了几下竹节钢鞭，把场子打大一些。放下鞭，没向四围作揖，叉着腰念了两句："脚踢天下好汉，拳打五路英雄！"向四围扫了一眼："乡亲们，王三胜不是卖艺的；玩艺儿会几套，西北路上走过镖，会过绿林上的朋友。现在闲着没事，拉个场子陪诸位玩玩。有爱练的尽管下来，王三胜以武会友，有赏脸的，我陪着。神枪沙子龙是我的师傅；玩艺地道！诸位，有愿下来的没有？"他看着，准知道没人敢下来，他的话硬，可是那条钢鞭更硬，十八斤重。

王三胜，大个子，一脸横肉，努着对大黑眼珠，看着四围。大家不出声。他脱了小褂，紧了紧深月白的"腰里硬"，把肚子杀进去。给手心一口吐沫，抄起大刀来：

"诸位，王三胜先练趟瞧瞧。不白练，练完了，带着的扔几个；没钱，给喊个好，助助威。这儿没生意口。好，上眼！"

大刀靠了身，眼珠努出多高，脸上绷紧，胸脯子鼓出，像两块老桦木根子。一跺脚，刀横起，大红缨子在肩前摆动。削砍劈拨，蹿越闪转，手起风生，忽忽直响。忽然刀在右手心上旋转，身弯下去，四围鸦雀无声，只有缨铃轻叫。刀顺过来，猛的一个"跺泥"，身子直挺，比众人高着一头，黑塔似的。收了势："诸位！"一手持刀，一手叉腰，看着四围。稀稀的扔下几个铜钱，他点点头。"诸位！"他等着，等着，地上依旧是那几个亮而削薄的铜钱，外层的人偷偷散去。他咽了口气："没人懂！"他低声地说，可是大家全听见了。

"有功夫！"西北角上一个黄胡子老头儿答了话。

"啊？"王三胜好似没听明白。

"我说：你——有——功——夫！"老头子的语气很不得人心。

放下大刀，王三胜随着大家的头往西北看。谁也没看重这个老人：小干巴个儿，披着件粗蓝布大衫，脸上窝窝瘪瘪，眼陷进去很深，嘴上几根细黄胡，肩上扛着条小黄草辫子，有筷子那么细，而绝对不像筷子那么直顺。王三胜可是看出这老家伙有功夫，脑门亮，眼睛亮——眼眶虽深，眼珠可黑得像两口小井，深深的闪着黑光。王三胜不怕：他看得出别人有功夫没有，可更相信自己的本事，他是沙子龙手下的大将。

"下来玩玩，大叔！"王三胜说得很得体。

点点头，老头儿往里走。这一走，四外全笑了。他的胳臂不大动；左脚往前迈，右脚随着拉上来，一步步的往前拉扯，身子整着，像是患过瘫痪病。蹭到场中，把大衫扔在地上，一点没理会四围怎样笑他。

"神枪沙子龙的徒弟，你说？好，让你使枪吧；我呢？"老头子非常的干脆，很像久想动手。

人们全回来了，邻场耍狗熊的无论怎么敲锣也不中用了。

"三截棍进枪吧？"王三胜要看老头子一手，三截棍不是随便就拿得起来的家伙。

老头子又点点头，拾起家伙来。

王三胜努着眼，抖着枪，脸上十分难看。

老头子的黑眼珠更深更小了，像两个香火头，随着面前的枪尖儿转，王三胜忽然觉得不舒服，那俩黑眼球似乎要把枪尖吸进去！四外已围得风雨不透，大家都觉出老头子确是有威。为躲那对眼睛，王三胜耍了个枪花。老头子的黄胡子一动："请！"王三胜一扣枪，向前躬步，枪尖奔了老头子的喉头去，枪缨打了一个红旋。老人的身子忽然活展了，将身微偏，让过枪尖，前把一挂，后把撩王三胜的手。拍，拍，两响，王三胜的枪撒了手。场外叫了好。王三胜连脸带胸口全紫了，抄起枪来；一个花子，连枪带人滚了过来，枪尖奔了老人的中部。老头子的眼亮得发着黑光；腿轻轻一屈，下把掩裆，上把打着刚要抽回的枪杆；拍，枪又落在地上。

场外又是一片彩声。王三胜流了汗，不再去拾枪，努着眼，木在那里。老头子扔下家伙，拾起大衫，还是拉拉着腿，可是走得很快了。大衫搭在臂上，他过来拍了王三胜一下："还得练哪，伙计！"

"别走！"王三胜擦着汗："你不离，姓王的服了！可有一样，你敢会会沙老师？"

"就是为会他才来的！"老头子的干巴脸上皱起点来，似乎是笑呢。"走；收了吧；晚饭我请！"

王三胜把兵器拢在一处，寄放在变戏法二麻子那里，陪着老头子往庙外走。后面跟着不少人，他把他们骂散了。

"你老贵姓？"他问。

"姓孙哪，"老头子的话与人一样，都那么干巴。"爱练；久想会会沙子龙。"

沙子龙不把你打扁了！王三胜心里说，他脚底下加了劲，可是没把孙老头落下。他看出来，老头子的腿是老走着查拳门中的连跳步；交起手来，必定很快。但是，无论他怎样快，沙子龙是没对手的。准知道孙老头要吃亏，他心中痛快了些，放慢了些脚步。

"孙大叔贵处？"

"河间的，小地方。"孙老者也和气了些，"月棍年刀一辈子枪，不容易见功夫！说真的，你那两手就不坏！"

王三胜头上的汗又回来了，没言语。

到了客栈，他心中直跳，惟恐沙老师不在家，他急于报仇。他知道老师不爱管这种事，师弟们已碰过不少回钉子，可是他相信这回必定行，他是大伙计，不比那些毛孩子；再说，人家在庙会上点名叫阵，沙老师还能丢这个脸么？

"三胜，"沙子龙正在床上看着本《封神榜》，"有事吗？"

三胜的脸又紫了，嘴唇动着，说不出话来。

沙子龙坐起来："怎么了，三胜？"

"栽了跟头！"

只打了个不甚长的哈欠，沙老师没别的表示。

王三胜心中不平，但是不敢发作；他得激动老师："姓孙的一个老头儿，门外等着老师呢；把我的枪，枪，打掉了两次！"他知道"枪"字在老师心中有多大分量。没等吩咐，他慌忙跑出去。

客人进来，沙子龙在外间屋等着呢。彼此拱手坐下，他叫三胜去泡茶。三胜希望两个老人立刻交了手，可是不能不沏茶去，孙老者没话讲，用深藏着的眼睛打量沙子龙。沙很客气：

“要是三胜得罪了你，不用理他，年纪还轻。”

孙老者有些失望，可也看出沙子龙的精明。他不知怎样好了，不能拿一个人的精明断定他的武艺。“我来领教领教枪法！”他不由地说出来。

沙子龙没接碴儿。王三胜提着茶壶走进来——急于看二人动手，他没管水开了没有，就沏在壶中。

“三胜，”沙子龙拿起个茶碗来，“去找小顺们去，天汇见，陪孙老者吃饭。”

“什么？”王三胜的眼球几乎掉出来。看了看沙老师的脸，他敢怒而不敢言地说了声“是啦！”走出去，撅着大嘴。

“教徒弟不易！”孙老者说。

“我没收过徒弟。走吧，这个水不开！茶馆去喝，喝饿了就吃。”沙子龙从桌子上拿起青缎子褡裢，一头装着鼻烟壶，一头装着点钱，挂在腰带上。

“不，我还不饿！”孙老者很坚决，两个“不”字把小辫从肩上抡到后边去。

“说会子话儿。”

“我来为领教领教枪法。”

“功夫早搁下了，”沙子龙指着身上，“已经放了肉！”

“这么办也行，”孙老者深深的看了沙老师一眼：“不比武，教给我那趟五虎断魂枪。”

“五虎断魂枪？”沙子龙笑了，“早忘干净了！早忘干净了！告诉你，在我这儿住几天，咱们各处逛逛，临走，多少送点盘川。”

“我不逛，也用不着钱，我来学艺！”孙老者立起来，“我练趟给你看看，看够得上学艺不够！”一屈腰已到了院中，把楼鸽都吓飞起去。拉开架子，他打了趟查拳：腿快，手飘洒，一个飞脚起去，小辫儿飘在空中，像从天上落下来一个风筝；快之中，每个架子都摆得稳、准，利落；来回六趟，把院子满都打倒，走得圆，接得紧，身子在一处，而精神贯串到四面八方。抱拳收势，身儿缩紧，好似满院乱飞的燕子忽然归了巢。

“好！好！”沙子龙在阶上点着头喊。

“教给我那趟枪！”孙老者抱了抱拳。

沙子龙下了台阶，也抱着拳：“孙老者，说真的吧；那条枪和那套枪都跟我入棺材，一齐入棺材！”

“不传？”

“不传！”

孙老者的胡子嘴动了半天，没说出什么来。到屋里抄起蓝布大衫，拉拉着腿：“打搅了，再会！”

“吃过饭走！”沙子龙说。

孙老者没言语。

沙子龙把客人送到小门，然后回到屋中，对着墙角立着的大枪点了点头。

他独自上了天汇，怕是王三胜们在那里等着。他们都没有去。

王三胜和小顺们都不敢再到土地庙去卖艺，大家谁也不再为沙子龙吹胜；反之，他们说沙子龙栽了跟头，不敢和个老头儿动手；那个老头子一脚能踢死个牛。不要说王三胜输给他，沙子龙也不是他的"个儿"。不过呢，王三胜到底和老头子见了个高低，而沙子龙连句硬话也没敢说。"神枪沙子龙"慢慢似乎被人们忘了。

夜静人稀，沙子龙关好了小门，一气把六十四枪刺下来；而后，拄着枪，望着天上的群星，想起当年在野店荒林的威风。叹一口气，用手指慢慢摸着凉滑的枪身，又微微一笑："不传！不传！"

学习要点

【作家作品】

老舍(1899 年 2 月 3 日—1966 年 8 月 24 日)，原名舒庆春，字舍予，另有笔名絜青、鸿来、非我等，北京满族正红旗人。因为老舍生于阴历立春，父母为他取名"庆春"，大概含有庆贺春来、前景美好之意。上学后，自己更名为舒舍予，含有"舍弃自我"，亦即"忘我"的意思。在中国现代文学史上，老舍与茅盾、巴金齐名，是现代长篇小说大家。老舍还是"京味小说"的源头和杰出代表。老舍的一生，总是忘我地工作，他是文艺界当之无愧的"劳动模范"。1966 年，由于受到文化大革命运动中恶毒的攻击和迫害，老舍被逼无奈之下含冤自沉于北京太平湖。

老舍是中国现代杰出的小说家、戏剧家，新中国第一位获得"人民艺术家"称号的作家。代表作有《骆驼祥子》、《四世同堂》、剧本《茶馆》。老舍尤其注重对民族传统文化和民族性的反思和审视，批判国民性的弱点。与鲁迅一样，他的文学创作也是为人生和改良人生，意在揭示社会的弊端，启发与唤醒民众。

【思想内容】

《断魂枪》发表于 1935 年 9 月，是老舍 60 多篇短篇小说中的杰作。

该小说情节简单，讲述了沙子龙这一武林高手改变身份当客栈老板后的境遇，串联王三胜卖艺、孙老者与王三胜比武、孙老者献技三个小片段。其中沙子龙从镖师到客栈老板的身份改变铸满了作者深沉而凝重的文化情结。小说通过一代拳师沙子龙的悲剧性命运揭示了 20 世纪初叶中国急剧动荡与混乱的社会现实，表现了处于社会底层的人无力与时代抗衡又对现实无可奈何，最后只得以消极退避的抗争方式反抗社会的落寞心态。本文通过沙子龙的悲剧对中国民族传统文化的衰落进行了历史性地反思，同时也对城市贫民性格弱点进行了批判。小说借沙子龙的形象，表达了作者要唤醒人们敢于清醒面对现实、激奋向上的爱国思想。

【艺术特色】

1. 善于运用次要人物衬托和对比的方法来塑造主要人物形象。小说着意塑造主人公拳师沙子龙形象。为了突出这个主要人物鲜明的个性特征，作者在小说中又设置和描写了另外两个次要人物：王三胜和孙老者。王三胜性格直爽、暴躁，是一个争强好胜、爱脸面的江湖艺人形象。孙老者则是一个武艺精深、性格直爽、执着认真的江湖武林高手形象。作者用这两个次要人物来衬托和对比主人公拳师沙子龙。小说用王三胜的鲁莽气盛、意气用事来衬托沙子龙深藏不露的复杂性格,而用孙老者的刚直锐进与沙子龙的深沉保守作对比,这种衬托和对比的方法不仅有利于突出人物形象的个性特征,也可以构成人物性格戏剧性冲突的基础,加强作品的表现力和艺术效果。

2. 善于通过肖像、语言、动作的描写刻画人物形象。笔法如同鲁迅,使故事简洁、生动。

【每课一练】

一、选择题

1. 在中国现代小说史上,与茅盾、巴金齐名的另一位现代长篇小说家是 (　　)

A. 沈从文　　B. 丁玲　　C. 鲁迅　　D. 老舍

2. 老舍的长篇小说代表作除《骆驼祥子》外,还有 (　　)

A.《老张的哲学》　　B.《四世同堂》　　C.《二马》　　D.《赵子曰》

3. 老舍最成功的话剧作品是 (　　)

A.《月牙儿》　　B.《茶馆》　　C.《二马》　　D.《日出》

4. 短篇小说《断魂枪》所描写的时代背景是 (　　)

A. 五四运动时期　　B. 辛亥革命后

C. 鸦片战争时期　　D. 晚清时期

二、填空题

1. 老舍,原名________,另有笔名絜青、鸿来、非我等,字________,北京满族正红旗人。

2. 老舍是"________小说"的源头和杰出代表,新中国第一位获得"________"称号的作家。代表作有《________》、《四世同堂》、剧本《________》。老舍与鲁迅一样,他的文学创作也是为人生和改良人生,也是揭示社会的弊端,批判________的弱点,启发与唤醒民众。

三、阅读分析题

1. 阅读小说片段,回答问题。

谁不晓得沙子龙是短瘦、利落、硬棒,两眼明得像霜夜的大星?可是,现在他身上放了肉。……只是在夜间,他把小院的门关好,熟习熟习他的"五虎断魂枪"。……只有在夜间独自拿起枪来,才能相信自己还是"神枪沙"。在白天,他不大谈武艺与往事;他的世界已被狂风吹了走。

(1)这里作者综合运用了哪些方法来刻画沙子龙形象的?

(2)沙子龙夜间练枪的活动,表现出怎样的心理?

2. 阅读小说片段,回答问题。

王三胜可是看出这老家伙有功夫,脑门亮,眼睛亮,眼眶虽深,眼珠可黑得像两口小井,深深的闪着黑光。……

……

老头子的黑眼珠更深更小了,像两个香火头,随着面前的枪尖儿转,王三胜忽然觉得不舒服,那俩黑眼球似乎要把枪尖吸进去!

(1)作者是用什么描写手法来刻画孙老者形象的?

(2)这段文字突出了孙老者怎样的形象特征?

3.阅读小说片段,回答问题。

“我没收过徒弟。走吧,这个水不开! 茶馆去喝,喝饿了就吃。”沙子龙从桌子上拿起青缎子褡裢,一头装着鼻烟壶,一头装着点钱,挂在腰带上。……

“好! 好!”沙子龙在阶上点着头喊。

“教给我那趟枪!”孙老者抱了抱拳。

沙子龙下了台阶,也抱着拳:“孙老者,说真的吧;那条枪和那套枪都跟我入棺材,一齐入棺材!”

“不传?”

“不传!”

孙老者的胡子嘴动了半天,没说出什么来。到屋里抄起蓝布大衫,拉拉着腿:“打搅了,再会!”

“吃过饭走!”沙子龙说。

孙老者没言语。

(1)这段文字主要用什么描写方法来刻画沙子龙的形象的?

(2)从这段描写中可以看出沙子龙怎样的性格特点?

参考答案

五十八 *米龙老爹

莫泊桑

一个月来,大太阳一直朝着田野喷下灼人的火焰。在这火雨的浇灌下,生命的花朵盛开,欣欣向荣。绿油油的大地一眼望不到边。蓝湛湛的天空上没有一丝云。诺曼底人的农庄分散在平原上,被又高又细的山毛榉围着,远远望去,好似一片一片的小树林。走到跟前,推开虫蛀的栅栏门,却又叫人以为是一座大花园,因为那些像农民一样瘦骨嶙峋的老苹果树都开了花。黑黝黝的老树干,歪歪扭扭,成行地排列在院子里,向着晴空撑开它们的圆顶,白的白,红的红,光彩夺目。苹果花的清香,敞开的牲口棚里散发出的浓烈气味,还有厩肥堆发酵冒出来的热气掺混在一起。厩肥堆上歇满了母鸡。

中午,这一家子:父亲、母亲、四个孩子、两个女雇工和三个男雇工,正在门前那棵梨树荫下吃饭。他们很少说话,喝过浓汤以后,又揭开了盛满肥肉烧土豆的盆子。

不时有一个女雇工站起来,拎着罐子到地窖里去装苹果酒。

男主人四十来岁,高个儿,他打量着屋边一株还没有长出叶子的葡萄。葡萄藤像蛇一样沿着百叶窗下的墙壁,蜿蜒伸展。

最后他说:“爹爹的这株葡萄今年发芽发得早。说不定要结了。”

女主人也转过头来看看,不过没有开口。

这株葡萄栽的地方正好是老爹被枪杀的地方。

事情发生在一八七〇年的战争中。普鲁士人占领了整个地区。费德尔布将军率领着北方部队还在抵抗。

普军的参谋部当时就设在这个农庄里。农庄主人米龙老爹,名字叫皮埃尔,是个上了年纪的老农。他接待他们,并且尽力把他们安置好。

一个月来,德军的先头部队一直留在村里侦察情况。法国军队离着有十法里,不见有一点动静。可是,每天夜里都有普鲁士骑兵失踪。

派出去执行巡逻任务的侦察兵,只要是两三人一组出去,就从来没有回来过。

到了早上,在田野里,院子旁边或者沟里找到他们的尸体。他们的马也被割断喉咙,倒在大路上。

这些暗杀事件看来像是同一伙人干的,但是凶手始终没法查出。

普鲁士人在当地实行了恐怖的报复政策,许多农民仅仅根据简单的告发就被枪杀;许多妇女被监禁。他们还想用恐吓手段从孩子嘴里套出话来。结果还是什么情况也没有发现。

谁知一天早上,有人看见米龙老爹躺在他的马厩里,脸上有一道刀伤。

在离农庄三公里外的地方找到了两个肚子被戳穿的骑兵。其中一个手上还握着沾满血迹的武器,可见他曾经搏斗过,进行过自卫。

军事法庭立刻在农庄门口的露天地里开庭。老头儿被带上来。

他那年六十八岁，个子瘦小，背略微有点驼，两只大手好像一对蟹钳。失去光泽的头发，稀稀落落，而且软得像小鸭的绒毛，到处露出头皮。脖子上的皮肤是褐色的，布满皱纹，露出一根根粗筋；这些粗筋从颚骨底下钻进去，然后又在两鬓现出来。他在当地被认为是一个吝啬而又难弄的人。

他们叫他立在一张从厨房里搬出来的桌子前面，四个士兵围着他。五位军官和上校坐在他的对面。

上校用法国话问：

“米龙老爹，自从我们来到这里，一直是对你非常满意。你一向对我们很殷勤，甚至可以说，非常关切。但是，今天有一桩重大的案件牵连到你，因此必须弄弄清楚。你脸上的伤是怎么来的?”

这个农民一句也没有回答。

上校又说：

“米龙老爹，你不说话就证明你有罪。不过，我要你回答我，听见了吗？今天早上在十字架附近找到的那两个骑兵，你知道是谁杀的吗?”

老人毫不含糊地回答：

“是我杀的。”

上校吃了一惊，他盯着犯人看，沉默了一会儿。米龙老爹一直保持着平静的态度，仿佛是在跟本堂神父说话，低垂着眼帘，脸上带着庄稼人的那股子傻气。仅仅从一件事情上可以看出他内心的慌乱，那就是他在一下一下显然很使劲地咽口水，就像他的嗓子完全被卡住了似的。

老头的全家：他的儿子让，儿媳妇，还有两个孙子，惊慌失措地站在他背后十步以外。

上校又问：

“一个月来，每天早上在野外找到的我们军队里的那些侦察兵，你也知道是谁杀的吗?”

老人仍旧呆头呆脑，毫无表情地回答：

“是我杀的。”

“全都是你杀的吗?”

“不错，全都是我杀的。”

“你一个人杀的?”

“我一个人杀的。”

“告诉我，你是怎样干的?”

这一下，他有点紧张了；要他讲很多的话，显然使他感到为难。他吭吭哧哧地说：

“我怎么知道呢？我怎么碰上就怎么干。”

上校说：

“我通知你，你非把一切经过告诉我不可。所以你最好还是赶快拿定主意。你是怎样开的头?”

老人朝他的家里人不安地看了一眼，他们在他背后注意地听着。他又迟疑了一会儿，这才突然下了决心。

“有天晚上我回家，大约就是你们来到的第二天，十点左右。你，还有你那些当兵的，你们拿走了我值五十多埃居的草料，还有一头母牛和两只绵羊。我对自己说：‘好，让他们拿吧，我都得叫他们赔出来。’我心里另外还有别的委屈，等一会我再告诉你。先说那天晚上，我看见你手下的一个骑兵在我粮仓后面的沟沿上抽烟斗。我连忙去把我的镰刀摘下来，悄悄摸到他背后，他一点也没有听见。我就像割麦子似的，一镰刀，就这么一镰刀，把他的脑袋削下来了。他甚至连喊一声哎哟都没来得及。你只要到池塘里去寻一寻，就可以发现他跟一块顶栅栏门用的石头一起装在一只煤口袋里。”

“我有我的主意。我把他全身的衣物，从靴子一直到便帽都扒下来。我把这些东西藏在院子后面，马丹家那片树林中的石灰窑里。”

老头儿不说下去了。军官们惊讶地互相望着。审问接着又重新开始；以下就是他们问出来的。

他一旦动手杀了那个骑兵以后，就念念不忘，一直想着：“杀普鲁士人！”他恨他们，他对他们怀着一个既贪财而又爱国的农民才会有的那种阴狠的、强烈的仇恨。正像他自己说的，他有他的主意。他等了几天。

他对战胜者是那么谦恭，既殷勤而又驯服，所以他们让他自由来去，随意进出。每天晚上他都看见有传令兵出发。他跟士兵们经常接触，学会了几句必要的德国话。一天夜里，他听到骑兵们前往的那个村庄的名字以后，就出去了。

他走出院子，溜进树林，到了石灰窑就连忙钻进那条长坑道。他在地上找到那个死人的衣服，穿在身上。

然后，他在田野里转来转去，一会儿爬，一会儿躲躲闪闪地沿着斜坡走，只要有一点响声就注意听，像违禁偷猎的人那样紧张不安。

他认为时间到了，就来到大路边上，藏在荆棘丛里，继续等着。将近半夜十二点，硬土路面上终于响起了嗒嗒的马蹄声，他把耳朵贴在地面上，听准了只有一个骑兵过来，就做好准备。

那个骑兵带着紧急公文，骑着马疾驰而来。一路上他耳目并用，小心提防。米龙老爹等他来到十步远的地方，连忙爬到路当中，叫喊：“Hilfe！Hilfe！（救命！救命！）”骑兵勒住马一看，认出是一个落马的德国人，以为他受了伤，于是跳下马，毫不怀疑地走过来。正当他朝陌生人俯下身子的时候，那柄弯弯的长马刀就戳进了他的腹部。他倒下去，仅仅抖动了几下，就立刻断气了。

接着，这个诺曼底人怀着老农民才有的那种不动声色的快活心情站起来。为了取乐，他又把死人的喉咙割断；然后才拖到沟边扔下去。

马静静地等候着它的主人。米龙老爹跨上马鞍，一溜烟地朝平原上奔去。

一个钟头以后，他又看见两个并排返回营地去的骑兵。他笔直地朝他们跑去，嘴里又叫着：“Hilfe！Hilfe！”普鲁士人认出了军服，让他过来，丝毫没有起疑心。老头儿像颗炮弹在他们中间一穿而过，用马刀和手枪同时把他们俩都撂倒了。

他把两匹马也宰了，因为那是德国人的马！然后悄悄回到石灰窑，把一匹马藏到阴暗的坑道里。他脱掉军服，换上自己的破衣裳，回到床上，一觉睡到天亮。

他等候侦查结束，一连四天没有出门。但是到第五天，他又出去了，用同样的计策杀死了两个士兵。从此以后他一直没有歇过手。每天夜里，他这个幽灵般的骑兵，这个专以杀人为目标的猎人，都要披星戴月在荒凉的田野里奔驰。他忽东忽西，到处寻找机会，有时在这儿撂倒几个普鲁士人，有时在那儿撂倒几个。任务完成以后，这个老骑兵就撇下倒在大路上的尸体，回到石灰窑里把马和军服藏好。

到了中午，他从容不迫地拎着燕麦和水去喂留在坑道里的坐骑。他把它喂得饱饱的，因为他需要它干的是一桩很重的活儿呢。

但是，头天晚上，遭到这个老农民袭击的人中间，有一个有了防备，在他脸上砍了一刀。

不过，他还是把那两个人都杀死了。他还能够回到石灰窑，把马藏好，换上破旧的衣裳，可是在回家的路上，他感到身子发软，勉勉强强走到马厩，就再没有气力往家里走了。

他被人发现时，正躺在干草上，浑身是血……

他讲完以后，突然抬起头，自豪地望着普鲁士军官。

上校捻着小胡子，问他：

“你还有什么话要说吗?”

“没有了。账已经算清，不多不少，我一共杀了十六个。”

“你知道你有死罪吗?”

“我又没有向你讨饶。”

“你当过兵吗?”

“当过。我从前打过仗。再说，我那个跟拿破仑一世皇帝当兵的爸爸，就是你们打死的。上个月你们又在埃夫勒附近打死了我的小儿子弗朗索瓦。我欠你们的债已经还清。现在咱们是谁也不欠谁的。”

军官们面面相觑。

老人接着说下去：

“八个是为我爸爸还的，八个是为我儿子还的。咱们谁也不欠谁的了。我呀，我可不是成心要跟你们过不去！我根本不认识你们！就连你们是从哪里来的我也不知道。可是你们来到我的家里，就跟在你们自己家里一样发号施令，作威作福。我已经在那些人身上报了仇。我没有什么好后悔的。”

老人挺直僵硬的腰板，像一位谦逊的英雄那样把双手交叉在胸前。

普鲁士人低声交谈了很久。有一个上尉也是上个月才失掉自己的孩子，他为这个行为高尚的穷苦人辩护。

后来上校站起来，走到米龙老爹跟前，压低嗓音说：

“听我说，老头儿，也许还有一个办法救你的性命，只要……”

可是老人家根本不听。微风吹拂着他脑袋上绒毛般的稀发，他两眼逼视着打胜仗的军官，眉头一皱，那张带着刀伤的瘦脸扭歪了，表情十分可怕。接着他挺起胸膛，使出全身力气朝普鲁士人脸上吐了一口唾沫。

上校气疯了，他刚举起手，老人又朝他脸上吐了一口。

军官们都立了起来，同时大声地发布命令。

不到一分钟，这个仍旧十分平静的老人就被推到墙根处决了。他的儿子让、儿媳妇和两个孙子惊慌失措地望着，他在临死前还朝着他们微笑呢。

学习要点

【作家作品】

莫泊桑(1850 年 8 月 5 日—1893 年 7 月 6 日)，19 世纪后半叶法国批判现实主义作家，与俄国契诃夫和美国欧·亨利并称为“世界三大短篇小说巨匠”。代表作品有《项链》、《漂亮朋友》、《羊脂球》和《我的叔叔于勒》等。

莫泊桑 1850 年出生于法国上诺曼府滨海塞纳省的一个没落贵族家庭。曾参加普法战争，且此经历成为他日后创作的重要主题。作家福楼拜曾经悉心教导莫泊桑写作，成为其文学创作的启蒙导师。他一生创作了六部长篇小说、三百五十九篇中短篇小说及三部游记，是法国文学史上短篇小说创作数量最大、成就最高的作家之一。莫泊桑犯有神经痛和强烈的偏头痛，巨大的劳动强度，使他逐渐病入膏肓。直到 1891 年，他已不能再进行写作。在遭受疾病残酷的折磨之后，莫泊桑于 1893 年 7 月 6 日逝世，年仅 43 岁。

该小说主要以 1870 年普法战争为背景。1870 年普法战争是改变 19 世纪后半叶法国历史命运的一场战争，也是莫泊桑一生中所参与的一件重大的历史事件。他写下了 9 篇有关普法战争的短篇小说，其中脍炙人口的名篇有《羊脂球》和《米龙老爹》。

【思想内容】

短篇小说《米龙老爹》，于 1883 年 5 月 22 日发表于《高卢人日报》，描述一个普通法国农民米龙老爹孤胆杀敌的故事，成功地塑造了一个机智勇敢、大义凛然的农民英雄形象，表现出法国人民抗击侵略者的英雄主义和维护民族尊严的爱国主义精神。

【艺术特色】

1. 英雄形象——小说主人法国农民米龙老爹。(1)爱国主义的复仇思想。米龙老爹本来是一个安分守己的农民，但侵略者的霸道与残酷(杀了他的爹，现在又杀了他的小儿子)使他忍无可忍，于是采取了以命抵命的复仇行动。这是一种朴素的农民式的爱国主义思想。(2)机智、勇敢的品格。米龙老爹的机智表现在对敌人的憎恨不露声色，平日里，他竭力款待他们，对敌人“始终是殷勤的”，换得敌人对他的信任，在复仇中，他以计取胜，以伪装的形式诱骗敌人，从而将其杀死。米龙老爹的勇敢表现在孤胆杀敌时，他已是六十八岁的老人，却敢于跟全副武装的敌人搏斗。(3)视死如归、大义凛然的精神。他被捕后神色安详、毫无惧色，相反当敌军团长提出留他性命的条件时，他“绝不细听”，向敌人劈面吐了一口唾沫。在临刑时，他“始终安闲自在”，并向儿孙“送了一阵微笑”。这种视死如归、大义凛然的精神，表现了法国人民“可杀不可辱”的民族气节。

2. 倒叙方式。小说采用了倒叙方式，先描写一幅丰收在望、充满喜悦之情的田园风光，然后抚今思昔，顺理成章地引出往日艰苦斗争的故事。这种方式有两个好处：一是造成悬念使小说产生引人入胜的艺术魅力。小说开头有这样一句话："这株葡萄栽的地方正好是老爹被枪杀的地点。"这里已设置一个悬念，老爹是谁？为什么被枪决？读者一开始就被悬念抓住，产生强烈的阅读兴趣。二是开头部分的描写，暗寓着幸存者和后代对壮烈牺牲的米龙老爹的怀念之情，并为故事做了情感上和内蕴上的铺垫。

3. 第一人称与第三人称叙述方法交互使用。小说先用第三人称叙述，而让米龙老爹用第一人称回答普军团长的审问，通过个性化的语言表现他的性格；中间是通过米龙老爹的口供来交代他毙杀 16 名普军的经过，应当用第一人称，却又改作第三人称，这不仅可以避免呆板、单调，而且这种全方位的叙述，较之第一人称更容易将事情说清楚。

4. 肖像描写和细节描写出色。其肖像描写主要是这一段："身体短瘦……这些脉管延到腮股边失踪，却又在鬓角边出现。"惟妙惟肖地刻画了一个老实巴交的农民形象。细节描写主要有两处：一是米老爹有两次向普军团长吐唾沫；二是敌军在审讯米龙老爹时，"老翁挺起了关节不良的脊梁，并且用一种谦逊的优雅的休息姿态在胸前叉起了两只胳膊"，说明他被捕后安闲自在，毫无畏惧，把生死置之度外，表现了老人视死如归的精神。

【每课一练】

一、选择题

1.《米龙老爹》的故事背景是（　　）

A. 第二次世界大战　　B. 1870 年的普法战争

C. 第一次世界大战　　D. 1830 年七月革命

2. 曾悉心教导莫泊桑写作的作家是（　　）

A. 左拉　　B. 福楼拜　　C. 雨果　　D. 莎士比亚

3. 莫泊桑是（　　）

A. 自然主义作家　　B. 批判现实主义大师

C. 现代主义小说家　　D. 魔幻现实主义大师

4. 莫泊桑在文坛上崭露头角的第一部成名作是（　　）

A.《俊友》　　B.《一生》　　C.《苦恼》　　D.《羊脂球》

二、填空题

1. 莫泊桑，19 世纪后半叶法国________作家，与俄国________和美国________并称为"世界三大短篇小说巨匠"。代表作品有《________》、《________球》和《我的叔叔于勒》等。

2. 莫泊桑 1850 年出生于法国上诺曼府滨海塞纳省的一个没落贵族家庭。曾参加________战争，且此经历成为他日后创作的重要主题。作家________曾经悉心教导莫泊桑写作，成为其文学创作的启蒙导师。他一生创作了六部长篇小说、三百五十九篇中短篇小说及三部游记，是法国文学史上短篇小说创作数量________、成就________的作家之一。

3.《米龙老爹》主要以 1870 年________战争为背景。

4. 短篇小说《米龙老爹》，于 1883 年 5 月 22 日发表于《高卢人日报》，描述一个普通法国农民________孤胆杀敌的故事。

5.《米龙老爹》采用了________叙的方式叙写故事。

6.第一人称与第三人称叙述方法交互使用。这不仅可以避免________，而且这种全方位的叙述，较之第一人称更容易将事情说清楚。

三、阅读分析题

1.阅读小说片段，回答问题。

一个月来，大太阳一直朝着田野喷下灼人的火焰。在这火雨的浇灌下，生命的花朵盛开，欣欣向荣。绿油油的大地一眼望不到边。蓝湛湛的天空上没有一丝云。诺曼底人的农庄分散在平原上，被又高又细的山毛榉围着，远远望去，好似一片一片的小树林。走到跟前，推开虫蛀的栅栏门，却又叫人以为是一座大花园，因为那些像农民一样瘦骨嶙峋的老苹果树都开了花。黑黝黝的老树干，歪歪扭扭，成行地排列在院子里，向着晴空撑开它们的圆顶，白的白，红的红，光彩夺目。苹果花的清香，敞开的牲口棚里散发出的浓烈气味，还有厩肥堆发酵冒出来的热气掺混在一起。厩肥堆上歇满了母鸡。

这段描写是属于哪一类描写？它在小说整体结构上有何作用？

2.阅读小说片段，回答问题。

可是老人家根本不听。微风吹拂着他脑袋上的绒毛般的稀发，他两眼逼视着打胜仗的军官，眉头一皱，那张带着刀伤的瘦脸扭歪了，表情十分可怕。接着他挺起胸膛，使出全身力气朝普鲁士人脸上吐了一口唾沫。

上校气疯了，他刚举起手，老人又朝他脸上吐了一口。

军官们都立了起来，同时大声地发布命令。

不到一分钟，这个仍旧十分平静的老人就被推到墙根处决了。他的儿子让、儿媳妇和两个孙子惊慌失措地望着，他在临死前还朝着他们微笑呢。

(1)所选的片段中作者综合运用了哪几种方式来刻画米龙老爹？

(2)本片段表现了米龙老爹怎么样的性格？

3.阅读小说片段，回答问题。

马静静地等候着它的主人。米龙老爹跨上马鞍，一溜烟地朝平原上奔去。

一个钟头以后，他又看见两个并排返回营地去的骑兵。他笔直地朝他们跑去，嘴里又叫着："Hilfe! Hilfe!"普鲁士人认出了军装，让他过来，丝毫没有起疑心。老头儿像颗炮弹在他们中间一穿而过，用马刀和手枪同时把他们俩都撂倒了。

他把两匹马也宰了，因为那是德国人的马！然后悄悄回到石灰窑，把一匹马藏到阴暗的坑道里。他脱掉军服，换上自己的破衣裳，回到床上，一觉睡到天亮。

在本片段的描述中，米龙老爹给人最深刻的印象是什么？

参考答案

五十九 苦 恼

契诃夫

我向谁去诉说我的悲伤?① ……

暮色昏暗。大片的湿雪绕着刚点亮的街灯懒洋洋地飘飞,落在房顶、马背、肩膀、帽子上,积成又软又薄的一层。车夫姚纳·波达波夫周身雪白,像是一个幽灵。他在赶车座位上坐着,一动也不动,身子往前伛着,伛到了活人的身子所能伛到的最大限度。即使有一个大雪堆倒在他的身上,仿佛他也会觉得不必把身上的雪抖掉似的。……他那匹小马也是一身白,也是一动都不动。它那呆呆不动的姿态、它那瘦骨嶙嶙的身架、它那棍子般直挺挺的腿,使它活像那种花一个戈比就能买到的马形蜜糖饼干。它多半在想心思。不论是谁,只要被人从犁头上硬拉开,从熟悉的灰色景致里硬拉开,硬给丢到这儿来,丢到这个充满古怪的亮光、不停的喧嚣、熙攘的行人的漩涡当中来,那他就不会不想心事。……

姚纳和他的瘦马已经有很久停在那个地方没动了。他们还在午饭以前就从大车店里出来,至今还没拉到一趟生意。可是现在傍晚的暗影已经笼罩全城。街灯的黯淡的光已经变得明亮生动,街上也变得热闹起来了。

"赶车的,到维堡区去!"姚纳听见了喊声。"赶车的!"

姚纳猛地哆嗦一下,从粘着雪花的睫毛里望出去,看见一个军人,穿一件带风帽的军大衣。

"到维堡区去!"军人又喊了一遍。"你睡着了还是怎么的? 到维堡区去!"

为了表示同意,姚纳就抖动一下缰绳,于是从马背上和他肩膀上就有大片的雪撒下来。……那个军人坐上了雪橇。车夫吧嗒着嘴唇叫马往前走,然后像天鹅似的伸长了脖子,微微欠起身子,与其说是由于必要,不如说是出于习惯地挥动一下鞭子。那匹瘦马也伸长脖子,弯起它那像棍子一样的腿,迟疑地离开原地走动起来了。……

"你往哪儿闯,鬼东西!"姚纳立刻听见那一团团川流不息的黑影当中发出了喊叫声。"鬼把你支使到哪儿去啊? 靠右走!"

"你连赶车都不会! 靠右走!"军人生气地说。

一个赶轿式马车的车夫破口大骂。一个行人恶狠狠地瞪他一眼,抖掉自己衣袖上的雪,行人刚刚穿过马路,肩膀撞在那匹瘦马的脸上。姚纳在赶车座位上局促不安,像是坐在针尖上似的,往两旁撑开胳膊肘,不住转动眼珠,就跟有鬼附了体一样,仿佛他不明白自己是在什么地方,也不知道为什么在那儿似的。

① 引自宗教诗《约瑟夫的哭泣和往事》。——俄文本编者注。

“这些家伙真是混蛋!”那个军人打趣地说。“他们简直是故意来撞你,或者故意要扑到马蹄底下去。他们这是互相串通好的。”

姚纳回过头去瞧着乘客,努动他的嘴唇。……他分明想要说话,然而从他的喉咙里却没有吐出一个字来,只发出咝咝的声音。

“什么?”军人问。

姚纳撇着嘴苦笑一下,嗓子眼用一下劲,这才沙哑地说出口:

“老爷,那个,我的儿子……这个星期死了。”

“哦!……他是害什么病死的?”

姚纳掉转整个身子朝着乘客说:

“谁知道呢!多半是得了热病吧。……他在医院里躺了三天就死了。……这是上帝的旨意哟。”

“你拐弯啊,魔鬼!”黑地里发出了喊叫声。“你瞎了眼还是怎么的,老狗!用眼睛瞧着!”

“赶你的车吧,赶你的车吧……”乘客说。“照这样走下去,明天也到不了。快点走!”

车夫就又伸长脖子,微微欠起身子,用一种稳重的优雅姿势挥动他的鞭子。后来他有好几次回过头去看他的乘客,可是乘客闭上眼睛,分明不愿意再听了。他把乘客拉到维堡区以后,就把雪橇赶到一家饭馆旁边停下来,坐在赶车座位上伛下腰,又不动了。……湿雪又把他和他的瘦马涂得满身是白。一个钟头过去,又一个钟头过去了。……

人行道上有三个年轻人路过,把套靴踩得很响,互相诟骂,其中两个人又高又瘦,第三个却矮而驼背。

“赶车的,到警察桥去!”那个驼子用破锣般的声音说。“一共三个人。……二十戈比!”

姚纳抖动缰绳,吧嗒嘴唇。二十戈比的价钱是不公道的,然而他顾不上讲价了。……一个卢布也罢,五戈比也罢,如今在他都是一样,只要有乘客就行。……那几个青年人就互相推搡着,嘴里骂声不绝,走到雪橇跟前,三个人一齐抢到座位上去。这就有一个问题需要解决:该哪两个坐着,哪一个站着呢?经过长久的吵骂、变卦、责难以后,他们总算做出了决定:应该让驼子站着,因为他最矮。

“好,走吧!”驼子站在那儿,用破锣般的嗓音说,对着姚纳的后脑壳喷气。“快点跑!嘿,老兄,瞧瞧你的这顶帽子!全彼得堡也找不出比这更糟的了。……”

“嘻嘻……嘻嘻……”姚纳笑着说。“凑合着戴吧。……”

“喂,你少废话,赶车!莫非你要照这样走一路?是吗?要给你一个脖儿拐吗?……”

“我的脑袋痛得要炸开了……”一个高个子说。“昨天在杜克玛索夫家里,我跟瓦斯卡一块儿喝了四瓶白兰地。”

“我不明白,你何必胡说呢?”另一个高个子愤愤地说。“他胡说八道,就跟畜生似的。”

“要是我说了假话,就叫上帝惩罚我!我说的是实情。……”

“要说这是实情,那末,虱子能咳嗽也是实情了。”

“嘻嘻!”姚纳笑道。“这些老爷真快活!”

“呸,见你的鬼!……”驼子愤慨地说。“你到底赶不赶车,老不死的?难道就这样赶车?你抽它一鞭子!嗐,魔鬼!嗐!使劲抽它!”

姚纳感到他背后驼子的扭动的身子和颤动的声音。他听见那些骂他的话，看到这几个人，孤单的感觉就逐渐从他的胸中消散了。驼子骂个不停，诌出一长串稀奇古怪的骂人话，直骂得透不过气来，连连咳嗽。那两个高个子讲起一个叫娜杰日达·彼得罗芙娜的女人。姚纳不住地回过头去看他们。正好他们的谈话短暂地停顿一下，他就再次回过头去，嘟嘟哝哝说：

“我的……那个……我的儿子这个星期死了！”

“大家都要死的……”驼子咳了一阵，擦擦嘴唇，叹口气说。“得了，你赶车吧，你赶车吧！诸位先生，照这样的走法我再也受不住了！他什么时候才会把我们拉到呢？”

“那你就稍微鼓励他一下……给他一个脖儿拐！”

“老不死的，你听见没有？真的，我要揍你的脖子了！……跟你们这班人讲客气，那还不如索性走路的好！……你听见没有，老龙？莫非你根本就不把我们的话放在心上？”

姚纳与其说是感到，不如说是听到他的后脑勺上啪的一响。

“嘻嘻……”他笑道。“这些快活的老爷……愿上帝保佑你们！”

“赶车的，你有老婆吗？”高个子问。

“我？嘻嘻……这些快活的老爷！我的老婆现在成了烂泥地罗。……哈哈哈！……在坟墓里！……现在我的儿子也死了，可我还活着。……这真是怪事，死神认错门了。……它原本应该来找我，却去找了我的儿子。……”

姚纳回转身，想讲一讲他儿子是怎样死的，可是这时候驼子轻松地呼出一口气，声明说，谢天谢地，他们终于到了。姚纳收下二十戈比以后，久久地看着那几个游荡的人的背影，后来他们走进一个黑暗的大门口，不见了。他又孤身一人，寂静又向他侵袭过来。……他的苦恼刚淡忘了不久，如今重又出现，更有力地撕扯他的胸膛。姚纳的眼睛不安而痛苦地打量街道两旁川流不息的人群；在这成千上万的人当中有没有一个人愿意听他倾诉衷曲吗？然而人群奔走不停，谁都没有注意到他，更没有注意到他的苦恼。……那种苦恼是广大无垠的。如果姚纳的胸膛裂开，那种苦恼滚滚地涌出来，那它仿佛就会淹没全世界，可是话虽如此，它却是人们看不见的。这种苦恼竟包藏在这么一个渺小的躯壳里，就连白天打着火把也看不见。……

姚纳瞧见一个扫院子的仆人拿着一个小蒲包，就决定跟他攀谈一下。

“老哥，现在几点钟了？”他问。

“九点多钟。……你停在这儿干什么？把你的雪橇赶开！”

姚纳把雪橇赶到几步以外去，伛下腰，听凭苦恼来折磨他。……他觉得向别人诉说也没有用了。……可是五分钟还没过完，他就挺直身子，摇着头，仿佛感到一阵剧烈的疼痛似的；他拉了拉缰绳。……他受不住了。

“回大车店去，”他想。“回大车店去！”

那匹瘦马仿佛领会了他的想法，就小跑起来。大约过了一个半钟头，姚纳已经在一个肮脏的大火炉旁边坐着了。炉台上，地板上，长凳上，人们鼾声四起。空气又臭又闷。姚纳瞧着那些睡熟的人，搔了搔自己的身子，后悔不该这么早就回来。……

“连买燕麦的钱都还没挣到呢，”他想。“这就是我会这么苦恼的缘故了。一个人要是会料理自己的事……让自己吃得饱饱的，自己的马也吃得饱饱的，那他就会永远心平气和。……”

墙角上有一个年轻的车夫站起来，带着睡意嗽一嗽喉咙，往水桶那边走去。

“你是想喝水吧?”姚纳问。

“是啊，想喝水!”

“那就痛痛快快地喝吧。……我呢，老弟，我的儿子死了。……你听说了吗？这个星期在医院里死掉的。……竟有这样的事!”

姚纳看一下他的话产生了什么影响，可是一点影响也没看见。那个青年人已经盖好被子，连头蒙上，睡着了。老入就叹气，搔他的身子。……如同那个青年人渴望喝水一样，他渴望说话。他的儿子去世快满一个星期了，他却至今还没有跟任何人好好地谈一下这件事。……应当有条有理，详详细细地讲一讲才是。……应当讲一讲他的儿子怎样生病，怎样痛苦，临终说过些什么话，怎样死掉。……应当描摹一下怎样下葬，后来他怎样到医院里去取死人的衣服。他有个女儿阿尼霞住在乡下。……关于她也得讲一讲。……是啊，他现在可以讲的还会少吗？听的人应当惊叫，叹息，掉泪。……要是能跟娘们儿谈一谈，那就更好。她们虽然都是蠢货，可是听不上两句就会哭起来。

“去看一看马吧，”姚纳想。“要睡觉，有的是时间。……不用担心，总能睡够的。”

他穿上衣服，走到马房里，他的马就站在那儿。他想起燕麦、草料、天气。……关于他的儿子，他独自一人的时候是不能想的。……跟别人谈一谈倒还可以，至于想他，描摹他的模样，那太可怕，他受不了。……

“你在吃草吗?”姚纳问他的马说，看见了它的发亮的眼睛。“好，吃吧，吃吧。……既然买燕麦的钱没有挣到，那咱们就吃草好了。……是啊。.……我已经太老，不能赶车了。……该由我的儿子来赶车才对，我不行了。……他才是个地道的马车夫。……只要他活着就好了。……”

姚纳沉默了一忽儿，继续说：

“就是这样嘛，我的小母马。……库兹玛·姚纳奇不在了。……他下世了。……他无缘无故死了。……比方说，你现在有个小驹子，你就是这个小驹子的亲娘。……忽然，比方说，这个小驹子下世了。……你不是要伤心吗?”

那匹瘦马嚼着草料，听着，向它主人的手上呵气。

姚纳讲得入了迷，就把他心里的话统统对它讲了。……

学习要点

【作家作品】

安东·巴甫洛维奇·契诃夫(1860 年 1 月 29 日—1904 年 7 月 15 日)，俄罗斯短篇小说巨匠，杰出的剧作家，是俄罗斯 19 世纪末期最后一位批判现实主义艺术大师，与法国作家莫泊桑和美国作家欧·亨利并称为“世界三大短篇小说家”。

契诃夫的小说紧凑精炼，言简意赅，给读者以独立思考的余地。其剧作对 19 世纪戏剧产生了很大的影响。他坚持现实主义传统，注重描写俄罗斯人民的日常生活，塑造具有典型性格的“小人物”，借此真实反映出当时俄罗斯社会的状况。他的作品的两大特征是对丑恶现象的嘲笑与对贫苦人民的深切的同情，并且其作品无情地揭露了沙皇统治下的不合理的社会制度和社会的丑恶现象。契诃夫被认为是19世纪末俄国现实主义文学的杰出代表。

小说名篇：《变色龙》、《公务员之死》、《苦恼》、《第六病室》和《套中人》等。剧作名篇：《万尼亚舅舅》、《三姐妹》和《樱桃园》等。

契诃夫从19世纪80年代中期开始意识到文学家不是“给人消愁解闷的而是一个身负责任的人”。他不再重复写早期的幽默故事，而是转向反映俄国社会的变态、丑恶的现象，描写这一时期劳动人民身处于这种环境中的内心痛苦。小说《苦恼》就是一篇反映劳动人民内心痛苦的抒情心理小说。

【思想内容】

《苦恼》是俄国作家契诃夫创作的短篇小说，发表于1886年。小说写的是一位名叫姚纳的车夫，一心想跟别人谈谈他刚死不久的儿子，减轻一些内心的伤痛，可几次三番没有人听他的，结果他只好把满腹心事向他的小马诉说。作者借此表现出社会下层小人物悲惨无援的处境和苦恼孤寂的心态，强烈地渲染出沙皇俄国的世态炎凉。反映出当时社会的黑暗和人与人关系的自私、冷漠。

【艺术特色】

1.以小见大。这是一件发生在社会底层的微不足道的小事，作者借此表现出社会下层小人物悲惨无援的处境和苦恼孤寂的心态，强烈地渲染出沙皇俄国的世态炎凉。反映出当时社会的黑暗和人与人关系的自私、冷漠。

2.小说结构匠心独运。(1)《苦恼》的层次非常清楚，写了姚纳四次向他人倾诉，四次碰壁，最后只好走进马棚，对马诉说。契诃夫每写完一次姚纳的碰壁，接着便写他的苦恼，而每次碰壁后，他的苦恼就随之加深，在第四次碰壁后，写了姚纳想象中的第五次努力——向女性倾诉，整个故事看似平铺直叙，其实匠心独运。被姚纳称之为老爷的军人和三位年轻人，决不会花时间去听一个穷车夫的诉苦，这里存在社会地位的隔膜；而当姚纳去向和他同阶层的仆人和年轻车夫诉说时，他们竟连敷衍的话也懒得说，这是小人物之间的心灵隔膜问题。他们虽然和姚纳都是处于同一社会阶层的小人物，但是他们对姚纳的心灵之门却是关闭的。正是这些和姚纳地位相同，身份相似的小人物在不经意间发出的对他人存在和需求的漠视信号，酿成了同类的大苦恼、大悲伤。(2)这部小说出色地运用对比手法，将“人与人”的关系和“人与马”的关系加以对照、对比，目的是突出人情冷漠的批判主题。

3.对话精炼。契诃夫与其他一些俄国作家不同，他笔下的人物对话极其精炼，毫无冗长和啰唆之感。人物对话不仅符合特定环境下和场合里人物的性格逻辑，而且能恰当地映射出人物此时此景的内心活动。三个青年的对话显示出他们寻欢作乐、玩世不恭的性格，姚纳挨了他们一巴掌还说：“嘻嘻！……好有兴致的几位老爷……”内心正转着这样的念头：他们有兴趣和他打着玩，大概也有兴趣听他谈谈儿子。同时，姚纳的对话也反映了他老实巴交、逆来顺受的性格和急于倾诉内心愁苦的心情，这对刻画马车夫的性格特征和深层心理状态起了很大作用。

4. 内心独白突出。

【每课一练】

一、选择题

1. 契诃夫写有短篇小说　（　　）

A.《米龙老爹》　B.《海鸥》　C.《羊脂球》　D.《苦恼》

2. 契诃夫著名的戏剧作品有　（　　）

A.《茶馆》　B.《樱桃园》　C.《哈姆雷特》　D.《日出》

3. "人与马对话"的感人情节是契诃夫哪篇小说中所描写的情节？　（　　）

A.《第六病室》　B.《变色龙》　C.《苦恼》　D.《套中人》

4.《苦恼》中主人公的名字叫　（　　）

A. 万卡　B. 拉京　C. 姚纳　D. 别里科夫

二、填空题

1. 安东·巴甫洛维奇·契诃夫，俄罗斯世界级短篇小说________，杰出的________家，是俄罗斯19世纪末期最后一位________艺术大师，与法国作家________和美国作家________并称为"世界三大短篇小说家"。

2. 契诃夫的小说注重描写俄罗斯人民的日常生活，塑造具有典型性格的"________"，借此真实反映出当时俄罗斯社会的状况。

3. 契诃夫写就的名篇有《________龙》、《公务员之死》、《苦恼》、《________室》和《套中人》。

三、阅读分析题

阅读下面小说片段，回答下列问题。

他的苦恼刚淡忘了不久，如今重又出现，更有力地撕扯他的胸膛。姚纳的眼睛不安而又痛苦地打量街道两旁川流不息的人群：在这成千上万的人当中有没有一个人愿意听他倾诉衷曲呢？然而人群奔走不停，谁都没有注意到他，更没有注意到他的苦恼。……那种苦恼是广大无垠的。如果姚纳的胸膛裂开，那种苦恼滚滚地涌出来，那它仿佛就会淹没全世界，可是话虽如此，它却是人们看不见的。这种苦恼竟包藏在这么一个渺小的躯壳里……

(1)这段描写采用的是什么描写方法？

(2)主人公姚纳的苦恼表现了怎样一种深刻的社会主题？

参考答案

六十 *麦琪的礼物

欧·亨利

一块八毛七分钱。全在这儿了。其中六毛钱还是铜子儿凑起来的。这些铜子儿是每次一个、两个向杂货铺、菜贩和肉店老板那儿死乞白赖地硬扣下来的；人家虽然没有明说，自己总觉得这种掂斤播两的交易未免太吝啬，当时脸都臊红了。德拉数了三遍。数来数去还是一块八毛七分钱，而第二天就是圣诞节了。

除了倒在那张破旧的小榻上号哭之外，显然没有别的办法。德拉就那样做了。这时一种精神上的感慨油然而生，认为人生是由啜泣、抽噎和微笑组成的，而抽噎占了其中绝大部分。

这个家庭的主妇渐渐从第一阶段退到第二阶段，我们不妨抽空儿来看看这个家吧。一套带家具的公寓，房租每星期八块钱。虽不能说是绝对难以形容，其实跟贫民窟也相去不远。

下面门廊里有一个信箱，但是永远不会有信件投进去；还有一个电钮，除非神仙下凡才能把铃按响。那里还贴着一张名片，上面印有"詹姆斯·迪林汉·扬先生"几个字。

"迪林汉"这个名号是主人先前每星期挣三十块钱的时候，一时高兴，加在姓名之间的。现在收入缩减到二十块钱，"迪林汉"几个字看来就有些模糊，仿佛它们正在郑重考虑，是不是缩成一个质朴而谦逊的"迪"字为好。但是每逢詹姆斯·迪林汉·扬先生回家上楼，走进房间的时候，詹姆斯·迪林汉·扬太太——就是刚才已经介绍给各位的德拉——总是管他叫做"吉姆"，总是热烈地拥抱他。那当然是很好的。

德拉哭了之后，在脸颊上扑了些粉。她站在窗子跟前，呆呆地瞅着外面灰蒙蒙的后院里，一只灰猫正在灰色的篱笆上行走。明天就是圣诞节了，她只有一块八毛七分钱来给吉姆买一件礼物。好几个月来，她省吃俭用，能攒起来的都攒了，可结果只有这一点儿。一星期二十块钱的收入是不经用的。支出总比她预算的要多。总是这样的。只有一块八毛七分钱来给吉姆买礼物，她的吉姆。为了买一件好东西送给他，德拉自得其乐地筹划了好些日子。要买一件精致、珍奇而真有价值的东西——够得上为吉姆所有的东西固然很少，可总得有些相称才成呀。

房里两扇窗子中间有一面壁镜。诸位也许见过房租八块钱的公寓里的壁镜。一个非常瘦小灵活的人，从一连串纵的片段的映像里，也许可以对自己的容貌得到一个大致不差的概念。德拉全凭身材苗条，才精通了那种技艺。

她突然从窗口转过身，站到壁镜面前。她的眼睛晶莹明亮，可是她的脸在二十秒钟之内却失色了。她迅速地把头发解开，让它披落下来。

且说，詹姆斯·迪林汉·扬夫妇有两样东西特别引为自豪，一样是吉姆三代祖传的金表，另一样是德拉的头发。如果示巴女王①住在天井对面的公寓里，德拉总有一天会把她的头发悬在窗外去晾干，使那位女王的珠宝和礼物相形见绌。如果所罗门王②当了看门人，把他所有的财富都堆在地下室里，吉姆每次经过那儿时准会掏出他的金表看看，好让所罗门妒忌得吹胡子瞪眼睛。

这当儿，德拉美丽的头发披散在身上，像一股褐色的小瀑布，奔泻闪亮。头发一直垂到膝盖底下，仿佛给她铺成了一件衣裳。她又神经质地赶快把头发梳好。她踌躇了一会儿，静静地站着，有一两滴泪水溅落在破旧的红地毯上。

她穿上褐色的旧外套，戴上褐色的旧帽子。她眼睛里还留着晶莹的泪光，裙子一摆，就飘然走出房门，下楼跑到街上。

她走到一块招牌前停住了，招牌上面写着："莎弗朗妮夫人——经营各种头发用品。"德拉跑上一段楼梯，气喘吁吁地让自己定下神来。那位夫人身躯肥大，肤色白得过分，一副冷冰冰的模样，同"莎弗朗妮"③这个名字不大相称。

"你要买我的头发吗？"德拉问道。

"我买头发，"夫人说。"脱掉帽子，让我看看头发的模样。"

那股褐色的小瀑布泻了下来。

"二十块钱，"夫人用行家的手法抓起头发说。

"赶快把钱给我，"德拉说。

噢，此后的两个钟头仿佛长了玫瑰色翅膀似的飞掠过去。诸位不必理会这种杂凑的比喻。

总之，德拉正为了送吉姆的礼物在店铺里搜索。

德拉终于把它找到了。它准是专为吉姆，而不是为别人制造的。她把所有店铺都兜底翻过，各家都没有像这样的东西。那是一条白金表链，式样简单朴素，只是以货色来显示它的价值，不凭什么装潢来炫耀——一切好东西都应该是这样的。它甚至配得上那只金表。她一看到就认为非给吉姆买下不可。它简直像他的为人。文静而有价值——这句话拿来形容表链和吉姆本人都恰到好处。店里以二十一块钱的价格卖给了她。她剩下八毛七分钱，匆匆赶回家去。吉姆有了那条链子，在任何场合都可以毫无顾虑地看看钟点了。那只表虽然华贵，可是因为只用一条旧皮带来代替表链，他有时候只是偷偷地瞥一眼。

德拉回家以后，她的陶醉有一小部分被审慎和理智所替代。她拿出卷发铁钳，点着煤气，着手补救由于爱情加上慷慨而造成的灾害。那始终是一件艰苦的工作，亲爱的朋友们——简直是了不起的工作。

不出四十分钟，她头上布满了紧贴着的小发鬈，变得活像一个逃课的小学生。她对着镜子小心而苛刻地照了又照。

---

① 示巴女王：示巴古国在阿拉伯西南，即今之也门。《旧约·列王纪上》载示巴女王带了许多香料、宝石和黄金去觐见所罗门王，用难题考验所罗门王的智慧。

② 所罗门王：公元前10世纪以色列国王，以聪明豪富著称。

③ 莎弗朗妮：意大利诗人塔索(1544—1595)以第一次十字军东征为题材的史诗《被解放的耶路撒冷》中的人物，她为了拯救耶路撒冷全城的基督徒，承认了并未犯过的罪行，成为舍己救人的典型。

“如果吉姆看了一眼不把我宰掉才怪呢，”她自言自语地说，“他会说我像是康奈岛游乐场里的卖唱姑娘。我有什么办法呢？——唉！只有一块八毛七分钱，叫我有什么办法呢？”

到了七点钟，咖啡已经煮好，煎锅也放在炉子后面热着，随时可以煎肉排。

吉姆从没有晚回来过。德拉把表链对折着握在手里，在他进来时必经的门口的桌子角上坐下来。接着，她听到楼下梯级上响起了他的脚步声。她脸色白了一忽儿。她有一个习惯，往往为了日常最简单的事情默祷几句，现在她悄声说：“求求上帝，让他认为我还是美丽的。”

门打开了，吉姆走进来，随手把门关上。他很瘦削，非常严肃。可怜的人儿，他只有二十二岁——就负起了家庭的担子！他需要一件新大衣，手套也没有。

吉姆在门内站住，像一条猎狗嗅到鹌鹑气味似的纹丝不动。他的眼睛盯着德拉，所含的神情是她所不能理解的，这使她大为惊慌。那既不是愤怒，也不是惊讶，又不是不满，更不是嫌恶，不是她所预料的任何一种神情。他只带着那种奇特的神情凝视着德拉。

德拉一扭腰，从桌上跳下来，走近他身边。

“吉姆，亲爱的，”她喊道，“别那样盯着我。我把头发剪掉卖了，因为不送你一件礼物，我过不了圣诞节。头发会再长出来的——你不会在意吧，是不是？我非这么做不可。我的头发长得快极啦。说句‘恭贺圣诞’吧！吉姆，让我们快快乐乐的。我给你买了一件多么好——多么美丽的好东西，你怎么也猜不到的。”

“你把头发剪掉了吗？”吉姆吃力地问道，仿佛他绞尽脑汁之后，还没有把这个显而易见的事实弄明白似的。

“非但剪了，而且卖了。”德拉说。“不管怎样，你还是同样地喜欢我吗？虽然没有了头发，我还是我，可不是吗？”

吉姆好奇地向房里四下张望。

“你说你的头发没有了吗？”他带着近乎白痴般的神情问道。

“你不用找啦，”德拉说。“我告诉你，已经卖了——卖了，没有了。今天是圣诞前夜，亲爱的。好好地对待我，我剪掉头发为的是你呀。我的头发也许数得清，”她突然非常温柔地接下去说，“但我对你的情爱谁也数不清。我把肉排煎上好吗，吉姆？”

吉姆好像从恍惚中突然醒过来。他把德拉楼在怀里。我们不要冒昧，先花十秒钟工夫瞧瞧另一方面无关紧要的东西吧。每星期八块钱的房租，或是每年一百万元房租——那有什么区别呢？一位数学家或是一位俏皮的人可能会给你不正确的答复。麦琪带来了宝贵的礼物①，但其中没有那件东西。对这句晦涩的话，下文将有所说明。

吉姆从大衣口袋里掏出一包东西，把它扔在桌上。

“别对我有什么误会，德尔。”他说，“不管是剪发、修脸，还是洗头，我对我姑娘的爱情是决不会减低的。但是只消打开那包东西，你就会明白，你刚才为什么使我愣住了。”

---

① 麦琪：据《圣经》记载，麦琪是耶稣出生时从东方前来朝圣送礼的三个贤人，他们的礼物代表了尊贵与圣洁。一说是东方的三王：梅尔基奥尔（Melchior 光明之王）赠送黄金表示尊贵；加斯帕（洁白者），赠送乳香象征神圣；巴尔撒泽赠送殁药预示基督后来遭受迫害而死。

白皙的手指敏捷地撕开了绳索和包皮纸。接着是一声狂喜的呼喊;紧接着,哎呀!突然转变成女性神经质的眼泪和号哭,立刻需要公寓的主人用尽办法来安慰她。

因为摆在眼前的是那套插在头发上的梳子——全套的发梳,两鬓用的,后面用的,应有尽有;那原是在百老汇路上的一个橱窗里,为德拉渴望了好久的东西。纯玳瑁做的,边上镶着珠宝的美丽的发梳——来配那已经失去的美发,颜色真是再合适也没有了。她知道这套发梳是很贵重的,心向神往了好久,但从来没有存过占有它的希望。现在这居然为她所有了,可是那佩带这些渴望已久的装饰品的头发却没有了。

但她还是把这套发梳搂在怀里不放,过了好久,她才能抬起迷濛的泪眼,含笑对吉姆说:"我的头发长得很快,吉姆!"

接着,德拉像一只给火烫着的小猫似的跳了起来,叫道:"喔!喔!"

吉姆还没有见到他的美丽的礼物呢。她热切地伸出摊开的手掌递给他。那无知觉的贵金属仿佛闪闪反映着她那快活和热诚的心情。

"漂亮吗,吉姆?我走遍全市才找到的。现在你每天要把表看上百来遍了。把你的表给我,我要看看它配在表上的样子。"

吉姆并没有照着她的话去做,却倒在榻上,双手枕着头,笑了起来。

"德尔,"他说,"我们把圣诞节礼物搁在一边,暂且保存起来。它们实在太好啦,现在用了未免可惜。我是卖掉了金表,换了钱去买你的发梳的。现在请你煎肉排吧。"

那三位麦琪,诸位知道,全是有智慧的人——非常有智慧的人——他们带来礼物,送给生在马槽里的圣子耶稣。他们首创了圣诞节馈赠礼物的风俗。他们既然有智慧,他们的礼物无疑也是聪明的,可能还附带一种碰上收到同样的东西时可以交换的权利。我的拙笔在这里告诉了诸位一个没有曲折、不足为奇的故事;那两个住在一间公寓里的笨孩子,极不聪明地为了对方牺牲了他们一家最宝贵的东西。但是,让我们对目前一般聪明人说最后一句话,在所有馈赠礼物的人当中,那两个人是最聪明的。在一切授受礼物的人当中,像他们这样的人也是最聪明的。无论在什么地方,他们都是最聪明的。他们就是麦琪。

学习要点

【作家作品】

欧·亨利(O. Henry,1862 年 9 月 11 日—1910 年 6 月 5 日),又译奥·亨利,原名威廉·西德尼·波特(William Sydney Porter),美国短篇小说家、美国现代短篇小说创始人,其主要作品有《麦琪的礼物》、《警察与赞美诗》、《最后一片藤叶》和《二十年后》等。

1862 年 9 月 11 日,欧·亨利生于美国北卡罗来纳州格林斯伯勒,曾当过银行职员、药剂师等。1896 年 2 月,欧·亨利因受到盗用公款的指控入狱,后逃亡洪都拉斯。1898 年再次入狱,期间开始发表作品。1902 年,欧·亨利移居纽约,成为职业作家。1910 年 6 月 5 日,欧·亨利因肝硬化在美国纽约去世。欧·亨利与契诃夫和莫泊桑并称为世界三大短篇小说巨匠,曾被评论界誉为曼哈顿桂冠散文作家和美国现代短篇小说之父,他的作品有"美国生活的百科全书”之誉。

欧·亨利一生写了三百多个短篇。唯一的一部长篇小说《白菜与皇帝》(1904)也是由许多篇独立的短篇组成的。其中,《麦琪的礼物》、《警察与赞美诗》和《最后一片藤叶》都是脍炙人口的短篇佳作。

作品的标题借用了基督教的古老传说。传说中,麦琪是指耶稣基督初生时来送礼的三位贤人。一说是东方的三王:梅尔基奥尔(光明之神)赠送黄金以示尊贵;加斯帕(洁白者)赠送乳香象征神圣;巴尔撒泽赠送殁药预示基督后来遭受迫害而死。正是这三位麦琪首创了西方圣诞节馈赠礼物的风俗。小说以“麦琪的礼物”为题,其含义主要是通过一对年轻的穷夫妻为了给对方买圣诞礼物而牺牲了自己最珍贵的东西的故事,表现和赞颂了这对年轻的夫妇之间真挚而美好的爱情。这里,“麦琪的礼物”主要指两位主人公的善良、真诚和美好的心灵。

【思想内容】

《麦琪的礼物》是欧·亨利创作的短篇小说,讲述了一对穷困的年轻夫妇忍痛割爱互赠圣诞礼物的故事,反映了美国下层人民生活的艰难,赞美了主人公善良的心地和纯真的爱情。

【艺术特色】

1.“欧·亨利式结尾”。通常指短篇小说大师们常常在文章结尾时突然让人物的心理情境发生出人意料的变化,或使主人公命运陡然逆转,出现意想不到的结果,既在意料之外,又在情理之中。给人以出乎意料的感觉,又不得不承认他的合情合理。此种方法可以更好地刻画人物形象,丰富故事的内容。这种结尾艺术,在欧·亨利的作品中有充分的体现,故被称为“欧·亨利式结尾”。

小说主要描写一对心地善良的年轻夫妇德拉和吉姆,他们生活贫穷但彼此恩爱。为了在圣诞节能送给对方一件精致、珍奇且真正有价值的礼物,女主人公德拉忍痛卖掉了自己美丽的头发,终于为丈夫购买了一条配其祖传金表的白金表链。而丈夫吉姆深爱自己的妻子,为了给妻子买一套精致的玳瑁梳子,卖掉了自己的家传金表。在圣诞节的前夜,这一对夫妻本以为各自为对方买了他们最喜欢、最实用的礼物,结果意外发现各自手中的礼物都派不上用场了。虽然他们最初心中多少有些遗憾,但彼此都为对方的真情与自我牺牲的举动所感动。他们收获的是圣诞节最好最宝贵的礼物——爱情。出于意料,合乎情理。

2.“含泪的微笑”。欧亨利小说的创作风格,是作品喜剧形式和悲剧内涵的有机结合。所谓“微笑”,是指其喜剧形式。小说最终收获的是圣诞节最好最宝贵的礼物——爱情,这怎不让人激动?但这高兴是以牺牲各自的心爱之物为代价的,有收获但也有遗憾,所以也只能是“微笑”。所谓“含泪”,是指其悲剧内涵。小说描写下层小人物生活的艰难和他们悲惨的处境,为了送给爱人圣诞礼物而只能变卖各自的最爱,这其中的心酸,怎不让人潸然泪下?但喜剧形式的结尾,还是让人有惊也有喜,所以“含泪”的形容,可谓恰当。

3.双线结构。小说从开篇就构筑了两条线索,即明线与暗线双重线索:吉姆卖表买发梳是暗线，德拉卖发买表链则是明线；双重线索又非平均用墨，作者沿德拉卖发这条明线展开故事，并不惜笔墨，将笔触着重放在刻画德拉的形象上。通过对许多细节的生动描述，将德拉卖发前的焦急、忧愁和犹豫的内心活动以及买表链送给吉姆时的急切、兴奋和忐忑不安表露得淋漓尽致。但是，对于吉姆卖金表、买发梳的过程，却没有作任何描写，只是在最后吉姆"我是卖了金表换了钱给你买的发梳"这句极其平静的话中一语带过。虽然对吉姆卖表买发梳的过程没有详细交代，但由于之前有德拉数钱等场景作为艺术铺垫，读者完全可以想象出买发梳过程同样充满感人的场景。这就叫作一实一虚，以实带虚，双线并行。这样写不仅节约了许多笔墨，而且给读者留下了广阔的回想余地。让人在欣赏中展开想象的翅膀，起到了良好的艺术效果。

【每课一练】

一、选择题

1. 欧·亨利是19世纪 （　　）

A. 法国著名的小说家　　B. 英国著名的小说家

C. 美国著名短篇小说家　　D. 俄国著名的小说家

2. 欧·亨利写的唯一一部长篇小说是 （　　）

A.《最后一片藤叶》　　B.《白菜与皇帝》

C.《麦琪的礼物》　　D.《二十年后》

3. 小说中麦琪的礼物的象征含义是 （　　）

A. 指西方圣诞节馈赠的礼物

B. 指年轻夫妇德拉和吉姆所购买的表链和梳子

C. 指主人公的真挚的情感及他们美好的心灵

D. 指首创了节日互赠礼品的风俗

4.《麦琪的礼物》中男女主人公的名字分别是 （　　）

A. 姚纳和德拉　　B. 朱丽叶和吉姆

C. 吉姆和德拉　　D. 罗密欧和朱丽叶

5.《麦琪的礼物》运用了哪种结构方法？ （　　）

A. 一虚一实，虚实结合　　B. 采用一条情节线索

C. 倒叙　　D. 插叙

二、填空题

1. 欧·亨利，美国短篇小说巨匠，其主要作品有《________的礼物》、《________与赞美诗》、《最后一片叶子》和《二十年后》等。

2. 欧·亨利与契诃夫和莫泊桑并称为世界三大短篇小说巨匠，曾被评论界誉为曼哈顿桂冠散文作家和美国现代短篇小说之________，他的作品有"美国生活的________"之誉。

3. 作品的标题借用了________的古老传说。传说中，麦琪是指耶稣基督初生时来送礼的三位________。

三、阅读分析题

1.阅读小说片段,回答问题。

明天就是圣诞节了,她只有一块八毛七分钱来给吉姆买一件礼物。好几个月来,她省吃俭用,能攒起来的都攒了,可结果只有这一点儿。……

房里两扇窗子中间有一面壁镜。……

她突然从窗口转过身,站到壁镜面前。她的眼睛晶莹明亮,可是她的脸在二十秒钟之内却失色了。她迅速地把头发解开,让它披落下来。

……她踌躇了一会儿,静静地站着……

她穿上褐色的旧外套,戴上褐色的旧帽子。她眼睛里还留着晶莹的泪光,裙子一摆,就飘然走出房门,下楼跑到街上。

(1)这段文字主要写了什么内容?

(2)在这段文字中,作者是用什么方法来揭示人物的心理的?并分析其作用。

2.阅读小说片段,回答问题。

吉姆在门内站住,像一条猎狗嗅到鹌鹑气味似的纹丝不动。他的眼睛盯着德拉,所含的神情是她所不能理解的,这使她大为惊慌。那既不是愤怒,也不是惊讶,又不是不满,更不是嫌恶,不是她所预料的任何一种神情。他只带着那种奇特的神情凝视着德拉。

(1)吉姆那种奇特神情的内涵是什么?

(2)在这段文字中,作者是用什么方法来揭示人物的心理的?

3.阅读小说片段,然后回答问题。

那三位麦琪,诸位知道,全是有智慧的人——非常有智慧的人——他们带来礼物,送给生在马槽里的圣子耶稣。他们首创了圣诞节馈赠礼物的风俗。他们既然有智慧,他们的礼物无疑也是聪明的,可能还附带一种碰上收到同样的东西时可以交换的权利。我的拙笔在这里告诉了诸位一个没有曲折、不足为奇的故事;那两个住在一间公寓里的笨孩子,极不聪明地为了对方牺牲了他们一家最宝贵的东西。但是,让我们对目前一般聪明人说最后一句话,在所有馈赠礼物的人当中,那两个人是最聪明的。在一切授受礼物的人当中,像他们这样的人也是最聪明的。无论在什么地方,他们都是最聪明的。他们就是麦琪。

(1)他们各自为对方卖掉了什么最宝贵的东西?买回了什么圣诞礼物?

(2)为什么作者称他们为“笨孩子”?

(3)作者为什么又说“他们是最聪明的”?“他们就是麦琪”中的“他们”指的是谁?麦琪的原意是什么?

参考答案

戏剧基础知识

一、戏剧的定义

戏剧是由演员扮演角色，在舞台上当众表演故事情节的一种艺术。戏剧是一种综合的舞台艺术，它借助文学、音乐、舞蹈和美术等艺术手段塑造舞台艺术形象，揭示社会矛盾，反映现实生活，是文学体裁的一种。

二、戏剧的特点

1.剧本必须适合舞台演出。虽然戏剧本身不会受到时间和空间的限制(一幕到另一幕，一场到另一场，也许一晃就是十年二十载，一个演员在舞台上转一圈，就可以表示他从福州来到了北京，他在舞台上把剑一挥，也可以表示他指挥了千军万马，尽管我们观看的时候什么也没有)，但戏剧要把发生在不同地点和较长时间里大事情集中在有限的舞台和两三个小时内的演出中表现出来，所以演出会受到时间空间的限制。

2.必须有集中尖锐的矛盾冲突(戏剧冲突)。戏剧是反映现实生活中的矛盾冲突的，“没有矛盾冲突就没有戏剧”。矛盾冲突有一定的发展过程，这个过程就构成了剧本的情节结构，因此，剧本的情节结构可分为：(序幕)开端——发展——高潮——结局(尾声)。

(1)什么是戏剧冲突

剧本中所展示的人物之间、人物自身以及人与环境之间的矛盾冲突即戏剧冲突，其中主要体现为剧中人物的思想性格冲突。性格冲突又因为人物个性、身份、地位、文化修养的不同，对社会的认识和采取的态度不同而有所不同，从而形成各种各样的矛盾冲突。

(2)戏剧冲突与社会矛盾的联系和区别

它们都有一个发生、发展、激化和解决的过程。戏剧冲突反映社会矛盾，又比社会矛盾更集中、更尖锐、更激烈。

3.戏剧语言包括人物语言和舞台说明。

“没有声音，再好的戏也出不来”。

(1)舞台说明：包括人物表、舞台美术、环境、音响、人物上下场、人物对话的姿态、动作和表情等。这些说明对刻画人物性格和推动、展开戏剧情节发展有一定的作用。这部分语言要求写得简练、扼要、明确。这部分内容一般出现在每一幕(场)的开端。结尾和对话中间，一般用括号(方括号或圆括号)括起来。

(2)人物语言：包括独白、旁白、对白是剧本的主要组成部分，其任务是展开情节、提示人物性格、表现主题思想。其中，独白是剧中人物独自抒发个人情感和愿望时说的话；旁白是剧中某个角色背着台上其他剧中人从旁侧对观众说的话，对白即对话。

三、戏剧的分类

1. 按表现形式可分为：话剧（如《雷雨》）、歌剧（如《白毛女》）、舞剧（如《丝路花雨》）、哑剧等。

2. 按剧情繁简和结构可分为：独幕剧、多幕剧（如《雷雨》）。剧本中通常用"幕"和"场"来表示段落和情节。"幕"指情节发展的一个大段落。"一幕"可分为几场，"一场"指一幕中发生空间变换或时间隔开的情节。剧本一般要求篇幅不能太长，人物不能太多，场景也不能过多地转换。

3. 按题材所反映的时代可分为：历史剧（如《屈原》）、现代剧（如《雷雨》）。

4. 按矛盾冲突的性质可分为：悲剧（如《屈原》）、喜剧（如《威尼斯商人》）、正剧（如《白毛女》）。

5. 按演出场合可分为：舞台剧、广播剧、电视剧等。

6. 按历史发展可分为："现当代戏剧"和"古典戏剧"。

7. 按地域色彩可分为：京剧（北京）、沪剧（上海）、豫剧（河南）、吕剧（山东、江苏）、川剧、汉剧（湖北）、楚剧（湖北、江西）、晋剧（山西）和黄梅戏（湖北、安徽）等。

四、中国古典戏剧

（一）戏剧的发展

先秦——戏剧的萌芽期。《诗经》里的"颂"，《楚辞》里的"九歌"，就是祭神时歌舞的唱词。从春秋战国到汉代，在娱神的歌舞中逐渐演变出娱人的歌舞。从汉魏到中唐，又先后出现了以竞技为主的"角抵"（百戏）、以问答方式表演的"参军戏"和扮演生活小故事的歌舞"踏摇娘"等，这些都是萌芽状态的戏剧。

唐代（中后期）——戏剧的形成期。中唐以后，我国戏剧飞跃发展，戏剧艺术逐渐形成。

宋金——戏剧的发展期。宋代的"杂剧"，金代的"院本"和讲唱形式的"诸宫调"，从乐曲、结构到内容，都为元代杂剧打下了基础。

元代——戏剧的成熟期。到了元代，"杂剧"就在原有基础上大大发展，成为一种新型的戏剧。它具备了戏剧的基本特点，标志着我国戏剧进入成熟的阶段。

（二）戏剧语言的构成

曲词、宾白、科介。

曲词：剧中人物的唱词，曲词以一人主唱的形式进行。

宾白：剧中人物的说白，分对白、独白、旁白、带白（插在曲词中的说白）。

科介：剧中关于动作、表情和音响效果的指示（舞台说明）。

科范也称"科介"，是关于动作、表情或其他方面的舞台提示，如"笑科""见科""把盏科""做掩泪科""内作起风科"等。此外，每本杂剧结尾处有两句或四句诗句，用以概括全剧思想，提出本剧剧名。例如，"秉鉴持衡廉访法，感天动地窦娥冤"。末句是戏的全名，"窦娥冤"则是简名。

元杂剧的唱词按一定宫调写成。共分五个宫（五个全音阶）：正宫、中吕宫、南吕宫、仙吕宫、黄钟宫，分别相当于现在的C、D、E、G、A五个乐调（谱号）；曲牌，相当于现在的调号和板号（如二黄散板、西皮快板等），也即简谱中的曲谱和节拍。元杂剧中一折限于一调一韵。

（三）元杂剧

1.元杂剧的角色

末：男角。元杂剧中的正末是剧中的男性主角。如张生。

旦：扮演女性人物。正旦（扮演年轻的女主角）、小旦、搽旦。正旦如窦娥、崔莺莺、杜丽娘。

净：俗称“花脸”“花面”。有的扮演性格刚烈或粗暴的男子，如《窦娥冤》里的公人，张飞，李逵。有的扮演性格或相貌上有特异之点的男性人物，如《窦娥冤》中的公人（官府差役）即属净。

丑：又称“三花脸”或“小花脸”。多扮演性格诙谐的人物，有文丑和武丑之分。

外：元杂剧中有外末、外旦、外净等，是末、旦、净等行当的次要角色。如监斩官——外末。

杂：又称“杂当”。扮演老妇人的角色名，如蔡婆婆。

卜儿：扮演老年妇女，如《窦娥冤》里窦娥的婆婆。

正末、正旦是两种主唱角色，正末主唱的剧本叫末本，正旦主唱的剧本叫旦本。

2.元杂剧的体制

(1)一个段落称“折”，一部戏有四折一楔子；(2)一个主角一唱到底，说白只起到次要作用；(3)曲、白、科和题目正名组成的剧本形式；(4)元杂剧的曲调与词及诸宫调都有密切关系。

（四）宋元南戏和明清传奇

宋元南戏：是南曲戏文的简称，北宋末年流行于浙东沿海一带，到元末明初较为成熟。也称温州杂剧或永嘉杂剧。

明清传奇：在南戏的基础上演变而来，是指用南曲写成的长篇戏曲剧本，荟萃了南戏和元杂剧的精华。

（五）戏曲作家和作品

1.元曲四大家和王实甫：关汉卿、郑光祖、马致远和白朴即为“元曲四大家”，他们的代表作品分别是：《窦娥冤》、《倩女离魂》、《汉宫秋》、《梧桐雨》；王实甫与关汉卿齐名，其代表作为《西厢记》。

2.元末明初“四大传奇”：元末明初四出著名南戏。即《荆钗记》、《刘知远白兔记》、《拜月亭》和《杀狗记》，简称“荆、刘、拜、杀”。

3.“南洪北孔”：“南洪”即洪昇，清朝著名剧作家，浙江杭州人，著有传奇《长升殿》；“北孔”即孔尚任，清朝著名剧作家，山东曲阜人，著有传奇《桃花扇》。

五、中国话剧

1.戏剧、中国戏曲、话剧的区别

戏剧，是以语言、动作、舞蹈、音乐、木偶等形式达到叙事目的的舞台表演艺术的总称。

文学上的戏剧是指为戏剧表演所创作的脚本，即剧本。戏剧的表演形式多种多样，常见的包括话剧、歌剧、舞剧、音乐剧、木偶戏等，是由演员扮演角色在舞台上当众表演故事情节的一种综合艺术。

戏曲指的是中国传统的戏剧。戏曲的内涵包括唱念做打，综合了对白、音乐、歌唱、舞蹈、武术和杂技等多种表演方式，不同于西方将歌剧、舞剧、话剧分开表演。

话剧指以对话为主的戏剧形式。话剧虽然可以使用少量音乐、歌唱等，但主要叙述手段为演员在台上无伴奏的对白或独白。话剧本是一门综合性艺术，剧作、导演、表演、舞美、灯光、评论缺一不可。中国传统戏剧均不属于话剧，一些西方传统戏剧如古希腊戏剧因为大量使用歌队，也不被认为是严格的话剧。现代西方舞台剧如不注为音乐剧、歌剧等的一般都是话剧。

2.中国话剧的发展

1907 年，王钟声等在上海组织“春阳社”，演出《黑奴吁天录》，这是中国话剧的发端。

1934 至 1937 年青年剧作家曹禺的著名剧作《雷雨》、《日出》、《原野》问世，产生了广泛深远的影响，标志着中国话剧的成熟。

从 1941 年至 1945 年重庆各剧团连续演出《屈原》（郭沫若）、《北京人》（曹禺）、《天国春秋》（阳翰笙）、《法西斯细菌》（夏衍）、《戏剧春秋》（夏衍、于伶、宋之的）等剧目 150 余台。

新中国成立后，《龙须沟》、《茶馆》（老舍）、《蔡文姬》（郭沫若）、《关汉卿》（田汉）、《万水千山》（陈其通）、《马兰花》（任德耀）等优秀剧目大量涌现。

六十一　长亭送别

王实甫

（夫人、长老上，云）①今日送张生赴京，十里长亭，安排下筵席。我和长老先行，不见张生、小姐来到。（旦、末、红同上②）（旦云）今日送张生上朝取应③，早是离人伤感，况值那暮秋天气④，好烦恼人也呵！“悲欢聚散一杯酒，南北东西万里程。”（旦唱）

【正宫】【端正好】⑤碧云天，黄花地，西风紧，北雁南飞。晓来谁染霜林醉？总是离人泪。

【滚绣球】恨相见得迟，怨归去得疾。柳丝长玉骢难系⑥，恨不倩疏林挂住斜晖⑦。马儿迍迍的行⑧，车儿快快的随，却告了相思回避，破题儿又早别离⑨。听得道一声“去也”，松了金钏⑩；遥望见十里长亭，减了玉肌：此恨谁知！

（红云）姐姐今日怎么不打扮？（旦云）你那知我的心里呵？（旦唱）

【叨叨令】见安排著车儿、马儿，不由人熬熬煎煎的气；有甚么心情花儿、靥儿⑪，打扮得娇娇滴滴的媚；准备著被儿、枕儿，则索昏昏沉沉的睡；从今后衫儿、袖儿，都揾做重重叠叠的泪⑫。兀的不闷杀人也么哥⑬！兀的不闷杀人也么哥！久已后书儿、信儿，索与我凄凄惶惶的寄⑭。

（做到、见夫人科）⑮（夫人云）张生和长老坐，小姐这壁坐⑯，红娘将酒来⑰。张生，你向前来，是自家亲

---

① 夫人：崔母。长老：寺院主持僧的通称，这里指普救寺的法本。

② 旦：杂剧中女角的通称，这里指莺莺。末：杂剧中男角的通称，这里指张珙（即张生）。红：红娘。

③ 上朝取应：到京城应试。

④ 早是：本来已是。况值：况且又遇上。

⑤ 【正宫】：宫调名，类似现在乐调中的D调。元杂剧规定每折戏限用一个宫调，下面由若干曲牌组成套曲，一韵到底。【端正好】：曲牌名，与下面的【滚绣球】【叨叨令】等，都属同一宫调的曲牌。

⑥ 玉骢（cōng）：原指一种青白色的骏马，这里是马的代称。

⑦ 倩：央求、请。

⑧ 迍迍（zhūn）：行动缓慢的样子。

⑨ “却告了”二句：才结束了相思，又早开始了离别。却：通“恰”，刚刚。破题儿：唐宋文人称诗赋起首几句为破题，这里喻事情的开始。

⑩ 金钏（chuàn）：金镯。

⑪ 靥（yè）儿：古代女子在额上或两鬓点贴的花饰。

⑫ 揾（wèn）：擦。

⑬ 兀（wù）的不：这岂不。也么（mò）哥：元曲中常用的句末衬字，无意义。

⑭ 索：须，该。凄凄惶惶：悲伤惶恐的样子。

⑮ 科：元杂剧中表示动作、表情及舞台效果的术语。

⑯ 这壁：这边。

⑰ 将：取，拿。

眷，不要回避。俺今日将莺莺与你，到京师休辱末了俺孩儿①，挣揣一个状元回来者②。（末云）小生托夫人馀荫③，凭著胸中之才，视官如拾芥耳。（洁云④）夫人主见不差，张生不是落后的人。（把酒了，坐）（旦长吁科）（旦唱）

【脱布衫】下西风黄叶纷飞，染寒烟衰草萋迷⑤。酒席上斜签著坐的⑥，蹙愁眉死临侵地⑦。

【小梁州】我见他阁泪汪汪不敢垂⑧，恐怕人知。猛然见了把头低，长吁气，推整素罗衣⑨。

【幺篇】⑩虽然久后成佳配，奈时间怎不悲啼⑪。意似痴，心如醉，昨宵今日，清减了小腰围。

（夫人云）小姐把盏者！（红递酒，旦把盏长吁科云）请吃酒！（旦唱）

【上小楼】合欢未已，离愁相继。想着俺前暮私情，昨夜成亲，今日别离。我谂知这几日相思滋味，却原来比别离情更增十倍⑫。

【幺篇】年少呵轻远别，情薄呵易弃掷。全不想腿儿相挨，脸儿相偎，手儿相携。你与俺崔相国做女婿，妻荣夫贵，但得一个并头莲，煞强如状元及第⑬。

（夫人云）红娘把盏者！（红把酒科）（旦唱）

【满庭芳】供食太急，须臾对面⑭，顷刻别离。若不是酒席间子母每当回避，有心待与他举案齐眉⑮。虽然是厮守得一时半刻，也合著俺夫妻每共桌而食⑯。眼底空留意⑰，寻思起就里⑱，险化做望夫石⑲。

（红云）姐姐不曾吃早饭，饮一口儿汤水。（旦云）红娘，甚么汤水咽得下！（唱）

---

① 辱末："辱没"，玷辱，使不光彩。

② 挣揣：努力争取，夺取。者：句末语气词，表祈使。

③ 余荫：受到长辈的庇护。

④ 洁：元杂剧把僧人称为"洁郎"，简称"洁"，这里指长老。

⑤ 萋（qī）迷：凄凉。萋：同"凄"。

⑥ 斜签著：斜着身子。签：插。

⑦ 死临侵：形容无精打采、死气沉沉的痴呆模样。

⑧ 阁泪：含泪。阁通"搁"，这里是含着、忍住的意思。

⑨ 推整：装作整理。推：推托，这里引申为假装。罗：质地较轻的丝织品。

⑩ 幺（yāo）篇：元杂剧中凡重复前曲的叫"幺篇"，与前曲的字数有时有出入。

⑪ 奈时间：无奈眼前这个时候。奈：无奈。时间：目前，现时。

⑫ "我谂（shěn）知"二句：我这几天深知相思之苦，却原来此别离情比相思更苦十倍。谂知：深知。

⑬ 煞强如：远胜似。煞：甚，很。及第：科举时代考试中选，特指考取进士。

⑭ 须臾：很短的时间，片刻。

⑮ 待：打算，想要。举案齐眉：出自《后汉书·梁鸿传》。东汉梁鸿与妻子孟光相爱相敬，每次吃饭时，孟光总要把盛饭菜的盘子举得高高地递给梁鸿，表示敬重。案：古时进食用的矮脚木托盘。

⑯ 厮守：相聚相守。合：该。着：教，使。

⑰ 眼底空留意：白白地以目传情。

⑱ 就里：内情。这里指与张生婚姻中的波折。

⑲ 望夫石：据《太平御览》记载，武昌阳新县北山上有望夫石，状如人立。相传有贞妇因丈夫从役，在这里立望其夫而化为山石，因而得名。我国多处有这种传说的望夫石。

【快活三】暖溶溶玉醅，白泠泠似水[①]，多半是相思泪。眼面前茶饭怕不待要吃[②]，恨塞满愁肠胃。"蜗角虚名，蝇头微利"[③]，拆鸳鸯在两下里。一个这壁，一个那壁，一递一声长吁气。

(夫人云)辆起车儿[④]，俺先回去，小姐随后和红娘来。(下)(末辞洁科)(洁云)此一行别无话儿，贫僧准备买登科录看[⑤]，做亲的茶饭少不得贫僧的。先生在意，鞍马上保重者！"从今经忏无心礼[⑥]，专听春雷第一声[⑦]。"(下)(旦唱)

【四边静】霎时间杯盘狼藉，车儿投东，马儿向西。两意徘徊，落日山横翠。知他今宵宿在那里？在梦也难寻觅。

张生，此一行得官不得官，疾便回来。(末云)小生这一去，白夺一个状元，正是"青霄有路终须到[⑧]，金榜无名誓不归"。(旦云)君行别无所赠，口占一绝[⑨]，为君送行："弃掷今何在，当时且自亲。还将旧来意，怜取眼前人[⑩]。"(末云)小姐之意差矣，张珙更敢怜谁？谨赓一绝[⑪]，以剖寸心："人生长远别，孰与最关亲？不遇知音者，谁怜长叹人[⑫]？"(旦唱)

【耍孩儿】淋漓襟袖啼红泪[⑬]，比司马青衫更湿[⑭]。伯劳东去燕西飞[⑮]，未登程先问归期。虽然眼底人千里，且尽生前酒一杯。未饮心先醉，眼中流血，心内成灰。

【五煞】到京师服水土，趁程途节饮食[⑯]，顺时自保揣身体[⑰]。荒村雨露宜眠早，野店风霜要起迟！鞍马秋风里，最难调护，最要扶持。

【四煞】这忧愁诉与谁？相思只自知，老天不管人憔悴。泪添九曲黄河溢，恨压三峰华岳低[⑱]。到晚来闷把西楼倚，见了些夕阳古道，衰柳长堤。

---

① 玉醅(pēi)：美酒。醅：没有过滤的酒。白泠泠(líng)：清凉，这里喻美酒无味。

② 怕不待要：难道不要，岂不要。

③ "蜗角"二句：将功名利禄喻为微不足道的蜗角蝇头。《庄子·则阳》篇载，有两个建于蜗牛左右角上的国家，经常因争地而厮杀。班固《难庄论》说众人逐利，如小青蝇贪图肉汁，所沾无多。

④ 辆：这里是驾、套的意思。作动词用。

⑤ 登科录：科举考试后的录取名册。

⑥ 经忏：经文忏词，这里泛指佛经。礼：这里指诵经念。

⑦ "专听"句：意谓专等着听你考中状元的好消息。

⑧ 青霄：青云，这里比喻考中状元，飞黄腾达。终须：一定要。

⑨ "口占"句：随口吟出一首绝句，信口而出叫"占"。

⑩ "弃掷"四句：意谓抛弃我的人在何处？当时对我何等亲近！现在又将过去对待我的情意，去爱眼前的新人。怜：爱。

⑪ 赓(gēng)：续作。

⑫ 长：常。孰与：与谁。关亲：关切亲近。知音者：莺莺。长叹人：张生。

⑬ 红泪：王嘉《拾遗记》载，魏文帝时"薛灵云选入宫时，别父母。以玉唾壶承泪，壶即红色"。后因称女子的眼泪为红泪。

⑭ 司马青衫：语出白居易《琵琶行》："坐中泣下谁最多？江州司马青衫湿。"

⑮ 伯劳：鸟名。古乐府《东飞伯劳歌》有"东飞伯劳西飞燕"之句，后因以"劳燕分飞"借喻人的离散。

⑯ 趁程途：赶路程。

⑰ 顺时：顺应时令。保揣：保护，爱惜。

⑱ 三峰：西岳华山有三个著名的高峰：一说莲花峰、落雁峰、朝阳峰，故称。

【三煞】笑吟吟一处来，哭啼啼独自归。归家若到罗帏里[①]，昨宵个绣衾香暖留春住，今夜个翠被生寒有梦知。留恋你别无意，见据鞍上马，阁不住泪眼愁眉。

（末云）有甚言语，嘱咐小生咱？（旦唱）

【二煞】你休忧文“齐福不齐”[②]，我则怕你“停妻再娶妻”[③]。休要“一春鱼雁无消息”[④]！我这里青鸾有信频须寄[⑤]，你却休“金榜无名誓不归”。此一节君须记：若见了那异乡花草[⑥]，再休似此处栖迟[⑦]。

（末云）再谁似小姐？小生又生此念？（旦唱）

【一煞】青山隔送行，疏林不做美，淡烟暮霭相遮蔽。夕阳古道无人语，禾黍秋风听马嘶。我为甚么懒上车儿内，来时甚急，去后何迟？

（红云）夫人去好一会，姐姐，咱家去！（旦唱）

【收尾】四围山色中，一鞭残照里。遍人间烦恼填胸臆，量这些大小车儿如何载得起？

（旦、红下）（末云）仆童，赶早行一程儿，早寻个宿处。泪随流水急，愁逐野云飞。（下）

学习要点

【作家作品】

王实甫（1260—1336），名德信，大都（今北京市）人，祖籍河北省保定市定兴（今定兴县）。元代著名戏曲作家，杂剧《西厢记》的作者，生平事迹不详。王实甫与关汉卿齐名，其作品全面地继承了唐诗宋词精美的语言艺术，又吸收了元代民间生动活泼的口头语言，创造了文采璀璨的元曲词汇，成为中国戏曲史上“文采派”的杰出代表。

著有杂剧十四种，现存《西厢记》《丽春堂》等。另有《贩茶船》《芙蓉亭》二种，各传有曲文一折。《西厢记》是他的代表作。

元曲四大家，指的是元朝四位著名的戏曲家，关汉卿、马致远、郑光祖、白朴，这四位代表了元曲不同时期和不同流派的创作成就。而王实甫本人也与“元曲四大家”之首的关汉卿齐名，那么问题来了，王实甫为何未列入“元曲四大家”之中呢？后世人有人认为，王实甫之所以不入“元曲四大家”是因为其戏曲过于“艳”，文辞优美，诗意浓厚，曲文感情色彩强烈，不被当时的主流社会所接受。

王实甫的《西厢记》原出于唐代元稹的传奇小说《莺莺传》，脱胎于金代董解元的《西厢记诸宫调》（简称《董西厢》）。《西厢记》全剧叙写了书生张生（君瑞）与相国小姐崔莺莺在婢女

---

① 帏（wéi）：同“帷”，帐子。

② 文齐福不齐：有文才而没有考中的福分。

③ 停妻再娶妻：弃掷前妻而另外再娶。

④ 鱼雁无消息：音讯不通。出自秦少游《鹧鸪天》。

⑤ 青鸾：神话传说中为西王母传信的神鸟。

⑥ 异乡花草：异乡女子。

⑦ 栖迟：淹留不走。

红娘的帮助下,冲破孙飞虎、崔母、郑恒等人的重重阻挠,终成眷属的故事。该剧具有很浓的反封建礼教的色彩,作者写青年人对爱情的渴望,写情与欲的不可遏制与正当合理,写青年人自身的愿望与家长意志的冲突;表达了“愿天下有情的都成了眷属”的爱情观。全剧体制宏伟,用了五本二十折连演一个完整的故事,这在古代杂剧中是罕见的。该剧情节引人入胜,形象鲜明生动,文采斐然,极具诗情画意。

【思想内容】

本篇选自元代著名杂剧家王实甫的《西厢记》。

《西厢记·长亭送别》讲述了崔莺莺十里长亭送张生进京赶考的别离场景。张生和崔莺莺这对冲破世俗相爱的恋人,在短暂的欢愉后即将饱尝长久的别离相思,反映了自由爱情与封建礼教的尖锐矛盾,表现了对封建礼教对人性人情严重束缚和压制的控诉。

【艺术特色】

1.口语和古典诗词杂糅。作者不仅善于熔炼方言口语入曲,而且更善于熔炼古典诗词入曲,甚至把口语和古典诗词杂糅在一起而丝毫不显生硬牵强。俗话说“量体裁衣”,《西厢记》很多地方是“量体借衣”,借用前人的现成语句和意境而不显“借”的痕迹。当我们读到“碧云天,黄花地”“暖溶溶的玉醅,白泠泠似水,多半是相思泪”等句时,也会很自然地想到范仲淹的名篇《苏幕遮》。而“淋漓襟袖啼红泪,比司马青衫更湿”用的是白居易“座中泣下谁最多,江州司马青衫湿”的典故是无须说的了。由于原材料都来自诗中的句篇、精华,于是据以熔炼而成的新产品当然是精品了。

《西厢记》的语言艺术是杰出的。由于王实甫既能熟练地驾驭民间语言,又善于吸取古典诗词中的精华为己所用,两者奇妙的结合,便形成既典雅又质朴,既有文采又不废本色的独特的艺术风格。而浓郁的诗情画意,弥漫在字里行间,这恰是《西厢记》获得“文采派”代表作的主要标志。

2.诗的意境。王实甫是酿造气氛、描摹环境的圣手。全剧处处有诗的意境,洋溢着诗情画意的气氛。在个别悲剧性的场子里,也依然笼罩着诗的气氛。如《送别》一折,并不着重去渲染主人公摧肝裂胆的痛苦,而是借助古典诗词描写愁恨时特有的一些表现手法,以景写人,达到情景交融的艺术境界。这里没有呼天抢地,没有抱头痛哭,有的是“碧云天,黄花地,西风紧,北雁南飞”那种诗意的迷惘和浓浓的哀愁,依然是一片诗情画意的动人色调,与全剧优美的风格和谐统一。

清代散文家姚鼐《复鲁挈非书》中评价:“如初升日,如清风,如云,如霞,如烟,如幽林曲涧,如沦,如漾,如珠玉之辉,如鸿鹄之寥廓。”

3.鲜明生动的人物形象。崔莺莺:她敢于反抗封建礼教,大胆追求爱情自由,对爱情真挚专一,对功名利禄表示鄙弃,她视科举为“蜗角虚名,蝇头微利”,认为“但得一个并头莲,煞强如状元及第”。表现出强烈的叛逆精神。张生:主要是从侧面来加以表现的,他与莺莺一样追求爱情和婚姻自主,同样为离别在即而满怀伤感,但他对封建礼教的反抗比较软弱,迫于老夫人的压力赴京应试,而又热衷于“青霄有路纵须到,金榜无名誓不归”。

【每课一练】

一、选择题

1. 表现莺莺对现实不满最为强烈的曲词是　　（　　）

A. 前暮私情，昨夜成亲，今日别离　　B. 有梦也难寻觅

C. 蜗角虚名，蝇头微利　　D. 但得一个并头莲，煞强如状元及第

2. 王实甫《西厢记》是一部　　（　　）

A. 元杂剧　　B. 明杂剧　　C. 说唱文学　　D. 传奇

3.《长亭送别》的语言特色是　　（　　）

A. 慷慨悲凉　　B. 沉郁顿挫　　C. 明白晓畅　　D. 优美雅致

4. “蜗角虚名，蝇头微利”所用的修辞方法错误的一项是　　（　　）

A. 夸张、用典、比喻　B. 夸张、对偶、比喻　C. 对偶、比喻、拟人　D. 用典、夸张、对偶

二、填空题

1. 王实甫，名德信，大都（今北京市）人。元代著名戏曲作家，王实甫与关汉卿齐名，其作品全面地继承了________精美的语言艺术，又吸收了元代民间生动活泼的________语言，创造了文采璀璨的元曲词汇，成为中国戏曲史上“________派”的杰出代表。

2. 著有杂剧十四种，现存《西厢记》《________堂》等。另有《贩茶船》《芙蓉亭》。《________》是他的代表作。

3. 王实甫的《西厢记》原出于唐代元稹的传奇小说《________传》。脱胎于金代董解元的《________诸宫调》（简称《董西厢》）。《西厢记》全剧叙写了书生张生（君瑞）与相国小姐崔莺莺在婢女红娘的帮助下，冲破重重阻挠追求爱情，表达了“愿天下有情的都成了眷属”的爱情观。

三、阅读分析题

1，阅读《长亭送别》中的一段选文，回答问题。

[端正好]碧云天，黄花地，西风紧，北雁南飞。晓来谁染霜林醉？总是离人泪。

(1)前四句所写的景与送别有何关系？

(2)分析“晓来谁染霜林醉？总是离人泪”的修辞方法与含义。

(3)这段曲词体现了王实甫曲词的怎样一种风格？

2. 阅读《长亭送别》中的一段选文，回答问题。

[朝天子]暖溶溶玉醅，白泠泠似水，多半是相思泪。眼面前茶饭怕不待要吃，恨塞满愁肠胃。“蜗角虚名，蝇头微利”，拆鸳鸯在两下里。一个这壁，一个那壁，一递一声长吁气。

(1)将“蜗角虚名”译成现代汉语，并分析其修辞方法与含义。

(2)结合曲词分析表现莺莺情感的艺术手段。

(3)根据这些选文概括其中的主要矛盾冲突。

参考答案

六十二 日 出(节选)

曹 禺

[黄省三由中门进]。

黄省三 (胆小地)李……李先生。

李石清 怎么?(吃了一惊)是你!

黄省三 是,是,李先生。

李石清 又是你,谁叫你到这儿来找我的?

黄省三 (无力地)饿,家里的孩子大人没有饭吃。

李石清 (冷冷地)你到这儿就有饭吃么?这是旅馆,不是粥厂。

黄省三 李,李先生,可当的都当干净了。我实在没有法子,不然,我决不敢再找到这儿来麻烦您。

李石清 (烦恶地)哧,我跟你是亲戚?是老朋友?或者我欠你的,我从前占过你的便宜?你这一趟一趟地,我走哪儿你跟哪儿,你这算怎么回事?

黄省三 (苦笑,很凄凉地)您说哪儿的话,我都配不上。李先生,我在银行里一个月才用您十三块来钱,我这儿实在是无亲无故,您辞了我之后,我在哪儿找事去?银行现在不要我等于不叫我活着。

李石清 (烦厌地)照你这么说,银行就不能辞人啦。银行用了你,就算给你保了险,你一辈子就可以吃上银行啦,嗯?

黄省三 (又卷弄他的围巾)不,不,不是,李先生,我……我,我知道银行待我不错,我不是不领情。可是……您是没有瞅见我家里那一堆孩子,活蹦乱跳的孩子,我得每天找东西给他们吃。银行辞了我,没有进款,没有米,他们都饿得直叫。并且房钱有一个半月没有付,眼看着就没有房子住。(嗫嚅地)李先生,您没有瞅见我那一堆孩子,我实在没有路走,我只好对他们——哭。

李石清 可是谁叫你们一大堆一大堆养呢?

黄省三 李先生,我在银行没做过一件错事。我总天亮就去上班,夜晚才回来,我一天干到晚,李先生——

李石清 (不耐烦)得了,得了,我知道你是个好人,你是安分守己的。可是难道不知道现在市面萧条,经济恐慌?我跟你说过多少遍,银行要裁员减薪,我并不是没有预先警告你!

黄省三 (踌躇地)李先生,银行现在不是还盖着大楼,银行里面还添人,添了新人。

李石清 那你管不着!那是银行的政策,要繁荣市面。至于裁了你,又添了新人,我想你做了这些年的事,你难道这点世故还不明白?

黄省三　我……我明白，李先生。（很凄楚地）我知道我身后面没有人挺住腰。

李石清　那就得了。

黄省三　不过我当初想，上天不负苦心人，苦干也许能补救我这个缺点。

李石清　所以银行才留你四五年，不然你会等到现在？

黄省三　（乞求）可是，李先生，我求求您，您行行好。我求您跟潘经理说说，只求他老人家再让我回去。就是再累一点，再加点工作，就是累死我，我也心甘情愿的。

李石清　你这个人真麻烦。经理会管你这样的事？你们这样的人，就是这点毛病。总把自己看得太重，换句话，就是太自私。你想潘经理这样忙，会管你这样小的事，不过，奇怪，你干了三四年，就一点存蓄也没有？

黄省三　（苦笑）存蓄？一个月十三块来钱，养一大家子人？存蓄？

李石清　我不是说你的薪水。从薪水里，自然是挤不出油水来。可是——在别的地方，你难道没有得到一点的好处？

黄省三　没有，我做事凭心，李先生。

李石清　我说——你没有从笔墨纸张里找出点好处？

黄省三　天地良心，我没有，您可以问庶务刘去。

李石清　哼，你这个傻子，这时候你还讲良心！怪不得你现在这么可怜了。好吧，你走吧。

黄省三　（着慌）可是，李先生——

李石清　有机会，再说吧。（挥挥手）现在是毫无办法。你走吧。

黄省三　李先生，您不能——

李石清　并且，我告诉你，你以后再要狗似的老跟着我，我到哪儿，你到哪儿，我就不跟你这么客气了。

黄省三　李先生，那么，事还是一点办法也没有？

李石清　快走吧！回头，一大堆太太小姐们进来，看到你跑到这儿找我，这算是怎么回事？

黄省三　好啦！（泪汪汪的，低下头）李先生，真对不起您老人家。（苦笑）一趟一趟地来麻烦您，我走啦。

李石清　你看你这个麻烦劲儿，走就走得啦。

黄省三　（长长地叹一口气，走了两步，忽然跑回来，沉痛地）可是，您叫我到哪儿去？您叫我到哪儿去？我没有家，我拉下脸跟你说吧，我的女人都跟我散了，没有饭吃，她一个人受不了这样的苦，她跟人跑了。家里有三个孩子，等着我要饭吃。我现在口袋里只有两毛钱，我身上又有病，（咳嗽）我整天地咳嗽！李先生，您叫我回到哪儿去？您叫我回到哪儿去？

李石清　（可怜他，但又厌恶他的软弱）你愿意上哪儿去，就上哪儿去吧。我跟你讲，我不是不想周济你，但是这个善门不能开，我不能为你先开了例。

黄省三　我没有求您周济我，我只求您赏给我点事情做。我为着我这群孩子，我得活着！

李石清　（想了想，翻着白眼）其实，事情很多，就看你愿意不愿意做。

黄省三　（燃着了一线希望）真的？

李石清　第一，你可以出去拉洋车去。

黄省三　(失望)我……我拉不动,(咳嗽)您知道我有病。医生说我这边的肺已经(咳)——靠不住了。

李石清　哦,那你还可以到街上要——

黄省三　(脸红,不安)李先生,我也是个念过书的人,我实在有点——

李石清　你还有点叫不出口,是么?那么你还有一条路走,这条路最容易,最痛快,——你可以到人家家里去(看见黄的嘴喃喃着)——对,你猜得对。

黄省三　哦,您说,(嘴唇颤动)您说,要我去——(只见唇动,听不见声音)

李石清　你大声说出来,这怕什么?"偷!""偷!"这有什么做不得,有钱的人的钱可以从人家手里大把地抢,你没有胆子,你怎么不能偷?

黄省三　李先生,真的我急得时候也这么想过。

李石清　哦,你也想过去偷?

黄省三　(惧怕地)可是,我怕,我怕,我下不了手。

李石清　(愤慨地)怎么你连偷的胆量都没有,那你叫我怎么办?你既没有好亲戚,又没有好朋友,又没有了不得的本领。好啦,叫你要饭,你要顾脸,你不肯做;叫你拉洋车,你没有力气,你不能做;叫你偷,你又胆小,你不敢做。你满肚子的天地良心,仁义道德,你只想凭着老实安分,养活你的妻儿老小,可是你连自己一个老婆都养不住,你简直就是个大废物,你还配养一大堆孩子!我告诉你,这个世界不是替你这样的人预备的。(指窗外)你看见窗户外面那所高楼么?那是新华百货公司十三层高楼,我看你走这一条路是最稳当的。

黄省三　(不明白)怎么走,李先生?

李石清　(走到黄面前)怎么走?(魔鬼般地狞笑着)我告诉你,你一层一层地爬上去。到了顶高的一层,你可以迈过栏杆,站在边上。你只再向空,向外多走一步,那时候你也许有点心跳,但是你只要过一秒钟,就一秒钟,你就再也不可怜了,你再也不愁吃,不愁穿了。——

黄省三　(呆若木鸡,低得几乎听不见的声音)李先生,您说顶好我"自——"(忽然爆发地悲声)不,不,我不能死,李先生,我要活着!我为着我的孩子们,为我那没了妈的孩子们我得活着!我的望望,我的小云,我的——哦,这些事,我想过。可是,李先生,您得叫我活着!(拉着李的手)您得帮帮我,帮我一下!我不能死,活着再苦我也死不得,拼命我也得活下去啊!(咳嗽)

[左门大开。里面有顾八奶奶、胡四、张乔治等的笑声。潘月亭露出半身,面向里面,说:"你们先打着。我就来。"]

李石清　(甩开黄的手)你放开我。有人进来,不要这样没规矩。[黄只得立起,倚着墙,潘进。]

潘月亭　啊?

黄省三　经理!

潘月亭　石清,这是谁?他是干什么的?

黄省三　经理,我姓黄,我是大丰的书记。

李石清　他是这次被裁的书记。

潘月亭　你怎么跑到这里来,(对李)谁叫他进来的?

李石清　不知道他怎么找进来的。

黄省三　(走到潘面前,哀痛地)经理,您行行好,您要裁人也不能裁我,我有三个小孩子,我不能没有事。经理,我给您跪下,您得叫我活下去。

潘月亭　岂有此理!这个家伙,怎么能跑到这儿来找我求事。(厉声)滚开!

黄省三　可是,经理,——

李石清　起来!起来!走!走!走!(把他一推,倒在地上)你要再这样麻烦,我就叫人把你打出去。

[黄望望李,又望望潘。]

潘月亭　滚,滚,快滚!真岂有此理!

黄省三　好,我起来,我起来,你们不用打我!(慢慢立起来)那么,你们不让我再活下去了!你!(指潘)你!(指李)你们两个说什么也不叫我再活下去了。(疯狂似的又哭又笑地抽咽起来)哦,我太冤了。你们好狠的心哪!你们给我一个月不过十三块来钱,可是你们左扣右扣的,一个月我实在领下的才十块二毛五。我为着这辛辛苦苦的十块二毛五,我整天地写,整天给你们伏在书桌上写;我抬不起头,喘不出一口气地写;我从早到晚地写;我背上出着冷汗,眼睛发着花,还在写;刮风下雨,我跑到银行也来写!(做势)五年哪!我的潘经理!五年的工夫,你看看,这是我!(两手捶着胸)几根骨头,一个快死的人!我告诉你们,我的左肺已经坏了,哦,医生说都烂了!(尖锐的声音,不顾一切地)我跟你说,我是快死的人,我为着我的可怜的孩子,跪着来求你们。叫我还能够给你们写,写,写,——再给我一碗饭吃。把我这个不值钱的命再换几个十块二毛五。可是你们不答应我!你们不答应我!你们自己要弄钱,你们要裁员,你们一定要裁我!(更沉痛地)可是你们要这十块二毛五干什么呀!我不是白拿你们的钱,我是拿命跟你们换哪!(苦笑)并且我也拿不了你们几个十块二毛五,我就会死的。(愤恨地)你们真是没有良心哪,你们这样对待我,——是贼,是强盗,是鬼呀!你们的心简直比禽兽还不如——

潘月亭　这个混蛋,还不给我滚出去!

黄省三　(哭着)我现在不怕你们啦!我不怕你们啦!(抓着潘的衣服)我太冤了,我非要杀了——

潘月亭　(很敏捷地对着黄的胸口一拳)什么!(黄立刻倒在地下)

[半晌。]

李石清　经理,他是说他要杀他自己——他这样的人是不会动手害人的。

潘月亭　(擦擦手)没有关系,他这是晕过去了。福升!福升!

[福升上。]

潘月亭　把他拉下去。放在别的屋子里面,叫金八爷的人跟他拍拍捏捏,等他缓过来,拿三块钱给他,叫他滚蛋!

王福升　是!

[福升把黄拖下去。]

学习要点

【作家作品】

曹禺作为中国新文化运动的开拓者之一，与鲁迅、郭沫若、茅盾、巴金、老舍齐名。他是中国现代戏剧的泰斗，戏剧教育家。

曹禺(1910 年 9 月 24 日—1996 年 12 月 13 日)，中国杰出的现代话剧剧作家，原名万家宝，字小石，小名添甲。汉族，祖籍湖北潜江，出生在天津一个没落的封建官僚家庭里。其父曾任黎元洪的秘书，后赋闲在家，抑郁不得志。曹禺幼年丧母，在压抑的氛围中长大，个性苦闷而内向。曹禺自小随继母辗转各个戏院听曲观戏，故而从小心中便播下了戏剧的种子。1922 年，入读南开中学，并参加了南开新剧团。南开大学读书期间，受挪威剧作家易卜生、美国剧作家奥尼尔的影响。1930 年转入清华大学西洋文学系读书，对莎士比亚和契诃夫的戏剧着迷。读书期间，即 1933 年，年仅 23 岁的曹禺创作了话剧《雷雨》，曹禺的话剧处女作《雷雨》问世，在中国现代话剧史上具有极其重大的意义，它被公认为是中国现代话剧成熟的标志。其代表作品有《雷雨》《日出》《原野》《北京人》。

曹禺笔名的来源是因为本姓"萬"("万"的繁体字)，于是他将萬字上下拆为'草禺'，又因"草"不像个姓，故取谐音字'曹'，两者组合而得曹禺。

本文选自《日出》第二幕。

《日出》全剧以 20 世纪 30 年代中国半封建半殖民地都市为背景，选取了舞女陈白露的华丽客厅和三等妓女的屋室为特定地点，展示了上层社会和下层社会的不同生活画面，尤其通过大学生陈白露、良家妇女翠喜和小东西等堕落为娼直至被毁灭的悲剧，揭露了黑暗强大的旧势力对纯洁善良的社会底层人的摧残和蹂躏，向黑暗、不公平的旧中国和罪恶的制度提出了控诉，并呼吁人们起来与这个不公平社会作最后的抗争。

【思想内容】

本文主要描写被辞退的银行小职员黄省三为了家庭生计哀求大银行家潘月亭及其秘书李石清，最后遭到拒绝的场面。黄省三这个小职员的悲剧，真实地写出了当时所有处于社会底层的弱者和小人物在黑暗、不公平社会中为生存而挣扎的真实情景，对 20 世纪 30 年代人吃人的社会真相和罪恶的制度作了深刻的揭露和概括——"损不足以奉有余"的本质特点。

【艺术特色】

1. 人物形象。黄省三，原是银行家潘月亭开办的大丰银行的小职员，他忠厚老实，不会趋炎附势，所以在残酷的生存竞争中，他必然处于被侮辱与被损害的地位。秘书李石清虽然也是小职员，但他不甘于自己受辱的卑微地位，他精明算计，会趋炎附势，想通过不择手段来改变自己的命运。潘月亭是个靠投机和剥削而发家的银行家和商人，他崇尚金钱，为人自私，是个表面伪善，内心十分残忍冷酷的人。

2. 戏剧冲突。秘书李石清一心想往上爬，想把银行家潘月亭当作靠山，因而他对潘月亭言听计从，他为了潘月亭的利益可以视黄省三的死活于不顾；而黄省三性格软弱，是个地地道道的弱者，他把自己的命运寄托在雇主和其秘书李石清发善心上；而潘月亭是个铁石心肠的冷酷资本家，所以三人各自的性格就呈现出不相融合、各不相让的矛盾，作家就是通过三人的性格冲突来推动剧情的发展，在冲突中更好地展现人物的个性。

【每课一练】

一、选择题

1. 下列剧本属曹禺的作品的是 （　　）

A.《茶馆》　B.《原野》　C.《屈原》　D.《名优之死》

2. 曹禺是中国现代文学史上最著名的 （　　）

A. 剧作家　B. 诗人　C. 小说家　D. 评论家

3. 曹禺创作的第一部剧作是 （　　）

A.《日出》　B.《原野》　C.《雷雨》　D.《北京人》

4.《日出》的背景是 （　　）

A. 20 世纪 30 年代中国的农村　B. 20 世纪 20 年代中国的乡村

C. 20 世纪 30 年代中国的城市　D. 20 世纪 20 年代中国的城市

5.《日出》的主题是 （　　）

A. 偏重写人性的悲剧　B. 写家庭悲剧

C. 偏重对社会悲剧的揭示　D. 写个人悲剧

二、填空题

1. 曹禺作为中国新文化运动的开拓者之一，与鲁迅、郭沫若、茅盾、巴金、老舍齐名。他是中国现代戏剧的________，戏剧教育家。

2. 曹禺，中国杰出的现代话剧剧作家，原名________。读书期间，即 1933 年，年仅 23 岁的曹禺创作了话剧《________》，它被公认为是中国现代________成熟的标志。其代表作品有《雷雨》《日出》《________》《________》。

3. 曹禺笔名的来源是因为本姓“____”（繁体字），于是他将万字上下拆为“______”，又因“____”不像个姓，故取谐音字“____”，两者组合而得曹禺。

4.《日出》全剧以 20 世纪 30 年代中国半封建半殖民地都市为背景，选取了舞女陈白露的华丽客厅和三等妓女的屋室为特定地点，展示了上层社会和下层社会的不同生活画面，尤其通过大学生________、良家妇女________和________等堕落为娼直至被毁灭的悲剧。

三、阅读分析题

阅读作品片段，然后回答问题：

李石清　（愤慨地）怎么你连偷的胆量都没有，那你叫我怎么办？你既没有好亲戚，又没有好朋友，又没有了不得的本领。好啦，叫你要饭，你要顾脸，你不肯做；叫你拉洋车，你没有力气，你不能做；叫你偷，你又胆小，你不敢做。你满肚子的天地良心，仁义道德，你只想凭着老实安分，养活你的妻儿老小，可是你连自己一个老婆都养不住，你简直就是个大废物，你还配养一大堆孩子！我告诉你，这个世界不是替你这样的人预备的。（指窗外）你看见窗户外面那所高楼么？那是新华百货公司十三层高楼，我看你走这一条路是最稳当的。

黄省三　（不明白）怎么走，李先生？

李石清　（走到黄面前）怎么走？（魔鬼般地狞笑着）我告诉你，你一层一层地爬上去。到了顶高的一层，你可以迈过栏杆，站在边上。你只再向空，向外多走一步，那时候你也许有点心跳，但是你只要过一秒钟，就一秒钟，你就再也不可怜了，你再也不愁吃，不愁穿了。——

黄省三　（呆若木鸡，低得几乎听不见的声音）李先生，您说顶好我“自——”（忽然爆发地悲声）不，不，我不能死，李先生，我要活着！我为着我的孩子们，为我那没了妈的孩子们我得活着！我的望望，我的小云，我的——哦，这些事，我想过。可是，李先生，您得叫我活着！（拉着李的手）您得帮帮我，帮我一下！我不能死，活着再苦我也死不得，拼命我也得活下去啊！（咳嗽）

［左门大开。里面有顾八奶奶、胡四、张乔治等的笑声。潘月亭露出半身，面向里面，说：“你们先打着。我就来。”］

李石清　（甩开黄的手）你放开我。有人进来，不要这样没规矩。［黄只得立起，倚着墙，潘进。］

潘月亭　啊？

黄省三　经理！

潘月亭　石清，这是谁？他是干什么的？

黄省三　经理，我姓黄，我是大丰的书记。

李石清　他是这次被裁的书记。

潘月亭　你怎么跑到这里来，（对李）谁叫他进来的？

李石清　不知道他怎么找进来的。

黄省三　（走到潘面前，哀痛地）经理，您行行好，您要裁人也不能裁我，我有三个小孩子，我不能没有事。经理，我给您跪下，您得叫我活下去。

潘月亭　岂有此理！这个家伙，怎么能跑到这儿来找我求事。（厉声）滚开！

黄省三　可是，经理，——

李石清　起来！起来！走！走！走！（把他一推，倒在地上）你要再这样麻烦，我就叫人把你打出去。

［黄望望李，又望望潘。］

潘月亭　滚，滚，快滚！真岂有此理！

黄省三　好，我起来，我起来，你们不用打我！（慢慢立起来）那么，你们不让我再活下去了！你！（指潘）你！（指李）你们两个说什么也不叫我再活下去了。（疯狂似的又哭又笑地抽咽起来）哦，我太冤了。你们好狠的心哪！你们给我一个月不过十三块来钱，可是你们左扣右扣的，一个月我实在领下的才十块二毛五。我为着这辛辛苦苦的十块二毛五，我整天地写，整天给你们伏在书桌上写；我抬不起头，喘不出一口气地写；我从早到晚地写；我背上出着冷汗，眼睛发着花，还在写；刮风下雨，我跑到银行也来写！(做势)五年哪！我的潘经理！五年的工夫，你看看，这是我！(两手捶着胸)几根骨头，一个快死的人！我告诉你们，我的左肺已经坏了，哦，医生说都烂了！(尖锐的声音，不顾一切地)我跟你说，我是快死的人，我为着我的可怜的孩子，跪着来求你们。叫我还能够给你们写，写，写，——再给我一碗饭吃。把我这个不值钱的命再换几个十块二毛五。可是你们不答应我！你们不答应我！你们自己要弄钱，你们要裁员，你们一定要裁我！(更沉痛地)可是你们要这十块二毛五干什么呀！我不是白拿你们的钱，我是拿命跟你们换哪！(苦笑)并且我也拿不了你们几个十块二毛五，我就会死的。(愤恨地)你们真是没有良心哪，你们这样对待我，——是贼，是强盗，是鬼呀！你们的心简直比禽兽还不如——

潘月亭　这个混蛋，还不给我滚出去！

黄省三　(哭着)我现在不怕你们啦！我不怕你们啦！(抓着潘的衣服)我太冤了，我非要杀了——

潘月亭　(很敏捷地对着黄的胸口一拳)什么！(黄立刻倒在地下)

[半晌。]

李石清　经理，他是说他要杀他自己——他这样的人是不会动手害人的。

潘月亭　(擦擦手)没有关系，他这是晕过去了。福升！福升！

[福升上。]

潘月亭　把他拉下去。放在别的屋子里面，叫金八爷的人跟他拍拍捏捏，等他缓过来，拿三块钱给他，叫他滚蛋！

王福升　是！

[福升把黄拖下去。]

(1)本片段中李石清为黄省三指出哪几条出路？这些建议说明了李石清是怎样的一个人？

(2)从本片段看，黄省三是怎样的一个人？他的思想情感经历了怎样的变化过程？

(3)在本片段中，从潘月亭哪几句极具个性化的台词可以看出他的凶残、狠毒的性格特征？

参考答案

应用文部分

第一章　应用文写作概述

第一节　应用文概说

应用文是人类在长期的社会实践活动中形成的一种文体，是人们管理国家、处理事务、传递信息、交流感情的工具，有的应用文还可作为凭证和依据。教育家叶圣陶说过："大学毕业生不一定能写小说诗歌，但是一定要能写工作和学习中实用的文章，而且非写得既通顺又扎实不可"。①

一、应用文的产生及发展

应用文是随着社会劳动、社会分工、社会发展而产生的，在我国出现很早，可以说是源远流长。从史料来看，具有实用价值的文章和具有审美价值的文学相比，应用文的诞生明显早于文学。从1898年起，考古工作者在河南安阳小屯殷墟遗址等地陆续出土了大量刻有文字的甲骨，到目前为止，已逾10万片。这就是在中国文化史上占据重要地位的"甲骨文"。殷墟出土的甲骨卜辞，是随着文字而产生的适应社会治理和生产、生活需要，迄今发现的最早应用文。

《尚书》中的文章就是上古文献的汇编，分为六种体式：典、谟、训、诰、誓、命。其中，"典"用于记述上古的典章制度；"谟"是议政的策论；"训"是进行教诲开道的论说文；"诰"是进行训诫的文告；"誓"是军队出征前的誓词；"命"是君主的命令和诏书。这些文体，跟现代的命令、决定、决议、指示、布告、公告、通告、通报、报告等，都有一些近似之处。《尚书》中收录了虞、夏、商、周四个朝代的28篇文献，结构完整，条理清晰，层次明确。

秦汉时期，有了上行文和下行文的区别，公文文体分类和格式初步确立。上行文有章、表、奏、议，是臣子给皇帝的文书；下行文有制、诏、策、戒，是皇帝给臣下的文书。为了提高公文的办事效率和可靠程度，还制定了现在仍在沿用的"抬头""用印"等制度，这标志着公文在当时已经相当成熟。《汉书·刑法志》说"文书盈于几阁，典者不能徧睹。"②东汉蔡邕在《独断》中说："凡群臣上书天子者有四名：一曰章，二曰奏，三曰表，四曰驳议。"③对应用写作经验的总结，也开始系统化、理论化。

---

① 叶圣陶：《写作要道》，见于《写作》1981年第2期。

② 辛子牛：《汉书刑法志注释》，群众出版社1984年版，第43页。

③ 应劭、蔡邕、刘邵：《独断》，上海古籍出版社1990年版，第4页。

魏晋南北朝时期的应用写作已相当成熟。曹操父子对应用文的发展作出过重大的贡献，曹操的代表作有《让县自明本志令》《求贤令》《求逸才令》《慎行令》《修学令》和《请增封荀表》等。曹丕不仅亲自撰写公文，还推出了有关公文写作的理论专著《典论》，把文章分为4种8类："夫文本同而末异，盖奏议宜雅，书论宜理，铭诔尚实，诗赋欲丽。此四科不同，故能之者偏也；唯通才能备其体。"①这4类8种，多属应用文体。他认为文章是"盖文章，经国之大业，不朽之盛事"，②对应用文写作有深刻的认识和精辟论述。南朝文学理论家刘勰的《文心雕龙》是我国第一部文章写作理论专著，把文章分成33类，其中属应用文的有21类之多。

唐宋时期，中国文化史上出现了著名的"唐宋散文八大家"。"古文运动"在这一历史时期得到了发展。这时期的名篇不胜枚举，如魏征的《谏太宗十思疏》《十渐终疏》，唐宋散文八大家中的名篇更是不胜枚举，骆宾王的《为徐敬业讨武曌檄》，柳宗元的《段太尉逸事状》，范仲淹的《签手诏条陈十事》，以及欧阳修的《朋党论》《与高司谏书》。仅宋授、宋敏求父子编纂的《宋大诏令集》中就选录了三千七百多篇应用文。

元明清时期，文体分类日趋详细，格式、要求空前繁杂，应用文研究方面渐趋深入，明代吴纳的《文章辨体》，徐师曾的《文体明辨》，清代姚鼐的《古文辞类纂》，刘熙载的《艺概·文概》等，都对公文的各种体式详细论述，刘熙载在《艺概》一书中首次提出"应用文"这一名称，影响广泛。

1912年，南京临时政府颁布了第一个公文成式条例，确立了新的公文体式，要求官吏相互称官职，民间相互称先生，并要求用白话文写公文，使用新式标点符号。民国政府先后颁布了若干《公文程式条例》，规定了一系列的应用文种、格式及用语，在语言表达上，白话文逐步取代了文言文。

中国共产党成立，很快有了自己的公文体式。第一批公文，就是中共全国代表大会所产生的决议、纲领和宣言。1931年瞿秋白同志代表中央起草了《文件处理办法》；1942年陕甘宁边区政府发布了《新公文程式》，规定了公文种类、行文关系和有关制度，这些都推进了公文改革。

新中国建立后，党和政府先后发布了十多个关于机关公务文书写作与处理的文件。2012年4月16日，中共中央办公厅和国务院办公厅联合印发了《党政机关公文处理工作条例》，于2012年7月1日起施行，这是对新中国成立后公务文书写作与处理的系统的全面总结，我国公务文书写作与处理走上了规范化、科学化、系统化的道路。

二、应用文的含义和种类

（一）应用文的含义

什么是应用文？对这个词，如何解释它，目前还没有一个统一的概念。《辞海》认为："应用文是指人们在日常生活、工作和学习中所应用的简易通俗文字，包括书信、公文、契约、单据等。"③我们知道，并非所有的应用文都是"简易通俗文字"，用"文字"代替文体不符合实

---

①② 王云五主编：《典论及其他三种》，商务印书馆1936年版，第5页。

③ 《辞海》，上海辞书出版社1979年缩印本，第851页。

际。《现代汉语词典》解释是:“应用文指日常生活或工作中经常使用的文体,如公文、书信、广告、收据等。”①这条解释举例不够准确,另外“经常使用”并不能说明应用文的本质特征。《语文知识词典》说:“应用文是处理日常事务最常用的文体。其目的是为了解决日常生活和工作中的实际问题,要求实用。大都有一定约定俗成的格式,语言简明准确,内容明晰扼要。种类较多,有计划、总结、报告、书信、日记、记录、通知、规则、条据等。”②这条解释随意命名应用文文种名称且举例杂乱无章。

我们认为:应用文是国家党政机关、企事业单位、社会团体以及人民群众处理公私事务、传播信息、表述意愿所使用的格式规范、行文简约的各种文体。

这个概念包括四层意思:

一是写作主体:党政机关、企事业单位、社会团体、个人;

二是内容作用:处理公私事务、传播信息、表述意愿;

三是写作要求:格式规范、行文简约;

四是概念本质:文体。

(二)应用文的种类

应用文的种类有很多,不同学者从各自的角度和标准进行分类,结果不一样。我们依据应用文的功能,把应用文大致分为以下类别。目前流行的几大分类为:

1. 公务文书。公务文书简称“公文”,2012 年 4 月 16 日发布的《党政机关公文处理工作条例》(以下简称《条例》)中所规定的 15 种公文:命令(令)、决定、决议、公报、公告、通告、通知、通报、议案、报告、请示、批复、意见、函、纪要。

2. 事务文书。事务文书有计划、总结、调查报告、书信、述职报告等。

3. 财经文书。财经文书有经济信息文书、经济合同文书、经济报告文书、市场预测调查报告等。

4. 法规文书。法规文书有规章制度、起诉状、答辩状、上诉状、申诉状、公证书、判决书等。

5. 礼仪文书。礼仪文书有邀约类、庆谢类、迎送类和悼唁类文书等。

6. 传播文书。传播文书有消息、通讯、特写、广告等。

7. 科技文书。科技文书有项目申请书、专利申请书、实验报告、科技论文、毕业论文、学术论文等。

三、应用文写作的特点和作用

(一)应用文的特点

应用文写作具有以下特点:

1. 写作目的明确:应用文是为实现特定目的服务的,写作动因与目的十分明确,文章的中心思想、作者的意图和主张是什么,读者一看便知。

---

① 《现代汉语词典》,商务印书馆 2002 年增补本,第 1514 页。

② 《语文知识词典》,河北人民出版社 1985 年版,第 484 页。

2.主旨单一集中:一篇文章的中心思想、作者的意图、主张或看法只能有一个,是全文的统帅,结构安排必须服从主旨表述的需要,围绕一个主题把问题说清说透。

3.时间要素明确:应用文所针对的事务一般是在一定时期内存在的,因此执行时间、有效期和成文日期等时间要素非常明确。

4.格式体例稳定:应用文的构成格式有固定的模式,具有规范性和严肃性,拟文时必须遵守格式体例要求,"程式化"是应用写作不可背离的规律。

5.语言表达准确:应用文大量使用专业用语和行业用语等规范语言,平实自然、晓畅易懂,庄重简洁、准确严密,与文学作品形成鲜明的差异。

6.材料真实典型:材料是构成文章内容,形成、支撑、表达主旨的各种事实与理论。材料必须真实,不允许虚构,反映的情况、问题,叙述的事实是客观存在的,发布、传达上级指示精神是确有的,不能经过任何艺术加工。材料要求"以一当十",具有典型性。

(二)应用文的作用

应用文作为记录、传递、储存信息的手段和工具,只有写得准确规范、通畅简洁,才能够有效地发挥作用。具体地说,学习应用文写作具有以下四方面的作用。

1.联系交往作用。社会是一个复杂的共同体,群体与群体、群体与个体、个体与个体之间有着各种联系和交往,在现代社会里这种联系和交往越来越密切、频繁,因此,应用文写作已成为实现人际交往的重要桥梁和途径。

2.宣传教育作用。它能够帮助人们认清形势,提高认识,统一思想,协调行动。

3.规范引导作用。用来制定政策、发布法规、指导工作的应用文,在特定范围内对机关、组织以及个人起着规范和指导的作用。

4.资料凭证作用。许多应用文,由于包含了重要的社会信息,在发挥现实效用后,仍具有为历史做证的史料价值。

第二节　应用文的构成要素及其写作要求

一、主旨

主旨,又称观点、主题、题旨、立意等。把应用文的观点称为主旨,体现了应用文的特性。主旨是作者说明问题、反映情况、表明主张时,通过全部材料所表达的评价和态度。

朱光潜在《选择与安排》一文中写道:"每篇文章必有一个主旨,你须把着重点完全摆在这主旨上,在这上面鞭辟入里,烘染尽致,使你所写的事理情态成一个世界,突出于其他一切世界之上,像浮雕突出于石面一样。"①应用文讲究的不是文采,而是规范、威严和信誉。中华民族自古以来就非常重视应用写作,秦朝李斯的《谏逐客书》、汉朝刘邦的《求贤诏》和三国时期诸葛亮的《出师表》等,都是这方面的名篇。

① 朱光潜:《朱光潜美学文学论文选集》,湖南人民出版社1980年版,第272页。

(一)主旨的含义

主旨对应用文的成篇、成文起着“规范全篇”、“制约全文”的统领作用。主旨决定材料取舍、结构安排、语言锤炼,也决定表达方式的运用。应用文书要求主旨正确、鲜明、深刻、集中。

(二)确定主旨的原则与方法

应用文的主旨,一般来自三个途径:党政机关文件、单位领导、社会实际。确定一篇文章的主旨,要遵循三个原则:

1.符合国家的法规和政策。

2.符合机关领导的意图。

3.单一鲜明,针对性强。

(三)如何显示主旨

应用文书主旨的显示方法主要如下。

1.标题点旨

用标题概括点明主旨,即题目明旨。公文大多采用标题显旨的方法,通过标题直接透视出主旨。标题点旨关键在完整准确地概括好标题中的“事由”。

2.开宗明旨

开门见山,在开端处,先用极简要文句说明全文的目的或结论。主旨句常以介词结构“为了……”作为特征。

3.篇末点旨

在应用文正文的结尾“卒章显志”,点明写作主旨,即为篇末点题。

4.呼应显旨

在正文的开头和结尾前后呼应,以突出主旨。

5.转换揭旨

在内容重大转换处揭示主旨。

6.小标题显旨

将文章主旨分解成几个部分,每个部分用一个小标题来显示。

在应用写作中,为了使主旨更加突出、鲜明,常常将以上显示主旨的方法综合使用。

二、材料

在写作学中,人们常将文章比喻成人:主旨有如人的灵魂,材料有如人的血肉,结构有如人的骨骼,语言有如人的细胞,表达有如人的外貌衣饰,这是很有道理的。清代学者章学诚在《文史通义·文理》中指出:“夫立言之要,在于有物”[①],写文章的关键在于要有材料,有“物”方能“立言”,无“物”则无以“立言”。

① 章学诚:《文史通义》,上海古籍出版社 2015 年版,第 88 页。

（一）材料的种类和作用

根据不同的分类标准，材料的种类各有不同。从形态上看，分为事实材料和理论材料；从时间上看，分为历史材料和现实材料；从范围上看，分为点上材料和综合材料；从性质上看，分为正面材料和反面材料；从来源上看，分为直接材料和间接材料。

材料的作用主要表现在三个方面：

1. 材料是写作的前提。

2. 材料是形成主旨的基础。

3. 材料是说明主旨的支柱。

（二）材料的获取

不同内容和不同文体的文章，对材料的要求也不同。文学写作的题材可以“上下数千载，纵横几万里”。应用写作的材料范围相对来说比较窄，只能用现实的、具体的、与本人或本部门切实相关的材料。应用写作主要从以下五个方面获取材料：

1. 上级发来的材料；

2. 本系统本单位的材料；

3. 与本系统、本部门相关的材料；

4. 国内外其他方面的情况以及最新研究成果；

5. 革命导师的经典著作、基本的法律条文、现行文件汇编等。

（三）材料选择的标准

材料的选择要紧扣主题，选择真实准确、典型深刻、新颖生动和切合主旨的材料。

三、结构

结构是所有文章的骨架，同其他文章一样，应用文也离不开结构。全文分哪几个部分，每个部分安排哪些内容，怎样使文章首尾一致，形成一个有机整体，这都是安排结构时要考虑的因素。

（一）应用文结构的原则

结构犹如人体之骨架，建筑物之框架，应力求严密完整，首尾圆合，层次清楚，衔接紧凑，条理分明，科学成章。要把应用文写得严谨、有序、重点突出，必须先理顺思路，写作时必须把握应用文结构的一般原则，主要有以下四个方面：

1. 反映客观事物的本质联系和规律。

2. 服从表现主旨的需要。

3. 适应不同文种的体式特点。

4. 层次清楚、思路清晰。

（二）应用文的结构类型

应用文的结构类型，是指应用文的文章结构在外部形态上表现出来的形式。应用文的外部形态尽管各有不同，但大体有十种类型。

1. 文章式

根据内容的多少，来安排层次段落。有篇段合一式、两段式、三段式、多段式。

2. 条文式

全文从头到尾都用条文组织内容，显得眉目清楚，排列有序，简洁明了。应用文中的条文式结构，一般可采用章断条连式和条文并列式两种。

3. 表格式

这是应用文不同于其他文体所特有的一种结构形态，工商、税务、专利管理、银行、保险单位制发的各种专门文件，大都采用表格式。

4. 图文式和图表式

这是应用文特别是其中的告启类文书所特有的一种外部形态，通常运用图文相间的形式或者图表形式。

(三)应用文结构的内容

1. 标题

应用文的标题通常有三种形式：

一是规范式标题。规范式标题程式性强，表达平直，主要用于正式公文。一般情况下，它由发文机关、事由和文种三项组成，人们把这三项称为公文标题的“三要素”。

二是新闻式标题。新闻式标题也叫文章式题目，可分单标题和双标题。

单标题即单行标题，通常有三种标题方式：

(1)主旨式。标题提出应用文的主旨，如“要努力成为德艺双馨的文艺工作者”、“文化传统是一个国家的灵魂”。

(2)事实式。标题陈述基本事实、情况，如“大巴山捕蛇严重导致鼠害猖獗”。

(3)问题式。标题提出问题，规范内容走向，如“人的正确思想是从哪里来的?”、“首都钢铁公司是怎样实行经济责任制的?”。

双标题。有正题和副题，其中正题符合单标题的要求，更多地突出应用文的主旨，副题则对正题起补充说明的作用，通常说明应用文写作的内容范围和文种。

三是四项式标题。这是由公文式标题变通而成的一种规范的标题形式，通常由发文机关、时限、事项和文种四个部分组成。

不管是什么方式的标题，作为应用文，标题都要能显示主旨或者显示主要内容，这是硬性的要求，也是与文学作品灵活多变、异彩纷呈的标题之不同之处。

2. 开头

应用文的性质和特点决定了应用文的开头必须直截了当、开门见山，愈简洁愈好。开头应当点题或揭示应用文的内容走向，并领起下文。常用的开头方式有：

(1)交代原因。常用“由于”、“因为”、“鉴于”等词领起下文，也可直接陈述发文原因。

(2)直陈目的。开头常用“为了”、“为”等介词构成的主旨句领起下文。法规、规章、决定、通知等应用文常用此方式。

(3)概述情况。开头简明扼要、切题地介绍有关情况或背景。报告、纪要、总结等常用此法开头。

(4)说明根据。开头即引用上级指示精神或有关法律、法规,常以"根据"、"遵照"、"按照"等词语领起下文,鲜明标示出行文有据,表明应用文内容的权威性。通知、批复、规章等常用这种方式开头。

(5)阐明观点。开头先提出观点,或者点明主旨,接着加以解释说明,以引起读者的重视。

(6)提出问题。开头提出问题,提示文章的主旨或主要内容,以引起阅读者的注意与思考。各类调查报告常用这种方式开头。

(7)表明态度。开头直截了当地对批转、转发或发布的文件或者有关的事项、会议表明态度,做出评价,提出看法。批转、转发性通知多如此开头。

(8)引述来文。开头引述对方来文、来电的标题、文号,然后引出下文。应用文中的复函、批复普遍使用此方式开头。

应用文的开头,有时是多种方式的综合运用。

3.结尾

应用文常见的结尾方式有:

(1)强调式:正文结束时,对文中的主要问题作强调说明,以引起阅读者的重视。

(2)总结式:正文结束时,对文中的主要观点或问题做出归纳或总结,使读者对全文有一个较完整的印象。

(3)要求式:正文结束时,提出要求、希望或发出号召。

(4)请求式:正文结束时,写上请求上级批复、批转、批准或请求对方帮助之类的话语。公文中的请示、函等多使用此方式结尾。

(5)补充式:正文结束时,补充交代有关事宜。通知、法规、规章等常用这样的结尾。

(6)文种式:以模式化的方式把名词性文种作动词用,并以此结尾,如"特此通告"、"特此通报"、"特此通知"、"特此报告"等。

除上述几种结尾方式外,还有祝贺、慰问式的结尾,以及主体部分意尽即文完,不再另写结尾等方式。

下面是能说明公文正文基本内容模块的典型例子:

浙江省人民政府关于表彰在第15届里约残奥会上取得优异成绩单位和个人的决定

浙政发〔2016〕35号

各市、县(市、区)人民政府,省政府直属各单位:

在举世瞩目的第15届里约残奥会上,我省残疾人运动员自强不息,勇于挑战,奋力拼搏,夺得12金11银12铜共35枚奖牌,并打破6项世界纪录,金牌榜和奖牌榜均居全国各省(区、市)第二位,创造了我省自参加残奥会以来的历史最好成绩,为祖国和家乡人民赢得了荣誉。①为表彰我省残奥运动员的优异表现,②根据《浙江省行政奖励暂行办法》有关规定,省政府决定:③授予首次夺得残奥会金牌的运动员宋懋澂、周佳敏、谭玉娇、陈懿、徐佳玲"浙江省劳动模范"荣誉称号。给予运动员王益楠、李樟煜、宋懋澂、徐佳玲、陈懿、徐海蛟、孟国芬、陈震宇、费天明、王丽丽、陈凤青、赵开美、夏志伟、王李超、杜剑平各记一等功1次,教练员施建国、陈爱娜、黄燕各记一等功1次。

给予浙江省残疾人体育训练指导中心记集体一等功1次,浙江省塘栖盲人门球训练基地记集体二等功1次。④希望受表彰的单位和个人再接再厉、戒骄戒躁，继续敬业奉献、顽强拼搏、勇攀高峰。全省各级各部门和广大干部群众要以先进为榜样，团结协作、不畏艰辛、勇于开拓、扎实工作，为推进我省残疾人事业发展和建设“两富”“两美”现代化浙江做出新的贡献。⑤

浙江省人民政府

2016年9月23日[①]

注：例文中的圈号数字为编著者所加。

公文正文的基本内容模块一般来说有五个，即“依据”、“目的”、“文种承启语”、“事项”、“要求”。在上例中：

(1)所标的内容为依据；

(2)所标的内容为目的；

(3)所标的内容为文种、承启语；

(4)所标的内容为事项；

(5)所标的内容为要求。

依托例文，分析阐发公文基本内容模块的内涵，这样比较便利。

一般来说，所谓“依据”，属于公文制作的缘由、现实根据或法律根据，以及有关事件的情况交代等公文制作的出发点。每一篇公文的制作皆有依据。在上例中，运动员所取得的成绩是发文的依据。

“目的”，即制发公文的目的。目的有时表现为惯用语“目的句”(或称为“主旨句”)。目的句常以带“为”、“为了”等介词的提示语句表达。

“文种承启语”为一种承上启下、启示事项的过渡句子。之所以叫文种启示语，还由于这个句子包含着对所发公文属于何种文种的提示。如上例的“省政府决定”。

“事项”是一篇公文的重点，是公文制作者围绕或根据主旨而展开的内容、叙述的情况、分析的问题、提出的做法、措施或执行的方案等一类内容。例文中的事项是受表彰的对象、奖状。

“要求”是文末针对或围绕事项而提出(或补充)的希望、号召、倾向、强调的问题以及面向全局而作的指示等。在例文中，要求表现为对受表彰单位和全省人民特别是广大运动员、教练员与体育工作者的希望。

四、语言

在应用文中，主旨、材料、结构都要通过语言来表现。应用写作的成功主要靠作者的语言表达能力，依赖于作者的语言修养。“工欲善其事，必先利其器。”写作离开了语言，再好的主题、材料、构思都无法表达。

(一)应用文语言的特点

应用文与诗歌、小说、戏剧等文学作品的语言不同，有其独到的特点。

---

① 浙江省人民政府网 htpp://www.zj.gov.cn/2010-12-31。

1.适当使用文言文词汇

相对其他文体而言,文言词语在应用文中使用得多一些,这是因为应用文注重语言的规范、庄重、严谨、简洁。尤其在公文、信函中,文言词语用得较多,比如“业经、兹将、近悉、顷奉、接洽、函达、稽迟、此复、尚希、恕不、查照、洽商”等词语。

“来信收到,详情知悉,勿念。”(悉:全部。)

“望函告为荷”(荷:承受他人恩惠所表示的感激行为;为荷:感激你们的帮助。)

“业经了解,情况基本属实。”(业经:已经。)

“逾期不予办理。”(逾:超越、超过。)

应用文中适当用一些文言词,可以收到白话文不能有的语言效果。如:“兹定于6月28日14时在图书馆一楼报告厅召开纪念建党97周年理论研讨会……”(兹:现在。)

2.使用缩略词语

应用文使用的缩略词必须是规范的、已经被社会认可的词语,不能是自造的、晦涩难懂之词,更不能随意缩略引起歧义。如“经济贸易”缩略为“经贸”,“海内海外”缩略为“海内外”,“无商标、无生产厂家、无生产日期的产品”缩略为“三无产品”。

3.常用单音节词

在写作中为达到精练、简短的目的,常使用适合简明性要求的单音节词。“据有关规定”中的“据”是“根据”的意思,“希参照执行”中的“希”是“希望”的意思。

4.有固定的习惯用语

表称谓:本、我、贵、你、该、其等;

表经办:经、兹经、业经、未经、拟、拟办、拟定、审定、审议、审发、审批等;

表引述:接、近接、前接、悉等;

表呈递:呈上、转呈、送上、递交等;

表结尾:为要、为盼、为荷、为宜、特此函复、现予公告等;

表征询:当否、妥否、是否可行、意见如何等;

表承接:现通知(通报、总结、答复、报告)如下、拟采取如下措施、为了(根据)……现决定……等;

表开头:为、为了、根据、依照、遵照、按照、关于、由于、鉴于、兹、兹有、兹派、兹介绍;

表态度:批准、不同意、照办、参照执行等。

5.常用数词

应用文常用数据来说明问题,因此经常大量使用数字。在分析问题、说明问题时运用数字,可以比较明确地表达事物的状态,从而加深对该事物的认识。如一个企业管理是否先进,只有运用同行业国内外的对比数字才能说明。常用的数字有以下几种:绝对数和概数;平均数;百分数;对比数。

(二)应用文语言的要求

应用文语言在长期的实践中,经历了从文言文到白话文的发展,融合了外来语言。使用时必须注意准确、简练、庄重、平实、得体等要求。

1.准确

准确是应用文语言的第一要求，是指用词要切合语体，语言要准确、连贯，逻辑性要强，造句要合乎语法；在词语的选择上，用含义精确的词语，恰如其分地反映客观事物。语言运用方面就必须注意以下几个方面：一是词义的差别；二是词的感情色彩；三是词的搭配；四是词的语法特征；五是语句的排列顺序；六是语句准确，避免模棱两可。

2.简练

简练就是用最少的文字表达尽量多的内涵，做到“文约而事丰”。北京两次申奥口号，体现了简练的特征。1992年申奥口号为“给北京一次机会，还世界一个奇迹”，14个字；2000年申奥口号是“新北京、新奥运”，仅6个字，鲜明地凸显出北京申奥的新理念。

3.庄重

庄重是指写作中对客观事物的表达要得体、谨慎、严肃。

4.平实

平实是指语言平直朴实。应用文的价值在于务实，阅读对象较固定。

5.得体

得体是指应用文的语言应适应不同文体的需要。

(三)应用文常用的专用词语

1.称谓词

称谓词即表示称谓的关系词。在应用文中，涉及机关时，一般直呼机关的全称或规范化的简称；涉及个人时，要直呼对方的职务或“××同志”、“××先生”；在表述指代关系的称谓时，一般用下列专用词语：

第一人称常用“我、我们、本”等指代，使用第一人称叙述，能给读者真实、亲切的感受，这是主观性叙述。

第二人称常用“你、你们、贵”等指代；使用第二人称叙述，有直接对话的亲临感，让读者感到像面对面地交流。

第三人称常用“他、他们、其、该”等指代，或者直呼其名。使用第三人称叙述，可不受时空和是否亲身经历的限制，因而叙述面较广较自由，属于客观性叙述。

2.引叙词

引叙词，即用于引出应用文撰写的根据、理由或具体内容的词。多用于文章开端，引出法律、法规以及政策，指示的根据或事实根据，也有的用于文章中间，起前后过渡、衔接的作用。借助引叙词可以使应用文写得开宗明义。常用的引叙词有：根据、按照、为了、悉、近悉、惊悉、为…特…、接…、前接…、近接…。

3.经办词

经办词，即用来说明工作处理过程和时间的词。使用时要注意词语在表述次数和时态方面的差异，以便有选择地使用。常用的经办词有：兹经、业经、前经、即经、复经、均经、迭经等。

4. 承转词

承转词,即指承接上文转入下文时使用的关联词或过渡用语。常用的承转词有:为此、据此、故此、鉴此、综上所述、总而言之、总之等。

5. 祈请词

又称请示词、期请词,用于向受文者表示请求与希望。使用祈请词的目的在于形成机关之间相互敬重、和谐与协作的气氛,从而建立正常的工作联系。常用的期请词有:即请查照、希即遵照、希、敬希、即希、希予、请、拟请、恳请、烦请、望、务求等。

6. 商洽词

商洽词,即征询对方意见或探询对方态度的词。这类词语一般在上行文、平行文中使用,在使用时要注意确有实际的针对性,即在确需征询对方的意见时使用。常用的商洽词有:当否、可否、妥否、是否可行、是否妥当、意见如何、是否同意等。

7. 受事词

受事词,是向对方表示感谢、感激时使用的词。受事词属于客套语,一般用于平行文或涉外的公文。常用的受事词有:蒙、承蒙等。

9. 命令词

命令词,即表示命令或告诫语气的词。命令词的作用在于增强公文的严肃性与权威性,引起受文者的高度注意。常用的命令词有:着令、着、特命、责成、着即、切切、毋违、不得有误、严格办理等。

9. 目的词

目的词是直接交代行文目的的词语,以便受文者正确理解并加速办理。人们撰写应用文,尤其是行政公文,一般都有明确而具体的目的,对此需要有针对性地使用简洁的词语加以表述。用于上行文、平行文的目的词,还需要加上期请词,常用的有:请批复、函复、批示、告知、批转、转发等。用于下行文的有:查照办理、遵照办理、参照执行等。用于知照性的文件,如"周知"、"知照"、"备案"、"审阅"等。

10. 表态词

又称回复用语,即针对对方的请示、问函,表示明确意见时使用的词语,在使用时应对公文中的下行文和平行文严加区别。常用的表态词有:照办、同意、可行、不宜、不可、同意、不同意、遵照执行等。

11. 结尾词

结尾词置于正文最后,表示正文结束的词语。这些词语,再次明确行文的具体目的与要求或表示敬意、谢意、希望等。可以使文章表述简练、严谨并富有节奏感,从而赋予文章庄重、严肃的色彩。常用的结尾词有:此致、此布、特此报告、为要、为盼、为荷、特予公布、特此函达、敬礼、谨致谢忱等。

12. 介词

在应用文中,为了说清事由、讲明道理、引用文件、表明目的等,常常使用较多的介词,这在公文中更为突出。比如公文的标题,大都用"关于"这一介词引出,而正文中使用的就更多了。在应用文中常用的介词有以下几种:

(1)表示关联、范围的有"关于";

(2)表示对象、关联的有"对、对于、将"等;

(3)表示依据的有"依据、根据、遵照"等;

(4)表示目的的有"为了、为"等;

(5)表示状态方式的有"按照、参照、比照、通过"等;

(6)表示处所、方向的有"从、向、在"等;

(7)表时间的有"自从、自、于、当"等;

(8)表示原因的有"由于、由"等;

(9)表示比较的有"比、跟、同"等;

(10)表示排除的有"除了、除"等。

应用文常用特定用语

类别	用语名称	作用	常用特定用语
1	开端用语	主要用于文章开头,表示发语、引据	为、为了、为着、查、接、顷接、根据、据、遵照、依照、按照、按、鉴于、关于、兹、兹定于、今、随着、由于
2	称谓用语	用于表示人称或对单位的称谓	第一人称:我、我单位、本人、本公司、我们、敝单位 第二人称:你、你局、贵公司、贵方 第三人称:他、该公司、该项目
3	递送用语	用于表示文、物递送方向	上行:报、呈 平行:送 下行:发、颁发、颁布、发布、印发、下达
4	引叙用语	用于复文引据	悉、接、顷接、据、收悉
5	拟办用语	用于审批、拟办	拟办:责成、交办、试办、办理、执行
6	经办用语	用于表明进程	经、业经、已经、兹经
7	过渡用语	用于承上启下	鉴于、为此、对此、为使、对于、关于、如下
8	期请用语	用于表示期望请求	上行:请、恳请、拟请、特请、报请 平行:请、拟请、特请、务请、如蒙、即请、切盼 下行:希、望、尚望、切望、请、希予、勿误
9	结尾用语	用于结尾表示收束	上行:当否,请批示;可否,请指示;如无不当,请批转;如无不妥,请批准;特此报告;以上报告,请批转;以上报告,请审核 平行:此致敬礼;为盼;为荷;特此函达;特此证明;尚望函复 下行:为要;为宜;为妥;希遵照执行;特此通知;此复;为……而努力;……现予公布
10	谦敬用语	用于表示谦敬	承蒙惠允、不胜感激、鼎力相助、蒙、承蒙
11	批转用语	用于上级对下级来文的批转处理	批转、转发
12	征询用语	用于征请、询问对有关事项的意见、态度	当否、妥否、可否、是否妥当、是否同意、如无不当、如无不妥、如果可行等

五、表达方式

表达方式，古代称为“笔法”，现代称为表现手段。表达方式是运用语言介绍情况、陈述事实、阐述观点、总结经验、探索规律、表达情感的具体方法、手段。应用文的表达必须体现出应用文语体的特点和风格。其主要表达方式为说明、叙述和议论。这三种表达方式在不同的应用文中，或交替使用，或以一种为主。

思考与练习

一、选择题

1. 计划、总结、调查报告、工作研究、述职报告、提案、领导讲话稿、演讲词、解说词、典型材料等属于(　　)应用文体。

A. 公文类　　B. 机关日常事务类

C. 规章类　　D. 礼仪文书类

2. 应用文体是管理国家、处理政务、交流信息的一种文字载体，它还起着依据和(　　)的作用。

A. 凭证　　B. 宣传　　C. 管理　　D. 沟通

3. 应用写作的表达方式以(　　)为主。

A. 叙述　　B. 议论　　C. 描写　　D. 说明

4. 公文体一般要求准确性、质朴性、严谨性；司法文书体要求严肃性、周密性、明晰性。这体现了应用文体语言的(　　)。

A. 典雅性　　B. 程式性　　C. 差异性　　D. 简要性

5. 既有个性特点，又有共性规律，能代表某类事物的本质、主流和发展方向，具有说服力的材料是(　　)。

A. 新颖材料　　B. 系统材料　　C. 真实材料　　D. 典型材料

二、填空题

1. 应用写作的根本目的是________，因事成文，其价值就在于实际的应用。

2. 应用写作从它诞生的时候起，就为社会、为国家的________起了很大的作用。

3. 应用文体的撰写，一般从本单位的立足点上叙述事情，因此多用________，为简要起见，常使用无主句。

4. 语法规范是指运用语言________的规则，包括词法和句法等。

5. ________是选择材料的依据，也是组织和派生具体观点、主张的基础。

三、论述与分析题

应用文写作中最常见的 12 种标点错误有哪些？

1. 多个书名号或引号并列时使用顿号分隔

例 1：各中小学要积极贯彻落实《中华人民共和国预防未成年人犯罪法》、《中华人民共和国未成年人保护法》、《中华人民共和国义务教育法》及相关要求。(错误)

各中小学要积极贯彻落实《中华人民共和国预防未成年人犯罪法》《中华人民共和国未成年人保护法》《中华人民共和国义务教育法》及相关要求。(正确)

例2:公安部门要加强校园"警务室"、"护学岗"、"安全网"建设,落实护校制度。(错误)

公安部门要加强校园"警务室""护学岗""安全网"建设,落实护校制度。(正确)

2.在标示数值和起止年限时使用连接号不规范

例3:制定并实施学校安防达标建设三年行动计划(2013－2015年)。(错误)

制定并实施学校安防达标建设三年行动计划(2013—2015年)。(正确)

例4:要加快工程进度,确保科技园3～5年内建成。(错误)

要加快工程进度,确保科技园3～5年内建成。(正确)

3.在并列分句中使用逗号统领

例5:各职能部门在查处取缔无证无照经营工作中要各司其职、互相配合,工商部门负责查处取缔未取得有效许可证擅自从事经营活动的行为,工信部门负责依法监督管理无线电和电子电器产品维修行业,公安部门负责依法监督管理旅馆业、公章刻制业。(错误)

各职能部门在查处取缔无证无照经营工作中要各司其职、互相配合;工商部门负责查处取缔未取得有效许可证擅自从事经营活动的行为;工信部门负责依法监督管理无线电和电子电器产品维修行业;公安部门负责依法监督管理旅馆业、公章刻制业。(正确)

4.在并列分句中使用句号后再使用分号

例6:一是养老保险安置。对进入企业工作的失地农民要同企业员工一样纳入企业职工基本养老保险;二是医疗保险安置。城镇居民医疗保险制度已建立,可参加城镇居民医疗保险。(错误)

一是养老保险安置。对进入企业工作的失地农民要同企业员工一样纳入企业职工基本养老保险。

二是医疗保险安置。城镇居民医疗保险制度已建立,可参加城镇居民医疗保险。(正确)

5.同一形式的括号套用

例7:围绕政府半年工作开展回头看,认真总结上半年工作,科学谋划下半年工作。(责任单位:各镇(街道))(错误)

围绕政府半年工作开展回头看,认真总结上半年工作,科学谋划下半年工作。[责任单位:各镇(街道)](正确)

6.阿拉伯数字表示次序时使用点号不当

例8:1、督促主办单位按时办结。(错误)

1.督促主办单位按时办结。(正确)

例9:①、督促协办单位按时办结。(错误)

①督促协办单位按时办结。(正确)

7.在图、表说明文字末尾使用句号

例10:(图表略)

注:以上各项数据统计截止时间为2012年12月31日;城市人口指常住户籍人口;规模工业企业个数统计为新口径。(错误)

注:以上各项数据统计截止时间为2012年12月31日;城市人口指常住户籍人口;规模工业企业个数统计为新口径(正确)

8.在标示发文年号时使用括号不规范

例11:根据×发[2013]3号文件精神,……(错误)

根据×发〔2013〕3号文件精神,……(正确)

9.书名号内用顿号表示停顿

例12:根据《××省物价局、××省财政厅关于××市建制镇城市基础设施配套费征收标准的批复》(××规〔2012〕59号)文件要求,特制定本管理办法。(错误)

根据《××省物价局　××省财政厅关于××市建制镇城市基础设施配套费征收标准的批复》(××规〔2012〕59号)文件要求,特制定本管理办法。(正确)

10.句内括号行文末尾使用标点符号不当

例13:为加强对全区查处取缔无证无照经营综合治理工作的领导,决定成立××区查处取缔无证无照经营综合治理工作领导小组(领导小组组长由常务副区长兼任,副组长由××局局长兼任。),负责该项工作的协调处理。(错误)

为加强对全区查处取缔无证无照经营综合治理工作的领导,决定成立××区查处取缔无证无照经营综合治理工作领导小组(领导小组组长由常务副区长兼任,副组长由××局局长兼任),负责该项工作的协调处理。(正确)

11.附件名称后使用标点符号

例14:附件:1.××区查处取缔无证无照工作领导小组成员名单;(错误)

附件:1.××区查处取缔无证无照工作领导小组成员名单(正确)

12.二级标题在换行分段情况下使用句号

例15:(一)整合监管职能和机构。

为减少监管环节,保证上下协调联动……(错误)

(一)整合监管职能和机构

为减少监管环节,保证上下协调联动……(正确)

(一)整合监管职能和机构。为减少监管环节,保证上下协调联动……(正确)

参考答案

第二章　党政公文的写作

第一节　党政公文概述

一、党政公文的概念及其种类

(一)党政公文的概念

公文是公务文书的简称。它有狭义和广义之分。狭义的公文，专指党政机关在实施领导和行政管理过程中所使用的具有法定效力和规范体式的公务文书。广义的公文，泛指党政机关、社会团体、企事业单位用于处理公务又具有一定惯用体式的文字材料，它既包括狭义公文，也包括那些具有约定俗成的格式和行文规则的机关常用应用文。

《党政机关公文处理工作条例》第三条对公文做了界定：党政机关公文是党政机关实施领导、履行职能、处理公务的具有特定效力和规范体式的文书，是传达贯彻党和国家方针政策，公布法规和规章，指导、布置和商洽工作，请示和答复问题，报告、通报和交流情况等的重要工具。

(二)党政公文的种类

1.依照行文关系和行文方向的不同，可将公文分为上行文、下行文、平行文三种：

上行文：下级机关向所属上级机关呈送的公文。

下行文：上级机关向所属下级机关发送的公文。

平行文：平行的或不相隶属的机关之间互相往来的公文。

2.按照紧急程度可将公文分为紧急公文和一般公文两大类。紧急公文又分为“特急”和“急件”两种。

3.按照有无保密要求、秘密等级可将公文分为无保密要求的普通文件和有保密要求的保密文件两大类。保密文件又分为绝密文件、机密文件和秘密文件三类。

4.按照具体职能的不同，可将公文分为法规性公文、指挥性公文、报请性公文、知照性公文、联系性公文、实录性公文六大类。

5.按适用范围分，根据《党政机关公文处理工作条例》，我国党政文书主要有：

(1)决议。适用于会议讨论通过的重大决策事项。

(2)决定。适用于对重要事项做出决策和部署、奖惩有关单位和人员、变更或者撤销下级机关不适当的决定事项。

(3)命令(令)。适用于公布行政法规和规章、宣布施行重大强制性措施、批准授予和晋升衔级、嘉奖有关单位和人员。

(4)公报。适用于公布重要决定或者重大事项。

(5)公告。适用于向国内外宣布重要事项或者法定事项。

(6)通告。适用于在一定范围内公布应当遵守或者周知的事项。

(7)意见。适用于对重要问题提出见解和处理办法。

(8)通知。适用于发布、传达要求下级机关执行和有关单位周知或者执行的事项,批转、转发公文。

(9)通报。适用于表彰先进、批评错误、传达重要精神和告知重要情况。

(10)报告。适用于向上级机关汇报工作、反映情况,回复上级机关的询问。

(11)请示。适用于向上级机关请求指示、批准。

(12)批复。适用于答复下级机关请示事项。

(13)议案。适用于各级人民政府按照法律程序向同级人民代表大会或者人民代表大会常务委员会提请审议事项。

(14)函。适用于不相隶属机关之间商洽工作、询问和答复问题、请求批准和答复审批事项。

(15)纪要。适用于记载会议主要情况和议定事项。

二、党政公文的特点及其作用

(一)特点

1.法定的作者

所谓作者的法定性,是指公文的作者是法定的,能以自己的名义行使职权和承担义务的机关团体、企事业单位。公文起草者,只是组织的代笔人。

2.权威的作用

公文具有代行法定职权的功能,对受文机关,在法定的时间和空间范围内,具有强制性。有些公文必须强制贯彻执行、办理和复文等。

3.现实的效用

这是指公文主要在现行工作中使用。同时,公文的效用又具有一定的时间性,任何公文都不是永远有效的。

4.规范的格式

公文的格式,必须符合中华人民共和国国家质量监督检验检疫总局2012年6月发布的《党政机关公文格式》的标准,制作规范。

5.按程序制作

公文从准备撰写到制作成文,都有严格的程序;若不履行法定的程序,就无法制成公文,更不可能生效。

(二)作用

公文的作用,概括地表述就是行政管理工具作用。公文的具体作用,可归纳为五个方面:

1.领导和指导作用;

2.行为规范作用;

3.宣传和教育作用；

4.联系知照作用；

5.依据和凭证作用。

三、公文的格式

公文格式是指公文各组成部分的写作要求和标识规则，还包括用纸、装订和文字排列等要求。

(一)公文用纸、排版与印装

1.公文用纸：采用GB/T148中规定的A4型纸，其成品幅面尺寸为210mm×297mm。

2.排版规格：正文用3号仿宋体字，一般每页排22行，每行排28个字。

3.制版要求：版面干净无底灰，字迹清楚无断划，尺寸标准，版心不斜，误差不超过1mm。

4.印刷要求：双面印刷；页码套正，两面误差不得超过2mm。黑色油墨应达到色谱所标BL.100％，红色油墨应达到色谱所标Y80％、M80％。印品着墨实、均匀；字面不花、不白、无断划。

5.装订要求：公文应左侧装订，不掉页。包本公文的封面与书芯不脱落，两页页码之间误差不超过4mm。

(二)文面格式

根据《党政机关公文格式》的规定，版心内的公文格式各要素划分为版头、主体、版记三部分。公文首页红色分隔线以上的部分称为版头；公文首页红色分隔线(不含)以下、公文末页首条分隔线(不含)以上的部分称为主体；公文末页首条分隔线以下、末条分隔线以上的部分称为版记。

1.版头部分

版头部分由份号、密级和保密期限、紧急程度、发文机关标志、发文字号、签发人组成。

(1)份号：公文印制份数的顺序号，即将同一文稿印刷若干份时每份公文的顺序编号。涉密公文应当标注份号。份号顶格编排在版心左上角第一行，用阿拉伯数字。

(2)密级和保密期限：公文的秘密等级和保密的期限。涉密公文应当根据涉密程度分别标注“绝密”“机密”“秘密”和保密期限。保密期限是对公文秘密等级时效规定的说明。密级顶格编排在版心左上角第二行。

(3)紧急程度：公文送达和办理的时限要求。根据紧急程度，紧急公文应当分别标注“特急”“加急”，电报应当分别标注“特提”“特急”“加急”“平急”。紧急程度编排在版心左上角或密级的下一行。

公文如需同时标注份号、密级和保密期限、紧急程度，按照份号、密级和保密期限、紧急程度的顺序自上而下分行排列。

(4)发文机关标志：由发文机关全称或者规范化简称加“文件”二字组成。联合行文时，发文机关标志可以并用联合发文机关名称，也可以单独用主办机关名称。

发文机关标志居中红色套印在文件首页上端。联合行文时，发文机关标志可以并用联合发文机关名称，“文件”二字编排在发文机关名称右侧，上下居中排布。

（5）发文字号：发文字号是发文机关按照发文顺序编排的顺序号。由发文机关代字、年份、发文顺序号加“号”组成。年份、序号用阿拉伯数字标识；年份应标全称，用六角括号“〔〕”括入；序号不编虚位（即 1 不编为 001），不加“第”字。联合行文时，使用主办机关的发文字号。发文字号编排在发文机关标识下空二行，居中排布。发文字号之下 4mm 处印一条与版心等宽的红色分隔线。

（6）签发人：上行文应当标注签发人姓名。签发人是在上报的公文中批准签发的领导人姓名。签发人必须是本机关正职或主持工作的领导。

签发人平行排列于发文字号右侧。发文字号居左空一字，签发人姓名居右空一字；“签发人”用 3 号仿宋体字，签发人后标全角冒号，冒号后用 3 号楷体字标识签发人姓名。

如有多个签发人，签发人姓名按发文机关的排列顺序依次均与顺排，一般每行两个姓名，下移红色分隔线，应使发文字号与最后一个签发人姓名处在同一行并使红色分隔线与之的距离为 4mm。

2. 主体部分

主体部分由标题、主送机关、正文、附件说明、发文机关署名、成文日期、印章、附注、附件组成。主体部分在红色反线之下。

（1）标题：对公文主要内容准确、简要的概括，由发文机关名称、事由和文种组成。位于红色分隔线下空二行，用 2 号小标宋体字，可分一行或多行居中排布；标题排列应当使用梯形或菱形，不应使用长方形或沙漏形。回行时，要做到词义完整。

发文机关、事由、文种三项齐全的，我们称完全式标题。有时可根据实际情况省略其中一项或者两项，如：

①《关于召开全省社会主义精神文明建设工作会议的通知》；

②《中华人民共和国国务院令》；

③《通告》。

这里第①例省略了发文机关；第②例省略了事由；第③例省略了发文机关和事由。这类标题我们称之为省略式标题。要注意党政公文 15 个文种中，大多数标题可省略其中一项或者二项，但“议案”、“决定”的标题不能省略。

拟写公文标题，一要选准文种，要根据各种文种适用范围、发文目的、发文机关的职权和与主送机关的行文关系选择适于表达公文内容的文种，这也是公文规范的要求。二要准确表述事由，即事由和公文内容要一致，如不一致就是题文不对，这会使读者产生困惑，因此影响公务办理。三要文字简明。标题文字不要太长，太长了不醒目。文字应简约而明晰，简而不明也是不可取的。如《关于召开治理“三乱”工作会议的通知》假如省略了“治理”二字，就会变成一则错误的标题。

（2）主送机关：公文的主要受理机关，应当使用全称或者规范化简称、统称。位置在标题下空 1 行，左侧顶格，3 号宋体字标识，回行时仍顶格；最后一个主送机关后标全角冒号。

（3）正文：公文的核心部分，包括缘由、事项和结尾三部分。这一部分的写作，是公文写作的重点和难点。

公文首页必须显示正文。一般用3号仿宋体字，编排于主送机关名称下一行，每个自然段左空二字，回行顶格。文中结构层次序数依次可以用"一、""(一)""1.""(1)"标注；一般第一层用黑体字、第二层用楷体字、第三层和第四层用仿宋体字标注。

(4)附件说明：公文附件是公文的附属材料，也即补充说明正文内容的材料，如图表、名单、规定、被转发的文件等。

公文如有附件应注明附件序号和名称，在正文下空一行左空二字，用3号仿宋体字标识"附件"，后标全角冒号和名称。

附件如有序号应使用阿拉伯数码，如"附件：1. ××××××"，附件名称后不加标点符号。

附件应与公文正文一起装订，并在附件左上角第一行顶格标识"附件"，有序号时标识序号；附件的序号和名称前后标识应一致。如附件与公文正文不能一起装订，应在附件左上角第1行顶格标识公文的发文字号，并在其后标识附件(或者序号)。公文附件是公文正文内容组成部分，与公文正文一样具有同等效力。

(5)发文机关署名：署发文机关全称或者规范化简称。

(6)成文日期：公文生效的时间。成文日期以负责人签发的日期为准，联合行文以最后签发机关负责人签发日期为准。电报以发出日期为准。成文日期编排在正文之下，空二行右空四字，用阿拉伯数字将年、月、日标全，年份应标全称，月、日不编虚位(即1不编为01)。

(7)印章：公文中有发文机关署名的，应当加盖发文机关印章，并与署名机关相符。电报可以不加盖印章。联合上报的公文，由主办机关加盖印章，联合下发的公文，发文机关都应加盖印章。加盖印章应上距正文(或附件说明)一行内，端正、居中、下压成文日期，印章用红色。

联合行文时，应将各发文机关名称(可用简称)排在成文日期和正文(或附件说明)之间。主办机关印章在前，每排最多排3个印章，两端不得超出版心，印章之间互不相交或相切；最后一个印章居中下压成文日期。

党的机关有特定发文机关标志的普发性公文可以不加盖印章。

(8)附注：需要说明的其他事项，如公文的发放范围、政府信息公开方式、联系人和联系电话等。公文如有附注，用3号仿宋体字，居左空两字加圆括号编排在成文日期下一行。"请示"件应在附注处注明联系人和电话。

(9)附件：公文正文的说明、补充或者参考资料。附件应与公文正文一起装订，并在附件左上角第一行顶格标识"附件"，有序号时标识序号；附件的序号和名称前后标识应一致。如附件与公文正文不能一起装订，应在附件左上角第一行顶格编排公文的发文字号并在其后标识附件(或带序号)。

3.版记部分

版记部分由抄送机关、印发机关和印发日期组成。

(1)抄送机关：除主送机关外需要执行或者知晓公文的其他机关，应当使用全称或者规范化简称、统称。

公文如有抄送，一般用 4 号仿宋体字，左空一字标识“抄送”，后标全角冒号；抄送机关间用逗号隔开，回行时与冒号后的抄送机关对齐；在最后一个抄送机关后标句号。

(2)印发机关和印发时间：公文的送印机关和送印日期。

设在公文末页最后一行。一般用 4 号仿宋体字，印发机关左空一字，印发时间右空一字。印发时间以公文付印的日期为准，用阿拉伯数字标识。

(3)页码：公文页数顺序号。

一般用 4 号半角宋体阿拉伯数字编排在版心下边缘之下，数字左右各放一条一字线，一字线距版心下边缘 7mm。单页码居右空一字，双页码左空一字。

四、公文的行文规则

(一)下行文规则

1. 政府各部门依据部门职权可以互相行文和向下一级政府的相关业务部门行文，除以函的形式商洽工作、询问和答复问题、审批事项外，一般不得向下一级政府正式行文。

2. 部门之间对有关问题未经协商一致，不得各自向下行文。如擅自行文，上级机关应当责令纠正或撤销。

3. 上级机关向受双重领导的下级机关行文，必要时应当抄送其另一上级机关。

4. 向下级机关或者本系统的重要行文，应当同时抄送直接上级机关。

(二)上行文规则

1. “请示”应当一文一事，一般只写一个主送机关，需要同时送其他机关的，应当用抄送形式，但不得抄送其下级机关。

2. “报告”不得夹带请示事项。

3. 一般不得越级请示和报告。

4. 除上级机关负责人直接交办的事项外，不得以机关名义向上级机关负责人报送“请示”、“意见”和“报告”。

5. 受双重领导的机关向上级机关行文，应当写明主送机关和抄送机关。

(三)联合行文规则

1. 同级政府、同级政府各部门、上级政府部门与下一级政府可以联合行文。

2. 政府与同级党委和军队机关可以联合行文。

3. 政府部门与相应的党组织和军队机关可以联合行文。

4. 政府部门与同级人民团体和具有行政职能的事业单位也可以联合行文。

(四)其他行文规则

1. 属于部门职权范围的事务，应当由部门自行行文或联合行文。联合行文应明确主办部门。须经政府审批的事项，经政府同意也可以部门行文，文中应注明经政府同意。

2. 属于主管部门职权范围内的具体问题，应当直接报送主管部门处理。

第二节　通告、通知、通报

一、通告

(一)通告的适用范围

通告适用于公布社会各有关方面应当遵守或者周知的事项。

(二)通告的结构和写法

通告由标题、正文、署名与日期三部分组成。

1.标题写法有如下四种。

(1)发文机关+事由+文种,如《河南省人民政府关于社会保险费改由地方税务机关征收的通告》。

(2)发文机关+文种,如《中国农业银行绍兴分行通告》等。

(3)事由+文种,如《关于实施停车收费的通告》等。

(4)只写文种,如《通告》。

2.正文包括缘由、事项、结尾三部分。

缘由是发布通告的原因、根据,回答为什么发此通告。

事项,即通告的具体事项或规定。内容比较简单、单一的,可不分条写;如果内容比较多,则应分条列项地写。

结尾,一般写"特此通告"之类的话,以示强调,提醒注意。有些通告干脆不用结语,干净利落。通告是对公众的,一般不用写抬头。

3.署名和日期。标题已有发文机关,并在标题下署上了日期时,则可不用落款。如果标题没有发文机关,又没有日期,则落款处必须署发文机关名称和日期。

二、通知

(一)通知的适用范围

通知是最常用的一种公文,使用范围相当广泛。通知适用于:转发上级机关和不相隶属机关的公文;批转下级机关的公文;传达要求下级机关办理和需要有关单位周知或者执行的事项;发布文件;任免人员。

(二)通知的结构和写法

1.标题由制发机关、事由、文种三部分组成。

需要注意的是,批转、转发通知的标题也是由三要素组成。颁布、批转、转发性通知的标题内又含有一个被批转或被转发公文的标题,是大标题里包孕着一个小标题,这个小标题是作为大标题的事由出现的。如果被转发、批转的公文是法规性文件,则须在法规性文件名称上加上书名号。如《浙江省人民政府办公厅转发省财政厅〈关于浙江省对口支援西藏那曲地区资金管理办法〉的通知》。

2.正文主要包括缘由、事项、要求三部分。

通知事由写明制发通知的理由、目的、依据或情况。通知主体在事项部分,即通知事项。通知事项多数分条列项写出,条目分明。要求主要写明受文机关承办、执行和应予知晓的事项。

通知的结尾有三种常用写法:

(1)事项结束,全文就自然结尾;意尽言止,不单写结束语。

(2)用习惯用语"特此通知"收尾,但前言和主体之间如用了"特作如下通知"作过渡语,则不宜在收尾处再用习惯用语。

(3)用简要的文字再次明确主题或作必要的说明,以引起收文单位对该通知的重视。

(三)通知的写作要求

1.指示性通知:须写明提出指示的根据与指示事项,内容要求明确具体。

2.任免人员的通知:要求写明批准的机关、日期与被任免人员的职务、姓名。

3.批示性通知:要求在正文中简短地说明所颁布或转发的公文的制发机关、制发(批准、生效)日期与公文标题以及颁发或转发的目的、意义与要求等。被颁布或转发的公文均为通知的附件,须注明附件的序号与标题、件数。

4.会议通知:要求写明召开会议的名称、目的、议题、时间、会址、对参加会议人员的要求(如准备发言、文件、论文、生活用品等)、注意事项以及筹办会议单位名称、联系人、联系地址、电话号码、电报挂号、会议食宿安排、去会址路线、接洽标志等。有的通知后面还要附上入场凭证或请柬等。总之,要写得清楚、具体,对必须写明的项目无一错漏,以保证会议按预定要求准时召开。

【病例分析】

中国人民银行××市分行

关于转发总行《储蓄工作座谈纪要》的通知

×银发〔2009〕×号

现将总行的《储蓄工作座谈纪要》转发给你们,请立即组织研究,展开讨论,并根据《纪要》精神,认真贯彻执行。当前,首先要抓好第一季度的工作,以便为全年工作打下基础。

中国人民银行××市分行

二〇〇九年七月二十四日

答:(1)缺主送机关。

(2)正文写作存在问题。一般来说,转发性通知只能有一个目的,或为执行,或为讨论,或为参考,二者不能兼得,更不能三者兼得。上面这则通知一方面让人家"研究讨论",一方面又让人家"贯彻执行",这二者是不可兼得的。因为"研究讨论"意味着转发对象尚不成熟,还没有达到"执行"的程度;而"贯彻执行"却意味着转发对象已经成熟,已经没有"研究讨论"的必要了。作者在这里显然犯了自相矛盾的错误,违背了形式逻辑中的不矛盾律。这是转发性通知中的一种多发病和常见病。

(3)缺附件。

三、通报

（一）通报的适用范围

通报适用于表彰先进，批评错误，传达重要精神或者情况。

（二）通报的结构和写法

1. 标题

通报的标题通常由发文机关、事由和文种三个要素构成，有时可省略发文机关和事由，只写“通报”二字。但比较重要的通报则不能省略。通报的签署和时间也可以在标题下方，这样则不再落款；通报也可以有抬头、落款，时间则写在发文机关下面。

2. 正文

（1）表彰通报正文的一般写法

①叙述先进事迹，包括时间、地点、人物、事迹、怎么做、结果。

②对上述事件进行分析、评议，指出其典型意义或概括其主要经验。语言要简明概括。

③提出表彰或发出号召。如果是转发式的表彰通报，正文部分先对下级机关所发的这个材料进行评价，加上批语，即对被表彰者进行评议等，再发出号召或提出要求。

（2）批评通报正文的一般写法

①通报缘由，即将事故或错误事实的经过情况、时间、地点、事故、后果等交代清楚。

②对事故进行分析评议，重点分析事故发生的原因，指出事故的性质及其危害，并提出处分决定。

③写明防止此类事故的措施，要对症下药，提出告诫，或重申某一方面的纪律。

（3）情况通报的一般写法

情况通报的正文，关键在于对情况的掌握要确实、全面、充分。它的正文包括：

①叙述情况；

②分析情况，阐明意义；

③提出指导性意见。

（三）通报的写作要求

1. 时效：错过时机的通报，就失去了它的时效性，没有行文的意义了。

2. 指导：不能事无巨细都发通报，应选择典型。

3. 真实：通报中所涉及的事例，必须是客观存在的，经过反复调查、认为是真实可靠的，绝不允许捏造和虚构。同时，事例的反映要准确，不能夸大或缩小，要实事求是。

（四）通报与通知的区别

从通报与通知的特点和作用，可以看出它们的主要区别。

1. 告知的内容不同

通知：告知的主要是工作的情况，以及共同遵守执行的事项。

通报：告知正反面典型，或有关重要的精神或情况。

2.目的要求不同

通知:要求受文机关了解要办什么事,该怎样办理,要求遵照执行。

通报:主要是交流、了解情况,起教育宣传作用。

3.表现方法不同

通知:主要是叙述,告知人们做什么,怎样做,叙述具体。

通报:兼用叙述、分析和议论,有较强的感情色彩。

4.其他

(1)事实性方面:通报以事实作前提;通知,其事实尚未发生。

(2)公开性方面:通报大于通知。

(3)急迫度方面:通报有的很急;通知则为工作做法的前导。

【病例分析】

关于××市民政事业费管理使用问题的通报

××市任意挪用、占用和滥用民政事业费的问题,是非常严峻的。民政事业费是体现党和国家对广大优抚、救济对象生活疾苦的关怀,任何人挪用、侵占和占用民政事业费必须限期如数追回。为了严明党纪国法,对挪用、占用民政事业费的有关人员,要按党纪政纪严肃处理,并将处理结果报省人民政府。

各地要把××市的问题引以为借鉴,加强民政事业费的管理,杜绝××市问题再度发生。

2017年3月5日

答:这一批评性通报,主要错误在:

(1)标题缺少发文机关、无落款;

(2)没有把通报的事情介绍清楚,介绍事件只有一句话,"××市任意挪用、占用和滥用民政事业费",过于简单,还应介绍挪用的时间和数量等;

(3)个别语句不通顺;用语不符合党政分开的原则;

(4)正式公文应有发文字号和版记。

第三节　报告、请示

一、报告

(一)报告的适用范围

报告适用于向上级机关汇报工作,反映情况,答复上级机关的询问。

(二)报告的结构及写法

报告的结构包括标题、正文、落款三部分。报告的正文一般包括缘由、事项和结尾三部分。

1.标题:报告的标题可根据需要省略发文机关。事由和文种不能省略。对事由要注意概括、提炼。

2. 正文：内容要求写明工作进程、工作成绩、经验、存在的问题与下一步工作安排。重点突出，点面结合，避免把工作报告写成面面俱到的流水账。所列成绩或问题都必须属实，并能从中揭示出一定的规律。可以写设想、提建议，但不可写请示事项。反映新事物、新问题、新情况，有助于推进当前工作的开展。做完一项专门工作或解决某项问题之后，要及时报告。针对上级的询问，实事求是地回答问题。

3. 结尾：呈报性报告通常为“特此报告”、“以上报告当否，请指示”作结语。呈转性报告通常使用“以上报告，如无不当，请批转各地执行”等作为尾语。

（三）报告的写作要求

1. 重点突出，材料典型，一般要求一文一事。

2. 用事实说话，少发议论，事实叙述要清楚准确，材料要客观真实，分析要画龙点睛。

3. 报告中不能夹带请示事项。

（四）注意情况报告与工作报告的区别

工作报告写经常性的常规工作情况，情况报告写偶发性的特殊情况；工作报告的内容相对确定，写法基本稳定，有的工作报告有不同程度的说理；情况报告的内容多不确定，写法灵活多样，重在叙述、说明有关情况。

二、请示

（一）请示的适用范围和特点

请示适用于向上级机关请求指示、批准。

请示的特点如下：

(1)行文内容的请求性。请示是向上级机关请求指示和批准的公文，具有请求的性质。

(2)行文目的的求复性。请示的目的是请求上级批准，解决具体问题，要求作出明确答复。

(3)行文时机的超前性。请示必须在事前行文，等上级机关作了批复之后才能付诸实施。

(4)请求事项的单一性。请示要求一文一事；报告可以一文一事，也可以一文数事。

（二）请示的结构及写法

1. 标题

请示标题内容包括发文机关、事由和文种，发文机关有时可以省略。写标题要注意，不能将“请示”写成“报告”或“请示报告”。标题中尽可能不出现“申请”、“请求”类词语。

2. 正文

(1)缘由，即提出请示事项和要求的理由、背景及依据。先把缘由讲清楚，然后再写请示的事项和要求，这样才能顺理成章，有说服力。请示的缘由是写作请示的关键。

(2)事项，指请求上级机关批准、帮助、解答的具体事项。请示的事项，要符合国家法律、法规，符合实际，具有可行性和可操作性。请示事项，不能出现不明确、不具体的情况，也不能把原因、事项混在一起写。

(3)要求。常用的写法有:“以上请示,请批复”,“以上意见当否,请指示”,“以上请示,请审批”,等等。

(三)请示的写作要求

1.遵守原则

请示必须遵循下列原则:

(1)一文一事,一般只主送一个主管的领导机关,不多处主送,不送领导者个人;

(2)按隶属关系逐级请示,在一般情况下,不越级请示、请示上报的同时不抄送下级与同级机关;

(3)请示与报告不能混用,不能将请示写成报告,即不写“请示报告”。

2.联合请示要在事前确定主办单位

两个以上单位联合向上级机关请示时,要在事前确定主办单位,经过认真磋商,取得统一认识,而后会签、印发。

3.提出解决请示问题的初步意见与方案

提出请示事项时,应同时根据本地区、本机关的实际情况,对所请示的问题提出解决的初步意见与方案,供领导批复时参考,因此,事先要进行周密的调查研究,使提出的意见与方案准确切实。

4.请求批准行政规章要有说明

请求批准行政规章的请示,要在正文中说明制定此项规章的必要性及其主要内容,然后规章草案作为请示的附件,一并报送。

(四)请示与报告的异同

1.请示与报告的相同之处

(1)行文方向一致。两者都是上行文。

(2)格式基本一致。都由标题、主送机关、正文、署名及时间四部分组成,都应当注明签发人、会签人姓名。

2.请示与报告的不同之处

(1)行文目的、性质不同。报告属于陈述性公文,目的是让上级了解、掌握情况,不要求直接批复。请示属于陈请性公文,专为解决某一事项、问题而请求上级审核、指示和批准,要求上级给予批复。

(2)内容含量不同。报告可以一文多事,而请示必须一文一事,否则往往因为其中某一件事未被批准而影响其他事项的及时核准。

(3)主送单位数量可以不同。报告因不需批复,可以同时主送几个单位,但请示必须批复,需认准一个单位为主送单位,便于这个单位批复。

(4)行文时限不同。请示必须事先行文,绝不容许先斩后奏。报告一般不受时间限制,可以在事前、事后或事情进行过程中进行。

【病例分析】

东山乡要求救灾的请示报告

(09)东政字05号

××县人民政府：

我乡地处本县边远山区，又有少数民族居住，是老、少、边、远穷乡。2009年遭受特大洪灾，大伤元气。今年又遇百日干旱，水田无水，旱土冒烟。水稻种植面积原计划5650亩，实际只种285亩，其中严重受旱、颗粒无收的在1000亩以上。旱土所种烤烟、红薯因干旱而使青青的苗叶变成一片枯黄藤，只能当柴烧。经济损失达50多万元。为此，特向县政府请求拨给救灾款25万元为荷。

以上报告，请批准。

东山乡人民政府

2009年9月15日

答：文件用"请示"行文；标题中不能"请示报告"并用，应改为"请示"，"要求救灾"改为"关于请求拨款救灾"；发文字号中，改为"东政字〔2009〕5号"；正文中有些叙述不当，如"大伤元气"、"旱土冒烟"等，不宜使用"只能当柴烧"口头语；结束语改为"以上请示如无不当，请批示"。

第四节　函、纪要

一、函

(一)函的适用范围

函，适用于不相隶属机关之间商洽工作，询问和答复问题，请求批准和答复审批事项。函的适用范围可分成以下四个方面。

(1)平级机关或不相隶属机关单位之间的商洽性、询问性和答复性公务联系；

(2)向无隶属关系的业务主管部门请求批准有关事项；

(3)业务主管部门答复或审批无隶属关系的机关请求批准的事项；

(4)机关单位对个人的公务联系，如回复群众来信等。

(二)函的主要类型

(1)商洽函。用于平行机关或不相隶属机关之间商洽工作、联系有关事宜的函。如商调干部函、联系租赁函、洽谈业务函等。

(2)询问、答复函。不相隶属机关之间互相询问、答复处理有关问题的函。

(3)请批、批准函。向不相隶属的业务主管部门制发的请批函，业务主管部门向不相隶属的机关单位制发的批准函。请批函和批准函常误用为请示、报告、批复。

（三）函的结构和写法

1.标题

函的标题有多种写法。

(1)发文机关＋事由＋回复函对象＋文种，如《肇庆市人民政府办公室关于开征垃圾处理费时间的复函》。

(2)事由＋文种，省略发文机关，如《关于赴青岛保税港区学习培训的函》。

2.正文

(1)开头：主要用来说明发函的根据、目的、原因等。如果是复函，则先引用对方来函的标题、发文字号，然后再交代根据，说明缘由。

(2)主体：说明致函事项。无论是商洽工作、询问和答复问题，还是向有关主管部门请求批准事项等，都要用简洁得体的语言把需要告诉对方的问题、意见叙写清楚。

(3)结语："特此函达"、"特此函商"、"特此函询"、"特此函告"、"请即复函"、"特此函复"。

（四）函的写作要求

1.用语讲究分寸

公函是平行文公文，文辞不能向私人函件那样随意，要具有公文的庄重，措辞得体，平等待人。

2.简明扼要

去函力求说清楚问题的来龙去脉和关键所在；复函应针对来函提出的问题简明扼要予以答复。

（五）函与请示的区别

使用函还是请示，主要依据发文机关与受文机关的关系。函主要用于平级单位之间、不相隶属单位之间以及有业务上的主管和被主管关系的单位之间的工作往来。向主管单位请求批准有关事项，主管单位用复函批准请求事项。请示则是用于有隶属关系的上下级机关，下级机关用请示向上级机关行文请求指示、批准重要事项。在使用请示和函时，我们首先要弄清发文机关和受文机关的关系，然后才能确定用什么文种。

【病例分析】

复　函

××教字117号

××人事部门：

2016年1月6日我单位收到来函后，针对你处选派15名青年记者来我校中文系举办的新闻班进修一事，进行了认真的研究。现答复如下：由于进修人员较多，教室座位有限，只能接受你社10位记者来我校进修。现随复函寄去进修学员登记表10份，请填好后，于4月6日以前寄到我校教务处师资培训科。有关事项，可随时垂询。

特此通告。

××大学教务处

2016年3月10日

答:(1)标题不完整。改成:关于接受××日报社记者进修的复函;

(2)发文字号要素不全,缺少年份。改成:××教字〔2016〕117号;

(3)主送机关欠清楚具体。改成:××日报社人事处;

(4)复函开头不合要求,应先引述来函。改成:贵处2016年1月6日《关于选派××日报社记者进修的函》已悉;

(5)正文结尾部分的格式套语错误。改成:特此函复。

二、纪要

(一)纪要的适用范围及特点

纪要适用于记载、传达会议情况和议定事项。它既可上呈,又可下达,被批转或被转发至有关单位遵照执行,使用广泛。

纪要主要有三个特点。

1.纪实性

纪要是根据会议的宗旨、议程、决议等整理而成的公文,它是对会议基本情况的纪实。纪要必须忠实反映会议的基本情况,传达会议议定的事项和形成的决议。纪要的纪实性特点,使得它具有凭证作用和资料文献价值。

2.提要性

纪要并不是把会议的所有内容都原原本本地记录下来,它要有所综合、有所概括、有所选择、有所强调。纪要需要在会议后期甚至会议结束之后通过概括整理才能写出。

3.指导性

除凭证作用外,多数纪要具有指导工作的作用。它要传达会议情况、会议精神,要求与会单位和相关部门以此为依据展开工作,落实会议的议定事项。

(二)纪要的主要类型和作用

根据会议性质的不同,纪要可以分为两类:办公纪要和其他纪要。

根据写法的不同,纪要可分三种类型:条项式(决议式)纪要、综合式(概述式)纪要、摘要式纪要。

(三)纪要的结构和写法

纪要与其他公文不同的是——纪要不用主送单位和落款;成文时间多写在标题下方;纪要不盖公章。

1.标题

纪要的标题通常由会议名称和文种构成,例如:“全国高校技术创新大会纪要”。另外,也有采用“事由+文种”格式,如“关于解决粮食购销体制改革后遗留问题的纪要”。

2.正文

纪要的正文由导言、主体和结尾三部分组成。

(1)导言

一般是概括会议的基本情况,包括会议的名称、目的、内容、时间、地点、规模、参加人员、主要议题和会议成果等。导言要简明扼要,让人们读后对会议有个总体的了解。

(2)主体

主体是纪要的核心部分。它根据会议的中心议题,按主次、有重点地写出会议的情况和成果,包括对工作的评价、对问题的分析、会议议定的事项、提出的要求等。

主体的写法一般有条项式、综合式和摘要式三种写法。

条项式就是把主体内容,包括讨论的问题和议定的事项,按主次一条条列出来。

综合式就是把会议的内容或议定事项,进行综合概括,分成若干个部分。一般把主要的、重要的放在前面,而且尽量写得详细、具体一些,次要的和一般性的内容放在后面,可简略一些。

摘要式就是把与会者的具有典型性、代表性的发言要点摘录出来,按发言顺序或按内容性质先后写出。这种写法可尽量保留发言人谈话的风格,比较客观、具体。

(3)结尾

结尾一般写对与会者的希望和要求,也有的纪要不写专门的结尾用语。

(四)纪要的写作要求

1.掌握会议的全部情况抓住要点

2.突出会议主题

3.文字简洁明快

4.注意与会议记录的差别

纪要以会议记录为基础和依据,表现会议的主要内容。会议记录是如实记录会议情况,只作为机关单位内部存查使用的文书,不对外公布。纪要则在一定范围内公布传达,作为正式行政公文使用。纪要报送上级时,会议主办单位需另拟一份报送报告,与纪要一并报上。

5.注重使用纪要的习惯用语

纪要常常以“会议”为第三人称而记述会议内容。层次或段落的开头习惯用语有:“会议认为”、“会议提出”、“与会者一致认为”、“会议决定”、“会议要求”、“会议希望”、“会议号召”等。

【病例分析】

××县政府办公会议纪要

县政府于6月15日召开了办公会议,行署检查组的同志和县直有关部、室、委办的负责同志列席了会议。会议对少数县直机关科局长以上领导干部动用公款建造个人住房问题进行了讨论,现将会议决定,纪要如下:

一、赵××、李××动用公款为个人建造住房,全部收交县政府行政科管理,产权属县政府行政科。这二位同志的住房由行政科按有关标准另行分配。

二、县文化局利用公款为个人建造的两处三家的住房,全部收交县政府行政科管理,产权属县政府行政科。

三、阎××、吴××的住房,原则上都要收交农行,安排给其他同志住。鉴于阎××同志目前病情较重,暂缓搬出。吴××要在规定期限内搬出。

四、要分工包干,各负其责。党群口由尹××同志负责,财贸口由谢××同志负责,政办口由刘×同志负责，农口及建委由许××同志负责，宣传口由林××同志负责。

五、上述同志，凡决定搬出新房的一律限于7月5日前搬出。因房子安排不落实不能按期搬出的由有关组织负责，住房已经安排落实本人在规定期限内不搬出的由本人负责。

六、对科局级干部利用职权为个人建造住房及少数区、乡干部在县城建房的问题，要在抓好对科局长以上干部住房问题处理的同时，认真地查清处理。

××县人民政府办公室整理

答：这则纪要标题缺少会议名称，正文中基本情况不清楚，如在会议地点，具体出席的主要人员未列出，召开会议的目的原因没有写明，纪要的主体部分所研究的问题，决定、提出的要求没有准确反映，文中“利用”、“动用”用词不当，“两处三家的住房”含糊其辞，“原则上都要收交农行”中，“原则”二字不应用在正规的纪要中；结尾没有纪要的日期，处理问题的纪要应提出相应的要求。正文中有的语句口语化，应避免。

思考与练习

一、选择题

1. 下级机关在非常必要时，越过自己的直接上级领导机关而向更高层的上级机关，直至中央行文的方式是(　　)。

A. 多级行文　　B. 越级行文　　C. 逐级行文　　D. 直达行文

2. 由中国共产党的机关、组织形成和使用，反映党的领导、党的工作和党的建设等活动的文件叫(　　)。

A. 党的文件　　B. 法规文件　　C. 行政文件　　D. 秘密文件

3. 置于公文首页红色反线(宽度同版心，即156mm)以上的各要素统称(　　)。

A. 版记　　B. 主体　　C. 眉首　　D. 标题

4. 下级服从上级，全党服从中央是党的各级组织(　　)的基本准则。

A. 行文方向　　B. 行文方式　　C. 行文规则　　D. 行文关系

5. 适用于国家公布法律，国家行政机关发布根据法律制定的行政法规和规章称作(　　)。

A. 行政令　　B. 公布令　　C. 任免令　　D. 嘉奖令

6. 决定是党政机关对重要事项或重大行动作出决策和安排的(　　)公文。

A. 权威性　　B. 强制性　　C. 严肃性　　D. 指导性

7. 党政机关对重要事项发表的对工作有指导性质的文件叫作(　　)。

A. 建议　　B. 决议　　C. 意见　　D. 规划

8. 答复下级机关请示事项的指示性公文被称作(　　)。

A. 批复　　B. 指示　　C. 意见　　D. 决议

9. 用于上级机关批转下级机关的公文，给所属人员，让他们周知或执行的通知叫作(　　)。

A. 发布性通知　　B. 指示性通知　　C. 批转性通知　　D. 事务性通知

10. 通报具有指导性和(　　)等特点。

A. 周知性　　B. 传达性　　C. 权威性　　D. 制约性

11. 机关之间办理日常公务的交往性公文称作(　　)。

A. 通告　　B. 通知　　C. 函　　D. 公告

12. 用于向没有隶属关系的有关主管部门请求批准的是(　　)。

A. 商洽函　　B. 问复函　　C. 知照函　　D. 请准函

13. 议案审议表格:一般包括编号、案由、提议案人、议案内容和(　　)等部分。

A. 议案结论　　B. 落款　　C. 报送机关　　D. 审议结果

14. 根据提出者身份的不同,议案可分为由职能机构提出的方案和(　　)。

A. 由职能机构首脑提出的方案　　B. 由人民代表提出的议案

C. 由政府组织提出的议案　　D. 由非政府组织提出的议案

15. 写议案时,(　　)。

A. 格式可以灵活多变　　B. 要注意办理程序

C. 提出的问题不要受解决条件的限制　　D. 可以不必过分拘泥提出的权限和时限

16. 下级机关向上级机关汇报工作情况的陈述性公文指的是(　　)。

A. 报告　　B. 请示　　C. 议案　　D. 函

二、填空题

1. 国家行政机关的隶属关系和职权范围是由__________规定的。

2. 内容涉及党和国家的秘密,需要控制知密范围和知密对象的文件是__________。

3. 眉首部分包括公文份数序号、秘密等级和保密期限、紧急程度、发文机关标识、发文字号和________。

4. 位于红色反线下空 2 行,用 2 号小标宋体字,可分一行或多行居中排布,属于公文的________部分。

5. 命令结构由标题、编号、正文和________四部分组成。

6. 标题下用括号标出决定的日期及由什么会议通过的部分叫作________。

7. 意见的类型包括直接指导型和__________。

8. 批复针对请示表态或发表意见,对下级的工作有指导和________作用,下级不能违背上级的批复。

9. 通知是向特定________告知或转达有关事项或文件,让对象知道或执行有关公文。

10. 公告包括____________和司法公告。

11. 会议纪要是记载会议情况和精神用以公布或传达的________文件。

12. 根据会议的性质和拟写纪要的目的,可将纪要分为议决性纪要和__________。

13. 议案的正文要说明________的理由及具体内容。

14. 报告的正文之前要写明________。

15. 请示必须是在办事之前,说明请示具有________的特征。

16. 请示是下级机关向上级机关请求指示或批准的________公文。

三、论述与分析题

1. 比较公告和通告的异同。

2. 指出并改正下列公文标题的错误。

(1)×××部优先提高有突出贡献的中青年科学技术管理专家生活待遇的通知

(2)××高校关于加快发展本院彩色印刷品生产若干措施的通知

(3)××高校关于认真做好二〇一七年表彰优秀教师和教育工作者的通知

(4)××公司关于新建创新大厦要求补助资金的申请

(5)关于对 2015 年“条令条例学习月活动”的安排

(6)×××市发展和改革委员会关于转发××省发展和改革委员会《关于转发〈国家发改委办公厅关于推荐第三批当前国家鼓励发展的环保设备(产品)目录的通知〉的通知》的通知。

3. 指出并改正下列发文字号标识中的错误。

(1)××局字〔2016〕第 2 号

(2)某某政〔17〕8 号

(3)×政办〈2016〉9 号

(4)×政秘〔2015〕0056 号

(5)(17)桂农字第 85 号

4. 指出下面文件的错误之处并改正。

下面这篇通知的整体水平要高过许多企业的同类公文。内容完整,思路清晰,一般群众都能看明白,企业内的员工和职能部门更不在话下,理解和执行都没问题。但这份通知也存在一些问题,有的问题很隐蔽,也很具典型意义。原文及其问题见下图:

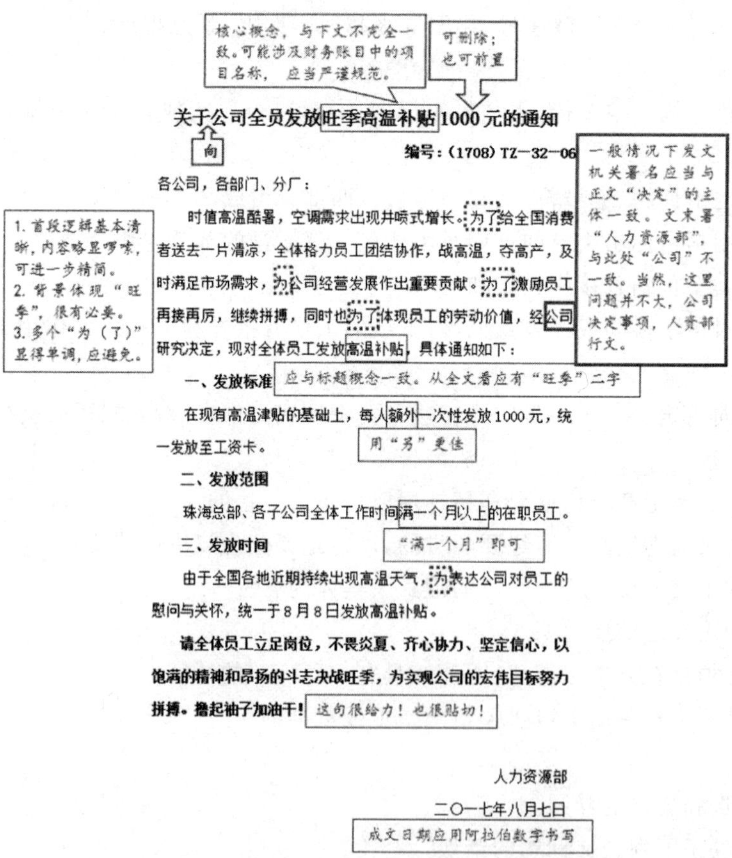

5. 评改一则悬赏通告。

悬赏通告

广大师生、各位居民：

2017 年 3 月 29 日 18 时 30 分，经人举报，学校××校区山上新村后山坡一棵朴树根部被人用刀斧削去整整一圈树皮。学校相关部门接报后，立即到达现场查勘。经专家诊断，此棵朴树树龄约 70 年，树干端庄，根深叶茂遭此劫难将难以成活。

大学校园是传播知识的殿堂，是培养人才的园地一花一草都具有育人功能，一树一木都代表学校形象。在全国人民都在打造绿水青山环境、推进美丽中国建设的新形势下，在全校师生都爱绿护绿、建设美丽校园的新常态下，师大校园竟然发生如此恶劣的毁绿毁树行为，其行为违反了《中华人民共和国城市绿化条例》和《××大学校园绿化管理规定》，严重破坏了校园育人环境，严重损害了为人师表形象，广大师生对此反应强烈，要求严惩害群之马！

现公安机关已经立案，保卫处正在全力协助公安机关对此案进行侦破。为此，呼吁广大师生和周边居民积极举报，对提供有价值线索直接导致破案的，学校奖励人民币壹万元。

举报电话：保卫处治保科：3869326

特此通告！

保卫处

二○一七年三月三十日

6. 根据下列材料，代东海商学院拟写一份公文。

东海商学院是一所省属高等院校。下面是东海市人民政府办公厅抄送给东海商学院的一份公文。阅读这份公文，联系东海商学院目前耗用自来水的数量已经达到平均每人每月 10 吨、超过东海县节约用水办公室规定的平均每人每月耗用自来水 3—5 吨的标准一倍多，整个学院 5 月份耗用自来水达到 12.3 万吨的实际情况，代东海商学院拟写一份转发这份公文的文件。

东海县人民政府办公厅关于加强夏季
高峰用水管理工作的通知

东政办〔2016〕55 号

各县、区人民政府，市政府各部门，市属各企事业单位：

用水高峰季节即将来临。据预测，我市今年夏天生产、生活用水需求量比往年大幅度增加，而自来水公司供水能力只能比去年增加 2 万吨/日，即便维持去年的需求水平，尚有 3 万吨/日左右的缺口，供需矛盾十分突出；尤其在供水管网边缘地区，情况会更严重。为了缓和供水紧张状况，根据市政府领导的意见，决定从今年 7 月份起，将用水量在 0.5 万吨/月以上的单位纳入计划供水范围，由市节约用水办公室会同主管部门核定用水量。当前我市用水的主要问题是，一方面供水紧张，另一方面浪费现象较为严重。为了防止浪费，确保我市生产建设和人民生活用水的需要，现就全市各用水单位加强夏季高峰用水管理工作通知如下：

一、大力宣传节约用水，提高广大干部群众对节约用水重要性的认识，努力养成人人节约用水的良好习惯。

二、严格执行用水计划。将用水指标和生产任务同时下达，同时考核，做到十天一检查，月底汇总分析。要采取经济手段，鼓励先进，督促后进。

三、对用水设施作一次全面检查。发现跑、冒、滴、漏，应及时堵塞。市节约用水办公室要经常派员督促检查。查出有浪费者，所浪费部分从计划供水量中扣除；超计划用水部分，按加价1至5倍收费。情况严重者，要通报批评。

四、拆除多余而又不便管理的用水设施。单位内不准洗涤私人衣被等物；违者由单位处以罚款。

五、加强对单位浴室的管理，严格控制用水量。为避开用水高峰，浴室要定时开放。各单位于6月底前将浴室开放时间和用水量报市节约用水办公室备案。

六、对冷却水回用装置作一次检查，没有利用的要利用起来。冷却水不得直流排放。

七、基建用水应指定专人管理，要装表计量，严格控制。

八、有蓄水池的单位要在夜间蓄水或避开用水高峰蓄水。

以上各点，请各单位遵照执行。

东海县人民政府办公厅

2016年6月15日

参考答案

第三章　机关事务文书

第一节　计　划

一、计划的概念及种类

（一）概念

计划是单位或个人对未来一定时间内要做的工作或要完成的特定目标及任务，预先做出设计安排的事务性文书。“凡事预则立，不预则废”，所谓“预”就是事先的预想、安排和计划。所以计划是一个统称，像规划、纲要、设想、打算、要点、方案、意见、安排等都属于计划范畴。计划的制定既要体现政策要求与上级指示精神，又要因地制宜，结合实际。

（二）种类

计划的种类很多，可以从不同的角度对它进行不同的分类。

1.按目标远近、时间长短、内容详略等差异分为：规划、纲要、设想、打算、要点、方案、意见、安排等。

2.按内容：工作计划、生产计划、学习计划、科研计划、教学计划、建设计划等。

3.按时间：长期计划、中期计划、短期计划，还有年度计划、学期计划、季度计划、月份计划、阶段计划等。

4.按范围：国家计划、地区计划、部门计划、单位计划、班组计划、个人计划等。

5.按性质：综合性计划、专题性计划（或单项计划）等。

6.按形式：条文式计划、表格式计划、条文与表格结合式计划。

二、计划的特点及其作用

（一）特点

1.目的性：制订任何一份计划，都必须有明确的目的性，即在一定时间内完成什么任务，达到什么目标。如果计划的目的不明确，没有针对性，计划也就失去了现实意义。

2.预见性：计划是着眼于未来的，是对现实目标的预定，是对工作进程的预见。所以计划就是在行动之前对行动的任务、目标、方法、措施所做出的预见性确认。

3.可行性：为了保证预期目标的实现，计划必须有切实可行的措施与方法，并从制定者的实际出发，以保证目标的实现。

4.具体性：一份计划不仅要提出整体的工作思路，更要提出具体的工作步骤、措施方法以及目标。涉及的内容能够量化的，都应予以量化。

5.时效性：计划是针对某项工作从其开始到结束这一时期内的规划，它具有一定的时效性，即计划的有效时间是明确的、具体的，超出其有效期限，计划的约束力就将消失。

6. 约束性：计划一经制定、批准或认定，在其所指向的范围内就具有约束作用。在这一范围内无论是集体还是个人都必须按计划内容开展工作和活动，不得违背和拖延。

（二）作用

古人孙武曾说："用兵之道，以计为首。"无论是单位还是个人，无论办什么事情，事先都应有个打算和安排，因为计划对工作的推进具有一定的作用：首先计划是建立良好工作秩序，提高工作效率的重要工具。制定计划可以预先考虑可能出现的情况和问题，合理安排人力、物力、财力和时间，并预定措施，做好安排；其次计划是上级部门指导和检查工作的重要依据。

三、计划的结构

计划包括标题、正文、落款三个部分。

1. 标题。计划标题一般由四个部分组成：计划的制订单位名称、适用时间、内容性质及计划名称。

2. 正文。正文是计划的主题和核心部分，应写明制定计划的目的和依据、目标和任务、措施和步骤，完成时限等问题，包括以下几个部分。

(1)引言。又叫"前言"，即正文的开头，通常是点明制订计划的指导思想和对基本情况的说明分析，简要说明制订该计划的理由。

(2)主体。如果说引言回答了"为什么做"的问题，那么主体要回答"做什么"、"怎么做"、"何时做"等问题。

首先要明确指出总目标和基本任务，随后应根据实际内容进一步详细、具体地写出任务的数量、质量指标；其次要明确具体的办法与措施，即以什么方法，用什么措施确保完成任务，实现目标，这是制订计划的关键；最后是明确完成各项工作的时限与步骤。

(3)结尾。这部分一般用一个段落，篇幅不宜过长。通常言简意赅地提出执行本计划的要求、希望和注意事项等，体现出计划的针对性和鼓动性，以激发执行者的热情和信心。有的计划没有结语，目标任务和措施步骤写完后就结束全文。

3. 落款。正文结束之后，在右下角落款，包括制订计划的单位名称或个人姓名、计划定稿的日期。

四、计划的写作要求

1. 制订计划要以政策法规和上级文件精神为指导：任何单位或个人在制订计划时必须认真贯彻党和国家的方针政策，认真领会上级机关的指示精神。

2. 制订计划要从实际出发：要深入调查研究，广泛听取群众意见，研究各种主客观条件，抓住重点，考虑周全，才能制订出切实可行、符合本单位和个人实际的计划。

3. 计划内容要具体明确：切忌泛泛而谈，含糊不清，只有大道理而没有实际内容。

4. 制订计划要留有余地：

出于各种主客观原因，事前制订的计划难免有对未来预测不到的地方。因此，制订计划一定要留有余地。

五、策划书

（一）概念和种类

策划书即对某个未来的活动或者事件进行策划，并展现给读者的文本，是计划的一种。

策划书一般分为：商业策划书、创业计划书、广告策划书、活动策划书、营销策划书、网站策划书、项目策划书、公关策划书和婚礼策划书等。

（二）策划书的基本格式

1. 策划书名称

尽可能具体的写出策划名称，如“×年×月××大学××活动策划书”，置于页面中央，当然可以写出正标题后将此作为副标题写在下面。

2. 活动背景

这部分内容应根据策划书的特点在以下项目中选取内容重点阐述。具体项目有：基本情况简介、主要执行对象、近期状况、组织部门、活动开展原因、社会影响、以及相关目的动机。其次应说明问题的环境特征，主要考虑环境的内在优势、弱点、机会及威胁等因素，对其作好全面的分析，将内容重点放在环境分析的各项因素上，对过去现在的情况进行详细的描述，并通过对情况的预测制定计划；如环境不明，则应该通过调查研究等方式进行分析加以补充。

3. 活动目的、意义和目标

活动的目的、意义应用简洁明了的语言将目的要点表述清楚。在陈述目的要点时，该活动的核心构成或策划的独到之处及由此产生的意义（经济效益、社会效益、媒体效应等）都应该明确写出。活动目标要具体化，并需要满足重要性、可行性、时效性的要求。

4. 资源配置

列出所需人力资源、物力资源，包括使用的地方都需要详细列出。可以列为已有资源和需要资源两部分。

5. 活动开展

作为策划的正文部分，表达方式要简洁明了，使人容易理解，但表述方面要力求详尽，写出每一点能设想到的东西，没有遗漏。在此部分中，不仅仅局限于用文字表述，也可适当加入统计图表等。对策划的各工作项目，应按照时间的先后顺序排列，绘制实施时间表有助于方案核查。人员的组织配置、活动对象、相应权责及时间地点也应在这部分加以说明，执行的应变程序也应该在这部分加以考虑。

这里可以提供一些参考方面：会场布置、接待室、嘉宾座次、赞助方式、合同协议、媒体支持、宣传、广告制作、主持、领导讲话、司仪、会场服务、电子背景、灯光、音响、摄像、信息联络、技术支持、秩序维持、衣着、指挥中心、现场气氛调节、餐饮招待、合影、接送车辆、活动后清理人员、后续联络等。请根据实情自行调节。

6.经费预算

活动的各项费用在根据实际情况进行具体、周密的计算后，用清晰明了的形式列出。

7.活动中应注意的问题及细节

内外环境的变化，不可避免地会给方案的执行带来一些不确定性因素，因此，当环境变化时是否有应变措施，损失的概率是多少，造成的损失多大，应急措施等也应在策划中加以说明。

8.活动策划人及主要参与者

如果是小组策划应注明小组名称、负责人、活动嘉宾。

(三)撰写策划书应注意事项

1.可以专门给策划书制作封页，力求简单，凝重；策划书可以进行包装，如用设计的徽标做页眉，图文并茂，力求内容详尽、页面美观。

2.如有附件可以附于策划书后面，也可单独装订。

3.策划书需从纸张的长边装订。

4.一个大策划书，可以有若干子策划书。

(四)策划书例文

大学生环保活动策划书

一、活动背景

学校是一个传播文化的特定学习场所，是学生获得知识和技能、培养情感和形成价值观、塑造品德和养成行为的重要场所。创建绿色学校是学校参与全社会环境保护与可持续发展行动的起点和标志，在可持续发展实践中具有重要意义。

从环境保护的角度看，学校也被看作是一个环境问题的制造者，它随时随地对环境产生影响，因此有必要对学校进行环境管理和规划，以实现学校的可持续发展。“绿色校园”不仅能使教师和学生的环境素质得以提高，学校环境品质得到改善，而且还可通过学生的环保行动使学校的校园文化校园品质得以提高，又通过校园带动社会更广泛地参与保护环境的行动。

环境与我们的学习生活息息相关，一个幽雅的校园环境，能够使我们的身心得到良好的发展。校园环保应受到每一个学生的高度重视，可校园环保却一直是学校常抓不懈却得不到彻底解决的问题。我们开展校园环保活动，为的就是让学生们认识身边的环保，重视身边的环保。

二、活动目的

1.让学生们了解保护校园环境对于学习生活的重要意义，认识到××校园的环境现状，树立和放大环境保护意识，并尽微薄之力，为环保做一点贡献。

2.充分发挥学生的主动性，培养他们的实践能力和创新精神。

3.加强校园环保工作，改善校园环境，提升校园品质。

三、活动日程

2019年4月16日～2019年4月20日。

四、活动主题

创建绿色校园。

五、活动内容

1.前期宣传活动

前7～10天开始,主要分五个方面:

(1)悬挂横幅地点:教学楼,2～3幅。

(2)宣传海报10幅,地点:每座宿舍楼一幅,食堂前后门各一幅,基础A空旷场地一幅,超市一幅,操场一幅。

(3)网络百度贴吧、学校论坛、校园网、××人人网主页均刊登环保活动相关信息。

(4)传单数量300～500份,发放地点:宿舍楼与食堂间空地。

(5)展板数量30块左右,以资源回收、节水节电为主题。

2."创建绿色校园有你有我"签名活动

制作大型横幅,在活动场地摆好桌子,提供签字笔,号召同学们积极响应签名活动。

3.环保知识竞赛

以三人为一组,回答主办方准备的题目。比赛分必答题、抢答题以及现场发挥题目三个环节。获胜者可获得由主办方提供的环保奖品。

4.环保宣传海报及宣传画比赛

5.废旧电池回收活动

在每幢宿舍楼下放置一个废旧电池回收箱,让同学们将用过的废旧电池进行回收。

6.旧物改造比赛

利用自己不用的各种废旧物品进行改造,制作各种有创意的环保小作品。

7.全校熄灯一小时活动

8.在著名旅游杂志上刊登××学校优美美景照片与文字介绍,使之兼有旅游景点名声,并逐渐吸引校外群众来校参观。

六、经费预算

七、参与人员

全校师生参与、由校团委及学生会承办。

八、可行性分析

本次活动策划贴近我们的校园生活,以本校环保现状为背景设计策划,既可以提高同学们的参与积极性,又可以在校园内大力宣传环保的相关知识,也提高了学校的知名度。本次设计的各项活动涉及面很广,所以有很高的参与度。因此可行性较高,建议举办。

九、预期效果

此次活动将做好全面的宣传工作,影响力将涉及校区各个系部班级。此次活动的开展,将使更多的同学了解到目前我们学习生活所处的环境,了解到更多关于环保的知识,以号召大家共同维护我们的生活、学习环境,共建美好的校园。同时提高了学校的知名度,使更多人来××学校参观,更多学生报考××学校。

【病例分析】

××机械厂推行首钢岗位责任制先进经验的计划

（一）目的意义

首钢岗位责任制是整顿和改进企业管理的样板。我们要认真学习，积极推行。通过学习，进一步建立健全我厂各个生产岗位和科室的责任制，为调动全厂职工的积极性，保证完成和超额完成生产任务而奋斗。

（二）方法步骤

总的要求是，从7月上旬开始，利用一个半月至两个月的时间，大体完成这项任务。具体安排是：

1.7月上旬，全厂职工学习、讨论首钢经验，提高认识，找出差距，7月10日左右听汇报。

2.7月中下旬，各车间、科室提出方案。

3.8月上旬，综合平衡，进一步充实完善。

4.8月中旬，开展检查评比。

（三）措施和要求

1.开好三个会。动员会（7月2日），经验交流会（7月下旬），总结表彰会（8月中下旬）。

2.搞好试点。全厂以锻压车间和技术科为试点，各车间、科室也要抓好一两个班组或个人。

3.组织职工认真讨论，充分发扬民主。首先由职工自己提出初步方案，经过班组讨论，最后车间、科室领导审查、批准。各级都要力争提出经过努力可以达到的岗位责任制。

（四）组织领导

党委统一领导，各车间、科室具体负责，工、青、妇积极配合，厂部要定期研究、讨论。一级抓一级，力争提前完成任务。

××机械厂

××××年×月×日

答：(1)本文的目标和任务不明确。学习首钢经验，建立和健全岗位责任制，究竟要解决什么问题？主攻方向是什么？做到什么程度？这些问题计划都没写清楚。“大体完成这项任务”、“经过努力可以达到的岗位责任制”等语意笼统、含糊，无针对性。

(2)步骤措施不具体。如方法步骤中，7月10日听汇报，汇报什么内容？8月上旬综合平衡，达到什么要求？8月中旬开展检查评比，方案刚刚制定，有什么可以检查？评比哪些内容？在措施要求中，开好三个会，搞好试点等，由谁负责？这些内容都未具体写明，只是在最后笼统地提了一句“党委统一领导，各车间、科室具体负责”。这样的安排，到时候出了问题就无法追究责任，只能出现相互推诿、扯皮的情况。

第二节 总 结

一、总结的概念及种类

（一）总结的概念

总结是单位、部门或个人对过去一定时期内的工作、学习或思想情况进行回顾、检查、分析和研究，从中找出经验教训和规律性的认识，以指导今后实践而写成的应用文书。

（二）总结的种类

根据不同的分类标准，总结可以分为不同的类型。

1.按范围：个人总结、班组总结、单位总结、行业总结、地区总结等。

2.按内容：工作总结、教学总结、学习总结、科研总结、思想总结等。

3.按时间：年度总结、学期总结、季度总结、月份总结、阶段总结等。

4.按性质：综合性总结、专题性总结等。

二、总结的特点

1.回顾性：总结是对一个阶段的工作进行回顾、检查和研究，看到成绩，总结经验，找出不足与教训，引出规律性的东西，以指导下一阶段的工作。

2.客观性：总结所列举的事例和数据都必须完全可靠，确凿无误，任何夸大、缩小，或随意杜撰、歪曲事实的做法都会使总结失去应有的价值。

3.经验性：总结旨在把实践中的成功经验归纳出来，把失败的教训总结出来，以便对今后的实践起到重要的指导作用。

4.指导性：总结旨在指导今后的实际工作，这是总结的出发点，也是它的最终目的。离开了指导性，总结便失去了它的存在价值。

三、总结的结构

总结的结构包括标题、正文、落款三个部分。

（一）标题

总结的标题应根据写作的目的和具体的内容拟定，力求简洁、醒目、突出内容。

1.单行标题。或提示内容或揭示中心，有议论式和公文式两种形式。

议论式标题一般直接标明总结的基本观点，鲜明地表现文章的主题，如《一年来的谈判及前途》、《走活三步棋，选好一把手》。

公文式标题的构成形式是由单位名称、时间、主要内容、文种组成，如《绍兴市审计局2016年工作总结》。

2.双行标题。它是上面两种标题形式的结合。正题采用议论式标题，标明总结的主要观点或基本经验;副标题采用公文式标题,以补充说明单位、时限和内容,如《加强医德修养,树立医疗新风——便民医院 2017 年工作总结》。

(二)正文

和其他应用文体一样,总结的正文也分为开头、主体、结尾三部分,各部分均有其特定的内容。

1. 开头部分,要简明扼要,文字不可过多。总结开头的方式有以下几种。

概述式:概括介绍基本情况,简要交代工作背景、时间、地点、条件等。

结论式:先明确提出总结出来的结论,使读者了解经验教训的核心所在。

提示式:对工作的主要内容作提示性、概括性的介绍。

提问式:先设问提出问题,点明总结的重点,引起人们的关注。

对比式:开头对有关情况进行比较,以说明成绩,表明优劣,引出下文。

总结的开头也可以综合运用几种方式,以增强表达效果。

2. 主体篇幅大、内容多,要特别注意层次分明、条理清楚。常见的结构形态有三种。

纵式结构:按照事物或实践活动的过程安排内容,按时间顺序分别叙述每个阶段的成绩、做法、经验、体会。要注意事物发展服从总结经验的需要,注意把握其内在联系,使之成为一个总体,不能写成流水账。

横式结构:按事实性质和规律的不同分门别类地依次展开内容,使各层之间呈现相互并列的态势。

纵横式结构:安排内容时,既考虑到时间的先后顺序,体现事物的发展过程,又注意内容的逻辑联系,从几个方面总结出经验教训。

3. 结尾应在总结经验教训的基础上,提出今后的方向、任务和措施,表明决心、展望前景。有些总结在主体部分已将这些内容表达过了,就不必再写结尾。

(三)落款

正文结束之后,在右下角落款。落款内容包括总结的单位或个人,成文的时间。如果标题已有单位,落款时可以省略,只需注明时间即可。

四、总结的写作要求

1. 要持实事求是的态度:总结要求实事求是,一分为二地分析、评价自己的工作;对成绩,不要夸大;对问题,不要轻描淡写。

2. 撰写总结,应在占有材料的基础上,深入分析,找出其中能够揭示事物本质的带有规律性的东西,以指导今后的工作,这是写好总结的关键所在,也是写总结的价值所在。

3. 避免泛泛而谈,根据具体的写作目的和实际情况有所取舍,有所侧重,把重点内容写得具体、详细,一般性的材料要略写或舍弃。

4. 表达方式上,总结要叙议结合,从本单位、本部门的角度来撰写,采用第一人称的叙述方式。

5. 总结要求准确简明、实事求是地说明情况、总结经验,语言表达要做到准确贴切、简要明晰。

【病例分析】

志翔工贸公司上半年工作总结

半年来本公司在精神文明和物质文明方面做了许多工作，取得了很大成绩。半年来，主要做了以下工作：动员组织公司干部和广大群众学习中央文件；安排、落实全年生产计划；推行、落实工作责任制；修建子弟小学校舍；建方便面生产车间厂房；推销果脯、食品、编织产品；解决原材料不足问题；美化环境，栽花种草；办了一期计算机技术培训班；调整了工作人员，开始试行干部招聘制。

半年来，在工作繁杂，头绪多而干部少的情况下，能做这么多工作，主要是：

一、上下团结。公司领导和一般干部都能同甘共苦，劲往一处使。工作中有不同看法，当面讲、共同协商。互相间有意见能开展批评与自我评评，不犯自由主义。例如有干部就对经理未作商议，擅自更改果脯销售奖励办法，影响产量一事有意见，经当面提出，经理做了自我批评，并共同研究了新的奖励办法，又出现了增产势头。

二、不怕困难。本企业刚刚起步，困难很多，技术力量薄弱，原材料不足；产品销路没有打开等等。为此，领导干部共同想办法，他们不怕跑路，放弃自己的休息时间，忍饥挨饿受冻，四处联系，终于解决了今年所需要的原料，推销了一些产品。

三、领导带头。公司的几位主要领导带头苦干，实干。他们白天到下边去调查了解情况、解决问题，晚上才开会研究问题，寻找解决的办法。领导干部夜以继日地工作，使公司工作上了台阶。

志翔工贸公司

2015 年 6 月 29 日

答：(1)行文格式不规范，没有遵循总结的行文格式。工作基本情况(前言)、成绩经验、问题与教训、今后打算，这些内容该文全无。

(2)内容说明欠准确。没有对工作作出一定的评价，也没有从成败得失中引出经验、教训的说明，只是“蜻蜓点水”地写成“流水账”，没法对今后产生指导与借鉴作用。前言虽有说明工作，但只罗列做了什么事，应写出上半年工作的概况说明。主体欠工作具体做法的说明，也没有点出取得什么成绩，更没有发现工作的失误。

第三节　调查报告

一、调查报告的含义及特点

(一)含义

调查报告是对某项工作、事件、问题，进行深入细致的调查后，将调查中收集到的材料加以系统整理，分析研究，以书面形式向组织和领导汇报调查情况的一种应用文书。有情况调查报告、典型经验调查报告和问题调查报告。

（二）特点

1. 写实性：充分了解实情和全面掌握真实可靠的素材是写好调查报告的基础。

2. 针对性：有比较明确的意向，反映的问题集中而有深度。

3. 逻辑性：对核实无误的数据和事实进行严密的逻辑论证，探明事物发展变化的原因，预测事物发展变化的趋势，提示本质性和规律性的东西，得出科学的结论。

二、调查报告的结构和写法

调查报告一般由标题和正文两部分组成。

（一）标题

标题有两种写法：一种是规范化的标题格式，即“发文主题”加“文种”，如“××关于××××的调查报告”、“关于××××的调查报告”等。另一种是自由式标题，包括陈述式、提问式和正副题结合使用三种。陈述式，如《浙江大学2017届毕业生就业质量年度报告》；提问式，如《为什么大学毕业生择业倾向沿海和京津地区》；正副标题结合式，如《高校发展重在学科建设——浙江大学学科建设实践思考》等。

（二）正文

正文一般分前言、主体、结尾三部分。

1. 前言

有几种写法，第一种是写明调查的起因或目的、时间和地点、对象或范围、经过与方法，以及人员组成等调查本身的情况，从中引出中心问题或基本结论来；第二种是写明调查对象的历史背景、大致发展经过、现实状况、主要成绩、突出问题等基本情况，进而提出中心问题或主要观点来；第三种是开门见山，直接概括出调查的结果，如肯定做法、指出问题、提示影响、说明中心内容等。前言起到画龙点睛的作用，要精练概括，直切主题。

2. 主体

这是调查报告最主要的部分，这部分详述调查研究的基本情况、做法、经验，以及分析从调查研究材料中得出的各种具体认识、观点和基本结论。

3. 结尾

结尾的写法也比较多，可以提出解决问题的方法、对策或下一步改进工作的建议；或总结全文的主要观点，进一步深化主题；或提出问题，引发人们的进一步思考；或展望前景，发出鼓舞和号召。

四、调查报告写作的注意事项

1. 调查报告力求客观真实、实事求是，引用的材料、数据必须是真实可靠的。反对弄虚作假，或迎合上级的意图，挑他们喜欢的材料撰写。

2. 调查报告要做到调查资料和观点相统一，用资料说明观点，用观点概括资料，切忌调查资料与观点相分离。

3. 调查报告要突出调查的目的，有的放矢，必须围绕调查的目的来进行论述。

4. 调查报告要突出重点，根据主旨的需要来剪裁取舍材料，以回答一两个重要问题为宜，切忌面面俱到。

5. 调查报告的语言要简明、准确、易懂，读者不喜欢冗长、乏味、呆板的语言，也不精通调查的专业术语。

第四节　简　报

一、简报的概念和种类

简报，顾名思义就是简单的情况报道，是机关、团体、企事业单位编发的反映情况、汇报工作、交流经验、沟通信息的一种摘要性的内部文件。

简报又称“动态”、“简讯”、“要情”、“摘报”、“工作通讯”、“情况反映”、“情况交流”和“内部参考”等。也可以说，简报就是简要的调查报告，简要的情况报告，简要的工作报告，简要的消息报道等。

常见的简报有三种：一是会议简报，主要反映会议交流、进展情况；二是情况简报，反映人们关注的问题，供机关领导参考；三是工作简报，报告重大问题的处理情况以及工作动态、经验或问题等。

二、简报的特点

简报具有一般报纸新闻性的特点，这是共性；它又有本身的特点。

（一）内容专业性强

公开的报纸，一般是综合性的。简报专业性十分明显。如《人口普查简报》《计划生育简报》《水利工程简报》《招生简报》等，对一般读者来说，能使他们了解工作的进展情况，增强责任感；对领导、机关来说，接到这样的简报，掌握了情况，发现了问题就可及时处置。

（二）篇幅特别简短

简报姓“简”。简，是它区别于其它报刊的最显著的特点。一期简报甚至只登一篇文章，几段信息，或一期几篇文章，总共一两千字，长的也不过三五千字，读者可以用很短的时间把它读完，适应现代快节奏工作的需要。简报的语言必须简明精炼。

（三）限于内部交流

它一般在编报机关管辖范围内各单位之间交流，不宜甚至不能公开传播。有的简报，往往是专给某一级领导人看的，有一定的保密要求，不能任意扩大阅读范围。

三、简报的撰写格式

通常由报头、报核、报尾三部分组成。

1. 报头

（1）简报名称

(2)期数

(3)编发单位

(4)印发日期

(5)密级

(6)份号

2.报核

(1)按语:主要说明编发目的,提示稿件内容,表明编者态度等。

合肥团市委深入学习实践科学发展观活动

简 报

(第2期)

合肥团市委深入学习实践科学发展观活动领导小组办公室	2009年3月24日

(2)目录:如只一篇文章,则不需标注“目录”。

(3)标题:简明地对正文内容进行概括。

(4)正文。

①导语。对主要内容进行概括(包括时间、地点、人物、事件等)。鲜明、尖锐地提出问题,然后在下文用事实加以回答。先在开头提出结论性意见,然后在下文再作阐述。

②主体。按事物的发生、发展过程和时间顺序安排层次。按照逻辑顺序(即事物的内在联系)安排层次。

③结尾。概括全文。进一步指出事物发展的趋势。对简报所反映的事实加以评述。提出建议,发出号召。

3.报尾

(1)报送对象。报,指简报呈报的上级单位;送,指简报送往的同级单位或不相隶属的单位;发,指简报发放的下级单位。

(2)印刷份数。

四、简报例文

政协××市六届×次会议

简 报

(第24期)

大会秘书处　　　　1998年3月18日

今年政府应办几件实事

任期目标责任制

××委员说:“建议市长要有相应的任期目标,要像×××那样一年办几件实事,年终总结,有哪些完成,有哪些没完成,为什么。”

改“三公开一监督”为好

×××、×××委员说:“报告在谈到廉政建设时,提出实行“两公开一监督”,我们认为应改为“三公开一监督”,即再增加公开市、县两级主要领导的经济收入,以便接受人民群众的监督。”

不能再走大投入低效益之路

×××委员认为，1998年我市社会总产值为180亿元，国民收入为74亿元，而全市的财政收入只有9.15亿元，很明显，经济效益是很低的。而1998年的计划数字，基本上是按比例同步增长，经济效益无明显提高。这是我市多年来生产发展的一个关键性的问题，即大投入，低效益，致使财政拮据，入不敷出。市领导应着眼长远，从当前入手，立足于大力提高经济效益和增强生产后劲（包括政策、体制、发展规划、产业结构、环境整顿、提高管理水平、提高劳动力的素质、提高劳动生产率、大力发展科技、教育等多方面综合治理）。只有这样，才能使我市的经济进入更高层次的发展，形成良性循环。这才是提高经济效益的真正出路。

报：××政协
送：××政府
发：各政协委员

（共印×份）

第五节　演讲稿

一、演讲稿的概念

（一）演讲稿的概念

演讲稿又称为演说词，它是演讲者在演讲前事先准备的供演讲使用的文稿。演讲稿是进行演讲的依据，是对演讲内容和形式的规范和提示，它体现着演讲的目的和手段，演讲的内容和形式。演讲稿是人们在工作和社会生活中经常使用的一种文体。

演讲稿按照内容可分为政治类、学术类、社会生活类、宗教类演讲稿、礼仪类演讲稿；根据表达方式可分为议论式、叙述式、抒情式演讲稿。

二、演讲稿的特点及与讲话稿的区别

（一）演讲稿的特点

1. 针对性：为了以思想、感情、事例和理论来晓喻听众，打动听众，“征服”听众，演讲稿必须要有现实的针对性。

2. 可讲性：以“讲”为主，以“演”为辅，拟稿时必须以易说能讲为前提。

3. 鼓动性：要用自己生动的演讲去激发听众情绪、赢得听众好感，达到理解上的认同，情感上的共鸣。

（二）演讲稿与讲话稿的区别

讲话稿又称“发言稿”，涵盖面较大。它的适用范围，主要是各种会议和一些较庄重、隆重的场合。

演讲稿属于讲话稿，所以，演讲稿既要遵从讲话稿的一般写作规律，又不同于一般讲话

稿。这就决定了演讲稿的独特性。

首先，演讲稿更加注重选材立意，切实根据听众的愿望和要求，弄清他们关心和迫切要解决的问题，有的放矢，力求引起最大共鸣。

其次，在表达手段上有较多的议论、抒情，将生活中获得的各种体验，真实地倾泻到演讲稿中，动之以情、晓之以理，具有较强的感召力。

再次，适当运用幽默、双关、反语等修辞手法，以达到在与现场听众的交流中，牢牢吸引听众的注意力，顺利实现演讲的目的。

可见，无论是在写作要求上，实现目的上，还是在要达到的效果上，讲话稿都不等于演讲稿。在实际写作中，我们要力图体现二者的区别，不要将它们混为一体。

三、演讲稿的结构

演讲稿的基本结构一般由标题、称谓、正文三个部分组成。

（一）标题

人们常把标题比作文章的眼睛。这种比喻形象地说明了标题在文章中的重要作用。演讲稿的标题，是演讲稿不可缺少的有机组成部分，是一篇演讲稿的定音之弦。演讲标题涉及演讲稿内容的整体布局，关系到演讲开始能否抓住听众的欣赏心理，吸引听众，并自然地引出演讲内容。一般说来演讲稿的标题有以下几种类型：

1. 提要型标题，如《把青春献给人民的教育事业》

2. 象征比喻型标题，如《托起明天的太阳》

3. 警句型标题，如《天下兴亡，匹夫有责》

4. 设问反问型标题，如《谁来保卫我们美丽的祖国？》

新颖的、具有吸引力的标题，具有大幅度、高强度振动听众心弦的功能。许多好的演讲标题，犹如吟天下第一声，飞光溢彩，蔚为大观。许多听众，特别是青年听众，就常常是根据演讲者的演讲标题来决定自己听不听、认不认真听演讲者演讲的。因此，写演讲稿，就必须千方百计地拟制一个鲜明生动、富有吸引力的演讲标题，使演讲一开始就以新奇取胜，以美妙夺人。

（二）称谓

俗话说“良好的开端是成功的一半”，面对不同的对象，不同的场合，称谓也就不同。称谓应该自然、亲切、得体，才能拉近与听众的情感距离，唤起听众的注意。常见的称谓有“各位领导”、“各位来宾”、“女士们”、“先生们”、“同志们”、“朋友们”等。恰当的称谓在演讲稿中起到的作用不小，演讲者不能忽视。

（三）正文

演讲稿的正文分为开头、主体、结尾三个部分，各部分均有其特定的内容。

1. 开头也叫开场白。它在演讲稿的结构中处于显要的地位，具有特殊的作用。演讲稿的开头，通常有以下几种：

一是开门见山，揭示主题。一般政治性的或者学术性的演讲稿都是开门见山，直接揭示演讲的中心。

二是说明情况，介绍背景。从演讲的中心论点出发，不能信口开河，离题万里，更要防止套话、空话败坏听者的胃口。

三是提出问题，引起关注。根据听众的特点和演讲的内容，提出一些激发听众思考的问题，促使听众去思考。

2. 主体是演讲的核心部分，也是演讲稿的高潮所在，能否写好，直接关系到演讲稿的质量和演讲的效果。所以，在内容的安排上，应注意以下几个问题。

一是确定结构形式。演讲稿的形式比较活泼，或旁征博引、剖析事理，或引经据典、挥洒自如，或层层深入，或就事论事。结构形式不管怎么样变化，都要求内容突出、问题说透、推理严密、层次清晰、情理交融。

二是认真组织好材料。演讲稿的理论依据和事实论据的组织安排要适当。首先必须保证例证的真实性、典型性。演讲稿不能太长，一般 30 分钟左右最好。内容要求言简意赅、起到画龙点睛的作用。

三是构筑演讲高潮。成功的演讲，不可能没有高潮。构筑高潮要体现三个特点：一是思想深刻、态度明确，最集中地体现演讲者的思想观点；二是感情强烈，演讲者的爱恶、喜怒在这里得到尽情宣泄；三是语句精炼。思想倾向要逐渐明朗，听众也能逐渐领会演讲者的思想观点，并有可能与演讲者的思想感情产生共鸣，从而构筑高潮。可以使用排比、反问等句式以增加气势，也可借助名言警句把思想揭示得更深刻。

3. 结尾没有固定的格式，或对演讲稿的要点进行简单小结，或以号召性、鼓动性的话收尾，或以诗文名言以及幽默俏皮的话结尾。但一般的原则就是要给听众留下深刻的印象。

四、演讲稿的写作要求

1. 要了解听众的性格、年龄、受教育程度、出生地，分析他们的观点、态度、希望和要求，然后决定采取什么方式来吸引听众，说服听众，取得好的效果。

2. 要有一个集中鲜明的主题，全篇内容都必须紧紧围绕着这个中心去铺陈，这样才能吸引听众，给听众留下深刻的印象。

3. 要动之以情，既有热情的鼓动，又有冷静的分析，把抒情和说理有机地结合起来，做到动之以情，晓之以理。

4. 语言优美、准确精练、生动形象、通俗易懂，不能讲假话、大话、空话，也不能讲过于抽象的话，多用口语化的语言，深入浅出，把抽象的道理具体化，把概念的东西形象化，让听众听得入耳、听得明白。

思考与练习

一、选择题

1. 既具有远景发展设想，又具有较强的政策性、思想性、指导性的提纲挈领式的计划性文种叫作(　　)。

A. 规划　　B. 设想　　C. 纲要　　D. 打算

2. 按照计划的性质计划可以划分为生产计划、工作计划和(　　)。

A. 个人计划　　B. 战略计划　　C. 作业计划　　D. 学习计划

3. 正文是计划的主体,正文内容包括前言、(　　)、措施和步骤以及其他事项。

A. 目的和任务　　B. 背景介绍　　C. 计划人介绍　　D. 称谓

4.《碧桂园公司接待方案》是(　　)的计划的标题。

A. 省略单位　　B. 省略时限　　C. 省略单位和时限　　D. 省略文种

5. 对本组织一定时期内工作的全面总结又称(　　)。

A. 专题性总结　　B. 综合性总结　　C. 单项总结　　D. 具体总结

6. 总结性的前言主要分为概述式、结论式、提示式和(　　)。

A. 分部式　　B. 阶段式　　C. 提问式　　D. 并列式

7. (　　)总结署名在正文后右下方。

A. 部门　　B. 单位　　C. 组织　　D. 个人

8. 由单位名称、时限、内容和文种构成的总结标题又称(　　)。

A. 文件式标题　　B. 文章式标题　　C. 双标题　　D. 完全标题

9. 下列调查报告的标题,属于公文式写法的是(　　)。

A.《儿童究竟需要什么读物?》　　B.《莘莘打工者,维权何其难》

C.《"航空母舰"逐浪经济海洋》　　D.《一个富裕居委会的财务调查》

10. (　　)的内容比较广泛、比较全面,篇幅比较长,叙述比较详尽。这一类调查报告对正确制定党的路线和各项方针政策有重要意义。

A. 新生事物调查报告　　B. 反映情况调查报告

C. 典型经验调查报告　　D. 揭露问题调查报告

11. 在调查报告中,列出主要理论依据和方法,以及有争议的论据的部分称作(　　)。

A. 参考文献　　B. 附录　　C. 落款　　D. 附件

12. 以下叙述中不正确的是(　　)。

A. 调查报告的选题要具有前瞻性　　B. 调查报告的材料要丰富而翔实

C. 调查报告需要有较强的针对性　　D. 调查报告需要提供规律性认识

13. (　　)是指事先没有准备,没有现成讲稿,因事而发,触景生情的演讲。

A. 公开演讲　　B. 报告演讲　　C. 专题演讲　　D. 即席演讲

14. (　　)演说辞的结尾能够唤起听众的激情,激励听众行动。

A. 提问式　　B. 赞颂式　　C. 号召式　　D. 名言式

二、填空题

1. 安排、方案和________适用的时间较短,范围较小,内容较具体。

2. 计划的________部分内容包括执行计划时应该注意的事项、需要说明的问题,或者提出要求、希望和号召等。

3. 计划是党政机关、社会团体、企事业单位或________对将要进行的工作、生产与学习提出预想的目标,并制定出实现这个目标的具体步骤、方法和措施时使用的文体。

4. ________是一种初步的、尚未成熟的、提供参考的非正式计划。

5. 随公文报送的总结不写日期，需要写的写在________右下方。

6. 重要的总结要编发________。

7. 按照范围划分，总结可以分为地区总结、部门总结、班组总结和________等。

8. 总结是对前一段的实践活动进行回顾检查、分析评价，从中找出经验教训和规律性的认识，用以指导今后实践的一种________材料。

9. 主体也称主文。这一部分是调查报告的________。

10. ________可写在标题或副标题的正下方，也可以署在正文的可下方。

11. 调查报告的________多以结论和建议结束全文。

12. 调查报告落款的________则应写在正文的右下方，有的也可以不写。

13. ____________具有学术和演讲的两重性。

14. ________是根据事先规定的命题或范围，在有准备的基础上，所作的内容系统、结构完整、要求全面的演讲。

三、论述与分析题

【病例分析】

我的理想

理想是海中的风向标，理想是高山上的雪莲，理想是风浪中的小船，载着我驶向胜利的彼岸。每当我看见导游小姐向客人介绍当地的风俗、名胜古迹、悠久历史时，我的心里不禁暗暗羡慕她们：她们那么有才干，知识丰富，能和世界各地的游客打交道，我多佩服她们呀！

假如我的理想实现了，我便飞往孔雀之乡。向中外游客介绍“花谢花开无日了，春来春去不相关”的西双版纳。西双版纳是个美丽、神奇的地方。有茫茫无边的原始森林，有比比皆是的奇花异草和千年古树，还有许多珍稀动物。

为了实现我这个理想，我一定要努力学习，拓展知识面，争取早日梦想成真。

参考答案

第四章　社交礼仪类文书

第一节　启事、介绍信、证明信、声明

一、启事

（一）启事的含义

启事，就是公开陈述事情，是单位或个人将需要向大众说明并请求予以支持的事情简要写出，通过传媒公开的文书。“启”字含有“陈述”的意思。

启事可分为三大类：一是征招类启事，包括招生、招聘、征婚、换房等启事；二是声明类启事，包括遗失、解聘、更名、更期、开业、停业等启事；三是寻找类启事，包括寻人、寻物启事等。

（二）启事的写法

尽管启事种类繁多，但其结构大体相同，通常由标题、正文、落款三部分组成。

1.标题有多种写法：

一是以文种作标题，如“启事”、“紧急启事”；

二是以事由作标题，如“招聘”；

三是以启事单位和文种作标题，如“××公司启事”；

四是以事由和文种作标准，如“招标启事”；

五是由启事单位、事由、文种构成标题，如“××商城开业启事”等。

2.正文包含启事目的、原因、具体事项、要求等。如果内容较多，可分条列项，逐一交代明白。

寻物启事应着重交代丢失物品的名称、特征、时间、地点、失主姓名、住址或单位名称、地址，发现后交还的办法和酬谢方式等。

开业启事应写明开业单位的名称、概况、性质、地点、经营项目和开业时间等内容。

招聘启事包括招聘基本情况、招聘对象、应聘条件、招聘待遇、招聘方法等内容。文末可写上“此启”或“特此启事”，亦可略而不写。

3.落款写明启事单位名称或个人姓名和启事日期。

有的启事还需要写明单位地址、时间、电话、电子邮箱、联系人等。

（三）启事写作的注意问题

1.标题要简短、醒目。

2.内容要严密、完整。一定要严密、完整，不遗漏应启之事，且表述清楚。

3.要求内容单一，最好一事一启。

4.用语要热情、恳切、文明。

5.文字要通俗、简洁,平易而又热情、恳切、文明礼貌,以使公众产生信任感。

二、介绍信、证明信

(一)介绍信

1.介绍信一般是机关、团体介绍本单位人员到另一单位、进行团体联系工作使用的书信,用以介绍人员的姓名、身份、人数、接洽事项等情况。

介绍信具有介绍和证明的作用。主要有两种形式,普通介绍信和专用介绍信。普通介绍信一般不带存根,正中写“介绍信”。内容包括:称呼、正文、结尾、署名和日期。

专用介绍信共有两联,一联是存根,另一联是介绍信的本文。两联正中有间缝,同时编有号码。

2.介绍信的写法。

(1)标题。根据介绍信的内容,写上××××介绍信,如“毕业生实习介绍信”

(2)称谓。要用好尊称,比如“敬爱的”、“尊敬的同志”等等,然后空一行顶头写“您好!”

(3)正文的开头部分,要写明介绍信的派遣人员的姓名、人数、身份、职务、职称等。

(4)正文的主要内容一般介绍毕业实习的意义、方式,写明所要联系的工作、接洽的事项等等。

(5)在正文的结尾写明此次介绍信对学生的要求。

(6)介绍信的结尾要写上表示致敬或祝愿的话,比如“谢谢支持,此致敬礼”等等。

(7)最后写上学校或单位名称,负责人姓名和联系电话,年月日等。

(二)证明信

1.证明信是证明某些人身份、经历、学历,以及证明某件事情真相的专用书信。

2.证明信的写法。

(1)标题:“证明”、“证明信”。

(2)称谓:顶格写,后面加冒号。

(3)正文:写清楚要证明的人或事的具体内容。

(4)结尾:“特此证明”。

(5)具名和日期:在正文右下方写证明单位的名称和年、月、日,并加盖公章。

3.注意事项:证明信要言必有据、反映被证明人或事的真实情况。

三、声明

声明是就有关事项或问题向社会表明自己立场、态度的应用文体,属告启类文书的一种。声明可以在报刊登载,也可以通过广播、电台播发,还可以进行张贴。

(一)声明的特点

表明立场、观点、态度;警告、警示;保护自己合法权益。

(二)声明的写法

声明由标题、正文和尾部三部分组成。

1.标题一般只写文种“声明”;也可由事由和文种构成,如《遗失声明》等,还有一种采用发文机关名称、授权事由、文种三项结构形式,如《××××有限责任公司授权法律顾问××律师声明》。

2.正文要简明扼要地写明发表声明的原因,表明对有关事件的立场、态度。

3.尾部包括署名、时间和附项三项内容:

(1)单位应署名。

(2)落款写清年、月、日。

(3)有的声明正文内容中写有希望公众检举揭发侵权者的意思,还应在署名项目的右下方附注自己单位的地址、电话、电传号码以及邮政编码,以便联系。

第二节　求职信

一、求职信

(一)含义

求职信是以个人的名义,向用人单位自荐谋求某一岗位或职务时表明有关事宜的一种实用文书。一是应聘式求职信,根据用人单位的招聘条件向用人单位进行自我介绍的谋职书信;二是非应聘式求职信,即不知晓对方单位是否有用人需求而直接投递的谋职书信。

(二)求职信的特点

1.一是针对用人单位的实际情况;二是针对读信人的心理;三是针对自己的实际情况。

2.求职信的内容必须实事求是,不能弄虚作假。

3.毛遂自荐,恰当介绍自己。

4.措辞要礼貌,体现对对方的尊重。

5.竞争激烈,由择人与择业的双向选择机制决定。

(三)结构和写法

求职信一般由标题、称谓、正文、致敬语、落款和附件六部分组成。

1.标题首行居中,端正、醒目地写上“自荐信”、“求职书”、“应聘信”等字。

2.称谓写单位名称或联系人、负责人姓名。

3.正文是求职信的主体,是求职信的核心。

(1)应包括表态求职:一是要说清楚为什么应聘;二是要说清你能胜任何种工作、希望得到何种职务等。

(2)自我推介包括个人简历:姓名、性别、年龄、籍贯、学历、学位、职称,工作单位变动情况及个人的工作能力等,如业务专长、特点、成果、工作经验、工作业绩等。

(3)结尾提出希望要求:表达自己的愿望和决心,诚恳表达希望被录用的愿望,如“希望领导给我一次面试的机会”、“盼望答复”、“静候佳音”等。

4. 致敬语与一般书信相同，也可略去不写。

5. 落款在信的末尾右下方写“自荐人：×××”，然后写上年、月、日。

6. 附件是对求职者鉴定的凭证，是不可忽视的组成部分。在信的左下角注明，如个人简历、成绩表等等，并附上联系地址、邮政编码、电话等。

（四）自荐信的写作注意事项

1. 语言简洁凝练。如果自荐信洋洋洒洒，长篇大论，词不达意，招聘主管不仅看不下去，而且会得出你这个人不干练的结论。

2. 内容实事求是。自荐信是推销自己的工具，你的专长、能力、兴趣、爱好一定要写得很明确，特别是与应聘职位相关的专长、学历、能力要凸显出来。

3. 语气真诚自然。写自荐信要有个严肃真诚的态度，这是对招聘主管及其单位的尊重，也是你对到该单位工作诚意的表露。

4. 文面整洁美观。书写的自荐信要书写工整，忌潦草不清，避免出现错别字。若是打印的，要符合文本规范，复印时一定要注意质量。

【病例分析】

求职信

我是浙江省×××学院××级市场营销专业的学生，将于今年7月毕业。在校四年，我担任的校学生会主席，被评为“优秀学生干部”，并荣获校三等奖学金及各项证书。曾在××公司实习，通过半年多的实践，理论联系实际，具有娴熟的操作能力，积累了丰富的经验，并顺利通过了考核，获取了计算机操作高级证书。

贵公司是我仰慕已久的大公司，但是，“金无足赤，人无完人”，经过充分调查，我认为贵公司由于金融危机的影响和管理方面的某些因素，近期效益不好，我相信如能坚持“以人为本，科技为本，诚信至上，服务至上”的经营理念，定能扭转目前的不利局面，跻身全国前列。我渴望能成为贵公司中的一员。假如我有幸能加入这个光荣战斗的集体，有幸成为其中的一员，我一定能兢兢业业，任劳任怨，为公司贡献我的汗水、青春和力量。至于待遇问题，当按贵公司的有关规定，我暂没有别的要求。

请公司慎重考虑我的求职，并将面试时间通知我，我恭候着伯乐的佳音。

求职人：×××

2018年5月25日

答：这是一封病文。

1. 格式不正确。没有称呼，没有敬语。

2. 不够礼貌，对公司有批评之嫌，过分夸大自己的能力。

3. 语言表达不规范。

4. 没留下联系电话、地址等通联信息。

第三节 礼仪致辞

礼仪致辞的主要功能是交流、增进人们的感情，所以写礼仪致辞，要通篇突出“情”字，“以情为本”是礼仪致辞的基本特征，“以情感人”是礼仪致辞的成功之道。

一、欢迎词

欢迎词是在迎接宾客的仪式、集会、宴会上主人对宾客的光临表示热烈欢迎的一种礼仪文书。从表达方式上看，欢迎词分为两大类：一类用于现场口头发表，一类用于在报刊上以文字形式发表。基本格式和写法如下。

欢迎词一般由五部分组成：标题、称呼、正文、结尾、落款。

1.欢迎词的标题有两种。一种用文种“欢迎词”作标题。直书“欢迎词”三字即可，另一种是由活动内容和文种构成，如《在××学术研讨会上的欢迎词》。

2.称呼在第二行顶格写，后加冒号。有的在名称前加上表示亲切程度的修饰语，如“尊敬的”、“敬爱的”、“亲爱的”等。

3.正文一般表达四层意思：

(1)介绍来宾访问的背景情况，对客人的来访表示欢迎、问候或致意。

(2)写明宾客来访的目的、意义、作用。

(3)简单介绍本单位(或本地区、本国)的情况。

(4)热情地表示良好的祝愿或希望。

4.结尾处通常要再次对来宾表示欢迎，并表达对今后合作的良好祝愿。

5.落款署明致辞单位的名称，致辞者身份、姓名，以及成文日期。

二、欢送词

欢送词是在欢送宾客的仪式、集会、宴会上主人对宾客即将离去表示热烈欢送的一种礼仪文书。欢送词的格式和写法如下。

1.标题一般有两种：

(1)由文种构成，如《欢送词》。

(2)由活动内容和文种名称构成，如《在××学术年会上的欢送词》。

2.正文的写法和欢迎词基本相同，只不过正文内容有所区别。开头，开头通常应说明发言人是以什么身份，代表哪些人向宾客表示欢送的。中段，回顾和阐述双方在合作或访问期间在哪些问题和项目上达成了一致的立场，取得了哪些成绩，陈述本次合作交流中双方的合作交流给双方所带来的益处，阐述其深远的历史意义。结尾，通常在结尾处再次向来宾表示真挚的欢送之情，并表达期待再次合作或会面的心愿。

3.落款处要署上致词人的单位名称、致词者的身份、姓名，并署上成文日期。

4.欢送词的写作注意事项：

(1)应充分表达惜别之情，感情要真挚。要表达亲朋远行时的感受，所以依依惜别之情要溢于言表。

(2)篇幅简短,言简意赅。在较短时间内口头宣读完毕,更宜于表达主人的尊重和礼貌。

三、答谢词

答谢词,是指特定的公共礼仪场合,主人致欢迎辞或欢送词后,客人所发表的对主人的热情接待和关照表示谢意的讲话。答谢词也指客人在举行必要的答谢活动中所发表的感谢主人盛情款待的讲话。

答谢词的写法如下:

1. 在第一行居中的位置上写上“答谢辞(词)”。

2. 另起一行顶格写致辞对方的姓名、头衔,既可以是广泛对象,也可以是具体对象。称呼后加“:”以示引领全文。

3. 正文首先对主人的盛情表示感谢,并对对方的优越性予以肯定,表达出自己的荣幸与激动。另外,要对对方的情况做较详细的介绍,以示尊重。提出希望与之进一步发展关系的强烈意愿。结语再一次用简短的语言表示感谢。

四、写作要求

1. 内容与结构要合乎规范。在写作中,一不可混淆,二不可随心所欲地“独创”,要尽可能地符合写作规范,否则将会张冠李戴、非驴非马。

2. 感情要真挚、坦诚而热烈。动真情、吐真言,热烈奔放、热情洋溢,给人以如坐春风的温煦感。

3. 评价要适度,要恰如其分。“谢遇型”致辞不宜于对对方的行动妄加评论、说三道四。“谢恩型”致辞可就其“精神”或“风格”作出评价,但要适度,要恰如其分。

4. 篇幅要简短,语言要精练。尽可能地将可有可无的字、句、段删掉,努力做到“文约旨丰”,言简意赅。

思考与练习

一、选择题

1. 求职信具有针对性、自荐性、独特性和(　　)等特点。

A. 礼仪性　　B. 目的性　　C. 功利性　　D. 简明性

2. 在求职信中,(　　)应该根据收信人的身份、地位选择恰当的称谓。

A. 举荐人　　B. 求职者　　C. 用人单位　　D. 受信人

3. 贺信与祝词都属于(　　)中祝贺类文书。

A. 法律文体　　B. 新闻文体

C. 公关礼仪文体　　D. 科技文体

4. 以下不属于祝词别称的是(　　)。

A. 贺信　　B. 贺词　　C. 献词　　D. 致辞

5. 请柬具有社会的需要和(　　)的作用。

A. 庆祝的需要　　B. 礼仪的需要　　C. 公务的需要　　D. 交际的需要

6. 下列表述正确的是(　　)。

A. 凡召开各种会议,举行各种典礼、仪式和活动,均可以使用聘书

B. 聘书的标题要写明聘任期限

C. 聘书尽管是以单位名义发出的,但是不必加盖公章

D. 学校、工矿企业等在需要某方面有特长或有专业技能的人才时,发出聘书

7. 欢送词按社会交往活动的不同可分为公事往来的欢送词、活动结束欢送词和(　　)。

A. 人际交往的欢送词　　B. 会议欢送词

C. 国际交往的欢送词　　D. 礼仪交往的欢送词

8.《×××在××学术讨论会上的欢迎词》这一标题(　　)。

A. 在文种名称前加上致辞人和致辞场合或致辞缘由

B. 说明致词人是在什么情况下、以什么身份、代表谁、对谁表示欢迎

C. 述说和回顾宾主双方在某一领域的共同点及交往历史

D. 介绍来宾的基本情况和活动目的及宾客来访的意义

二、填空题

1. ________是求职者写给招聘单位的信函。

2. ________又称举荐信,是一个人为推荐另一个人去接受某个职位或参与某项工作而写的信件,是一种应用写作文体。

3. ________是向获得成功、取得成绩、有喜庆之事的有关单位或人员表示祝贺的信函。

4. ________是在喜庆仪式上对人或事表示祝贺,用于宣读的礼仪文书。

5. ________是为了邀请客人参加某项活动而发的礼仪性书信。

6. ________是机关单位、团体组织聘请有关人员担任某种职务、承担某项工作任务时使用的专用书信。

7. ________是由东道主出面对宾客的到来表示欢迎的应酬性的讲话。

8. ________是国家机关、企事业单位、社会团体或个人在送往宾客的仪式上或会议、活动结束时,对宾客、会议代表、活动参与者的离去表示热情欢送的讲话稿。

三、论述与分析题

1. 下面是一则求职者的简历,存在哪些问题?请修改。

个人简历

姓　　名:陈××

联系地址:广州市中山三路×××号

联系电话:(略)

求职目标:经营部、营销部、广告部、管理部

资格能力:1998年7月毕业于××商学院商业管理系,获商业管理学学士学位。所修课程主要有:商业经济、商业管理、市场营销、商业传播、广告学、公共关系学等。选修课程有:零售企业管理、消费者行为和计算机原理与应用等。在校期间学习成绩一直优秀,撰写的毕

业论文曾受到奖励,并在全国多家报刊上发表。

工作经历:1998 年 6 月至现在皆在××市百货公司负责市场营销及有关管理工作,社会活动:求学期间曾担任××协会主席,曾在××市营销管理论坛上代表协会发表演讲,并在该论坛 1997 年 5 月举行的会议上当选为年度"明月之星"。

其他情况:1975 年出生,未婚,能熟练运用各种现代办公设备,英语会话能力强,书写能力略逊。爱好旅游、打网球、摄影。

2. 试述贺信与祝词的区别。

3. 某家电集团要聘请赵云开为维修部总工程师、主任,聘任期间享受集团高级工程师全额工资待遇。请据此设计一个聘书。

4. 试述欢迎词和欢送词的写作要求。

参考答案

附录一 《大学语文》常用文言虚词例释

文言虚词一般没有实在意义，或是所表示的对象是不确定的，它们在文言文里主要用来表示词和词、句和句之间的关系，或是表示某种语气、情态。一个文言虚词常常可以代表不止一类的词，例如“以”可以作介词，意思大致相当于“用”、“凭借”，也可以作连词，连接两个词或两个分句；“乎”主要用作表示疑问的句尾语气词，如：“冯公有亲乎？”也可以用作介词，用法与“于”相似。此外，就是同一词性的虚词，也常常具有多种用法。例如“于”的基本词性是介词，而在用法上可以表示处所、时间、范围，也可以引进比较的对象，或在被动句里引进动作行为的发出者。在阅读文言文时，需要准确判断每一个虚词究竟代表的是什么词，每一个虚词具体是什么用法。下面介绍文言文里几个常见虚词的用法。

之

(一)代词

1. 可指代人、事、物等，通常充当句中的宾语。例如：

(1)君子疾夫舍曰“欲之”而必为之辞。(孔子《论语·季氏将伐颛臾》)(之：指代所行之事，可译作“这样做”，分别充当“欲”和“为”的宾语)

(2)七十者衣帛食肉，黎民不饥不寒，然而不王者，未之有也。(孟子《孟子·寡人之子国也》)(之：提到动词“有”之前的宾语，指代前面所说的情况)

(3)野语有之曰。(庄子《庄子·秋水》)(之：指代“野语”的内容，可译为“这样的话”，充当“有”的宾语)

(4)孟尝君怪其疾也，衣冠而见之。(《战国策·冯谖客孟尝君》)(之：指代冯谖，充当“见”的宾语)

(5)公赐之食，食舍肉。(左丘明《左传·郑伯克段于鄢》)(之：指代颍考叔，充当“赐”的近宾语)

2. 用于宾语前置的结构中，复指提到动词之前的宾语。此时原有的代词词汇意义消隐，只起提宾的语法作用。例如：

(1)野语有之曰，“闻道百，以为莫己若”者，我之谓也。(庄子《庄子·秋水》)(我之谓：谓我)

(2)《诗》曰：“孝子不匮，永锡尔类。”其是之谓乎？(左丘明《左传·郑伯克段于鄢》)(其是之谓乎：大概说的就是这吧)

(3)其李将军之谓乎？(司马迁《史记·李将军列传》)(其李将军之谓乎：也许说的就是李将军这类人吧)

(4)惟陈言之务去。(韩愈《答李翊书》)(陈言之务去：务去陈言)

(二)连词(结构助词)

1.置于名词性偏正结构(定中结构)的修饰语和中心语之间,表示多种修饰关系。通常可译为"的"。例如:

(1)且在邦域之中矣,是社稷之臣也,何以代为?(孔子《论语·季氏将伐颛臾》)

(2)鸡豚狗彘之畜,无失其时,七十可以食肉矣。(孟子《孟子·寡人之于国也》)

(3)今陛下致昆山之玉,有随、和之宝,垂明月之珠,服太阿之剑,乘纤离之马,建翠凤之旗,树灵鼍之鼓。(李斯《谏逐客书》)

2.置于主谓短句的主语后、谓语前,取消原有的句子独立性,使之变成名词性偏正结构,在更复杂的句式中充当主语、宾语、状语、定语等。此时根据上下文,通常可译作"的""……的时候""……的样子""……的情况(条件)下"等,也可不译出。例如:

(1)寡人之于国也,尽心焉耳矣!(孟子《孟子·寡人之于国也》)(寡人之于国也:寡人对于国家的治理,充当全句的主语)

(2)李伶之为严相国至矣。(侯方域《马伶传》)(李伶之为严相国:李伶扮演的严相国,充当句中主语)

(3)此其自多也,不似尔向之自多于水乎?(庄子《庄子·秋水》)(尔向之自多于水:你以往因为河水满溢而自我炫耀的样子。充当"似"的宾语。)

(4)相与枕藉乎舟中,不知东方之既白。(苏轼《前赤壁赋》)(东方之既白:东方已亮,充当"知"的宾语)

(5)广之将兵,乏绝之处,见水,士卒不尽饮,广不近水。(司马迁《史记·李将军列传》)(广之将兵:李广带兵的时候,充当状语)

(6)南霁云之乞救于贺兰也,贺兰嫉巡、远之声威、功绩出己上,不肯出师救。(韩愈《张中丞传后叙》)(南霁云之乞救于贺兰也:南霁云向贺兰进明求救的时候,在全句中充当状语)

(7)此吾之所为师也。(侯方域《马伶传》)(吾之所为师:我师从的,充当"师"的定语)

(三)动词

表示"去""往""到……去""到达"等意思。例如:

(1)驱而之薛,使吏民如诸民当偿者,悉来合卷。(《战国策·冯谖客孟尝君》)(之薛:到达薛地)

(2)大军不知广所之,故弗从。(司马迁《史记·李将军列传》)(所之:去的地方、去处)

其

(一)代词

可指代人、事、物等。与"之"不同的是,上古汉语中"其"时常隐含结构助词"之"的意思,与后续词语组成名词性结构,因此通常只用作定语。魏晋以后,"其"的适用范围有所扩大,也可用作主语。例如:

(1)河内凶,则移其民于河东,移其粟于河内。(孟子《孟子·寡人之于国也》)(前一"其"

指河内，可译为“那里的”；后一“其”指河东，可译为“河东的”）

(2)于是焉河伯始旋其面目，望洋向若而叹曰。（庄子《庄子·秋水》）（其：指代河伯，可译为“他的”）

(3)其后用兵，则遣从事以一少牢告庙。（欧阳修《新五代史伶官传序》）（其：指代前事，可译为“此”、“这”）

(4)愈尝从事于汴、徐二府，屡道于两府间，亲祭于其所谓双庙者。（韩愈《张中丞传后叙》）（其：指代当地百姓，充当主谓结构中的主语）

(5)夫其以李伶为绝技，无所于求。（侯方域《马伶传》）（其：指代马伶，可译为“他”，充当句中主语）

此外需要说明的是，古汉语中“其”的指代对象可以灵活多样，作为指示代词，可用作特指、远指、近指；指代人物时，不仅可指代第三人称，也可指代第一、第二人称，这都需要根据上下文确定。例如：

(1)长者闻之，得无厌其为迂乎？（宗臣《报刘一丈书》）（其：此为作者自指，可译为“我”。）

(2)李生足下：生之书辞甚高，而其问何下而恭也！（韩愈《答李翊书》）（其：指李生，这里可译为“你”。）

(一)语气词

作为语气词，“其”通常置于句首或句中，可表示多种语气。

1.表揣测语气，可译为“大概”“恐怕”“也许”“可能”等。例如：

(1)虽然，待用于人者，其肖于器邪？（韩愈《答李翊书》）

(2)千金，重币也；百乘，显使也。齐其闻之矣。（《战国策·冯谖客孟尝君》）

(3)若是，则与吾业者，其亦有类乎？（柳宗元《种树郭橐驼传》）

2.表叮嘱、劝勉、期望、命令等语气，通常用于祈使句中，可译为“一定”“千万”等。例如：

与尔三矢，尔其无忘乃父之志！（欧阳修《五代史伶官传序》）（其无忘：可译作“千万不要忘记”）

3.表反问语气。可译作“岂”“难道”“哪里”等。例如：

(1)虽如是，其敢自谓几于成乎？（韩愈《答李翊书》）

(2)若阙地及泉，隧而相见，其谁曰不然？（《左传·郑伯克段于鄢》）

4.强调语气，可译为“究竟”。例如：

(1)天下之不亡，其谁之功也？（韩愈《张中丞传后叙》）

(二)连词

连结并列的句式表示选择关系，可译作“是……还是”或“……还是……”等。例如：

如是者，其亦足乐乎？其无足乐也？（韩愈《答李翊书》）

所

(一)代词

“所”也是不能独立充当句子成分的辅助性代词，所组成的结构也是名词性结构。与

“者”不同的是：(1)“所”置于其他词或短语之前，而不是其后；(2)“所”的后面只能接动词，而且通常是及物动词。因此，如果不及物动词、形容词等与“所”字组合，它们自身一般也都变得具有及物动词的性质；(3)“所”字之所以通常与及物动词组合，是因为此时的“所”具有动词宾语的性质。因此，“所”字结构说明的是受动作行为支配的对象物，而“者”字结构则是说明发出动作行为的主动者、实施者(如“所见”指看到的东西；“见者”则指看东西的主体)，二者的意义差别是明显的，决不可混为一谈。例如：

(1)君臣相顾，不知所归。(韩愈《新五代史伶官传序》)(所归：归处)

(2)岂敢盘桓，有所希冀？(李密《陈情表》)(所希冀：企盼的内容)

(3)五帝之所连，三王之所争，仁人之所忧，任士之所劳，尽此矣。(庄子《庄子·秋水》)(所连：指禅让的君位；所争：争夺的政权；所忧、所劳：指为此而忧虑、操劳的国事)

(4)大军不知广所之，故弗从。(司马迁《史记·李将军列传》)(所之：去的地方、去处)

(5)非臣陨首所能上报。(李密《陈情表》)(所能上报：指能够回报的恩德)

(6)纵一苇之所如，凌万顷之茫然。(苏轼《前赤壁赋》)(所如：去往的地方)

此外，还有一些由“所”组成的常见结构应当注意：

1.“所……者”

此一结构表达的意义等同于“所”字结构，而不等同于“者”结构，亦即说明受动作行为支配的对象，而不是发出或实施动作行为的主体。例如：

(1)然则是所重者在乎色、乐、珠、玉，而所轻者在乎人民也。(李斯《谏逐客书》)(所重者：看重的东西；所轻者：轻视的东西)

(2)生所为者与所期者，甚似而几矣。(韩愈《答李翊书》)(所为者与所期者：指文章的写作与期盼达到的水平)

(3)孟尝君曰：“视吾家所寡有者。”(《战国策·冯谖客孟尝君》)(所寡有者：缺少的东西)

(4)所欲忠者，国与主耳。(韩愈《张中丞传后叙》)(所欲忠者：愿意效忠的对象)

2.所以

“所以”这一凝固结构表达的意思较复杂，主要有：

(1)意义比较具体，表示动作行为的依据、凭借、工具、方法等，可译为“用来……的……”、“凭它来……的”等。如：

①所以饰后宫、充下陈、娱心意、说耳目者，必出于秦然后可……(李斯《谏逐客书》)

②此非所以跨海内、制诸侯之术也。(李斯《谏逐客书》)

③亟称其人，所以劝之，非敢褒其可褒而贬其可贬也。(韩愈《答李翊书》)

④今君实所以见教者，以为侵官、生事、征利、拒谏，以致天下怨谤也。(王安石《答司马谏议书》)

⑤吾归破贼，必灭贺兰，此矢所以志也。(韩愈《张中丞传后叙》)

(2)意义比较抽象，用以引出某种结果的原因，可译为“导致………的原因”、“这就是……的原因”。例如：

①此五帝三王之所以无敌也。(李斯《谏逐客书》)

②原庄宗之所以得天下，与其所以失之者，可以知之矣。(韩愈《新五代史伶官传序》)

③祸莫大于杀已降，此乃将军所以不得侯者也。（司马迁《史记·李将军列传》）

（3）指代缘由、原因的名词性结构，做动词宾语。如：

故今具道所以，冀君实或见恕也。（王安石《答司马谏议书》）

（二）约数词

接续在数量词后，表示大约的数量范畴。可译为“左右”、“前后”等。例如：

未到匈奴阵二里所，止。（司马迁《史记·李将军列传》）

诸

（一）合音词

1.“之于”的合音（即取“之”的声母、“于”的韵母和声调拼合而成。“于”古音同“乎”）。“之”为指示代词，“于”为介词，所以此时“诸”只出现在句中：“之”是前面出现的动词的宾语，指代上文提到的人、事、物；“于”则与后面的词或短语组成介宾结构，介绍前面的动宾结构关涉到的对象、处所、地点、内容等。例如：

（1）更譬诸操舟……（梁启超《论毅力》）

（2）公伐诸鄢。（左丘明《左传·郑伯克段于鄢》）

2.“之乎”的合音。“之”为指示代词，“乎”为语气词，此时“诸”只出现在句末。

“之”是前面出现的动词的宾语，“乎”用来结束句子。例如：

（1）有美玉于斯，韫椟而藏诸？求善贾而沽诸？（孔子《论语·子罕》）

（2）文王之囿方七十里，有诸？（孟子《孟子·梁惠王下》）

（二）约数词

此时“诸”作定语，表示某一范围的全体，或全体中的每一个体，可译为“各位”“众”等。例如：

（1）驱而之薛，使吏召诸民当偿者，悉来合卷。（《战国策·冯谖客孟尝君》）

（2）而诸部校尉以下，才能不及中人，然以击胡军功取侯者数十人。（司马迁《史记·李将军列传》）

焉

（一）兼词

兼有介词“于”和指示代词“是（此）”的意思，通常用于动词或动词结构之后，介绍关涉到的人、事、物、处所等。例如：

（1）王无罪岁，斯天下之民至焉。（孟子《孟子·寡人之于国也》）

（2）虢叔死焉，佗邑唯命。（左丘明《左传·郑伯克段于鄢》）

（二）指示代词

通常用在及物动词之后充当宾语，指代前面出现的人、事、物等。例如：

(1)及骤尝焉而阻力猝来,颓然丧矣。(梁启超《论毅力》)(尝焉,试着做这件事)

(2)若甚怜焉,而卒以祸。(柳宗元《种树郭橐驼传》)(怜焉,爱护百姓)

(三)疑问代词

通常用于动词或动词性结构之前表示疑问,可译为"哪里""怎么"等。例如:

(1)危而不持,颠而不扶,则将焉用彼相矣?(孔子《论语·季氏将伐颛臾》)

(2)姜氏欲之,焉辟害?(左丘明《左传·郑伯克段于鄢》)

(四)语气词

作为语气词,"焉"可用于句中或句末,表示不同的语气。

表陈述语气,可译为"了",或不译。例如:

(1)于是焉河伯欣然自喜,以天下之美为尽在己。(庄子《庄子·秋水》)

(2)我则或一日而返焉,或二三日而返焉,或五六日而返焉,故彼岸终不可达也。(梁启超《论毅力》)

表疑问语气,可译为"呢"。例如:

(1)君何患焉?(左丘明《左传·郑伯克段于鄢》)

(2)则不才益将何以报焉?(宗臣《报刘一丈书》)

(3)虽几于成,其用于人也奚取焉?(韩愈《答李翊书》)

而

(一)连词

作为连词,"而"通常不连接名词或名词性结构,而是连接形容词、动词、形容词或动词性结构、主谓结构、句子等,表示多种逻辑关系。主要有:

1.表示顺承接续关系:

(1)有时是表示两种行为或性质的联系,可译为"就""来"等,也可不译。例如:

①东面而视,不见水端。(庄子《庄子·秋水》)

②度义而后动,是而不见可悔故也。(王安石《答司马谏议书》)

③飘飘乎如遗世而独立,羽化而登仙。(苏轼《前赤壁赋》)

④坐客乃西顾而叹。(侯方域《马伶传》)

(2)有时用在偏正结构里,连接状语和中心语,可酌情译为"来""……着"等,也可不译。例如:

①顺流而东行,至于北海。(庄子《庄子·秋水》)

②长驱到齐,晨而求见。(《战国策·冯谖客孟尝君》)

③孟尝君怪其疾也,衣冠而见之。(《战国策·冯谖客孟尝君》)

④于是饮酒乐甚,扣舷而歌之。(苏轼《前赤壁赋》)

(3)有时表示时间上的承续性,可译为"以后""然后"。例如:

①公入而赋……姜出而赋……(左丘明《左传·郑伯克段于鄢》

②我则或一日而返焉，或二三日而返焉，或五六日而返焉，故彼岸终不可达也。（梁启超《论毅力》）

③李广上马与十余骑奔射杀胡白马将，而复还至其骑中。（司马迁《史记・李将军列传》）

（4）有时还可表示递进关系，可译为“并且”“而且”。例如：

羌尝反，吾诱而降，降者八百余人，吾诈而同日杀之。（司马迁《史记・李将军列传》）

2. 表示逆向转折关系，可译为“却”“但是”“然而”“反而”“反倒”等：

（1）远人不服而不能来也，邦分崩离析而不能守也，而谋动干戈于邦内。（孔子《论语・季氏将伐颛臾》）

（2）吾恐季氏之忧不在颛臾，而在萧墙之内也。（孔子《论语・季氏将伐颛臾》）

（3）万川归之，不知何时止而不盈；尾闾泄之，不知何时已而不虚。（庄子《庄子・秋水》）

（4）掘井九仞，而不及泉，犹为弃井也。（梁启超《论毅力》）

（5）呜呼！而谓远之贤而为这耶？（韩愈《张中丞传后叙》）

（6）若甚怜焉，而卒以祸。（柳宗元《种树郭橐驼传》）

（7）固一世之雄也，而今安在哉！（苏轼《前赤壁赋》）

（8）逝者如斯，而未尝往也；盈虚者如彼，而卒莫消长也。（苏轼《前赤壁赋》）

（9）虽一毫而莫取。（苏轼《前赤壁赋》）

（二）代词

指代第二人称，用作主语或定语，译为“你”或“你们”。例如：

早缫而绪，早织而缕；字而幼孩，遂而鸡豚。（柳宗元《种树郭橐驼传》）

于

（一）介词

主要用法有以下几种：

1. 介绍动作行为涉及的对象、事物、内容等。可译为“对”“向”“到”等，有时也可不译。例如：

（1）冉有、季路见于孔子曰：“季氏将有事于颛臾。”（孔子《论语・季氏将伐颛臾》）

（2）问于愈者多矣，念生之言不志乎利，聊相为言之。（韩愈《答李翊书》）

（3）颍考叔为颍谷封人，闻之，有献于公。（左丘明《左传・郑伯克段于鄢》）

（4）文倦于是，愦于忧，而性懦愚，沉于国家之事，开罪于先生。（《战国策・冯谖客孟尝君》）

2. 介绍动作行为发生的处所、地点、时间等。可译为“在”“从”“至”“到”等。例如：

（1）虎兕出于柙，龟玉毁于椟中，是谁之过与？（孔子《论语・季氏将伐颛臾》）

（2）河内凶，则移其民于河东，移其粟于河内。（孟子《孟子・寡人之于国也》）

（3）昔缪公求士，西取由余于戎，东得百里奚于宛，迎蹇叔于宋，来丕豹、公孙支于晋。（李斯《谏逐客书》）

（4）庄宗受而藏之于庙。（欧阳修《新五代史伶官传序》）

(5)初,郑武公娶于申,曰武姜。(左丘明《左传·郑伯克段于鄢》)

(6)谁习计会,能为文收责于薛乎?(《战国策·冯谖客孟尝君》)

(7)月出于东山之上,徘徊于斗牛之间。(苏轼《前赤壁赋》)

(8)列兴化于东肆,华林于西肆。(侯方域《马伶传》)

(9)知不可乎骤得,托遗响于悲风。(苏轼《前赤壁赋》)

3.置于形容词或某一结构之后,引出对比的对象,表示二者间的比较。可译为"比……""与……比起来"等。例如:

(1)王如知此,则无望民之多于邻国也。(孟子《孟子·寡人之于国也》

(2)是何异于刺人而杀之,曰:"非我也,兵也。"(孟子《孟子·寡人之于国也》)

(3)州司临门,急于星火。(李密《陈情表》)

(4)(许远)与(张)巡同年生,月日后于巡,呼巡为兄。(韩愈《张中丞传后叙》)

(5)祸莫大于杀已降,此乃将军所以不得侯者也。(司马迁《史记·李将军列传》)

4.用于被动句中的动词或结构之后,引入动作行为的主动者,表示被动意义。例如:

(1)吾非至于子之门则殆矣,吾长见笑于大方之家。(庄子《庄子·秋水》)

(2)井蛙不可以语于海者,拘于虚也;夏虫不可以语于冰者,笃于时也;曲士不可以语于道者,束于教也。(庄子《庄子·秋水》)

(3)山川相缪,郁乎苍苍,此非孟德之困于周郎者乎?(苏轼《前赤壁赋》)

(4)蕲胜于人而取于人,则固胜于人而取于人矣。(韩愈《答李翊书》)

以

(一)介词

作为介词,"以"的用法较多且意义复杂,但基本内容是表示动作行为的依据或凭借,其余用法大多可视为这一基本用法的引申和变化。分别说明如下:

1.表示凭借

(1)基本用法和意义是表示动作行为以某人、某物为依据或凭借,可译为"用""拿"等。例如:

①臣具以表闻,辞不就职。(李密《陈情表》)

②世言晋王之将终也,以三矢赐庄宗。(欧阳修《新五代史伶官传序》)

③以分宜教分宜,安得不工哉!(侯方域《马伶传》)

(2)有的表示以某事或某种技能为依据或凭借,意义有所虚化,除可译为"用""拿"外,还可译为"凭借"、"依照"、"根据"等。例如:

①王好战,请以战喻。(孟子《孟子·寡人之于国也》)

②以五十步笑百步,则何如?(孟子《孟子·寡人之于国也》)

③皆以用战为名。(司马迁《史记·李将军列传》)

④彼以坚苦忍耐之力,冒其逆而突过之。(梁启超《论毅力》)

⑤梨园以技鸣者,无虑数十辈。(侯方域《马伶传》)

(3)有的表示凭借某种身份、资格或地位从事某事,意义更为抽象。例如:

①猥以微贱,当侍东宫。(李密《陈情表》)

②而广以良家子从军击胡。(司马迁《史记·李将军列传》)

③其后四岁,广以卫尉为将军,出雁门击匈奴。(司马迁《史记·李将军列传》)

2.表示原因

原因是导致某种结果的逻辑根据,因此此种用法可视为表示凭借用法向更为抽象的事理逻辑方面的延伸和发展,可译为"因""因为""由于"等,有时也可直接翻译为"凭着""凭借"。例如:

(1)左右以君贱之也,食以草具。(《战国策·冯谖客孟尝君》)

(2)臣以险衅,夙遭闵凶。(李密《陈情表》)

(3)臣以供养无主,辞不赴命。(李密《陈情表》)

(4)但以刘日薄西山,气息奄奄。(李密《陈情表》)

(5)其观于人也,笑之则以为喜,誉之则以为忧,以其犹有人之说者存也。(韩愈《答李翊书》)

(6)翰以文章自名,为此传颇详密。(韩愈《张中丞传后叙》)

3.表示带领

带领的其实也一定是可以依赖、可为凭借的,因此也与表示凭借的用法有一定的关系,有时甚至也可直接翻译为"凭""靠"。例如:

(1)以尔车来,以我贿迁。(《诗经·氓》)

(2)以千百就尽之卒,战百万日滋之师。(韩愈《张中丞传后叙》)

4.表示时间

"以"的此种用法相当于"在""于",有时可据需要译为"按照"。例如:

(1)以元朔五年为轻车将军。(司马迁《史记·李将军列传》)

(2)斧斤以时入山林,林木不可胜用也。(孟子《孟子·寡人之于国也》)

5.表示关涉或处置对象

"以"的此种用法相当于"把""让"等。例如:

(1)矫命以责赐诸民,因烧其卷。(《战国策·冯谖客孟尝君》)

(2)寡人不敢以先王之臣为臣。(《战国策·冯谖客孟尝君》)

(3)于是梁王虚上位,以故相为上将军。(《战国策·冯谖客孟尝君》)

(4)必以其言为信。(韩愈《张中丞传后叙》)

(二)副词

作为副词,"以"主要表示某种情态或语气。例如:

君家所寡有者,以义耳。(《战国策·冯谖客孟尝君》)(以:只有,也就是)

(三)连词

作为连词,"以"的语法功能与"而"类似,只不过通常只用于表示顺承接续的种种关系,可译为"就""来""而""然后""而且"等,也可不译出。例如:

(1)命子封帅车二百乘以伐京。(左丘明《左传·郑伯克段于鄢》)

(2)今皆解鞍以示不走。(司马迁《史记·李将军列传》)

(3)且硕茂,蚤食以蕃。(柳宗元《种树郭橐驼传》)

(4)挟飞仙以遨游,抱明月而长终。(苏轼《前赤壁赋》)

(5)驾一叶之扁舟,举匏尊以相属。(苏轼《前赤壁赋》)

(6)马伶复为严嵩相国以出。(侯方域《马伶传》)

(四)动词

“以”作为动词,常见的是“认为”“以为”的意思。例如:

(1)而吾未尝以此自多者,自以比形于天地而受气于阴阳。(庄子《庄子·秋水》)

(2)于是焉河伯欣然自喜,以天下之美为尽在己。(庄子《庄子·秋水》)

(五)由“以”构成的几种常见结构

1.“以”字结构用作补语

在古汉语中,由“以”构成的介宾结构,时常用作动词或动词性短语的补语成分,表示这一动作行为的方式、工具、凭借或关涉到的人、事、物等。而现代汉语中这种用法基本不再出现,相关内容通常用状语或动词宾语的形式出现,这在阅读理解时应当注意。例如:

(1)五亩之宅,树之以桑。(左丘明《左传·寡人之于国也》)(树之以桑:把桑树种在那里或在那里种上桑树)

(2)谨庠序之教,申之以孝悌之义。(左丘明《左传·寡人之於国也》)(申之以孝悌之义:教给他们孝悌的道理)

(3)能如是,谁不欲告生以其道?(韩愈《答李翊书》)(告生以其道:把他自己掌握的道理、知识告诉你)

(4)请其矢,盛以锦囊。(欧阳修《新五代史伶官传序》)(盛以锦囊:用锦囊装起来)

(5)方其系燕父子以组,函梁君臣之首。(欧阳修《五代史伶官传序》)(系燕父子以组:用绳索把燕王父子捆起来)

(6)如君实责我以在位久,未能助上大有为……则某知罪矣。(王安石《答司马谏议书》)(责我以在位久:用在位时间太长为理由批评我)

(7)而贼语以国亡主灭。(韩愈《张中丞传后叙》)(语以国亡主灭:告诉(他们)国家已亡、君王已死)

(8)不追议此,而责二公以死守。(韩愈《张中丞传后叙》)(责二公以死守:以死守孤城为理由指责张巡、许远)

2.省略了的介宾形式

在古汉语中,当介词“以”后面的宾语是代词(如“之”、“是”之类),而且所指代的对象已在前文出现时,那么这个代词宾语时常可以省略。阅读和理解时又可分为两种类型:

一是代词宾语所指代的对象出现在前面的句子中,相距较远,翻译时就应当把这个代词宾语补出。例如:

(1)未尝君之羹,请以遗之。(《战国策·郑伯克段于鄢》)(请以遗之:请求把君王的煮肉

送给她)

(2)左右以告。(《战国策·冯谖客孟尝君》)(左右以告:手下把这件事告诉孟尝君)

(3)责毕收,以何市而反?(《战国策·冯谖客孟尝君》)(以何市而反:用收债的钱买什么回来?)

(4)孝公用商鞅之法,移风易俗,民以殷盛,国以富强。(李斯《谏逐客书》)(民以殷盛:国以富强,百姓因为变法而富足,国家因为变法而强大)

(5)臣无祖母,无以至今日;祖母无臣,无以终馀年。(李密《陈情表》)(无以至今日:不能靠祖母活到今天;无以终馀年:不能靠我度过残年)

(6)欲将以有为也。(韩愈《张中丞传后叙》)(欲将以有为也:打算留着这条命有所作为)

二是代词宾语所指代的对象在同句之中,而且就在"以"字之前,翻译时可直接将它作为"以"的宾语对待。这种情况也可看作是"以"的宾语为了强调而提前的形式。例如:

(1)今大道既隐,天下为家……大人世及以为礼,城郭沟池以为固,礼义以为纪。(《礼记·大同》)(以大人世及为礼,以城廓沟池为固)

(2)将子无怒,秋以为期。(《诗经·氓》)(以秋为期)

(3)今逐客以资敌国,损民以益雠。(李斯《谏逐客书》)(今以逐客资敌国,以损民益雠)

3."以为"

"以为"是古汉语常见的凝固结构,主要有两种意义:

一是复合动词,表示"认为"、"觉得"的意思,这较为常见。例如:

(1)左右皆恶之,以为贪而不知足。(《战国策·冯谖客孟尝君》)

(2)臣闻吏议逐客,窃以为过矣。(李斯《谏逐客书》)

(3)窃以为与君实游处相好之日久,而议事每不合。(王安石《答司马谏议书》)

二是省略了代词宾语的"以"字结构与动词"为"组合而成,因此是两个词。理解和翻译时必须把"以"的宾语补出,才不致产生误解。例如:

(1)昔者先王以为东蒙主。(孔子《论语·季氏将伐颛臾》)[以为东蒙主:让他(指颛臾君)做东蒙山祭祀的主祭人]

(2)伯夷辞之以为名,仲尼辞之以为博。(庄子《庄子·秋水》)(以为名:以此博取高洁的美名。以为博,以此换取博学的赞誉)

(3)长铗归来乎,无以为家!(《战国策·冯谖客孟尝君》)(无以为家:没有用来养家的资财)

(4)传其事以为官戒。(柳宗元《种树郭橐驼传》)(以为官戒:以此作为官员的戒鉴)

且

(一)副词

作为副词,"且"可以表示情态、程度、时间等,可译为"尚且""姑且""暂且""而且""况且"等,这与现代汉语的用法近似,不难理解。另有两种用法是现代汉语所不具备的,应注意掌握。

1.置于动词或动词性短语之前,表示这一动作行为将要发生。可译为“快要”“就要”“将要”等。例如:

(1)坐,且将戮。(韩愈《张中丞传后叙》)

(2)虽食,且不下咽!(韩愈《张中丞传后叙》)

(3)三人还射,伤中贵人,杀其骑且尽。(司马迁《史记·李将军列传》)

(4)汉兵死者过半,汉矢且尽。(《李将军列传》)

(5)外无待而犹死守,人相食且尽。(司马迁《张中丞传后叙》)

(6)及其无救而且穷也……虽欲去,必不达。(韩愈《张中丞传后叙》)

2.置于数量词之前,表示接近这个数目。可译为“大约”“接近”“快到”等。例如:

(1)初守睢阳时,士卒仅万人,城中居人户亦且数万。(韩愈《张中丞传后叙》)

(2)去后且三年而马伶归。(侯方域《马伶传》)

(二)连词

1.连结前后两项,表示选择关系,可译作“是……还是……”“……还是……”等。例如:

(1)焉足以知是且非邪?(韩愈《答李翊书》)

(2)岂吾相不当侯邪?且固命也?(司马迁《史记·李将军列传》)

2.连结前后两项,表示并列关系,可译为“又…又…”或“一边…一边…”等。例如:

居一二日,(萧)何来谒上,上且怒且喜。(司马迁《史记·淮阴侯列传》)

为

(一)动词

“为”在文言文里经常用作动词,如《召公谏厉王弭谤》:“是故为川者决之使导。”

(二)介词

“为”主要用作介词。

1.引进服务的对象,可译为“替”“帮”“为”或“对”。如:

(1)谁习计会,能为文收责于薛者乎?(《战国策·冯谖客孟尝君》)(为文收责:帮我田文收债。)

(2)公诚以都虞候命某者,能为公已乱。(韩愈《张中丞传后叙》)(为公已乱:为您平定骚乱。)

(3)然此可为智者道,难为俗人言也。(司马迁《报任安书》)(可为智者道,难为俗人言:可以对有智慧的人诉说,难以对庸俗的人说明。)

(4)明主不晓,以为仆沮贰师,而为李陵游说,遂下于理。(司马迁《报任安书》)(为李陵游说:帮李陵游说。)

2.引进动作行为的原因,可译为“因为”。

(1)古人所以重施刑于大夫者,殆为此也。(司马迁《报任安书》)

(2)主上为之食不甘味,听朝不怡。(司马迁《报任安书》)

3. 在被动句里为引进动作行为的主动者，可译为“被……”。
(1)仆以口语遇遭此祸，重为乡党戮笑。(司马迁《报任安书》)
(2)男儿死耳，不可为不义屈！(韩愈《张中丞传后叙》)

乃

(一)副词

作为副词，“乃”可以表示多种接续关系或情态，有时用法近于连词。
1. 表示顺承接续关系，可译为“于是”“就”等。例如：
(1)今尔出于崖，观于大海，乃知尔丑。(庄子《庄子·秋水》)
(2)广乃遂从百骑往驰三人。(司马迁《史记·李将军列传》)
2. 表示逆向转折关系，可译为“却”“但是”“反而”“竟然”等。例如：
(1)今乃弃黔首以资敌国，却宾客以业诸侯。(李斯《谏逐客书》)
(2)先生不羞，乃有意欲为收责于薛乎？(《战国策·冯谖客孟尝君》)
(3)臣部为前将军，今大将军乃徙令臣出东道。(司马迁《史记·李将军列传》)
3. 表示对某人、某事的确认，可译为“这”“这就是”等。例如：
(1)左右曰：“乃歌夫‘长铗归来’者也。”(《战国策·冯谖客孟尝君》)
(2)因烧其卷，民称万岁，乃臣所以为君市义也。(《战国策·冯谖客孟尝君》)
(3)先生所为文市义者，乃今日见之！(《战国策·冯谖客孟尝君》)
(4)诸校尉无罪，乃我自失道。(司马迁《史记·李将军列传》)
4. 表示对结果的强调，可译为“才”“这才”等。例如：
(1)平旦，李广乃归其大军。(司马迁《史记·李将军列传》)
(2)告广曰：“胡虏易与耳。”军士乃安。(司马迁《史记·李将军列传》)
(3)良久，乃许之。(司马迁《史记·李将军列传》)
5. 表示递进，常与“至”等合用，或译为“以至”“以至于”。例如：
无论事之大小，必有数次乃至十数次之阻力。(梁启超《论毅力》)

(二)代词

指代第二人称，通常只作定语，可译为“你(的)”“你们(的)”。例如：
(1)与尔三矢，尔其无忘乃父之志！(欧阳修《五代史伶官传序》)
(2)王师北定中原日，家祭无忘告乃翁。(陆游《示儿》)

因

(一)介词

充当介词，表示凭借。
商鞅因景监见，赵良寒心。(司马迁《报任安书》)(因景监见，凭借景监的关系得以进见皇上。)

(二)连词

可译为“于是”“就”。

(1)臣窃矫君命,以责赐诸民,因烧其券,民称万岁,乃臣所以为君市义也。(《战国策·冯谖客孟尝君》)(因烧其券:于是烧掉百姓的债券)

(2)拳拳之忠,终不能自列,因为诬上,卒从吏议。(司马迁《报任安书》)(因为诬上:于是被认定为诬上的罪责)

附录二 《大学语文》文言特殊句法举要

一、词类活用

和现代汉语一样，古代汉语里各种词类在担当句子成分时有其固定的分工，例如名词经常用作主语、宾语，动词经常用作谓语，形容词经常用作定语等。但是，在先秦或其他时代的文言文里，有些词可以按照一定的语言习惯而灵活运用，这就是词类活用。

（一）名词活用为一般动词

今译时需要把活用的名词翻译成与该名词意义有联系的动词。

(1)而后乃今将图南。（南：向南方飞行）（庄子《庄子·逍遥游》）

(2)至于北海，东面而视。（东：脸朝东）（庄子《庄子·逍遥游》）

(3)孟尝君怪其疾也，衣冠而见之。（“衣冠”活用为动词，指穿戴整齐）（《战国策·冯谖客孟尝君》）

(4)方其破荆州，下江陵，顺流而东也，舳舻千里，旌旗蔽空。（“东”活用为动词，指向东推进）（苏轼《赤壁赋》）

(5)今乃弃黔首以资敌国，却宾客以业诸侯。（业：成就功业）（李斯《谏逐客书》）

(6)方其系燕父子以组，函梁君臣之首。（组：绳子绑住。函：用木匣装着）（欧阳修《五代史伶官传序》）

(7)若阙地及泉，隧而相见。（隧：打成隧道）（左丘明《左传·郑伯克段于鄢》）

(8)今君有区区之薛，不拊爱子其民。（子：把……作为子女看待）（《战国策·冯谖客孟尝君》）

(9)岂吾相不当侯邪？且固命也？（侯：封侯）（司马迁《史记·李将军列传》）

(10)军亡导，或失道，后大将军。（后：后到）（司马迁《史记·李将军列传》）

(11)南绝幕，遇前将军、右将军。（南：向南行）（司马迁《史记·李将军列传》）

(12)其莳也若子，其置也若弃。（子：像爱护自己的子女一样）（柳宗元《种树郭橐驼传》）

(13)甚者爪其肤以验其生枯。（爪：用手指抓）（柳宗元《种树郭橐驼传》）

(14)作妇人状，袖金以私之。（袖金：从袖子里拿出银子）（宗臣《报刘一丈书》）

(15)或移坐更近之，首不复东。（东：转向东面）（侯方域《马伶传》）

（二）名词做状语

在古代汉语里，名词可以直接放在动词前作状语。

1.方位名词作状语，表示动作行为的方向。

(1)顺流而东行，至于北海，东面而视，不见水端。（东行：向东行进；东面，面向东方）（庄

子《庄子·秋水》)

(2)西望夏口,东望武昌,山川相缪,郁乎苍苍。(西望:向西望。东望:向东望)(苏轼《赤壁赋》)

2.表示对人的态度,可译为"像对待……那样"。

文史星历,近乎卜祝之间,固主上所戏弄,倡优畜之,流俗之所轻也。(倡优畜之:像对待倡优那样蓄养他们)(司马迁《报任安书》)

3.表示按照某个标准或原则,可译为"根据"、"按照"。

(1)秋水时至,百川灌河。(时至:根据季节来到了)(庄子《庄子·秋水》)

(2)云虽欲独食,义不忍。(义不忍:按照道义不忍心(独享美食))(韩愈《张中丞传后叙》)

(三)使动用法

使动用法是该句谓语的动作行为不是主语发出的,而是主语使宾语发出该动作行为,可译为"使……"。

(1)舞幽壑之潜蛟,泣孤舟之嫠妇。("舞"、"泣"活用为使动用法,指客人的洞箫声使幽壑的潜蛟起舞,使孤舟的嫠妇掉泪)(苏轼《赤壁赋》)

(2)既来之,则安之。(安:使……安定)(孔子《论语·季氏将伐颛臾》)

(3)今乃弃黔首以资敌国,却宾客以业诸侯。(业:使……成就功业)(李斯《谏逐客书》)

(4)内自虚而外树怨於诸侯。(虚:使……虚弱)(李斯《谏逐客书》)

(5)庄公寤生,惊姜氏。(惊:使……惊吓)(左丘明《左传·郑伯克段于鄢》)

(6)今皆解鞍以示不走,用坚其意。(坚:使……坚信)(司马迁《史记·李将军列传》)

(7)故吾不害其长而已,非有能硕而茂之也。(硕、茂:使……长得高大茂盛)(柳宗元《种树郭橐驼传》)

(8)不抑耗其实而已,非有能蚤而蕃之也。(蚤、蕃:使……又早又多)(柳宗元《种树郭橐驼传》)

(9)又何以蕃吾生而安吾性耶?(蕃、安:使……增多、安定)(柳宗元《种树郭橐驼传》)

(四)意动用法

意动用法是主语认为宾语具有谓语所代表的内容(实际上不一定是事实)。可译为"认为……""把……当作……"。

1.名词的意动用法。

(1)驼业种树,凡长安豪富人为观游及卖果者。(业:以……为职业)(柳宗元《种树郭橐驼传》)

(2)侣鱼虾而友麋鹿。(侣:把……当作伴侣。友:把……当作朋友)(苏轼《前赤壁赋》)

(3)故人不独亲其亲,不独子其子。(亲其亲:把自己的双亲当作双亲。幼吾幼:把自己的孩子当作孩子)(《礼记·大同》)

(4)今君有区区之薛,不拊爱子其民。(子其民:把自己封地的百姓当作儿子一样对待)(《战国策·冯谖客孟尝君》)

(5)于是乘其车,揭其剑,过其友曰:"孟尝君客我!"(客我:把我当贵客)(《战国策·冯谖

客孟尝君》)

2.形容词的意动用法:

(1)且夫我尝闻少仲尼之闻而轻伯夷之义者,始吾弗信。(认为仲尼的见闻少:认为伯夷的道义轻)(庄子《庄子·秋水》)

(2)左右以君贱之也,食以草具。(贱之:把他看得很轻贱)(《战国策·冯谖客孟尝君》)

(3)吾羞,不忍为之下。(羞:感到羞耻)(司马迁《史记·廉颇蔺相如列传》)

(4)士卒亦多乐从李广而苦程不识。(苦:以跟随程不识为苦)(司马迁《史记·李将军列传》)

(5)询其故,盖马伶耻出李伶下。(耻:感到耻辱)(侯方域《马伶传》)

(6)老吾老,以及人之老;幼吾幼,以及人之幼。(老吾老:把自己的老人当作老人奉养。幼吾幼:把自己的孩子当作孩子抚育)(孟子《孟子·齐桓晋文之事》)

二、宾语前置

在文言文的叙述句里,动词谓语和宾语的排列顺序在多数情况下是动词在前,宾语在后,今天理解起来不会有困难。但是也有特殊的情况,即在一定的条件下,宾语会放在动词的前面。对于宾语前置句,阅读时需要仔细判断,准确今译。

宾语前置的类型有以下几种。

(一)在疑问句里,疑问代词充当动词或介词的宾语时往往前置

(1)是社稷之臣也,何以伐为?(何以:即"以何")(孔子《论语·季氏将伐颛臾》)

(2)客何好?(何如:即"好何")(《战国策·冯谖客孟尝君》)

(3)敢问何谓也。(何谓:即"谓何")(左丘明《左传·郑伯克段于鄢》)

(4)君何患焉?(何患:即"患何")(同上)而今安在哉?(安在,即"在安"。)(苏轼《前赤壁赋》)

(5)方存乎见少,又奚以自多!(奚以:即"以奚",凭什么)(庄子《庄子·秋水》)

(二)在否定句里,代词充当宾语时一般前置

(1)保民而王,莫之能御也。[莫:否定词,没有谁(什么)。之:代词宾语。没有谁能抵御他](孟子《孟子·齐桓晋文之事》)

(2)老者衣帛食肉,黎民不饥不寒,然而不王者,未之有也。(未之有:没有这种情况)(孟子《孟子·寡人之于国也》)

(3)大道之行也,与三代之英,丘未之逮也,而有志焉。[未之逮:没有赶上这个(时代)](《礼记·大同》)

(4)所就不彼若也。(不彼若:即"不若彼")(梁启超《论毅力》)

(5)故不我若也。(不我若:即"不若我")(柳宗元《种树郭橐驼传》)

(6)野语有之曰:"闻道百,以为莫己若者。"我之谓也。(我之谓,说的就是我。"我"是前置宾语,代词"之"在动词"谓"前面复指宾语)(庄子《庄子·秋水》)

（三）介词“以”的宾语常前置，最常见的就是“以”和代词“是”（这）搭配使用时构成的“是以”，可译为“因此”

（1）是以君子远庖厨也。（孟子《孟子·齐桓晋文之事》）

（2）是以肠一日而九回。（司马迁《报任安书》）

三、状语后置

文言文中常见的是用“以”“于”组成的介宾短语作状语后置。如：

1.“于”组成的介宾短语作状语后置。例如：

（1）季氏将有事于颛臾。（季氏将于颛臾有事）（孔子《论语·季氏将伐颛臾》）

（2）来丕豹、公孙支于晋。（于晋来丕豹、公孙支）（李斯《谏逐客书》

（3）某则以谓受命于人主，议法度而修之于朝廷。（受命于人主：即“于人主受命”。修之于朝廷：即“于朝廷修之”）（王安石《答司马谏议书》）

（4）以为巡死而远就虏，疑畏死而辞服于贼。（辞服于贼：即“于贼辞服”）（韩愈《张中丞传后叙》）

2.介词“以”组成的介宾短语后置。例如：

虽董之以严刑，振之以威怒。（即“以严刑董之，以威怒振之”）（魏征《谏太宗十思书》）

四、被动句

古代汉语表示被动有两类情况：

1.只在语义上表示被动而无被动形式标志，其被动的意味只能通过上下文体会出来。以《报任安书》中的几句为例：

（1）文王<u>拘</u>而演《周易》。

（2）屈原放<u>逐</u>，乃赋《离骚》。

（3）孙子<u>膑</u>脚，兵法修列。

（4）韩非<u>囚</u>秦，《说难》、《孤愤》。

以上句中加横线的词都是表示被动意义的动词，但是这种被动意味要读者自己根据上下文体会出来。

2.更为常见的表示被动的做法，是在谓语动词的前面或后面带有表示被动关系的词语，构成被动句式。

（1）在及物动词后面加上介词“于”，用以引出动作行为的主动者。

①文倦于事，愦于忧。（被事务搞得疲惫不堪，被忧虑弄得心烦意乱）（《战国策·冯谖客孟尝君》）

②井蛙不可以语于海者，拘于虚也；夏虫不可以语于冰者，笃于时也。[拘于虚：（眼界）被所住的地方限制；笃于时：（见识）被所存活的季节限制]（庄子《庄子·秋水》）

③西望夏口，东望武昌，山川相缪，郁乎苍苍，此非孟德之困于周郎者乎？（困于周郎：被周郎围困）（苏轼《赤壁赋》）

（2）在及物动词前加上介词“为”，引出动作行为的主动者。

①男儿死耳,不可为不义屈!(被不正义的势力屈服)(韩愈《张中丞传后叙》)

②仆以口语遇遭此祸,重为乡党戮笑。(被家乡人们耻笑)(司马迁《报任安书》)

③李陵既生降,陨其家声,而仆又茸之蚕室,重为天下观笑。(被天下人观看取笑)(司马迁《报任安书》)

④士为知己者用。(被了解自己的人使用)(司马迁《报任安书》)

有时介词"为"和在动词前的"所"搭配使用,构成"为……所……"句式。

⑤或传嵩有田在亳、宋间,武人夺而有之,嵩将诣州讼理,为所杀。[为所杀:被(武人)杀害](韩愈《张中丞传后叙》)

(3)在及物动词前加"见"表示被动。

①顾自以为身残处秽,动而见尤,欲益反损。(见尤:被怪罪)(司马迁《报任安书》)

②百姓之不见保,为不用恩焉。(见保:被保护)(孟子《孟子·齐桓晋文之事》)

有时"见"字句与"于"字句配合使用,构成"见……于……"的句式。如:

③吾长见笑于大方之家。(被大方之家取笑)(庄子《庄子·秋水》)

五、判断句

文言文判断句最显著的特点是基本上不用判断词"是"来表示,而往往让名词或名词性短语直接充当谓语,对主语进行判断,其句式有如下几种表示法:

1."……者,……也。"这是文言判断句最常见的形式。

(1)李将军光者,陇西成纪人也。(司马迁《史记·李将军列传》)

2."……,……也。"判断句中,有时"者"和"也"不一定同时出现,一般省略"者",只用"也"表判断。

(1)制,岩邑也。(左丘明《左传·郑伯克段于鄢》)

(2)是岁,元和四年也。(柳宗元《始得西山宴游记》)

3."……者,……。"这种判断句,只在主语后用"者"表示提顿,这种情况不常见。

四人者,庐陵萧君圭君玉,长乐王回深父,余弟安国平父,安上纯父。(王安石《游褒禅山记》)

4."……者也。"在句末连用语气词"者也",表示加强肯定语气,这时的"者"不表示提顿,只起称代作用。这种判断句,在文言文中也比较常见。

(1)果匈奴射雕者也。(司马迁《史记·李将军列传》)

(2)是必射雕者也。(司马迁《史记·李将军列传》)

附录三　中国历史纪元表

朝代		起讫年代	都城	今地	创始人
夏		约前 2070—前 1600	安邑	山西夏县	禹
商		约前 1600—前 1046	亳	河南商丘	汤
西周		约前 1046—前 771	镐京	陕西西安	武王(姬发)
东周	春秋	前 770—前 476	洛邑	河南洛阳	平王(姬宜臼)
	战国	前 475—前 221			
秦朝		前 221—前 206	咸阳	陕西咸阳	昭襄王(嬴则)
汉	西汉	前 206—公元 25	长安	陕西西安	高帝(刘邦)
	东汉	25—220	洛邑	河南洛阳	光武帝(刘秀)
三国	魏	220—265	洛邑	河南洛阳	文帝(曹丕)
	蜀汉	221—263	蜀	四川成都	昭烈帝(刘备)
	吴	222—280	建业	江苏南京	大帝(孙权)
晋	西晋	265—317	洛邑	河南洛阳	武帝(司马炎)
	东晋	317—420	建康	江苏南京	元帝(司马睿)
南朝	宋	420—479	建康	江苏南京	武帝(刘裕)
	齐	479—502	建康	江苏南京	高帝(萧道成)
	梁	502—557	建康	江苏南京	武帝(萧衍)
	陈	557—589	建康	江苏南京	武帝(陈霸先)
北朝	北魏	386—534	平城	山西大同	道武帝(拓跋珪)
	东魏	534—550	邺	河北临漳	孝静帝(元善见)
	北齐	550—577	邺	河北临漳	文宣帝(高洋)
	西魏	535—556	长安	陕西西安	文帝(元宝炬)
	北周	557—581	长安	陕西西安	孝闵帝(宇文觉)
隋		581—618	大兴	陕西西安	文帝(杨坚)
唐		618—907	长安	陕西西安	高祖(李渊)

续表

朝代		起讫年代	都城	今地	创始人
五代	后梁	907—923	汴	河南开封	太祖(朱晃)
	后唐	923—936	洛京	河南洛阳	庄宗(李存勖)
	后晋	936—947	汴	河南开封	高祖(石敬瑭)
	后汉	947—950	汴	河南开封	高祖(刘暠)
	后周	951—960	汴	河南开封	太祖(郭威)
宋	北宋	960—1127	汴	河南开封	太祖(赵匡胤)
	南宋	1127—1279	临安	浙江杭州	高宗(赵构)
辽		907—1125	上京	内蒙古巴林左旗	太祖(耶律・阿保机)
西夏		1038—1227	兴庆府	宁夏银川	景宗(嵬名元昊)
金		1115—1234	会宁	黑龙江阿城	金太祖(完颜阿骨打)
			中都	北京	
			汴京	河南开封	
元		1206—1368	大都	北京	太祖(成吉思汗)
明		1368—1644	顺天府	北京	太祖(朱元璋)
清		1616—1911	盛京	北京	太祖 (爱新觉罗・努尔哈赤)
中华民国		1912—1949	南京	江苏南京	
中华人民共和国		1949年10月1日成立	北京	北京	

附录四　浙江专升本《大学语文》考试大纲

一、考核总目标

普通高校“专升本”统考科目“大学语文”主要考查考生识记理解、分析综合、鉴赏评价、写作应用等能力，具体分为基础知识（语言知识、文学及实用文知识）和基本能力（阅读能力、写作能力）两大方面。

二、考核内容

（一）基础知识

1.语言知识

（1）能够识记、理解常用的文言词语，掌握文言文作品中词类活用、一词多义、通假字、古今字等语言现象及常见的特殊句式，能够进行简单的文言今译。

（2）能够准确地使用汉字，识记和解释现代作品中的疑难词语（不含科技术语），了解汉语语法规范，掌握准确、得体、简明、生动的语言表达方法。

（3）掌握常见的修辞手法。

2.文学知识

（1）掌握古今中外重要作家、代表作品的基本情况。如作家的时代、国别、字号、代表作、诗文集名称、文学主张、艺术成就等；代表作品的出处、编著年代、基本内容、主要特色和在文学史上的地位等。

（2）了解文学史中出现的重要文学流派和文学现象。

（3）默写常见的名句名篇。（详见背诵篇目）

3.实用文知识

掌握基本的实用文体的语言要求及写作规范，包括《党政机关公文处理工作条例》（2012）规定的十五种公务文书及声明、启事、证明、求职信、演讲稿（含欢迎词、欢送词、答谢词）、简报、计划（策划书）、总结、调查报告等事务文书。

（二）基础能力

1.阅读能力

（1）能正确分析文章的逻辑层次，理解并概括段落大意及作品的主旨。

（2）能准确地分析一篇文章（文学及实用文）的材料、表现手法和表达技巧，能联系文章说明常见辞格的修辞作用。

（3）能结合不同文体的特点，分析作品语言的特色，体味富有表现力的语言的含义和表情达意的作用。

2.写作能力

(1)文学写作

基本要求:思想内容正确、中心明确,条理清楚、结构完整,文字通顺、标点正确、书写工整、字体行款合乎规范。除诗歌外文体不限,字数不少于600字。

(2)实用文写作

基本要求:能根据提供的材料或情境选择恰当的文种写作,主题鲜明集中、材料准确翔实、结构完整恰当、表达通顺得体、格式正确规范。

主要文种:公务文书中的通知、通报、报告、请示、函,事务文书中的声明、启事、证明、求职信、演讲稿(含欢迎词、欢送词、答谢词)、计划(含策划书)、总结等。

三、考试方式与试卷结构

1.考试方式:闭卷、笔试。

2.试卷分数:满分150分。

3.考试时间:150分钟。

4.试卷内容比例:语言知识约20分,文学知识约10分,实用文知识约10分,阅读约40分,写作约70分(其中实用文写作约20分,文学写作约50分)。

5.题型比例:选择题20分,填空题20分,阅读分析题40分,写作题70分。

四、背诵篇目

1.《季氏将伐颛臾》《论语》

2.《上善若水》《老子》第八章

3.《郑伯克段于鄢》《左传》

4.《谏逐客书》 李斯

5.《种树郭橐驼传》 柳宗元

6.《前赤壁赋》 苏轼

7.《氓》《诗经》

8.《橘颂》《楚辞》

9.《陌上桑》 汉乐府

10.《短歌行》(对酒当歌) 曹操

11.《饮酒》(结庐在人境) 陶渊明

12.《山居秋暝》 王维

13.《行路难》(金樽清酒斗十千) 李白

14.《蜀相》 杜甫

15.《关山月》(和戎诏下十五年) 陆游

16.《雨巷》 戴望舒

17.《我爱这土地》 艾青

18.《虞美人》(春花秋月何时了) 李煜

19.《水调歌头》(明月几时有)　苏轼

20.《水龙吟》(登建康赏心亭)　辛弃疾

21.《天净沙·秋思》　马致远

来源:浙江省教育考试院